中华人民共和国海船船员适任考试培训教材
交通运输类“十四五”创新教材
符合《海船船员培训大纲（2021版）》《海船船员考试大纲（2022版）》要求

轮机工程基础

（二/三管轮）

中国海事服务中心 组织编审
任福安 李文戈 李可顺 ◎ 主编

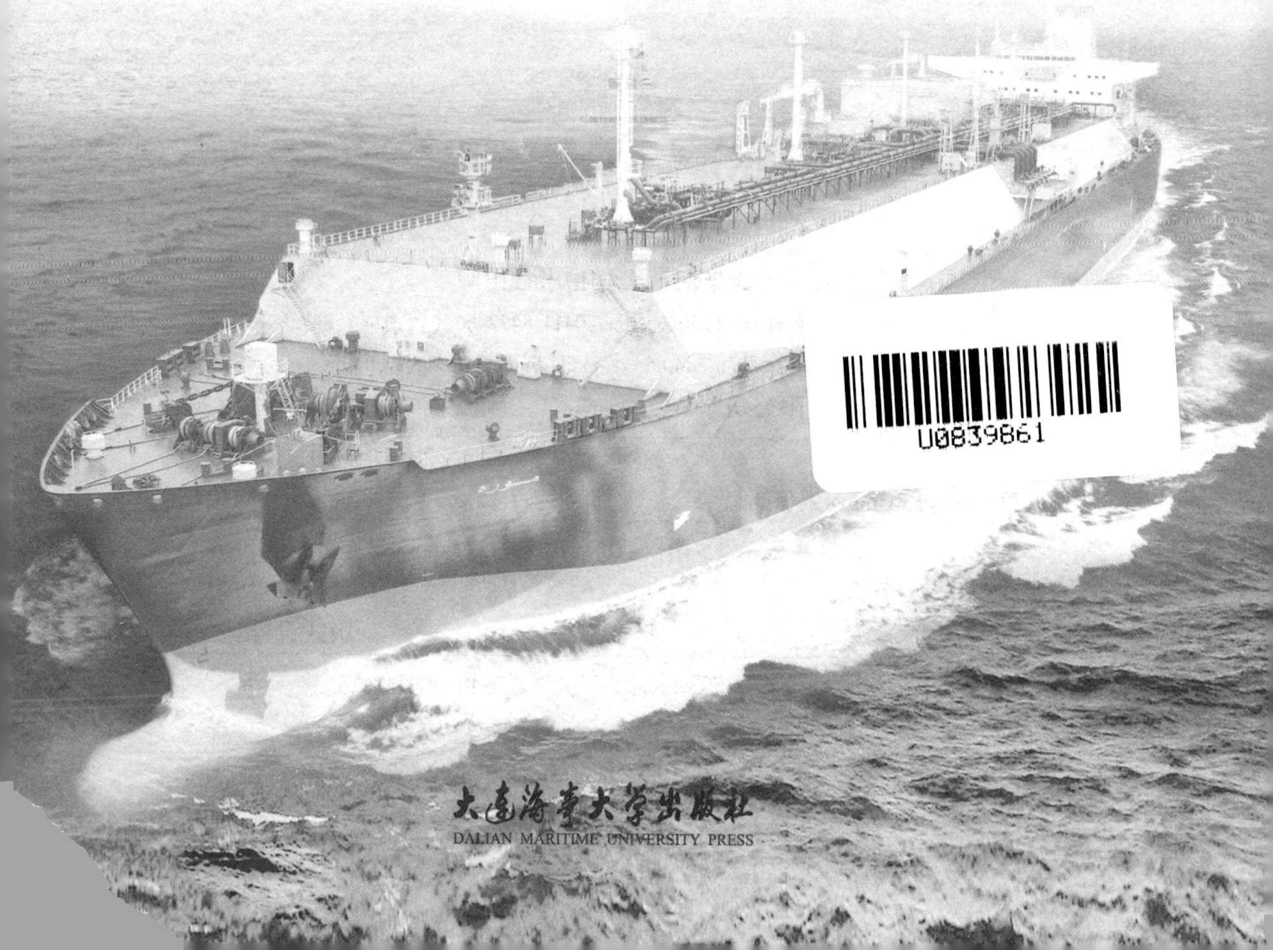

大连海事大学出版社
DALIAN MARITIME UNIVERSITY PRESS

图书在版编目(CIP)数据

轮机工程基础. 二/三管轮 / 任福安，李文戈，李可顺主编. — 大连 : 大连海事大学出版社，2022.9(2025.8 重印)
ISBN 978-7-5632-4301-3

Ⅰ. ①轮… Ⅱ. ①任… ②李… ③李… Ⅲ. ①轮机—职业培训—教材 Ⅳ. ①U676.4
中国版本图书馆 CIP 数据核字(2022)第 151791 号

大连海事大学出版社出版
地址:大连市黄浦路523号　邮编:116026　电话:0411-84729665(营销部)　84729480(总编室)
http://press.dlmu.edu.cn　E-mail:dmupress@dlmu.edu.cn

大连日升彩色印刷有限公司印装		大连海事大学出版社发行
2022 年 9 月第 1 版		2025 年 8 月第 6 次印刷
幅面尺寸:184 mm×260 mm	印张:27.75	字数:707 千

出版人:余锡荣

责任编辑:董洪英　　责任校对:王　琴
封面设计:张爱妮　　版式设计:张爱妮

ISBN 978-7-5632-4301-3　　定价:83.00 元

中华人民共和国海船船员适任考试培训教材编审委员会

审定委员会

编写委员会

前　言

为有效履行经修正的《1978 年海员培训、发证和值班标准国际公约》(STCW 公约)等国际公约,进一步规范海船船员培训行为,确保船员培训质量,根据《中华人民共和国船员条例》《中华人民共和国船员培训管理规则》,交通运输部编制了《海船船员培训大纲(2021 版)》,自 2021 年 10 月 1 日起施行。

为了更好地指导帮助船员进行适任考试前的培训,促进高素质船员队伍建设,中国海事服务中心组织全国有丰富教学、培训经验和航海实践经验的专家共同编写了本套教材。本套教材严格按照《海船船员培训大纲(2021 版)》进行编写,符合培训大纲对船员适任培训的要求,具有权威、准确、系统、实用的特点,重点突出船员适任和航海实践需掌握的知识,旨在培养船员具备在实践中应用知识的能力,可作为船舶工具书使用。

本套教材包括:

《船舶管理(船长/大副)》《船舶操纵与避碰——船舶操纵(船长/大副)》《船舶操纵与避碰——船舶避碰与值班(船长/大副)》《航海英语(船长)》《航海英语(大副)》《航海学——天文、地文、仪器(船长/大副)》《航海学——航海气象与海洋学(船长/大副)》《船舶结构与货运(大副)》《船舶操纵与避碰——船舶避碰与值班(二/三副)》《船舶操纵与避碰——船舶操纵(二/三副)》《船舶管理(二/三副)》《船舶结构与货运(二/三副)》《航海学——航海气象与海洋学(二/三副)》《航海学——天文、地文、仪器(二/三副)》《航海英语(二/三副)》《值班水手业务》;

《GMDSS 英语阅读》《GMDSS 综合业务》《GMDSS 英语听力与会话》《GMDSS 设备操作》;

《轮机英语(轮机长/大管轮)》《船舶动力装置(轮机长)》《船舶管理(轮机长/大管轮)》《主推进动力装置(大管轮)》《船舶辅机(大管轮)》《轮机工程基础(大管轮)》《船舶电气与自动化(船舶电气)(大管轮)》《船舶电气与自动化(船舶自动化)(大管轮)》《轮机英语(二/三管轮)》《船舶管理(二/三管轮)》《主推进动力装置(二/三管轮)》《船舶辅机(二/三管轮)》《轮机工程基础(二/三管轮)》《船舶电气与自动化(船舶电气)(二/三管轮)》《船舶电气与自动化(船舶自动化)(二/三管轮)》《值班机工业务》;

《电子电气员英语》《船舶电气(电子电气员)》《船舶机舱自动化》《信息技术与通信导航系统》《船舶管理(电子电气员)》《电子技工业务》《电子技工英语》《电子电气员英语听力与会话》《电子技工英语听力与会话》。

本套教材的编写、出版工作,得到了各海事管理机构、航海教育培训机构、航运企业等单位的关心和大力支持,特致谢意。

中国海事服务中心

2021 年 11 月

扫码学习《深入学习贯彻党的二十大精神　加快建设交通强国　当好中国式现代化开路先锋》

前言

编者的话

在大连海事大学出版社出版的根据《海船船员培训大纲(2016版)》编写的教材中,“轮机工程基础”科目的内容设置在《船舶辅机》《主推进动力装置》中。本书根据交通运输部发布的《海船船员培训大纲(2021版)》《海船船员考试大纲(2022版)》进行编写,同时根据海船船员适任考试培训的实际情况,将轮机工程基础部分的内容独立编写成书。

《轮机工程基础(二/三管轮)》分“船舶辅机篇”和“主推进动力装置篇”。其中,“船舶辅机篇”包括机械制图、工程热力学、传热学、工程流体力学、仪表与量具和单位及单位换算;“船舶动力装置篇”包括柴油机的热力循环和轮机工程材料。

本书是海船船员适任考试培训教材之一,也是轮机工程专业基础课的综合。书中牵涉内容较广,理论性较强。本书内容贯彻理论联系实际和少而精的原则,既参考了以往各类适任考试培训教材,又注重船舶轮机工作实际需要,做到由浅入深,具有系统性、实用性,亦便于自学。本书可作为航海类院校相关专业的参考书,也能为船舶管理公司、船舶修造厂等人员的学习和培训提供一定的参考。

本书由大连海事大学任福安、李可顺,上海海事大学李文戈担任主编,大连海事大学徐敏义、吕欣荣,江苏海事职业技术学院王宏明,上海海事大学吴刚担任副主编。参与本书编写的还有李世安、刘育心、王昊等。全书由任福安统稿,浙江海事局任德夫、中国海事服务中心张磊主审。

本书在编写过程中,得到了交通运输部海事局及航海院校、航运企业有关专家的大力支持与帮助,同时也得到了多位其他领域的专家和朋友的支持和协助,在此深表感谢!编者在编写过程中参阅了大量的相关教材、教辅参考书及技术手册、图片等资料、文献,在此表示衷心的感谢!

限于编者水平,书中难免有不妥之处,恳请读者批评指正。

编　者

2022年7月

目 录

船舶辅机篇

主推进动力装置篇

船舶辅机篇

第一章
机械制图基础

第一节　基本知识

一、机械图样

机械图样是设计和生产过程中的重要文件之一,用来指导生产和进行技术交流。为了方便技术交流,对图样进行科学管理,国家制定并颁布了一系列有关机械制图的国家标准(国家标准简称“国标”,代号为“GB”,“GB/T”为推荐使用的国标),每个工程技术人员均应熟悉并严格遵守有关国家标准。

1.图纸幅面和格式

在绘制技术图样时,应优先采用国家标准规定的基本幅面尺寸,其中 A0 号幅面最大,A4 号幅面最小。必要时也允许加长幅面,但应按基本幅面的短边整数倍增加。

在图纸上必须用粗实线画出图框。图框有不留装订边和留有装订边两种格式。同一产品中所有图样均应采用同一种格式。

2.标题栏

每张图都必须有标题栏,标题栏通常位于图框的右下角,看图的方向与看标题栏的方向一致。

3.比例

比例是指图中图形与其实物相应要素的线性尺寸之比。比例分为原值、放大、缩小三种。

(1)原值比例:比值为 1 的比例,即 1∶1;

(2)放大比例:比值大于 1 的比例,比如 2∶1;

(3)缩小比例:比值小于 1 的比例,比如 1∶2。

画图时应尽量采用 1∶1 的比例，这样可以方便地从图中看出机件的真实大小。不论缩小或放大，在图样上标注的尺寸均为机件设计要求的尺寸，而与比例无关。

需要注意，局部放大图的比例是指局部放大图中图形与其实物相应要素的线性尺寸之比。

4.字体

(1)图样和技术文件中书写的汉字、数字和字母都必须做到：字体工整、笔画清楚、间隔均匀、排列整齐。

(2)图样中的汉字应采用长仿宋体，并应采用国家正式公布推行的简化字；字的大小应按字号规定，字号与字体的高度相对应；长仿宋体汉字的特点是：横平竖直，起落有锋，粗细一致，结构匀称。

(3)字体的高度应符合国家标准的规定。

(4)在图样中，字母和数字可写成斜体或直体；斜体向右倾斜，与水平基准线成 75°；在技术文件中，字母和数字一般应写成斜体。字母和数字分 A 型和 B 型，B 型的笔画宽度比 A 型宽，我国采用 B 型。

(5)用作指数、分数、极限偏差、注脚的数字及字母，一般应采用小一号字体。

5.图线

绘图时必须采用国家标准规定的线型、尺寸和画法，国家标准规定的机械制图中常用的图线有 9 种，如表 1-1-1 所示。

表 1-1-1　机械制图的图线形式及应用

图线名称	图线形式	图线宽度	主要用途举例
粗实线	————	b	可见轮廓线、可见棱边线、相贯线、螺纹牙顶线、螺纹长度终止线、齿顶圆、剖切面起讫和转折处的剖切符号等
粗虚线	– – – – – – – –	b	允许表面处理的表示线
细实线	————	约 $b/2$	尺寸线、尺寸界线、尺寸线的起止线、剖面线、辅助线、指引线、基准线、可见过渡线、重合断面的轮廓线、短中心线、螺纹的牙底线等
波浪线	～～～～	约 $b/2$	断裂处的边界线、视图和剖视图的分界线
双折线	—\/—\/—\/—	约 $b/2$	断裂处的边界线、视图和剖视图的分界线

续表

图线名称	图线形式	图线宽度	主要用途举例
细虚线	2～6　≈1	约 $b/2$	不可见轮廓线、不可见过渡线、不可见棱边线等
细点画线	≈20　≈3	约 $b/2$	轴线、对称中心线、齿轮的分度圆及分度线、孔系分布的中心线、刨切线等
粗点画线	≈15　≈3	b	有特殊要求的线或表面的表示线(限定范围表示线)
双点画线	≈20　≈5	约 $b/2$	相邻辅助零件的轮廓线、中断线、可动零件的极限位置的轮廓线、轨迹线等

机械制图中的图线宽度 b 应根据图样的类型和尺寸大小在国家标准规定的数系中选择，一般粗实线的宽度 b 取 0.5~0.7 mm。

表 1-1-1 中和图 1-1-1 给出了机械制图中常用图线的应用示例。

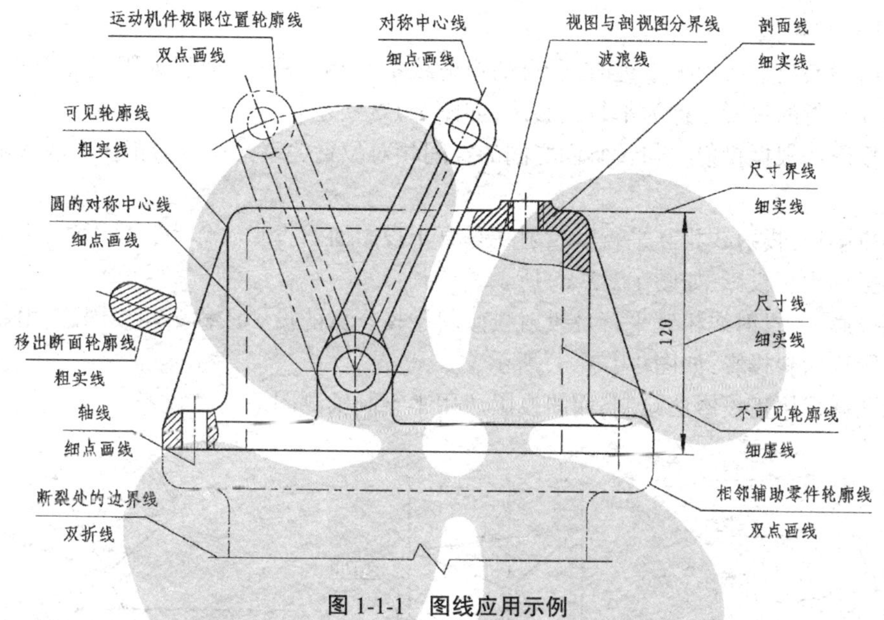

图 1-1-1 图线应用示例

此外，应注意以下几点：

(1)在同一图样中，同类图线的宽度应基本一致，虚线、点画线、双点画线的线段长度和间隔应各自大致相等；

(2)除非另有规定，两条平行线的最小间隔不得小于 0.7 mm；

(3)实线、虚线、点画线、双点画线相交时，应在画线处相交；

(4)绘制轴线、对称中心线、双点画线以及作为中断处的双点画线，均应超出轮廓线 2~5 mm；

(5)细点画线的首端和末端应是长画，而不是短画；

(6)当图形较小，绘制点画线或双点画线有困难时，可用细实线代替；

中华人民共和国海船船员适任考试培训教材

(7)当细虚线处于粗实线的延长线上时,粗实线应画到分界点,而细虚线应留有间隙;

(8)当粗实线与细虚线重叠时,应画粗实线;

(9)当细虚线与点画线重叠时,应画细虚线。

二、投影法与三视图

(一)投影法

1.投影法的分类

在工程上常采用各种投影方法绘制工程图样。投影法是指投射线通过物体向选定的面投射,并在该面上得到图形的方法。

工程上常用的表达物体的投影法可分为中心投影法和平行投影法,而平行投影法又分为正投影法和斜投影法。

(1)中心投影法

所有投射线都从投射中心出发的投影法称为中心投影法,如图 1-1-2 所示。

用中心投影法得到的物体的投影与物体相对于投影面的位置有关,投影不能反映物体的真实大小,但是图形富有立体感。中心投影法类似于用灯光照射物体,通常用于绘制建筑物的透视图。

(2)平行投影法

当投射中心离投影面无限远时,所有的投射线都互相平行,类似于太阳光照射物体,这种投射线相互平行的投影法称为平行投影法,如图 1-1-3 所示。

平行投影法根据投射线与投影面之间的空间相对位置关系又可分为正投影法和斜投影法两种。

①正投影法:投射线相互平行且投射线垂直于投影面的投影法称为正投影法,由正投影法得到的投影称为正投影,如图 1-1-3(a)所示。

②斜投影法:投射线相互平行且投射线倾斜于投影面的投影法称为斜投影法,由斜投影法得到的投影称为斜投影,如图 1-1-3(b)所示。

机械图样采用正投影法绘制,而斜投影法用来绘制轴测图。

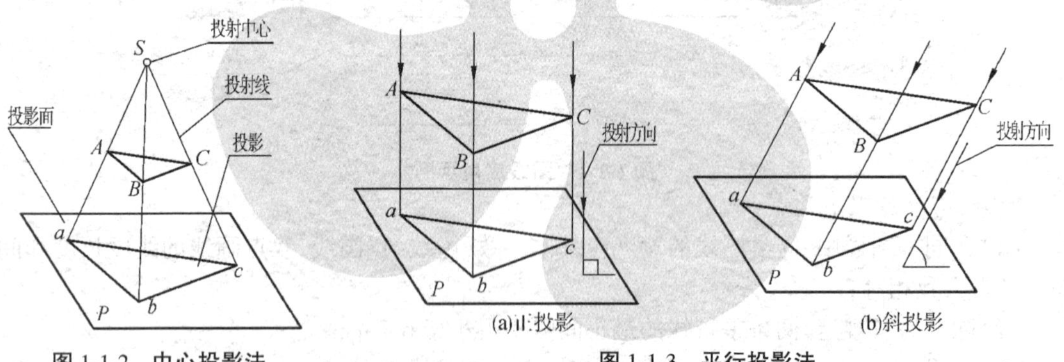

图 1-1-2　中心投影法

图 1-1-3　平行投影法

2.正投影法的投影规律

工程图样通常采用正投影法,正投影法具有以下投影规律:

(1)真实性

真实性是指当直线段平行于投影面时,直线段的投影反映直线段的实长;当平面图形平行于投影面时,平面图形的投影反映平面图形的实形。

(2)积聚性

积聚性是指当直线段垂直于投影面时,直线段的投影积聚为一个点;当平面图形垂直于投影面时,平面图形的投影积聚为一条直线段。

(3)类似性

类似性是指当直线段倾斜于投影面时,直线段的投影为缩小的类似形,即直线段的投影仍为直线段,但比实际长度短;当平面图形倾斜于投影面时,平面图形的投影也为缩小的类似形,即平面图形的投影仍为类似的图形,但比实际面积小。

(二)三视图

1.三视图的形成

由三个相互垂直的投影面组成三投影面体系,这三个投影面分别为:

(1)正立投影面,简称正面,用符号 V 表示;

(2)水平投影面,简称水平面,用符号 H 表示;

(3)侧立投影面,简称侧面,用符号 W 表示。

将物体放在三个投影面体系内,用正投影法分别向三个投影面投影,则得到物体的三面投影:正面投影(V 面上的投影)、水平投影(H 面上的投影)和侧面投影(W 面上的投影),如图 1-1-4(a)所示。

在机械制图中,把人的视线设想为一组平行的投射线,则物体在投影面上的投影称为视图。物体的正面投影,也就是从前向后看物体所画的视图,称为主视图;物体的水平投影,也就是从上向下俯瞰物体所画的视图,称为俯视图;物体的侧面投影,也就是从左向右看物体所画的视图,称为左视图。

为了便于画图,必须将空间的三个相互垂直的投影面展开,如图 1-1-4(b)所示,使之处于同一平面上,如图 1-1-4(c)所示,这样便得到物体的三个视图,简称三视图,如图 1-1-4(d)所示。

2.三视图的投影规律

从三视图的形成可以知道,物体的三个视图是一个物体的三面投影,因此,这三个视图之间必然存在一定的内在联系和规律。

一个物体有长、宽、高三个方向的尺寸,在每个视图中只能反映其中两个方向的尺寸,其中,主视图反映了物体(投影体)的主要特征,它表示出了物体的正面形状,尺寸上反映了物体的长度和高度;俯视图表示出了物体的顶面形状,尺寸上反映了物体的长度和宽度;左视图表示出了物体的左面形状,尺寸上反映了物体的高度和宽度。

因此,三个视图间的投影规律可概括为:

(1)主视图与俯视图都反映了物体的长度,而且长对正;

(2)主视图与左视图都反映了物体的高度,而且高平齐;

(3)俯视图与左视图都反映了物体的宽度,而且宽相等。

以上三点也可简单地说成:长对正、高平齐、宽相等。

确定空间点、线、面的位置,需要该点、线、面的两面投影。

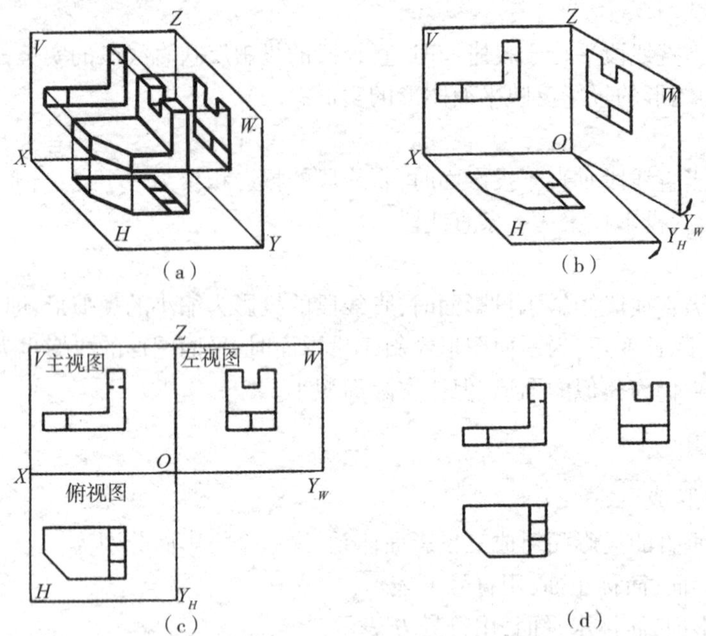

图 1-1-4 三视图的形成

3.三视图与物体六个方位相对位置关系

方位是指物体的上下、左右、前后的位置，分别对应着物体的高度方向、长度方向和宽度方向。

方位关系是指物体的三视图与物体的方位之间的关系。

(1)主视图反映了物体的左右与上下之间的关系；

(2)俯视图反映了物体的左右与前后之间的关系；

(3)左视图反映了物体的前后与上下之间的关系。

在物体的三视图中，俯视图和左视图靠近主视图的一侧是物体的后面，远离主视图的一侧是物体的前面。

在物体的三视图中，物体的前面对应于左视图的右侧、俯视图的下方；物体的后面对应于左视图的左侧、俯视图的上方。

三、点、线、面的三面投影

(一)点的三面投影

如图 1-1-5 所示，由空间点 A 分别引垂直于三个投影面 H、V、W 的投射线，与投影面相交，得到 A 点的三个投影 a、a'、a''。空间点的每一个坐标值，反映了该点到某投影面的距离。

由图 1-1-5 可知，点的三面投影规律为：

(1)点的正面投影与水平投影的连线垂直于 OX 轴，即 $a'a \perp OX$ 轴；

(2)点的正面投影与侧面投影的连线垂直于 OZ 轴，即 $a'a'' \perp OZ$ 轴；

(3)点的水平投影与侧面投影具有相同的 Y 坐标值。

(二)直线的三面投影

直线的投影可由属于该直线的两点的投影来确定。一般用直线段的投影来表示直线的投

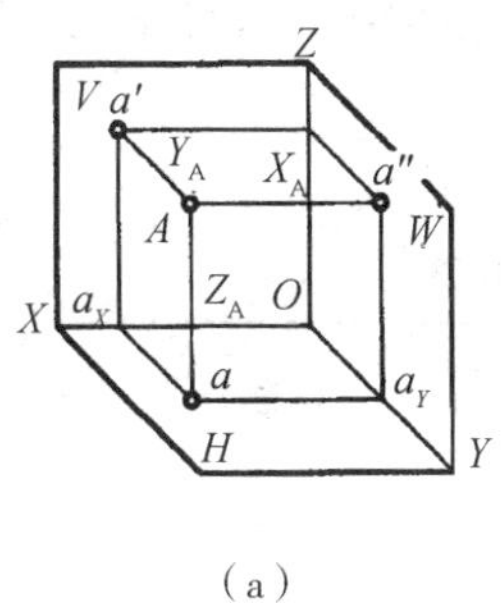

（a）

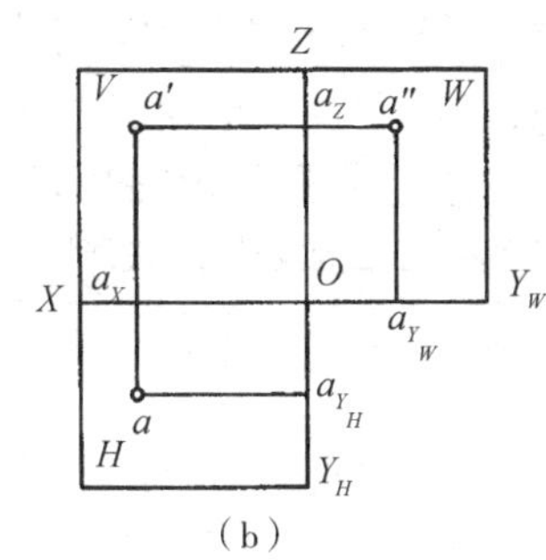

（b）

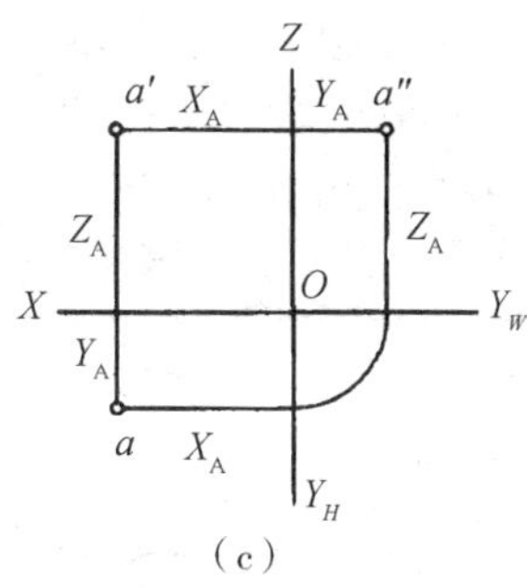

（c）

图 1-1-5　点的投影

影，即作出直线段上两端点的投影，则该两点的同面投影连线即为直线段的投影。

根据直线在投影面体系中对三个投影面所处的位置不同，可将直线分为一般位置直线、投影面平行线和投影面垂直线三类。其中后两类统称为特殊位置直线。

（1）一般位置直线：与三个投影面都倾斜的直线；

（2）投影面平行线：与一个投影面平行，与另外两个投影面都倾斜的直线；

（3）投影面垂直线：与一个投影面垂直，与另外两个投影面必然都平行的直线。

下面介绍空间各种位置直线的投影特性。

1.一般位置直线的三面投影

一般位置直线同时倾斜于三个投影面，故有以下投影特点（如图 1-1-6 所示）：

（1）直线的三面投影都倾斜于投影轴，它们与投影轴的夹角均不反映直线对投影面的真实倾角。

（2）直线的三面投影的长度都短于实长，其投影长度与直线对各投影面的倾角有关。比如，图 1-1-6 中的线段 AB 的三面投影的长度分别为

$$ab = AB\cos\alpha,\ a'b' = AB\cos\beta,\ a''b'' = AB\cos\gamma$$

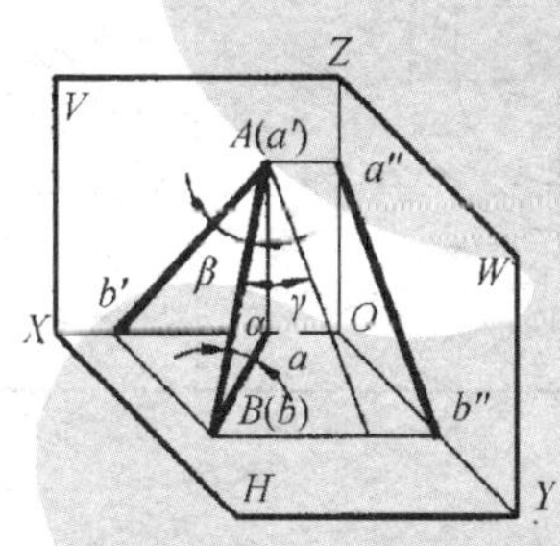

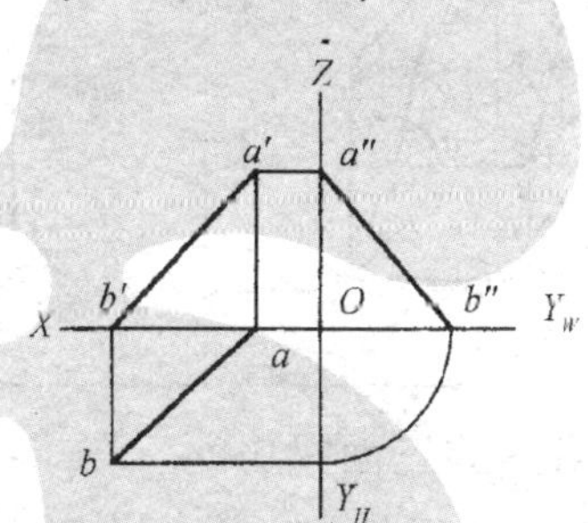

图 1-1-6　一般位置直线的三面投影

2.投影面平行线的三面投影

投影面平行线分为三种：

（1）与正面（V 面）平行的直线称为正平线；

（2）与水平面（H 面）平行的直线称为水平线；

（3）与侧面（W 面）平行的直线称为侧平线。

投影面平行线与一个投影面平行，故有以下投影特点：

（1）投影面平行线在其所平行的投影面上的投影，投影长度反映该空间直线段的实长，投影与相应投影轴的夹角反映该空间直线段与相应投影面的夹角；

(2)投影面平行线在除其所平行的投影面以外的另两个投影面上的投影，投影长度都小于该空间直线段的实长，投影与投影面上的两投影轴分别垂直、平行。

表 1-1-2 列出了三种投影面平行线的立体图、投影图及其投影特性。

表 1-1-2 三种投影面平行线的立体图、投影图及其投影特性

名称	立体图	投影图	投影特性
正平线	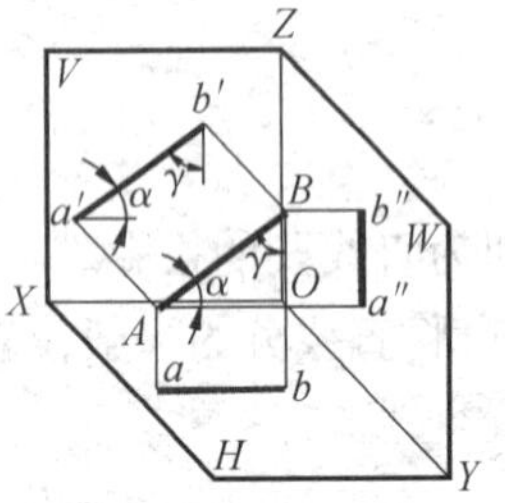	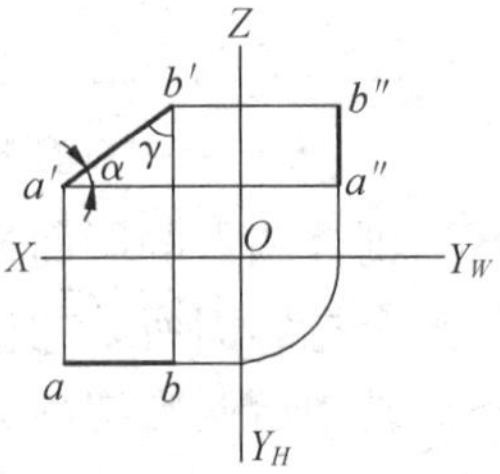	(1) $a'b'$ 反映实长和实际倾角 α、γ; (2) $ab \parallel OX$, $a''b'' \parallel OZ$，长度缩短
水平线	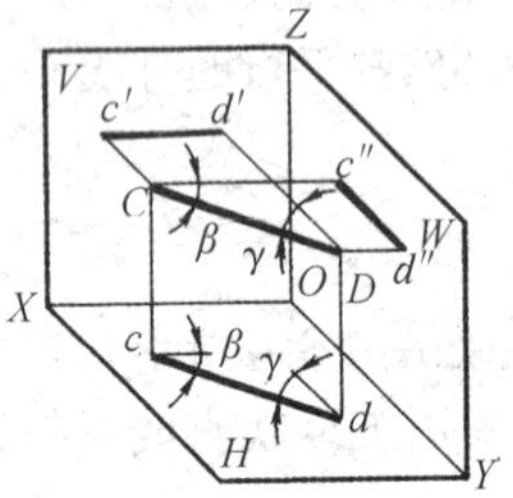	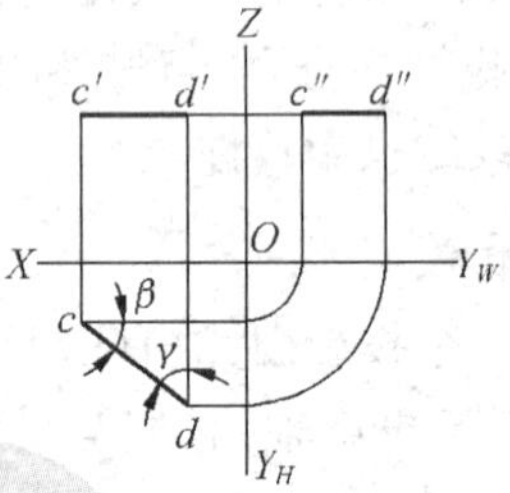	(1) cd 反映实长和实际倾角 β、γ; (2) $c'd' \parallel OX$, $c''d'' \parallel OY_W$，长度缩短
侧平线	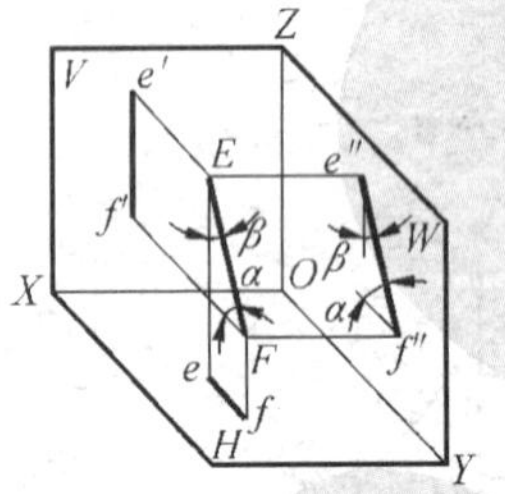	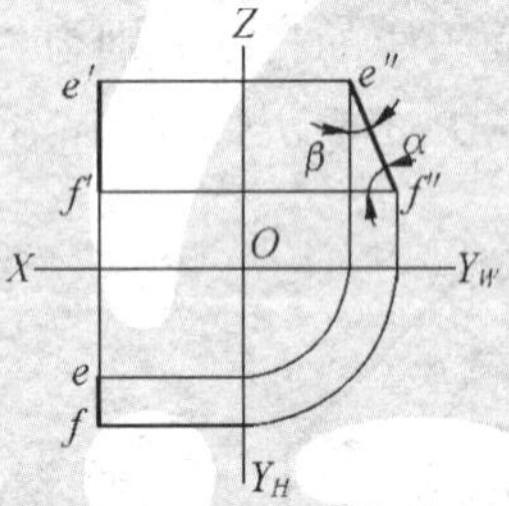	(1) $e''f''$ 反映实长和实际倾角 α、β; (2) $e'f' \parallel OZ$, $ef \parallel OY_H$，长度缩短

3.投影面垂直线的三面投影

投影面垂直线分为三种：

(1)与正面（V 面）垂直的直线称为正垂线；

(2)与水平面（H 面）垂直的直线称为铅垂线；

(3)与侧面（W 面）垂直的直线称为侧垂线。

投影面垂直线与一个投影面垂直，与另外两个投影面必然都平行，故有以下投影特点：

(1)投影面垂直线在其所垂直的投影面上的投影积聚为点；

(2)投影面垂直线在其所平行的两个投影面上的投影，投影长度都反映该空间直线段的实长，并垂直或平行于相应的投影轴。

表 1-1-3 列出了三种投影面垂直线的立体图、投影图及其投影特性。

表 1-1-3　三种投影面垂直线的立体图、投影图及其投影特性

名称	立体图	投影图	投影特性
正垂线			(1)$a'(b')$积聚成一点； (2)$ab /\!/ OY_H$，$a''b'' /\!/ OY_W$，都反映实长
铅垂线			(1)$c(d)$积聚成一点； (2)$c'd' /\!/ OZ$，$c''d'' /\!/ OZ$，都反映实长
侧垂线			(1)$e''(f'')$积聚成一点； (2)$ef /\!/ OX$，$e'f' /\!/ OX$，都反映实长

4.点与直线的从属关系

点与直线的从属关系有点从属于直线和点不从属于直线两种情况。

空间直线段上的点的三面投影具有从属性和定比性。从属性是指空间直线段上的点，其投影必在该直线段的同面投影上。定比性是指空间直线段上的点将空间直线段所分割的两部分线段之比，投影后保持不变。

因此，判别点是否在直线上的方法是：

(1)若点在直线上，则该点的投影必在该直线的同面投影上，并将线段的同面投影分割成与空间线段相同的比例。

如图 1-1-7 所示，点 C 在直线 AB 上，则 c 在 ab 上，c'在 $a'b'$ 上，c''在 $a''b''$ 上，且

$$AC/CB=ac/cb=a'c'/c'b'=a''c''/c''b''$$

(2)点的投影有一个不在直线的同面投影上，则该点必不在此直线上。

5.两直线的相对位置

两直线的相对位置有三种情况：相交、平行、交叉(亦称异面)。表 1-1-4 列出了两直线相交、平行、交叉这三种情况的立体图、投影图及其投影特性。

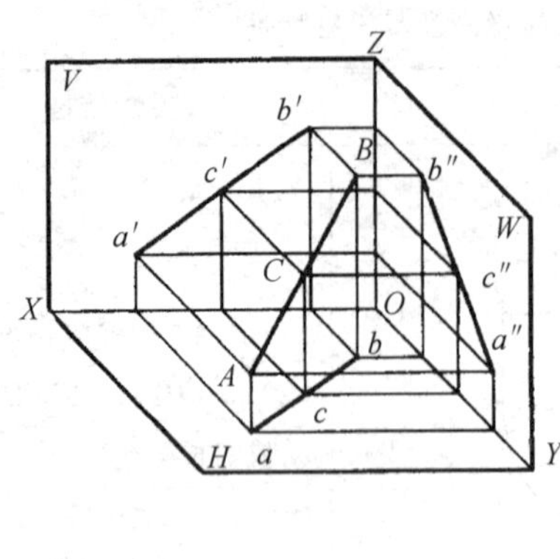

(a)

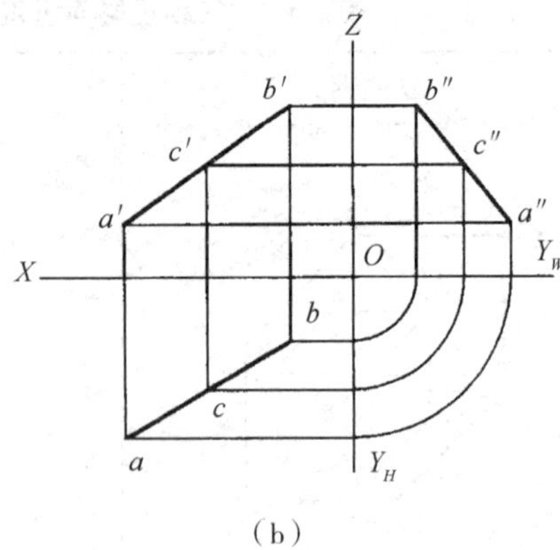

(b)

图 1-1-7　从属于直线的点

(三)平面的三面投影

根据平面在投影面体系中对于三个投影面所处的位置不同,可将平面分为一般位置平面、投影面垂直面和投影面平行面三类。其中后两类统称为特殊位置平面。

(1)一般位置平面:与三个投影面都倾斜的平面;

(2)投影面垂直面:与一个投影面垂直、与另外两个投影面都倾斜的平面;

(3)投影面平行面:与一个投影面平行、与另外两个投影面则必然都垂直的平面。

下面介绍空间各种位置平面的投影特性。

1.一般位置平面的投影

如图 1-1-8 所示,三角形 *ABC* 倾斜于 *V*、*H*、*W* 面,是一般位置平面。它的三个投影都是△*ABC* 的类似形(边数相等),且均不能直接反映该平面对投影面的真实倾角。由此可得出一般位置平面的投影特性:三面投影都是缩小了的类似形。

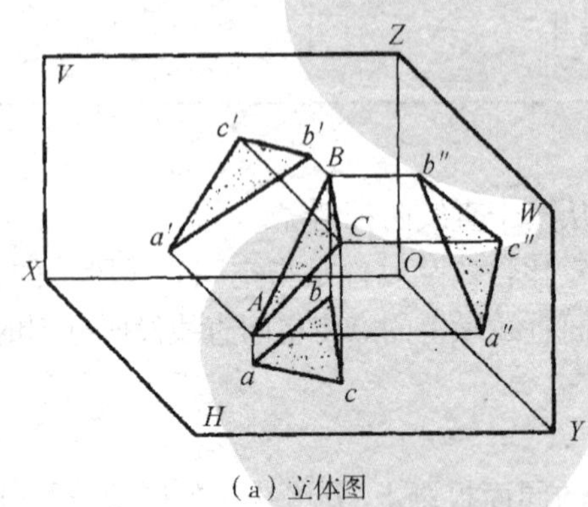

(a)立体图

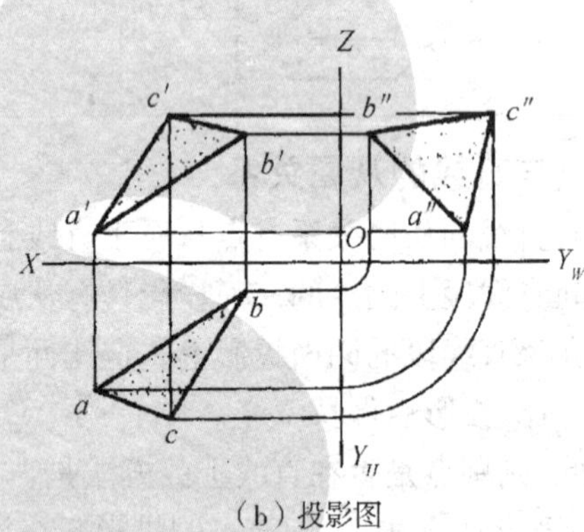

(b)投影图

图 1-1-8　一般位置平面的投影

表 1-1-4 两直线的不同相对位置的立体图、投影图及其投影特性

名称	立体图	投影图	投影特性
相交	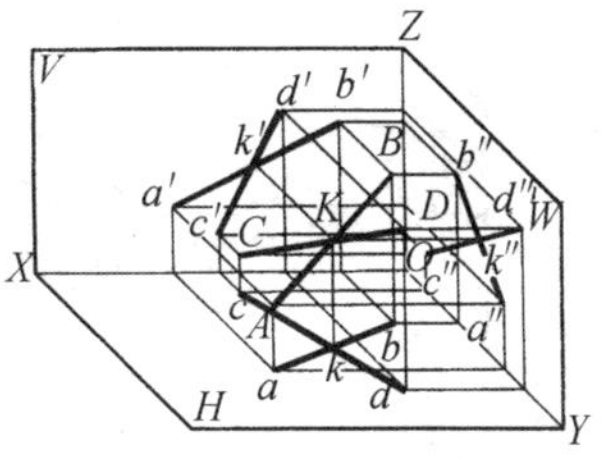	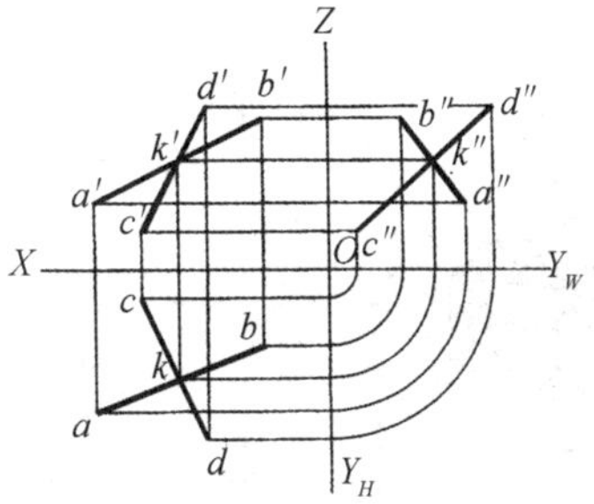	若空间两直线相交，则其同面投影必相交，且交点的投影必符合空间一个点的投影规律
平行	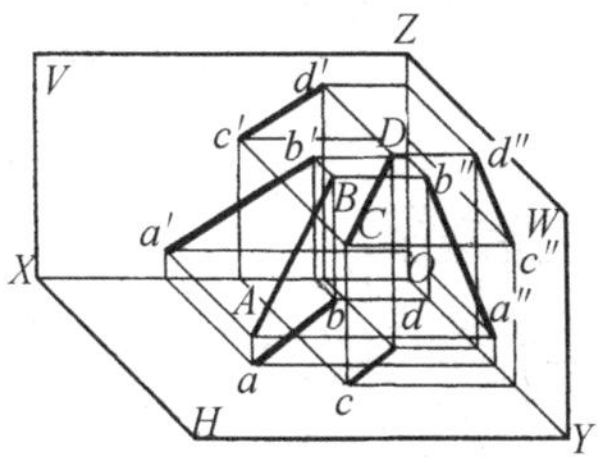	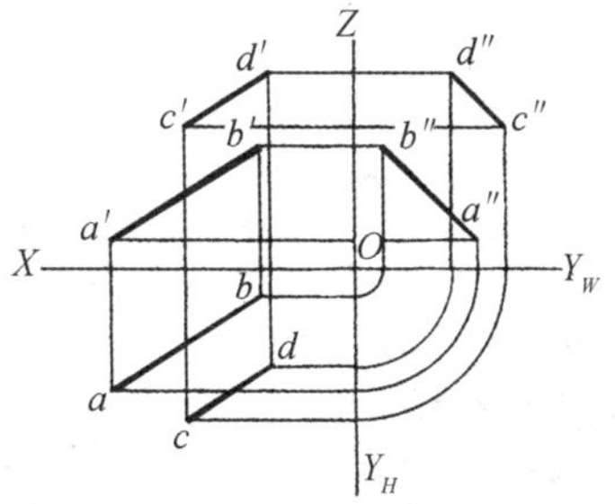	若空间两直线平行，则其各同面投影必相互平行；反之亦然
交叉	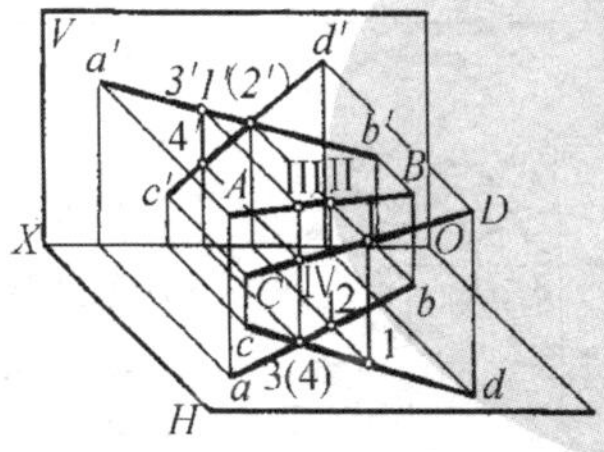	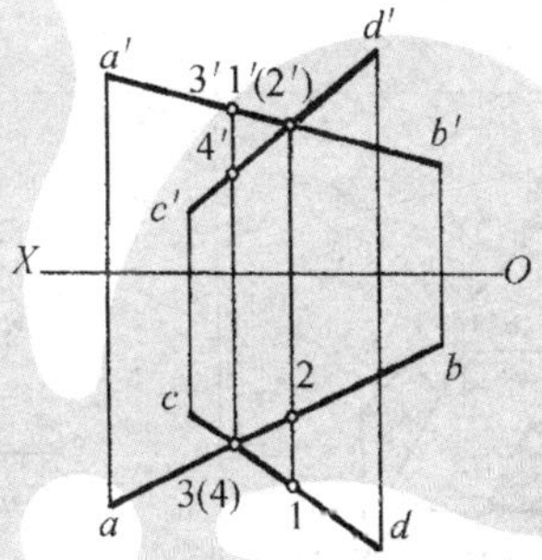	同面投影可能相交，但“交点”不符合空间一个点的投影规律；“交点”是两直线上的一对重影点的投影，可用于判断两直线的空间位置

2.投影面垂直面的投影

投影面垂直面分为三种：

(1)与正面(V 面)垂直的平面称为正垂面；

(2)与水平面(H 面)垂直的平面称为铅垂面；

(3)与侧面(W 面)垂直的平面称为侧垂面。

投影面垂直面与一个投影面垂直，与另外两个投影面都倾斜，故有以下投影特点：

(1)投影面垂直面在其所垂直的投影面上的投影积聚为直线；

(2)投影面垂直面在除其所垂直的投影面以外的另两个投影面上的投影，均为缩小了的类似形。

表 1-1-5 列出了三种投影面垂直面的立体图、投影图及其投影特性。

表 1-1-5　三种投影面垂直面的立体图、投影图及其投影特性

名称	立体图	投影图	投影特性
正垂面	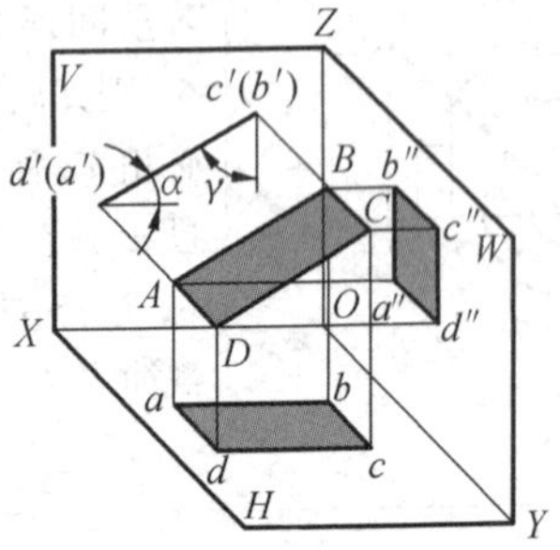	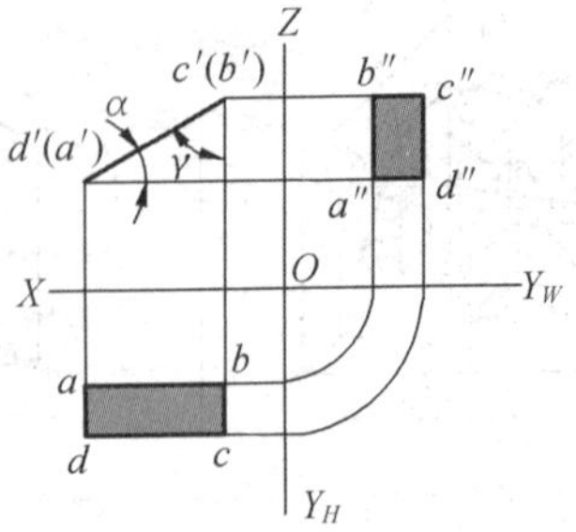	正面投影积聚成直线，并反映真实倾角； 水平投影、侧面投影仍为平面图形，面积缩小
铅垂面	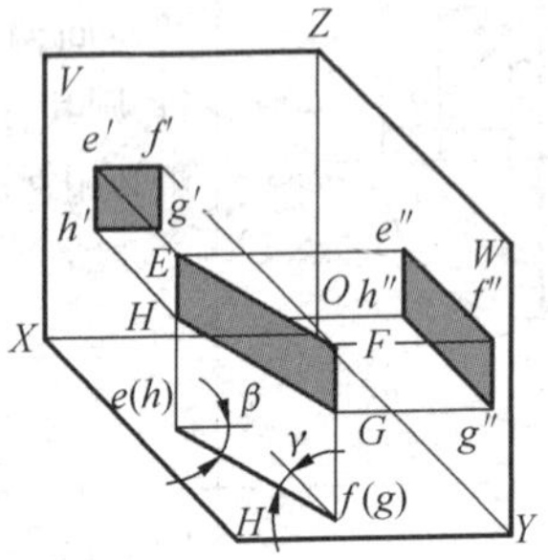	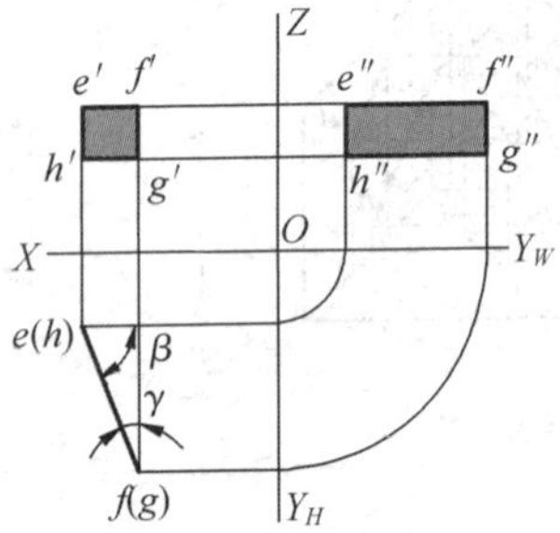	水平投影积聚成直线，并反映真实倾角； 正面投影、侧面投影仍为平面图形，面积缩小
侧垂面	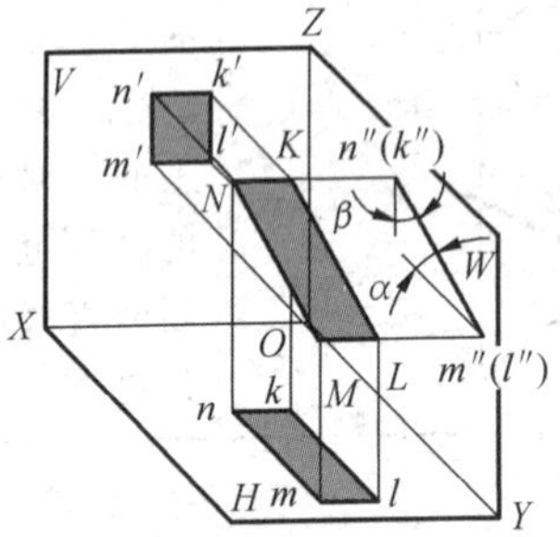	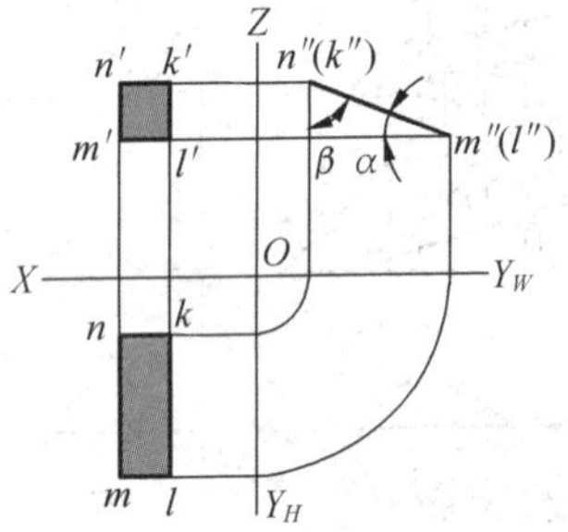	侧面投影积聚成直线，并反映真实倾角； 正面投影、水平投影仍为平面图形，面积缩小

3.投影面平行面的投影

投影面平行面分为三种：

(1)与正面(*V* 面)平行的平面称为正平面；

(2)与水平面(*H* 面)平行的平面称为水平面；

(3)与侧面(*W* 面)平行的平面称为侧平面。

投影面平行面与一个投影面平行，与另外两个投影面必然都垂直，故有以下投影特点：

(1)投影面平行面在其所平行的投影面上的投影，反映该空间平面的实形；

(2)投影面平行面在其所垂直的两个投影面上的投影，都积聚为直线，并垂直或平行于相应的投影轴。

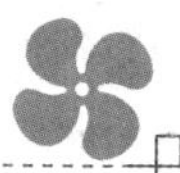

表 1-1-6 列出了三种投影面平行面的立体图、投影图及其投影特性。

表 1-1-6　三种投影面平行面的立体图、投影图及其投影特性

名称	立体图	投影图	投影特性
正平面	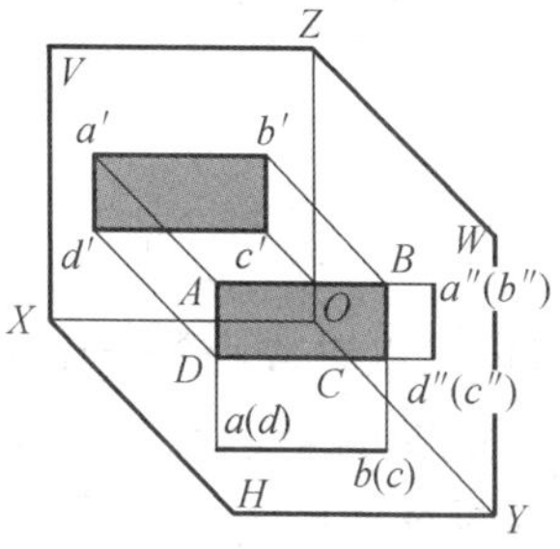	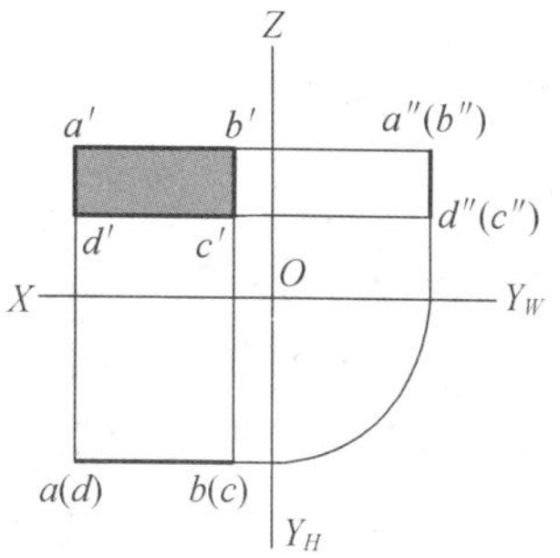	正面投影反映实形；水平投影平行 OX，侧面投影平行 OZ，并分别积聚成直线
水平面	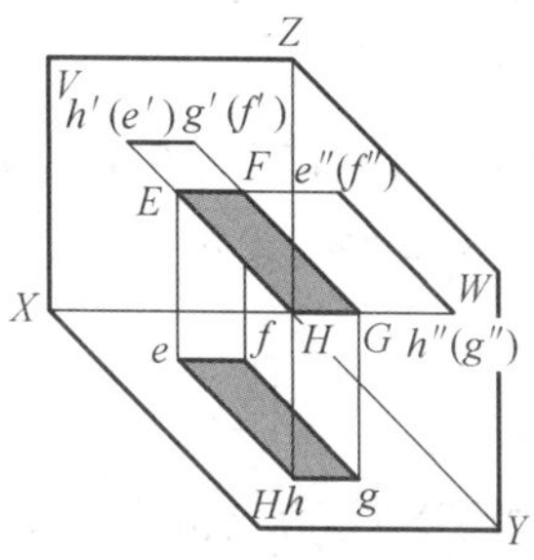	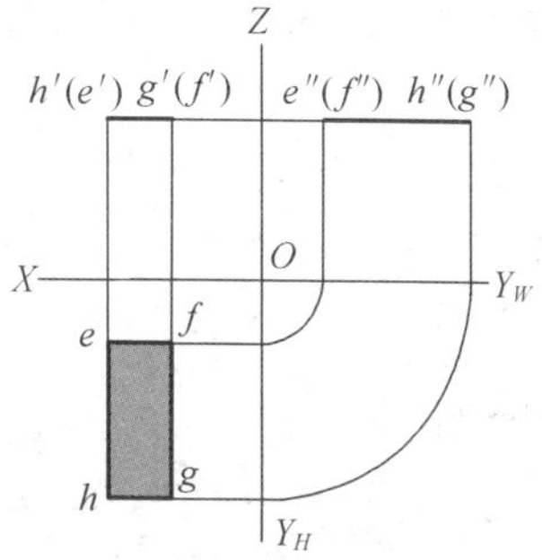	水平投影反映实形；正面投影平行 OX，侧面投影平行 OY_W，并分别积聚成直线
侧平面	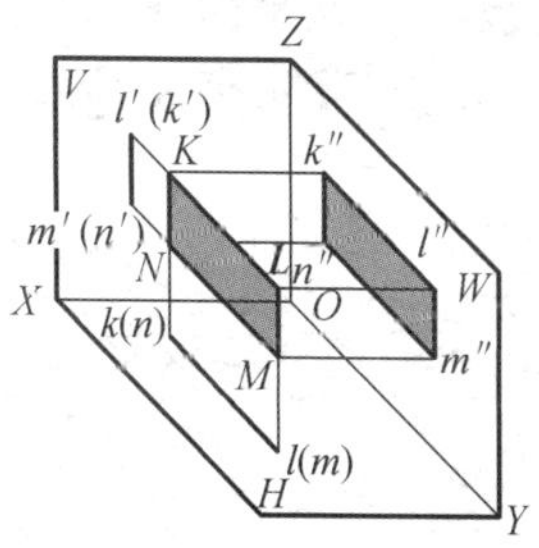	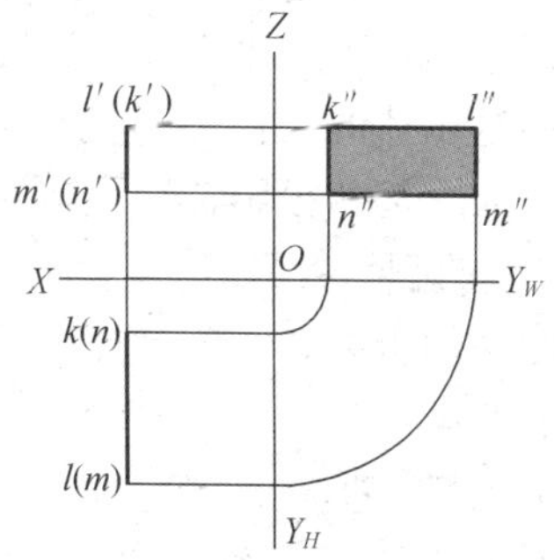	侧面投影反映实形；正面投影平行 OZ，水平投影平行 OY_H，并分别积聚成直线

四、基本体的投影

立体的表面是由若干个面(平面、曲面)组成的。若立体表面的所有的面均为平面，则称为平面立体；若立体表面的所有的面均为曲面，或既有平面也有曲面，则称为曲面立体。

工程制图中通常把棱柱、棱锥、圆柱、圆锥、圆球、圆环等称为基本体，如图 1-1-9 所示。

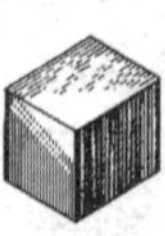
四棱柱

六棱柱
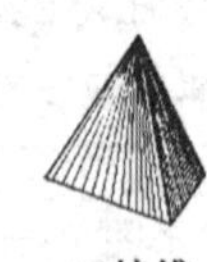
三棱锥

圆柱

圆锥

圆球

圆环

图 1-1-9 基本体

(一)平面基本体的投影

1.平面基本体的图样

常见的平面基本体有棱柱、棱锥、棱台等。

平面基本体的表面是由若干个平面组成的,平面基本体也可以看成由若干个平面图形围成,因此,平面基本体的投影也就是围成平面基本体的各个平面图形的投影。

在三投影面体系中,对于同一个平面基本体,各表面相对投影面的位置不同,投影的形状也不同。因此,画图时,必须正确分析平面基本体各表面相对于投影面的位置,一般先画投影有积聚性、能反映实形的视图。

基本体画图的方法是线面分析法,即通过分析基本体上的线、面的投影来画基本体的三个视图。

常见的平面基本体都有一个或两个对称平面,画投影图时,一般都用细点画线将对称平面画出,并超出图形 2~5 mm,称为对称轴线。当对称轴线与基本体的棱线重合时,棱线是基本体表面上固有的线,棱线(实线或虚线)应优先画出。

2.平面基本体的读图

读图是根据已知的投影图,运用正投影原理,对投影图进行分析,边分析边想象,从而构想出投影图所表达的物体的空间形状的过程。

基本体读图的方法也是线面分析法,即通过分析三个视图中的基本体上的线、面的投影关系来构想基本体的空间形状。

平面基本体的表面是由若干个平面多边形所组成的,其投影也就是由线段和封闭多边形所组成的,因此,读平面基本体的三视图,应根据线、面的投影知识,分析平面基本体投影图中的这些线段和多边形封闭线框的投影特性及空间含义。

(1)投影图中的线段的空间含义

平面基本体投影图中的每一条线段,可能是平面基本体上某一棱线的投影,也可能是有积聚性的某一平面图形的投影。

(2)投影图中的封闭线框的空间含义

平面基本体投影图中的一个多边形的封闭线框,一般情况下是平面基本体上一个平面的投影,但也可能是一个立体或一个孔的投影。

根据各种位置平面的投影特性,在某一视图上的一个多边形封闭线框,在另两个视图上的对应的投影只有两种可能:一种可能是类似图形的多边形封闭线框;另一种可能是直线(即该平面有积聚性),即不是类似图形就是直线。

若某一视图上的一个多边形封闭线框,在另两个视图上对应的投影都是类似的多边形封闭线框,则该多边形封闭线框所代表的平面一定是一般位置平面。

若某一视图上的一个多边形封闭线框,在另两个视图上对应的投影都是直线段,则该多边

形封闭线框所代表的平面一定是与该投影面平行的平面。

若某一视图上的一个多边形封闭线框，在另两个视图上的对应的投影分别是一个类似的多边形封闭线框和一条直线段，则该多边形封闭线框所代表的平面一定是与该投影面垂直的平面。

平面基本体的投影图中，相邻的两个多边形封闭线框一般情况下代表两个不同的平面，这两个平面有上下、左右、前后相对位置的区别。

下面以平面基本体中的正六棱柱和正三棱锥为例，介绍平面基本体的投影和图样。

3.正六棱柱的投影和图样

正六棱柱的投影和图样如图 1-1-10 所示。

绘制正六棱柱的图样时，应先画正六棱柱在水平投影面（*H* 面）上的投影（为正六边形），然后根据投影规律和棱柱的高度画出其他两个投影面（*V* 面和 *W* 面）上的投影。

4.正三棱锥的投影和图样

正三棱锥的投影和图样如图 1-1-11 所示。

绘制正三棱锥的图样时，应先画出正三棱锥的底面三角形在各个投影面上的投影，然后画出锥顶 *S* 在各个投影面上的投影，最后在各个投影面上连接各个棱线。

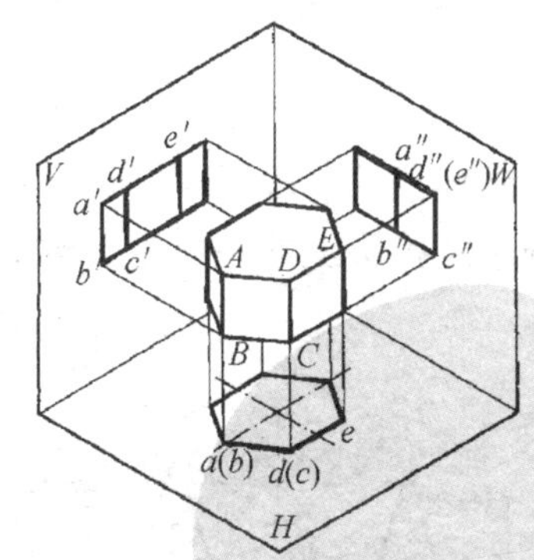

图 1-1-10　正六棱柱的投影和图样

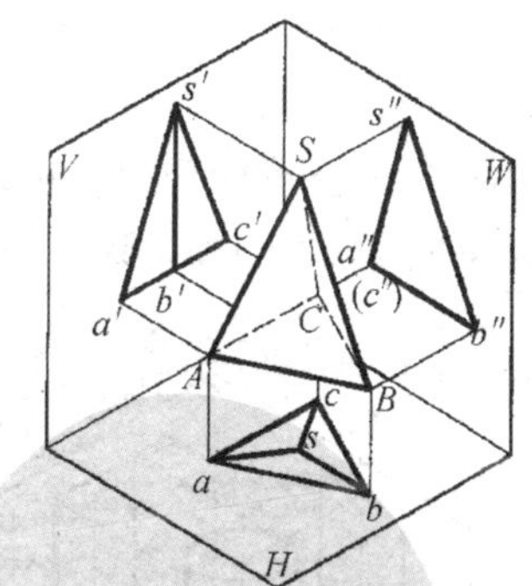

图 1-1-11　正三棱锥的投影和图样

（二）曲面基本体的投影和图样

1.曲面基本体的图样

常见的曲面基本体有圆柱、圆锥、圆球和圆环等。

常见的曲面基本体也称回转体，可以把它们看作由一动线绕一固定轴线回转而成的。该动线称为母线，母线在回转过程中的每一个具体位置称为素线，在视图中的极限位置的素线称为转向素线（也称为转向轮廓线）。母线上的每一个点绕固定轴线回转而形成的垂直于固定轴线的圆，称为纬线圆。

曲面基本体画图的方法当然也是线面分析法，即通过分析曲面基本体上的线、面的投影来画曲面基本体的三个视图。

回转体的那个固定轴线即为曲面基本体的对称轴线，画投影图时，一般应用细点画线将此对称轴画出，并超出图形 2~5 mm。

2.曲面基本体的读图

曲面基本体读图的方法当然也是线面分析法，即通过分析三个视图中的曲面基本体上的线、面的投影关系来构想曲面基本体的空间形状。

从回转体的投影图中可以看出，当回转体的轴线垂直于某一投影面时，回转体在与轴线垂直的投影面上的投影是一个或几个同心圆，即至少有一个投影为圆，因此，将这个投影称为回转体的特征投影；此时，回转体在另外两个投影面上的投影则为全等图形，它们反映了回转体的具体形状，因此，称为定形投影。

读回转体的投影图时，无论是否是常见的回转体的投影，都应先找特征投影，然后对照另外两个投影来确定回转体的形状。

若轮廓素线对应的投影是平行于轴线的直线，则其立体形状为圆柱。

若轮廓素线对应的投影是与轴线相交的直线，则其立体形状为圆锥。

若轮廓素线对应的投影还是圆，且其半径与特征投影的半径相同，则其立体形状为圆球。

下面以曲面基本体中的圆柱、圆锥、圆球和圆环为例，介绍曲面基本体的投影和图样。

(1)圆柱的投影和图样

圆柱的投影和图样如图 1-1-12 所示。

圆柱的表面是由一直的母线绕与它平行的轴线回转而成的。圆柱表面是由圆柱面(曲面)和上、下两个全等的圆底面(平面)组成的。画图时，应先画出圆柱在水平投影面(H 面)上的投影(一个圆)，然后画出圆柱在其他两个投影面(V 面和 W 面)上的投影(均为矩形或正方形)。

(2)圆锥的投影和图样

圆锥的投影和图样如图 1-1-13 所示。

圆锥的表面是由一直母线绕与它相交的轴线回转而成的。画图时，应先画出圆锥底面圆的各个投影，然后画出锥顶的各个投影，最后分别画出各投影上的转向轮廓素线，从而完成圆锥的各个投影。

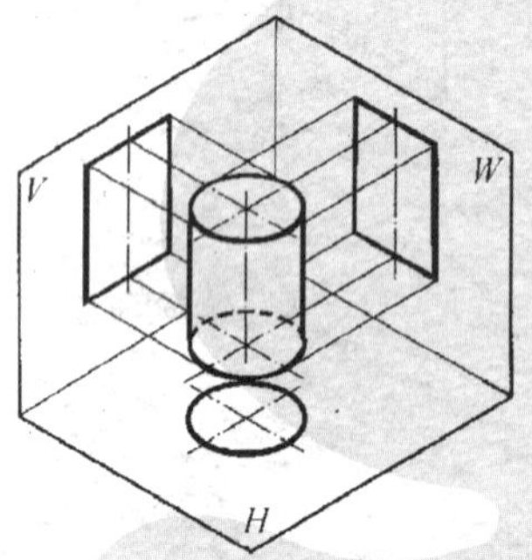

图 1-1-12　圆柱的投影和图样

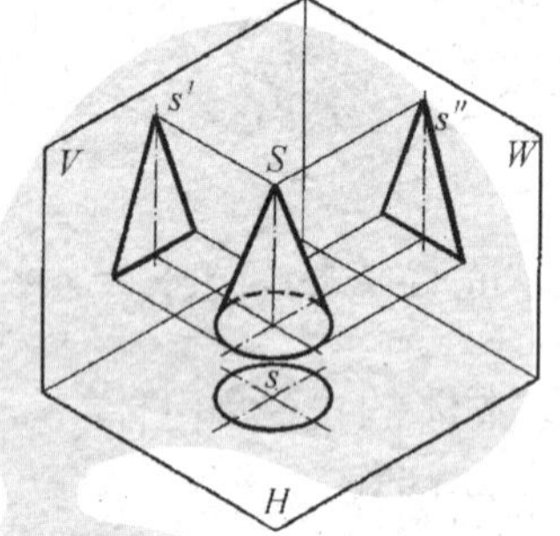

图 1-1-13　圆锥的投影和图样

(3)圆球的投影和图样

圆球的投影和图样如图 1-1-14 所示。

圆球的表面是由一个圆母线绕一个过其圆心且与其在同一平面上的轴线回转而成的。画图时，应先确定球心在三个投影面上的投影位置，然后分别画出在三个投影面上的圆球表面的投影(均为与圆球等直径的圆)。

(4)圆环的投影和图样

圆环的投影和图样如图 1-1-15 所示。

圆环的表面由圆环面围成，圆环面也是由一圆母线绕与其在同一平面上的轴线回转而成的，但该轴线位于圆母线的圆外，不通过圆母线的圆心。

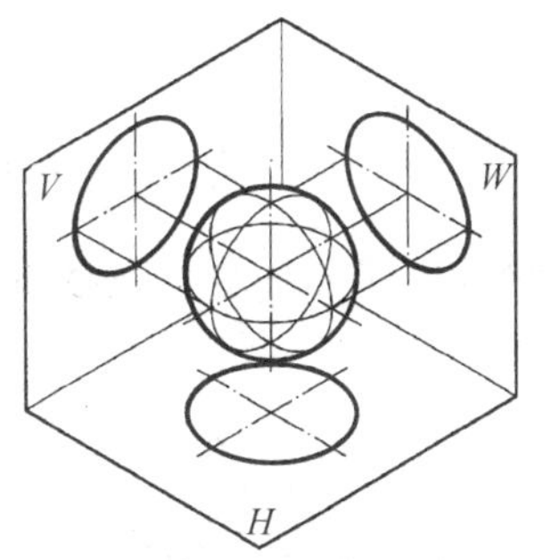

图 1-1-14　圆球的投影和图样

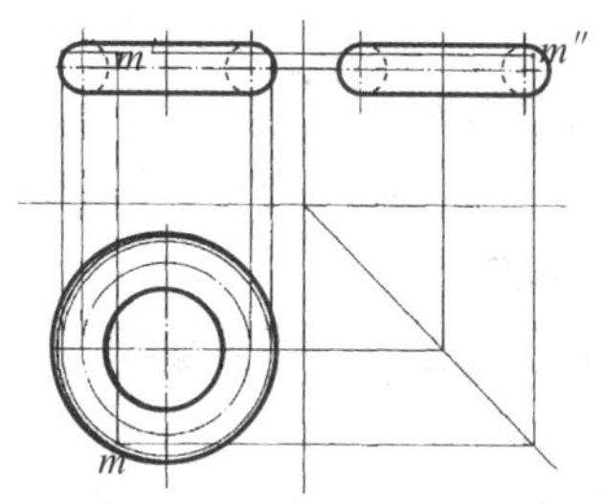

图 1-1-15　圆环的投影和图样

五、基本体的截交线

(一)平面与立体表面的截交线

1.截交线及其性质

如图 1-1-16 所示,平面与立体相交并截掉立体的某些部分称为平面对立体的截切;与立体相交的平面称为截平面;截平面与立体表面的交线称为截交线;截交线围成的平面图形称为截断面。

截交线有以下性质:

(1)截交线是截平面与立体表面的共有线,截交线上的点是截平面与立体表面的共有点;

(2)由于立体表面是封闭的,截交线也必定是封闭的;

(3)截交线的形状取决于立体表面的形状和截平面与立体的相对位置。

需要强调的是,在画图和读图时必须分清截交线和截交线的投影。

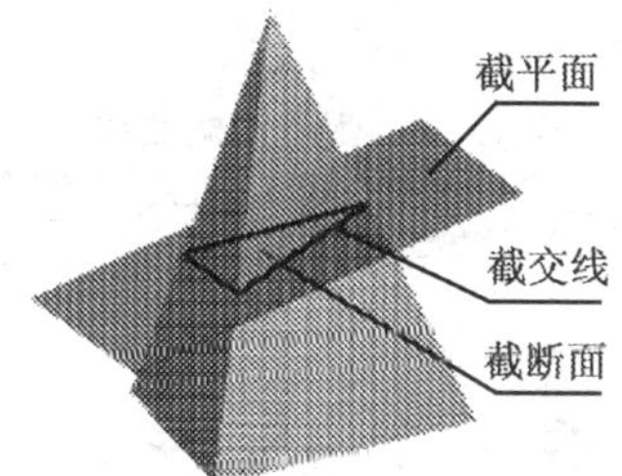

图 1-1-16　截交线与截断面

2.平面立体的截交线

截平面截切平面立体所形成的交线为封闭的平面多边形,该多边形的每个顶点都是截平面与平面立体的每个棱线相交所形成的交点,该多边形的每条边都是截平面与平面立体的棱面或顶面、底面相交所形成的交线。

因此,根据截交线的性质,确定平面立体截交线的问题,可归结为确定截平面与平面立体表面的共有点、共有线的问题。

确定截平面与平面立体所形成的截断面的投影,其实质就是确定截平面与平面立体的截交线的投影。通常,确定截平面与平面立体的截交线的投影有两种方法,即棱线法与棱面法。

(1)棱线法:确定截平面与平面立体棱线之交点的方法;

(2)棱面法:确定截平面与平面立体表面之交线的方法。

3.曲面立体的截交线

确定截平面与曲面立体的截交线的一般步骤与方法如下:

(1)分析截交线的形状

截平面与曲面立体的表面相交,其截交线的形状取决于曲面立体的表面形状以及截平面与曲面立体的相对位置。

截平面与曲面立体的截交线一般都是封闭的平面图形,多为封闭的平面曲线图形。

(2)分析截交线的投影

分析截平面与投影面的相对位置,明确截交线的投影特性(如积聚性、类似性等)。

(3)画出截交线的投影

截交线上的每一点都是截平面与曲面立体的共有点,所以,画截交线投影的基本方法是在曲面体上取若干条辅助线(素线或纬线圆),并确定它们与截平面的交点,然后判断可见性,最后将这些点的同面投影光滑地连接起来,即得到截交线的投影。

如果截交线的投影形状是矩形、三角形或圆形等,截交线的投影就比较容易画出。

如果截交线的投影形状是椭圆等非圆曲线,一般要先确定截交线的大小、范围、虚实分界等重要的特殊点,然后在这些特殊点之间求出一些中间点,最后光滑地连接起来。

下面以曲面基本体为例,介绍曲面立体的截交线的投影。

(二)曲面基本体的截交线

1.圆柱的截交线

截平面与圆柱体的相对位置不同,其截交线的形状也是不同的。

截平面与圆柱体的相对位置可分为三种情况,即截平面平行于圆柱体的轴线、截平面垂直于圆柱体的轴线、截平面倾斜于圆柱体的轴线,表 1-1-7 给出了这三种情况下的空间形状、截交线形状和投影图等。

表 1-1-7　圆柱的截交线

截平面位置	平行于轴线	垂直于轴线	倾斜于轴线
空间形状			
截交线形状	矩形	圆形	椭圆形
投影图			

2.圆锥的截交线

截平面与圆锥体的相对位置不同,其截交线的形状也是不同的。

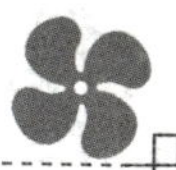

截平面与圆锥体的相对位置可分为五种情况，如表1-1-8中所列。表1-1-8中还给出了这五种情况下的空间形状、截交线形状和投影图等。

表1-1-8　圆锥的截交线

截平面位置	过锥顶	与轴线垂直	倾斜于轴线且 $\theta>\phi$	与轴线平行或 $\theta<\phi$	平行某一素线
空间形状					
截交线形状	三角形	圆形	椭圆形	双曲线和直线	抛物线和直线
投影图					

3.圆球的截交线

截平面与圆球的截交线是圆。

当截平面平行于某投影面时，截交线在该投影面上的投影为反映实形的圆，截交线在另两个投影面上积聚为直线。

当截平面垂直于某投影面时，截交线在该投影面上的投影积聚为直线，截交线在另两个投影面上的投影一般为椭圆形（也可能一个为反映实形的圆形，另一个积聚为直线）。

当截平面倾斜于三个投影面时，截交线在三个投影面上的投影均为椭圆形。

表1-1-9给出了常见的圆球截交线。

表1-1-9　常见的圆球截交线

截平面位置	与投影面平行（比如水平面）	与投影面垂直（比如倾斜面）
空间形状		
截交线形状	圆形	
投影图		

六、两曲面体的相交

在此仅介绍曲面基本体——回转体的相交及其特性。

1.相贯线及其基本性质

两回转体的相交,称为相贯;两回转体表面的交线,称为相贯线。

相贯线有以下基本性质:

(1)相贯线是两回转体表面的共有线,也是两相交立体的分界线;相贯线上的所有点都是两回转体表面的共有点。

(2)立体的表面是封闭的,因此,相贯线在一般情况下是封闭的空间曲线;在特殊情况下,相贯线还可能是平面曲线,甚至可能是直线。

(3)相贯线的形状取决于相交的两回转体的各自形状和大小以及两回转体之间的相对位置。

需要强调的是,在画图和读图时必须分清楚相贯线和相贯线的投影。

2.确定相贯线的方法

(1)表面取点法

两回转体相交,如果其中有一个是轴线垂直于投影面的圆柱,相贯线在该投影面上的投影就积聚在圆柱面在该投影面上的积聚圆周上,这样,就可以在相贯线上取一些点,确定相贯线上的这些点在其他投影面上的位置,从而确定并画出相贯线在其他投影面上的投影。这种按已知曲面立体表面上的点在某一投影面上的投影确定其在其他投影面上的投影的方法,称为表面取点法。

(2)辅助平面法

假想作出一个辅助平面,使其与相贯的两回转体相交,然后分别作出辅助平面与两回转体的截交线,这两条截交线的交点必为两回转体表面的共有点,即为相贯线上的点。

假想作出一系列辅助平面,即可得到相贯线上的若干个点,依次连接各点,就可得到相贯线。

(3)相贯线的近似画法

当不要求精确画相贯线时,轴线垂直相交的两圆柱的相贯线允许以圆弧代替,该圆弧的圆心在小圆柱的轴线上,半径为大圆柱的半径,圆弧向大圆柱的轴线方向凸出。

3.轴线垂直相交的两圆柱的相贯线

两轴线互相垂直而相交的圆柱,在零件上是最常见的,它们的相贯线一般有如图 1-1-17所示的三种形式。

图 1-1-17(a)表示的是两实心圆柱相交,其中铅垂圆柱的直径较小,而水平圆柱的直径较大,其相贯线是上下对称的两条封闭的空间曲线。

图 1-1-17(b)表示的是圆柱孔与实心圆柱相交,其相贯线也是上下对称的两条封闭的空间曲线。

图 1-1-17(c)表示的是两圆柱孔相交,其相贯线同样是上下对称的两条封闭的空间曲线。因为此相贯线不可见,所以用虚线表示。

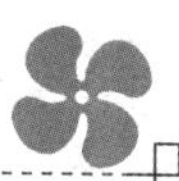

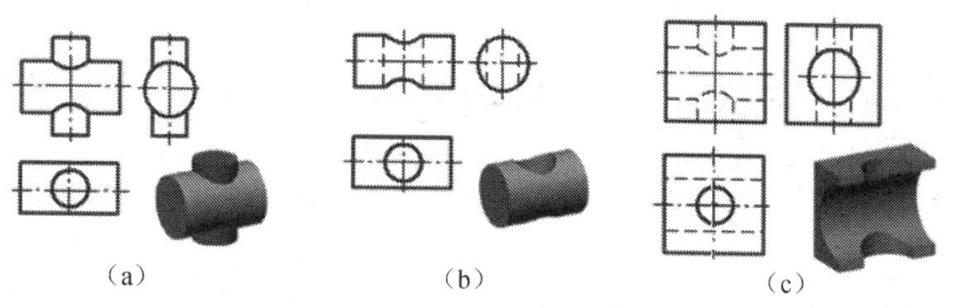

图 1-1-17　两圆柱相贯线的常见情况

4.相贯线的特殊情况

在一般情况下,两回转体的相贯线是空间曲线,但在某些特殊情况下,也可能是平面曲线或直线。

(1)当两个回转体轴线相交,且公切于同一个圆球时,则它们的相贯线为两个椭圆。此时,若这两个回转体轴线都平行于同一个投影面,它们的相贯线就是垂直于这个投影面的两个椭圆,这两个椭圆(相贯线)在这个投影面上的投影为相交的两条直线。

图 1-1-18 中所示的圆柱与圆柱相交、圆柱与圆锥相交、圆锥与圆锥相交,其轴线分别相交,且平行于正投影面(V 面),并公切一个圆球,因此,它们的相贯线都是垂直于正投影面(V 面)的两个椭圆;在正投影面(V 面)上,连接它们正面投影的转向轮廓素线的交点,可得到两条相交直线,这两条相交直线即为它们相贯线的正面投影。

(2)同轴两回转体的相贯线是垂直于轴线的圆。

如图 1-1-19 所示,圆柱与圆球相交、圆锥与圆球相交,其轴线分别重合,且垂直于水平投影面(H 面),因此,它们的相贯线都是平行于水平投影面(H 面)的两个圆(与轴线垂直)。

(3)轴线平行的两圆柱的相贯线是两条平行的素线,如图 1-1-20 所示。

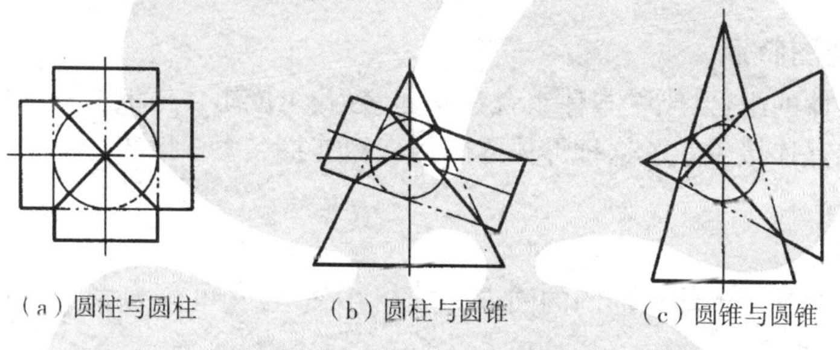

(a)圆柱与圆柱　(b)圆柱与圆锥　(c)圆锥与圆锥

图 1-1-18　相贯线的特殊情况(1)

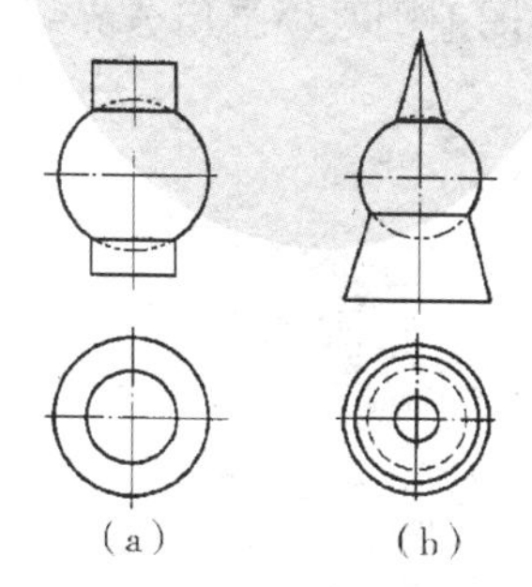

图 1-1-19　相贯线的特殊情况(2)

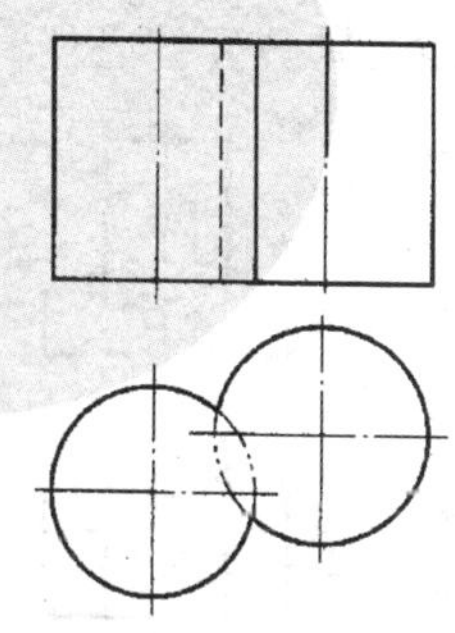

图 1-1-20　相贯线的特殊情况(3)

5.过渡线

由于零件上的铸造锻造圆角的存在，表面相交时产生的相贯线就不是很明显，但仍然可以看清楚，这种线通常称为过渡线。

在图样中，过渡线的画法与相贯线的画法基本相同，只是在表示时有些细小的差别。

(1)过渡线用细实线绘制；

(2)当两曲面相交时，过渡线与圆角处不接触，应留有少许间隙。

七、组合体的视图

(一)组合体的组成方式及视图特点

1.组合体的组成方式

由两个或更多个基本体组成的物体称为组合体。

组合体的组成方式是多种多样的，但归纳起来，组合体的组成方式可分为叠加和切割两种基本形式，常见的组合体基本上都是这两种基本形式的综合，如图 1-1-21 所示。

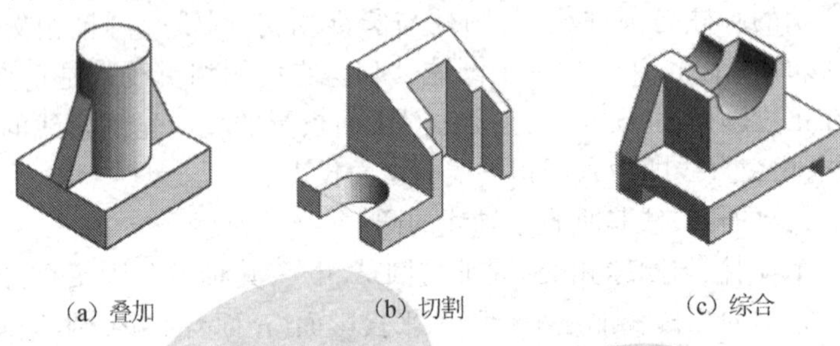

图 1-1-21　组合体的组成方式

2.组合体的视图特点

组合体是基本体的组合，当基本体组合在一起之后，组成组合体的基本形体的相邻表面之间就存在一定的相互连接关系。这种形体之间的表面连接关系一般可分为平行、相切、相交等情况。

(1)表面平行

表面平行是指两基本形体表面间的同方向的相互关系，又可分为表面平齐和表面不平齐两种情况，如图 1-1-22 所示。

当两基本体的表面平齐时，两表面为共面，因而视图上的两基本体之间无分界线；当两基本体的表面不平齐时，其分界处必然有分界线，在视图上则必须画出分界线。

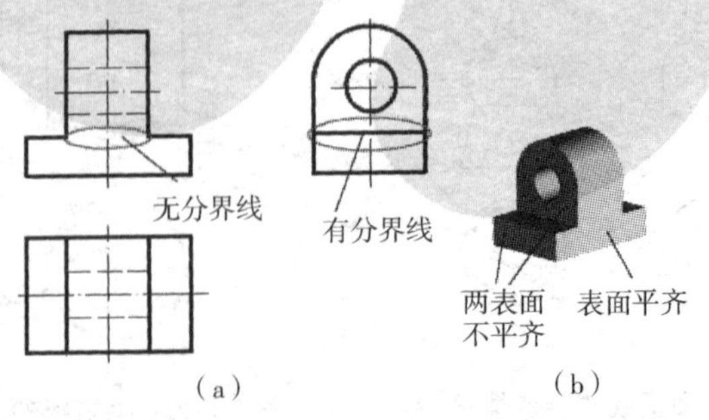

图 1-1-22　表面平行

(2)表面相切

当两基本形体的表面相切时,两表面的相切处是光滑过渡,所以在视图中,两表面的相切处一般不画线,如图 1-1-23 所示。

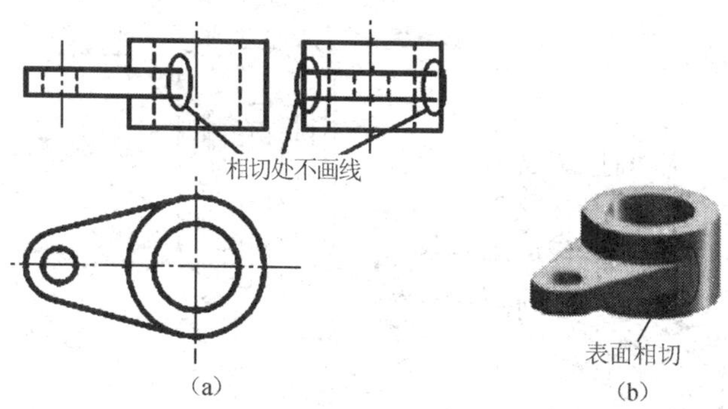

图 1-1-23　表面相切

(3)表面相交

当两基本形体的表面相交时,相交处会产生不同形式的交线,在视图中则必须画出这些交线的投影,如图 1-1-24 所示。

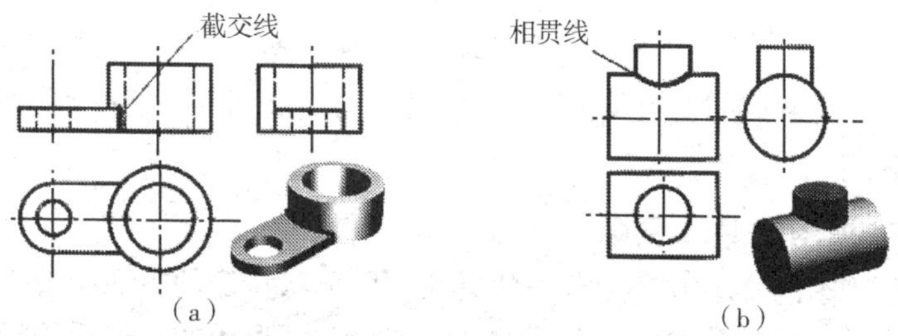

图 1-1-24　表面相交

(二)读组合体三视图

1.读组合体三视图的基本方法

组合体的读图方法与组合体的画图方法一样,都是形体分析法辅以线面分析法。

组合体的画图方法是利用形体分析法将组合体的各组成形体按它们的相对位置和表面关系画成由线框和线条组成的视图;读图则是画图的反过程,就是根据组合体的视图,对视图中所画的线框和线条经过分析和想象,得到组合体的形状。

(1)形体分析法

形体分析法是解决组合体问题的基本方法。

将组合体按照其组成方式分解为若干基本形体,以便弄清楚各基本形体的形状、它们之间的相对位置和表面间的相互关系,这种方法称为形体分析法。在画图、读图和标注尺寸的过程中,常常要运用形体分析法。

组合体的形体分析过程如图 1-1-25 所示,分析组合体是由哪几部分组成的,各组成部分之间的相对位置以及组合形式等。

(2)线面分析法

一般情况下,当一基本体被多个平面切割,形体形状不规则或在某视图中形体结构的投影关系重叠时,应用形体分析法往往难以读懂,这时就需要辅以线面分析法,即运用线、面投影理

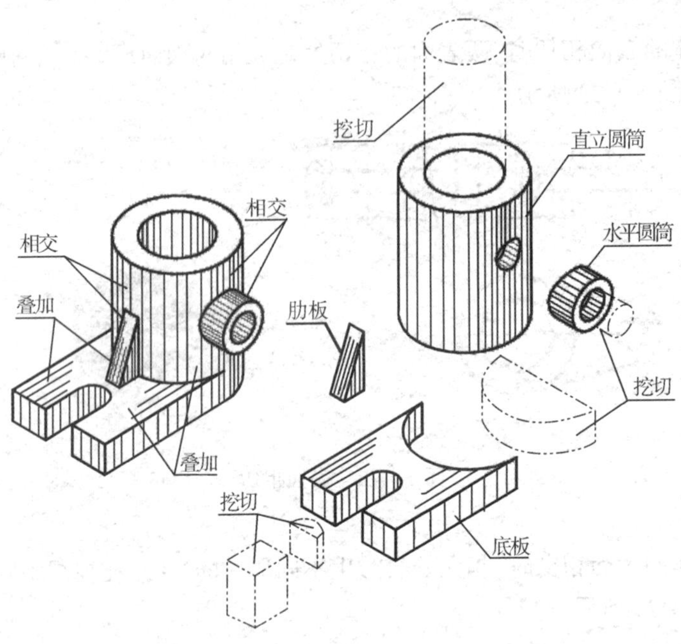

图 1-1-25　组合体的形体分析

论来分析物体的表面形状、面与面的相对位置以及面与面之间的表面交线，并借助立体的概念来想象物体的形状。

2.读组合体三视图的基本原则

形体分析法是读图的基本方法。首先从反映物体形状特征的主视图着手，对照其他视图，初步分析出该物体是由哪些基本体以及通过什么连接关系形成的。然后按投影特性逐个找出各基本体在其他视图中的投影，以确定各基本体的形状和它们之间的相对位置。最后综合想象出物体的总体形状。

(1)几个视图联系起来看

一般情况下，通过一个视图不能完全确定物体的形状。特别是组合体，一个视图不能确定组成组合体的各形体的形状以及相邻表面间的关系。所以，看图时必须将几个视图联系起来看。比如，几个物体的主视图相同，但实际上它们可能是由形状不同的形体按照不同的相对位置排列，或形状相同的形体按照不同的相对位置排列组成的。

图 1-1-26 所示的五组视图的主视图都相同，但实际上是五种不同形状的物体。

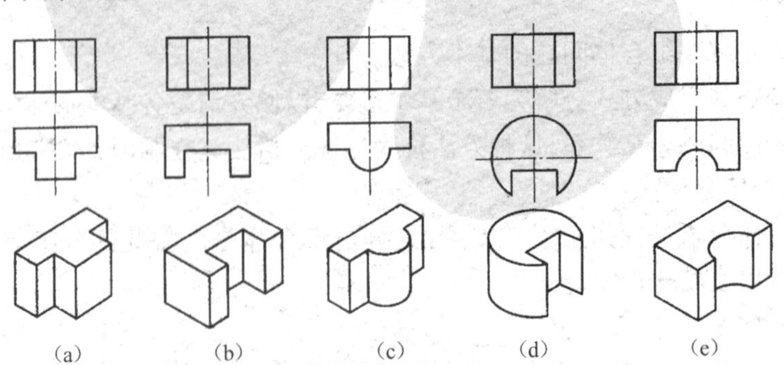

图 1-1-26　主视图相同的不同形状的物体

(2)寻找特征视图

特征视图,就是能把物体的形状特征及相对位置反映最充分的那个视图。找到特征视图,再配合其他视图,就能较快地认清物体了。

图1-1-27所示的三组三视图中,左视图就是特征视图,而三组视图中的主视图和俯视图都是相同的,无法区分物体形状。

但是,由于组合体的组成方式不同,物体的形状特征及相对位置并非总是集中在一个视图上,有时分散于各个视图上。

例如,图1-1-28中的支架就是由A、B、C、D四个形体叠加构成的,其主视图反映了形体A、B的主要特征,左视图反映了形体C的主要特征,俯视图则反映了形体D的主要特征。所以,在读图时,要抓住反映特征较多的视图。

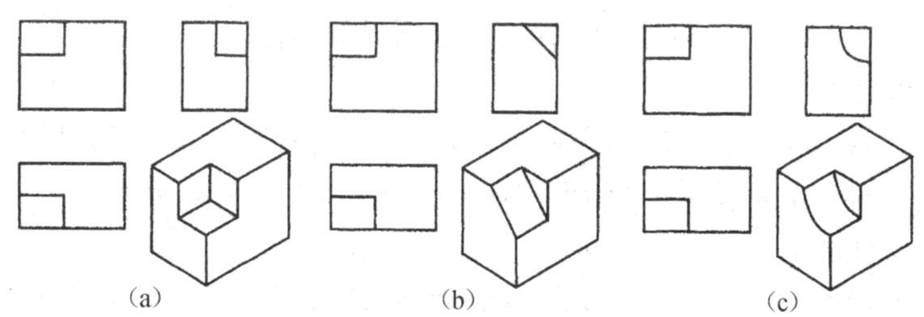

图1-1-27 主视图和俯视图都相同的不同形状的物体

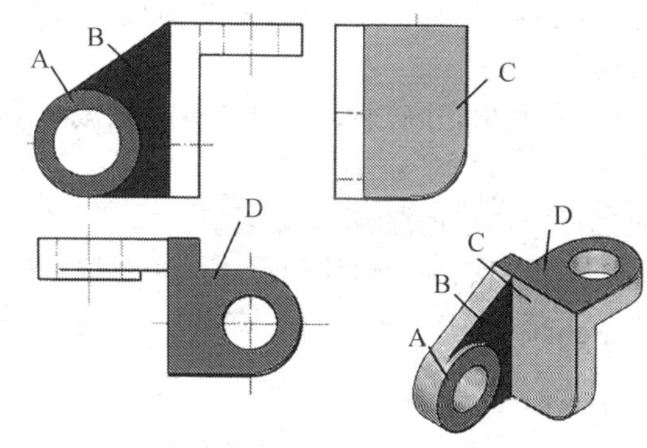

图1-1-28 不同视图反映不同形体的主要特征

(3)在形体分析的基础上进行线面分析

读图时,必须以主视图为中心,找出视图间的线框和线条的相互关系,在形体分析的基础上进行线面分析。只有这样,才能明确各组成形体表面之间的关系、相对位置以及基本体的切割情况。

视图中每一个投影面上的每一个封闭线框,都是物体上不与该投影面垂直的一个表面的投影:这个面可能是平面,也可能是曲面,还可能是平面与曲面相切而形成的组合面;这个面可能是外表面,也可能是内表面。

当平面图形平行于某投影面时,其在该投影面上的投影则反映实形;当平面图形倾斜于某投影面时,其在该投影面上的投影必是缩小了的类似形。利用这一特性,可以想象各面的空间形状。

视图中的任何一条粗实线或虚线,可能是:①有积聚性的平面或曲面的投影;②两表面

(平面、曲面)交线的投影;③曲面的转向轮廓线(或转向素线)。

视图中的任何一个封闭线框,可能是:①物体上某一个平面的反映实形的投影;②物体上某一个面(平面、曲面)投影所得到的缩小了的类似形;③物体上的一个平面与曲面相切而形成的组合面。

3.组合体读三视图的一般步骤

组合体三视图读图的一般步骤如下:

(1)分线框、对投影

从主视图入手,对照其他视图,根据封闭线框将组合体分解为简单的几个部分形体。

(2)想形体、辨位置

用形体分析法,根据各部分形体在三视图中的投影,想象出各部分形体的空间形状、具体结构和位置。一般先解决大的、主要的形体,或是明显的形体。

(3)线面分析攻难点

对形状复杂的部分形体,需要运用线、面投影理论来分析物体的表面形状、面与面的相对位置以及面与面之间的表面交线,并借助立体的概念来想象物体的形状。

(4)综合起来想整体

按视图中各部分形体的相对位置关系和表面间关系,综合起来想象出物体的整体形状。

八、视图上标注的尺寸

视图只能表达出组合体的形状,要确定组合体上各部分的真实大小及相对位置,必须标注尺寸,而且尺寸的标注应做到以下几点:

(1)正确:所标注的尺寸不仅数值正确,而且要符合有关机械制图国家标准的尺寸注法的规定。

(2)完整:尺寸必须标注齐全,不得遗漏,不应重复。

(3)清晰:尺寸布置要整齐、清晰。同一形体的尺寸标注要相对集中,便于看图。

(一)视图上标注尺寸的规则

1.基本规则

国家标准中规定了图样中的尺寸标注法,其基本规则如下:

(1)机件的真实大小应以图样上所标注的尺寸数值为依据,与图形的大小及绘图的准确度无关;

(2)图样中(包括技术要求和其他说明)的尺寸,以毫米(mm)为单位时,不需标注单位符号(或名称),如采用其他单位,则应注明相应的单位符号(或名称);

(3)图样中所标注的尺寸,为该图样所示机件的最后完工尺寸,否则应另加说明;

(4)机件的每一尺寸,一般只标注一次,并应标注在反映该结构最清晰的图形上。

2.尺寸的组成要素

图样中,一个完整的尺寸,一般应由尺寸界线、尺寸线、尺寸数字和尺寸终端(箭头或斜线)等四个尺寸要素构成,如图1-1-29所示。

尺寸在图样中的排布要清晰、整齐、匀称。

尺寸界线应自图形的轮廓线、轴线或中心线引出,也可利用轮廓线、轴线或对称中心线作为尺寸界线;尺寸界线一般应与尺寸线垂直,必要时才允许倾斜;尺寸界线用细实线绘制,尺寸

界线应超过尺寸线末端 2~5 mm；在光滑过渡处标注尺寸时，应用细实线将轮廓线延长，从它们的交点处引出尺寸界线，此时的尺寸界线可以不与尺寸线垂直。

尺寸线用细实线绘制；尺寸线不能用其他图线代替，一般也不得与其他图线重合或画在其他图线的延长线上；在标注线性尺寸时，尺寸线应与所标注的线段平行；在标注线性尺寸时，相同方向的尺寸线之间的距离要均匀，并尽量避免与其他尺寸线和尺寸界线相交叉；对于未完整表示的要素，可仅在尺寸线的一端画出箭头，但尺寸线应超过该要素的中心线或断裂处。

线性尺寸的数字一般应注写在尺寸线的上方或中断处，水平方向的数字字头朝上，垂直方向的数字字头朝左，倾斜方向数字字头均偏上；为了保证尺寸数字清晰，任何图线不得通过尺寸数字，当不可避免时，必须将这些图线断开。

尺寸终端有箭头和斜线两种形式。机械图样中的箭头一般为闭合的实心箭头；在同一张图上，箭头的大小应一致。

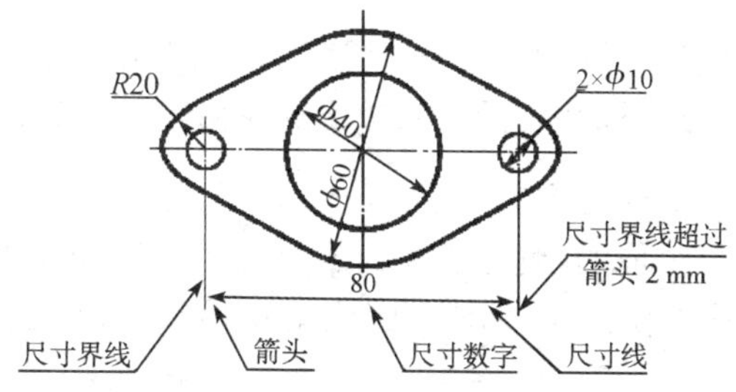

图 1-1-29 尺寸标注示例

3.圆、圆弧、圆球以及角度的尺寸标注

（1）标注圆或大于半圆的圆弧尺寸时，应标注圆或圆弧的直径，并在尺寸数字前加注直径符号“ϕ”；

（2）标注等于半圆或小于半圆的圆弧尺寸时，应标注圆弧的半径，并在尺寸数字前加注半径符号“R”；

（3）标注圆球面的直径或半径时，应在直径符号“ϕ”或半径符号“R”前再加注符号“S”；

（4）直径尺寸应尽量标注在非圆视图上，半径尺寸则必须标注在圆形视图上；

（5）标注弧长时，应在尺寸数字的左方加注符号“⌒”（旧标准为在尺寸数字的上方加注符号“⌒”）；

（6）标注角度时，尺寸界线应沿径向引出，尺寸线画成圆弧，尺寸数字要水平书写。

（二）基本体标注的尺寸

组合体是由基本体经过叠加、切割而成的，所以，要掌握组合体的尺寸标注，必须先熟悉和掌握基本体的尺寸标注方法。

常见基本体的尺寸标注方法如图 1-1-30 所示。

一般情况下，基本体应标出长、宽、高三个方向的尺寸。但是，由于基本体的形状各异，所需尺寸的数量和标注形式也是不同的，并非每个基本体都需要标注出三个方向的尺寸。

通常情况下，平面基本体的尺寸标注需要两个视图，而回转体的尺寸标注只需一个视图。

另外，在标注正方形的尺寸时，可在正方形边长尺寸的数字前加注符号“□”，或用 $B\times B$ 的形式标注，B 为正方形的边长。

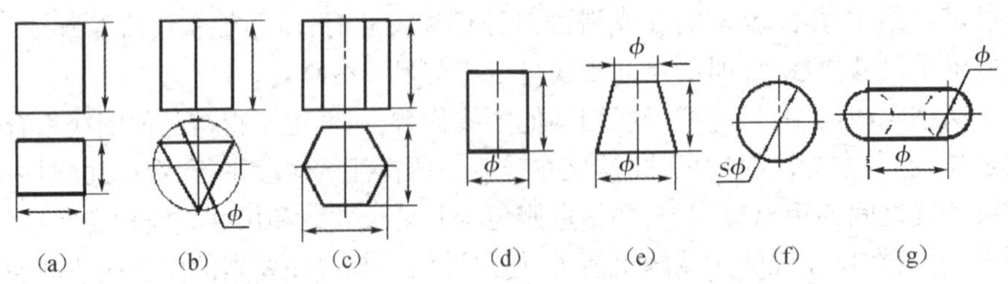

图 1-1-30　常见基本体的尺寸标注

1.棱柱的尺寸标注

棱柱的尺寸由两部分组成：棱柱底面的定形尺寸，棱柱的高度尺寸。

一般情况下，棱柱只需要在两个视图中标注出定形尺寸和高度尺寸，另一个视图可以省略。

标注正三棱柱底面的定形尺寸时，只需标注底面正三角形的外接圆直径“ϕ”即可；标注正六棱柱底面的定形尺寸时，只需标注底面正六边形的对角线长度（或对边的距离）即可。

2.棱锥的尺寸标注

棱锥的尺寸是由两部分组成的：棱锥底面的定形尺寸，棱锥顶点的定位尺寸。

一般情况下，棱锥只需要在两个视图中标注出定形尺寸和定位尺寸，另一个视图可以省略。

同棱柱的尺寸标注类似，标注正三棱锥底面的定形尺寸时，只需标注底面正三角形的外接圆直径“ϕ”；标注正六棱锥底面的定形尺寸时，只需标注底面正六边形的对角线长度（或对边的距离）。

3.棱台的尺寸标注

棱台的尺寸是由三部分组成的：棱台两底面的定形尺寸，棱台的高度尺寸。

同棱柱的尺寸标注类似，一般情况下，棱台也只需要在两个视图中标注出两底面的定形尺寸和高度尺寸，另一个视图可以省略。

4.圆柱的尺寸标注

圆柱的尺寸是由两部分组成的：圆柱底面的定形尺寸，圆柱的高度尺寸。

一般情况下，圆柱只需要在非圆视图上标注出底面的定形尺寸（底圆的直径）和圆柱的高度尺寸，另两个视图可以省略。

5.圆锥的尺寸标注

圆锥的尺寸是由两部分组成的：圆锥底面的定形尺寸，圆锥顶点的定位尺寸。

同圆柱的尺寸标注类似，一般情况下，圆锥只需要在非圆视图上标注出底面的定形尺寸（底圆的直径）和圆锥顶点的定位尺寸，另两个视图则可以省略。

6.圆台的尺寸标注

圆台的尺寸是由三部分组成的：圆台两底面的定形尺寸，圆台的高度尺寸。

同圆柱的尺寸标注类似，一般情况下，圆台只需要在非圆视图上标注出两底面的定形尺寸（两底圆的直径）和圆台的高度尺寸，另两个视图则可以省略。

7.圆球的尺寸标注

圆球的尺寸只有一个，即圆球的直径。

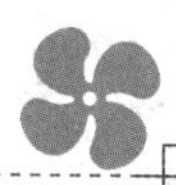

圆球的尺寸标注只需要在一个视图中标注出圆球的直径，但在直径符号"ϕ"前必须加注符号"S"，即圆球的直径符号为"$S\phi$"，另两个视图则可以省略。

8.圆环的尺寸标注

圆环的尺寸是由两部分组成的：圆环的圆母线的直径，圆环的圆母线绕轴线回转的回转直径。

圆环的尺寸标注只需要在一个视图中标注出圆环的圆母线直径及其回转直径，另两个视图则可以省略。

(三)组合体标注的尺寸

1.组合体应标注的尺寸

组合体一般应标注出以下三种类型的尺寸：

(1)定形尺寸，即确定组合体各组成部分形状大小的尺寸。

(2)定位尺寸，即确定组合体各组成部分相对位置的尺寸。

定位尺寸是用来确定相对位置的，所以标注定位尺寸时，必须在长、宽、高三个方向分别选出尺寸基准。每个方向都应有一个尺寸基准，以便确定各基本形体在各方向的相对位置。

尺寸度量的起点称为尺寸基准。尺寸基准的确定既与组合体的形状有关，又与其作用、工作位置以及加工制造有关，通常选组合体的底面、重要端面、对称平面以及主要回转体的轴线等作为尺寸基准。

(3)总体尺寸，即组合体外形的总长、总宽、总高的尺寸。

组合体的尺寸标注一般按定形尺寸、定位尺寸、总体尺寸的顺序进行。

2.组合体标注尺寸的基本要求

(1)尺寸标注要完整

为了表达组合体的真实大小，视图中所注的尺寸应完整，既无遗漏，又无重复，而且每个尺寸只能标注一次。

需要注意的是，如果组合体的定形尺寸、定位尺寸已经标注完整，再标注总体尺寸就会多余，这时就要对已标注的定形尺寸、定位尺寸进行适当的删减。

(2)尺寸标注要清晰

标注尺寸时，除了要求完整外，为了便于读图，还要求标注清晰。

3.组合体标注尺寸应注意的问题

下面以图 1-1-31 所示的组合体为例，说明组合体标注尺寸时应考虑的主要因素和应注意的问题。

当然，在视图上标注尺寸时，有时会出现不能兼顾以下各点的情况，这时就必须在保证尺寸标注正确、完整的前提下，根据具体情况灵活掌握，力求清晰。

(1)定形尺寸应标注在显示该形体特征最明显的视图上。比如在图 1-1-31 中，肋板的高度尺寸 34，标注在主视图上比标注在左视图上要好；水平空心圆柱的定位尺寸 28，标注在左视图比标注在主视图上要好；底板的定形尺寸 $R22$ 和 $\phi22$ 则应标注在表示该部分形状最为明显的俯视图上。

(2)同一基本形体的定形尺寸以及相关联的定位尺寸要尽量集中标注。比如在图 1-1-31 中，将水平空心圆柱的定形尺寸 $\phi24$、$\phi44$ 从原来的标注在主视图上改为标注在左视图上，这样便和它的定位尺寸 28、48 全部集中在一起，不仅比较清晰，也便于寻找尺寸。

（3）标注尺寸应尽量标注在视图轮廓线之外。为保证视图、图形的清晰，标注尺寸应尽量标注在视图轮廓线之外，并尽量标注在两个视图之间，但也应避免尺寸线引得过长。

（4）同一方向的几个连续尺寸应尽量放在同一条直线上。比如在图 1-1-31 中，将肋板的定位尺寸 56、搭子的定位尺寸 52 和水平空心圆柱的定位尺寸 48 标注在同一条直线上，使尺寸标注显得较为清晰。

（5）同心圆柱的直径尺寸应尽量标注在非圆视图上，圆弧的半径尺寸则必须标注在投影为圆弧的视图上。比如在图 1-1-31 中，直立空心圆柱的直径 $\phi60$、$\phi72$ 均标注在左视图上，底板及搭子上的圆弧半径 $R22$、$R16$ 则必须标注在俯视图上。

（6）尽量避免在虚线上标注尺寸。比如在图 1-1-31 中，直立空心圆柱的孔径 $\phi40$，若标注在主视图或左视图上，都将从虚线引出尺寸线，因此便标注在俯视图上。

（7）尺寸线、尺寸界线、轮廓线应避免相交。在视图上标注尺寸时，尺寸线与尺寸界线、尺寸线与轮廓线、尺寸界线与轮廓线等都应尽可能地避免互相交叉。

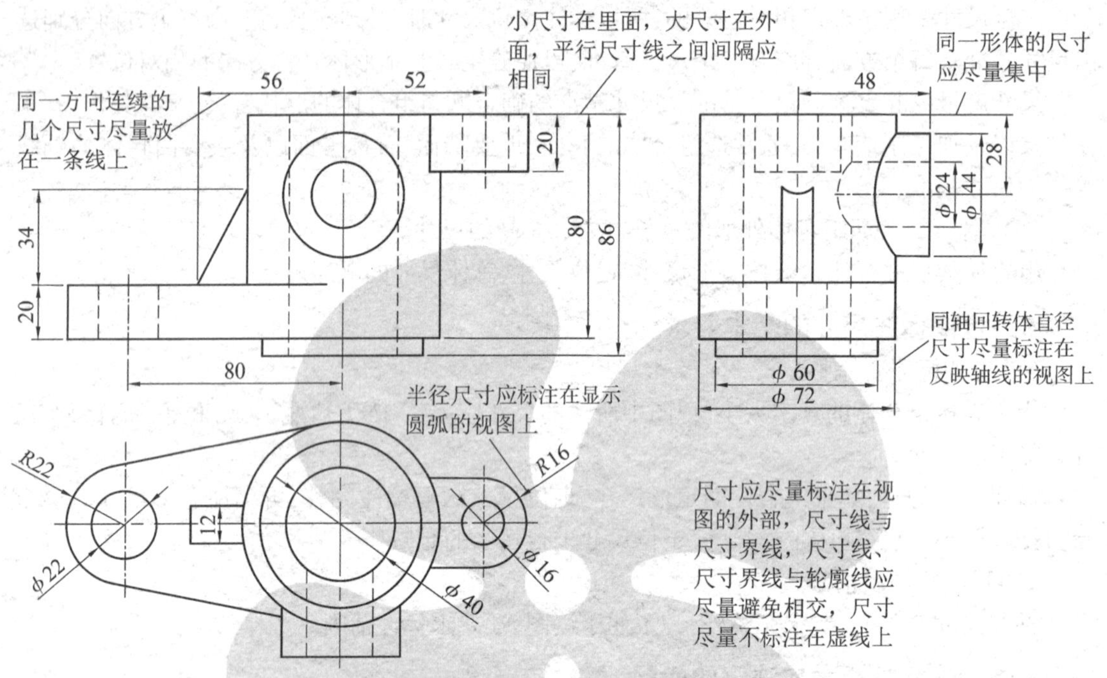

图 1-1-31　标注组合体尺寸应注意的问题

（8）相互平行的尺寸应按“小在内、大在外”的原则排列。在视图上标注尺寸时，同一方向相互平行的尺寸，标注时应按“小尺寸在内侧、大尺寸在外侧”的原则进行排列。

（9）相贯线和截交线本身不应另标注尺寸。当平面与基本形体截切时，应只标注截切平面的定位尺寸和截切后的基本形体的定形尺寸，而不应另外标注截交线的尺寸；当两个基本形体相贯时，应只标注两个基本形体的定形尺寸和表示相对位置的定位尺寸，而不应另外标注相贯线的尺寸。

（10）总体尺寸在特殊情况下可以不标注。一般情况下，若组合体的定形尺寸、定位尺寸已经标注完整，再标注总体尺寸就会显得多余，这时，为使视图尺寸标注清晰，就需要对已标注的定形尺寸、定位尺寸进行适当的删减，但总体尺寸必须保留。但也有特例，见下文常见结构

的尺寸标注。

4.常见结构的尺寸标注

图 1-1-32 给出了一些常见结构的尺寸标注。

从图中可以看出,当这些结构在某个投影图中以圆弧为轮廓线时,一般不标注总体尺寸,而只是标注出圆心的位置和圆弧的半径或直径,如图 1-1-32(c)、图 1-1-32(e)、图 1-1-32(f)所示。但是,当圆弧只是作为圆角时,则既要标注出圆角的半径,也要标注出总长、总宽等尺寸,如图 1-1-32(a)所示。

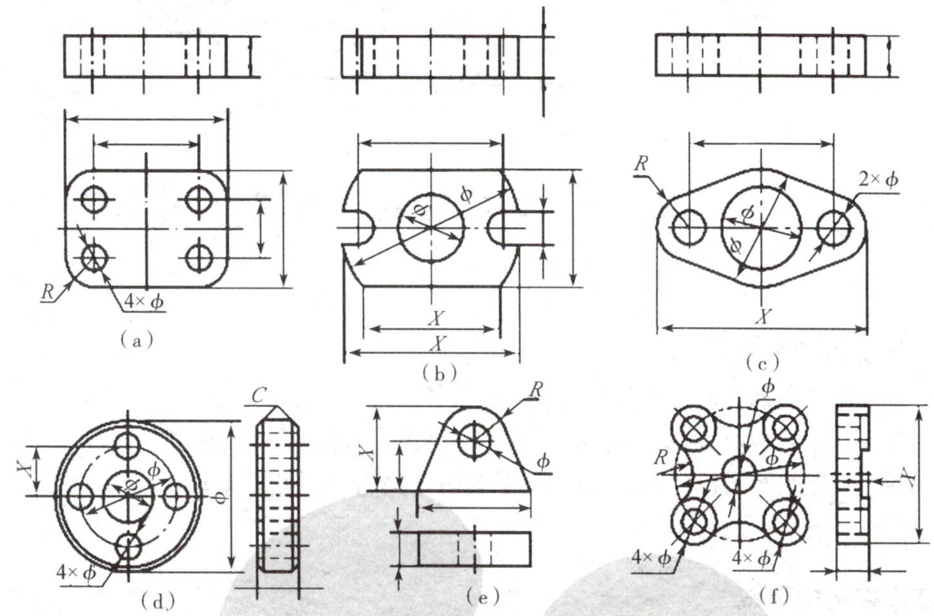

图 1-1-32　一些常见结构的尺寸标注

5.切割体和相贯体标注的尺寸

基本形体上的切口、开槽或穿孔等,一般只标注截切平面的定位尺寸和开槽或穿孔的定形尺寸,而不标注截交线的尺寸,如图 1-1-33 所示。

两基本形体相贯时,应标注两个基本形体的定形尺寸和表示相对位置的定位尺寸,而不应标注相贯线的尺寸,如图 1-1-34 所示。

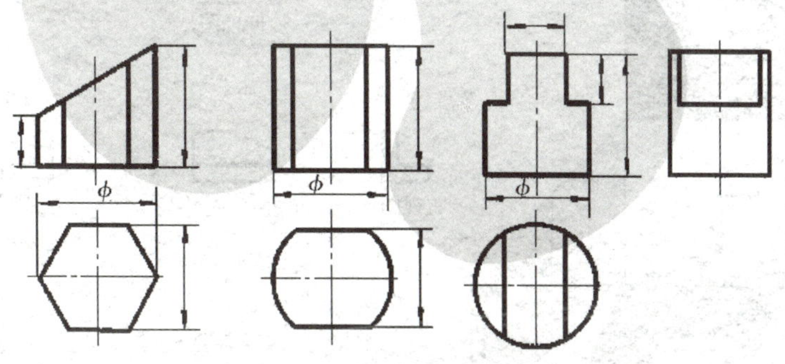

图 1-1-33　切割体标注的尺寸

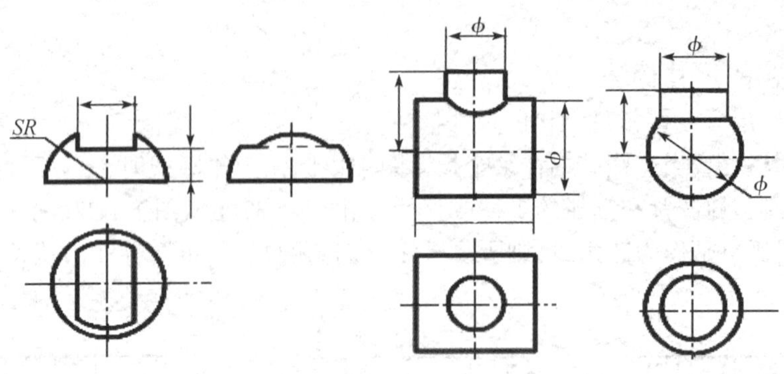

图 1-1-34　相贯体标注的尺寸

第二节　物体的表达方法

一、视图的种类及应用

视图主要用于表达机件的外部轮廓、结构、形状。

按国家标准中的规定，视图分为基本视图、向视图、局部视图和斜视图等四种。

在视图中一般只画出机件的可见部分，必要时才画出其不可见部分。

（一）基本视图

1.基本视图的形成

机件向基本投影面投影所得到的视图称为基本视图。

根据国家标准的规定，在前述的三个投影面（正投影面、水平投影面、侧投影面）的基础上，再增加三个投影面，构成正六面体方箱，正六面体方箱的这六个面均为基本投影面。

将机件放在正六面体方箱的中间，将机件向六个投影面投影，所得到的六个视图均为基本视图，分别称为主视图、俯视图、左视图、右视图、仰视图、后视图。

基本视图的形成、六个基本视图的名称、展开后的位置等如图 1-2-1 所示。

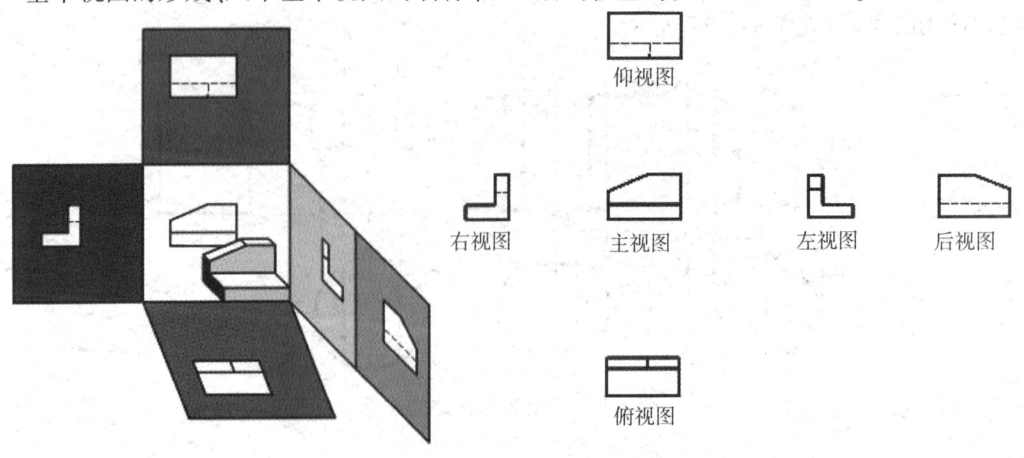

图 1-2-1　基本视图

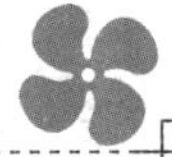

2.基本视图的特点

六个基本视图之间仍然符合“长对正、高平齐、宽相等”的投影规律。

制图时应根据机件的形状和结构特点，选用其中必要的几个基本视图。

当基本视图按图 1-2-1 配置，各视图中间又无其他图形隔开时，视图的名称不做标注。

(二)向视图

1.向视图的形成

在实际制图时，若不能按图 1-2-1 所示配置视图，或各视图不画在同一张图纸上时，应在视图的上方标出视图的名称“X”(这里的“X”为大写的拉丁字母)，并在相应的视图附近用箭头指明投影方向，且注上同样的字母，如图 1-2-2 所示，这种视图称为向视图。

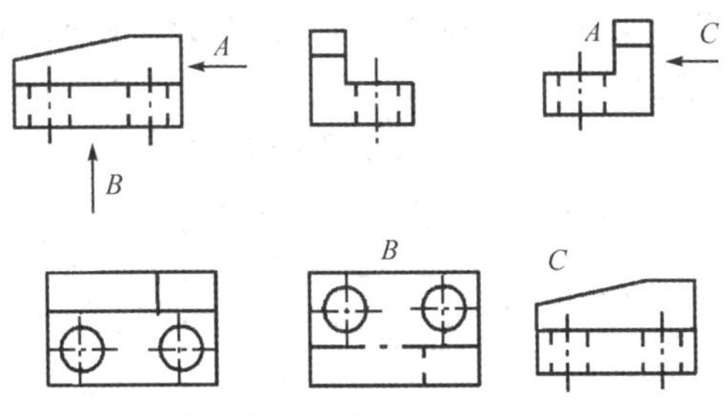

图 1-2-2　向视图

2.向视图的特点

向视图是可以自由配置的视图。为了合理布置图面或受图纸幅面限制，视图可以自由地配置在适当的位置。

(三)局部视图

1.局部视图的形成

将机件的某一部分向基本投影面投射所得到的视图，称为局部视图，如图 1-2-3 所示。

为了表达机件的局部形状，而又没有必要画出机件完整的基本视图时，通常可采用局部视图。

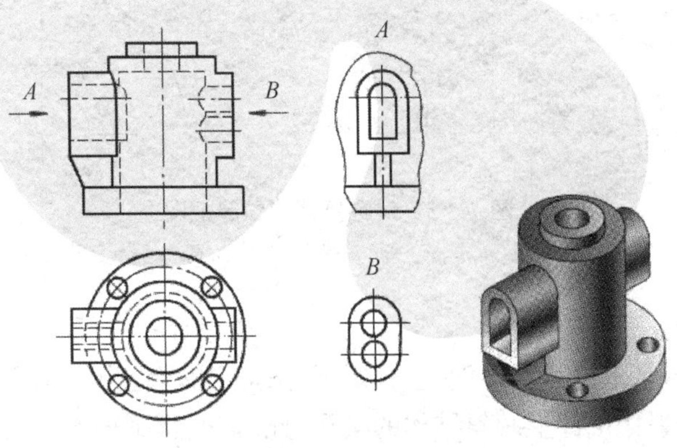

图 1-2-3　局部视图

2.局部视图的标注及画法

(1)局部视图可按基本视图的配置形式配置，也可按向视图的配置形式配置并标注

一般情况下，局部视图按向视图的配置形式配置并标注，在局部视图的上方标出视图的名称"*X*"(这里的"*X*"为大写的拉丁字母代号)，并在相应的视图附近用箭头指明投射方向，且注上同样的大写的拉丁字母代号"*X*"。

局部视图也可按基本视图的配置形式配置，此时，若中间没有其他图形隔开，则不必标注。

(2)局部视图的断裂边界应以波浪线或双折线来表示

因局部视图只画了机件的局部形状，所以，其断裂边界用波浪线或双折线绘出，以表示局部。

当所表示的局部结构是完整的且外轮廓封闭时，断裂边界线可省略不画。

当用波浪线作为断裂边界线时，波浪线不应超过断裂机件的轮廓线，同时，应画在机件的实体上，不可画在机件的中空处。

图 1-2-4 是一块用波浪线断开的空心圆板的正误对比画法。

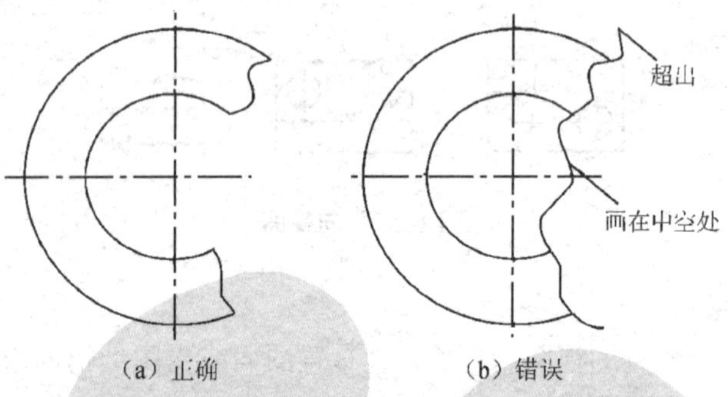

图 1-2-4　用波浪线断开的空心圆板的正误对比画法

(3)局部视图的特殊画法

对于对称结构的机件，将其视图只画一半或四分之一的画法也符合局部视图的定义，可将其视为以细点画线作为断裂边界的局部视图的特殊画法，此时应在细点画线的两端画出两条与其垂直的细实线，如图 1-2-5 所示。

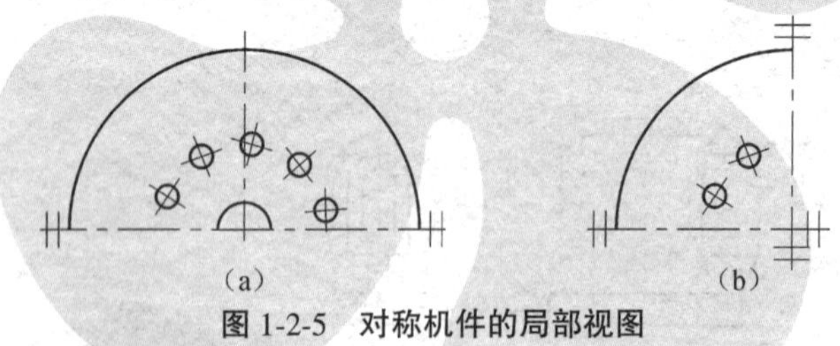

图 1-2-5　对称机件的局部视图

(四)斜视图

1.斜视图的形成

将机件向不平行于基本投影面的平面上投影所得到的视图，称为斜视图，如图 1-2-6 所示。

斜视图主要用于表达机件上倾斜结构的实形，此时，投影平面与机件倾斜表面平行，如图 1-2-6 中所示 *A* 向。

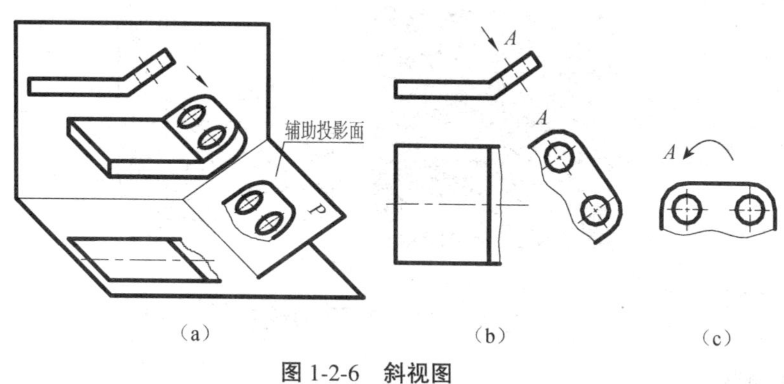

图 1-2-6　斜视图

2.斜视图的标注及画法

（1）必须在视图的上方标出视图的名称“X”（这里的“X”为大写的拉丁字母），并在相应的视图附近用箭头指明投射方向，且注上同样的大写拉丁字母代号“X”。

（2）斜视图一般按投影关系（箭头所指的方向）配置，如图 1-2-7（a）所示；必要时也可将斜视图平移，配置在其他适当的位置，如图 1-2-7（b）所示。

（3）在不致引起误解时，也允许将斜视图旋转后画出，旋转方向用圆弧箭头表示，其指向应与旋转方向一致，表示视图名称的大写拉丁字母代号“X”应靠近旋转符号的箭头端，如图 1-2-7（b）所示。

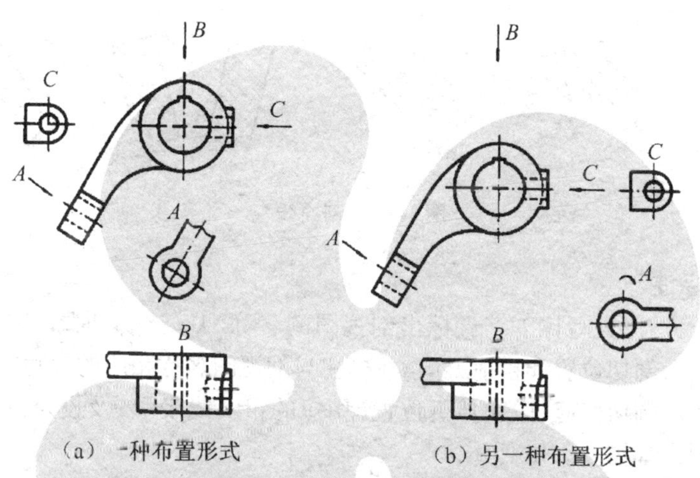

图 1-2-7　斜视图的布置形式

（4）画出局部倾斜结构的斜视图后，通常用波浪线断开，不画其他视图中已表达清楚的部分。当所表示的局部倾斜结构是完整的且外轮廓封闭时，表示断裂边界的波浪线不必画出。

二、剖视图及其种类与应用

（一）剖视图

1.剖视图的形成

为了清晰表达机件的内部结构和形状，假想用一剖切平面剖开机件，将处在观察者与剖切平面之间的部分移去，而将其余部分向投影面投射所得到的图形，称为剖视图，简称剖视。

图 1-2-8 示出了剖视图的形成。

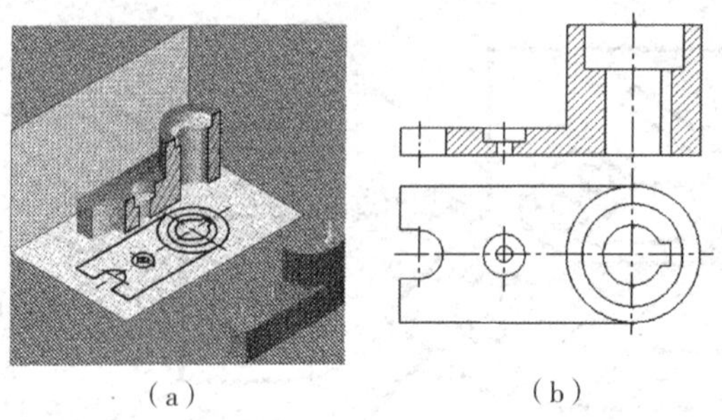

（a）　　　　（b）

图 1-2-8　剖视图的形成

2.剖面符号

在剖视图中，剖切平面与机件相切的实体剖面区域，应画上与其材料相应的剖面符号。

因机件的材料不同，所画的剖面符号也不相同。画机械图样时，应采用国家标准所规定的剖面符号。

在机械图样中，使用最多的是金属材料。国家标准规定，金属材料的剖面符号是相互平行、间隔均匀相等的细实线，这种剖面符号通常称为剖面线。剖面线应以适当角度绘制，一般与主要轮廓或剖面区域的对称线成 45°角，如图 1-2-9 所示。

非金属材料的剖面符号是相互平行、间隔均匀相等、双向交叉的细实线，这些细实线一般也应与主要轮廓或剖面区域的对称线成 45°角。

 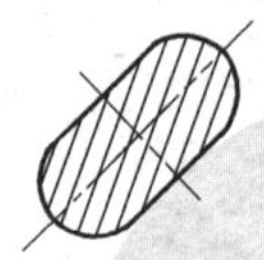 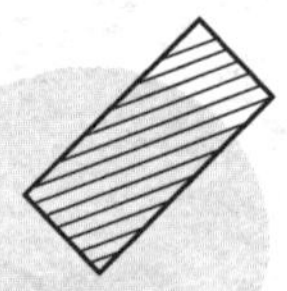 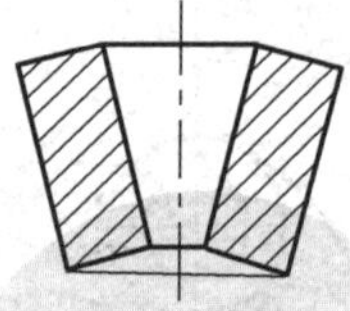 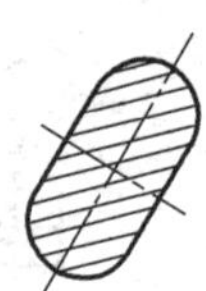

图 1-2-9　剖面线

3.剖视图的标注

在剖视图的上方，用大写拉丁字母标出剖视图的名称“*X*-*X*”；同时在相应的视图上用剖切符号和剖切线表示剖切位置和投射方向，并标注与剖视图名称相向的大写字母“*X*”。

剖切符号是表示剖切面起、讫和转折位置（用短的粗实线表示）及投射方向（用带细实线的箭头表示）的符号，如图 1-2-10 所示。

剖切线是指剖切面位置的线，用细点画线表示，画在剖切符号之间，可省略不画。

如图 1-2-10 所示：(1) 当剖视图按投影关系配置，中间又无其他图形隔开时，可省略表示投射方向的箭头；(2) 当单一剖切平面通过机件的对称平面或基本对称平面，且视图按投影关系配置，中间又没有其他图形隔开时，可省略全部标注；(3) 当单一剖切平面的剖切位置明确时，局部剖视图不必标注。

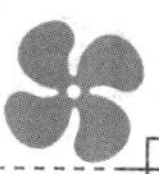

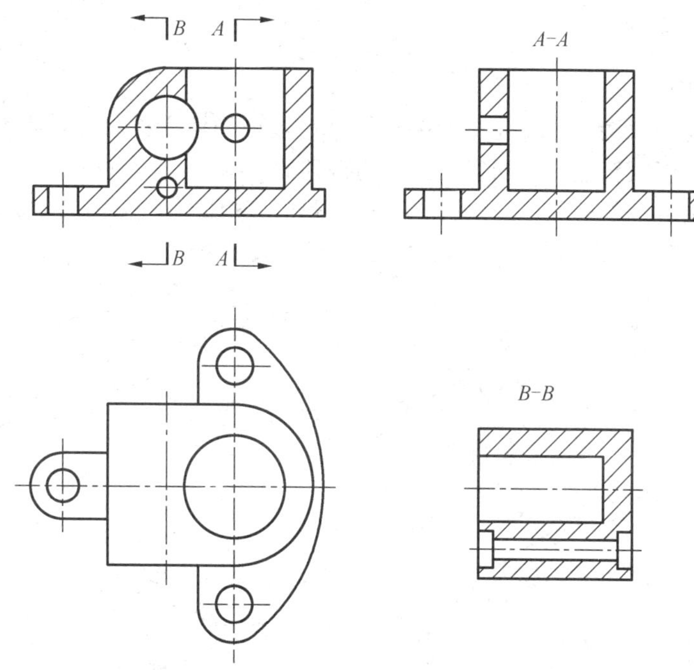

图 1-2-10　剖视图的标注

4.剖视图应注意的几个问题

(1)剖切平面一般选择所需表达的内部结构的对称面,并且平行于基本投影面。

(2)对于剖视图,因为将机件的剖开是假想的,并不是真把机件切掉一部分,所以,除了将一个视图画为剖视图之外,不应影响其他视图的剖切和完整性。

(3)机件剖切后,留在剖切平面之后的可见部分,一般也应向投影面投影,所以,应特别注意空腔中线、面的投影,如图 1-2-11 所示。

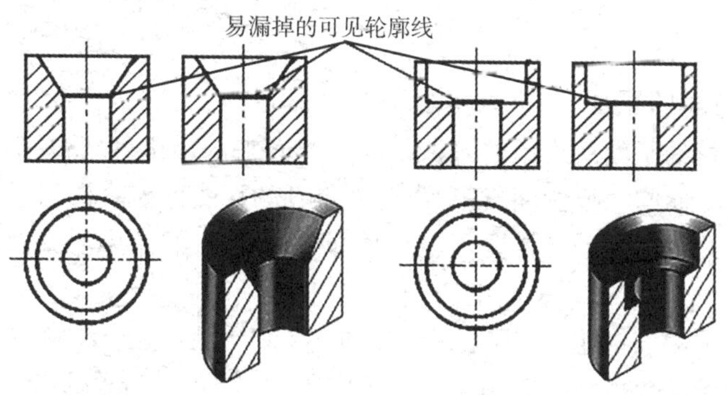

图 1-2-11　剖视图中易漏的线条

(4)剖视图中,在完整表达机件的形状、结构的前提下,除了必要的虚线外,一般不再画虚线,即凡已表达清楚的结构,虚线省略不画。

(5)一个机件若有数个剖视(断面)图,各剖视(断面)图上同种材料的剖面符号的绘制应相同(比如金属材料剖面符号的斜线方向相同、间隔大致相等)。

（二）剖切面的种类

1.单一剖切平面

单一剖切平面是指仅用一个剖切平面剖开机件。这种剖切方式应用较多，如图 1-2-12 中的“*A-A*”剖视图就是用倾斜的单一剖切平面剖切得到的。

由单一剖切面得到的剖视图，可按投影关系配置在与剖切符号相对应的位置，也可将剖视图平移至图纸的适当位置，在不致引起误解时，还允许将图形旋转。

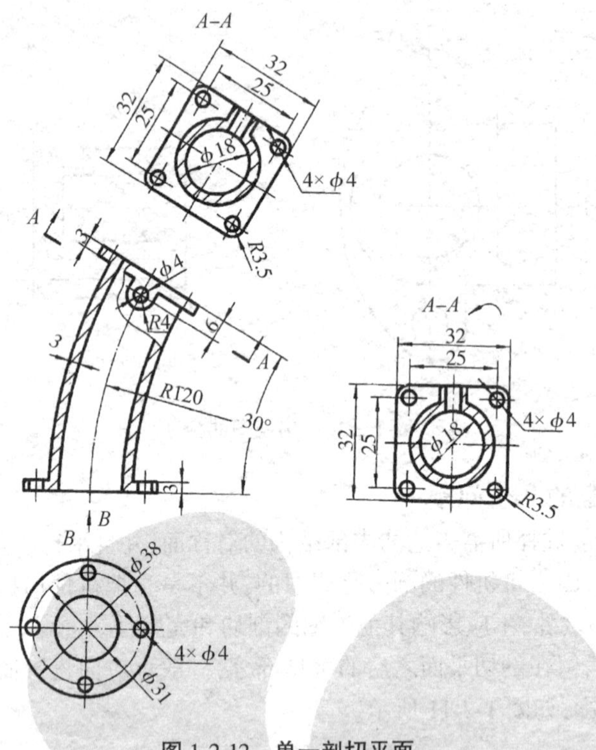

图 1-2-12　单一剖切平面

2.几个平行的剖切平面

用几个相互平行的平面所形成的阶梯状的剖切面来剖切机件，将被阶梯状的剖切面剖开的结构及其有关部分向同一投影面投影，由此而得到的视图称为阶梯剖视图，简称阶梯剖。

当机件上具有几种不同的结构要素（如孔、槽等），且它们的中心线排列在相互平行的平面上时，宜采用几个平行的剖切平面剖切，如图 1-2-13 所示。

阶梯剖视图必须加以标注，其标注方法如图 1-2-13 所示，但应注意：(1) 剖切符号的转折处不允许与图上的轮廓线重合；(2) 在转折处如因位置有限，且不致引起误解时，可以不注写字母。

此外，对阶梯剖视图还应注意以下几点，如图 1-2-13 所示：(1) 阶梯剖视图上不允许画出剖切平面转折处的分界线；(2) 阶梯剖视图上不应出现不完整的结构要素；(3) 只有当不同的孔、槽在剖视图中具有共同的对称中心线或轴线时，才允许剖切平面在孔、槽中心线或轴线转折，不同的孔、槽各画一半，两者以共同的中心线分界。

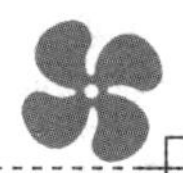

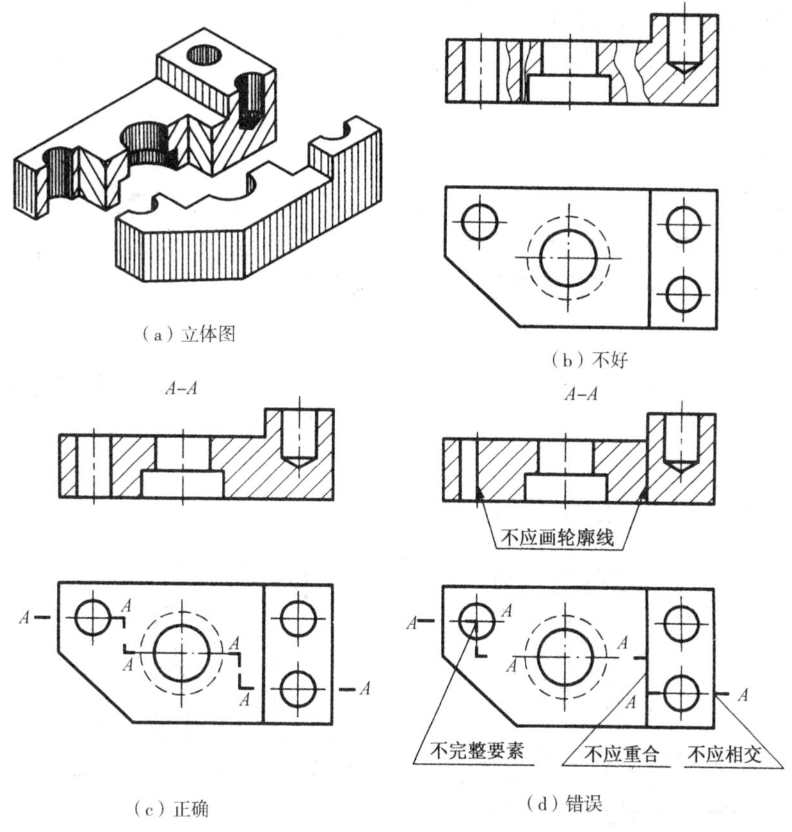

图 1-2-13　几个平行的剖切平面

3.几个相交的剖切平面

用几个相交的剖切平面(交线垂直于某一基本投影面)剖开机件,将被倾斜剖切平面剖开的结构及其有关部分旋转至与选定的投影面平行,然后进行投影,由此而得到的视图称为旋转剖视图,简称旋转剖。

图 1-2-14 所示为用两个相交的剖切平面(交线垂直于正投影面)剖开机件而得到的旋转剖视图。

需要注意的是,凡是没有被剖切平面剖到的结构,应按原来的位置画出它们的投影,如图 1-2-14 所示。

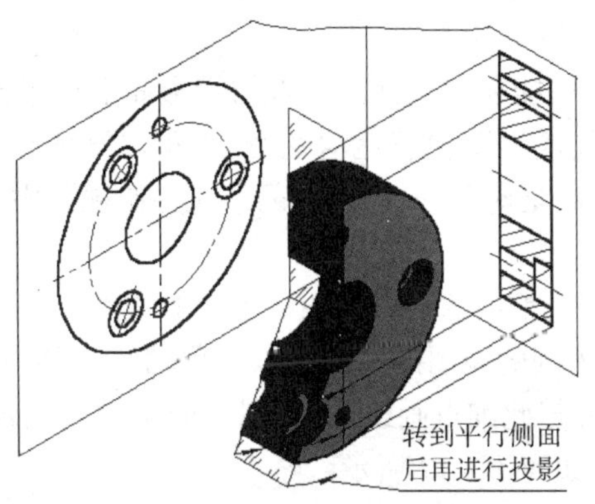

图 1-2-14　两个相交的剖切平面

（三）剖视图的种类与应用

常用的剖视图有七种：全剖视图、半剖视图、局部剖视图、斜剖视图、旋转剖视图、阶梯剖视图和复合剖视图。

1.全剖视图

假想用剖切面将机件完全剖开所得到的剖视图，称为全剖视图，简称全剖。

全剖视图可以由单一剖切面和其他几种剖切面剖切获得。

全剖视图主要用于内部形状比较复杂的不对称机件。

2.半剖视图

当机件具有对称平面时，在垂直于机件对称平面的投影面上投影所得到的图形，可以以对称轴线为界，一半画成剖视，另一半画成未剖的视图，这样得到的图形，称为半剖视图，简称半剖，如图 1-2-15 所示。

半剖视图的标注仍需符合剖视图的标注规定。

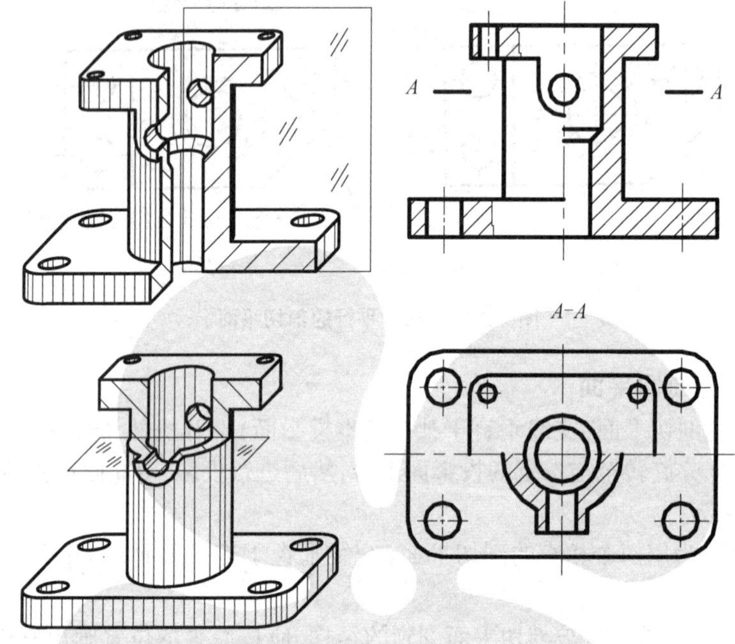

图 1-2-15　半剖视图

此外，对半剖视图应注意以下几点：

（1）只有当机件对称时，才能在与对称面垂直的投影面上作半剖视图。但是，当机件基本对称，而不对称的部分已在其他视图中表达清楚时，也可以画成半剖视图。如图 1-2-16 所示的机件，除顶部凸台外，其左右是对称的，而凸台的形状在俯视图中已表示清楚，所以主视图仍可画成半剖视图。

（2）在表示外形的那半个（未剖的）视图中，一般不画虚线。

（3）半个剖视图与半个未剖的视图的分界线是对称轴线，不能画成粗实线，应画为细点画线；如果有机件的轮廓线恰好与此细点画线重合，则不能采用半剖视图，此时应采用其他类型的剖视图，比如局部剖视图，如图 1-2-17 所示。

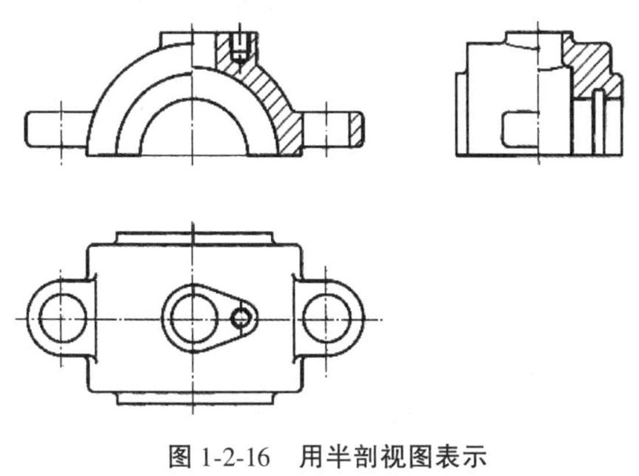

图 1-2-16　用半剖视图表示基本对称的机件

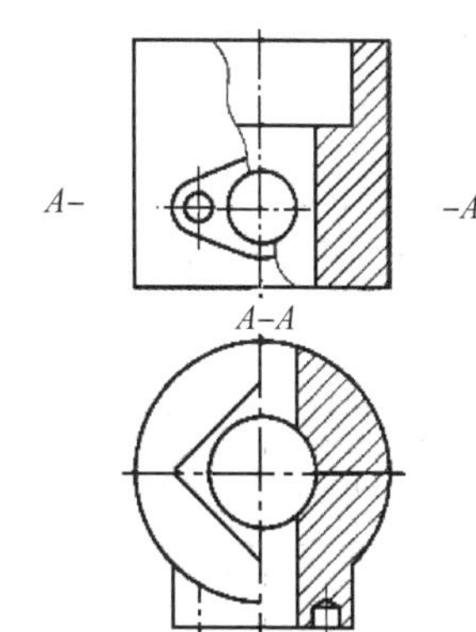

图 1-2-17　内轮廓线与中心线重合不宜作半剖视图

3.局部剖视图

假想用剖切平面剖开机件的某一局部,由此所得的视图称为局部剖视图,简称局部剖视,如图 1-2-18 所示。

局部剖视图的标注仍需符合剖视图的标注规定。但一般情况下,局部剖视不需要标注,但要用波浪线或双折线作为剖开部分和未剖部分的分界线。

局部剖视图是一种比较灵活的表达方法,不受图形是否对称的限制。

(1)当机件个别部分的内部结构尚未表达清楚,但又不宜采用全剖视时,可采用局部剖视;

(2)当机件的轮廓线与其对称中心线重合而不能采用半剖视时,可采用局部剖视,如图 1-2-17所示;

(3)必要时,允许在剖视图中再作一次简单的局部剖视,这时两者的剖面线应同方向、同间隔,但需要相互错开。

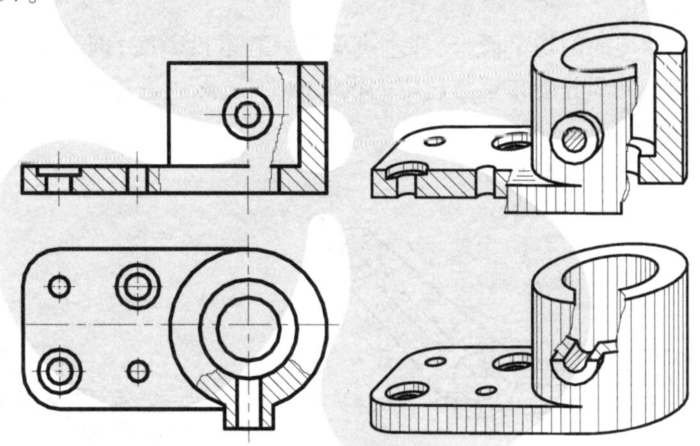

图 1-2-18　局部剖视图

此外,对局部剖视图应注意以下几点:

(1)在局部剖视图中,作为剖开部分与未剖部分分界线的波浪线不应与其他图线重合;当遇到可见的孔、槽等空洞结构时,也不应使波浪线穿空而过,波浪线也不允许画到外轮廓线之外;

(2)当被局部剖切的结构为回转体时，允许将该结构的中心线作为局部剖视与视图的分界线；

(3)虽然局部剖视是一种比较灵活的表达方法，但在一个视图中，局部剖视图的数量不宜过多，以免使图形过于破碎。

4.斜剖视图

假想用不平行于任何基本投影面的单一剖切平面来剖开机件，然后将剖开的结构及其有关部分向与剖切平面平行的投影面投影，由此得到的视图称为斜剖视图，简称斜剖。

图1-2-19所示即为斜剖视图。

斜剖视图必须标出剖切位置，并用箭头指明投射方向，注明剖视名称，如图1-2-15所示。

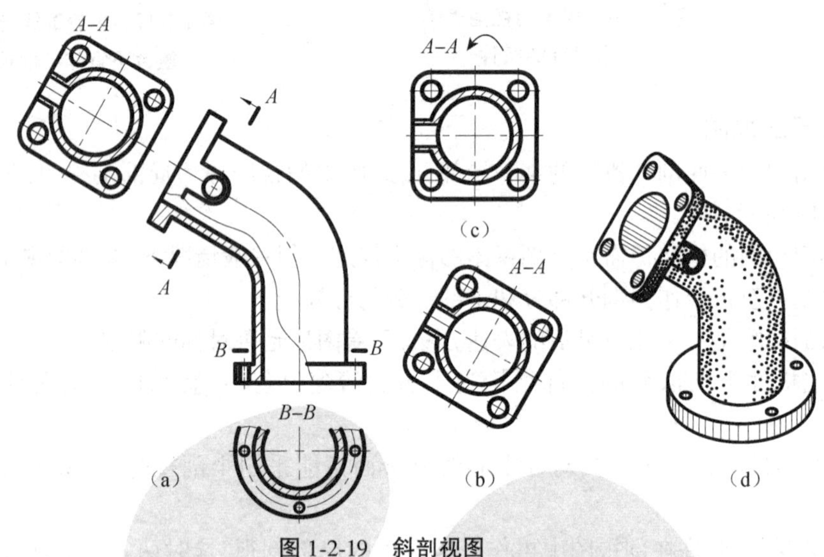

图1-2-19　斜剖视图

5.旋转剖视图

假想用几个相交的剖切平面(交线垂直于某一基本投影面)剖开机件，将被倾斜剖切平面剖开的结构及其有关部分旋转至与选定的投影面平行，然后进行投影，由此得到的视图称为旋转剖视图，简称旋转剖。

旋转剖视图如图1-2-20所示。

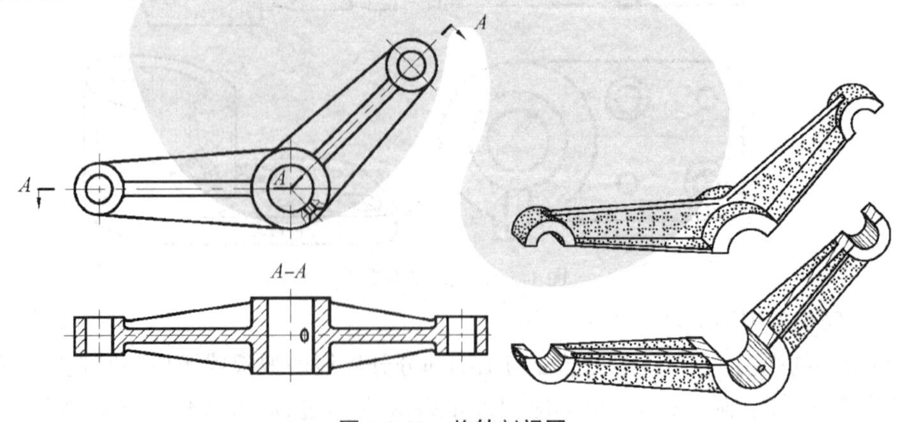

图1-2-20　旋转剖视图

旋转剖适用于端盖、盘状类的回转体机件；此外，具有明显的回转轴线的机件也常采用旋

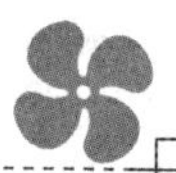

转剖。国家标准规定，机件的肋、轮辐以及薄壁等按纵向剖切时，不画剖面符号，而用粗实线与相邻部分分开。

6.阶梯剖视图

假想用几个相互平行的平面形成的阶梯状的剖切面来剖切机件，将被阶梯状的剖切面剖开的结构及其有关部分向同一投影面投影，由此得到的视图称为阶梯剖视图，简称阶梯剖。

有些机件的内容层次多，用一个剖切平面不能全部表达内部的结构和形状，若采用阶梯剖，所得到的剖视图就清晰多了。

图 1-2-21 所示为两个平行平面的阶梯剖视图。

有关阶梯剖视图的标注、画图要求及注意事项等详见前述的“几个平行的剖切平面”及图 1-2-13。

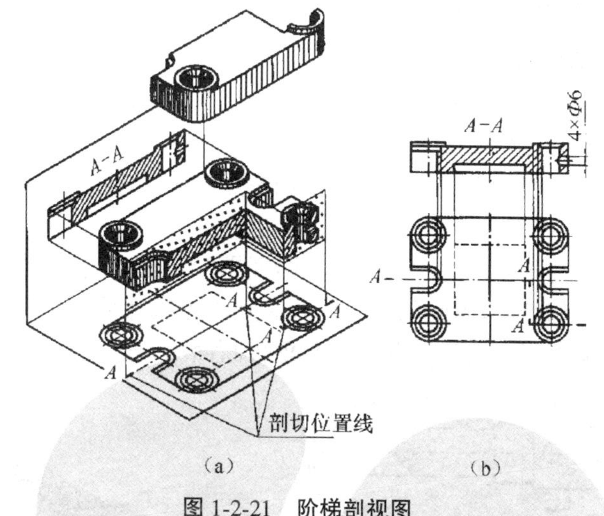

图 1-2-21　阶梯剖视图

7.复合剖视图

除旋转剖和阶梯剖以外，其他形式的用组合的剖切平面来剖切机件得到的视图称为复合剖视图，简称复合剖。

图 1-2-22 所示即为复合剖视图。

对复合剖视图，剖切位置、投影方向、剖视名称等必须全部标注。

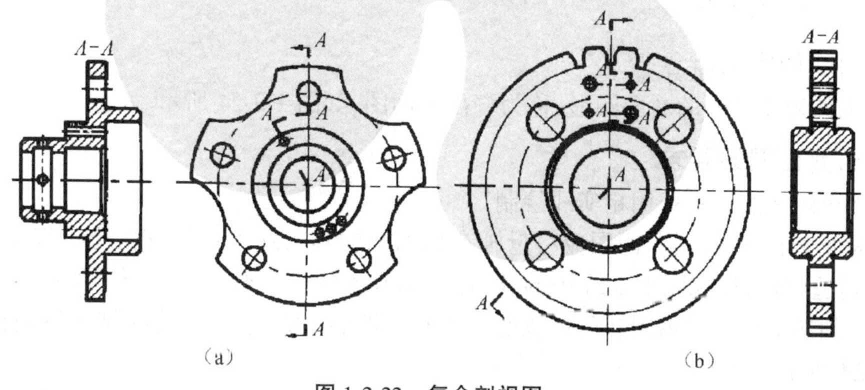

图 1-2-22　复合剖视图

(四)剖视图标注的尺寸

视图尺寸标注的基本原则和方法同样适用于剖视图。但对剖视图上标注的尺寸,还应注意以下几点:

(1)在同一轴线上的圆柱或圆锥的直径尺寸,一般尽量标注在剖视图上,避免标注在投影为同心圆的视图上;

(2)当采用半剖视或局部剖视后,有些尺寸不能完整地标注出来,此时一般将尺寸线略引过圆心或轴线或对称线,但仍标注出完整尺寸;

(3)一般把内部结构尺寸标注在剖视图上,而把外部结构尺寸标注在(未剖的)视图上;

(4)若必须在剖面线区域内标注尺寸,则将剖面线断开以注写尺寸数字。

三、断面图及其种类与应用

(一)断面图及其种类

假想用一剖切平面将机件的某处断开,仅画出该剖切平面与机件相接触部分的图形,这种图形称为断面图,如图 1-2-23 所示。

断面图通常用于表达机件上某一部分的断面形状,比如机件上的肋、轮辐、键槽、小孔、杆件以及型材等的断面形状。

应特别注意断面图与剖视图之间的区别。断面图只画出机件被剖切处的断面形状,而剖视图除了画出机件被剖切处的断面形状之外,还必须画出机件被剖切后留下部分的投影。

机械图样中的断面图可分为移出断面图与重合断面图两类。

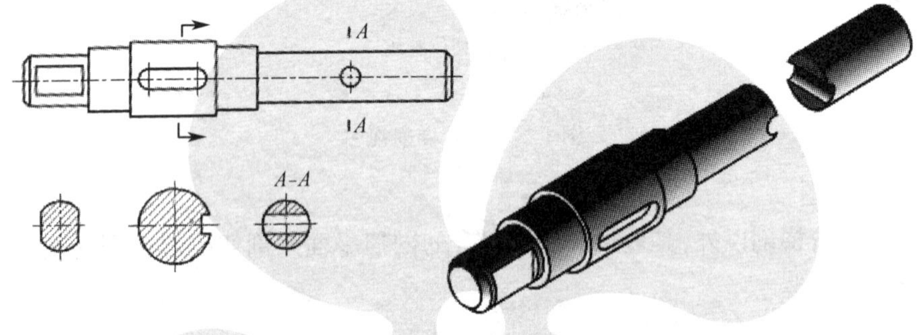

图 1-2-23　断面图

(二)移出断面图

1.移出断面图的概念

画在机件视图之外的断面图形,称为移出断面图,如图 1-2-24 所示。

2.移出断面图的要求

(1)移出断面的轮廓线用粗实线绘制。

(2)为便于看图,移出断面图应尽量画在剖切线的延长线上;必要时,也可以将移出断面图画在其他适当位置,如图 1-2-24 中的 *A–A* 断面;在不致引起误解时,也允许将图形旋转。

(3)当剖切平面通过由回转面形成的孔或凹坑等结构的轴线时,这些结构按剖视图画出,如图 1-2-24 所示。

(4)剖切平面一般应垂直于被剖切部分的主要轮廓线;当遇到如图 1-2-25 所示的肋板结构时,可用两个相交的剖切平面,分别垂直于左、右肋板进行剖切,这时所画的移出断面图,中

间一般是断开的。

3.移出断面图的标注

(1)视图上的移出断面一般用剖切符号表示剖切位置和投影方向,并注上大写的拉丁字母“X”,同时,在移出断面图的上方,用同样的大写的拉丁字母以“X–X”的形式标出相应的名称,如图 1-2-23、图 1-2-24 所示。

(2)当移出断面图画在剖切线的延长线上时,如对称则不必标注,如不对称则须用剖切符号表示剖切位置和投射方向,如图 1-2-23 所示。

(3)当移出断面图按投影关系配置时,则不必标注箭头,如图 1-2-24 所示。

(4)当移出断面图配置在其他位置时,若对称则不必标注箭头,如图 1-2-24(c)所示;若不对称则应画出剖切符号(包括箭头),并用大写字母标注断面图名称,如图 1-2-24(d)所示。

(5)配置在视图中断处的对称断面图,则不必标注,如图 1-2-24(e)所示。

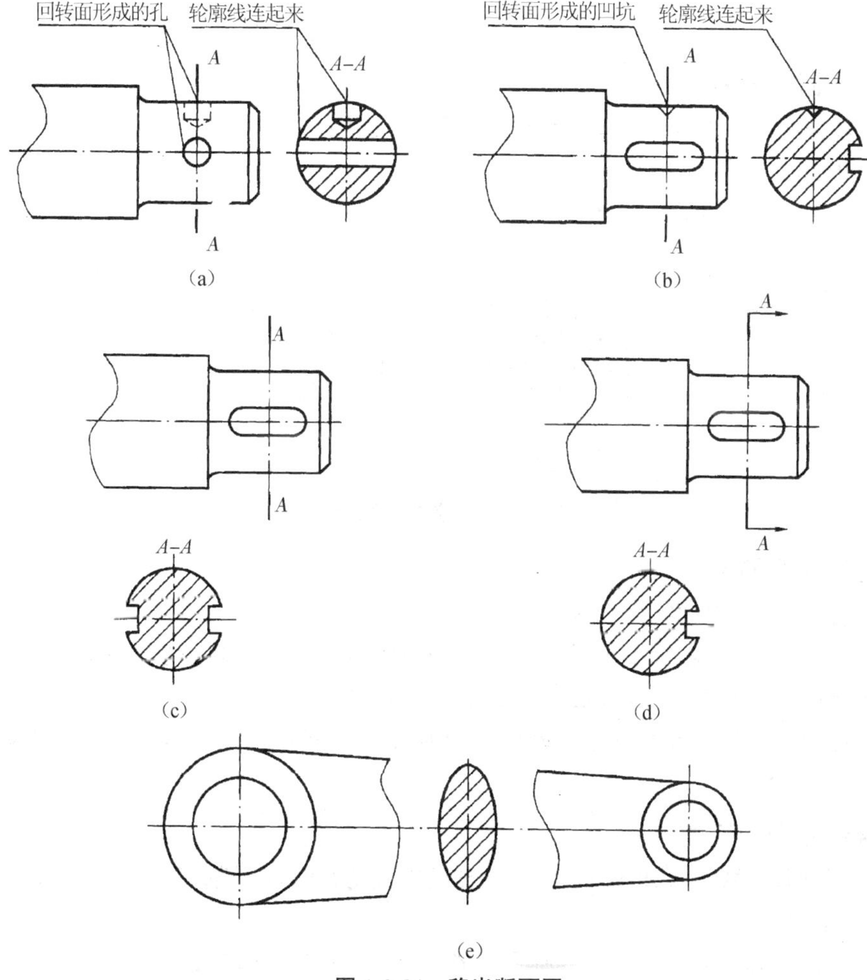

图 1-2-24　移出断面图

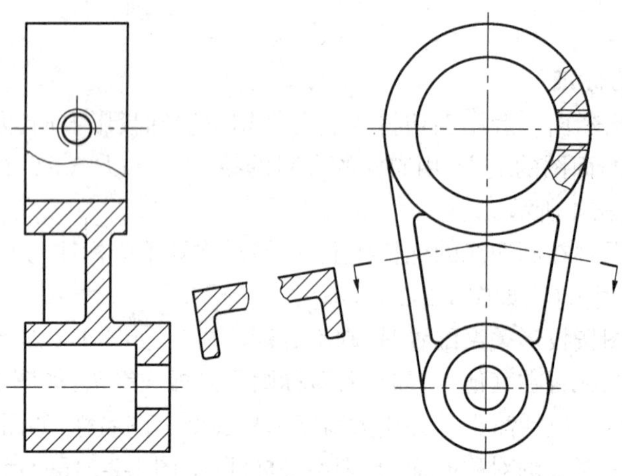

图 1-2-25　两个相交剖切平面剖切出的移出断面图

（三）重合断面图

1.重合断面图的概念

画在机件视图之内的断面图形，即将剖切后的断面图形重叠在机件的视图上，这样的断面图称为重合断面图，如图 1-2-26 所示。

因重合断面图是重叠画在视图之上的，所以一般多用在断面形状较简单的情况下。

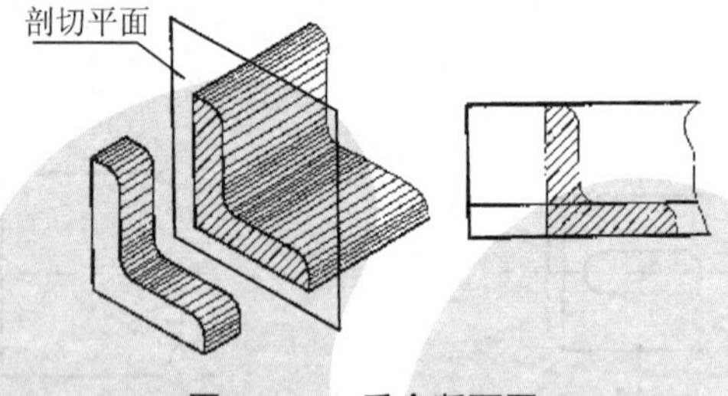

图 1-2-26　重合断面图

2.重合断面图的要求

（1）重合断面图的轮廓线用细实线绘制。

（2）当机件视图中的轮廓线与重合断面图的轮廓线重叠时，机件视图中的轮廓线仍连续画出，不可间断，如图 1-2-27（a）所示。

（3）必须注意，因重合断面图是将断面图形画在机件视图之内，所以，只能在不影响图形清晰度的情况下采用。

3.重合断面图的标注

（1）重合断面标注时，一律不用字母，一般只用剖切符号表示剖切位置和投影方向，如图 1-2-27（a）所示。

（2）当重合断面图形为对称图形时，可以省略标注，如图 1-2-27（b）所示。

（3）在不致引起误解的情况下，无论重合断面图形是否为对称图形，均可省略标注。

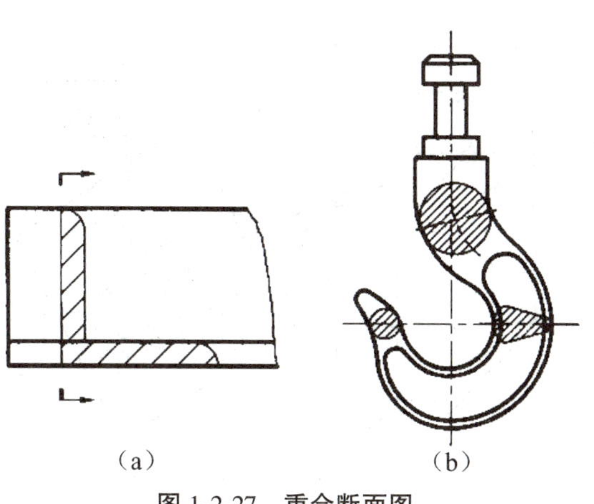

图 1-2-27 重合断面图

四、轴测图

前面介绍的视图是物体在相互垂直的两个或三个投影面上的多面正投影图。多面正投影图的优点是能够正确、完整、准确地表示物体的形状和大小,而且作图简便、度量性好,所以在工程实践中得到广泛应用。

物体的三视图能准确地表达物体的结构、形状和大小,具有良好的度量性,但三视图中的每一个视图只能反映物体两个方向的尺寸,故直观性差、缺乏立体感。要看懂视图就要有一定的空间想象力,将三个视图联系起来看才行。

为了便于看图,有时需要采用立体感强的轴测图来表示物体。轴测图是一种能同时反映出物体长、宽、高三个方向尺度的单面投影图,这种图形富有立体感、直观性好,并可沿坐标轴方向按比例进行度量。但由于轴测图是在单一投影面上绘制的立体图,往往不易确切地表达机件各个部分的尺寸,同时作图也较烦琐,所以轴测图常作为读图的辅助性图样。

(一)轴测投影的基本知识

1.轴测图的形成

将物体连同确定物体位置的直角坐标系,选取适当的投影方向,用平行投影法投射到某一选定的投影面上所得的具有立体感的图形称为轴测投影图,简称轴测图。

轴测图的形成如图 1-2-28 所示,P 平面称为轴测投影面,S 称为轴测投射方向,空间直角坐标系中的三个直角坐标轴 OX、OY 及 OZ 在轴测投影面上的投影 O_1X_1、O_1Y_1、O_1Z_1 称为轴测投影轴,简称轴测轴。

轴测轴之间的夹角 $\angle X_1O_1Y_1$、$\angle Y_1O_1Z_1$、$\angle Z_1O_1X_1$ 称为轴间角,如图 1-2-28 所示,其中任何一个不能为零,三个轴间角之和为 360°。

轴测轴上的单位长度与相应投影轴上的单位长度之比,称为轴向变形系数。OX 轴、OY 轴、OZ 轴上的轴向变形系数分别用 p、q、r 表示。从图 1-2-28 可以看出:

$$p=\frac{O_1A_1}{OA};\ q=\frac{O_1B_1}{OB};\ r=\frac{O_1C_1}{OC}$$

2.轴测投影的基本性质

(1)物体上互相平行的线段,在轴测图中仍然互相平行。

(2)物体上两平行的线段,或同一直线上的两线段,其长度的比值在轴测图中保持不变。

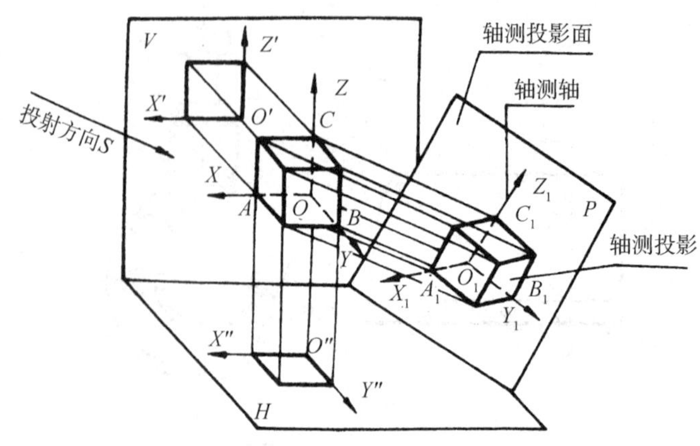

图 1-2-28 轴测图的形成

(3)物体上平行于轴测投影面的直线和平面,在轴测图中反映实长和实形。

物体上与坐标轴平行的线段,在轴测图中仍然平行于相应的轴测轴,而且它们的轴向变形系数与相应轴测轴的轴向变形系数相同。这样,凡是与坐标轴平行的线段,就可以在轴测图上沿着轴测轴进行度量和作图,这就是"轴测"的含义。如果线段不平行于坐标轴,则不能将线段的长度直接度量到轴测图上,而要应用坐标法定出其两端点在轴测坐标系中的位置,然后连成线段的轴测投影。

为使图形清晰,轴测图中一般不画细虚线。

3.轴测图的种类

依投射线与投影面的关系,轴测投影可分两种:用正投影法得到的轴测投影叫正轴测投影;用斜投影法得到的轴测投影叫斜轴测投影。当然,轴测图分为正轴测图和斜轴测图两大类。投影方向垂直于轴测投影面的称为正轴测图;投影方向倾斜于轴测投影面的称为斜轴测图。

每类轴测图根据轴向变形系数不同,又可分为三种:

(1)若 $p=q=r$,即三个轴向变形系数相等,称为正(或斜)等测;

(2)若有两个轴向变形系数相等,如 $p=r\neq q$,称为正(或斜)二测;

(3)若 $p\neq q\neq r$,即三个轴向变形系数都不相等,称为正(或斜)三测。

工程上常用的是正等测和斜二测。

下面简单介绍正轴测投影中的正等轴测投影(正等轴测图)和斜轴测投影中的斜二等轴测投影(斜二等轴测图)。

(二)正等轴测图(等角投影图)

如图 1-2-29 所示,使三个坐标轴 OX、OY、OZ 处于对轴测投影面倾角都相等的位置,也就是将图中立方体的对角线 AO 放成垂直于轴测投影面,并以 AO 的方向作为投影方向,得到的轴测投影就是此正方体的正等轴测(简称正等测)投影。

如图 1-2-30 所示,正等测的轴间角都是 120°,各轴向变形系数相等,都是 0.82。绘图时,为了方便,一般把轴向变形系数简化为 1,即 $p=q=r=1$,这样所得图形放大了 1.22 倍,但并不影响立体感,作图却简便多了。

因为正等测的投影方向垂直于投影面,所以它的作图要符合正投影特性。画轴测投影图时,首先对物体进行形体分析,根据物体的形状特点选定直角坐标系、确定坐标轴,然后画出轴测轴(一般使 O_1Z_1 为铅垂方向),再按轴测轴方向及轴向变形系数作出形体上各点及主要轮廓线的轴测投影,最后将形体上各点的轴测投影作相应的连线,即得形体的轴测投影。

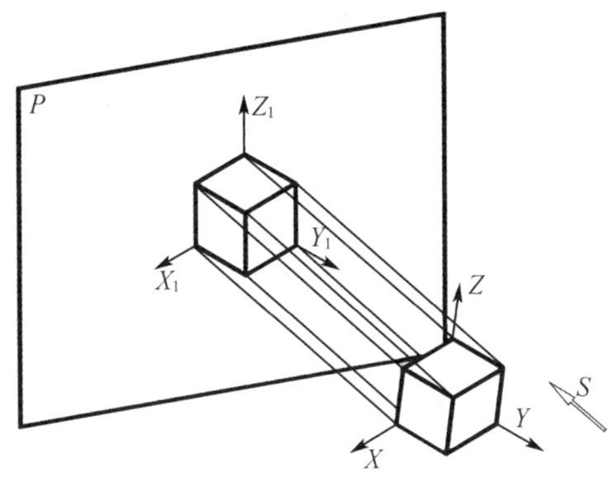

图 1-2-29　正等测的形成

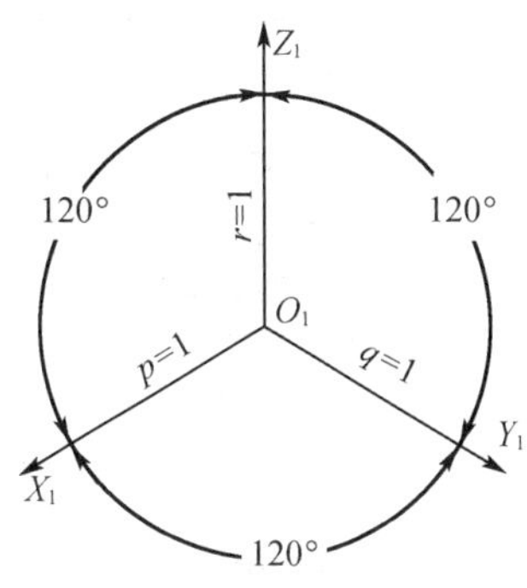

图 1-2-30　正等测的轴间角

画图时应先画形体的主要表面,后画次要表面;先画顶面,后画底面;先画前面,后画后面;先画左面,后画右面。这样可以避免多画不必要的图线。

画轴测投影的基本方法是坐标法。但在实际作图时,还应根据形体的形状特点不同而灵活采用其他作图方法。若轴向变形系数均取 1,则与坐标轴平行的线段,均按实际长度量画到轴测图中相应的线段上;凡与坐标轴不平行的线段,按其两端点的坐标定出其位置,然后连接起来(这时长度要发生变化)。

图 1-2-31、图 1-2-32、图 1-2-33 所示为几个组合体的三视图及正等轴测投影图。

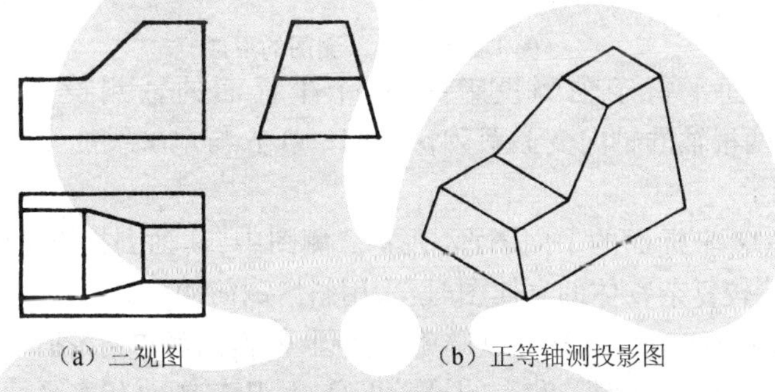

图 1-2-31　某切割型组合体的三视图及正等轴测投影图

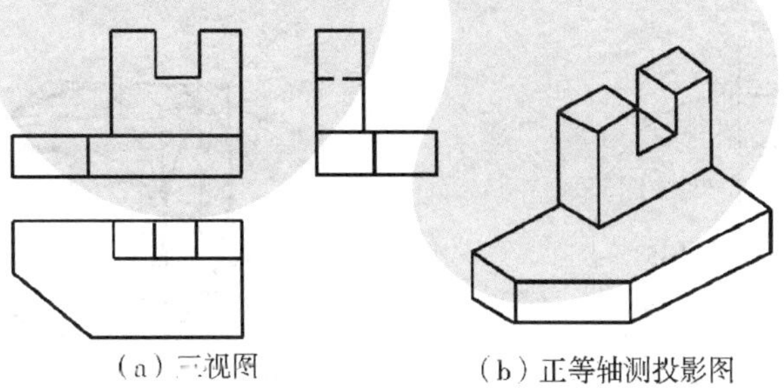

图 1-2-32　某叠加型组合体的三视图及正等轴测投影图

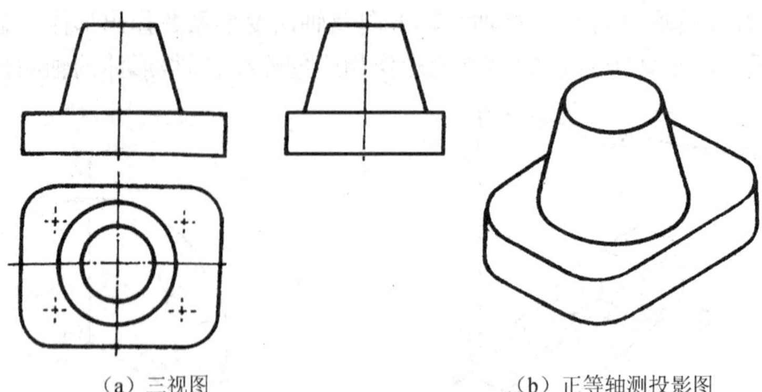
（a）三视图　　（b）正等轴测投影图

图 1-2-33　某曲面组合体的三视图及正等轴测投影图

(三)斜二等轴测图

将物体的某一坐标面平行于轴测投影面,用斜投影方法将物体向该投影面投影得到的投影图称斜二等轴测图(简称斜二测图),如图 1-2-34 所示。

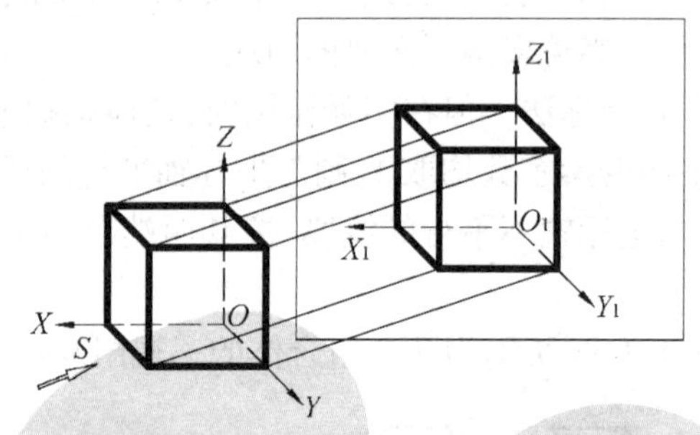

图 1-2-34　斜二测图的形成

由于 XOZ 坐标面平行于轴测投影面,这个坐标面的轴测投影反映实形,其轴间角 $\angle X_1O_1Z_1=90°$,这两根轴的轴向变形系数 $p=r=1$。O_1Y_1 与水平线成 45°,其轴向变形系数 $q=0.5$,如图 1-2-35 所示。

凡是平行于 XOZ 坐标面的平面图形,在斜二测图中,其轴测投影反映实形。利用这一特点,在作单方向形状较复杂物体的立体图时,采用斜二测简便易画;在作带有圆的立体图时,应尽量使圆平面平行于 XOZ 面,这样可以避免画椭圆,使作图简单、快捷。

凡与正面平行的圆,其在斜二测上的投影仍是圆;凡与侧面和水平面平行的圆,其在斜二测上的投影为椭圆,如图 1-2-36 所示。

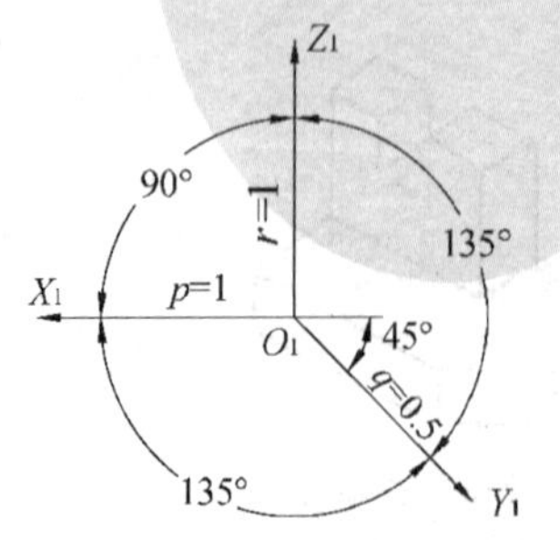

图 1-2-35　斜二测图的轴测轴与轴间角

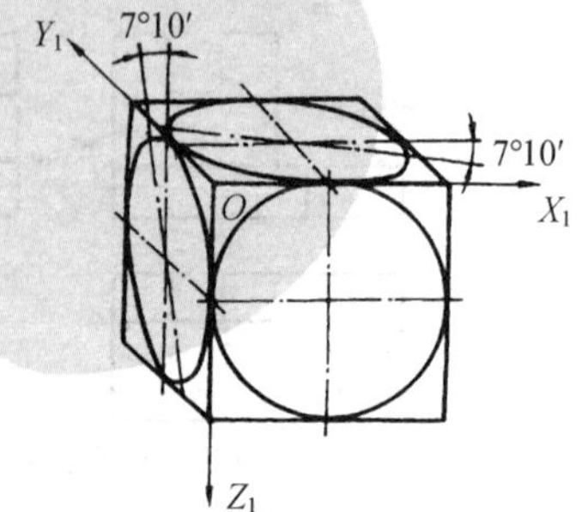

图 1-2-36　三个坐标面上圆的斜二测图

图 1-2-37(b)为图 1-2-37(a)所示的曲面立体的斜二测图。该曲面立体为切割圆柱体,在一个方向上有若干个圆或圆弧,采用斜二测(将有圆的面放到与正面平行的位置)作图较简单。

图 1-2-38(b)为图 1-2-38(a)所示的组合体的斜二测图。该组合体由一个空心圆柱与带圆角的三棱柱叠加而成，三棱柱上有三个圆孔，这些圆与圆弧均平行于正面，在斜二测图中反映实形。

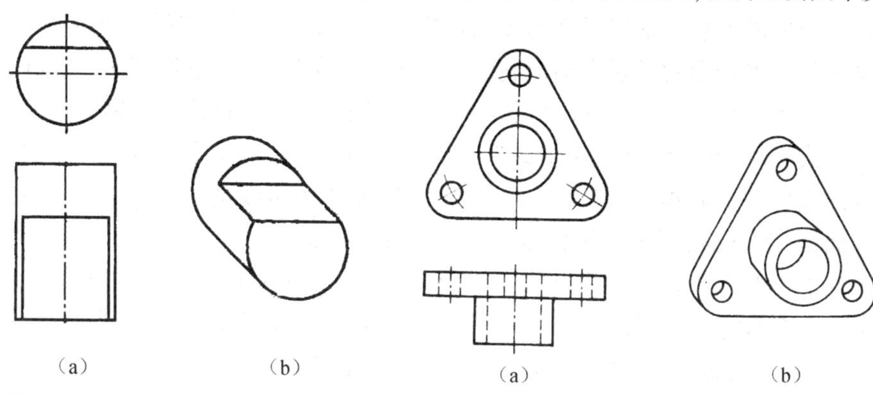

图 1-2-37　切割圆柱体的斜二测图　　图 1-2-38　组合体的斜二测图

(四)轴测剖视图

为了表示物体的内部形状，可采用轴测剖视图。这种图示法通常假想用分别平行于两个坐标面的剖切面，将物体剖去四分之一。

图 1-2-39 是用正平面和侧平面切去靠近观察者的四分之一后画出的轴测剖视图。图 1-2-40 为两种轴测剖视图中的剖面线方向。

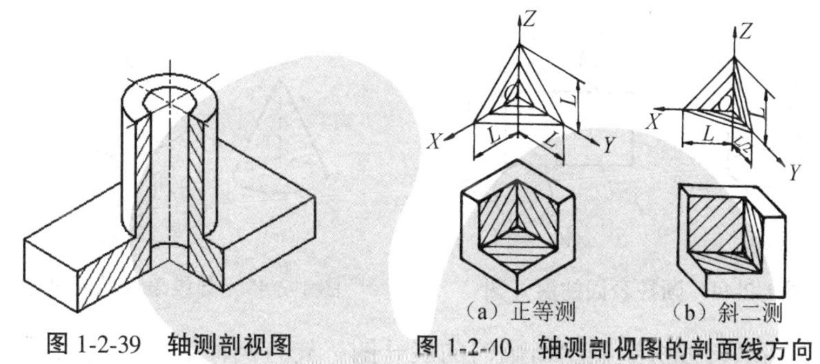

图 1-2-39　轴测剖视图　　图 1-2-40　轴测剖视图的剖面线方向

组合体的轴测剖视图一般先画出整体形状，再按剖视意图，选取剖切位置，然后画出剖面及剖面后的可见轮廓线，最后加深。图 1-2-41 为某机件的轴测剖视图。

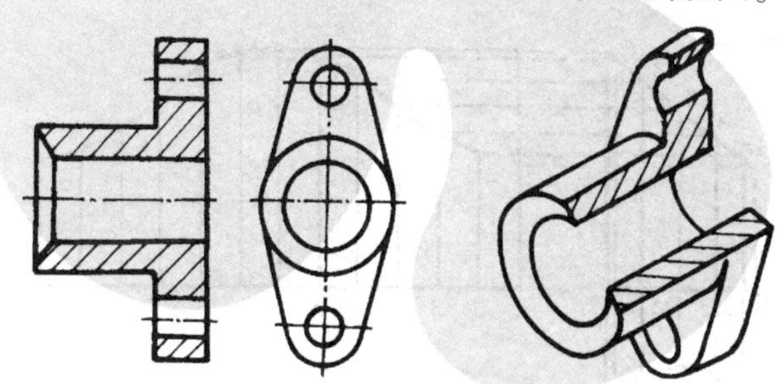

图 1-2-41　某机件的轴测剖视图

五、展开图

展开图就是空间形体的表面在平面上摊平后得到的图形。立体表面可看成由若干个小块表面组成，把每小块表面的实际形状和大小无褶皱地摊开在同一平面上，称为立体表面展开，展开后所得到的图形称为展开图。

对于用板料制作的机件,除需要用多面正投影图表示机件的形状外,还要用平面展开图表示机件制作前板料的形状。依据机件的多面正投影图绘制展开图,实质上就是求取表面的真实形状。画机件的展开图就是要求画出它的各个表面的实形,并将它们按顺序连画在一起。

构成机件的表面可分为两类,即可展表面和不可展表面。在理论上能够完全、准确地展开成平面图形的表面称为可展表面,否则称为不可展表面。平面及相邻两素线为互相平行或者相交直线的曲面(如柱面、锥面等)属于可展表面;以曲线为母线的曲面和相邻两素线为互相交叉直线的曲面(如球面、环面、正螺旋面等)为不可展曲面。

可展表面的展开图比较容易获得:平面即为其实形;图 1-2-42 为三棱柱表面的展开图,图 1-2-43 为四棱锥表面的展开图;圆柱面用平行线法绘制其展开图,图 1-2-44 为圆柱表面的展开图;锥面用放射线法绘制其展开图,图 1-2-45 所示为圆锥表面的展开图。

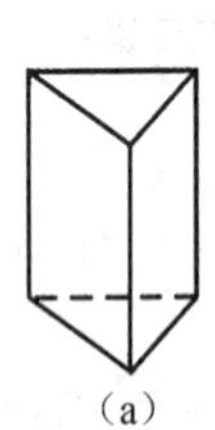
(a)

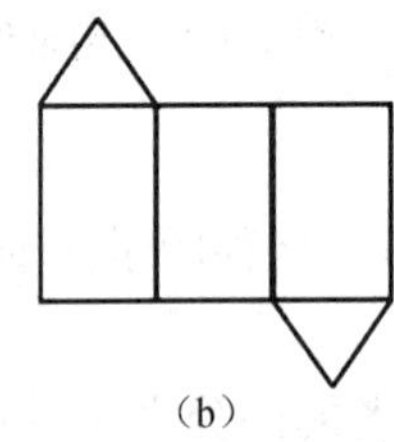
(b)

图 1-2-42　三棱柱表面的展开图

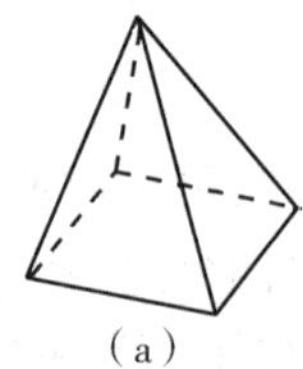
(a)

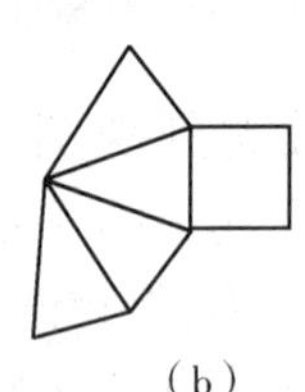
(b)

图 1-2-43　四棱锥表面的展开图

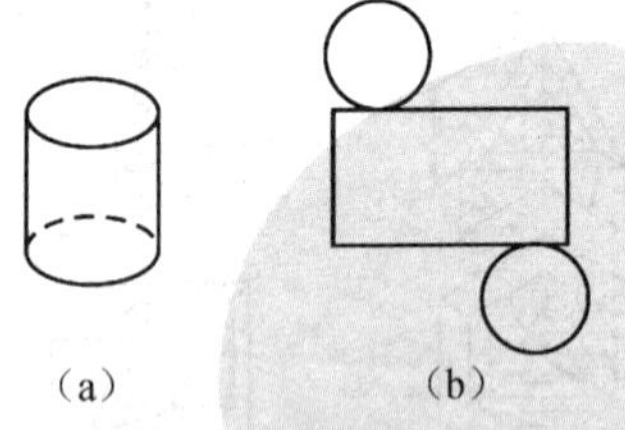
(a)　(b)

图 1-2-44　圆柱表面的展开图

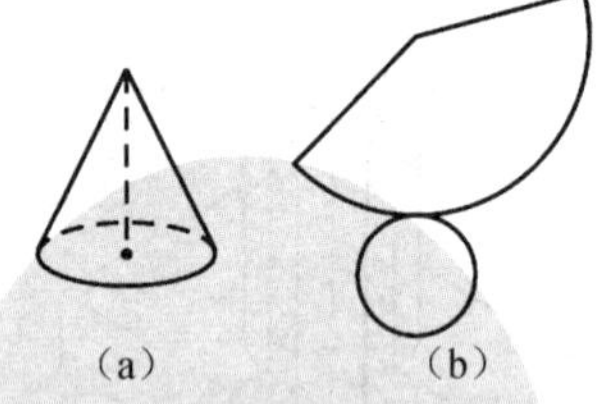
(a)　(b)

图 1-2-45　圆锥表面的展开图

图 1-2-46 为用平行线法绘制斜口圆筒的展开图。先将圆筒表面分为若干等份,确定出各等分处素线的实长;然后将圆筒底面圆周展为直线,在直线的各相应等分点处画出各素线的实长,用曲线连接各素线的上端点,即得到斜口圆筒的展开图。

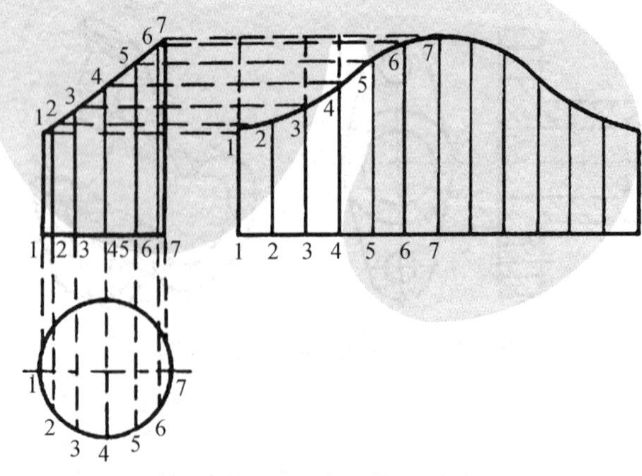

图 1-2-46　斜口圆筒的展开图

图 1-2-47 为用放射线法绘制顶部截切的圆锥筒的展开图。圆锥表面展开后各素线相交于一点,因而称为放射线法。放射线法的绘制原理与平行线法类似。

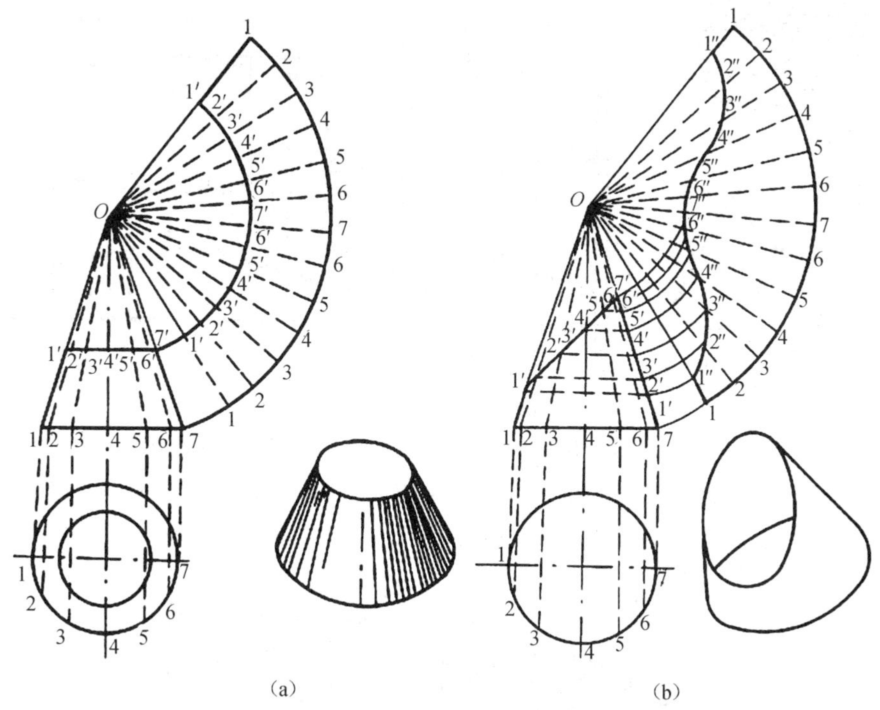

图 1-2-47　顶部截切的圆锥筒的展开图

不可展曲面只能近似展开,即用平面或可展曲面来近似地代替不可展曲面,画其近似展开图。通常将不可展曲面分割成若干部分,把每个部分看作平面或柱面或锥面将其近似地展开。若将每个部分看作平面,通常用三角形法。三角形法是将形体的表面近似地看作由许多边与边相邻接的三角形构成,求出各个三角形的真实形状,然后将它们拼接在一起。

图 1-2-48 所示的是一个由圆管过渡到方管的异形接头,其表面展开图可用三角形法画出。

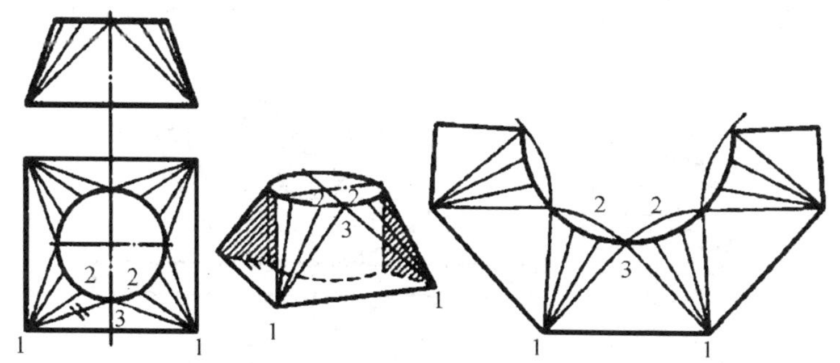

图 1-2-48　由圆管过渡到方管的异形接头的近似展开图

图 1-2-49 所示为由四节圆柱面管节组成的直角弯管,管节Ⅰ和管节Ⅳ相同,管节Ⅱ和管节Ⅲ相同,而且端部管节恰为中间管节的一半。如果把管节Ⅱ和管节Ⅳ分别绕它们各自的轴线旋转 180°,则可与管节Ⅰ和管节Ⅲ组成一个直圆柱面管,这样,对于每一个管节,按图 1-2-49

的圆筒面展开的方法，作出其展开图。

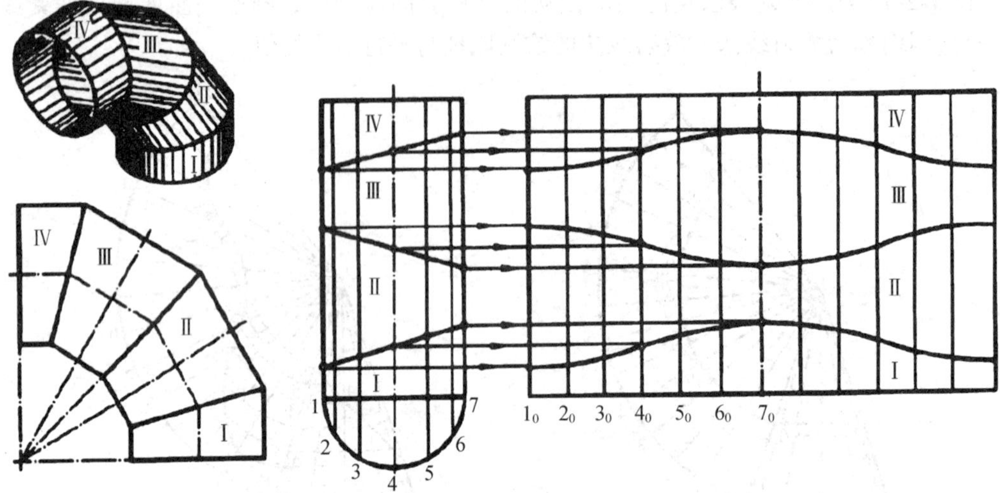

图 1-2-49　由四节圆柱面管节组成的直角弯管的展开图

圆筒直角弯管是一段由无穷多个圆环线段组成的不可展曲面，其近似展开图可用若干节圆柱面的展开图代替。图 1-2-50 所示的圆筒直角弯管近似为图 1-2-49 所示的四节圆柱面管节组成的直角弯管，其近似展开图及画法与图 1-2-49 相同。

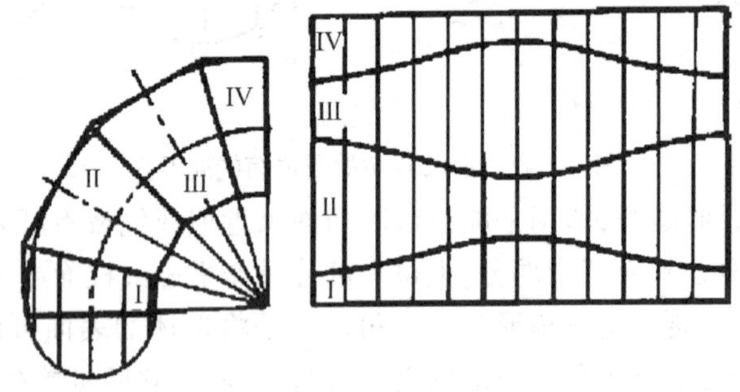

图 1-2-50　圆筒直角弯管及其近似展开图

球体的表面是典型的不可展曲面，可以将球体的表面分为若干等份，再将每一等份近似地看作圆柱面或圆锥面而将其展开。图 1-2-51 和图 1-2-52 是球体表面的近似展开图的两种形式。

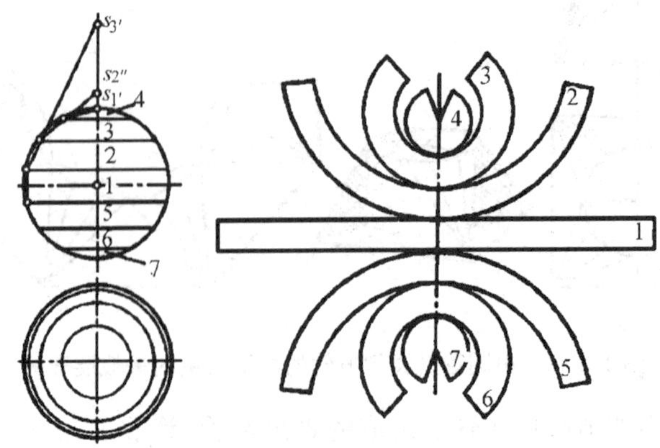

图 1-2-51　球体表面的近似展开图(1)

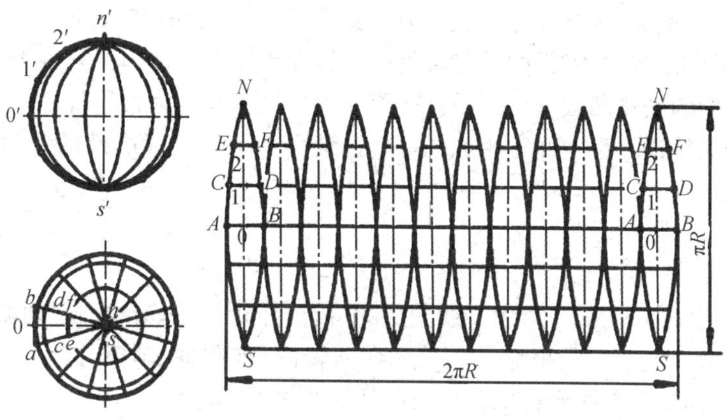

图 1-2-52　球体表面的近似展开图(2)

图 1-2-53 为圆管与圆锥管正交接头的近似展开图(注意,图中的圆管的展开图只画出了对称的一半)。

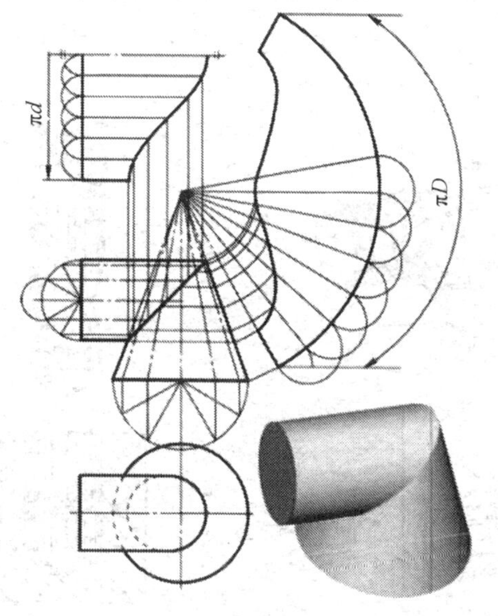

图 1-2-53　圆管与圆锥管正交接头的近似展开图

第三节　标准件和常用件

在机器与设备中,有许多零部件会经常使用,比如螺钉、螺栓、螺母、垫圈、键、销、滚动轴承及弹簧等。这些零部件使用广泛,且使用量很大,需要成批地大量生产。为了提高产品质量和生产效率,便于专业化批量生产和使用,国家制定了相应的标准,统一规定了它们的结构、尺寸系列、标记或代号以及加工要求等。

完全符合国家标准规范的零部件,称为标准件。比如螺钉、螺栓、螺母、垫圈、键、销等都是标准零件,滚动轴承是标准部件。

在各种机械设备和仪器仪表中,除经常要用到标准件外,还有一些经常使用的零件,比如

齿轮、蜗轮、蜗杆、弹簧等，这些零件虽然不属于标准件，但它们的结构和尺寸部分地实现了标准化，故统称为标准结构件，它们的那些常见的结构和重要参数也由国家标准规定，同时，国家标准还规定了它们的简化画法，以便于制图，习惯上称这些零件为常用件。

下面介绍船舶轮机工程中经常用到的一些标准件和不属于标准件的常用件的基本要素、种类、用途及符号等。

一、螺纹

螺纹是指在回转体表面上，沿螺旋线制成的具有相同断面的连续凸起和沟槽。

一个平面图形（如三角形、矩形、梯形等）在回转体（如圆柱、圆锥、圆台等）的表面上绕其轴线做螺旋运动，则此平面图形运动所形成的轨迹为螺纹。

螺纹有内、外之分，在回转体外表面上的螺纹称为外螺纹，在回转体内表面上的螺纹称为内螺纹。

螺纹是螺栓、螺钉、螺母等标准件上的主要结构。

螺纹通常用车削、碾压的方法加工，或使用丝锥与板牙等螺纹加工工具加工。图 1-3-1 所示为常见的螺纹加工方法示例。

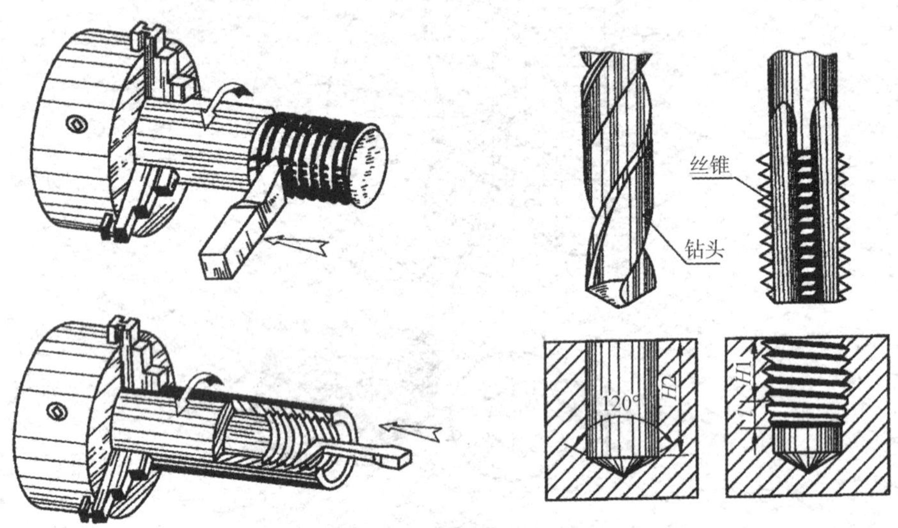

图 1-3-1　常见的螺纹加工方法示例

（一）螺纹的基本要素

螺纹的牙型、公称直径（大径）、螺距、线数和旋向，称为螺纹五要素。

只有将内、外螺纹旋合在一起形成螺纹副，才能起到相应的连接或传动作用。内、外螺纹实现旋合的条件是内、外螺纹的螺纹五要素都必须相同。

在螺纹的五个要素中，螺纹牙型、公称直径（大径）和螺距是决定螺纹最基本的要素，又称为螺纹的三要素。

1.牙型

在通过螺纹轴线的断面上，螺纹的轮廓形状称为螺纹牙型。

螺纹凸起的顶端称为螺纹的牙顶，螺纹沟槽的底部称为螺纹的牙底，螺纹的牙顶与牙底之间的垂直距离称为牙型高度。

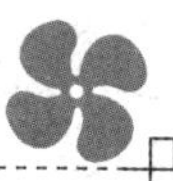

相邻两牙侧面间的夹角称为牙型角。

牙型有标准牙型和非标准牙型之分。标准牙型包括三角形、梯形、锯齿形等；非标准牙型有方形等。

不同牙型的螺纹有不同的用途。

常用的标准螺纹主要有三角形螺纹、管螺纹、梯形螺纹、锯齿形螺纹等。其中，三角形螺纹最为常见，故称它为普通螺纹(公制普通螺纹牙型角为60°)。

2.公称直径

螺纹的直径分为大径、中径和小径等三种，如图1-3-2所示。

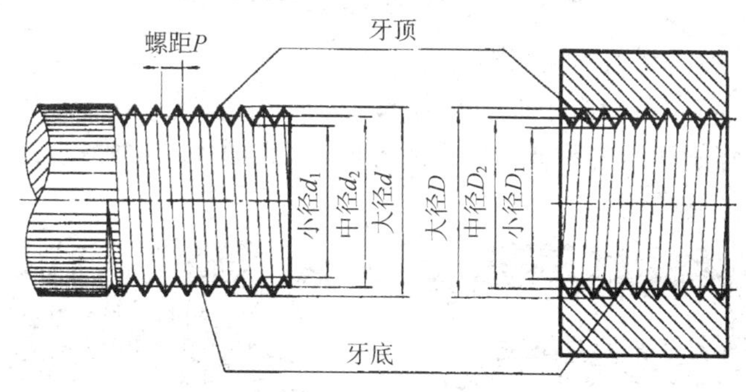

图1-3-2 螺纹的各部分名称

螺纹的大径是指与外螺纹牙顶或内螺纹牙底相重合的假想圆柱面的直径。外螺纹的大径用 d 表示，内螺纹的大径用 D 表示。

螺纹的小径是指与外螺纹的牙底或内螺纹牙顶相重合的假想圆柱的直径。外螺纹的小径用 d_1 表示，内螺纹的小径用 D_1 表示。

螺纹的中径是一个设计直径，是一个假想圆柱的直径，该圆柱的母线(称中径线)通过牙型上的沟槽和凸起宽度相等的位置，此假想圆柱称为中径圆柱。外螺纹的中径用 d_2 表示，内螺纹的中径用 D_2 表示。

螺纹的公称直径一般是指螺纹的大径，只有管螺纹例外。管螺纹的公称直径是指管子的通孔直径。

3.线数

螺纹有单线螺纹与多线螺纹之分，如图1-3-3所示。沿一条螺旋线制成的螺纹，称为单线螺纹；沿两条或两条以上在轴向等距分布的螺旋线制成的螺纹，称为多线螺纹。

连接螺纹多为单线螺纹，而传动螺纹多为多线螺纹。

线数又称头数，通常用 n 表示。

4.螺距和导程

相邻两牙在中径线上对应两点间的轴向距离，称为螺距，用 P 表示。

同一条螺旋线上的相邻两牙在中径线上对应两点间的轴向距离称为导程，用 L 表示。

螺距与导程如图1-3-3所示，两者的关系为：

$$导程(L)=螺距(P)\times线数(n)$$

5.旋向

因螺旋线的旋向有左旋与右旋之分，故螺纹也有左旋螺纹和右旋螺纹之分。螺纹的旋向

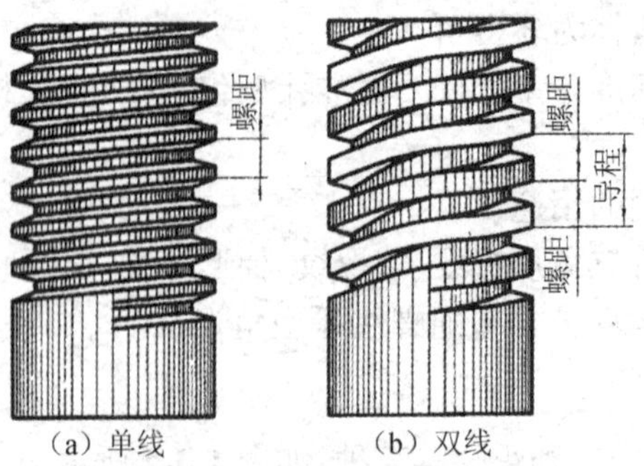

（a）单线　（b）双线

图 1-3-3　螺纹的线数、螺距和导程

判别方法与螺旋线的旋向判别方法相同。

如图 1-3-4 所示，将左手和右手的拇指伸直，其余四指蜷曲，若具有螺纹的螺旋体沿蜷曲四指的指向旋转时，螺旋体向右手拇指所指的方向运动，则为右旋螺纹；螺旋体向左手拇指所指的方向运动，则为左旋螺纹。

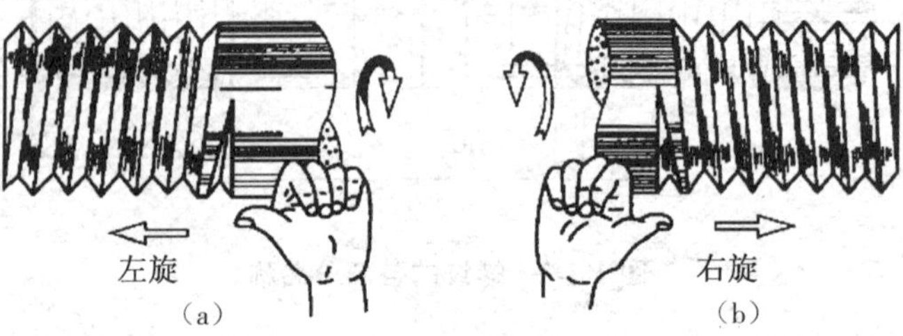

（a）　（b）

图 1-3-4　螺纹旋向的判别

或者，如图 1-3-5 所示，沿螺旋体的轴线方向看，若螺旋体顺时针方向旋转时，螺旋体向前运动（顺时针旋入），则为右旋螺纹；若螺旋体逆时针方向旋转时，螺旋体向前运动（逆时针旋入），则为左旋螺纹。

或者，如图 1-3-5 所示，把螺旋体以前进方向向上竖立，螺纹的左边高即为左旋螺纹，螺纹的右边高即为右旋螺纹。

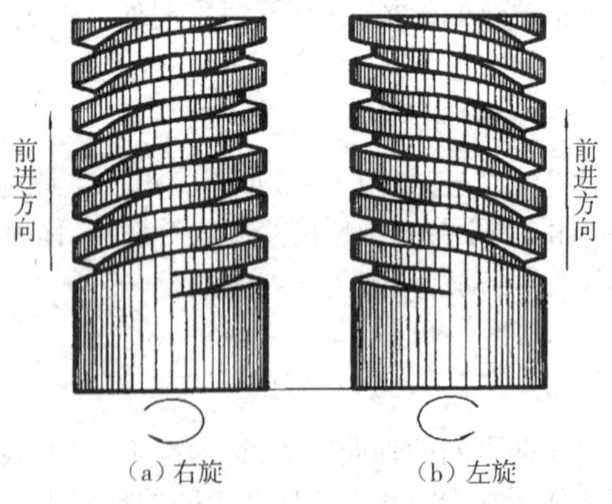

（a）右旋　（b）左旋

图 1-3-5　螺纹的旋向

工程上常用的是右旋螺纹。右旋螺纹沿顺时针方向拧紧，沿逆时针方向旋松。

左旋螺纹在工程上也有其特殊的用途，例如车床主轴与三爪卡盘的连接即为左旋螺纹，其目的是防止在旋转过程中出现连接松动或脱离。左旋螺纹沿顺时针方向旋松，沿逆时针方向

拧紧。

(二)螺纹的种类

工程上常用的是单线、右旋的螺纹。

螺纹应用极为广泛,分类方法也有许多种,这里只做简单介绍。

1.按标准化程度分类

螺纹按其参数的标准化程度分为标准螺纹、特殊螺纹和非标准螺纹。

国家标准对螺纹的牙型、公称直径(大径)、螺距做了规定。此三项都符合国家标准的螺纹,称为标准螺纹;牙型符合标准,而公称直径(大径)和螺距不符合标准的螺纹,称为特殊螺纹;牙型不符合标准的螺纹,称为非标准螺纹。

2.按用途分类

按螺纹的用途,螺纹通常可分为连接螺纹和传动螺纹两大类。

连接螺纹又可分为普通螺纹和管螺纹。

连接螺纹的牙型为三角形;传动螺纹的牙型有梯形、锯齿形等。

(1)普通螺纹

牙型为等边三角形,牙型角为60°的螺纹,称为普通螺纹。

在普通螺纹中,公称直径相同的螺纹可具有几个不同的螺距。其中,螺距最大的称为粗牙普通螺纹,其余皆称为细牙普通螺纹。

在标注细牙螺纹时,必须标注出螺距。

因为细牙螺纹比粗牙螺纹的螺距小,所以细牙螺纹多用于细小的精密零件和薄壁零件。

(2)管螺纹

牙型为等腰三角形,牙型角为55°的螺纹称为管螺纹。

管螺纹是英制螺纹,公称直径为管子内径。

按螺纹是制作在柱面上还是锥面上,还可将管螺纹分为圆柱管螺纹和圆锥管螺纹。前者用于低压场合,后者则用于高温、高压或密封性要求较高的管连接。

(3)梯形螺纹

牙型为等腰梯形,牙型角为30°的螺纹,称为梯形螺纹。

梯形螺纹广泛用于传力或传导螺旋,如机床的丝杠、螺旋举重器等。

(4)锯齿形螺纹

工作面的牙型斜角为3°,非工作面的牙型斜角为30°的螺纹,称为锯齿形螺纹。

锯齿形螺纹仅能用于单向受力的传力螺旋。

(三)螺纹的图样

用正投影法表达螺纹结构绘图烦琐,也没有必要。为方便绘图和读图,国家标准规定了螺纹的画法。

1.外螺纹

图1-3-6所示为外螺纹的规定画法图样:

(1)外螺纹的牙顶用粗实线表示,牙底用细实线表示。

(2)在外螺纹投影为圆的视图中,表示牙顶圆(大径)的粗实线应完整画出;而表示牙底圆(小径)的细实线只画出约3/4圈;螺纹倒角或倒圆的投影省略不画。

(3)在外螺纹投影不为圆的视图上，螺纹的倒角或倒圆部分也应画出；牙底的细实线应画入倒角或倒圆内；有效螺纹的终止界线（简称螺纹终止线）用粗实线表示。

(4)外螺纹作剖视或断面图表达时，剖面线必须画到表示大径的粗实线处，螺纹终止线只在大小径间画一小段粗实线。

(5)采用比例画法时，螺纹的小径可按大径的0.85倍绘制。

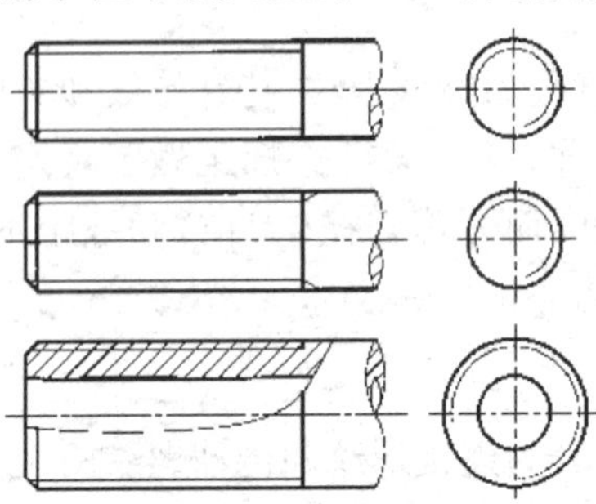

图 1-3-6　外螺纹的规定画法图样

2.内螺纹

内螺纹一般用剖视，图1-3-7所示为内螺纹旋合的图样：

(1)在剖视图中，内螺纹的牙顶用粗实线表示，牙底用细实线表示。

(2)在内螺纹投影为圆的视图中，表示牙顶的圆（小径）应完整画出；而表示牙底的圆（大径）只画出约3/4圈；螺纹倒角或倒圆的投影省略不画。

(3)在内螺纹投影不为圆的视图上，螺纹的倒角部分也应画出，但表示牙底的线不画入倒角或倒圆内。

(4)在剖视图中，有效螺纹的终止界线用粗实线表示。

(5)内螺纹作剖视或断面图表达时，剖面线必须画到表示小径的粗实线处。

(6)采用比例画法时，螺纹的小径可按大径的0.85倍绘制。

当用视图表示内螺纹时，因内螺纹的所有结构均不可见，所以，所有的线均用细虚线画出。

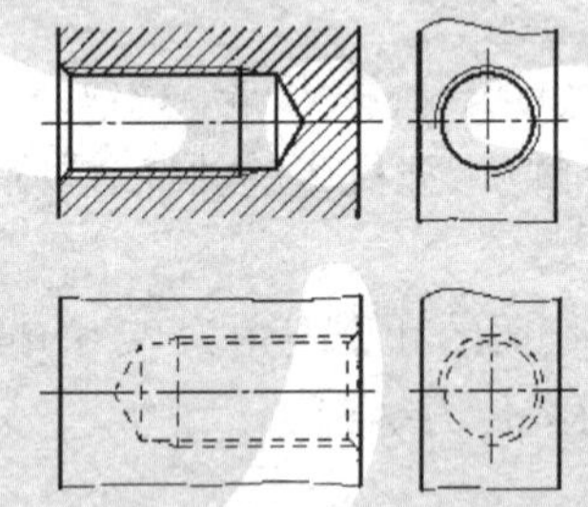

图 1-3-7　内螺纹的规定画法图样

3.内、外螺纹旋合

图1-3-8所示为内、外螺纹的规定画法图样：

(1)内、外螺纹旋合时通常用剖视图表示。

(2)在剖视图中，内、外螺纹的旋合部分按外螺纹的画法绘制，其余未旋合部分仍按各自原有的画法绘制。

(3)表示内、外螺纹大径的细实线和粗实线，以及表示内、外螺纹小径的粗实线和细实线

应分别对齐，与倒角无关。

（4）在剖切平面通过螺纹轴线的剖视图中，实心螺杆按不剖绘制。

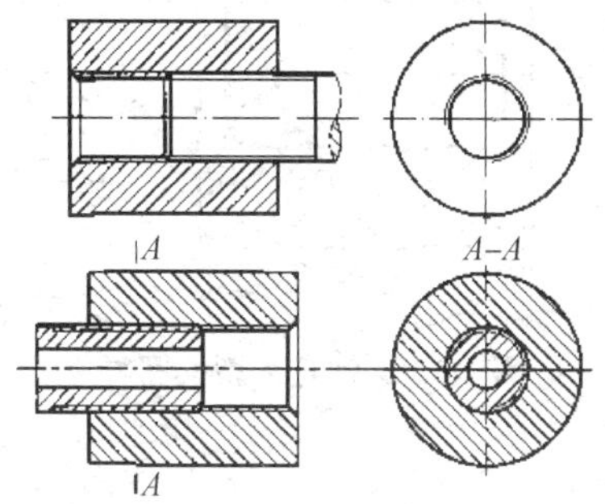

图 1-3-8　内、外螺纹旋合的图样

4.螺纹图样的一些其他规定

（1）螺纹起始端

为了便于装配和防止螺纹起始圆的损坏，常常在螺纹的起始端加工倒角或倒圆，如图 1-3-6、图 1-3-7 所示。

（2）螺纹终止处

车削螺纹时，刀具在到达螺纹终止处要逐渐离开工件，导致这部分的牙型高度逐渐减小，形成不完整的牙型，称为螺纹收尾或螺尾。一般情况下，图样上不必画出螺尾。只有在必须限制螺尾长度时才画出螺尾，此时，螺尾部分用与轴线成 30°的细实线绘制。

（3）螺纹退刀槽

考虑加工的合理性，可预先在螺纹的末端加工出退刀槽，然后车削螺纹。通常情况下，外螺纹的退刀槽直径要小于外螺纹的小径，内螺纹的退刀槽直径要大于内螺纹的大径。

（4）不穿通的螺孔及旋合

绘制不穿通的螺孔时，一般应将钻孔深度与螺孔深度分别画出。

钻孔深度要比螺孔深度大，通常情况下约大 $0.5d$，钻孔孔底的顶角应画成 120°（与钻头角相近，且不需要标注）。

当内、外螺纹旋合时，旋合长度也应画出。旋合长度要比螺孔深度小，通常情况下约小 $0.5d$。

（5）螺孔相贯

螺孔相贯时，规定只画螺纹小径的相贯线。

（6）螺纹牙型

需要表示螺纹牙型时，按图 1-3-9 所示的形式绘制。

（7）圆锥螺纹

对于圆锥螺纹，在投影为圆的视图中，凡不可见的大端圆或小端圆不必画出，其余画法与圆柱螺纹的画法相同。

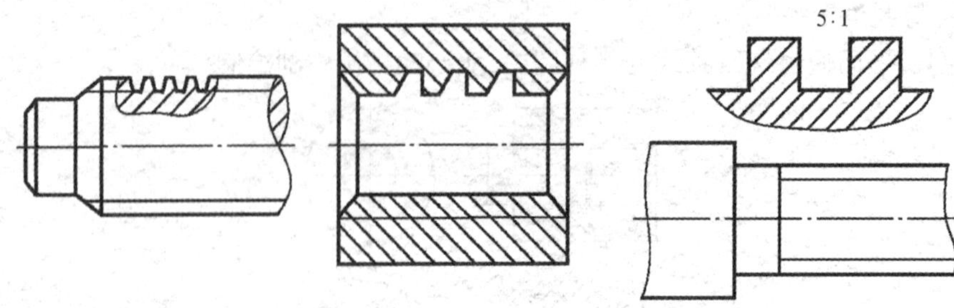

图 1-3-9　螺孔牙型的图样

（四）螺纹的规定标记

螺纹的完整标记内容和一般格式为：

[螺纹特征代号] [公称直径]×[螺距或导程] [旋向]－[螺纹公差带代号]－[旋合长度代号]

1.螺纹特征代号

国家标准规定标准螺纹应在图上标写出相应的特征代号，常用的标准螺纹的特征代号如表 1-3-1 所示。

表 1-3-1　常用的标准螺纹的特征代号

螺纹种类	特征代号	螺纹种类		特征代号
普通螺纹	M	非螺纹密封管螺纹		G
梯形螺纹	Tr	螺纹密封管螺纹	圆锥外螺纹	R
锯齿形螺纹	B		圆锥内螺纹	Rc
60°圆锥管螺纹	NPT		圆柱内螺纹	Rp

2.公称直径

螺纹的公称直径一般是指螺纹的大径，只有管螺纹例外。

管螺纹的公称直径是指刻有外螺纹的管子通孔直径，而不是指螺纹的大径，应从螺纹大径用指引线的方式引出标注，用英寸表示。

3.螺距或导程

单线螺纹为螺距。多线螺纹为导程（P 为螺距）。

普通粗牙螺纹和管螺纹的螺距可省略不标，因为它们相对于一个公称直径，只有一个确定的螺距值。

4.旋向

左旋螺纹的标写代号为“LH”，右旋螺纹不标写代号。

5.螺纹公差带代号

螺纹公差带代号是为了说明螺纹允许的尺寸公差，包括中径公差和顶径公差。公差带代号由数字和字母组成，数字表示公差等级，字母为表示基本偏差的基本偏差代号，如 6H（内螺纹）、6g（外螺纹）等。

普通螺纹公差带代号由中径公差带代号和顶径公差带代号两部分组成，当中径和顶径公差带代号相同时，只需标写一次。

为了减少刀具、量具的规格数量，普通螺纹公差带按短、中、长旋合长度给出了精密、中等和粗

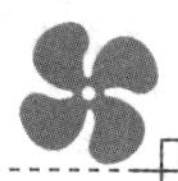

糙三种精度,选用时可按下列原则考虑:精密级用于要求配合性质变动较小的精密螺纹;中等级用于一般用途的螺纹;粗糙级用于制造螺纹有困难的场合,比如在热轧棒料上和深孔内加工螺纹。

大量生产的紧固件螺纹,推荐选用的公差带为 6H(内螺纹)、6g(外螺纹);一般用途的螺纹,优先选用的公差带为 6G、5H、6H、7H(内螺纹),以及 4h、6e、6g、6f(外螺纹);内、外螺纹的公差带可任意组合。

梯形螺纹只标写中径公差带代号,顶径公差带代号不标写。

圆柱管螺纹,国家标准只对其外螺纹规定了 A(精密)、B(粗糙)两级,而内螺纹可不标写公差等级。

圆锥内、外管螺纹的公差带代号,国家标准规定可不标写。

有关基本偏差、尺寸公差、公差等级、公差带等的概念,详见本章后面的相关内容。

6.旋合长度代号

普通螺纹的旋合长度分为三种:短旋合、中等旋合、长旋合,其标写代号分别为“S”“N”“L”。

当旋合长度为中等旋合长度时,可以不标写旋合长度代号。

(五)螺纹的标注

1.公制(米制)螺纹

公制(米制)螺纹,如普通螺纹、梯形螺纹等,其标记应直接标注在大径的尺寸线或其引出线上,如图 1-3-10 所示。

表 1-3-2 列举了常用普通螺纹的标注。

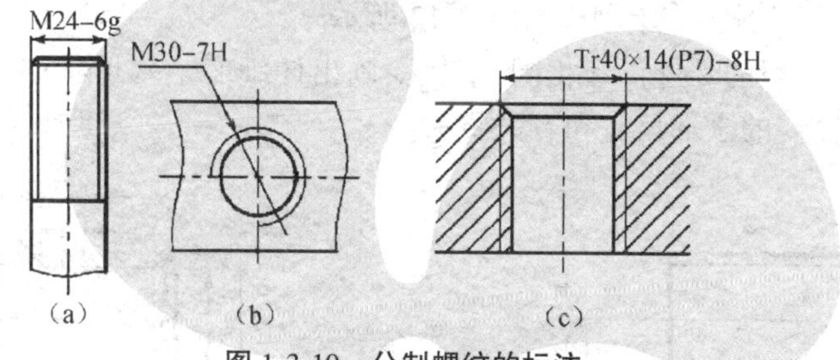

图 1-3-10　公制螺纹的标注

表 1-3-2　常用普通螺纹的标注

螺纹种类	标注内容和方式	图例	说明
粗牙普通螺纹	M10-5g6g-S 短旋合长度 顶径公差带 中径公差带 螺纹大径	M10-5g6g-s 20 M10-7H-L-LH 20	不标写螺距; 右旋省略标写,左旋要标写; 中径和顶径公差带相同时,只标写一个代号,如 7H; 当旋合长度为中等长度时,不标写; 图中所注螺纹长度均不包括螺尾

续表

螺纹种类	标注内容和方式	图例	说明
细牙 普通 螺纹	M10×1-6g 螺距	M10×1-6g 20	要标写螺距； 其他规定同上

2.管螺纹

管螺纹必须采用指引线标注，且指引线应从大径引出，管螺纹的标记一律标注在引出线上，如图 1-3-11 所示。

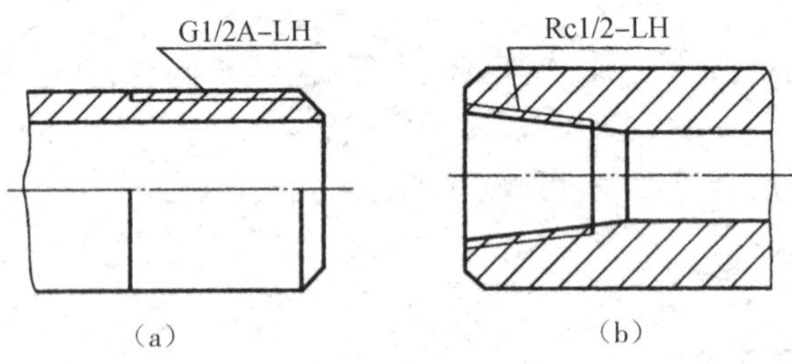

图 1-3-11　管螺纹的标注

3.特殊螺纹和非标准螺纹

特殊螺纹和非标准螺纹的标注如图 1-3-12 所示。

非标准螺纹与一般的零件设计相同，不但要画出详细的结构形状(包括螺纹牙型)，还应标注加工、检验所需要的全部尺寸和有关要求。

（a）特殊螺纹　（b）非标准螺纹

图 1-3-12　特殊螺纹和非标准螺纹的标注

4.旋合螺纹

旋合螺纹在装配图上标注时，应注出螺纹种类、公称直径，以及内、外螺纹的公差带代号，且两公差带代号用斜线分开，斜线前面为内螺纹公差带代号，后面为外螺纹公差带代号，如图 1-3-13(a)所示。

管螺纹在装配图上标注时，必须将内、外螺纹的标记注出，如图 1-3-13(b)所示。

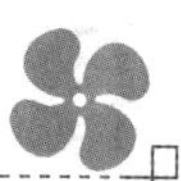

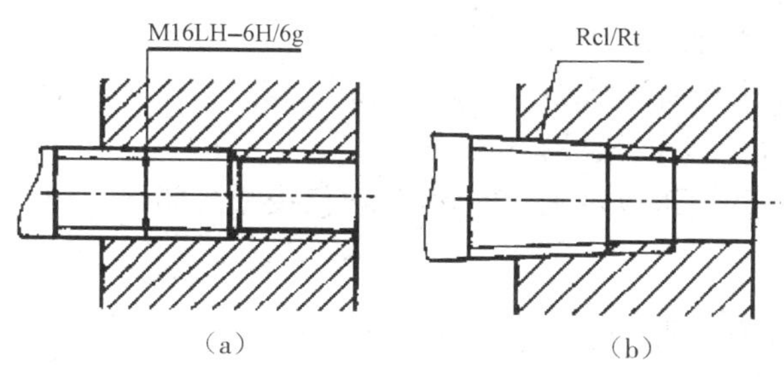

图 1-3-13　旋合螺纹的标注

二、螺纹紧固件

常见的螺纹紧固件有：螺栓、双头螺柱、螺钉、螺母、垫圈等，它们都属于标准件。

螺纹紧固件的连接画法可根据从国家标准中查得的各螺纹紧固件的尺寸来画，但通常简化成比例画法，即将螺纹紧固件的各部分尺寸与螺纹大径联系起来近似画出。

在装配图中螺纹紧固件的连接画法也可采用简化画法。在装配图中，螺纹紧固件的图样应遵守以下规定：

(1)两零件的接触表面只画一条公共轮廓线，不得特意加粗；非接触表面应画两条线，以表示有间隙。

(2)为区分零件，相邻两金属零件的剖面线应方向相反，或者方向一致、间隔不等；而同一零件在各剖视图中其剖面线的方向和间隔应相同。

(3)对于紧固件和实心零件(如螺钉、螺栓、螺母、垫圈、键、销等)，若剖切平面通过它们的基本轴线，则这些零件都按不剖绘制，即仍按外形画出；需要时，可采用局部剖视。

(4)双头螺柱旋入端的螺纹终止线应与机体表面的螺孔端面线平齐；螺钉的螺纹终止线应高出螺孔的端面线。

(一)螺栓连接

螺栓连接的紧固件有螺栓、螺母和垫圈，如图 1-3-14 所示。

螺栓连接的紧固件及螺栓连接可按比例画法画出。

在装配图中，螺栓连接常采用简化画法，如图 1-3-15 所示。按规定，在简化画法中，六角头螺栓、六角螺母的倒角及双曲线可省略不画。需要注意的是，在简化画法中，当螺母、螺栓的六方倒角省略不画时，螺栓上螺纹端面的倒角也可省略不画。

图 1-3-14　螺栓连接

图 1-3-15　螺栓连接的简化画法图样

(二)螺柱连接

双头螺柱两端均加工有螺纹，一端和被连接件旋合，另一端和螺母旋合。

双头螺柱连接可按比例画法画出。

双头螺柱连接也常采用简化画法，如图 1-3-16 所示。按规定，在简化画法中：

(1)六角螺母的倒角及双曲线可省略不画；

(2)对于不穿通的螺孔，可以不画出钻孔深度，仅按螺纹部分的深度画出。

(三)螺钉连接

螺钉按头部结构分为圆柱头螺钉和沉头螺钉等。螺钉连接的比例画法，其旋入端与螺柱相同，被连接板孔部画法与螺栓相同。

螺钉连接也常采用简化画法，如图 1-3-17 所示。按规定，在简化画法中：

(1)对于不穿通的螺孔，可以不画出钻孔深度，仅按螺纹部分的深度画出；

(2)对于一字槽螺钉，螺钉头部的螺纹槽(起子槽)画成加粗的粗实线，且与水平成 45°角。

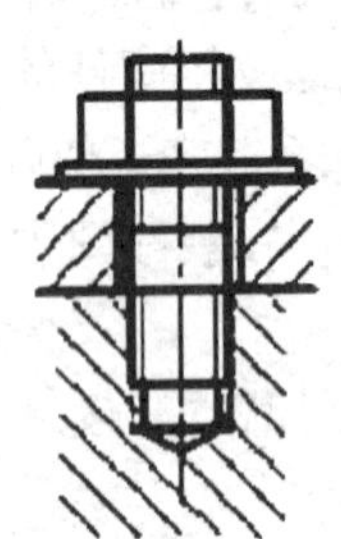

图 1-3-16　双头螺柱连接的简化画法图样

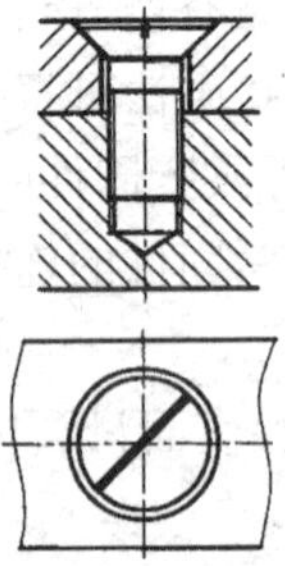

图 1-3-17　一字槽螺钉的简化画法图样

三、键

键主要用于轴和轴上的传动零件(如齿轮、皮带轮等)间的连接，实现周向固定，起传递运动和动力的作用。如图 1-3-18 所示，将键嵌入轴上的键槽中，再把齿轮装在轴上，当轴转动时，通过键连接，齿轮也将和轴同步转动，达到传递动力的目的。

图 1-3-18　键连接

常用的键有普通型平键、普通型半圆键和钩头型楔键等。普通型平键又有 A 型、B 型和 C 型三种。表 1-3-3 给出了几种常用键的图例、标记示例及连接画法图样。

普通型平键和普通型半圆键的两侧面为工作面，所以在连接画法图样中，键与键槽侧面不留间隙；键的顶面是非工作面，与轮毂的键槽底面应留有间隙，画有两条线(参见表 1-3-3)。

钩头型楔键连接，键的顶面和底面同为工作面，与键槽没有间隙。

表 1-3-3　常用键的图例、标记示例及连接画法图样

名称	图例	标记示例	连接画法图样
普通型平键	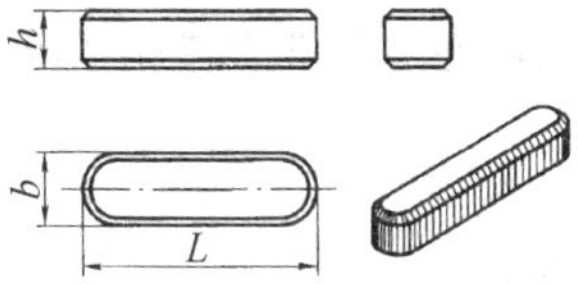	GB/T 1096—2003 键 $b \times h \times L$	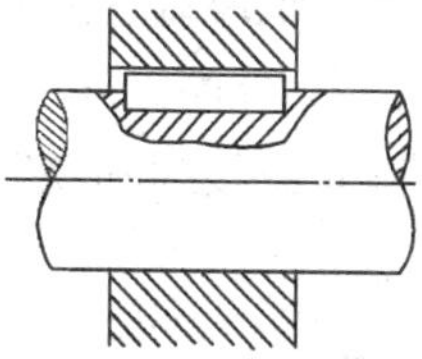
普通型半圆键	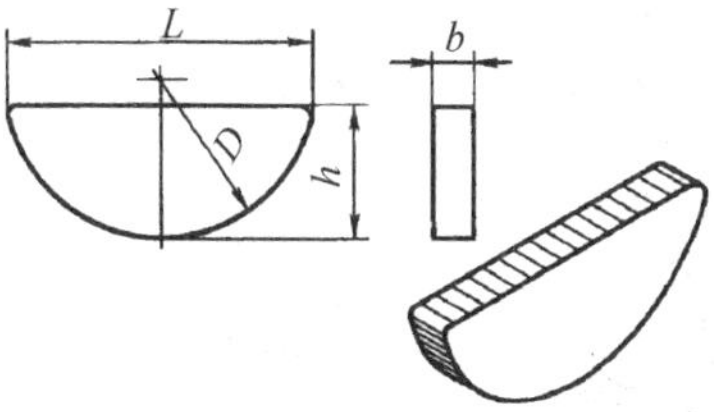	GB/T 1099.1—2003 键 $b \times h \times D$	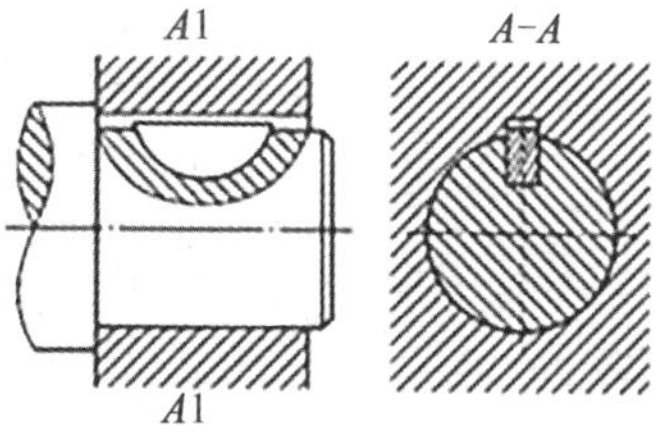
钩头型楔键	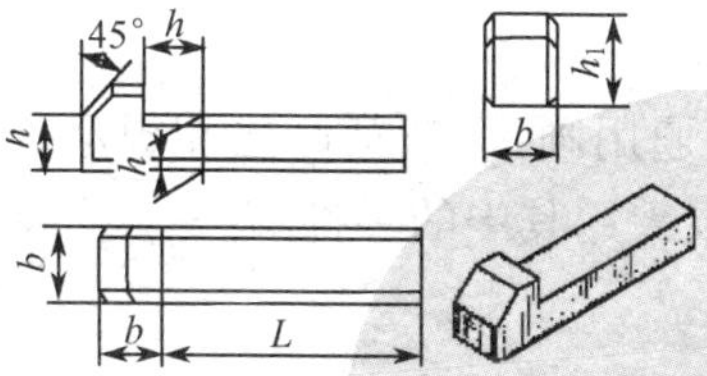	GB/T 1565—2003 键 $b \times L$	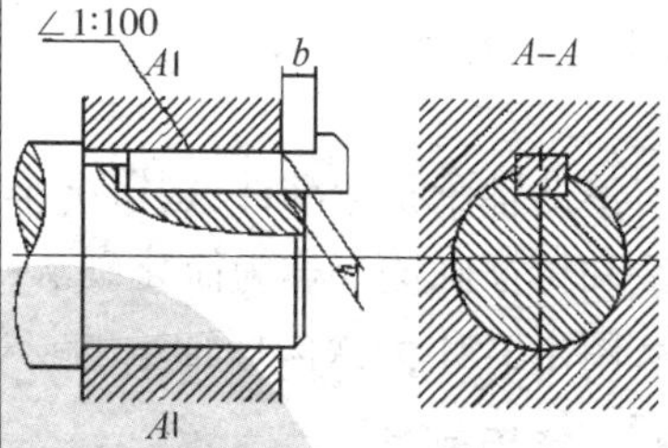

四、销

销主要用于两零件之间的连接和定位，有时也用来传递较小的动力。

常用的销有圆柱销、圆锥销和开口销三种。圆柱销和圆锥销用于连接两个零件。开口销常与六角开槽螺母配合使用。

图 1-3-19 所示为圆柱销和圆锥销的连接画法图样。销的连接按一般投影方法绘制。需要注意的是，销被横向剖切时应画剖面线，销沿轴线剖切时应不画剖面线。

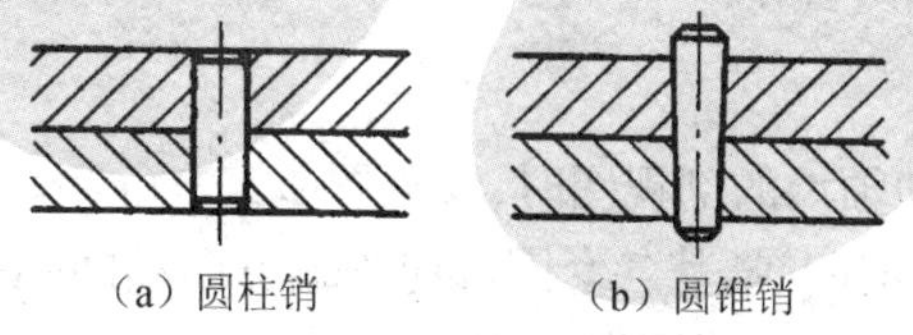

（a）圆柱销　　（b）圆锥销

图 1-3-19　销的连接画法图样

用圆柱销和圆锥销连接和定位的两个零件上的销孔是在装配时一起加工的，在零件图上应注明“装配时作”或“与××件配作”。

圆锥销的公称尺寸是指小端直径。

五、滚动轴承

滚动轴承的结构一般由外圈、内圈、滚动体和保持架四部分组成，如图 1-3-20 所示。外圈装在机体或轴承座内，一般固定不动。内圈装在轴上，与轴紧密配合在一起，且随轴一起旋转。滚动体装在内、外圈之间的滚道中，有滚珠、滚柱、滚锥等几种类型。保持架用以均匀分隔滚动体，防止它们相互之间的摩擦和碰撞。

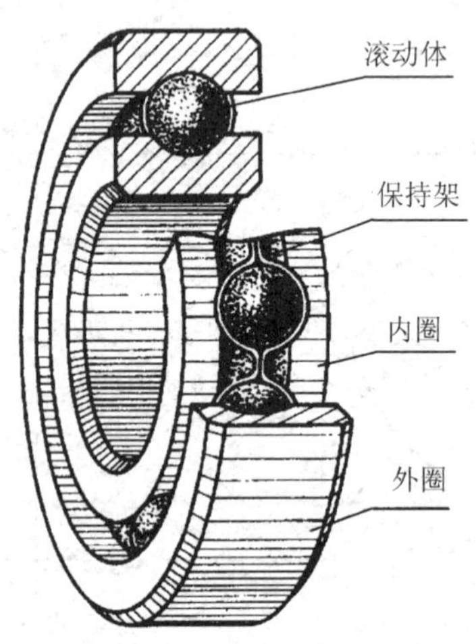

图 1-3-20　滚动轴承的结构

滚动轴承是标准件，国家标准中给出了三种画法：通用画法、特征画法和规定画法。通用画法和特征画法统称为简化画法，在同一图样中一般只采用其中的一种画法。

图 1-3-21 为深沟球轴承的三种画法图样。

1.通用画法

在通用画法的剖视图中，当不需要确切地表示滚动轴承的外形轮廓、载荷特性、结构特征时，可用矩形线框及位于线框中央正立的十字形符号表示。矩形线框和十字形符号均用粗实线绘制，十字符号不应与矩形线框接触，见图 1-3-21(a)。

通用画法应绘制在轴的两侧。

2.特征画法

在特征画法的剖视图中，如需较形象地表示滚动轴承的结构特征，可采用在矩形线框内画出其结构要素符号的方法表示。矩形线框和结构要素符号均用粗实线绘制，结构要素符号不应与矩形线框接触，见图 1-3-21(b)。

3.规定画法

采用规定画法绘制滚动轴承的剖视图时，参见图 1-3-21(c)：

(1)轴承的滚动体不画剖面线，其各套圈等应画成方向和间隔相同的剖面线；

(2)滚动轴承的保持架及倒角等可省略不画；

(3)滚动轴承的轮廓线用粗实线绘制；

(4)采用规定画法的一般绘制在轴的一侧，另一侧按通用画法绘制。

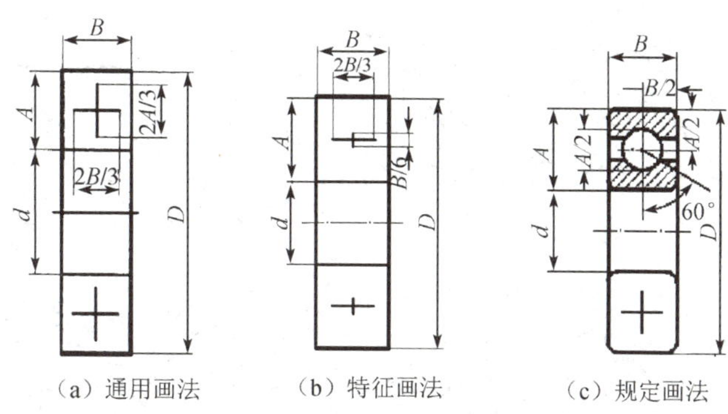

图 1-3-21　深沟球轴承的画法图样

六、齿轮

常见的传动齿轮有三种:圆柱齿轮、圆锥齿轮和蜗轮蜗杆。

圆柱齿轮传动用于两轴线平行的传动,圆锥齿轮传动用于两轴线相交的传动,蜗轮蜗杆传动用于两轴线垂直交叉的传动,如图 1-3-22 所示。

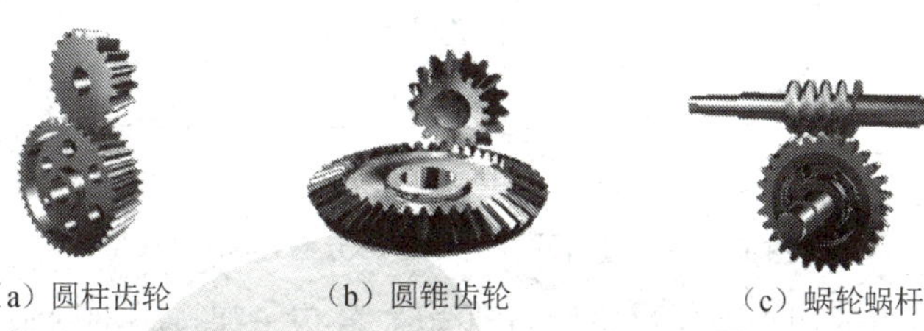

(a) 圆柱齿轮　(b) 圆锥齿轮　(c) 蜗轮蜗杆

图 1-3-22　常见的齿轮传动形式

(一)直齿圆柱齿轮

直齿圆柱齿轮各部分的名称及参数包括:齿数 z、齿顶圆直径 d_a、齿根圆直径 d_f、分度圆直径 d、齿高 h、齿顶高 h_a、齿根高 h_f、齿距 p、齿厚 s、齿槽宽 e、模数 m、齿形角 α 等,如图 1-3-23 所示。

已知模数 m 和齿数 z 时,齿轮轮齿的其他参数均可以计算出来,计算公式见表 1-3-4。

表 1-3-4　直齿圆柱齿轮各几何要素的尺寸计算

基本几何要素:模数 m;齿数 z							
名称	齿距	齿顶高	齿根高	齿高	分度圆直径	齿顶圆直径	齿根圆直径
代号	p	h_a	h_f	h	d	d_a	d_f
计算公式	$p=\pi m$	$h_a=m$	$h_f=1.25m$	$h=2.25m$	$d=mz$	$d_a=m(z+2)$	$d_f=m(z-2.5)$

1.单个直齿圆柱齿轮

图 1-3-24 为单个圆柱齿轮的画法图样。

(1)齿顶圆和齿顶线用粗实线;

(2)分度圆和分度线用细点画线绘制;

(3)齿根圆和齿根线用细实线绘制(也可省略不画);

(4)在剖视图中,齿根线用粗实线绘制;

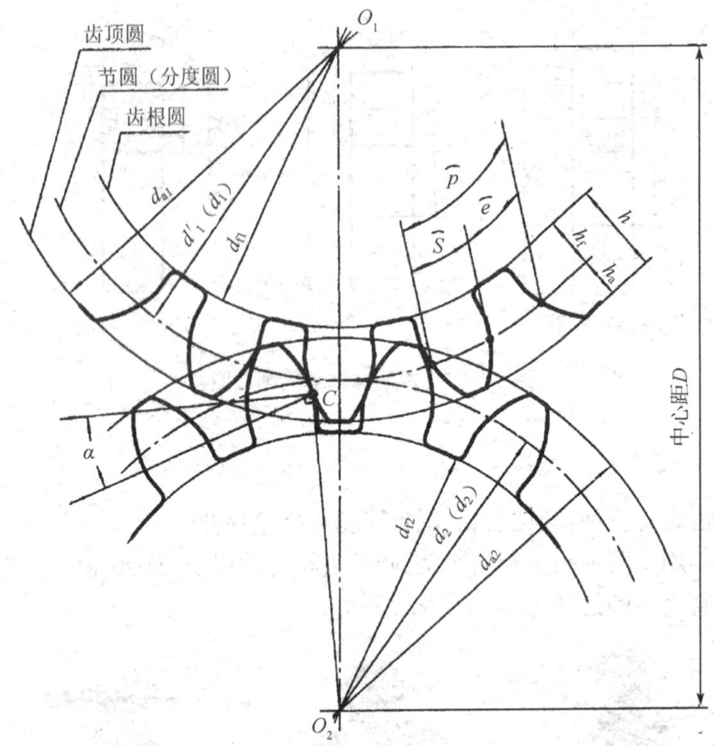

图 1-3-23 直齿圆柱齿轮各部分名称和代号

(5)在剖视图中，当剖切平面通过轮齿的轴线时，轮齿一律按不剖绘制。

除轮齿部分外，齿轮的其他部分结构均按真实投影画出。

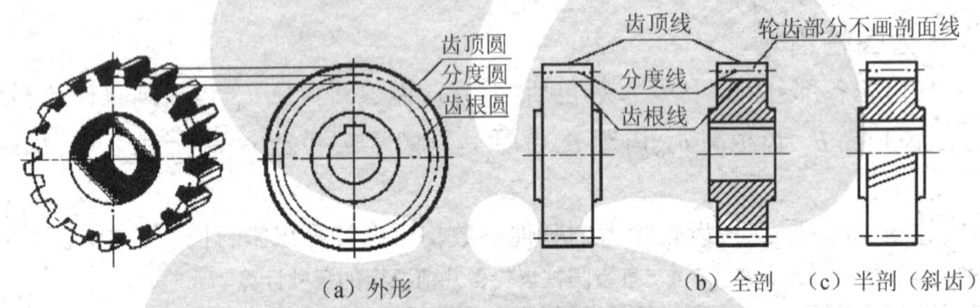

图 1-3-24 圆柱齿轮的画法图样

2.相啮合的圆柱齿轮

图 1-3-25 为一对相啮合的圆柱齿轮的画法图样。

(1)在投影为圆的视图中，齿顶圆用粗实线绘制；两齿轮的节圆（分度圆）相切，用细点画线绘制；齿根圆省略不画。

(2)在投影不为圆的视图上，采用剖视图时，在啮合区域，一个齿轮的轮齿用粗实线绘制，另一个齿轮的轮齿按被遮挡处理，齿顶线用细虚线绘出；齿顶线和齿根线之间的缝隙为 0.25m（m 为模数）。

(3)若为不剖的外形视图，啮合区的齿顶线不需画出，节线（分度线）用粗实线绘制；其他处的节线（分度线）用点画线绘制，齿根线一律省略不画。

(4)在剖视图中,当剖切平面通过两个啮合齿轮的轴线时,啮合区内两齿轮的节线(分度线)重合,用细点画线绘制;将齿轮的轮齿用粗实线绘制(轮齿被遮挡的部分用细虚线绘制,细虚线也可省略不画),即啮合区内应画5条线;如虚线省略不画,啮合区应画4条线。

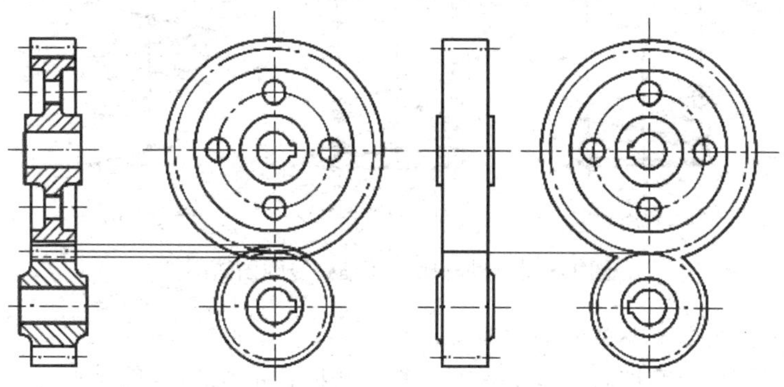

图 1-3-25 直齿圆柱齿轮啮合画法图样

(二)斜齿圆柱齿轮

斜齿圆柱齿轮,简称斜齿轮。

斜齿轮的齿在一条螺旋线上,螺旋线和轴线的夹角称为螺旋角,用β表示。

斜齿轮的画法和直齿轮相同。当需要表示齿轮轮齿方向时,可在平行于轴线的视图中,画3条与齿向一致的互相平行的细实线,但直齿不需要表示,如图1-3-24(c)所示。

(三)直齿圆锥齿轮

直齿圆锥齿轮的基本形体结构由前锥、顶锥、背锥等组成。

图1-3-26为直齿圆锥齿轮啮合的画法图样。

安装准确的标准锥齿轮,两分度圆锥相切,两分锥角互为余角。

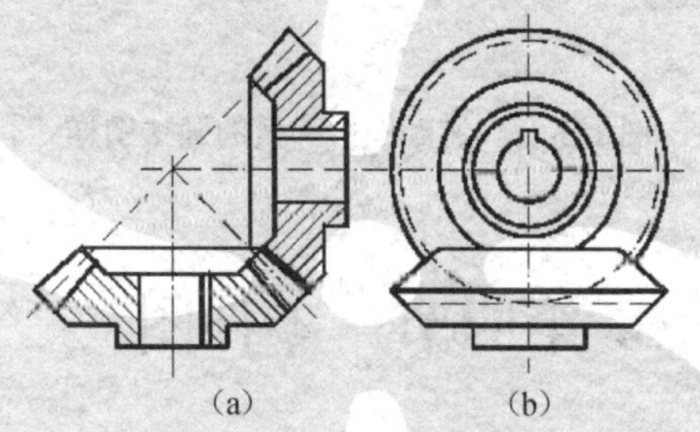

图 1-3-26 直齿圆锥齿轮啮合的画法图样

七、弹簧

弹簧是机械、电气设备中常用的零件,其种类很多,这里以应用最为广泛的圆柱螺旋压缩弹簧为例做简单介绍。

国家标准中对弹簧的画法做了规定。如图1-3-27所示,圆柱螺旋压缩弹簧可画成视图、剖视图和示意图。

(1)在平行于螺旋弹簧轴线的投影面的视图中,弹簧各圈的轮廓规定画成直线;

(2)有效圈数在4圈以上的螺旋弹簧中间部分可以省略,此时允许缩短图形的长度;

(3)螺旋弹簧均可画成右旋,不论右旋与左旋,对必须保证的旋向都要在“技术要求”中注明。

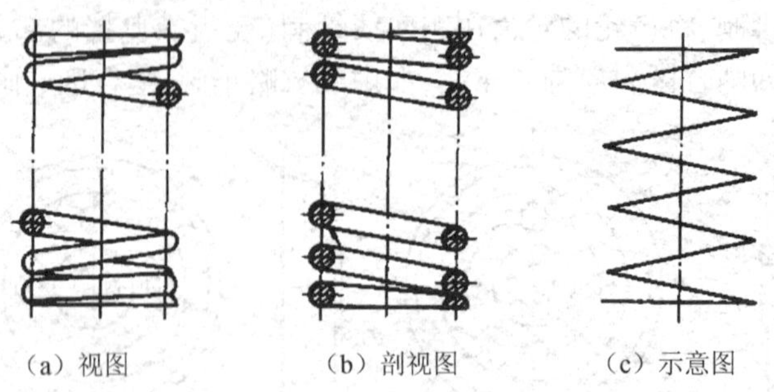

图 1-3-27 圆柱螺旋压缩弹簧的画法图样

图 1-3-28 为装配图中弹簧的简化画法图样。

(1)在装配图中,弹簧被看作实心物体,被弹簧挡住的结构一般不画出,可见部分应从弹簧的外轮廓线或从弹簧钢丝断面的中心线画起,如图 1-3-28(a)所示。

(2)在剖视图中,当弹簧丝直径在图形上等于或小于 2 mm 时,其剖面可以涂黑,如图 1-3-28(b)所示;或采用示意画法,如图 1-3-28(c)所示。

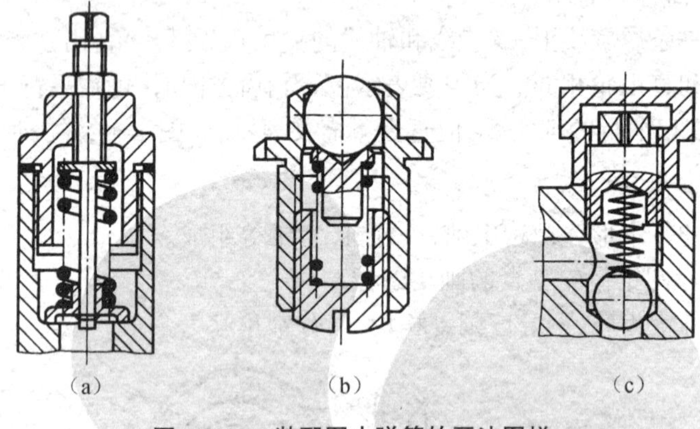

图 1-3-28 装配图中弹簧的画法图样

第四节 零件图

一台机器或部件都是由一定数量、相互联系的零件装配而成的。生产和检验这些零件所依据的图样称为零件工作图,简称零件图。

零件图是表达机械零件结构形状、尺寸和技术要求的图样,是产品设计、制造、检验、维修和管理的依据。

一、零件图的主要内容

零件图不仅反映了设计者的设计意图,而且表达了零件的各种技术要求,如尺寸精度、表面粗糙度等。工艺部门要根据零件图制造毛坯,设计工艺路线、工艺装备等。所以零件图是制造和检验零件的重要依据。

图 1-4-1 为某一球阀阀盖的零件图,从图中可以看出,一张完整的零件图应包括以下四项

主要内容：

（1）一组视图

用一组视图（包括视图、剖视图、断面图、局部放大图等），正确、完整、清晰、简便地表达出零件的结构形状。

（2）完整的尺寸

零件图上的尺寸不仅要标注得完整、清晰，而且要标注得合理，能够满足设计意图，适于加工制造，便于检验。

根据图中标注的尺寸，要能够唯一确定零件的大小及各部分的相对位置。

（3）技术要求

用文字或符号说明对零件制造、检验等的要求，比如：尺寸公差、表面粗糙度、形状和位置公差、热处理要求等（表面处理、修饰、试验与验收的说明，以及铸造圆角、未注倒角、圆角的统一说明等）。零件制造出来后，只有满足这些要求才能算是合格产品。

（4）标题栏

标题栏说明零件的名称、材料、数量、比例、图样的编号，以及制图、审核人的姓名，日期等。

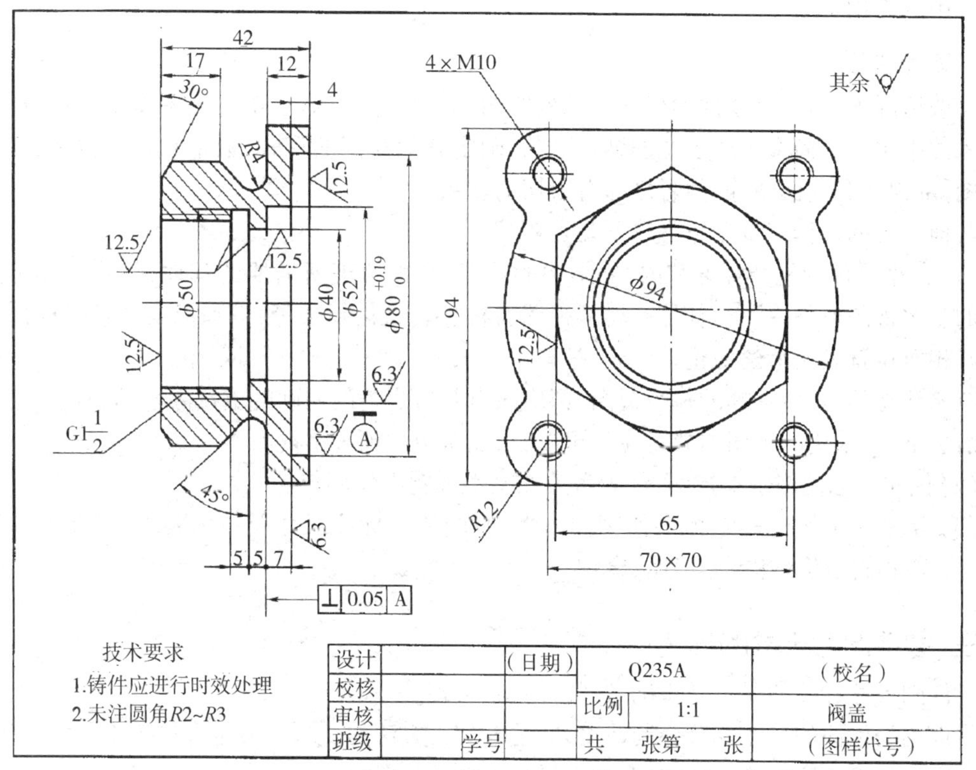

图 1-4-1　某一球阀阀盖零件图

二、零件图的视图表达

零件的形状结构要用一组视图来表示，这一组视图并不限于三个基本视图，可采用各种手段，以最简明的方法将零件的形状和结构表达清楚。

零件图的视图表达，是在分析零件结构形状特点的基础上，选用适当的表达方法，完整、清晰地表达出零件各部分的结构形状。

主视图是视图表达的关键。

1.主视图

主视图是一组图形的核心，画图和看图一般都从主视图开始。主视图选择得是否合理，直接关系到看图和画图是否方便，选择时通常应先确定零件的安放位置，再确定主视方向。

主视图应符合下述三个原则：

(1)形状特征最明显

投影方向要能尽可能充分反映零件的形状特征和相互位置特征，能将组成零件的各形体间的相互位置和主要形体的形状、结构表达得最为清楚。

(2)以加工位置为主视图

应尽可能符合该零件在机床上的主要加工位置，即尽可能按照零件在主要加工工序中的装夹位置选取主视图。

(3)以工作位置选取主视图

应尽可能按该零件在机器或部件上的工作位置选取主视图，这样容易想象出零件在机器或部件中的作用。

2.其他视图

一般情况下，对一个零件的形状和结构等的完整描述，仅靠一个主视图是不够的，还需要根据零件中主视图尚未表达清楚的结构形状，确定其他视图的形式、数量和表达方法，比如局部视图、剖视图和断面图等，两者之间有密切的联系。

其他视图的选择应重点考虑以下几点：

(1)根据零件的复杂程度和内、外结构的情况，全面考虑所需要的其他视图，比如可选择另外的基本视图或剖视图、断面图、局部视图、斜视图、简化画法等，直到把零件各组成部分的形状和相对位置表达清楚为止。

应该注意的是，所选择的每个视图，都应该有其所表达的明确的重点内容；同时，在表达清楚的前提下，所采用的视图的数目应尽可能少，以避免烦琐和重复。

(2)优先考虑使用基本视图，优先考虑在基本视图上作剖视。

(3)合理布置视图位置，既要使图样清晰匀称、便于标注尺寸及技术要求，又要充分利用图幅，使零件视图的表达方案简明、合理。

三、零件图上尺寸的标注

零件图尺寸标注的要求是正确、完整、清晰、合理。

零件图上标注的尺寸要符合制造工艺，适合加工方法的要求。要符合加工工艺要求，要尽可能按机械加工工序配置尺寸，符合加工过程，并便于测量。

1.主要尺寸与非主要尺寸

凡直接影响零件使用性能和安装精度的尺寸，称为主要尺寸。

主要尺寸包括零件的规格性能尺寸、有配合要求的尺寸、确定位置的尺寸、连接尺寸和安装尺寸等，一般都有公差要求。

仅满足零件的机械性能、结构形状和工艺要求等方面的尺寸，称为非主要尺寸。

零件图上的重要尺寸必须直接注出，主要尺寸应直接从主要基准标注，以保证设计要求。

2.尺寸基准

尺寸基准就是标注尺寸的起点。设计基准和工艺基准如图 1-4-2 所示。

(1)主要基准

每一零件的长、宽、高三个方向的尺寸都至少有一个尺寸基准。

同一方向上可以有多个尺寸基准,但此时,其中必定有一个是主要的,称为主要基准,其余的称为辅助基准。

(2)设计基准

设计基准是根据零件在机器中的作用和结构特点,为保证零件的设计要求而选定的基准。

设计基准用于确定零件在机器中的正确位置,比如,零件的轴线、对称面、重要的定位面、重要的端面、底面等常被用作设计基准。

(3)工艺基准

工艺基准是指零件在加工和测量过程中所依据的基准。

工艺基准用于加工制造时确定零件在机床或夹具中的位置,以及测量某些尺寸时确定零件在量具中的位置。

(4)基准重合原则

主要基准应与设计基准和工艺基准重合,工艺基准应与设计基准重合,这一原则称为基准重合原则。

一般情况下,应尽量使工艺基准与设计基准相重合,当工艺基准与设计基准不重合时,主要基准要与设计基准重合,要按设计基准标注尺寸,即在满足设计要求的前提下,力求满足工艺要求。

零件中,可作为设计基准或工艺基准的线或面主要有:对称平面、主要加工面、安装底面、端面、孔轴的轴线等。

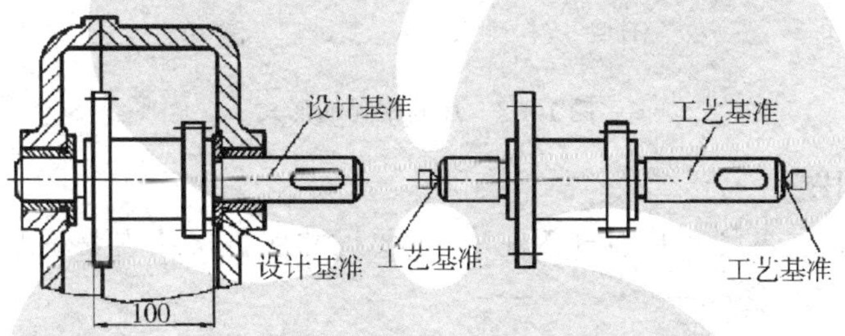

图 1-4-2 设计基准与工艺基准

3.尺寸链

通常将标注零件同一方向各部分尺寸的一连串排列的尺寸数据形象地称为尺寸链。这些尺寸的排列形式,也称为尺寸配置。尺寸配置的形式有三种:基准型、连续型和综合型,如图 1-4-3 所示。

(1)基准型尺寸配置

基准型尺寸配置是指零件同一方向的各部分尺寸,任一尺寸的标注均从基准开始,如图 1-4-3(a)所示。这种尺寸配置也称为坐标式尺寸排列形式,其优点是任一尺寸的加工误差都不影响其他尺寸的加工精度。

(2)连续型尺寸配置

连续型尺寸配置是指零件同一方向的各部分尺寸按其在零件上的位置顺序连续不间断地排列标注，如图 1-4-3(b)所示。这种尺寸配置也称为链接式尺寸排列形式，其特点是零件某方向的总尺寸误差为该方向的各段尺寸误差之和。

(3)综合型尺寸配置

综合型尺寸配置是指在标注零件同一方向的各部分尺寸时，选择若干尺寸按基准型配置，再选择若干尺寸按连续型配置，即将基准型尺寸配置和连续型尺寸配置综合应用的一种尺寸配置形式，如图 1-4-3(c)所示。

在综合型尺寸配置中，在保证尺寸完整、清晰的基础上，应留有几个非重要尺寸空出不标注，如图 1-4-3(c)所示，这样，各尺寸的加工误差都累加到这几个空出未标注的尺寸[即图 1-4-3(d)所示的尺寸 e]上。显然，这种尺寸标注最为合理。

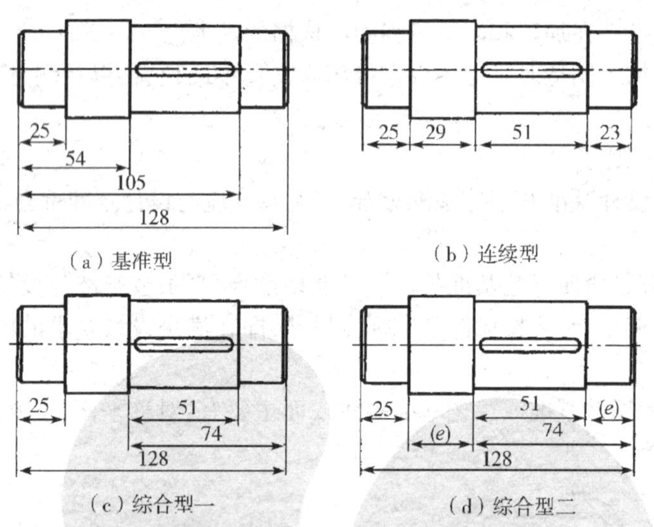

图 1-4-3　尺寸配置的形式

4.应注意的问题

(1)零件图上的重要尺寸必须直接注出，主要尺寸应直接从主要基准标注，以保证设计要求。

(2)零件图上不应出现封闭尺寸链。封闭尺寸链是指首尾相接、形成封闭回路的一组尺寸。因无法同时保证所有尺寸的精度，所以标注尺寸时不能标注成封闭的尺寸链。

(3)要尽可能根据机械加工工序配置尺寸。

(4)尺寸标注要符合工艺要求，并便于测量。

(5)标注铸件(或锻件)毛坯面的尺寸时，在同一个方向上若有若干个毛坯面，一般只能有一个毛坯面与加工面有联系尺寸，其他毛坯面则要以该毛坯面为基准标注。

5.零件上常见结构要素的尺寸标注

(1)圆角和倒角

阶梯的轴和孔，为了避免在轴肩、孔肩处应力集中，常以圆角过渡。轴和孔的端面上加工成 45°或其他度数的倒角，目的是便于安装和操作安全，其尺寸标注如图 1-4-4 所示。

图 1-4-5 所示为倒角尺寸的几种标注形式。对于无尺寸要求而只需倒钝的倒角可在技术

要求中用文字说明,如“锐边倒钝”。

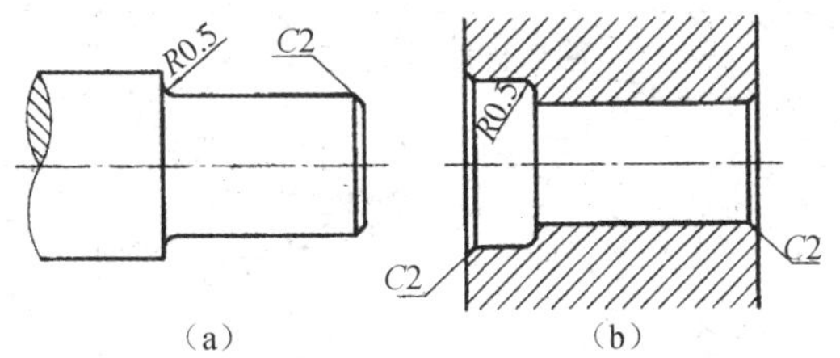

图 1-4-4　轴、孔的倒角及圆角的尺寸标注

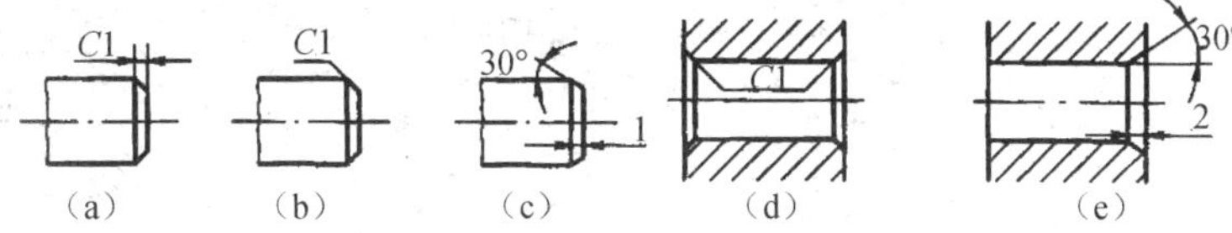

图 1-4-5　倒角尺寸的标注形式

(2)退刀槽

在加工中,为了便于刀具退出,常在加工表面的台肩处先加工出退刀槽。

零件图中应标出退刀槽的尺寸,一般可按“槽宽×直径”或“槽宽×槽深”的形式标注,也可以把退刀槽的宽度尺寸与退刀槽的直径尺寸单独标出。图 1-4-6 为退刀槽尺寸标注示例。

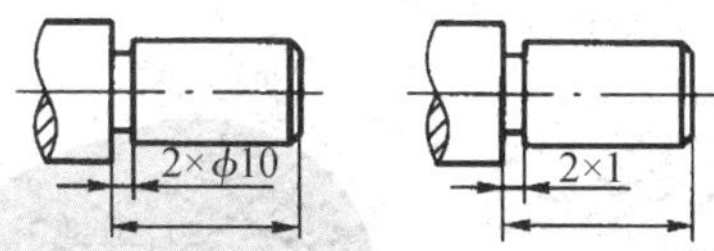

图 1-4-6　退刀槽的尺寸标注

(3)键槽

在零件图上,轴上的键槽尺寸用轴直径与键槽深度之差表示,如图 1-4-7(a)所示;轮毂上的键槽尺寸用轴直径与键槽深度之和表示,如图 1-4-7(b)所示。

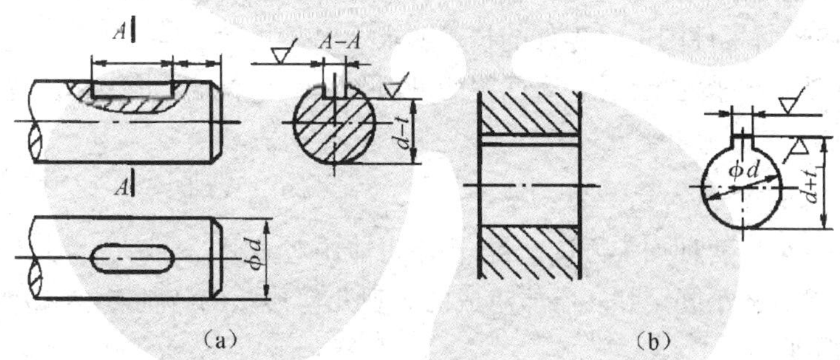

图 1-4-7　轴和轮毂上键槽的画法与尺寸标注

(4)常见的孔

在零件图上,零件上常见孔的尺寸标注方法如表 1-4-1 所示。

表 1-4-1　零件上常见孔的尺寸标注法

结构类型		简化标注方法	一般标注方法
螺孔	通孔	3×M6–6H　3×M6–6H	3×M6–6H
	不通孔	3×M6–6H↧18 孔↧25　3×M6–6H↧18 孔↧25	3×M6–6H　18　25
沉孔	锥形沉孔	4×ϕ6 ⌵ϕ10×90°　4×ϕ6 ⌵ϕ10×90°	90°　ϕ10　4×ϕ6
	柱形沉孔	4×ϕ6 ⌴ϕ12↧5　4×ϕ6 ⌴ϕ12↧5	ϕ12　5　4×ϕ6

四、零件图上的技术要求

清晰、正确地读懂零件图，除了要了解零件图所包含的内容、想象出视图所表达的零件的结构形状，以及正确理解零件图中所标注的各种尺寸外，还要能够正确、精准地加工出设计所要求的零件，正确理解零件图上对零件的技术要求。

零件图上的技术要求主要包括：表面粗糙度、尺寸公差、配合、形状和位置公差、材料及其热处理等。

（一）表面粗糙度

零件表面无论采用何种加工方法获得，都不可能绝对光滑，经放大后都存在微观的高低不平。零件表面上具有较小间距和峰谷所组成的微观几何形状的特征，这种微观的高低不平程度，称为表面粗糙度。

1.表面粗糙度的评价参数

表征和比较零件表面微观高低不平程度的量，称为表面粗糙度的评价参数，通常从下列三项中选取：

（1）轮廓算术平均偏差，用符号 R_a 表示，单位为微米（μm）；

（2）微观不平度十点高度，用符号 R_z 表示，单位为微米（μm）；

（3）轮廓最大高度，用符号 R_y 表示，单位为微米（μm）。

工程上常采用的(优先选用的)是轮廓算术平均偏差 R_a,其定义为在取样长度 L_r 内,被测表面轮廓上各点至基准线距离绝对值的算术平均值。显然,轮廓算术平均偏差 R_a 的数值越小,则表示零件表面越光滑;轮廓算术平均偏差 R_a 的数值越大,则表示零件表面越粗糙。

2.表面粗糙度的代号

国家标准规定,零件表面粗糙度的代号由规定的表面粗糙度符号和有关参数值组成。

表 1-4-2 给出了表面粗糙度符号及其意义。

表 1-4-3 给出了表面粗糙度代号的示例及其意义。

表 1-4-2　表面粗糙度符号及其意义

表面粗糙度符号	符号意义及说明
	基本符号,表示表面可用任何方法获得。 当不加注粗糙度参数值或有关说明(例如:表面处理、局部热处理状况)时,仅适用于简化代号标注
	基本符号加一短划,表示表面是用去除材料方法(例如:车、铣、钻、磨等)获得的
	基本符号加一小圆,表示表面是用不去除材料方法(例如:铸、锻、冲压变形等)获得的,或者用于保持原供应状况(包括保持上道工序的状况)
	在上述三个符号的长边上均加一横线,用于标注有关参数和说明
	在上述三个符号上均加一小圆,表示所有表面具有相同的表面粗糙度要求

表 1-4-3　表面粗糙度代号的示例及其意义

代号示例	示例代号意义
3.2	用任何方法获得的表面粗糙度,R_a 的上限值为 3.2 μm (因轮廓算术平均偏差 R_a 是最常用的表面粗糙度评价参数,故其符号 R_a 可省略不注写,下同)
3.2	用去除材料的方法获得的表面粗糙度,R_a 的上限值为 3.2 μm
3.2	用不去除材料的方法获得的表面粗糙度,R_a 的上限值为 3.2 μm
3.2 max	用任何方法获得的表面粗糙度,R_a 的最大值为 3.2 μm
3.2 max	用去除材料的方法获得的表面粗糙度,R_a 的最大值为 3.2 μm
3.2 max	用不去除材料的方法获得的表面粗糙度,R_a 的最大值为 3.2 μm

3.表面粗糙度的标注

表 1-4-4 给出了图样上的表面粗糙度标注示例。

(1)在图样中,表面粗糙度代(符)号标注在零件的可见轮廓线、尺寸线、尺寸界线或它们的延长线上;符号的尖端从材料外指向表面;代号中的数字及符号的标注方向与尺寸数字方向一致。

(2)在同一图样上,每一表面一般只标注一次代号,并尽可能地标注在该表面的轮廓线上或靠近有关尺寸线上;当地方狭小或不便标注时,代号可以引出标注。

(3)当零件的大部分表面有相同的表面粗糙度要求时,其代(符)号可以统一标注在图样的右上角,并加注“其余”两字,且应比图形上其他代(符)号大 0.4 倍;若零件的所有表面有相同的表面粗糙度要求时,其符号、代号可在图的右上角统一标注,且符号应较一般的代号大 0.4 倍。

此外,需要特别提醒注意的是:

(1)表面粗糙度评价参数轮廓算术平均偏差 R_a 在代号中用数值表示,单位为微米(μm);

(2)轮廓算术平均偏差 R_a 的上限值与轮廓算术平均偏差 R_a 的最大值是有区别的,比如表 1-4-3 中的 3.2 与 3.2max 的含义是不同的。

表 1-4-4　表面粗糙度标注示例

标注图例	标注说明
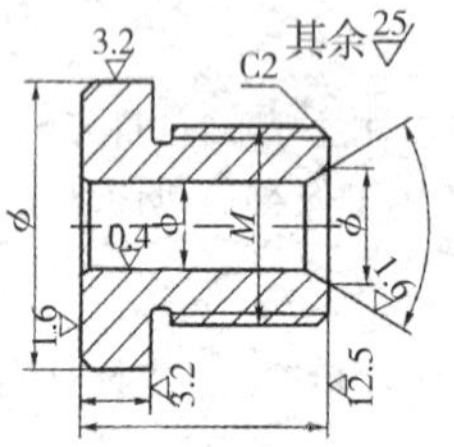	代号中数字的方向必须与尺寸数字的方向一致; 对其中使用最多的一种代(符)号可以统一标注在图样右上角,并加注“其余”两字,且应比图形上其他代(符)号大 1.4 倍
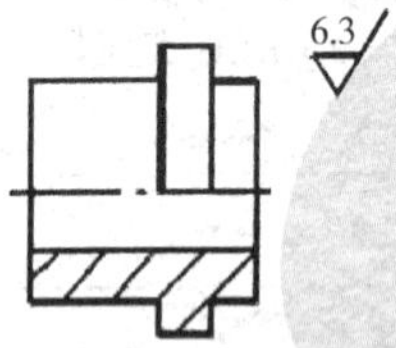	当零件所有表面具有相同的粗糙度时,其代(符)号可在图样的右上角统一标注,且符号应较一般的代号大 1.4 倍
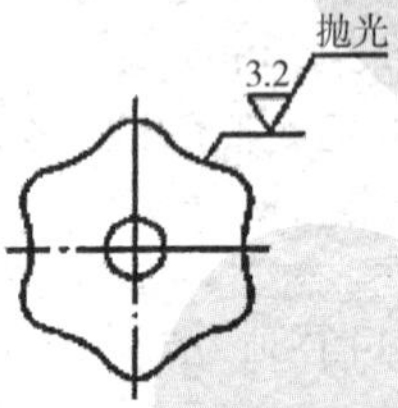	零件上连续表面及重复要素(孔、槽、齿等)的表面粗糙度只标注一次
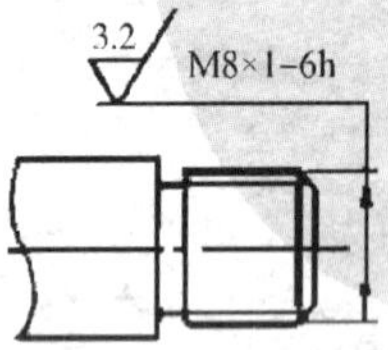	螺纹的表面粗糙度代号的标注方法
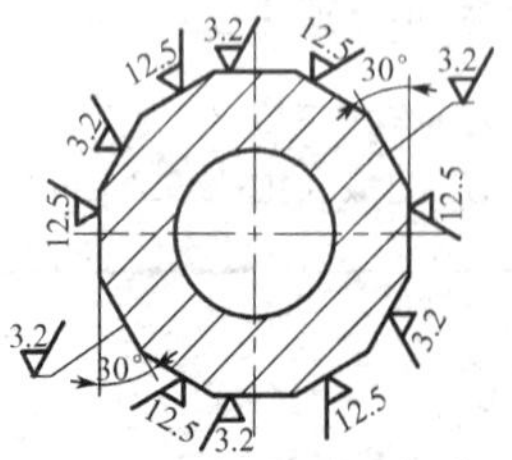	各倾斜表面的表面粗糙度代号的标注方法,符号的尖端必须从材料外指向表面

续表

标注图例	标注说明
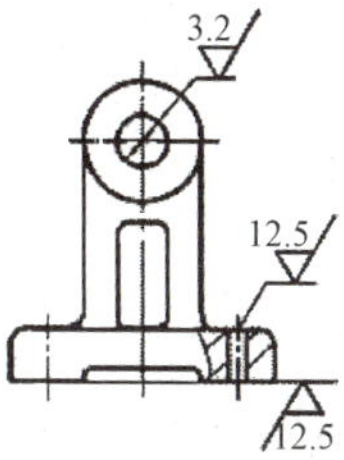 3.2 12.5 12.5	用细实线相连不连续的表面粗糙度只标注一次

(二)尺寸公差

从一批规格尺寸相同的零件(或部件)中,任取一个零(部)件,不经选择或修配,就能顺利装配成完全符合规定要求的产品。零件所具有的这种性质称为零件的互换性。

零件的互换性主要是通过规定零件的尺寸公差、表面形状和位置公差以及表面粗糙度等技术要求来实现的。

在实际生产中,为了使零件具有互换性,需要给尺寸一个变动范围,这个尺寸变动范围的大小,称为尺寸公差(简称公差)。

1.基本术语

与公差有关的基本术语及其含义如下(见图 1-4-8):

(1)基本尺寸、实际尺寸和极限尺寸

基本尺寸是指一个零件的设计中所给定的尺寸,是根据零件的结构、功用和工艺所设计的尺寸。

实际尺寸是指零件通过测量而获得的尺寸,例如通过测量某一孔或轴的直径而获得的该孔或轴直径的实际大小。

极限尺寸是指一个零件的某一尺寸(例如孔或轴的直径)所允许的大小变化范围的两个极端,分为最大极限尺寸和最小极限尺寸。

(2)尺寸偏差、上偏差和下偏差

尺寸偏差是指某一尺寸(实际尺寸、极限尺寸等)减去其基本尺寸所得到的代数差。尺寸偏差数值可以是正值、负值、零。

尺寸偏差中,最大极限尺寸减去其基本尺寸所得的代数差称为上偏差,最小极限尺寸减去其基本尺寸所得的代数差称为下偏差,即

上偏差=最大极限尺寸-基本尺寸

下偏差=最小极限尺寸-基本尺寸

国家标准规定:

孔的上偏差代号为 ES,孔的下偏差代号为 EI;

轴的上偏差代号为 es,轴的下偏差代号为 ei。

(3)基本偏差

基本偏差是指上偏差和下偏差中,绝对值较小的那一个尺寸偏差,即

当 | 上偏差 | > | 下偏差 | 时,基本偏差=下偏差

当 | 上偏差 | < | 下偏差 | 时,基本偏差=上偏差

因为尺寸偏差为代数值,上偏差和下偏差都有可能是正值或负值,所以基本偏差有正号或

负号。

(4)尺寸公差

尺寸公差,简称公差,是允许的尺寸变动量。

尺寸公差是一个不为零、无正负号的数值。

尺寸公差=|最大极限尺寸-最小极限尺寸|

尺寸公差=|上偏差-下偏差|

(5)零线

零线是表示基本尺寸的一条直线,以其为基准确定尺寸的偏差。

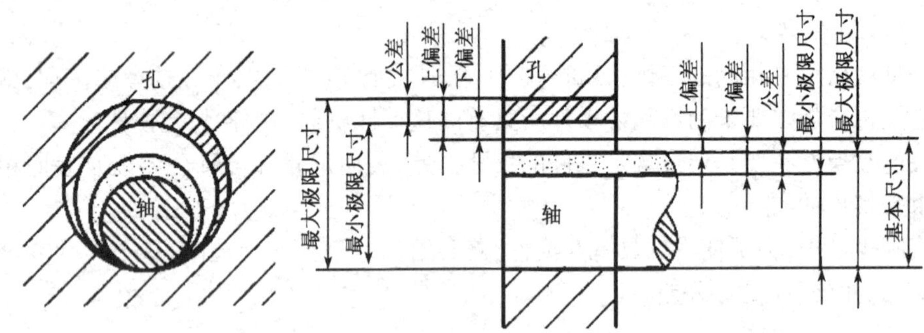

图 1-4-8　极限与配合的示意图

2.标准公差

标准公差是由国家标准规定的公差值。标准公差的代号用符号“IT”和数字组成。

标准公差的大小由两个因素决定:一个是公差等级,另一个是基本尺寸。

公差等级表示尺寸的精确程度。公差等级的数字越大,表示公差越大,尺寸的精度就越低;公差等级的数字越小,表示公差越小,尺寸的精度也就越高。

国家标准规定,标准公差共分 20 个公差等级,分别为:IT01、IT0、IT1~IT18。

在这 20 个标准公差的公差等级中,IT01 的尺寸精度最高,IT18 的尺寸精度最低。一般情况下:

IT01、IT0、IT1~IT4:用于块规和量规;

IT5~IT12:用于配合尺寸;

IT13~IT18:用于非配合尺寸。

同一基本尺寸的每一公差等级,都有一个确定的标准公差值。

基本尺寸相同时,公差等级越小(尺寸精度越高),标准公差值就越小。

公差等级相同时,基本尺寸越小,标准公差值就越小。

在选用公差等级时,应在保证使用要求的前提下,尽可能选用较低的公差等级,以便降低零部件的加工成本。

一般机器的配合尺寸中:

孔选用 IT6~IT12;

轴选用 IT5~IT12。

当公差等级高于 8 级时,孔应选用比轴低一级的公差等级。

3.公差带

(1)公差带与公差带图

公差带是指由代表上偏差与下偏差的两条直线,或是由代表最大极限尺寸与最小极限尺寸的两条直线,所限定的一个区域。

为了便于分析,一般将公差带与基本尺寸的关系画成简图,引图称为公差带图,如图 1-4-9(b)所示。

以零线(表示基本尺寸)作为确定偏差的一条基准直线,零线以上称为正偏差,零线以下称为负偏差。

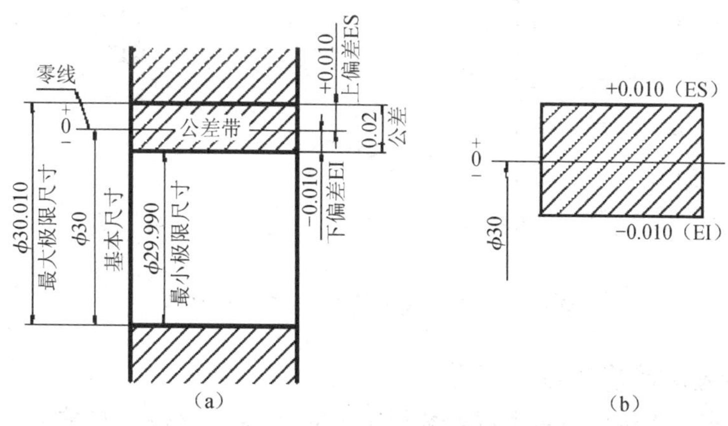

图 1-4-9　公差带与公差带图的概念

(2)公差带的确定

公差带的确定见图 1-4-10 和图 1-4-11。图 1-4-11 为确定轴的公差带大小和位置的示意图。

国家标准规定,公差带是由标准公差和基本偏差组成的,标准公差决定公差带的大小(高度),基本偏差确定公差带(相对于零线)的位置。

由此,基本偏差也理解为用以确定公差带相对于零线位置的上偏差和下偏差中靠近零线的那个尺寸偏差(上偏差或下偏差)。

显然,当公差带位于零线下方时,其基本偏差为上偏差;当公差带位于零线上方时,其基本偏差为下偏差,如图 1-4-10、图 1-4-11 所示。

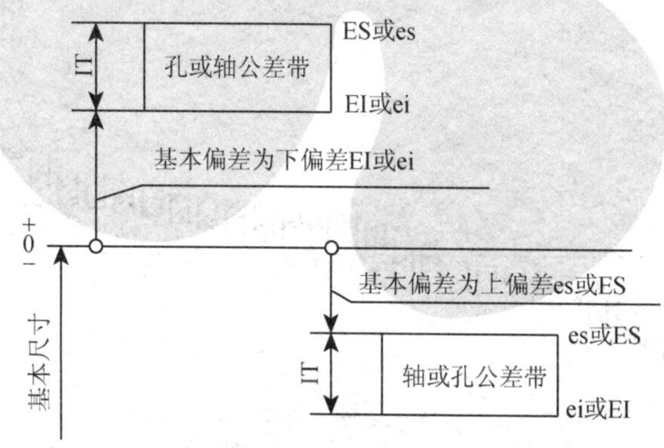

图 1-4-10　公差带的确定

(3)公差带的选择

国家标准对公差带的选择做了限制,分优先、一般和常用三个层次,这种限制主要是从经济性考虑的。

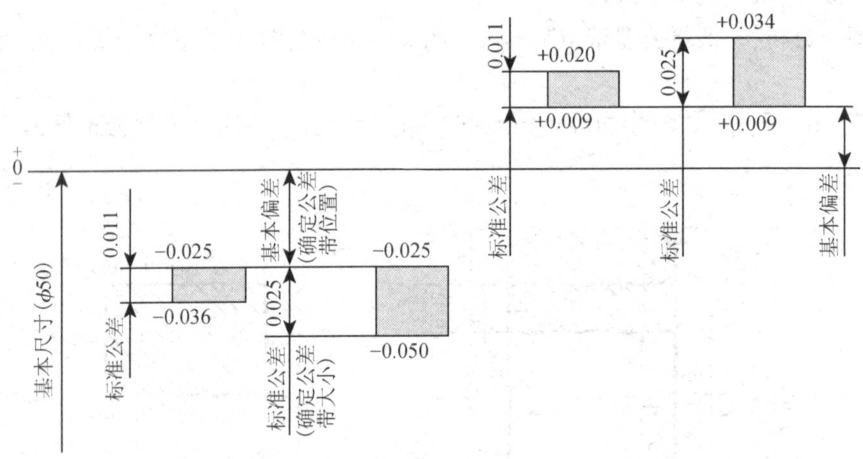

图 1-4-11　轴的公差带大小和位置示意图

4.孔和轴的基本偏差系列

国家标准分别对孔和轴的基本偏差系列做了规定,各有 28 种,每种基本偏差均用代号表示。

孔和轴的基本偏差代号均为拉丁字母或拉丁字母组合,并规定孔的基本偏差代号均使用大写的拉丁字母,轴的基本偏差代号均使用小写的拉丁字母,如图 1-4-12 所示。

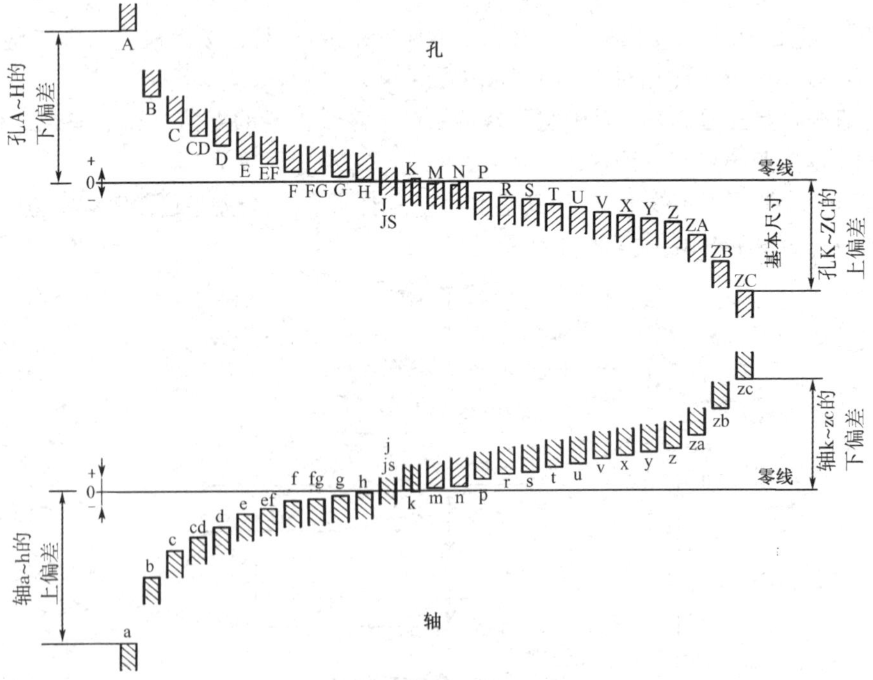

图 1-4-12　基本偏差系列示意图

5.孔和轴的公差带代号

孔和轴的公差带代号由基本偏差代号和公差等级代号组成，如图 1-4-13 所示。

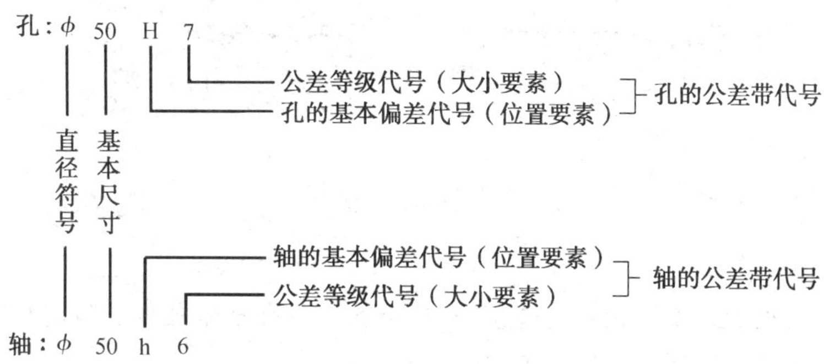

图 1-4-13　孔和轴的公差带代号

（三）配合

基本尺寸相同、相互结合的孔和轴的公差带之间的关系，称为配合。

1.配合的分类

根据孔和轴装配时出现间隙和过盈的情况，其配合的性质是不同的，配合分为间隙配合、过盈配合和过渡配合三大类。

（1）间隙配合

孔的公差带完全在轴的公差带之上，任取其中的一对孔和轴相配，都具有间隙（包括最小间隙等于零）的配合，称为间隙配合，如图 1-4-14 所示。

间隙配合时，孔的最小极限尺寸与轴的最大极限尺寸之差为最小间隙；孔的最大极限尺寸与轴的最小极限尺寸之差为最大间隙，如图 1-4-14 所示。

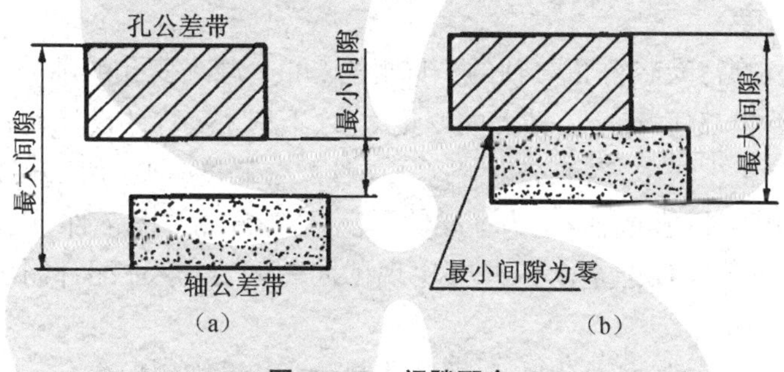

图 1-4-14　间隙配合

（2）过盈配合

孔的公差带完全在轴的公差带之下，任取其中的一对孔和轴相配，都具有过盈（包括最小过盈等于零）的配合，称为过盈配合，如图 1-4-15 所示。

过盈配合时，孔的最大极限尺寸与轴的最小极限尺寸之差为最小过盈，孔的最小极限尺寸与轴的最大极限尺寸之差为最大过盈，如图 1-4-15 所示。

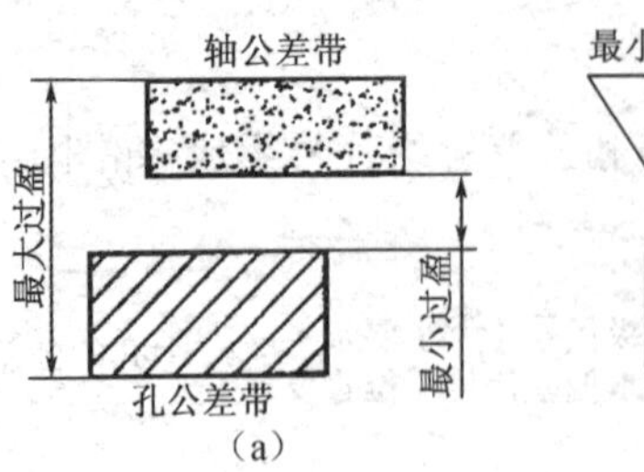

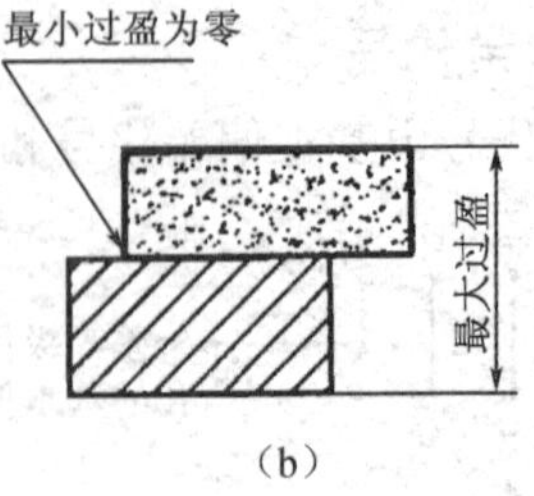

图 1-4-15 过盈配合

(3)过渡配合

孔的公差带与轴的公差带相互交叠,任取其中的一对孔和轴相配,可能具有间隙,也可能具有过盈的配合,称为过渡配合,如图 1-4-16 所示。

过渡配合时,孔的最大极限尺寸与轴的最小极限尺寸之差为最大间隙,孔的最小极限尺寸与轴的最大极限尺寸之差为最大过盈,如图 1-4-16 所示。

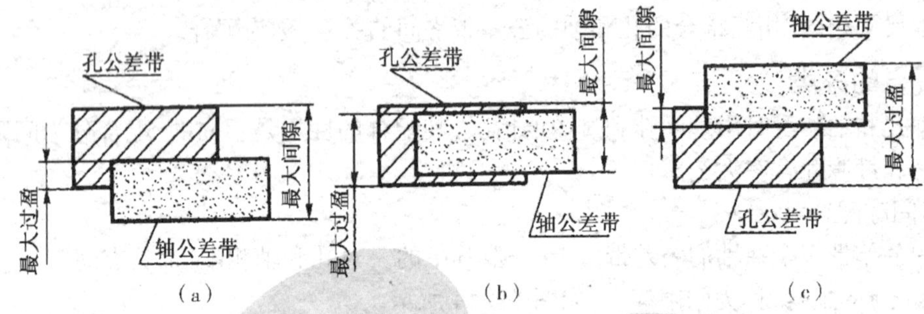

图 1-4-16 过渡配合

2.基准配合制度

当基本尺寸确定后,为获得孔与轴的不同配合,可通过改变孔或轴的公差带来实现。但是,若孔和轴的公差带都任意变动,情况的变化太多,不利于零件的设计和制造。

由此,在实际加工生产中,逐渐产生了这样一种配合制度,即在加工相互配合的一对孔和轴时,将其中的一个零件(孔或轴)定为基准件,另一个零件为非基准件,让基准件的基本偏差不变,而通过改变非基准件的基本偏差来实现不同的配合,这种配合制度就称为基准配合制度。

国家标准规定了两种基准配合制度,即基孔制配合和基轴制配合。

关于基准配合制度的选择,一般情况下应优先采用基孔制配合。

滚动轴承的外圈与轴承座孔处的配合,采用基轴制;滚动轴承的内圈与轴的配合,则采用基孔制。

(1)基孔制配合

基孔制是指基本偏差一定的孔的公差带,与不同基本偏差的轴的公差带形成各种配合的一种基准配合制度。

基孔制配合是在同一基本尺寸的孔与轴的配合中,将孔的公差带位置固定,通过变动轴的公差带位置,得到各种不同的配合,如图 1-4-17 所示。

基孔制配合中的孔,称为基准孔,其基本偏差定为 H。

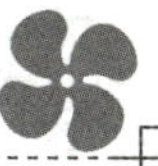

如图 1-4-18 所示,当轴的基本偏差为 A 到 H 时,轴与孔的配合为间隙配合;当轴的基本偏差为 J 到 ZC 时,轴与孔的配合为过渡配合或过盈配合。

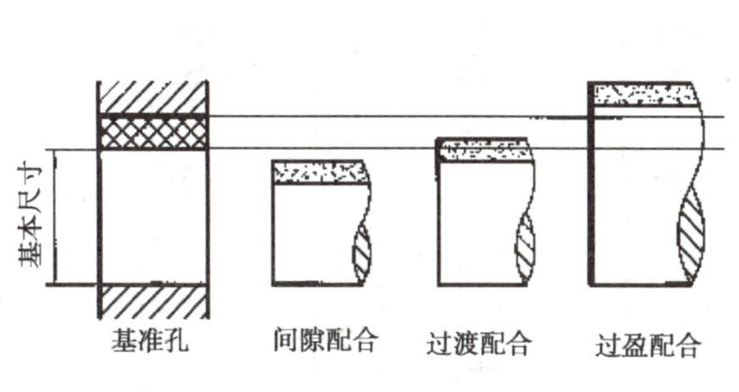

图 1-4-17 基孔制配合

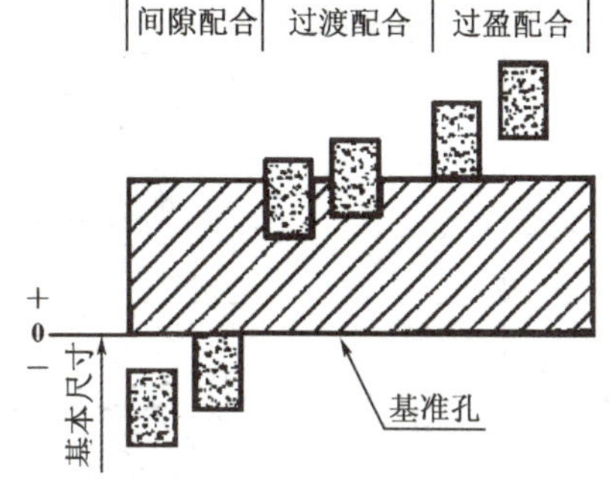

图 1-4-18 基孔制配合的公差带示意图

(2)基轴制配合

基轴制是指基本偏差一定的轴的公差带,与不同基本偏差的孔的公差带形成各种配合的一种基准配合制度。

基轴制配合是在同一基本尺寸的孔与轴的配合中,将轴的公差带位置固定,通过变动孔的公差带位置,得到各种不同的配合,如图 1-4-19 所示。

基轴制配合中的轴,称为"基准轴",其基本偏差定为 h。

当孔的基本偏差为 A 到 H 时,则孔与轴的配合为间隙配合;当孔的基本偏差为 J 到 ZC 时,则孔与轴的配合为过渡配合或过盈配合,如图 1-4-20 所示。

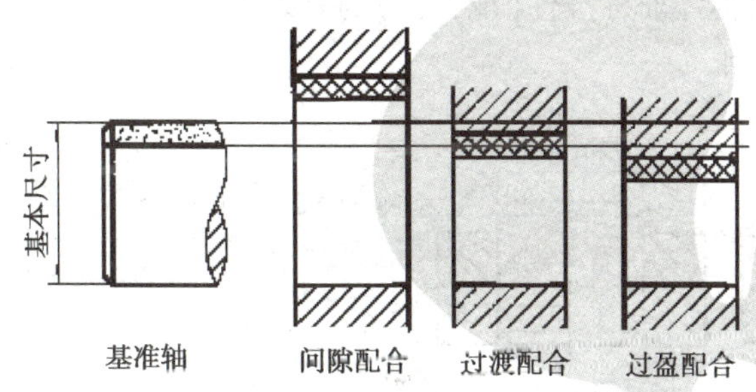

图 1-4-19 基轴制配合

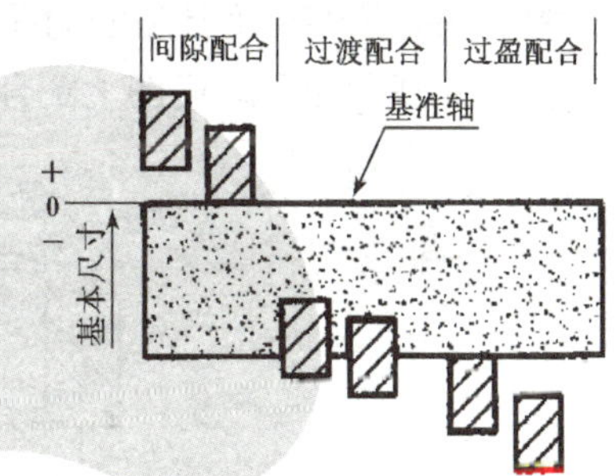

图 1-4-20 基轴制配合的公差带示意图

3.配合代号

配合代号由相互配合的孔与轴的公差带的代号组合而成,用分数形式表示,分子为孔的公差带代号,分母为轴的公差带代号,比如:H8/f7、K7/h6 等。

显然,当孔的代号为 H 时,孔为基准孔,此配合是基孔制配合;当轴的代号为 h 时,轴是基准轴,此配合是基轴制配合。

4.零件图中标注的极限与配合

在零件图中,线性尺寸的公差有三种标注方法:

(1)代号注法:只标注公差带代号;

(2)数值注法:只标注上、下偏差(只注写上、下偏差的代数值,且按上、下排列);

(3)代号数值注法:既标注公差带代号,又标注上、下偏差,但偏差值(只注写上、下偏差的代数值,且按上、下排列)应用括号括起来。

表 1-4-5 给出了零件图中这三种标注方法的示例。

表 1-4-5　零件图中尺寸公差的标注

孔与轴	基准孔	轴	孔	基准轴
代号注法	$\phi40H8$	$\phi40f7$	$\phi40F8$	$\phi40h7$
数值注法	$\phi40^{+0.039}_{0}$	$\phi40^{-0.025}_{-0.050}$	$\phi40^{+0.064}_{+0.025}$	$\phi40^{0}_{-0.025}$
代号数值注法	$\phi40H8(^{+0.039}_{0})$	$\phi40f7(^{-0.025}_{-0.050})$	$\phi40F8(^{+0.064}_{+0.025})$	$\phi40h7(^{0}_{-0.025})$

5.装配图中标注的极限与配合

在装配图上，一般只标注配合代号。配合代号用分数形式表示，分子为孔的公差带代号，分母为轴的公差带代号。

对于与轴承等标准件相配的孔或轴，则只标注非标准件（配合件）的公差带代号。

图 1-4-21 给出了装配图上配合标注的示例。

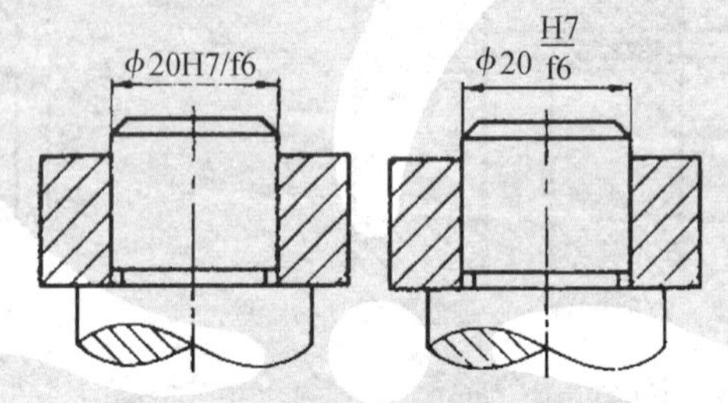

图 1-4-21　装配图上配合的标注

（四）形状和位置公差（形位公差）

零件经加工后，不仅会产生一定的表面粗糙度和尺寸误差，还会产生一定的形状误差和位置误差，如图 1-4-22 所示。

形状误差是指零件的实际几何要素与其理想几何要素的差异，也就是加工后的零件的实际形状相对其理想形状的误差，如图 1-4-22(b)所示。

位置误差是指零件的相关联的两个几何要素的实际位置相对于其理想位置的差异，比如零件的各表面之间、各轴线之间或表面与轴线之间的实际相对位置与其理想相对位置的误差，如图 1-4-22(c)所示。

形状和位置公差，简称形位公差，是指零件的形状误差和位置误差的允许变动量，也就是零件的实际形状和实际位置相对于其理想形状和理想位置的允许变动值。

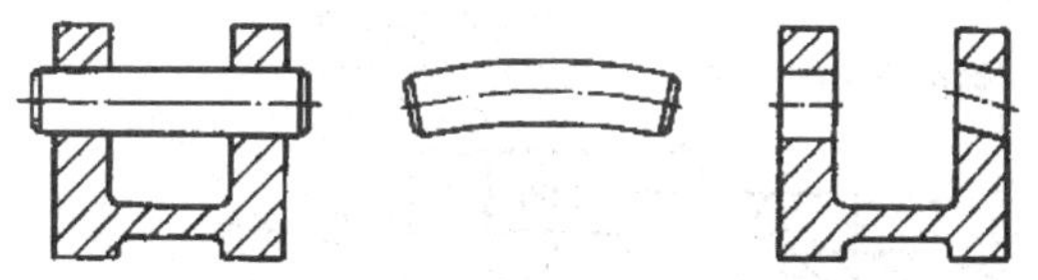

（a）正确装配　（b）形状误差　（c）位置误差

图 1-4-22　形状误差和位置误差

1.形位公差的分类、名称及符号

形位公差的分类、名称和符号见表 1-4-6。

表 1-4-6　形位公差的名称及符号

公差		特征项目	符号	有无基准要求
形状	形状	直线度	—	无
		平面度	⏥	无
		圆度	○	无
		圆柱度	⌭	无
形状或位置	轮廓	线轮廓度	⌒	有或无
		面轮廓度	⌓	有或无
位置	定向	平行度	//	有
		垂直度	⊥	有
		倾斜度	∠	有
	定位	位置度	⌖	有或无
		同轴度	◎	有
		对称度	⌯	有
	跳动	圆跳动	↗	有
		全跳动	⌰	有

2.形位公差代号

形位公差代号由指引线、框格、形位公差符号、公差值、基准符号和其他有关符号组成，如图 1-4-23 所示。

(1)指引线为带箭头的实线，箭头指向公差带方向或直径，另一端与一框格的任意一侧相连。

(2)框格内含 3 格(或 2 格)：第一格标写形位公差符号；第二格标写形位公差的数值或有关符号；当形位公差有基准要求时，第三格标写表示形位公差基准位置的基准符号内的拉丁字母(此时，在基准所在处应标注基准符号，基准符号为实线圆圈，圆圈内写有拉丁字母)，当形位公差无基准要求时，第三格可省略。

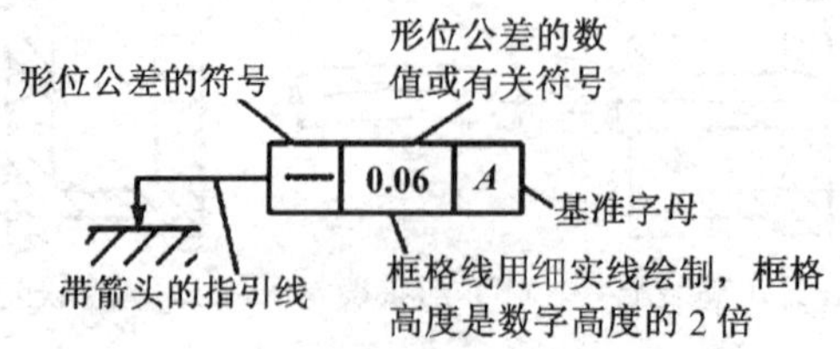

图 1-4-23　形位公差代号

(3)框格用细实线绘制,框格高度为其内标写的数字高度的 2 倍。

3.图样中标注的形位公差

图样中,形位公差采用代号标注,当无法采用代号时,允许在技术要求中用文字说明。图 1-4-24 为形位公差的标注示例。

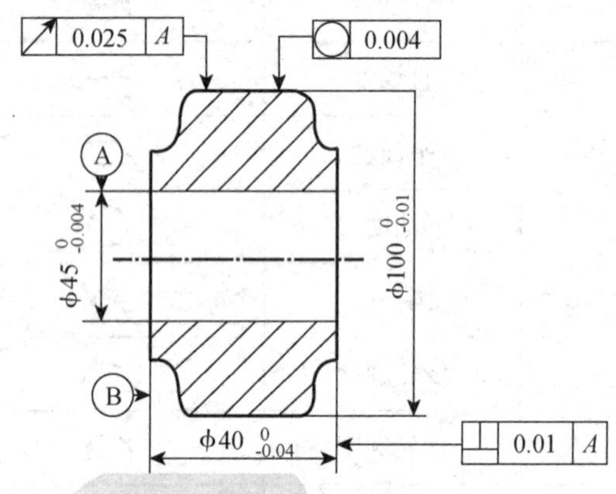

图 1-4-24　形位公差的标注

(1)形位公差代号中的指引线用带箭头的细实线绘制。

(2)形位公差代号中的指引线的箭头指向公差带方向或直径,并应指在被测要素的轮廓线或其延长线上,而且明显地与尺寸线错开;当被测要素为轴线或中心平面时,指引线箭头应与该要素的尺寸线对齐。

(3)形位公差代号中的指引线的另一端与框格相连。

(4)形位公差代号中的框格用细实线绘制;框格高度为其内标写的数字高度的 2 倍;框格中的数字与图样中的其他尺寸数字同高。

(5)基准所在位置用粗短画线表示,并在此处绘制基准符号。

(6)表示基准所在位置的粗短画线应画在靠近基准要素的轮廓线或其延长线处;粗短画线对齐有关尺寸线时,表示基准部位是轴线或对称平面;当基准要素为线和面时,基准符号应明显地与尺寸错开。

(7)基准符号的圆圈用细实线绘制,圆圈直径与形位公差代号中的框格高度相等。

(8)允许在技术要求中对形位公差加以说明。

五、读零件图

1.读零件图的目的

读零件图(看零件图)的目的是:

(1)对零件有一个概括的了解,如名称、材料等;

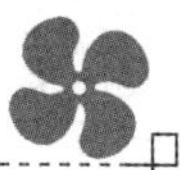

(2)想象出零件的形状;

(3)对零件各部分的大小有大致的了解;

(4)明确零件在设备中的作用及零件各部分的功能;

(5)分析出各方向尺寸的主要基准;

(6)明确零件制造的主要技术要求;

(7)确定正确的加工方法。

2.读零件图的方法及步骤

读零件图(看零件图)的方法和步骤主要有以下几点。

(1)看标题栏,概括了解

从零件图的标题栏中了解零件的名称、材料、绘图比例等信息,对该零件有一个概括性的了解和初步的认识。

(2)分析图样画法,明确视图关系

视图关系是指视图表达方法和各视图之间的投影联系。

先分析零件图采用的图样画法,如选用的视图、剖切面的位置及投射方向等,进而可以明确各视图之间的投影联系。

(3)分析视图,想象零件的结构、形状

看视图时应从主视图入手,结合其他视图,运用形体分析法和线面分析法,综合视图表达中所选用的各种表达方法,利用各视图的对应关系,想象出零件的结构及其内、外部形状。

读零件图是在组合体读图基础上的进步与提高,要结合零件构形的功能要求及零件的工艺结构,弄清该零件的总体形状和局部结构。

(4)看尺寸,分析尺寸基准

结合图样所表达的零件的形状,从三个方向了解图样中所标注的尺寸,确定各方向的尺寸基准。

要确定图样中标注尺寸所选用的基准,首先要找到设计基准,然后看尺寸标注得是否齐全、合理,是否符合标准等。

了解、确定零件各部分的定形尺寸、定位尺寸及零件的总体尺寸。

(5)看技术要求

零件图上的技术要求主要有表面粗糙度,极限与配合,形位公差及文字说明的加工、制造、检验等要求。这些要求是制订加工工艺、组织生产的重要依据,要深入分析理解。

(6)综合读图

最后把所读懂的零件的结构、形状、尺寸以及技术要求等内容综合起来,想象出零件的全貌,把握住零件的结构特点和工艺要求。

第五节　装配图

装配图是表达机器(或部件)的图样,是机械设计和生产中的重要技术文件之一。装配图通常用来表达机器(或部件)的工作原理、传动系统,以及各组成部分(零部件)间的相互位置、连接方式和装配关系等。

一、装配图的内容及作用

1.装配图的内容

图 1-5-1 为某一滑动轴承的装配图。从此图可以看出，装配图通常包含以下内容：一组视图、必要的尺寸、技术要求、标题栏、零件的序号和明细栏。

(1)一组视图

综合应用各种表达方法(包括剖视、断面等)的一组视图，用于完整、清晰地表达机器或部件的工作原理、各零件间的装配关系(包括配合关系、连接方式、传动关系及相对位置)以及主要零件的基本结构形状。

图 1-5-1 所示的某一滑动轴承的装配图中采用了三个基本视图，结构基本对称，三个视图均采用了半剖视，这就比较清楚地表示了轴承盖、轴承座和上/下轴衬的装配关系。

(2)必要的尺寸

在装配图中，应标注与机器(或部件)的性能、规格，以及装配、检验、安装等有关的尺寸，如图 1-5-1 所示。

(3)技术要求

用文字或符号说明机器(或部件)的性能，以及装配、检验、调整、试验使用等所必须满足的技术条件和要求等，如图 1-5-1 所示。

(4)标题栏

与零件图类似，装配图中的标题栏用于说明所表达的机器(或部件)的名称、规格、图号、比例等，以及绘图与审核人员的签名，如图 1-5-1 所示。

(5)零件的序号和明细栏

在装配图中，必须对组成机器(或部件)的每个零件进行编号，并指明它们所在位置，还要在标题栏的上方列出明细栏，写明零件的名称、代号、数量和材料等，如图 1-5-1 所示。

装配图中，对每个零件进行编号和指明它们所在位置时，需要注意：

①在装配图中，零件的序号应沿水平或垂直方向、按顺时针或逆时针方向排列整齐地依次编号，不能随意交错编号；

②指明零件所在位置的序号指引线可以画成折线，但只能曲折一次；

③指明零件所在位置的序号指引线，在通过有剖面线的区域时，不应与剖面线平行。

2.装配图的作用

装配图的主要作用是：

(1)装配图是指导产品制造的重要技术资料；

(2)装配图是零件设计的主要依据；

(3)装配图是机器或部件维修的重要参考资料；

(4)装配图主要表达机器或部件的结构、装配关系、工作原理和技术要求。

二、装配图中的视图表达方法

要读懂装配图，除了要了解装配图中所包含的基本内容外，更重要的是要掌握装配图中的视图表达方法。

前面介绍的机件的各种表达方法，如视图、剖视图、断面图及简化画法等，都适用于装配图

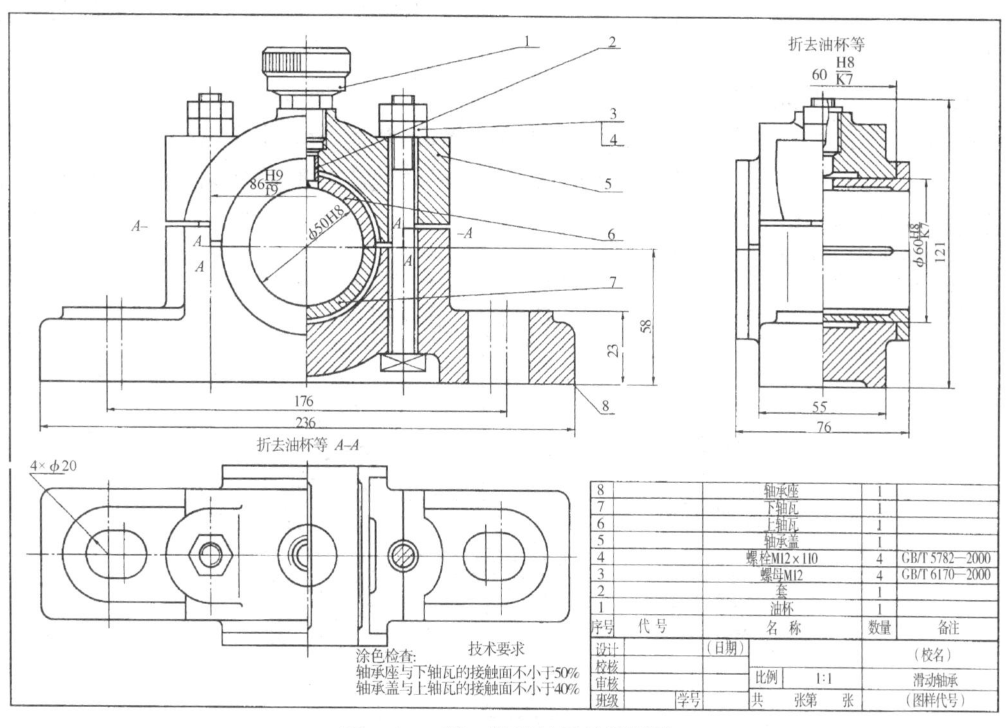

序号	代 号	名 称	数量	备注
8		轴承座	1	
7		下轴瓦	1	
6		上轴瓦	1	
5		轴承盖	1	
4		螺栓M12×110	4	GB/T 5782—2000
3		螺母M12	4	GB/T 6170—2000
2		套	1	
1		油杯	1	

设计		（日期）		（校名）
校核				
审核			比例　1:1	滑动轴承
班级	学号		共　张第　张	（图样代号）

图 1-5-1　某一滑动轴承的装配图

的表达。但是，因为装配图所表达的对象已不是单个零件，而是机器（或部件），所以，选取表达方法时应从整体考虑。

根据装配图的特点，装配图通常有以下几种表达方法。

1.装配图中的规定画法

（1）接触面和配合面

在装配图中，相邻两个零件的接触表面，或基本尺寸相同且相互配合的工作面，只画一条轮廓线；但是，如果两相邻零件的基本尺寸不相同，即使间隙很小，也必须画两条线以表示各自的轮廓，如图 1-5-2（a）、（b）所示。

（2）剖面线

在装配图中，相邻的两个或多个零件的剖面线应有所区别。

在装配图中，当只是两个零件相邻时，这两个零件的剖面线方向应相反。当多个零件汇集在一起时，任意两个相邻零件的剖面线可采用剖面线方向相反，或者剖面线方向一致而间距不同，或者间距相同而位置错开的画法，如图 1-5-2（c）所示。

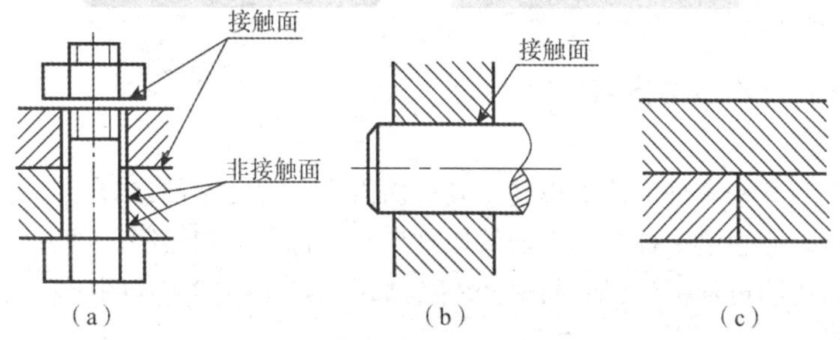

图 1-5-2　接触面和非接触面画法图样

但是,需要注意的是:在装配图中,同一零件在各剖视图、断面图中的剖面线方向和间距必须一致。

(3)实心零件和标准件

在装配图中,对于一些标准件(如螺钉、螺栓、螺母、垫圈、销、键等)和一些实心零件(如轴、拉杆、钩、手柄、实心球等),若剖切平面通过它们的轴线或对称平面,在剖视图中按不剖绘制;若这些零件上有销孔、凹槽、键槽等结构需要表达,则可采用局部剖视图来表达内部的局部小结构,如图 1-5-3 所示。

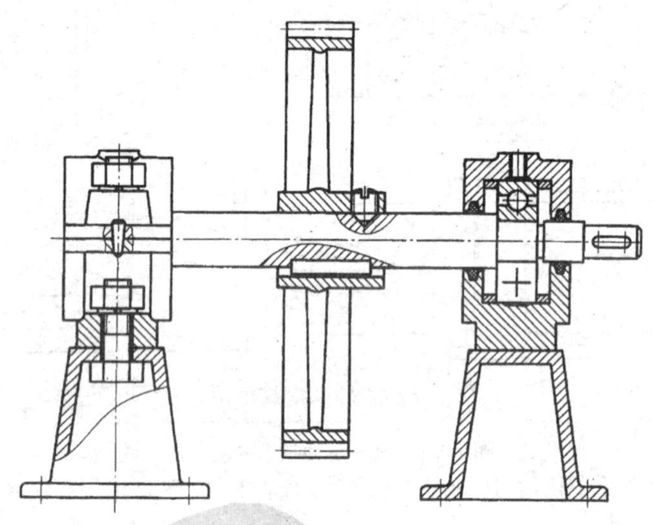

图 1-5-3　剖视图中不剖零件的画法图样

2.装配图中的简化画法

(1)在装配图中,对于若干规格完全相同,而且有规律地分布的零件或部件组,比如螺栓连接等螺纹紧固件的连接情况,可只在一处或几处详细地画出一组或几组,其余则只需以细点画线表示其中心位置,如图 1-5-4 所示的螺钉的画法。

(2)在装配图中,对于零件的工艺结构,如小圆角、倒角、退刀槽、拔模斜度等可以不画,六角螺栓和螺母的头部可以按照简化画法画出,如图 1-5-4 所示的轴和齿轮等的画法。

(3)在装配图中,对于薄的垫片等不易画出的零件可将其涂黑,如图 1-5-4 所示的垫片的画法。

(4)在装配图中,由于零件之间相互装配,必然会有一些零件的轮廓被另一些零件遮挡,被遮挡的轮廓一般不需要画出(如被弹簧挡住的结构一般不画出,可见部分应从弹簧的外轮廓线或从弹簧钢丝断面的中心线画起)。

3.装配图中的特殊表达方法

(1)拆卸画法

在装配图中,当某些零件的图形遮住了其后面需要表达的零件,或在某一视图上不需要画出某些零件时,可以假想沿零件的结合面选取剖切平面进行剖切绘制,也可以假想将某些零件拆卸后绘制,若需说明可加标注,如“拆去××等”,如图 1-5-1 中的俯视图所示。

(2)单独画法

在装配图中,若所选择的视图已将大部分零件的形状、结构表达清楚,但仍有少数零件的

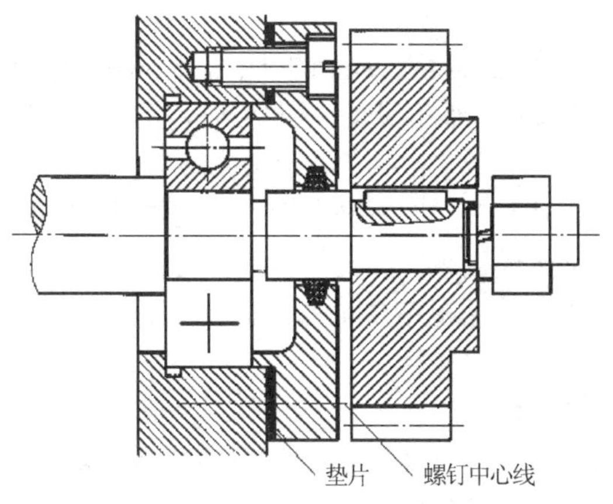

图 1-5-4　装配图中的简化画法图样

某些方面还未表达清楚，可以单独画出这些零件的视图或剖视图，同时标明零件的序号和视图的投影方向，如图 1-5-5 所示的转子油泵中泵盖的 *B* 向视图。

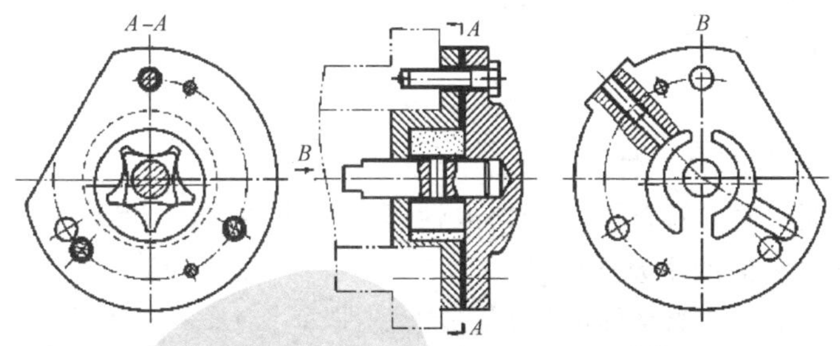

图 1-5-5　转子油泵

(3)假想画法

在装配图中，为了表示机器(或部件)的作用，或是为了表示机器(或部件)与相邻的零件或部件的连接关系及安装方法等，可以用细双点画线将与其相邻的其他零件或部件的部分轮廓绘出。

在装配图中，当需要表示运动零件的运动范围或运动的极限位置时，可在运动零件的一个极限位置绘制运动零件的视图，再在该运动零件的另一个极限位置，用细双点画线绘出该运动零件的外形轮廓，如图 1-5-6 所示的车床尾座手柄。

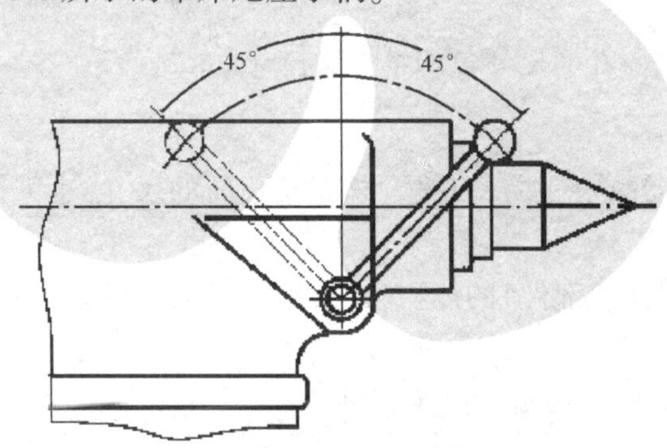

图 1-5-6　运动零件的极限位置

(4)夸大画法

在装配图中,绘制直径或厚度小于 2 mm 的孔、薄片、小间隙、细丝弹簧等,以及圆锥销(孔)深度时,若按实际比例绘制,将很不清楚,这时可以采用夸大画法,但要按实际尺寸标注。

(5)展开画法

在装配图中,为了清楚表达某些空间重叠关系,可以假想将空间重叠关系按一定的顺序在同一平面上展开,并在该平面上绘制视图。比如多级传动箱,为了清晰表示齿轮传动的顺序和装配关系,可以假想把空间轴按传动顺序在同一平面上展开,在该平面上画出剖视图。

三、装配图中的尺寸标注

要读懂装配图,除了要了解装配图中所包含的基本内容、掌握装配图中的视图表达方法外,还要掌握装配图中的所标注尺寸的准确含义。

装配图不直接用于制造零件,所以,在装配图中不需要标注出每个零件的全部尺寸,一般只标注与装配、检验、安装、运输和使用等有关的尺寸。

在装配图中,一般只标注出特性尺寸(规格尺寸、性能尺寸)、装配尺寸、安装尺寸、外形尺寸和其他重要尺寸等五大类尺寸。

1.特性尺寸

特性尺寸也称为规格尺寸、性能尺寸。

特性尺寸是说明机器(或部件)的规格或性能的尺寸,它是在设计时确定的尺寸,也是了解和选用机器(或部件)时的主要依据。

图 1-5-1 中的 ϕ50H8 即为特性尺寸。

2.装配尺寸

装配尺寸是保证部件正确装配,并说明配合性质及装配要求的尺寸,主要是机器(或部件)中零件之间装配关系的尺寸,包括配合尺寸和重要的相互位置尺寸。

图 1-5-1 中的 $86\frac{H9}{f9}$、$60\frac{H8}{k7}$,以及连接轴承座、轴承盖的螺栓中心距等都是装配尺寸。

3.安装尺寸

安装尺寸是表示将机器(或部件)安装到基础(地基)上或与其他设备相连时所需要的尺寸。

图 1-5-1 中的地脚螺栓孔的尺寸等就是安装尺寸。

4.外形尺寸

外形尺寸是表示机器(或部件)的总长、总宽及总高的尺寸,也就是机器(或部件)整体轮廓大小的尺寸。

外形尺寸反映了机器(或部件)的体积大小,即该机器(或部件)在包装、运输和安装过程中所占空间的大小。

图 1-5-1 中的 236、121 和 76 即为外形尺寸。

5.其他重要尺寸

除以上四类尺寸外,在机器(或部件)的装配或使用中还有一些必须说明的重要尺寸,如运动零件的极限位移尺寸等。

四、读装配图

读装配图(看装配图)的目的是:

(1)了解机器(或部件)的工作原理和结构特点;

(2)了解机器(或部件)中零件间的装配关系;

(3)分析机器(或部件)的作用及结构形状。

读装配图(看装配图)的主要方法和步骤如下。

1.概括了解

(1)了解部件的用途、性能和规格

从装配图的标题栏中可以得到该机器(或部件)的名称。

从装配图中所标注的尺寸,结合生产实际知识和产品说明书等有关资料,可以了解该机器(或部件)的用途、适用条件和规格等。

(2)了解部件的组成

从装配图的明细栏以及视图中的序号,可以了解组成该机器(或部件)的零件名称、数量、规格及位置等。

2.对视图进行初步分析

首先明确装配图的表达方法、投影关系和剖切位置,再结合图中所标注的尺寸,可以想象出机器(或部件)的主要零件的主要结构形状。

3.分析工作原理和连接关系

分析机器(或部件)的工作原理和连接关系是读装配图的重要环节。

读装配图时,要对装配图中的各视图进行详细的分析,根据其表达手段进一步理解各视图的表达意图。

读装配图时,应先从主视图入手,沿各条传动干线,按投影关系找到各个零件的轮廓,并确定它们的准确位置。

要先弄清楚运动部件及其运动情况,比如,哪些是运动件?其运动形式如何?运动是怎样传递的?再对其与其他零件间的连接和固定情况进行分析,找出其固定方式和连接关系等。

对固定不动的零件,要弄清楚它们的固定与连接方式,继而分析清楚与其相关的零件在部件中的地位和作用等。

4.分析零件结构

在分析机器(或部件)的工作原理和传动关系的过程中,对各零件的轮廓及其在机器(或部件)中所起的作用已有了基本了解。此时应对各零件的结构形状准确地加以分析判断,这样也能有助于更深入地理解机器(或部件)的工作原理和性能。

一般先从机器(或部件)主要零件开始,再看其他零件。

5.归纳总结

为了加深对装配图所表达的机器(或部件)的正确认识,应在上述分析的基础上进行归纳总结,认真思考下述问题,以达到读装配图的目的和要求:

(1)机器(或部件)的传动系统、润滑方法、密封装置;

(2)机器(或部件)中的零件间的连接、固定、定位和调整;

(3)机器(或部件)的装配关系、拆装方法和顺序；

(4)机器(或部件)的工作原理、性能和使用特点；

(5)机器(或部件)的对外连接和安装方式。

第二章
工程热力学基础

热力学是研究热能和其他形式能量之间相互转换规律的学科。工程热力学是热力学的一个分支，是从工程应用的角度研究热能和机械能之间的相互转换规律。工程热力学是船舶轮机员必须掌握的轮机工程基础理论的重要内容之一。

第一节　基本理论知识

工程热力学研究的内容主要包括：热能与机械能相互转换的媒介物——工质的性质；热能与机械能相互转换的过程；提高热力设备和装置经济性的有效途径和方法。本节主要介绍工质、热力学状态参数、可逆过程等基本概念，以及热量和功、热力学第一定律与第二定律、卡诺循环与卡诺定理、理想气体与水蒸气的热力性质与热力过程等工程热力学的基本理论知识。掌握和运用这些基本理论知识，对分析和解决工程实际问题是十分重要的。

一、基本概念

（一）工质的概念及其特性

在热能动力装置中，热能与机械能的相互转换是通过媒介物实现的，这种媒介物称为工质。如往复式四冲程内燃机（如图 2-1-1 所示）的工质为燃气，蒸汽轮机动力装置（如图 2-1-2 所示）的工质为水和水蒸气，蒸气压缩制冷装置（如图 2-1-3 所示）的工质为制冷剂（R134a 等）。

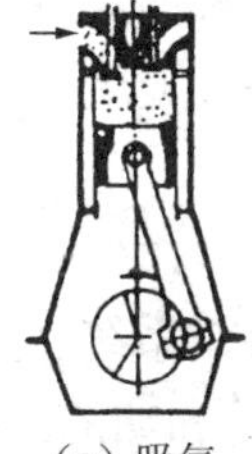
（a）吸气

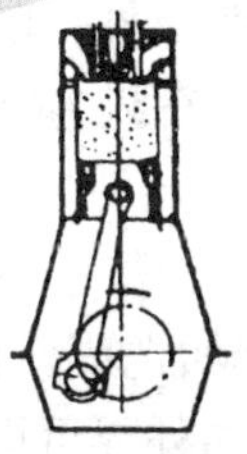
（b）压缩

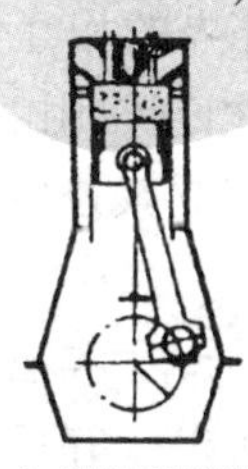
（c）燃烧及膨胀

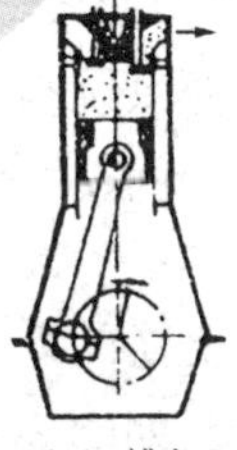
（d）排气

图 2-1-1　往复式四冲程内燃机工作原理示意图

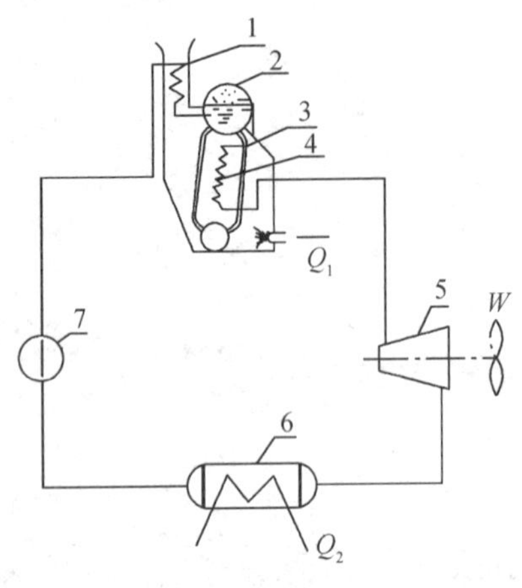

图 2-1-2　蒸汽轮机动力装置示意图

1—预热器；2—汽包；3—沸水管；4—过热器；
5—蒸汽轮机；6—冷凝器；7—水泵

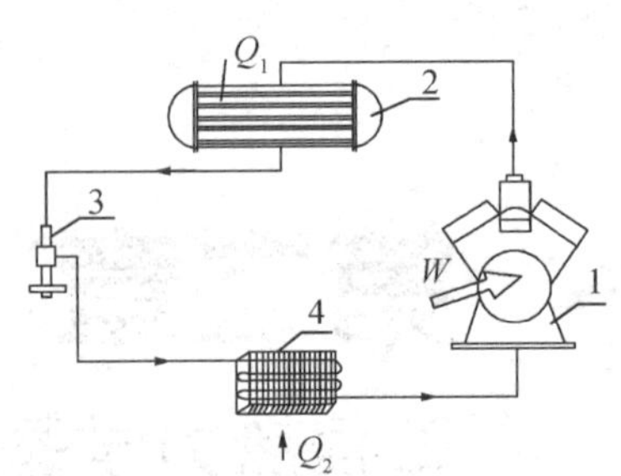

图 2-1-3　蒸气压缩制冷装置示意图

1—压缩机；2—冷凝器；3—膨胀阀；4—蒸发器

作为工质的物质应具有良好的膨胀性和良好的流动性。

往复式四冲程内燃机的工质完全处于气态，蒸汽动力装置和蒸气压缩制冷装置的工质在进行主要的热、功转换过程时（分别在汽轮机和压缩机中）也是处于气态。空气和燃气可当作理想气体看待，水蒸气和制冷剂蒸气则是不可视为理想气体的实际气体。因此，研究和掌握工质的性质是十分必要的。

（二）热力学系统与外界

1.热力学系统的概念

以图 2-1-2 所示的蒸汽轮机动力装置为例，其中的蒸汽轮机、冷凝器和水泵等，从热力学的观点来看，都是相互作用的实现能量转换或传递的热力设备。为了进行热力学分析，首先要在相互作用的各种热力设备中划分一个（或几个）热力设备作为研究对象。在热力学中，这种被划分出来的研究对象称为热力学系统，简称系统。

热力学系统之外的其他热力设备统称为外界。一般情况下，热力学系统与外界的相互作用有三种：热力学系统与外界的物质交换、功交换和热量交换。按照热力学系统与外界之间的这三种相互作用的特点，与热力学系统发生作用的外界可分为质源、功源和热源三种。

系统与外界的分界面称为边界。边界在图上通常用虚线标出，它可以是真实的（例如取压缩空气瓶内的空气为系统，瓶的内壁面就是真实的边界），也可以是设想的（例如取废气涡轮内的空间为系统，则进、出口处的边界是设想的）。

2.热力学系统的分类

一般情况下，热力学系统与外界的相互作用有三种：热力学系统与外界的物质交换、功交换和热量交换。按照系统与外界相互作用的特点，在热力学中把热力学系统分为开口系统、封闭系统（闭口系统）、绝热系统和孤立系统等。

（1）开口系统

与外界有物质交换的系统称为开口系统。例如把废气涡轮选作系统，它有工质流入和流出，这就是开口系统，如图 2-1-4 所示。开口系统与外界可以有热量和功的交换，也可以没有。

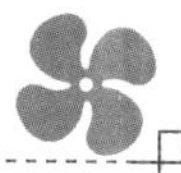

（2）封闭系统

与外界没有物质交换的系统称为封闭系统。例如把柴油机气缸中正进行膨胀的燃气选作系统，尽管燃气会从气缸与活塞的缝隙间漏泄一点，但漏泄量极少，可以足够精确地看作与外界没有物质交换，这就是封闭系统，如图 2-1-5 所示。封闭系统是由闭合表面包围的质量恒定的物质的集合。封闭系统与外界可以有热量和功的交换，也可以没有。

（3）绝热系统

与外界没有热量交换的系统称为绝热系统。图 2-1-4 所示的汽轮机若包以绝热材料，当工质流经汽轮机，与传输给外界的功量相比，其散热量小到可忽略不计时，此开口系统可认为是绝热系统。又如图 2-1-5 中的燃气膨胀时有热量传给冷却水，若取燃气和冷却水（通常称为冷源）为系统，则包括燃气和冷却水在内的系统与外界没有热量交换，因而该系统为绝热系统，如图 2-1-6 所示。绝热系统与外界可以有物质和功的交换，也可以没有。

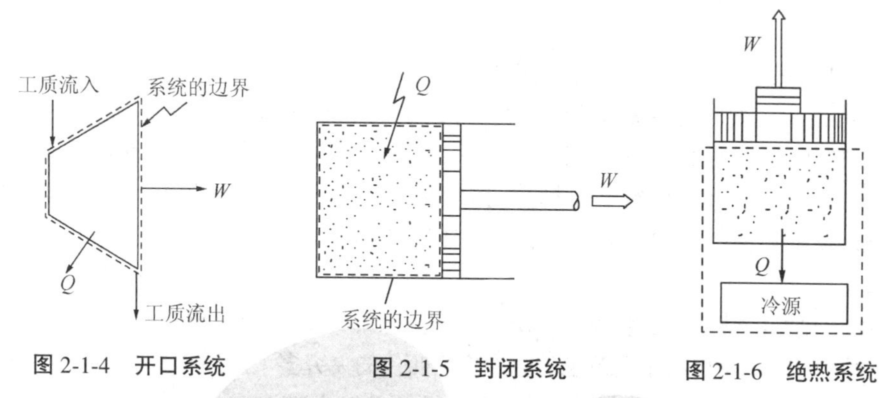

图 2-1-4 开口系统　　图 2-1-5 封闭系统　　图 2-1-6 绝热系统

（4）孤立系统

与外界既没有物质交换，也没有热量和功的交换的系统称为孤立系统。如果把所有发生相互作用的各种设备作为一个整体，并把这个整体选定为所研究的系统，虽然这个系统内部的各部分可以有物质、热量和功的交换，但这个系统作为一个整体与外界没有任何相互作用，这个系统就是孤立系统。

需要注意的是，在热力学中把热力学系统分为开口系统、封闭系统、绝热系统和孤立系统，是根据热力学系统与外界之间有无物质交换、功交换和热量交换来进行划分的，不具有完全的排他性。任何一个热力学系统与外界之间都可能有或没有物质、功或热量的交换，所以，一个热力学系统既可能是开口系统或封闭系统，也可能是绝热系统，还可能是孤立系统。

开口系统与外界之间一定有物质交换，但没有限制与外界之间一定有无热量和功的交换，所以，开口系统也可能是绝热系统（开口系统与外界之间无热量交换时）。但开口系统一定不会是封闭系统，也一定不会是孤立系统。

封闭系统与外界之间一定没有物质交换，但也没有限制与外界之间一定有无热量和功的交换，所以，封闭系统也可能是绝热系统（封闭系统与外界之间无热量交换时），也可能是孤立系统（封闭系统与外界之间无热量和功的交换时）。但封闭系统一定不会是开口系统。

绝热系统与外界之间一定没有热量交换，但没有限制与外界之间一定有无物质和功交换，所以，绝热系统也可能是封闭系统（绝热系统与外界之间无物质交换时），也可能是开口系统（绝热系统与外界之间有物质交换时），也可能是孤立系统（绝热系统与外界之间无物质和功的交换时）。

孤立系统与外界一定没有物质交换、热量交换和功的交换,所以孤立系统一定是封闭系统,也一定是绝热系统,但一定不是开口系统。

另外,在热力学分析中,热力学系统属于哪种系统还与所选取的热力学系统的范围有关。如前所述,若把柴油机气缸中正进行膨胀的燃气作为一个热力学系统(如图 2-1-5 所示),则该热力学系统为封闭系统;若取燃气和冷却水(接收燃气膨胀时传递来的热量)作为一个热力学系统(如图 2-1-6 所示),则该热力学系统为绝热系统,同时也是封闭系统;若取燃气、冷却水(接收燃气膨胀时传递来的热量)和接收燃气膨胀时所做的功的装置(通常称为功源)作为一个热力学系统,则该热力学系统为孤立系统,同时也是绝热系统和封闭系统。

3.与热力学系统相互作用的外界

在热力学中,按照热力学系统与外界的相互作用,即热力学系统与外界的热量交换、功的交换和物质交换的特点,把与热力学系统发生作用的外界分为热源、功源和质源三种。

(1)热源

与系统进行热量交换的外界,称为热源。

实际热能装置(如动力装置、制冷装置等)的运行通常需要两个热源:通常把温度高的热源称为高温热源,简称热源;把温度低的热源称为低温热源,简称冷源。动力装置从高温热源吸热,将吸收热量的一部分放给低温热源,其余部分转变为机械功;制冷装置则以消耗外界机械功为代价,从低温热源吸热(从而得到低于环境的温度),并将其与由功转变的热一起放给高温热源。

一般认为热源的热容量无限大,即其温度不因吸热或放热而变化。

在热力学分析中,可以有某一范围的温度连续变化的无穷多个高温热源和(或)低温热源。

习惯上,系统从热源吸热为正值,系统向热源放热为负值。

(2)功源

与系统进行功交换的外界,称为功源。

功源与封闭系统交换的功是直接通过系统中的工质膨胀或压缩引起的容积改变来实现的,称为容积功。

功源与开口系统交换的功通过转轴传递,称为轴功。

习惯上,系统对外界(功源)做功为正值,外界(功源)对系统做功为负值。

(3)质源

与系统进行物质交换的外界,称为质源。

(三)热力学平衡态

1.热力学平衡态的概念

为了对系统中能量转换的情况进行分析计算,首先需要对系统的热力学状态进行描述。在热力学中,把描述系统宏观特性的物理量称为系统的热力学状态参数,简称状态参数。为了简化对系统热力学状态的描述,只用几个状态参数来描述系统,提出了热力学平衡态这一重要概念。

先讨论两个具体例子:(1)在一个与外界隔热良好的量热器内,将冷热程度不同的水加以混合,冷水将变热,热水将变冷;经过足够长的时间,水的冷热程度便均匀一致,而且此后不随时间而变,则认为该系统处于热平衡态。(2)如图 2-1-7 所示,在与外界隔热良好的封闭气缸内用活塞将压力不同的两种气体 A 和 B 分隔开,设 A 的压力大于 B 的压力。若活塞与气缸间

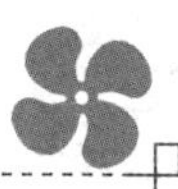

无摩擦，活塞将向右移动，A 的压力下降，B 的压力升高；经过足够长的时间，A 和 B 便达到某一平衡压力，活塞停止移动，而且此后 A 和 B 将保持这一压力不变，即该系统处于力平衡态。

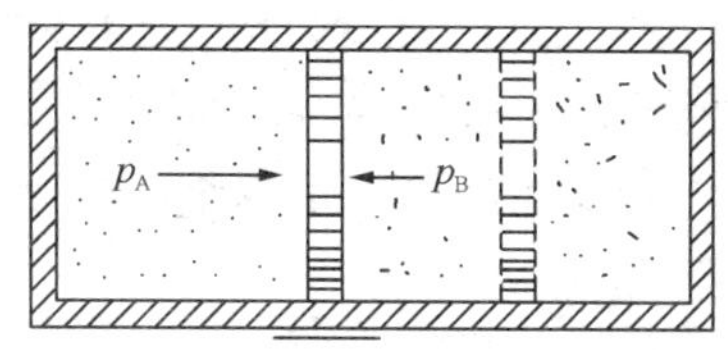

图 2-1-7 平衡

对不发生化学反应的系统，同时具备了热平衡和力平衡，系统就处于热力学平衡态。

处于热力学平衡态的系统，只要不受外界的影响，它的状态就不会随时间而改变，平衡不会自发地失去，这是热力学平衡态的特点。

上面讨论的两个例子也说明了非平衡态若没有外界条件的影响，总会自发地趋于平衡态。

与非平衡态相比较，系统的平衡态的描述更简单。这是因为：其一，平衡态与时间无关；其二，处于平衡态的系统，其内部的压力和冷热程度都是均匀一致的。对应于系统的每一平衡态，有且只有一个压力和一个描述系统冷热程度的状态参数——温度；反之，非平衡态则不仅与时间有关，系统内部状态也是不均匀的，因此描述系统的非平衡态极其复杂。大多数热力设备在稳定运行时所处的状态，只要系统选得恰当，均可看作平衡态。因此，平衡态是工程热力学的一个重要的基本概念。

本章只介绍处于平衡态的系统，以下内容凡不致混淆时，所提到系统的状态均指平衡态。

2.热力学平衡态与稳态、均匀态的比较

(1)热力学平衡态与稳态的比较

若系统内的状态参数不随时间而变，则该系统处于稳态。

通常，处于稳态的系统不一定处于平衡态。

例如，一根金属棒一端与热的电炉接触，另一端与冷的冰接触，当这根棒内任意一点的温度不随时间而变时，该系统处于稳态，但该系统内部各点的温度并不是均匀一致的，因而处于非平衡态。既然处于非平衡态，为什么各点温度不随时间而变呢？这是因为系统与外界有热的相互作用。

(2)热力学平衡态与均匀态的比较

若封闭系统的各种状态参数在空间的分布都是均匀一致的，则该系统称为均匀系统。系统中每个均匀的部分称为“相”。所以，均匀系统是由单相组成的。由两个或两个以上的相所组成的系统为非均匀系统。例如，由水和水蒸气组成的系统就是两相的非均匀系统，在两相(液相和汽相)的分界面上，密度发生突变。

在大多数情况下，处于平衡态的系统为均匀系统，但非均匀系统在一定条件下也能处于平衡态。例如，由水和水蒸气组成的两相系统，在给定压力的条件下，存在一个对应的温度，使水和水蒸气两相系统处于平衡态；又如，由冰、水和水蒸气组成的三相系统存在唯一的一个平衡态，这就是水的三相点(压力为 0.000 611 MPa，温度为 0.01 ℃)。

3.热力学平衡态的判别

引起热力学系统状态变化的原因可能是外部的，也可能是内部的。即使是没有外界影响的封闭系统，只要系统中有力差或冷热程度不均匀，系统的状态就会自发地发生变化，因而处

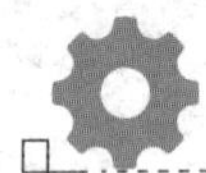

于非平衡态。

力差或冷热程度不均匀是系统状态发生变化的推动力，在热力学中称为不平衡势。

当热力学系统内部存在不平衡力时，在力差（如压力差）的推动下，系统内部各部分间将发生相对位移，因而热力学系统的状态不可能保持不变，只有不存在力差才有可能达到平衡，这种平衡称为力学平衡。可见，力差是驱动热力学系统状态变化的一种不平衡势。热力学系统内部不存在力差，满足力学平衡，是热力学系统处于热力学平衡态的必要条件之一。

同样，当热力学系统内部各部分工质的冷热程度不均匀，即热力学系统内部各部分工质的温度不一致时，在温差的推动下，热量将自发地从高温处传向低温处，因而热力学系统的状态也不可能保持不变，只有不存在温差才有可能达到平衡，这种平衡称为热平衡。可见，温差是驱动状态变化的另一种不平衡势。热力学系统内部不存在温差，满足热平衡，是热力学系统处于热力学平衡态的另一个必要条件。

总之，热力学系统处于平衡态的条件就是系统内部不存在不平衡势。当热力学系统内部压力均匀一致时，系统处于力学或机械平衡态；当热力学系统内部冷热均匀一致时，系统处于热平衡态。在不发生化学反应的热力学系统内，如同时满足力平衡条件和热平衡条件，则热力学系统处于热力学平衡态。

需要指出的是，不平衡势是驱动热力学系统状态变化的根本原因，而状态参数不随时间改变仅仅是表面现象。判断热力学系统是否处于热力学平衡态，必须从本质上进行分析，不能只看表面现象。

（四）热力学状态参数的概念及特性

1.热力学状态参数的概念

在热力学中，把描述系统宏观特性的物理量称为系统的热力学状态参数，简称状态参数。

由前面的讨论可知，对于处于平衡态的任一系统，只需用确定的压力和温度等几个热力学状态参数来描述。

在工程热力学里，常见的热力学状态参数有六个，即压力（压强）p、温度 T、容积（体积）V、内能（热力学能）U、焓 H 和熵 S。工程热力学里之所以引用这些状态参数，是因为它们全部直接或间接地与系统的能量或能量转换有关。

工程上把可直接观察和测量的热力学状态参数称为基本状态参数，它们是压力（压强）p、温度 T、容积（体积）V。

2.热力学状态参数的特性

系统的状态参数依照其特性可分为两类：尺度量和强度量。

尺度量是描述系统总体特征的状态参数，如系统的容积 V、内能 U、焓 H、熵 S 等，其数值为系统中各部分数值的总和，具有可加性。对于均匀系统，尺度量的数值与系统的质量成正比。

强度量是描述系统内各点特征的状态参数，如系统的压力 p、温度 T、比容（比体积，即单位质量的体积）v、比内能（比热力学能，即单位质量的热力学能）u、比焓（单位质量的焓）h、比熵（单位质量的熵）s 等，其数值与系统的质量无关，具有不可加性。

对于均匀系统，强度量的数值在空间的分布是均匀一致的。在非平衡态的系统中，强度量的数值在空间的分布不是均匀一致的，如压力差和温度差，这就是不平衡势。

3.热力学状态参数的充要条件

热力学状态参数的数值由系统的状态唯一确定。当系统从初态变为终态时，状态参数的

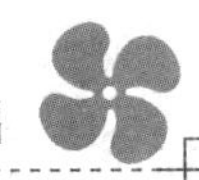

变化量只与系统的初态和终态有关,而与变化的途径无关。因此,状态参数是系统状态的单值函数或点函数,状态参数的微元变量是全微分。这是判断某一参数是否为状态参数的充要条件。

在热力学中,还有一类参数,它们的变化量不仅与系统的初态和终态有关,而且与变化的途径有关。这类参数不是状态参数,而是路径函数。功和热量就是路径函数。

(五)常见的热力学状态参数

下面对常见的六个热力学状态参数分别加以介绍。

1.压力(压强)

在工程热力学中,把工质指向系统表面(真实的容器壁或假想的分界面)单位面积上的垂直作用力称为压力(即压强)。分子动理论把气体压力看作气体分子撞击壁面的宏观表现。实际上,容器内的气体分子非常之多,撞击也非常频繁,因此就产生了一个持续的有一定大小的压力,这个压力就是大量分子撞击壁面的平均结果。按分子动理论的观点,气体压力等于单位容积内的分子数与分子的平均动能乘积的2/3。

(1)压力的单位

压力(压强)p 的单位由压力(压强)的定义式确定:

$$p=\frac{P}{f}$$

式中,P 为工质指向表面的垂直作用力;f 为表面面积。由于力 P 和面积 f 选用的单位不同,压力单位也不同。根据《中华人民共和国法定计量单位》(简称《法定单位》)的规定,力 P 的单位为牛顿(N),面积 f 的单位为平方米(m^2),压力(压强)单位为帕(Pa,1 Pa=1 N/m^2)。由于Pa这一单位太小,实际应用时可用兆帕(MPa,1 MPa=10^6 Pa)作为压力的单位。

(2)大气压力(大气压强)

大气压力(大气压强)是由地面上几百千米高的空气层的重量产生的,用 p_b 表示。大气压力的大小随纬度、高度,以及空气温度和水蒸气含量而变化。历史上,物理学中把纬度45°平均海平面上常年大气压力的平均值定为标准大气压,以符号atm表示。规定

$$1\ \text{atm}=0.101\ 325\ \text{MPa}$$

(3)表压力(表压强)、真空度、绝对压力(绝对压强)

系统的压力可用压力表(压强表)测定,并以大气压力作为测量的基准。由压力表测得的压力数值称为表压力(表压强),以 p_g 表示。系统的实际压力数值称为绝对压力(绝对压强),以 p 表示。用压力表测得的压力数值不是绝对压力,而是绝对压力与当地大气压力的差值,即

$$p_g=p-p_b$$

对于绝对压力低于当地大气压力的系统,工程上用当地大气压力与绝对压力的差值来表示该系统的真空状态,称为真空度,以 p_v 表示,即

$$p_v=p_b-p$$

表压力和真空度都是表示绝对压力与当地大气压力的相对差值,前者表示绝对压力比大气压力高出多少的压力值,后者则表示绝对压力比大气压力低多少的压力值,如图2-1-8所示。

由于当地大气压力是会变化的,作为系统的状态参数应该是绝对压力,而不是表压力或真空度。

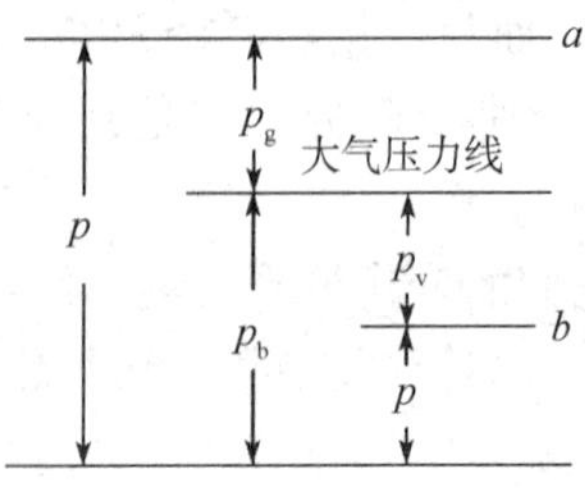

图 2-1-8　表压力、真空度和绝对压力的关系

在工程计算中，当 $p_g \gg p_b$ 时，因为当地大气压力变化不大，所以可近似地认为 p_b = 0.1 MPa。但当被测压力较小，其数值与当地大气压力相近时，则不能将大气压力看作常数，而应测定大气压力的具体数值。

2.温度

(1)温度的概念

表征物体冷热程度的物理量称为温度。人们通常用温度来表示物体冷热的程度。

从分子运动理论来看，物体温度与组成该物体的分子能量有关，随着温度升高，分子运动加剧。具体来说，温度与物体内分子的平均动能成正比。这符合通常所观察到的热现象。比如，有两个具有不同分子平均动能的物体相接触，由于接触面分子相互碰撞，能量就由分子平均动能较大的物体传递给平均动能较小的物体，直到两个物体的平均动能相等为止。换句话说，就是高温物体把热量传递给低温物体，直到两者温度相等时热传递才停止。可见，温度的微观本质就是物体内部分子和原子不规则热运动的度量，物体温度越高，其内部分子的热运动就越剧烈。

从热力学角度来看，温度是描述热平衡物体宏观特性的物理量。

温度概念的建立和温度的测定都是以热平衡现象为基础的。有甲、乙两个热力学系统，一个较热，另一个较冷，但它们都处于各自的平衡态；若使甲、乙之间发生热的相互作用而进行热传递，则它们原有的平衡态就被破坏；经过足够长的时间以后，两个系统将达到热平衡。

经验表明：对于甲、乙、丙三个系统，若甲与乙、丙分别处于热平衡，则乙和丙也必定处于热平衡。也就是说，若两个系统分别与第三个系统处于热平衡，则这两个系统之间彼此也必定处于热平衡。这就是热平衡定律。热平衡定律是热力学的一个基本定律。

根据热平衡定律，处在同一热平衡状态的所有热力系统，无论它们是否接触，必定具有某一个共同的宏观特性，描述这个宏观特性的物理量称为温度。

热平衡定律不仅给出了温度的热力学定义，而且指明了温度比较的方法。因为处于同一热平衡状态的一切物体都有相同的温度，所以在比较各个物体的温度时，可不必使它们直接接触，而只需将一个作为标准的物体分别与各个物体处于热平衡即可。这个作为标准的物体称为温度计。

(2)温标

要定量地确定温度，必须对不同的温度给以具体的数量标示。温度的数值表示方法叫作温标。常用的温标有以下三种。

摄氏温标：在标准大气压力下，纯水的冰点为 0 度，沸点为 100 度，在这两点之间均分为 100 份，其中的 1 份称为摄氏 1 度，记作 1 ℃，摄氏温标用符号℃表示。

华氏温标：在标准大气压力下，纯水的冰点为 32 度，沸点为 212 度，在这两点之间均分为 180 份，其中的 1 份称为华氏 1 度，记作 1℉，华氏温标用符号℉表示。

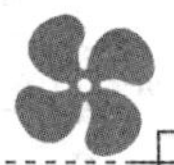

热力学温标：热力学温标又称绝对温标，也称开氏温标，它是以-271.15 ℃作为绝对温标的0度，每度的间隔与摄氏温标相同，1度记作1 K，开氏温标用符号K表示。

大部分国家应用摄氏温标，英、美等国家采用华氏温标，工程热力学计算中常用绝对温标。根据上述三种温标的定义，它们之间的相互换算关系如下：

$$T_{℉}=\frac{9}{5}T_{℃}+32$$

$$T_{℃}=\frac{5}{9}(T_{℉}-32)$$

$$T_{K}=T_{℃}+273.15$$

3.容积（体积）和比容积（比体积）

一定质量的工质所占有的空间称为工质的容积（体积），用 V 表示，单位是立方米（m^3）。单位质量工质的容积（体积）称为比容积（比体积），用符号 v 表示，单位为立方米/千克（m^3/kg）。容积和比容积均为工质的热力学状态参数。

1 m^3 工质所具有的质量称为密度，用符号 ρ 表示，单位为千克/立方米（kg/m^3）。

可见，比容积（比体积）v 和密度 ρ 互为倒数，即

$$\rho=\frac{1}{v}\quad 或\quad v=\frac{1}{\rho}$$

4.内能（热力学能）和比内能（比热力学能）

物质内部具有多种能量，如由原子结合成为分子的化学能、原子内部的原子能以及分子无规则运动的热能等。

工程热力学研究的是热能与机械能之间的相互转换，因此把工质所具有的热能称为内能（热力学能），用符号 U 表示，单位是焦（J）或千焦（kJ）。单位质量工质的内能称为比内能（比热力学能），用符号 u 表示，单位是焦/千克（J/kg）或千焦/千克（kJ/kg）。

工质的内能（热力学能）是由分子无规则热运动所具有的内动能（包括分子的平动动能、转动动能和分子内部原子的振动动能）和分子间相互作用产生的内势能两部分组成。前者是温度的函数，后者取决于容积（或比容积），因此工质的内能（或比内能）是温度和容积（或比容积）的函数。由此可见，工质的内能（或比内能）是由状态参数——温度和容积（或比容积）所决定的，因此内能 U 和比内能 u 也为工质的热力学状态参数。

在热力学的计算中，往往只用到内能 U 或比内能 u 的变化量，因此，它们为零值的基准态可以人为地选定。

5.焓和比焓

工质在流经开口系统时，其比内能 u 和压力 p 与比容积 v 的乘积 pv（称为比流动功）总是同时出现，因此，在热力学中把这两者之和称为比焓，用符号 h 表示，单位是焦/千克（J/kg）或千焦/千克（kJ/kg），即

$$h=u+pv$$

对于质量为 m、处于平衡态的工质，则有

$$H=mh=mu+pmv=U+pV$$

式中，H 称为质量为 m 的工质的焓，单位是焦（J）或千焦（kJ）。

因为内能 U、比内能 u、容积 V、比容积 v 和压力 p 均为工质的状态参数，因此焓 H 和比焓 h

也为工质的热力学状态参数。

在热力学的计算中，往往只用到焓 H 或比焓 h 的变化量，因此，它们为零值的基准态也可以人为地选定。

6.熵和比熵

(1)熵的引入

在一个微元可逆过程(可逆过程将在下一小节介绍)中，质量为 m 的工质从热源吸收的微元热量 $\mathrm{d}Q$ 除以工质吸热时热源的绝对温度 T 所得的商，定义为工质在绝对温度 T 时熵 S 的增量 $\mathrm{d}S$，即

$$\mathrm{d}S=\left(\frac{\mathrm{d}Q}{T}\right)_{\mathrm{rev}}$$

熵 S 的单位是千焦/开(kJ/K)或焦/开(J/K)。

对于均匀系统，因为 $\mathrm{d}Q=m\mathrm{d}q$，则

$$\mathrm{d}s=\left(\frac{\mathrm{d}q}{T}\right)_{\mathrm{rev}}$$

s 为单位质量工质的熵，称为比熵，单位是千焦/(开·千克)[kJ/(K·kg)]或焦/(开·千克)[J/(K·kg)]。$\mathrm{d}q$ 为单位质量工质从热源吸收的微元热量，单位是千焦/千克(kJ/kg)或焦/千克(J/kg)。

熵和比熵均为工质的热力学状态参数。

若可逆过程工质从状态 1 变为状态 2，其熵和比熵的变化量为

$$\Delta S=S_2-S_1=\int_1^2\left(\frac{\mathrm{d}Q}{T}\right)_{\mathrm{rev}}$$

$$\Delta s=s_2-s_1=\int_1^2\left(\frac{\mathrm{d}q}{T}\right)_{\mathrm{rev}}$$

在热力学的计算中，往往只用到熵 S 或比熵 s 的变化量，因此，它们为零值的基准态也可以人为地选定。

(2)熵的含义

“熵”字的中文含义是热量被温度除所得的“商”，熵(Entropy)的希腊原名的意义是“转变”，指热量可以转换为功的程度，即热量的转换能力。由经验得知，热量转换为功的能力与热源的绝对温度有关，热源温度愈高，系统在可逆过程中从热源吸收的热量可转换为功的那一部分所占比例就愈大。由熵的定义式可以看出，当在可逆过程中系统从热源吸收的热量相同时，热源的绝对温度愈高，系统的熵增就愈小，热量转换为功的能力就越强。可见热量的转换能力与系统在可逆吸热中熵的增量成反比关系。当系统在可逆过程中从温度为 T_0 的环境(大气或海水)吸收热量时，熵的增量达极大值，因此系统从环境吸收的热量，其转换能力为零。

由熵的定义式可知，对于可逆过程，若 $\mathrm{d}q>0$，则 $\mathrm{d}s>0$，即系统从热源吸热，工质比熵增加；若 $\mathrm{d}q<0$，则 $\mathrm{d}s<0$，即系统向热源放热，工质比熵减少；若 $\mathrm{d}q=0$，则 $\mathrm{d}s=0$，即系统与热源绝热，工质比熵不变。反之亦然。因此，对于可逆过程，我们可以根据工质比熵的变化来判断系统与外界热传递的方向。

需要强调的是，以上根据工质比熵的变化来判断系统与外界热传递的方向，或根据系统与外界热传递的方向来判断工质比熵的变化，仅适用于可逆过程，对于不可逆过程则不一定成立。

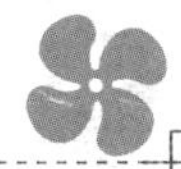

(六)准静态过程和可逆过程

当系统与外界发生功和热量的交换时,封闭系统内的工质或流经开口系统的工质的热力学状态必将发生变化,这种工质的热力学状态的变化过程称为热力过程。

1.准静态过程

系统的平衡态描述起来最简单。如果过程中系统所经历的每一中间状态均为平衡态,则这种过程中系统状态的描述自然是最简单的。但是,状态的变化意味着系统原平衡态的破坏。从原平衡态的破坏到新平衡态的建立需要一定的时间。

在热力学中,把恢复平衡所需要的时间称为弛豫时间。只要过程进行的时间比弛豫时间长得多,则过程所经历的每一中间状态可以足够准确地看作平衡态。

如果过程进行得足够缓慢,系统从初始平衡态变化到终了平衡态的过程中所经历的每一中间状态足够接近平衡态,这一过程就称为准静态过程,又称为准平衡过程。

一般来说,实际过程中系统的每一中间状态都处于非平衡状态(如膨胀或压缩过程中系统各处压力不均匀,加热或放热过程中系统各处温度不均匀等)。但是,只要控制外界条件,使过程进行得足够缓慢,过程中系统所经历的中间状态就会足够接近平衡状态。

过程进行得越缓慢,过程中系统所经历的中间状态就越接近平衡状态,过程就越接近准静态过程,即实现准静态过程的充要条件是过程进行的时间比弛豫时间长得多。

在轮机工程中,绝大多数热力设备中实际热力过程虽然表面上似乎进行得很快,比如柴油机的压缩或膨胀过程,活塞运动的平均速度一般为每秒几米,但气体中使压力不平衡趋向平衡的压力波的速度为声速,一般为每秒几百米,因此过程进行的时间远大于弛豫时间,气缸内各处的压力在过程中的每一步都来得及趋于均匀一致,这样的过程完全可以看作准静态过程。因此,研究准静态过程是有实际意义的。

2.常见的不可逆因素

准静态过程的概念解决了过程中系统状态的描述问题,这对过程的分析计算无疑是很重要的。但这还不够,因为过程是在外界对系统的作用下发生的,所以,还要研究过程对外界所产生效应的性质,即过程的不可逆性。

由经验可知,实际过程的不可逆因素主要有:耗散效应、有限温差下的热传递、自由膨胀和不同工质的混合等四种。当然,在工程实际中,还有其他的不可逆现象。但是,对于不考虑化学反应和电磁等效应的系统,其过程的不可逆因素主要就是以上四种。

所有的不可逆因素,归纳起来都是由系统的非平衡态和与工质黏性有关的耗散效应所引起的,如温度不平衡引起有限温差下的热传递,压力不平衡引起自由膨胀等。在黏性流体的流动中,存在着流体的宏观动能通过黏性摩擦变为热的现象(即耗散效应)等。

(1)耗散效应

通过摩擦使功变为热的现象称为耗散效应。

功可以通过摩擦自发地(无条件地和全部地)变为热,而热不可能自发地变为功。因此,耗散效应是不可逆的。除摩擦外,电流通过电阻时的热效应、磁滞发热和固体的非弹性变形的热效应等,也是耗散效应。

(2)有限温差下的热传递

热可以自发地从高温物体传到低温物体,而不可能自发地从低温物体传到高温物体。因此,在有限温差下的热传递是不可逆的。

(3)自由膨胀

工质在膨胀时克服外界作用在移动边界上的压力,将对外界做膨胀功。如果移动边界上的压力为零,则膨胀功为零,这种膨胀称为自由膨胀。

如图2-1-9所示,在一刚性的、与外界绝热的容器中有一隔板,隔板把容器分为两部分:左边充有气体,右边为绝对真空。将隔板抽出,气体立即向真空膨胀。右边原为绝对真空,对膨胀过程的气体没有压力,因而气体没有对外界做功,这是典型的自由膨胀的例子。待足够长时间后,气体均匀分布在整个容器内,达到平衡态。一旦整个容器内的气体达到平衡态后,右边的气体不可能自发地回到左边,而使右边恢复绝对真空。可见自由膨胀是不可逆的。

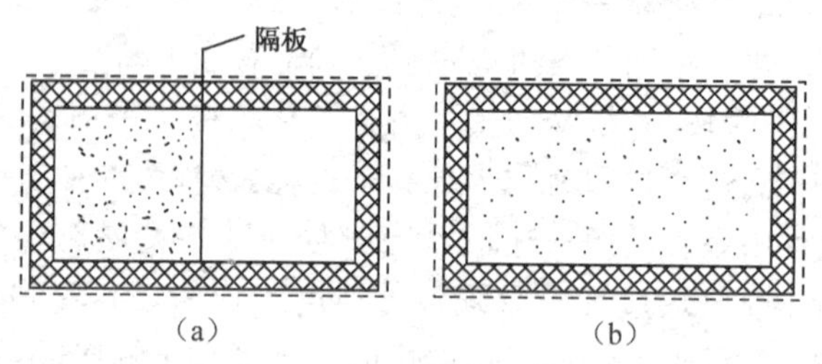

图2-1-9 自由膨胀

(4)不同工质的混合

在如图2-1-10所示的容器中,隔板左边充有一种气体,右边充有另一种气体。隔板抽出后,左、右两边的气体均会自发地向对方扩散,直至两种不同的气体在整个容器内均匀混合。但均匀混合的不同气体不可能自发地分离。可见,不同工质的混合是不可逆的。

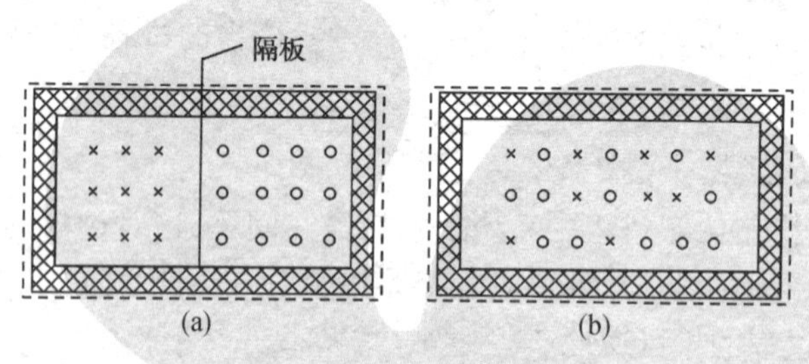

图2-1-10 不同工质的混合

3.可逆过程

系统进行一个过程后,无论包含几个不可逆因素,还是作为理想极限情况不包含任何不可逆因素,都可以使系统回到其初态。问题是,在系统回到初态的同时能否消除原过程中外界所发生的一切变化,使外界也恢复自己的初态。

可逆过程定义为:系统进行了一个过程后,若系统和外界均能恢复到各自的初态,则这样的过程称为可逆过程。

系统进行了一个过程后,若仅仅系统能恢复初态,而在外界遗留了不可逆的变化,则这样的过程为不可逆过程。

凡是包含不可逆因素的过程,均为不可逆过程;而不包含任何不可逆因素的过程,才能是可逆过程。

准静态过程为系统内部平衡的过程。可逆过程为没有任何不可逆因素的过程,即系统内部平衡和无耗散效应的过程。因此,这两个过程之间的关系可表达为:无耗散效应的准静态过程为可逆过程。

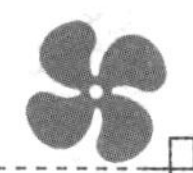

可见,可逆过程必定是准静态过程,而准静态过程不一定是可逆过程。

准静态过程和可逆过程在热力学状态图(如 $p-v$ 图、$T-s$ 图、$p-h$ 图、$h-s$ 图等)上可以用一条连续曲线表示;非准静态过程和不可逆过程在热力学状态图上则不能用一条连续曲线表示,只能用一条虚线大概表示非准静态过程和不可逆过程的变化。

二、热量和功

热量和功都是系统与外界通过边界传递的能量,它们都不是状态参数,而是过程的函数。通过热力系统,热量与功可以相互转换,并在数量上守恒。但热量与功也有着本质上的区别,功是规则能量的传递方式,热量是不规则热运动的能量传递方式。

(一)热量

1.热量的概念

系统与外界因存在温差而通过边界传递的能量称为热量。

习惯上规定:系统从外界吸热为正值,系统向外界放热为负值。

热量为传递中的能量,它只有在通过边界时出现,一旦这种传递中的能量通过了边界,它便"消失"并转化为系统或外界的能量。因此,说系统"具有"多少热量是没有意义的。

热量不是系统的状态参数,它是系统状态变化过程的函数。

由经验可知,热量总是自发地从高温处传递到低温处,温差是热量传递的驱动力。因为温度是物体内部分子和原子不规则热运动剧烈程度的度量,所以,热量是不规则热运动的能量传递方式。

在国际单位制中,热量的单位为焦(J)或千焦(kJ)。

2.热量与 $T-s$ 图

以比熵 s 为横坐标,以绝对温度 T 为纵坐标,可建立温-熵图($T-s$ 图),如图 2-1-11 所示。系统的初态 $1(s_1,T_1)$ 用点 1 表示,终态 $2(s_2,T_2)$ 用点 2 表示,从初态 1 到终态 2 的某一可逆过程可用曲线 1-2 表示(不可逆过程用虚线表示)。

根据比熵定义式 $\mathrm{d}s=\mathrm{d}q/T$ 可得 $\mathrm{d}q=T\mathrm{d}s$,可见,在微元可逆过程中,系统单位质量工质吸收的微元热量 $\mathrm{d}q$ 在 $T-s$ 图上可用阴影线的微元面积表示。因此,在过程 1-2 中,系统单位质量工质吸收的热量为

$$q=\int_{s_1}^{s_2}T\mathrm{d}s=\text{面积 }S_{12ba1}$$

可见,用 $T-s$ 图上过程曲线下的面积来表示可逆过程中系统的单位质量工质的吸热量是非常方便和形象的,因此,$T-s$ 图又称为示热图。$T-s$ 图在热力学分析中是十分有用的。

从 $T-s$ 图上还可以看出,从初态 1 到终态 2,过程可以沿着不同的途径进行,因而就对应着不同的热量。可见,热量不是状态参数,而是过程的函数。

代入绝对温度 T 与比熵 s 之间的函数关系 $T=f(s)$,即可对可逆过程中系统的单位质量工质的吸热量进行计算。但由于绝对温度 T 与比熵 s 之间的函数关系往往非常复杂且不易获得,一般并不用此方法来计算热量。

对于过程中比容不变的定容过程和压力不变的定压过程,则是通过比热容来计算系统与外界交换的热量;其他过程则可通过热力学第一定律来进行计算。

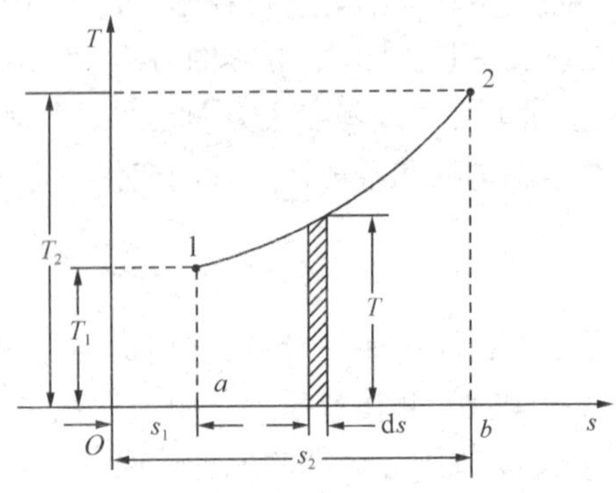

图 2-1-11　工质的温-熵图

(二)功

1.功的概念

在封闭系统中,工质由于容积的改变而通过边界与外界交换的功,称为容积功,用 W 表示。单位质量的容积功称为比容积功,用 w 表示。

工质膨胀时工质对外界做的容积功称为膨胀功,工质压缩时外界对工质做的容积功称为压缩功。

习惯上规定:系统对外做功为正,而外界对系统做功为负。

与热量类似,功也是传递中的能量,它只有在通过边界时出现,一旦这种传递中的能量通过了边界,它便“消失”并转化为系统或外界能量。因此,说系统“具有”多少功也是没有意义的。

功也不是系统的状态参数,它是系统状态变化过程的函数。

在国际单位制中,功的单位为焦(J)或千焦(kJ)。

2.容积功与 p-v 图

如图 2-1-12 所示,设封闭气缸内有 1 kg 工质,工质从初态 1 沿过程 1-A-2 膨胀到终态 2,为了分析的直观和方便,我们用以压力 p 为纵坐标、比容积 v 为横坐标的 p-v 图上的曲线来表示气缸内的压力随比容变化的关系。

若不计活塞与气缸壁之间的摩擦,则工质作用在活塞上的总压力为 pf(f 为活塞面积),并随时与作用在活塞上的外力相等,即为可逆过程。当工质作微元膨胀时,活塞向右移动距离为 $\mathrm{d}x$,此时系统对外界做的微元功为 $\mathrm{d}w=pf\mathrm{d}x$,而 $f\mathrm{d}x$ 为工质在微元膨胀时比容的变化量,即 $\mathrm{d}v=f\mathrm{d}x$,所以,系统中单位质量工质在该微元膨胀过程中对外界所做的功(比膨胀功)$\mathrm{d}w$ 为

$$\mathrm{d}w = p\mathrm{d}v$$

整个过程中系统对外界做的比膨胀功 w 为

$$w = \int_{v_1}^{v_2} p\mathrm{d}v = \text{面积 } S_{1A2341}$$

可见,系统对外界所做比膨胀功的数值大小,可由 p-v 图上过程曲线 1-A-2 下面的面积 S_{1A2341} 表示。

从上式可以看出,当 $\mathrm{d}v>0$ 时,$\mathrm{d}w>0$,即工质膨胀时,系统对外界做功;反之,当 $\mathrm{d}v<0$ 时,$\mathrm{d}w<0$,即工质被压缩时,外界对系统做功。

从 p-v 图上还可以看出,从初态 1 到终态 2,过程可以沿着不同的途径进行,因而就对应

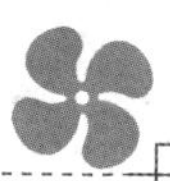

着不同的比膨胀功。可见,功不是状态参数,而是过程的函数。

$p-v$ 图在热力学分析中也是十分有用的。$p-v$ 图上的任意一点表示工质的一个平衡态,$p-v$图上的曲线表示可逆过程(用虚线表示不可逆过程)。$p-v$ 图上由曲线或直线围成的面积表示系统与外界交换的功,如上所述的容积功,故 $p-v$ 图又称为示功图。

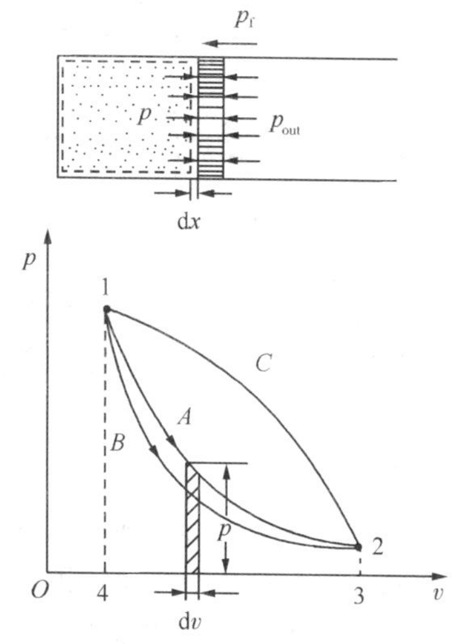

图 2-1-12 工质在气缸中的膨胀功

3.技术功与 $p-v$ 图

在开口系统中,工质流经开口系统而引起的流动动能的变化量$\frac{1}{2}m\Delta w_g^2$ 与外界发出的轴功 W_s之和,称为技术功,用 W_t表示,单位是焦(J)或千焦(kJ),即

$$W_t=\frac{1}{2}m\Delta w_g^2+W_s$$

单位质量的技术功称为比技术功,用 w_t 表示,单位是焦/千克(J/kg)或千焦/千克(kJ/kg),即

$$w_t=\frac{1}{2}\Delta w_g^2+w_s$$

对于可逆过程,由理论分析可知

$$dw_t=\frac{1}{2}dw_g^2+dw_s=-vdp$$

$$w_t=\frac{1}{2}\Delta w_g^2+w_s=-\int_{p_1}^{p_2}vdp$$

由此式可见,在可逆流动过程中,压力降低($dp<0$),系统对外做技术功($w_t>0$);压力升高($dp>0$),则外界对系统做技术功($w_t<0$);定压流动($dp=0$),系统与外界无技术功交换($w_t=0$)。

如图 2-1-13 所示,比技术功可用 $p-v$ 图上可逆流动过程曲线 1-2 与纵坐标之间的面积 S_{12561}表示。

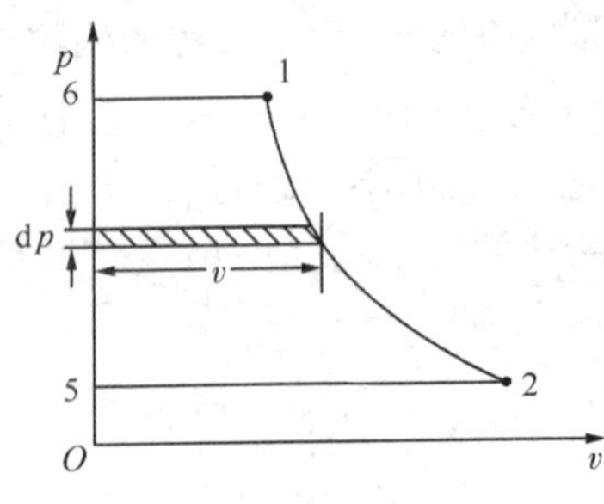

图 2-1-13　可逆过程的技术功

三、热力学第一定律

热力学第一定律是能量转换和守恒定律在热力学系统中的具体应用,它揭示了能量转换在数量上的守恒规律。下面主要讨论热力学第一定律的实质、封闭系统和开口系统的热力学第一定律及其数学表达式。

(一)热力学第一定律的实质

根据人们的实践经验和精确实验,自然界存在各种形式的能量,如与物体宏观运动相联系的机械能(动能、重力和弹性势能等)、与原子结合为分子相联系的化学能、与原子核反应相联系的核能,以及与分子不规则的热运动相联系的热能等。各种形式的能量不能被创造也不能被消灭,只能相互转换,而且在转换时总量守恒,这就是自然界的普遍规律之一——能量转换和守恒定律。

热力学第一定律的实质是能量转换和守恒定律在热力学系统中的具体应用,它阐明了能量在传递和转换过程中的数量关系。

对于孤立系统,热力学第一定律可表述为:在孤立系统内能量的总量保持不变。

对于任意热力学系统,热力学第一定律可表达为

输入系统的能量-系统输出的能量=系统中储存能量的变化量

根据此式,可将能量分为传递中的能量和系统中的储存能量两大类。

传递中的能量,即通过系统边界传递的能量,有两种形式——功和热量,它们不是状态参数,而是过程函数。

系统中的储存能量,从宏观来看,当系统的状态一定时就有一个确定的数值,因而是一个状态参数。在工程热力学中,为讨论方便,将储存能量分为两类:一类是以系统相对于其外部参照系的参数(外部参数)来描述的能量,比如系统为整体运动所具有的动能$\frac{1}{2}mw_g^2$和重力势能 mgh,其中的系统整体速度 w_g 和高度 h 都是相对于其外部参照系而言的;另一类是以系统内部的状态参数来描述的能量,它是系统内工质的分子运动和其他微观运动模式所确定的能量,这也就是热力学中所定义的内能(热力学能)。

历史上,有人企图制造一种不耗费任何能量就能不断循环做功的机器,这种机器称为第一类永动机。实践证明,第一类永动机是造不成的,因为这种机器从根本上违反了能量转换和守恒定律,热力学第一定律又可表述为:第一类永动机是造不成的。

(二)封闭系统的热力学第一定律及其数学表达式

1.封闭系统热力学第一定律的一般表达式

对外界为热源和功源的内含质量为 m 的工质的封闭系统,如图 2-1-14 所示,若热源给系

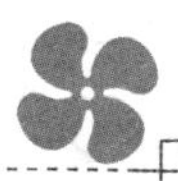

统的加热量为 Q(此为输入系统的能量)、系统对功源所做的膨胀功为 W(此为系统输出的能量)、系统内能的变化量为 $\Delta U=U_2-U_1$(此为系统中的储存能量的变化量),根据能量转换和守恒定律,可得封闭系统热力学第一定律的三种一般表达式。

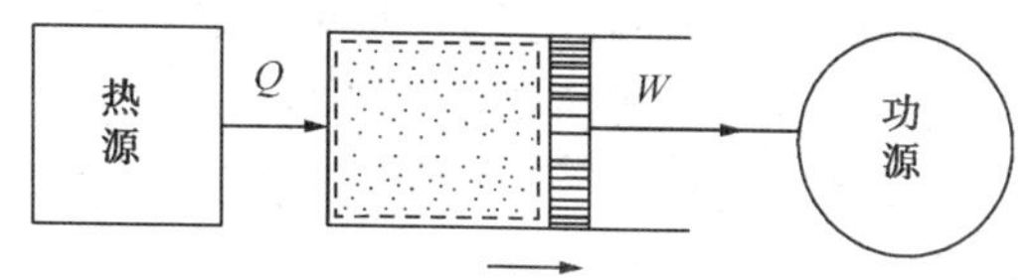

图 2-1-14　封闭系统与外界的能量传递

对于质量为 m 的工质的封闭系统,则有:

$$Q=\Delta U+W$$

对于单位质量工质的封闭系统,则有:

$$q=\Delta u+w$$

对于单位质量工质封闭系统的一个微元过程,则有:

$$\mathrm{d}q=\mathrm{d}u+\mathrm{d}w$$

以上三式即为封闭系统热力学第一定律的三种一般表达式。公式中的量都是代数值,并且:$q>0$ 表示热源对系统加热,$q<0$ 表示系统向热源放热;$\Delta u>0$ 表示系统比内能增加,$\Delta u<0$ 表示系统比内能减少;$w>0$ 表示系统对功源做功,$w<0$ 表示功源对系统做功。

上述三式是由普遍适用的能量转换和守恒定律直接应用于封闭系统而导出的,所以适用于任何工质(理想气体或实际气体及其液态)的任何过程(可逆过程或不可逆过程)。

需要指出的是,判断系统内能的变化,不能只看系统与外界的热量交换或系统与外界的功交换,而应看两者的综合结果。例如,某容器中装有一定质量的热水,热水向周围大气放出热量 10 kJ,同时功源通过搅拌器对热水做功 15 kJ,则热水内能的变化量应为

$$\Delta U=Q-W=-10-(-15)=5\ \mathrm{kJ}$$

即热水内能增加,增加量为 5 kJ。

2.封闭系统可逆过程的热力学第一定律表达式

对可逆过程,因为 $\mathrm{d}w=p\mathrm{d}v$,所以,由封闭系统热力学第一定律的三种一般表达式:

$$Q=\Delta U+W$$

$$q=\Delta u+w$$

$$\mathrm{d}q=\mathrm{d}u+\mathrm{d}w$$

封闭系统可逆过程的热力学第一定律可表述为

$$Q=\Delta U+\int_{V_1}^{V_2}p\mathrm{d}V$$

$$q=\Delta u+\int_{v_1}^{v_2}p\mathrm{d}v$$

$$\mathrm{d}q=\mathrm{d}u+p\mathrm{d}v$$

(三)开口系统的热力学第一定律及其数学表达式

在热能动力装置和制冷装置中,汽轮机、锅炉、冷凝器和压缩机等热力设备均有工质的流入和流出,对这类有工质流入和流出的热力设备,应作为开口系统进行分析和研究。

一般情况下,开口系统的能量转换关系是极其复杂的,本节仅讨论工程中的常见情况。首

先，只讨论位置和形状都不随时间而变化的开口系统。其次，仅讨论工质在开口系统中的流动为一元稳定流动的情况。一元流动，是指与流动方向垂直的同一截面上的各点，工质的状态参数和流速都是相同的，工质的状态参数和流速仅沿流动方向做一元的变化；而稳定流动是指开口系统内的任一点的状态参数和流速均不随时间而变化。显然，这种工质在其中做一元稳定流动的开口系统与外界的热源、功源和质源所交换的热量、功量和质量均不随时间而变化。船舶动力装置处于稳定工况下，其气体或蒸汽的流动都可近似地看作一元稳定流动。

1.开口系统热力学第一定律的一般表达式

如图 2-1-15 所示，工质以一元稳定流动流经开口系统。工质在进口截面 1-1 处的截面积、压力、比容、比内能和流速分别为 f_1、p_1、v_1、u_1 和 w_{g1}，工质在出口截面 2-2 处的截面积、压力、比容、比内能和流速分别为 f_2、p_2、v_2、u_2 和 w_{g2}。通过真实边界，外界加给系统中单位质量流动工质的热量为 q，系统中单位质量流动工质对外界做的轴功为 w_s。

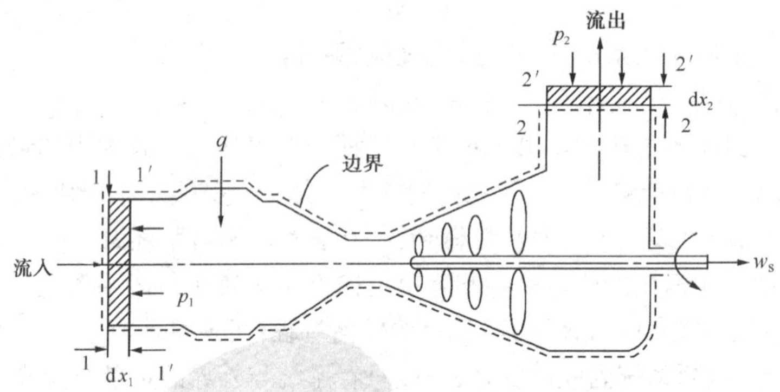

图 2-1-15　开口系统与外界的能量传递

设有 dm 工质经进口截面 1-1 进入系统流到截面 1′-1′，在流动过程中必须克服沿途的压力，因而外界必须对流入的工质做功，在 p_1f_1 力的作用下移动了 dx_1，所以做功为

$$p_1f_1\mathrm{d}x_1=p_1dV_1=p_1v_1\mathrm{d}m$$

这种功称为流动功或推进功。单位质量工质的流动功 pv，称为比流动功。

对于 1 kg 工质而言，进入系统的能量分别为：①比流动功p_1v_1；②比内能 u_1；③比流动动能 $w_{g1}^2/2$；④单位质量加热量 q。对于 1 kg 工质而言，系统输出的能量分别为：①比流动功 p_2v_2；②比内能 u_2；③比流动动能 $w_{g2}^2/2$；④比轴功 w_s。

因为讨论的是一元稳定流动的开口系统，系统的储存能量不随时间而变化，所以根据热力学第一定律，输入系统的能量=系统输出的能量，可得一元稳定流动开口系统的热力学第一定律的一般表达式。

对于质量为 m 的工质的开口系统，则有

$$Q=\Delta H+\frac{1}{2}m\Delta w_g^2+W_s$$

对于单位质量工质的开口系统，则有

$$q=\Delta h+\frac{1}{2}\Delta w_g^2+w_s$$

对于单位质量工质开口系统的一个微元过程，则有

$$\mathrm{d}q=\mathrm{d}h+\frac{1}{2}\mathrm{d}w_g^2+\mathrm{d}w_s$$

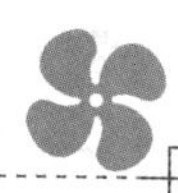

以上三式即为开口系统一元稳定流动的热力学第一定律的一般表达式，也称为稳定流动能量方程。它们适用于任何工质（理想气体或实际气体及其液态）的任何过程（可逆过程或不可逆过程）。

引入技术功 $W_t=\frac{1}{2}m\Delta w_g^2+W_s$ 和比技术功 $w_t=\frac{1}{2}\Delta w_g^2+w_s$，则上述的三个开口系统的热力学第一定律的一般表达式，即稳定流动能量方程，可写为

$$Q=\Delta H+W_t$$

$$q=\Delta h+w_t$$

$$dq=dh+dw_t$$

可见，外界加给系统的热量用于增加流动工质的焓值以及对外界做技术功（增加流动工质的动能和对外界做轴功）。

2.稳定流动能量方程应用简介

稳定流动能量方程很重要，在工程上经常用到。

在船舶轮机中，可取为开口系统的热力设备或装置主要有：换热器（如锅炉、冷凝器等）、喷管和扩压管、产生功的装置（如蒸汽轮机、燃气轮机）、消耗功的装置（如泵、压缩机）和节流装置（如膨胀阀）等。这些设备或装置除启动、停车和机动操作外，在稳定运行时均可看作一元稳定流动的开口系统。将稳定流动能量方程应用于这些设备，采用允许的简化条件，就可得到这些设备简明的能量传递或转换关系。

（1）换热器

换热器的任务是使其中流动的工质与外界进行热量交换。换热器的种类很多，如锅炉、冷凝器、蒸发器、空气冷却器和回热器等。

换热器与外界没有轴功 w_s 交换，进、出口的工质流速变化不大，因而流动动能的变化 $\Delta w_g^2/2$ 与加热量 q 相比小到可以忽略不计，即系统与外界没有技术功交换。将稳定流动能量方程应用于换热器，则有

$$q=\Delta h=h_2-h_1$$

可见，工质流经换热器时所吸收的单位质量热量全部用于增加工质的比焓；反之，工质流经换热器时所放出的单位质量热量全部来自工质比焓的减少。

（2）喷管和扩压管

喷管是一种使流动工质加速从而增加其流动动能的管道。扩压管是使工质沿流动方向增加压力的管道。

工质在喷管和扩压管中的流速都很高，来不及与外界进行热量交换，即 $q=0$，而且喷管和扩压管与外界都没有轴功交换，即 $w_s=0$，因而系统与外界交换的技术功全部以工质流动动能的变化出现。将稳定流动能量方程应用于喷管和扩压管，则有

$$\frac{1}{2}\Delta w_g^2=-\Delta h=h_1-h_2$$

可见，工质在喷管中增加的动能全部来自工质焓值的减少。对扩压管而言则是工质减少的动能全部用于增加工质的焓值。

（3）汽轮机

汽轮机可分为蒸汽轮机和燃气轮机。柴油机上带动增压器的废气涡轮与燃气轮机类似，都是由喷管和工作叶片两个主要部件组成的，其工作原理类似，工质流经喷管时，压力降低，动

能增加,气流喷射到叶轮上将动能转化为轴功输出,所以汽轮机是发出功的设备。

工质在汽轮机内流速很快,来不及与外界进行热交换,即 $q=0$,而且工质在汽轮机进、出口的流速变化不大,动能的变化可略去不计,即 $\Delta w_g^2/2=0$,因而汽轮机对外界所做的技术功全部以轴功的方式输出。将稳定流动能量方程应用于汽轮机,则有

$$w_s=-\Delta h=h_1-h_2$$

可见,汽轮机输出的轴功等于工质的绝热焓降。

(4)泵和压缩机

工质在泵和压缩机中的流动是工质在汽轮机内流动的逆过程。泵和压缩机是消耗外界的轴功使工质压力升高的装置,液态工质的为泵,气态工质的为压缩机。上述关于汽轮机的讨论全部适用于泵和压缩机,只是此时计算出的轴功为负值而已。

(5)节流

工质在管道中流过一个小孔时,由于流道断面缩小,工质的流速增加、压力降低。当工质流过小孔后,流道断面突然扩张到原来的尺寸,工质的流速降低、压力升高。由于工质流经小孔前、后断面的突然收缩和扩大,流动工质中产生了大量的旋涡,因而工质内部摩擦很剧烈。这样,压力就不能恢复到原来的数值。按照小孔直径与管道直径比值的不同,压力降低的数值也不同,这种现象称为节流。

把小孔前、后的空间取为开口系统,由于节流前、后工质动能的变化量与其焓的数值相比可略去不计,即 $\Delta w_g^2/2=0$;又由于工质流经小孔时流速较大,来不及与外界进行热交换,即 $q=0$;另外,工质流经小孔时与外界没有轴功交换,即 $w_s=0$。将稳定流动能量方程应用于节流,则有:

$$h_1=h_2$$

由此可见,节流前、后工质的焓值相等。因为在节流过程中,工质内部有旋涡,所以节流过程不仅是不可逆的,而且是非准静态的,节流过程在热力学状态图(如 $p-v$ 图、$T-s$ 图、$p-h$ 图等)上不能用一条连续实线表示,只能用一条虚线表示。

3.开口系统可逆过程的热力学第一定律

对可逆过程,因为 $\mathrm{d}w_t=-v\mathrm{d}p$,所以,由开口系统一元稳定流动的热力学第一定律的三种一般表达式:

$$Q=\Delta H+W_t$$

$$q=\Delta h+w_t$$

$$\mathrm{d}q=\mathrm{d}h+\mathrm{d}w_t$$

可得可逆的开口系统一元稳定流动的热力学第一定律的数学表达式:

$$Q=\Delta H-\int_{p_1}^{p_2}V\mathrm{d}p$$

$$q=\Delta h-\int_{p_1}^{p_2}v\mathrm{d}p$$

$$\mathrm{d}q=\mathrm{d}h-v\mathrm{d}p$$

四、循环及其经济性指标

(一)循环及其分类

功变热和热变功,从本质上说,它们是两种根本不同的转换。经验表明,通过摩擦,功可以

自发地全部转换为热,热却不能通过摩擦自发地全部转换为功。

热变功的根本途径是工质的膨胀。为了持续不断地将热转换为功,工程上是通过热机来实现的。工质在热机的气缸中仅仅完成一个膨胀过程是不能满足要求的。为了能重复地进行膨胀过程,工质在每次膨胀之后必须进行压缩,以便又回到初态。

工质从初态出发,经过一系列状态变化又回到初态的闭合过程称为"循环"。

经过一个循环后,工质的所有热力学状态参数都没有改变,但是,在循环的过程中可能与外界发生了热或功的交换。

任何一个循环都是由若干过程组成的。全部由可逆过程组成的循环称为可逆循环,只要含有一个不可逆过程就称为不可逆循环。

在热力学状态图(如 p-v 图、T-s 图、p-h 图和 h-s 图等)上,可逆循环用一条闭合实线表示;而不可逆循环的可逆过程用实线表示,不可逆过程用虚线表示。

循环分为正循环和逆循环,正循环是指沿顺时针方向进行的循环,而逆循环是指沿逆时针方向进行的循环。

(二)循环的经济性指标

循环的经济性指标可用工作系数来表示,其定义为

$$工作系数=\frac{收益(或效果)}{代价}$$

实现一个循环,根据其目的的不同,循环的经济性指标(工作系数)的表达形式也不同。

(三)正循环及其经济性指标

1.正循环

图 2-1-16 中,p-v 图上由 a-b-c-d-a 组成的循环和 T-s 图上由 A-B-C-D-A 组成的循环都是沿顺时针方向进行的循环,这种循环称为正循环。

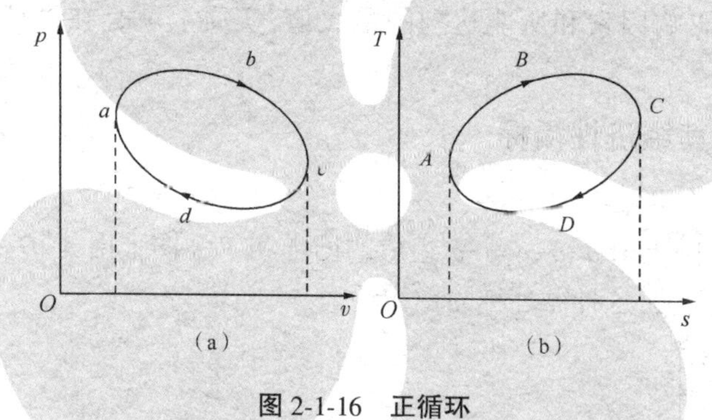

图 2-1-16 正循环

由 p-v 图可见,在正循环中,工质在膨胀过程 a-b-c 对外做的功(正值)大于压缩过程 c-d-a 所接收的来自外界的功(负值),两者的代数和为正,说明循环之后得到了净功。

由 T-s 图可见,在正循环中,工质在吸热过程 A-B-C 所吸收的热量(正值)大于放热过程 C-D-A 所放出的热量(负值),多吸收的热量必转换成为对外做的净功。

2.动力循环(热机循环)及其热效率

设在一个正循环中,由高温热源加给单位质量工质的热量为 q_1,单位质量工质放给低温热源的热量为 q_2(取绝对值),则系统与外界所交换的单位质量工质的净热量为 $q=q_1-q_2$;若单

位质量工质对外做的功为 w_1，单位质量工质所接收的来自外界的功为 w_2，则系统与外界所交换的单位质量工质的净功为 $w=w_1-w_2$；经过一个循环，工质又回到初态，比内能没有变，即 $\Delta u=0$。

按照热力学第一定律：$q=\Delta u+w$，则有：

$$q_1-q_2=w$$

即在一个正循环中，外界加给每单位质量工质的净热量等于每单位质量工质对外界所做的净功。

因此，这种沿顺时针方向进行的循环（正循环）是把热能转换为机械能的循环，称为动力循环或热机循环。

热机循环的经济性指标为热机在每个循环中对外发出的净功与从高温热源吸收的热量之比，称为热机循环的热效率，用 η_t 表示，即

$$\eta_t=\frac{W}{Q_1}=\frac{Q_1-Q_2}{Q_1}=1-\frac{Q_2}{Q_1}$$

或

$$\eta_t=\frac{w}{q_1}=\frac{q_1-q_2}{q_1}=1-\frac{q_2}{q_1}$$

热效率是衡量热机性能的重要指标之一，它说明工质从高温热源吸收的热量有多少转换为功。显然，提高热效率具有重大的实际意义，因为它牵涉到节能和减轻废气对环境的污染。

由热力学第一定律可知，因为第一类永动机是造不成的，所以热效率不可能大于1。

从上式可以看出，若 $q_2=0$，则 $\eta_t=1$，即工质在循环中没有向低温热源放热，工质在热机中便可将吸收的热量持续不断地百分之百转换为功，这虽然不违反热力学第一定律，但实践证明是不可能的。

热力学第二定律是在研究如何提高热机热效率的实践中被发现并逐步发展起来的。按热力学观点，热效率的影响因素和所能达到的最大值，实质上就是在循环中热变功的条件和限度。

（四）逆循环及其经济性指标

1.逆循环

图 2-1-17 中，$p-v$ 图上由 $a-d-c-b-a$ 组成的循环和 $T-s$ 图上由 $A-D-C-B-A$ 组成的循环都是沿逆时针方向进行的，这种循环称为逆循环。

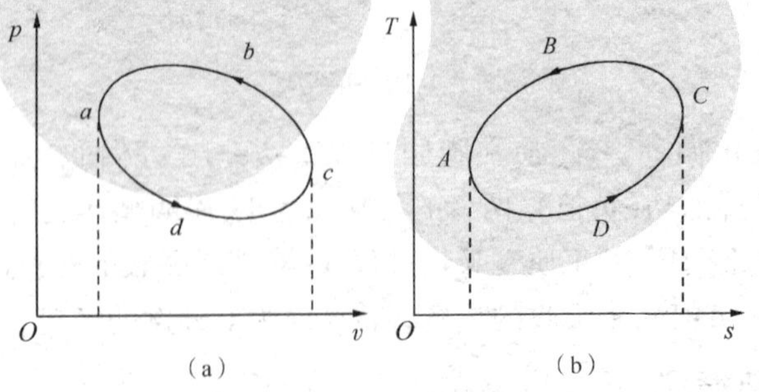

图 2-1-17　逆循环

由 $p-v$ 图可见，在逆循环中，工质在膨胀过程 $a-d-c$ 对外做的功（正值）小于压缩过程

$c-b-a$所接收的来自外界的功（负值），两者的代数和为负，说明循环之后消耗了外界净功。

由 $T-s$ 图可见，在逆循环中，工质在吸热过程 $A-D-C$ 吸收的热量（正值）小于放热过程 $C-B-A$放出的热量（负值），多放出的热量则是由消耗外界的净功转化而来的。工质从低温热源吸热，向高温热源放热。

设工质从低温热源吸收的单位质量热量为 q_2，向高温热源放出的单位质量热量为 q_1（取绝对值），外界对单位质量的工质做的净功为 w（取绝对值），则在这种沿逆时针方向进行的循环中有

$$q_1-q_2=w$$

或

$$q_1=q_2+w$$

因此，这种沿逆时针方向进行的循环（逆循环）是通过消耗机械能把热量从低温物体传递到高温物体的循环。

2.制冷循环及其制冷系数

若逆循环的目的是从低温物体吸收热量从而维持低于环境的温度，则称其为制冷循环。

制冷循环的经济性指标是每个循环中从低温物体吸收的热量与消耗外界净功之比，称为制冷循环的制冷系数，用 ε 表示，即

$$\varepsilon=\frac{Q_2}{W}=\frac{Q_2}{Q_1-Q_2}$$

或

$$\varepsilon=\frac{q_2}{w}=\frac{q_2}{q_1-q_2}$$

3.热泵循环及其供热系数

若逆循环的目的是向高温物体供热从而维持高于环境的温度，则称其为热泵循环。

热泵循环的经济性指标是每循环中供给高温物体的热量与消耗外界净功之比，称为热泵循环的供热系数，用 ε_{h} 表示，即

$$\varepsilon_h=\frac{Q_1}{W}=\frac{Q_1}{Q_1-Q_2}$$

或

$$\varepsilon_h=\frac{q_1}{w}=\frac{q_1}{q_1-q_2}$$

五、热力学第二定律

在能量的传递和转换过程中，热力学第一定律阐明了它们之间的数量关系，但过程进行的方向性，即过程的不可逆性，热力学第一定律并没有涉及。这个无论在自然界还是在工程应用中都是十分重要的问题，则是由热力学第二定律来阐明的。

热力学第一定律是普遍适用的能量转换和守恒定律在热力学系统中的应用，它说明各种形式的能量是可以相互转换，并在转换时数量是守恒的。但是，符合热力学第一定律的能量转换过程并不是全都可以实现的。大量的事实证明，能量的传递和转换过程是有方向、有条件和有限度的。

比如，当两个温度不同的物体接触时，热量自发地从高温物体传向低温物体，从而使两物体的温度趋于均匀；而不会自发地从低温物体传向高温物体，从而使低温物体温度变低，高温物体温度变高。可见，自发的热量传递过程是有方向性的。需要强调的是，这里说的“热量传递的方向性”，是对“自发的热量传递过程”而言的，它已被人们的日常生活经验和无数事实所证实。热量能够自发地从高温物体传向低温物体，也能够在有其他影响的条件下（比如功变热）从低温物体传向高温物体。事实上，制冷装置就可以把热量从零下十几摄氏度的冷库中传到 20~30 ℃的冷却水中，但必须在制冷装置中消耗功，并将这个功转换为热量传给冷却水。

再比如，行驶中的汽车刹车时，汽车的动能通过摩擦全部转换为热能散失到环境中，汽车随之停止前进；反之，对汽车轮胎加热，补偿其散失的热能，汽车却不能恢复到原来的行驶状态。这说明自发的能量转换是有方向性的。热能和机械能相互转换时的方向性，也已被人们的日常生活经验和无数事实所证实。机械能可以通过摩擦自发地全部转换为热能，而人们从来没有见到热能能够自发地全部转换为机械能。这是因为热能是分子热运动所具有的能量，它是不规则运动的能量，机械能则是物体整体运动所具有的能量，因而是规则运动的能量。规则运动的能量转换为不规则运动的能量可以自发地进行，机械能可以通过摩擦自发地全部转换为热能；将热能转换为机械能，即把不规则运动的能量转换为规则运动的能量，则不能自发地进行，只能通过工质的受热膨胀来实现。

同时，热能转换为机械能也是有条件、有限度的。比如热机循环，由热力学第一定律可知，第一类永动机是造不成的，热机的热效率不可能大于 1；但是，若工质在循环中不向低温热源放热，那么热机的热效率等于 1，即工质在热机中可将吸收的热量持续不断地百分之百转换为功，显然这并不违反热力学第一定律，但实践证明是不可能的。按热力学的观点，热效率的影响因素和所能达到的最大值，实质上就是在循环中热变功的条件和限度。对于热机循环，因为工质完成一个循环时本身恢复原状，没有发生什么变化，所以，既然不可能把从高温热源中吸取的热量全部用来对外界做功，就必须将其中的一部分热量传给另一个低温热源。因此，工质在热机循环中要实现将热能转换为机械能，至少要有两个热源，热效率不可能达到 100%，这就是在循环中热变功的条件和限度。对于由任意过程组成的任意工质的热机循环，其热效率均为 $\eta_t=(1-q_2/q_1)<1$，所以，为提高热效率可以设法减少放给低温热源的热量，但不可能减少到零。

上述结论已被热机制造和使用经验所证实。从热机制造和使用的成功经验来看，所有热机的热效率都低于 100%。另外，假定单一热源的热机能够造成，就可以利用周围环境作为单一热源，从那里不断吸取热量而做功，而周围环境的内能实际上可以认为是取之不尽的，所以这种单一热源的热机又称为第二类永动机。历史上有人企图制造第二类永动机，虽然这并不违反热力学第一定律，但都失败了。这是因为它从根本上违反了热力学第二定律。因此，热力学第二定律也可以表述为“第二类永动机是造不成的”。热力学第二定律就是在研究如何提高热机热效率的实践中被发现并逐步发展起来的。

无论是在自然界还是在工程应用中，能量传递和转换过程进行的方向、条件和限度都是十分重要的问题，这也正是热力学第二定律所研究的问题，其中能量传递和转换过程进行的方向是根本的问题。

热力学第二定律的表述（说法）有很多种，看似内容不同，但实质相同，都是在阐明能量传递和转换过程进行的方向、条件和限度。

热力学第一定律及热力学第二定律是能量传递和转换必须遵守的普遍规律，人们只能认

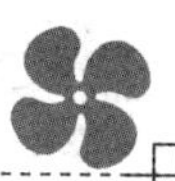

识和运用它，而不能违反或改变它。根据热力学第二定律可以找到提高动力装置的热效率和制冷装置的制冷系数的基本途径。

六、卡诺循环与逆向卡诺循环

（一）卡诺循环

全部由可逆过程组成的循环称为可逆循环，完成可逆循环的热机称为可逆热机；只要含有一个不可逆过程组成的循环就称为不可逆循环，完成不可逆循环的热机则称为不可逆热机。

卡诺循环是两热源间的可逆循环，它是由两个定温过程和两个绝热过程，即定温吸热、绝热膨胀、定温放热和绝热压缩等四个可逆过程所组成的可逆循环。

完成卡诺循环的热机称为卡诺逆热机。

图 2-1-18 所表示的是卡诺热机中进行的卡诺循环。如图 2-1-18 所示，工质被封闭在气缸活塞中，并在高温热源和低温热源间进行可逆循环。组成可逆循环的各过程均应是可逆过程，除工质内部和外部无摩擦外，还对过程条件做出了限制。移去绝热盖板，将高温热源移至气缸盖上，工质从高温热源吸热，如图 2-1-18(a)所示。为使吸热过程是可逆过程，工质的温度在吸热过程中应始终等于高温热源的温度，故该吸热过程应为定温吸热过程。吸热过程结束时，移去高温热源并将绝热盖板移至气缸盖上，如图 2-1-18(b)所示，工质则进行膨胀，其温度将由高温热源的温度降低为低温热源的温度。为使工质的膨胀过程为可逆过程，必须防止工质与周围环境之间的有限温差传热，故该膨胀过程为绝热膨胀过程。同理，工质向低温热源的放热过程应为定温放热过程，且工质的温度等于低温热源的温度，如图 2-1-18(c)所示。定温放热之后，为使工质恢复至初态，压缩过程也必须是绝热的，如图 2-1-18(d)所示。

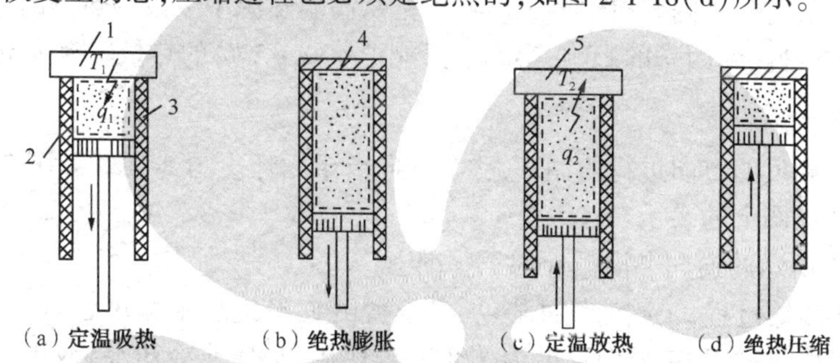

图 2-1-18　卡诺热机中进行的卡诺循环

1—高温热源；2—绝热气缸壁；3—边界；4—绝热盖板；5—低温热源

图 2-1-19 为卡诺循环的 T–s 图，在该图上：

4–1 为定温吸热过程，工质从温度为 T_1 的高温热源吸收的单位质量热量 q_1 = 面积 $S_{41ba4} = T_1\Delta s$。

1–2 为绝热膨胀过程，工质对外做功，其温度由 T_1 经绝热膨胀后降为 T_2。需要注意的是，在 4–1 的定温吸热过程中，工质在吸热的同时也对外做功，其做功量等于其吸热量。

2–3 为定温放热过程，工质向温度为 T_2 的低温热源放出的单位质量热量 q_2 = 面积 $S_{23ab2} = T_2\Delta s$。

3–4 为绝热压缩过程，工质消耗外界功，其温度由 T_2 经绝热压缩后升到 T_1。仍需要注意的是，在 2–3 的定温放热过程中，工质在放热的同时也消耗外界功，其消耗的外界功量等于其放热量。

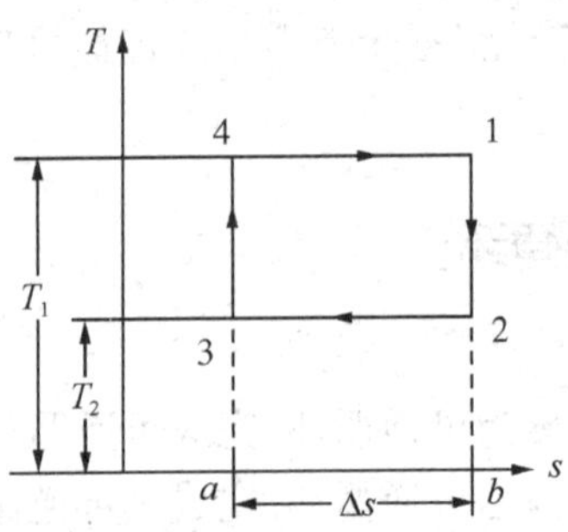

图 2-1-19　卡诺循环的 T–s 图

因此，卡诺循环的热效率（用 η_C 表示）为

$$\eta_C = 1 - \frac{q_2}{q_1} = 1 - \frac{T_2 \Delta s}{T_1 \Delta s} = 1 - \frac{T_2}{T_1}$$

可见，卡诺循环热效率 η_C 仅与高温热源的温度 T_1 和低温热源的温度 T_2 有关，与工质性质无关。高温热源温度 T_1 越高，低温热源的温度 T_2 越低，卡诺循环热效率 η_C 就越高。

由上式可知：若 $T_1 = T_2$，则 $\eta_C = 0$，这说明单一热源热机是不存在的；因为 $T_1 < \infty$，$T_2 > 0$，所以，$\eta_C < 1$，这说明热能不可能全部连续地变为机械功。

在内燃机中，工质的极限高温约为 2 000 ℃，极限低温约为 300 ℃，若以此两极限温度为卡诺循环的两个热源温度，则卡诺循环的热效率为

$$\eta_C = 1 - \frac{T_2}{T_1} = 1 - \frac{300 + 273.15}{2\,000 + 273.15} \approx 74.8\%$$

可见，在理想情况下，内燃机中的工质可以把从高温热源中吸收的热量的约 74.8%转换为功。但是，由于各种实际因素的影响，实际上只能把 40%～50%的热量转换为有用功。

（二）逆向卡诺循环

沿卡诺循环相反的方向进行的循环，称为逆向卡诺循环。图 2-1-20 和图 2-1-21 为逆向卡诺循环及其在 T–s 图上的表示。

在图 2-1-21 所示的逆向卡诺循环的 T–s 图上：

1–2 为绝热压缩过程，工质消耗外界功，其温度由 T_1 经绝热压缩升至 T_2。

2–3 为定温放热过程，工质向温度为 T_1 的高温热源（环境或冷却水）放出的单位质量热量 q_1 = 面积 $S_{23ab2} = T_1 \Delta s$，需要注意，该过程中，为实现工质的定温放热，工质在放热的同时也需要消耗外界功，消耗的外界功量等于其放热量。

3–4 为绝热膨胀过程，工质对外做功，其温度由 T_2 经绝热膨胀降到 T_1。

4–1 为定温吸热过程，工质从温度为 T_2 的低温热源（冷库）吸收的单位质量热量 q_2 = 面积 $S_{41ba4} = T_2 \Delta s$，同样，该过程中，为实现工质的定温吸热，工质在吸热的同时也对外做功，对外做功量等于其吸热量。

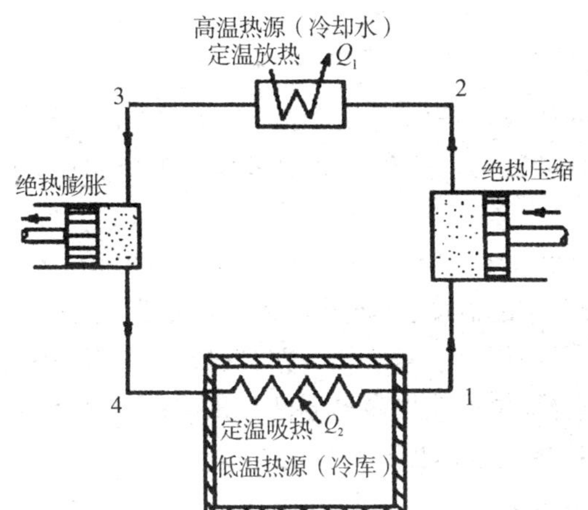

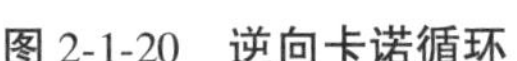
图 2-1-20　逆向卡诺循环

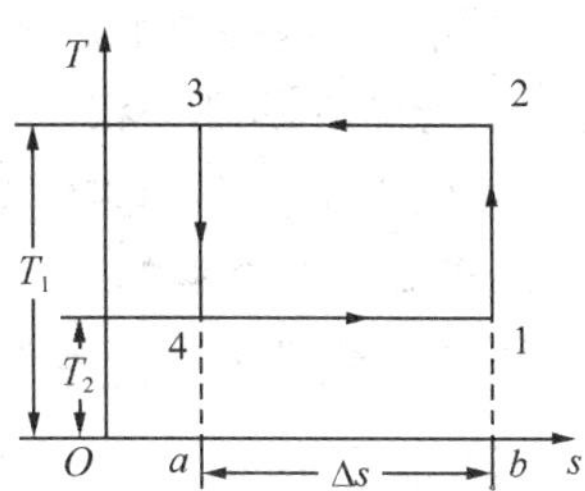

图 2-1-21　逆向卡诺循环的 T-s 图

因此，逆向卡诺循环制冷系数（用 ε_C 表示）为

$$\varepsilon_C = \frac{q_2}{q_1 - q_2} = \frac{T_2 \Delta s}{T_1 \Delta s - T_2 \Delta s} = \frac{T_2}{T_1 - T_2}$$

可见，逆向卡诺循环的制冷系数 ε_C 与高温热源的温度 T_1 和低温热源的温度 T_2 有关，与工质的性质无关。高温热源温度 T_1 越低，低温热源的温度 T_2 越高，逆向卡诺循环的制冷系数 ε_C 就越高。

因为 $T_2 < T_1$，由上式可知 $\varepsilon_C < \infty$，这说明把热量从低温物体传递到高温物体必须消耗外界机械功。

七、卡诺定理

下面介绍卡诺定理的表述及实质，根据热力学第二定律和卡诺定理则可以找到提高动力装置的热效率和制冷装置的制冷系数的基本途径。

（一）卡诺定理的表述

卡诺定理是一个非常重要的定理，它表述为：在温度 T_1 的高温热源和温度 T_2 的低温热源之间工作的一切可逆热机，其热效率均相等，与工质的性质无关；在温度 T_1 的高温热源和温度 T_2 的低温热源之间工作的一切热机循环，以卡诺循环热效率为最高。

（二）卡诺定理的实质

从热力学第二定律可以看出，功变热可以自发地进行，热变功则是有条件的。在循环中热变功的条件为必须至少要有两个热源，即向低温热源的放热是不可避免的。因此，循环热效率必然小于 100%，这就是循环中热变功的条件和限度。对任意工质的任意循环，其热效率为

$$\eta_t = 1 - \frac{q_2}{q_1} < 1$$

即可以设法减少放给低温热源的热量，但不可能减少到零。

根据卡诺定理，两个给定热源之间的所有循环中，以卡诺循环的热效率为最高。卡诺循环是两热源之间的可逆循环，由于摩擦和有限温差的传热，实际循环都是不可逆循环，实际循环的热效率必小于相同热源条件下卡诺循环的热效率，即

$$\eta_t = 1 - \frac{q_2}{q_1} < 1 - \frac{T_2}{T_1}$$

可见，在相同热源条件下，卡诺循环的热效率是一切实际循环热效率所能趋近的极限。所以，可以得到提高循环热效率的一个基本途径：尽量避免和减少过程的不可逆性，使实际循环接近卡诺循环。

另外，根据卡诺定理，两个给定热源之间所有的卡诺循环的热效率均相等，与工质的性质无关，而标志热源特性的唯一状态参数就是它的温度，因此热源的温度是影响热效率的基本因素。因此，前述的卡诺循环的热效率公式可应用于任意工质。并且，根据卡诺循环的热效率公式可以得到提高循环热效率的另一基本途径：尽可能提高高温热源的温度 T_1 和降低低温热源的温度 T_2。现代热能动力装置就是沿着这条基本途径发展的。

（三）卡诺定理对实际工作的指导意义

1.提高热能动力装置热效率的基本途径

卡诺循环中的绝热压缩和绝热膨胀过程已被实际热能动力装置所采用，但定温吸热和定温放热过程由于工质性质和技术等无法得到有价值的应用，即能够按照或近似按照卡诺循环工作的实际热机至今还没有制造出来。

因此，各种实际热能动力装置所遵循的理想（可逆）循环的高温热源和低温热源一般都由温度不同的无穷多个热源组成。但我们可以找出工质从高温热源吸热的平均温度 T_{m1} 和向低温热源放热的平均温度 T_{m2}，将这种理想循环等效成卡诺循环。

如图 2-1-22 所示，将一任意理想循环 $a-b-c-d-a$ 等效成卡诺循环 1-2-3-4-1。T_{m1} 为吸热过程 $a-b-c$ 的平均温度，T_{m2} 为放热过程 $c-d-a$ 的平均温度。因此，这种理想循环的热效率可表示为

$$\eta_t = 1 - \frac{T_{m2}}{T_{m1}}$$

上式说明，提高工质的平均吸热温度 T_{m1}、降低工质的平均放热温度 T_{m2}，可提高循环热效率。

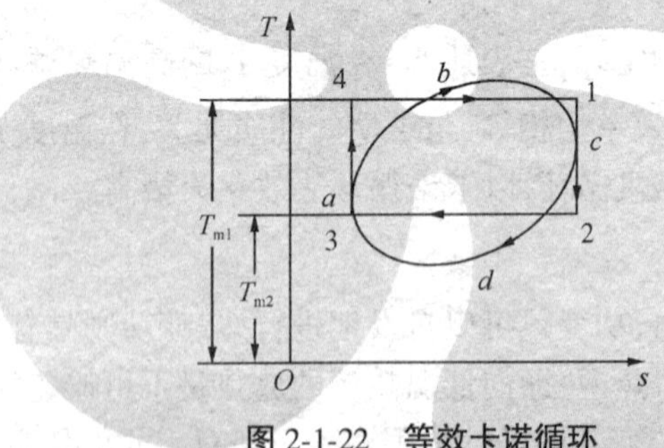

图 2-1-22 等效卡诺循环

根据卡诺定理，在温度 T_1 的高温热源和温度 T_2 的低温热源之间工作的一切热机循环，以可逆循环热效率为最高。而实际循环由于摩擦和有限温差的传热等因素影响，都是不可逆循环，因此，实际循环热效率必小于相同热源条件下的可逆循环热效率。

综上所述，提高热能动力装置热效率的基本途径有：

（1）尽可能提高工质从高温热源吸热时的平均进热温度，向高温方向发展；

（2）尽可能降低工质向低温热源放热时的平均放热温度，尽量使其低至接近环境温度；

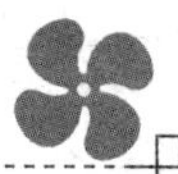

(3)尽量避免和减少过程的不可逆性,使实际循环尽量接近可逆循环。

关于如何将这些提高热效率的基本途径付诸实施,将在之后的各节中加以介绍。

2.提高制冷装置制冷系数的基本途径

可以证明,在给定冷却水(高温热源)温度 T_1 和冷库(低温热源)温度 T_2 的条件下,以逆向卡诺循环的制冷系数 ε_C 为最高。

如图 2-1-23 所示,因为逆向卡诺循环也是由可逆过程组成的可逆循环,所以逆向卡诺循环中工质与高、低温热源的传热是无温差的,而实际的传热过程是有温差的:工质向冷却水(高温热源)T_1 放热,其温度要比 T_1 高 5~10 ℃;工质从冷库(低温热源)T_2 吸热,其温度要比 T_2 低 5~10 ℃。因此,即使不考虑摩擦等因素,仅考虑传热温差的影响,实际循环的单位质量制冷量比逆向卡诺循环少了面积 $S_{411'4'4}$,实际循环消耗的单位质量外界功比逆向卡诺循环多了面积 $S_{233'2'2}$ 和面积 $S_{411'4'4}$,这就证明了在给定冷却水(高温热源)温度 T_1 和冷库(低温热源)温度 T_2 的条件下,以逆向卡诺循环的制冷系数 ε_C 为最高。

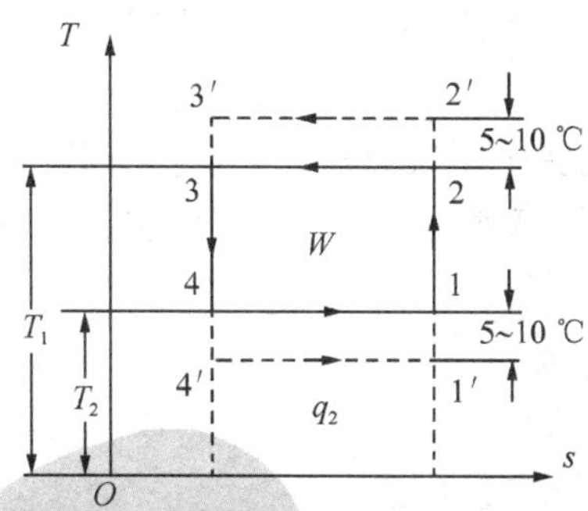

图 2-1-23　逆向卡诺循环与实际循环的比较

综上所述,提高制冷装置制冷系数的基本途径有:

(1)在满足冷藏对象温度要求的条件下,应选择较高的库温;

(2)在可选择的情况下,选择低温的冷却介质;

(3)尽量避免和减少过程的不可逆性,如减小冷凝器、蒸发器的传热温差和各种摩擦损失,使实际循环尽量接近可逆循环。

八、理想气体

自然界的物质有三态:固态、液态和气态。在固体中,分子与分子之间的距离最近,因而分子之间的内聚力也最大。这时,分子不做平移运动,仅在它的平衡位置附近振动。液体中分子间的内聚力就小一些,这时分子已有平移运动,但这种运动由于分子间的距离较近而受到很大的限制。当物质由液态转变为气态之后,它的体积大为增加,因而分子间的距离也大为增大,分子间的内聚力大为减小。同一种气态物质,其体积随温度的升高和压力的降低而增加,分子间的内聚力随之相应地进一步减小。

工程上通常把刚从液态转变过来的气态物质称为蒸气,而把距离液态较远的气态物质称为气体。

内燃机动力装置的工质为空气和燃气,它们可以被视为理想气体。本小节介绍理想气体的物理模型、理想气体的热力性质和理想气体的热力过程。

(一)理想气体的概念

由于气体距离液态较远,分子间的距离较大,分子本身的体积与气体所占的体积相比小到可以忽略不计,分子间的内聚力也小到可以忽略不计。根据这种情况,气体分子运动理论对理想气体的分子模型做了抽象的假设:气体的分子如同弹性小球,分子间的内聚力和分子本身的体积可以忽略不计,这种气体称为理想气体或完全气体。

气体分子运动理论研究了理想气体的分子运动,应用力学定律建立了气体分子运动的基本方程。根据这个基本方程推导出的气体诸定律和状态方程均与实验定律相吻合,从而证明理想气体在一定程度上反映了客观情况。

不过,理想气体与实际气体之间终究是有差别的。能否把某一状态的气体看作理想气体,一方面决定于它和理想气体的分子模型接近的程度;另一方面决定于计算所要求的准确度。一般来说,同一种气体,当它的温度越高或压力越低,即距离液态越远时,越接近理想气体。

由于理想气体的定律和状态方程非常简单,为便于计算,船舶动力装置中所用的空气和燃气以及空气调节设备内的空气中所含的水蒸气均可按理想气体进行计算,所以研究理想气体有很大的实用价值。

但蒸汽动力装置中的蒸汽(指水蒸气)以及蒸气压缩制冷装置中的制冷剂蒸气(泛指包括水蒸气在内的各种蒸气),由于偏离理想气体的分子模型甚远,不能按适用于理想气体的方程进行分析。

(二)理想气体的热力性质

1.理想气体的热力学定义

在热力学中,把三个基本状态参数(压力 p、比体积 v、温度 T)完全符合 $pv=R_gT$ 且比内能(比热力学能)仅为温度的函数的气体,称为理想气体。凡不符合这两个条件的气体,均称为实际气体。

2.理想气体的状态方程

理想气体的三个基本状态参数(压力 p、比体积 v、温度 T)之间的关系式

$$pv=R_gT$$

称为理想气体状态方程,它反映了理想气体三个基本状态参数之间的关系。只要已知理想气体三个基本状态参数中的任意两个,就可由理想气体状态方程求出其第三个基本状态参数。上式是由克拉佩龙根据波义耳-马略特定律、盖吕萨克定律和查理定律等三个实验定律归纳总结出来的,故又称为克拉佩龙方程。

理想气体状态方程中,压力 p 的单位是 Pa,比体积 v 的单位是 m^3/kg,温度 T 的单位是 K,则气体常数 R_g 的单位是 J/(kg·K)。

对于质量为 m 的理想气体,有 $mpv=mR_gT$,而 $mv=V$,则

$$pV=mR_gT$$

若已知容器的容积为 V,气体压力为 p,气体温度为 T,并已知气体常数 R_g,由上式可计算出容器中气体的质量 m。

3.气体常数与通用气体常数

理想气体状态方程式中的 R_g 为只与气体的性质(气体的种类)有关,而与气体所处状态无关的常数,称为气体常数。

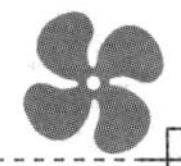

理论分析表明,千摩尔质量为 M(kg/kmol)的气体,其气体常数为

$$R_g = \frac{8\ 314}{M}$$

若写为

$$R = M \cdot R_g = 8\ 314$$

则 R 是一个既与状态无关,也与气体种类无关的普适恒量,称为通用气体常数。

摩尔是国际单位制中度量物质的量的基本单位。由上式可知,不同气体的气体常数 R_g 的数值,可用通用气体常数 R 除以该气体的千摩尔质量 M 获得,比如空气,$M=28.97$ kg/kmol,则 $R_g = 8\ 314/M = 8\ 314/28.97 \approx 287$ J/(kg·K)。

4.理想气体的比热容

(1)比热容的定义

物体在准静态过程中温度升高 1 K 所需要的热量,称为该物体的热容量,用符号 W 表示,单位是 J/K 或 kJ/K。

单位物量物体的热容量,称为比热容量,简称比热容。

(2)质量比热容、容积比热容和千摩尔比热容

根据比热容的定义,按照物量的单位,比热容可分为三类:质量比热容、体积比热容和千摩尔比热容。

质量比热容:取 1 kg 质量作为物量的单位时,其比热容称为质量比热容,用符号 c 表示,单位是 J/(K·kg)或 kJ/(K·kg)。

体积比热容:取标准状态下 1 m^3 气体体积(称为 1 标准立方米,记作 1 Nm^3,1 Nm^3 = 1/22.414 kmol = M/22 414 kg)作为物量的单位时,其比热容称为体积比热容,用符号 c' 表示,单位是 J/(K·Nm^3)或 kJ/(K·Nm^3)。

千摩尔比热容:取 1 kmol 作为物量的单位时,其比热容称为千摩尔比热容,用符号 Mc 表示,单位为 J/(K·kmol)或 kJ/(K·kmol)。

质量比热容、容积比热容、千摩尔比热容三者之间的关系为

$$Mc = M \cdot c = 22.414c'$$

式中,M 为该物体的千摩尔质量。

在工程实践中,应用质量比热容较为普遍,因此下面的讨论以质量比热容为主。

(3)定压比热容和定容比热容

气体的比热容除了与气体性质有关外,还与加热过程的性质有关。在工程热力学分析中,一般只给出以下两种特定过程的比热容。

定压比热容:加热过程中压力保持不变的定压过程的比热容,称为定压比热容。定压比热容用 c_p 表示。

定容比热容:加热过程中比容积(比体积)保持不变的定容过程的比热容,称为定容比热容。定容比热容用 c_v 表示。

因为在定压加热过程中,工质的体积膨胀对外做功需要能量,定容过程则不需要,故定压比热容一般大于定容比热容,即 $c_p > c_v$。

(4)真实比热容和平均比热容

实验表明,理想气体的比热容仅为温度的单值函数,可表示为

$$c = a + bt + et^2 + ft^3 + \cdots$$

把气体温度由 t 升高到 $t+\mathrm{d}t$ 所需的单位质量热量 $\mathrm{d}q$ 与 $\mathrm{d}t$ 的比值称为气体温度 t 时的真实质量比热容,即 $c=\dfrac{\mathrm{d}q}{\mathrm{d}t}$。

把气体温度由 t_1 升高到 t_2 所需的单位质量热量 q 与温差(t_2-t_1)的比值称为气体由温度 t_1 到 t_2 的平均质量比热容,用符号 c_m 表示,即 $c_m=\dfrac{q}{t_2-t_1}$。

利用比热容可以计算气体由温度 t_1 升高到 t_2 所需要的热量。

由于气体的比热容与气体的温度有关,所以,按比热容随温度变化的曲线关系 $c=a+bt+et^2+ft^3+\cdots$ 计算热量最为准确。当温度变化范围不大时,按比热容随温度变化的直线关系 $c=a+bt$ 计算的热量误差很小,在实际计算中也是允许的。只有当温度变化范围很小或粗略计算时,为计算简便才允许用定比热容进行热量计算。

(5)影响比热容的因素

综上所述,理想气体的比热容与下列因素有关:①气体的性质;②加热过程的性质;③气体的温度。

需要指出的是,实际气体的比热容还与气体的压力有关。

5.理想气体的内能和焓

(1)理想气体的内能(热力学能)

由理想气体的分子模型可知,理想气体分子间的内聚力为零,因此由分子之间内聚力而具有的内势能为零。理想气体仅有内动能,而内动能仅与温度有关。所以,理想气体比内能仅为温度的单值函数,因此,理想气体比内能的变化量也应仅取决于温度变化量。

对定容过程(等容过程),因 $\mathrm{d}v=0$,所以 $\mathrm{d}w=p\mathrm{d}v=0$,由封闭系统热力学第一定律的数学表达式可得 $\mathrm{d}q_v=\mathrm{d}u$,即封闭系统的定容过程的加热量全部用于增加系统的内能;而定容过程(等容过程)的加热量为 $\mathrm{d}q_v=c_v\mathrm{d}T$,所以

$$\mathrm{d}u=c_v\mathrm{d}T$$

上式为理想气体比内能变化量的计算公式,它仅取决于初、终态的温度值,而与过程是否定容并无关系。对实际气体则仅适用于定容过程(等容过程)。

(2)理想气体的焓

对于理想气体,因为比内能仅为温度的单值函数,且 $pv=R_gT$,所以,理想气体的比焓 $h=u+pv$ 也仅为温度的单值函数,因此,理想气体比焓的变化量也应仅取决于温度的变化量。

对于定压(等压)的可逆一元稳定流动,因 $\mathrm{d}p=0$,所以 $\mathrm{d}w_t=-v\mathrm{d}p=0$,由开口系统热力学第一定律的数学表达式可得 $\mathrm{d}q_p=\mathrm{d}h$,即对系统的定压(等压)加热量全部用于增加流动工质的焓,而定压过程(等压过程)的加热量为 $\mathrm{d}q_p=c_p\mathrm{d}T$,所以

$$\mathrm{d}h=c_p\mathrm{d}T$$

上式为理想气体比焓变化量的计算式,它仅取决于初、终态的温度值,而与过程是否定压(等压)并无关系。对实际气体则仅适用于定压过程(等压过程)。

6.理想气体的迈耶方程

对于理想气体,由比焓的定义式 $h=u+pv=u+R_gT$,可得 $\mathrm{d}h=\mathrm{d}u+R_g\mathrm{d}T$,再根据前述的 $\mathrm{d}h=c_p\mathrm{d}T$、$\mathrm{d}u=c_v\mathrm{d}T$,从而可得

$$c_p=c_v+R_g \qquad 或 \qquad c_p-c_v=R_g$$

上式称为理想气体的迈耶方程。

迈耶方程说明,在同一温度下同种气体的定压比热容总是大于定容比热容,即 $c_p>c_v$,且两者之差在数值上等于该气体的气体常数 R_g。

若已知某气体的定压比热容,可由迈耶方程求得其定容比热容。反之亦然。

(三)理想气体的热力过程

研究热力过程的目的是找到工质状态变化和热功转换的规律以及热功转换的数量关系。下面将对理想气体热力过程进行分析,通过定容、定压、定温和绝热四个典型过程的讨论,总结出多变过程的普遍规律。

下面讨论的各个过程,如不加说明,均指可逆过程。

1.理想气体的四个典型的热力过程

(1)定容过程

比容积(比体积)保持不变的过程为定容过程(等容过程)。

在定容过程中,因比容积 v 保持不变,故定容过程的过程方程可写为 v=常数。

由定容过程的过程方程(v=常数)和理想气体状态方程($pv=R_gT$)可知:在理想气体的定容过程中,理想气体的绝对压力与其绝对温度成正比。

在 $p-v$ 图上,理想气体的定容过程是一条垂直线,如图 2-1-24 中线段 1-2 或 1-2′所示。理想气体在定容加热时,其温度升高,压力增大,故线段 1-2 为理想气体的定容加热过程;反之,理想气体在定容放热时,其温度降低,压力减小,故线段 1-2′为理想气体的定容放热过程。

在 $T-s$ 图上,理想气体的定容过程是一条向上翘曲的曲线(指数曲线),如图 2-1-25 中曲线 1-2 或 1-2′所示,1-2 为理想气体的定容加热过程,1-2′为理想气体的定容放热过程。

在 $T-s$ 图上,将理想气体的某一定容过程线沿水平方向平移,可得到一簇理想气体的定容过程线,越靠近右侧的定容过程线,其比容积(比体积)越大,即理想气体的定容过程线向右水平移动时,其比容积(比体积)增大,如图 2-1-25 所示。

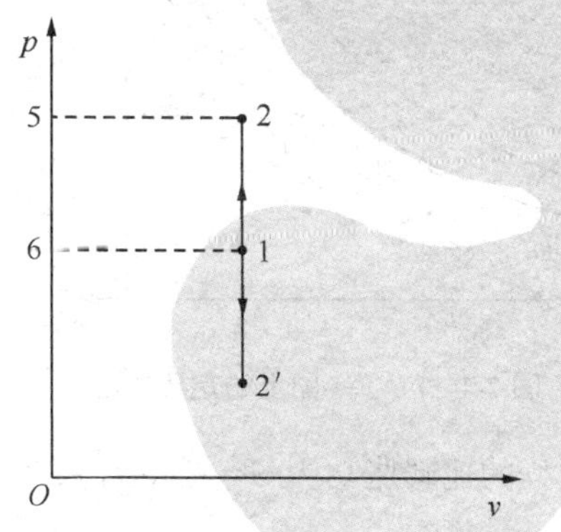

图 2-1-24　$p-v$ 图上的定容过程

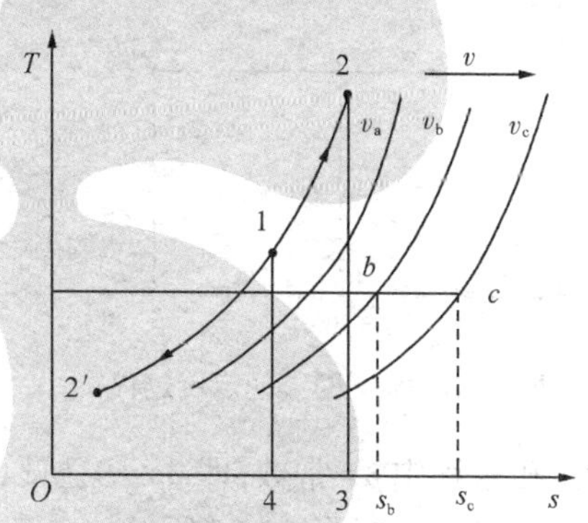

图 2-1-25　$T-s$ 图上的定容过程

因为定容过程中 $dv=0$,所以定容过程的比膨胀功 w 为零,即 $w=0$。

定容过程的比技术功 w_t 为 $w_t=v(p_1-p_2)$,在 $p-v$ 图上可用面积 S_{12561} 表示,如图 2-1-24 所示。

定容过程中的单位质量热量在 $T-s$ 图上可用过程曲线下的面积 S_{12341} 表示,如图 2-1-25 所示。

由封闭系统可逆过程的热力学第一定律可知,因定容过程的膨胀功 w 为零,所以,$q=\Delta u$,

可见，外界加入封闭系统的热量全部用来增加系统的内能；反之，封闭系统向外界放出的热量全部由系统内能的减少来补偿。这一结论不仅适用于理想气体，也适用于其他工质。

(2)定压过程

压力保持不变的过程为定压过程(等压过程)。

在定压过程中，因压力 p 保持不变，故定压过程的过程方程可写为 p=常数。

由定压过程的过程方程(p=常数)和理想气体状态方程($pv=R_gT$)可知：在理想气体的定压过程中，理想气体的比体积与其绝对温度成正比。

在 $p-v$ 图上，理想气体的定压过程是一条水平线，如图 2-1-26 中线段 1-2 或 1-2′所示。理想气体在定压加热时，其温度升高、比体积增大，故线段 1-2 为理想气体的定压加热过程；反之，理想气体在定压放热时，其温度降低、比体积减小，故线段 1-2′为理想气体的定压放热过程。

在 $T-s$ 图上，理想气体的定压过程是一条向上翘曲的曲线(指数曲线)，如图 2-1-27 中曲线 1-2 或 1-2′所示。根据比熵的定义式 $ds=dq/T$ 可知，由于点 2 的比熵大于点 1 的，所以 1-2 为理想气体的定压加热过程，1-2′为理想气体的定压放热过程。

在 $T-s$ 图上，将理想气体的某一定压过程线沿水平方向平移，可得到一簇理想气体的定压过程线，越靠近左侧的定压过程线，其压力越大，即理想气体的定压过程线向左水平移动时，其压力增加，如图 2-1-27 所示。

在 $T-s$ 图上，理想气体的定容过程线和定压过程线均为向上翘曲的曲线(指数曲线)，但在同一温度下同种理想气体的定压比热总是大于其定容比热，即 $c_p>c_v$，所以同一温度下的理想气体的定容过程线比定压过程线的斜率大，即理想气体的定容过程线要比定压过程线陡，如图 2-1-27 所示。

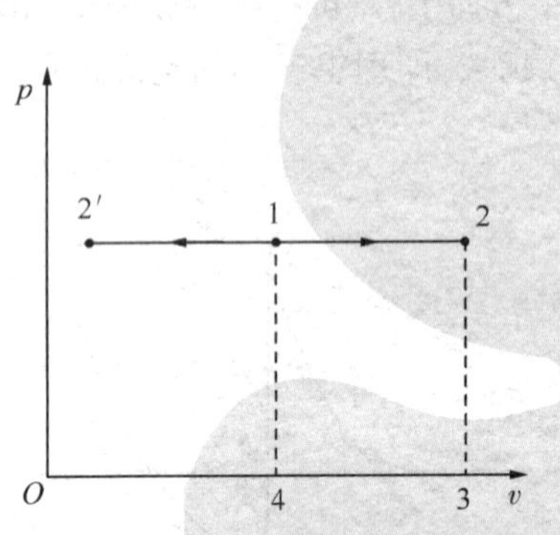

图 2-1-26 $p-v$ 图上的定压过程

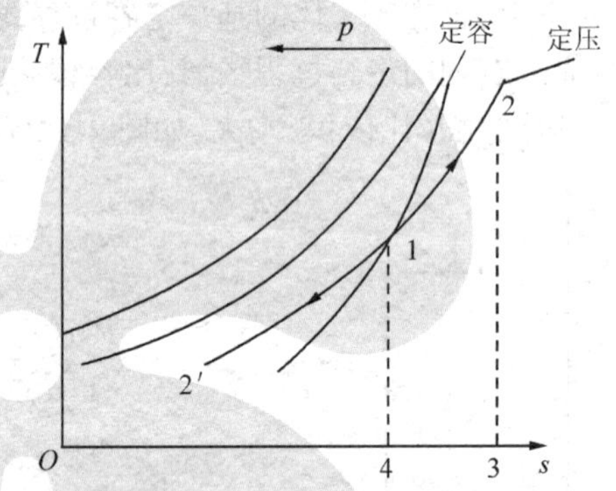

图 2-1-27 $T-s$ 图上的定压过程

因为定压过程中 p=常数，即 $dp=0$，所以定压过程的比膨胀功为 $w=p(v_2-v_1)$，在 $p-v$ 图上可用面积 S_{12341} 表示，如图 2-1-26 所示。

定压过程的比技术功 w_t 为零，即 $w_t=0$。

定压过程中的单位质量热量在 $T-s$ 图上可用过程曲线下的面积 S_{12341} 表示，如图 2-1-27 所示。

由封闭系统理想气体可逆过程的热力学第一定律可知，在定压过程中，外界加给系统的热量一部分用于增加系统的内能，其余部分用于系统对外界做膨胀功。

根据开口系统可逆过程的热力学第一定律，因为定压过程技术功为零，所以 $q=\Delta h$，可见，外界加入开口系统的热量全部用来增加流动工质的焓；反之，开口系统向外界放出的热量全部

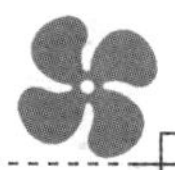

由流动工质焓的减少来补偿。这一结论不仅适用于理想气体，也适用于其他工质。

(3)定温过程

温度保持不变的过程为定温过程(等温过程)。

在定温过程中，温度保持不变，即 $T=$常数，由理想气体状态方程 $pv=R_gT$，可得理想气体定温过程的过程方程为 $pv=$常数。

由定温过程的特点($T=$常数)和理想气体状态方程($pv=R_gT$)可知：在理想气体的定温过程中，理想气体的绝对压力与其比体积成反比。

在 $p-v$ 图上，理想气体的定温过程为一等边双曲线，如图 2-1-28 中曲线 1-2 或 1-2′所示。理想气体膨胀(比体积增大)时压力下降，如曲线 1-2 所示；反之，理想气体被压缩(比体积减小)时，压力增加，如曲线 1-2′所示。

在 $p-v$ 图上，将理想气体的某一定温过程线沿水平方向平移，可得到一簇理想气体的定温过程线，越靠近右侧的定温过程线，其温度越高，即理想气体的定温过程线向右水平移动时，其温度升高。

在 $T-s$ 图上，定温过程为一水平线，如图 2-1-29 中线段 1-2 或 1-2′所示，1-2 为定温加热过程，1-2′为定温放热过程。

在理想气体的定温过程中，膨胀功和技术功相等。如图 2-1-28 所示，在理想气体的定温过程中，比膨胀功 w 在 $p-v$ 图上可用面积 S_{12341} 表示，比技术功 w_t 在 $p-v$ 图上可用面积 S_{12561} 表示。

在理想气体的定温过程中，理想气体的比内能和比焓的变化量均为零，即理想气体的定温过程也是等内能和等焓过程。

因此，按照理想气体可逆过程的热力学第一定律，理想气体定温过程中单位质量热量为：$q=w=w_t$，在 $T-s$ 图上可用面积 S_{12341} 表示，如图 2-1-29 所示。

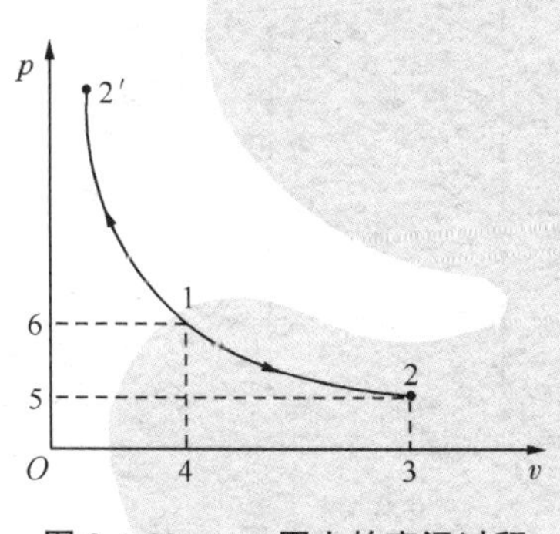

图 2-1-28　$p-v$ 图上的定温过程

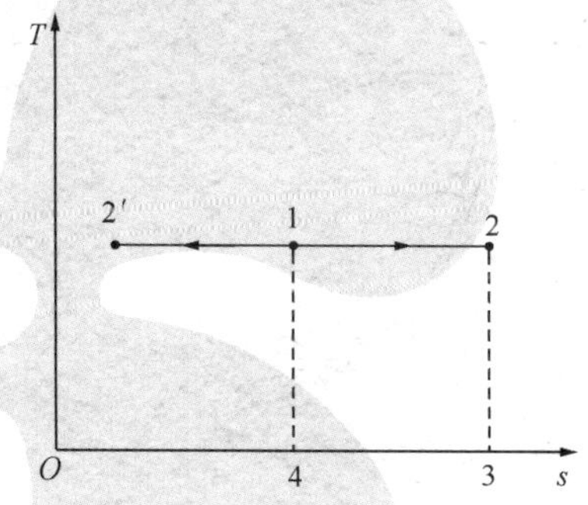

图 2-1-29　$T-s$ 图上的定温过程

可见，在理想气体定温过程中，外界加给封闭系统的热量全部用于系统对外界做膨胀功；反之，外界对系统的压缩功全部转换为热量放给了外界。所以，理想气体的定温膨胀过程为吸热过程，定温压缩过程为放热过程。由于外界加的热量与对外做的膨胀功相等，系统的内能没有变化，对理想气体而言，温度也没有变化。这就是在理想气体的定温过程中对理想气体加热，而理想气体的温度仍保持不变的原因。

(4)绝热过程

在过程中的每一时刻，系统与外界均不发生热量交换，即 $dQ=0$ 或 $dq=0$，这样的过程称为绝热过程。

根据过程条件、热力学第一定律和状态方程，推导出理想气体绝热过程的过程方程为$pv^k=$常数，式中，k为定压比热与定容比热之比，$k=c_p/c_v$，称为绝热指数，其数值随气体的种类和温度而变。因为$c_p>c_v$，所以$k>1$。若近似地取比热为定值，则k也是定值。对于空气和燃气，$k=1.4$。

根据理想气体绝热过程的过程方程（$pv^k=$常数）和理想气体状态方程（$pv=R_gT$），可得理想气体绝热过程的初、终态参数之间的关系。

在$p-v$图上，理想气体的绝热过程是一不等边双曲线，如图2-1-30中曲线1–2或1–2′所示。理想气体绝热膨胀时，其压力减小、温度降低，如曲线1–2所示；反之，理想气体被绝热压缩时，其压力增大、温度升高，如曲线1–2′所示。

因为$k>1$，所以在压力p和比容v相同时，在$p-v$图上的理想气体绝热过程线的斜率的绝对值总是大于理想气体定温过程线的斜率的绝对值，即理想气体的绝热过程线要比定温过程线陡，如图2-1-30所示。

在$p-v$图上，将理想气体的某一绝热过程线（定熵过程线）沿水平方向平移，可得到一簇理想气体的绝热过程线（定熵过程线），越靠近右侧的绝热过程线（定熵过程线），其比熵越大，即理想气体的绝热过程线（定熵过程线）向右水平移动时，其比熵增大。

因为理想气体绝热过程中，其比熵不变，即$s=$常数，所以，理想气体的绝热过程亦可称为定熵过程。理想气体的绝热过程（定熵过程）在$T-s$图上是一铅垂线，如图2-1-31中线段1–2或1–2′所示。线段1–2为理想气体的绝热膨胀过程，线段1–2′为理想气体的绝热压缩过程。

如图2-1-30所示，理想气体绝热过程的比膨胀功w在$p-v$图上可用面积S_{12341}表示，当理想气体绝热膨胀时，比膨胀功w为正值，表示理想气体对外界做膨胀功；当理想气体绝热压缩时，比膨胀功w为负值，表示外界压缩理想气体消耗功。理想气体绝热过程比技术功w_t在$p-v$图上可用面积S_{12561}表示，如图2-1-30所示。

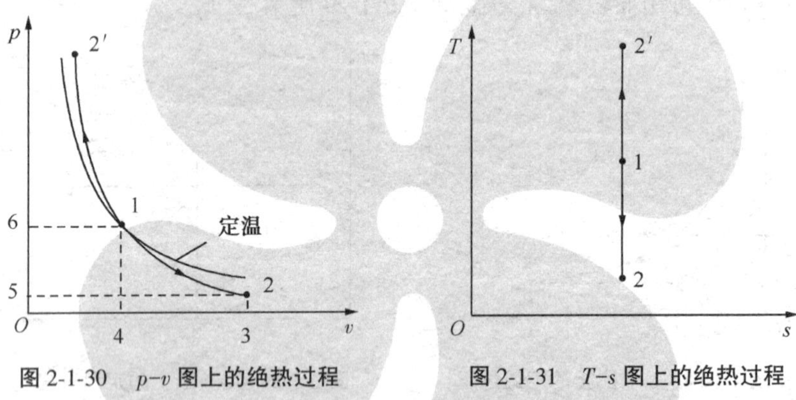

图2-1-30　$p-v$图上的绝热过程　　图2-1-31　$T-s$图上的绝热过程

在理想气体的绝热过程中，技术功为膨胀功的k倍。

在绝热过程中，因$q=0$，根据热力学第一定律可知：$\Delta u=-w$，$\Delta h=-w_t$，可见，在绝热过程中，封闭系统对外界做的膨胀功完全是系统内能减少的结果，开口系统对外界做的技术功完全是系统焓减少的结果；反之，外界对封闭系统做的压缩功全用来增加系统的内能，外界对开口系统做的技术功全用来增加系统的焓。这一结论无论是对可逆过程还是对不可逆过程，或是对理想气体和其他工质都是成立的。

2.理想气体的多变过程

前面介绍的理想气体的四个基本过程，都是有一个状态参数不变，因而，这四个过程是理

想气体状态变化过程的四个特殊情况。

理想气体状态变化的一般过程，称为多变过程。

(1)多变指数

理想气体多变过程的过程方程可写为

$$pv^n = 常数$$

式中，指数 n 是一个在给定过程中保持不变的某一定值，称为多变指数，其取值范围是 $-\infty \sim +\infty$。

多变指数 n 取为某一数值，表示一个特定的理想气体热力过程，因此，理想气体的多变过程是无穷多个这种特定过程的统称，前面介绍的四个理想气体的基本过程都是理想气体多变过程的特例。

当多变指数 $n=0$ 时，过程方程变为 $p=$常数，此时即为理想气体的定压过程；

当多变指数 $n=1$ 时，过程方程变为 $pv=$常数，此时即为理想气体的定温过程；

当多变指数 $n=k$ 时，过程方程变为 $pv^k=$常数，此时即为理想气体的绝热过程；

当多变指数 $n=\pm\infty$ 时，过程方程变为 $v=$常数，此时即为理想气体的定容过程。

(2)多变过程的 $p-v$ 图和 $T-s$ 图

当多变指数 n 取不同数值时，理想气体多变过程在 $p-v$ 图和 $T-s$ 图上的表示见图 2-1-32 和图 2-1-33，在两图中分别画出了多变指数 $n=0$(定压过程)、$n=1$(定温过程)、$n=k$(绝热过程)和 $n=\pm\infty$(定容过程)等四条理想气体的过程线。

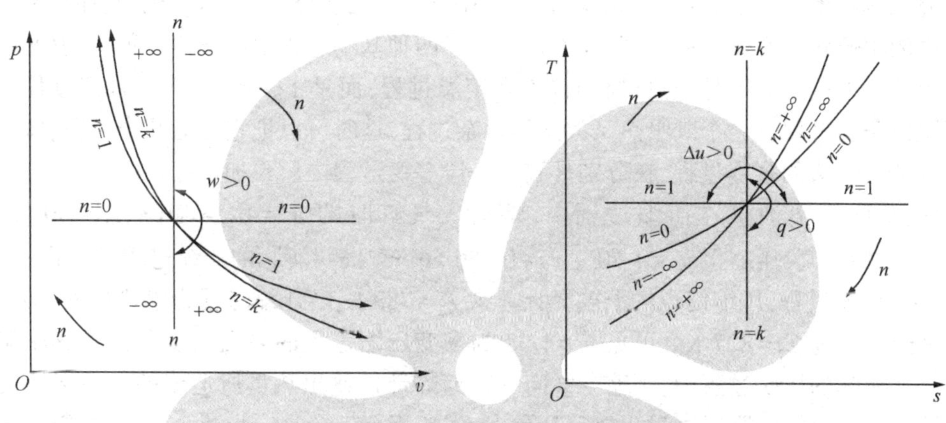

图 2-1-32　$p-v$ 图上的多变过程　　　　图 2-1-33　$T-s$ 图上的多变过程

在 $p-v$ 图和 $T-s$ 图上，理想气体的多变过程以理想气体定容过程线($n=\pm\infty$)为分界线，n 从 $-\infty$ 沿顺时针方向增大到 $+\infty$。据此可以判断出，当多变指数 n 取不同的数值时，其理想气体的多变过程在 $p-v$ 图和 $T-s$ 图上的大致位置。例如，多变指数 $n=1.3$ 的理想气体的膨胀过程线一定在理想气体的定温膨胀线($n=1$)和绝热膨胀线($n=k=1.4$)之间。

如图 2-1-32 所示，在 $p-v$ 图上，以理想气体的定容过程线分界，向右方进行的理想气体的各过程，其单位质量膨胀功为正(即系统对外界做功，$w>0$)；向左方进行的理想气体的各过程，其单位质量膨胀功为负(即外界对系统做功，$w<0$)。

如图 2-1-33 所示，在 $T-s$ 图上，以理想气体的定温过程线分界，向上方进行的理想气体的各过程，其比内能增大(即 $\Delta u>0$)；向下方进行的理想气体的各过程，其比内能减小(即 $\Delta u<0$)。

如图 2-1-33 所示，在 $T-s$ 图上，以理想气体的绝热过程线分界，向右方进行的理想气体的各过程,其单位质量热量为正(即系统从外界吸热,$q>0$);向左方进行的理想气体的各过程,其单位质量热量为负(即系统向外界放热,$q<0$)。

(3)多变过程的功与热量

理想气体多变过程的比膨胀功 w 在 $p-v$ 图上可用过程线下的面积表示;比技术功 w_t 在 $p-v$ 图上可用过程线左侧的面积表示。

在理想气体的多变过程中,技术功为膨胀功的 n 倍。

理想气体多变过程的单位质量热量 q 在 $T-s$ 图上可用过程线下的面积表示。根据理想气体封闭系统(或开口系统)可逆过程的热力学第一定律,可知:

$$q=c_n(T_2-T_1)=\frac{n-k}{n-1}c_v(T_2-T_1)$$

式中,$c_n=\frac{n-k}{n-1}c_v$,为多变过程的质量比热容,并由此可知:

当多变指数 $n=0$(理想气体定压过程)时,$c_n=kc_v=c_p$;

当多变指数 $n=1$(理想气体定温过程)时,$c_n=\infty$;

当多变指数 $n=k$(理想气体绝热过程)时,$c_n=0$;

当多变指数 $n=\pm\infty$(理想气体定容过程)时,$c_n=c_v$;

当多变指数 $1<n<k$ 时,$c_n<0$。

(4)多变过程的实际意义

研究气体的多变过程有重要的实际意义。比较深入的研究发现,压缩机、柴油机和其他热力设备中的工质状态变化过程,往往并不符合前述四种基本过程中的任何一种。例如,气体在压缩机中的压缩过程既不是绝热过程,也不是定温过程,而是 $1<n<k$ 的某一多变过程。柴油机的膨胀或压缩过程是一个既吸热又放热的复杂过程,这时可以把它分为几个阶段,每一段可当作 n 取适当数值的多变过程,在分别计算每一段多变过程之后再加以综合。

例如,某增压柴油机在压缩过程中,将进入气缸时的 $p_1=0.14$ MPa、$t_1=40$ ℃、$v_1=0.642$ m^3/kg 的空气,压缩至 $p_2=4$ MPa、$v_2=0.056\ 56$ m^3/kg。实际的压缩过程可看作一个 $n=1.38$ 的多变压缩过程,压缩终点的温度经计算为 $T_2=788$ K;若压缩过程为绝热过程,则压缩终点的温度经计算为 $T_2=827$ K。可见,$n=1.38$ 的多变压缩过程的终点温度要比绝热压缩过程低。这是在实际的压缩过程中,压缩空气向气缸壁等部件放出热量所造成的。在柴油机启动时,如果事先没有暖缸,则压缩过程放热会更多,多变指数 n 会进一步减小,就有可能使压缩终点的温度降低到燃油喷入不能自燃的程度,导致启动困难等故障。

3.封闭系统理想气体热力过程能量转换的特征

封闭系统中的理想气体热力过程,按其能量转换特征的不同,可分为以下六种情况。

(1)$-\infty<n<1$ 的多变过程

外界加给系统的热量,一部分用于增加系统的内能,其余部分用于对外界做膨胀功;反之,系统对外界放出的热量,一部分来自系统内能的减少,其余来自外界对系统做的压缩功。

$n=0$ 的定压吸热或定压放热过程就属此种情况。

(2)$n=1$ 的定温过程

外界加给系统的热量,全部用于对外界做膨胀功;反之,系统对外界放出的热量,全部来自外界对系统做的压缩功。

(3) $1<n<k$ 的多变过程

系统对外界做的膨胀功,一部分来自系统内能的减少,其余来自外界加给系统的热量;反之,外界对系统做的压缩功,一部分用于增加系统的内能,其余部分用于对外界放热。

比如,柴油机膨胀冲程的初期,工质的内能减少,“后燃”使吸热多于放热,合起来用于对外做功;反之,柴油机压缩冲程的后期,工质接受的压缩功使内能增加,同时对外放出部分热量。

(4) $n=k$ 的绝热过程

系统对外界的膨胀功,全部来自系统内能的减少;反之,外界对系统做的压缩功,全部用于增加系统的内能。

(5) $k<n<+\infty$ 的多变过程

系统的内能减少,一部分用于对外界做膨胀功,其余部分用于对外放热;反之,系统的内能增加,一部分来自外界对系统做的压缩功,其余来自外界加给系统的热量。

比如,柴油机膨胀冲程的后期,燃气内能减少,主要用来对外做功,少量对外放热;反之,柴油机压缩冲程的初期,空气温度低于缸壁而吸热,同时受压缩均使内能增加。

(6) $n=\pm\infty$ 的定容过程

外界加给系统的热量,全部用于增加系统的内能;反之,系统对外放出的热量,全部来自系统内能的减少。

九、水蒸气

前面已指出,工程上通常把刚从液态转变过来的气态物质称为蒸气,而把距离液态较远的气态物质称为气体。船舶动力装置中所用的空气和燃气,以及空气调节设备内的空气中所含的水蒸气,均可视为理想气体。但蒸汽锅炉和造水装置中的蒸汽(指水蒸气)以及蒸气压缩制冷装置中的制冷剂蒸气(泛指包括水蒸气在内的各种蒸气),由于距液态不远,而且往往伴随着物质的相变,因而不能看作理想气体。

下面从工程应用的角度,介绍水蒸气的基本概念、水的定压汽化过程及水蒸气的 $p-v$ 图、$T-s$ 图等。需要强调的是,本小节虽然介绍的是水和水蒸气,但其他纯物质的液体和蒸气,同样具有与水和水蒸气类似的 $p-v$ 图和 $T-s$ 图及类似的热力性质。

(一)水蒸气的基本概念

1.饱和温度与饱和压力

由液态物质转变为气态物质的过程称为汽化;反之,由气态物质转变为液态物质的过程称为液化或凝结。

图 2-1-34 所示为一气缸,底部装有水,上部为水蒸气,用活塞把水和水蒸气封闭在气缸内。水分子和水蒸气分子都在不停地做无规则的热运动。水中的分子,有的移动动能大,有的移动动能小,其中总有一批移动动能大到足以克服水的表面张力而飞向上部的汽空间。水中动能大的分子飞出后,水中分子的平均动能要下降,水温相应地降低,汽化速度减小。要让水继续汽化,就必须对水进行加热。加热后使水温回升,则汽化速度又加快。因此,水的汽化速度取决于水的温度,当水温不变时,单位时间从水面飞出的分子数目不变。

但是,由于水分子不断进入汽空间,汽空间水蒸气的分子数不断增加,致使水蒸气的压力不断增大。汽空间的水蒸气分子同样在做不规则的热运动,其中有的分子也会通过水面返回水中,随着水蒸气压力的不断增大,返回水中的水蒸气分子数逐渐增加,可见,液化的速度取决

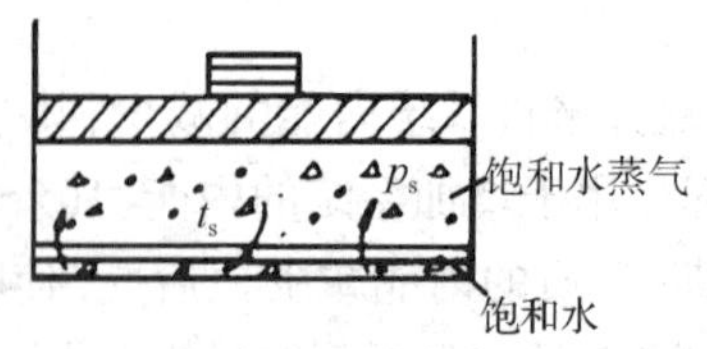

图 2-1-34　液体的蒸发

于汽空间水蒸气的压力。

到达一定状态时,汽化和液化这两种方向相反的过程就会达到动态平衡。此时,两种过程仍在不断进行,但总的结果是状态保持不变,即水量不再减少,汽空间水蒸气的分子也不再增加。这种处于动态平衡的状态称为饱和状态,此时汽、液的温度相同,称为饱和温度,用符号 t_s 表示;此时水蒸气的压力称为饱和压力,用符号 p_s 表示。

饱和温度 t_s 与饱和压力 p_s 为一一对应关系。当饱和温度 t_s 一定时,饱和压力 p_s 也一定;反之,当饱和压力 p_s 一定时,饱和温度 t_s 也一定。饱和温度 t_s 越高,饱和压力 p_s 也越高;反之,饱和压力 p_s 越高,饱和温度 t_s 也越高。

利用饱和温度随压力的增大而升高、随压力的减小而降低的这一特性,保持蒸汽锅炉较高的正常工作压力可使饱和蒸汽具有较高的温度,以利于燃油舱、柜等的加热;远洋船舶上的真空造水装置则是利用冷却主机后的 50~60 ℃的冷却水作为热源使处于较高真空度下的海水在低温下沸腾,汽化的水蒸气经冷凝成为淡水;蒸气压缩制冷装置中的制冷剂液体经节流降压、降温,可在低温下蒸发,从而从冷库中吸热,气态的制冷剂蒸气经绝热压缩升压、升温,在高于环境温度下向环境放热冷凝;高压锅可缩短煮食时间,也可用于医疗器具的高温消毒。

2.蒸发与沸腾

液体汽化的方式有两种:蒸发与沸腾。

只通过液体表面进行的汽化,称为蒸发。蒸发可在任何温度下进行。

在液体内部和表面同时进行的汽化,称为沸腾。沸腾只有在液体温度 t 达到液体压力 p 所对应的饱和温度 t_s 时才能进行。

置于大气中的水,只要大气中所含水蒸气的分压力小于大气温度对应的饱和压力,蒸发现象就会发生;如果水蒸气的分压力等于大气温度对应的饱和压力,蒸发现象就不会发生。若将水加热到水面上大气压力(也是水的压力)对应的饱和温度 t_s,水就开始沸腾。这是因为水中生成气泡的饱和压力正好等于水的压力,具备气泡产生和存在的力学条件,沸腾现象就发生了。若水温低于水的压力所对应的饱和温度 t_s,则不具备这个力学条件,就不可能发生沸腾。可见,只有水温等于水的压力下的饱和温度 t_s 时,水才可能沸腾。

3.水蒸气的状态参数

水蒸气的物理性质较理想气体复杂得多,不能用简单的数学式表达出来。

由于不能略去分子本身的体积和分子相互之间的作用力,水蒸气等实际气体的状态方程,不能用 $pv=R_gT$ 来描述,其内能不仅是温度的函数,还与比容有关。

由于研究实际气体热力性质和工程计算的需要,长期以来,很多学者对实际气体的状态方程进行了研究,提出了各种各样的实际气体状态方程。其中,最具有代表性的是 1873 年范德瓦尔提出的状态方程,但通过对该方程进行分析,并与实际结果比较,证实范德瓦尔方程虽然比理想气体状态方程更接近实际气体,但是仍不能准确表述实际气体基本状态参数压力 p、比容 v 和温度 T 之间的关系,所以不适宜作为工程计算的基础。建立实际气体的状态方程大致

有三种公式:第一种是根据实验数据整理成纯经验公式;第二种是根据理论修改理想气体状态方程而建立的理论公式;第三种是根据理论和实验相结合而建立的半经验公式。目前一般采用第三种公式,但这种半经验公式仍然十分复杂,因而一般不适宜直接用于工程计算。

实际气体的比热容 c 也不仅仅是温度 T 的函数,而是温度 T 和比容 v 的函数,而且 $c_p-c_v \neq R_g$。由于实际气体的比热计算十分复杂,在工程上对实际气体通常不用比热容计算热量。

实际气体的熵 S、内能(热力学能)U 和焓 H 是不能用实验直接测量的。为了找到不可直接测量的熵 S、内能 U 和焓 H 与可直接测量的压力 p、比容 v 和温度 T 之间的关系,可根据热力学第一定律和热力学第二定律,首先建立实际气体状态参数间的基本关系式,然后利用状态参数全微分的数学条件,最后导出熵 S、内能 U 和焓 H 的变化量分别与压力 p、比容 v 和温度 T 之间的一般关系式。对于某给定的工质,只要有了其压力 p、比容 v 和温度 T 之间的关系和比热的数据,代入一般关系式中,便可求得该工质熵 S、内能 U 和焓 H 的变化量的具体计算公式。

由于各种实际气体的状态方程、比热的关系式,以及导出的熵 S、内能 U 和焓 H 等变化量的计算公式都十分复杂,求解其水蒸气的热力参数一般不采用理想气体常用的解析法,而是采用图表法。比如,水蒸气的热力过程,通常是使用水蒸气表或水蒸气的 $h-s$ 图;而制冷剂的热力过程,通常是使用制冷剂蒸气表或制冷剂的 $p-h$ 图等。

各种实际气体的蒸气表和参数图采用理论分析与实验相结合的方法,得出其蒸气热力性质的复杂公式,再计算得到结果并经实验验证后编制出来供工程实际使用。

(二)水的定压汽化过程

蒸汽锅炉在正常运行时,水是在定压下吸热汽化而变为水蒸气的。下面将从定压汽化过程开始来讨论水蒸气的性质。

如图 2-1-35 所示,以活塞上放一定重物的装有水的容器为例,来说明定压下水的汽化过程,它与锅炉中实际的定压加热过程在本质上是一样的。

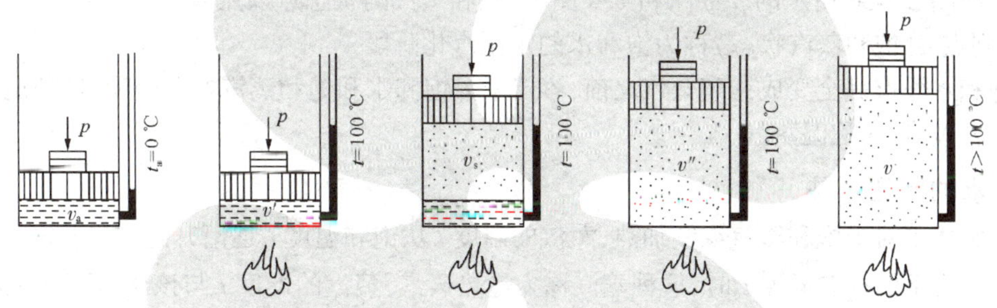

图 2-1-35 水在容器中的定压汽化

设容器中装有 1 kg 水,压力 $p=0.101\ 325$ MPa,初始温度 $t_1=0$ ℃,在如图 2-1-36 所示的 $p-v$ 图和 $T-s$ 图上,该状态点以点 a 表示。

1.水的定压预热

水在定压加热时,由于受热膨胀,水的比容略有增加,故在 $p-v$ 图中,水的定压加热线自左向右水平移动。在图 2-1-36 所示的 $p-v$ 图中,水的状态自点 a 向点 b 水平移动。

水在定压加热时,水的温度不断升高,其熵也不断增大,故在 $T-s$ 图中,水的定压加热线自左向右逐渐上升。在图 2-1-36 所示的 $T-s$ 图中,水的状态自点 a 向点 b 逐渐上升。

当水的温度上升到 100 ℃时,水就开始沸腾。一定压力下水沸腾时的温度即为该压力下的饱和温度(即沸点)t_s(100 ℃就是压力 $p=0.101\ 325$ MPa 下的饱和温度),这种处于饱和温

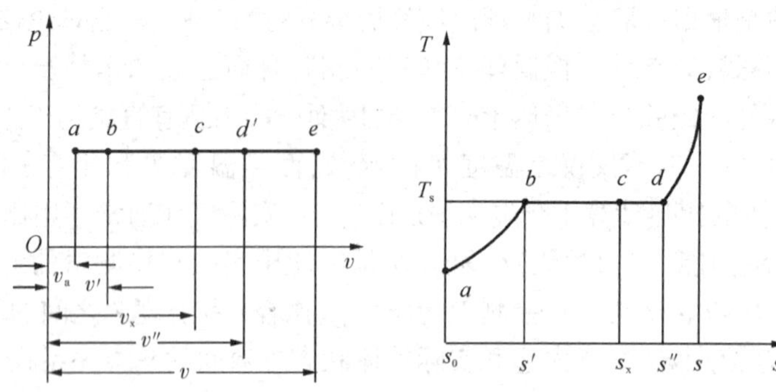

图 2-1-36　在 $p-v$ 图和 $T-s$ 图上的水定压汽化过程

度下的水，称为饱和水。饱和水的各状态参数均加一角标“′”。

一定压力下温度 t 低于该压力下饱和温度 t_s 的水，称为未饱和水（也称为过冷水），饱和温度 t_s 与水温 t 之差 $\Delta t(\Delta t=t_s-t)$ 称为该未饱和水（过冷水）的过冷度。

在压力 $p=0.101\ 325$ MPa 下，温度低于 100 ℃的水都是未饱和水（过冷水）。

在如图 2-1-36 所示的 $p-v$ 图和 $T-s$ 图上，饱和水的状态点以点 b 表示。从点 a（未饱和水状态）到点 b（饱和水状态）称为水的定压预热阶段。

2.水的定压汽化

在定压下对饱和水继续加热，它就逐渐汽化而变为水蒸气，在此汽化过程中，水和蒸汽的温度均为饱和温度 t_s，并保持不变。这一汽化过程在 $p-v$ 图和 $T-s$ 图中均为自左向右的水平线。在图 2-1-36 所示的 $p-v$ 图和 $T-s$ 图中，水的状态自点 b 向点 d 水平移动。

当容器中最后一滴水刚好变为蒸汽时，蒸汽温度仍为饱和温度 t_s，这时的蒸汽称为干饱和蒸汽，简称饱和蒸汽。干饱和蒸汽的各状态参数均加一角标“″”。

在如图 2-1-36 所示的 $p-v$ 图和 $T-s$ 图上，饱和蒸汽的状态点以点 d 表示。从点 b（饱和水状态）到点 d（饱和蒸汽状态）称为饱和水的定压汽化阶段。

饱和水没有完全变成饱和蒸汽之前，容器中为饱和水和饱和蒸汽的混合物，这种混合物称为湿饱合蒸汽，简称湿蒸汽。

3.水的定压过热

在定压下对干饱和蒸汽继续加热，蒸汽的温度 t 从饱和温度 t_s 逐渐升高。当蒸汽温度 t 已超过该压力下的饱和温度 t_s 时，这种蒸汽称为过热蒸汽，蒸汽的温度 t 与该压力下的饱和温度 t_s 之差 $\Delta t(\Delta t=t-t_s)$ 称为该过热蒸汽的过热度。

过热蒸汽的定压加热过程，在 $p-v$ 图中为自左向右的水平线，在 $T-s$ 图中为自左向右逐渐上升的曲线。在如图 2-1-36 所示的 $p-v$ 图和 $T-s$ 图上，点 e 为过热蒸汽的某一状态点，从点 d（饱和蒸汽状态）到点 e（过热蒸汽状态）称为饱和蒸汽的定压过热阶段。

（三）水定压汽化过程的特点

1.水定压汽化过程的三个阶段

通过上述的分析可知，未饱和水在定压下加热变为过热蒸汽的过程中经历了定压预热、定压汽化和定压过热等三个阶段。

（1）定压预热阶段

在此阶段中，未饱和水变为饱和水，水温 t 不断升高，直至达到饱和温度 t_s。

此阶段中加入的热量称为预热热或液体热，单位质量热量则称为比预热热或比液体热。

比液体热 q_1 的数值，等于饱和水的比焓 h' 与未饱和水的比焓 h 的差值，即 $q_1=h'-h$，也可用 $T-s$ 图上该阶段过程线下的面积来表示，如图 2-1-36 中的面积 $S_{abs's_0a}$。

(2)定压汽化阶段

在此阶段中，饱和水变为干饱和蒸汽，温度保持饱和温度 t_s 不变，因此这一阶段既是定压又是定温的相变加热过程。

此阶段中加入的热量称为汽化潜热，单位质量热量则称为比汽化潜热。

比汽化潜热 r 的数值，等于干饱和蒸汽的比焓 h'' 与饱和水的比焓 h' 的差值，即 $r=h''-h'$，也可用 $T-s$ 图上该阶段过程线下的面积来表示，如图 2-1-36 中的面积 $S_{bds''s'b}$。

(3)定压过热阶段

在此阶段中，饱和蒸汽变为过热蒸汽，温度从饱和温度 t_s 开始逐渐升高。

此阶段中加入的热量称为过热热，单位质量热量则称为比过热热。

比过热热 q_{sup} 的数值，等于过热蒸汽的比焓 h 与干饱和蒸汽的比焓 h'' 的差值，即 $q_{sup}=h-h''$，也可用 $T-s$ 图上该阶段过程线下的面积来表示，如图 2-1-36 中的面积 $S_{dess''d}$。

2.水在定压汽化过程中的五种状态

未饱和水在定压下加热变为过热蒸汽的过程中经历了未饱和水、饱和水、干饱和蒸汽、湿蒸汽和过热蒸汽等五种状态。

(1)未饱和水

水温 t 低于其压力 p 所对应的饱和温度 t_s 的水，称为未饱和水或过冷水，并以 $\Delta t=t_s-t$ 表示这种过冷水的过冷度。

处于平衡态的未饱和水是单相均匀系统。

未饱和水的压力 p 和温度 T 是两个相互独立的状态参数，因此，由压力 p 和温度 T 便可确定其状态。

因为水的压缩性很小，所以压力 p 对比容 v、比内能 u、比焓 h 及比熵 s 的影响不大。水的热胀冷缩也较小，因而温度对比容的影响不大。

饱和温度 t_s 与饱和压力 p_s 为一一对应关系，且饱和温度 t_s 越低时，饱和压力 p_0 越小，所以，就一定的温度而言，也可以说，未饱和水是其压力 p 高于其温度 t 所对应的饱和压力 p_s 的水(又可称其为压缩水)。

(2)饱和水

水温 t 等于其压力 p 所对应的饱和温度 t_s 的水，称为饱和水。

饱和水是处于平衡态的单相均匀系统。

饱和水的压力 p 和温度 T 不再是两个相互独立的状态参数。热力学理论和经验都表明，只要用一个状态参数(压力 p 或温度 T)就可确定饱和水的状态。

饱和温度 t_s 与饱和压力 p_s 为一一对应关系，且饱和温度 t_s 一定时，饱和压力 p_s 一定，所以，就一定的温度而言，也可以说，饱和水是其压力 p 等于其温度 t 所对应的饱和压力 p_s 的水。

(3)干饱和蒸汽

水温 t 等于其压力 p 所对应的饱和温度 t_s 的蒸汽，称为干饱和蒸汽，简称饱和蒸汽。

与饱和水相似，干饱和蒸汽也是处于平衡态的单相均匀系统。

干饱和蒸汽的压力 p 和温度 T 也不是两个相互独立的状态参数，而且只用一个状态参数

（压力 p 或温度 T）就可确定干饱和蒸汽的状态。

同样，饱和温度 t_s 与饱和压力 p_s 为一一对应关系，且饱和温度 t_s 一定时，饱和压力 p_s 一定，所以，就一定的温度而言，也可以说，干饱和蒸汽是其压力 p 等于其温度 t 所对应的饱和压力 p_s 的蒸汽。

（4）湿蒸汽

饱和水和饱和蒸汽的混合物，称为湿蒸汽。

湿蒸汽是处于平衡态的双相（液相和气相）非均匀系统，其中饱和水的比容远小于饱和蒸汽的比容，比内能、比焓和比熵也是如此。因此，这些状态参数在气、液两相的界面上发生突变。

湿蒸汽的压力 p 和温度 T 也不是两个相互独立的状态参数，其中饱和水和饱和蒸汽的状态参数如上所述，分别只用一个状态参数（压力 p 或温度 T）就可分别确定。但要确定湿蒸汽的状态，还必须给定其中饱和蒸汽与饱和水所占的比例。

工程上通常给出湿蒸汽的干度 x，它表示 1 kg 湿蒸汽中含 x kg 的饱和蒸汽、$(1-x)$ kg 的饱和水。

（5）过热蒸汽

温度 t 高于其压力 p 所对应的饱和温度 t_s 的蒸汽，称为过热蒸汽，并以 $\Delta t=t-t_s$ 表示其过热度。

处于平衡态的过热蒸汽是单相均匀系统。

过热蒸汽的压力 p 和温度 T 是两个相互独立的状态参数，因此，由压力 p 和温度 T 可确定其状态。

同样，饱和温度 t_s 与饱和压力 p_s 为一一对应关系，且饱和温度 t_s 越大，则饱和压力 p_s 越大，所以，就一定的温度而言，也可以说，过热蒸汽是其压力 p 低于其温度 t 所对应的饱和压力 p_s 的蒸汽。

过热蒸汽的压力越低，或过热度越高，其热力性质就越接近理想气体。

（四）水蒸气的 $p-v$ 图和 $T-s$ 图

在 0.000 611 2～22.115 MPa 范围，分别用不同的压力对水进行定压加热汽化过程，可在 $p-v$ 图和 $T-s$ 图上画出一系列定压加热线。它们全都经历上述五种状态和三个阶段，如图 2-1-37 所示。这样就可绘制出水蒸气的 $p-v$ 图和 $T-s$ 图。

水几乎是不可压缩的，所以对水绝热压缩所消耗的功很少，根据热力学第一定律，内能的增加也很少，温度也就几乎没有升高。因此，在 $T-s$ 图上，不同压力下的未饱和水的定压线几乎都是靠在一起并和下界线（饱和水线）重合的，只有当压力极高时，才和下界线（饱和水线）有一定的分离。

1.饱和水线、干饱和蒸汽线与临界点

在图 2-1-37 所示的水蒸气 $p-v$ 图和 $T-s$ 图上，标有饱和水线、干饱和蒸汽线和临界点。

（1）饱和水线（下界线）

饱和水线是各个压力下饱和水状态点的连线，又称下界线，沿此线 $x=0$。

当压力升高时，饱和水的比容 v' 随压力 p 的升高而略有增加，所以，在水蒸气的 $p-v$ 图上，饱和水线向右上方倾斜。

同样，当压力升高时，饱和温度也升高，比液体热增加，且饱和水的比熵 s' 也随压力 p 的增

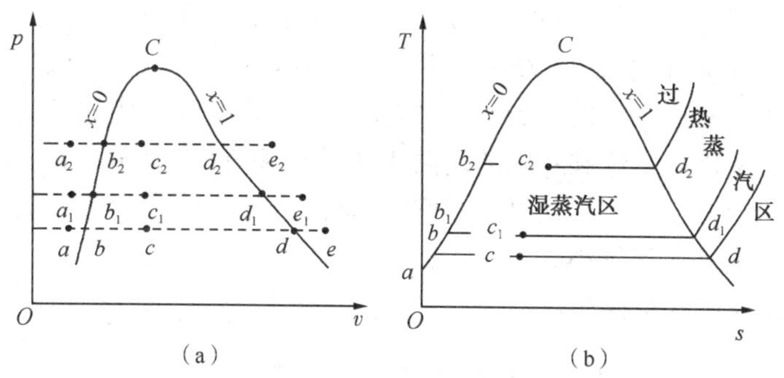

图 2-1-37　水蒸气的 $p-v$ 图和 $T-s$ 图

大而增大，所以，在水蒸气的 $T-s$ 图上，饱和水线也向右上方倾斜。

(2) 干饱和蒸汽线(上界线)

干饱和蒸汽线是各个压力下饱和蒸汽状态点的连线，又称上界线，沿此线 $x=1$。

当压力升高时，干饱和蒸汽的比容 v'' 随压力 p 的增大而明显减小，所以，在水蒸气的 $p-v$ 图上，干饱和蒸汽线向左上方倾斜。

饱和水的比容 v' 是随压力 p 的升高而略有增加的，干饱和蒸汽的比容 v'' 则是随压力 p 的升高而明显减小，所以，在水蒸气的 $p-v$ 图上，饱和水线要比干饱和蒸汽线陡。

干饱和蒸汽的比熵 s'' 也是随压力 p 的增大而减小的，所以，在水蒸气的 $T-s$ 图上，干饱和蒸汽线也是向左上方倾斜的。

(3) 临界点

无论是在水蒸气的 $p-v$ 图上还是在水蒸气的 $T-s$ 图上，饱和水线都是向右上方倾斜的，而干饱和蒸汽线都是向左上方倾斜的，所以，随着压力 p 的增大，饱和水线和干饱和蒸汽线必将交于一点，此交点称为临界点。

比汽化潜热 r 随压力 p 的增大而减小，所以，随着压力 p 的增大，同压 p 或同温 T 下的饱和水和干饱和蒸汽的状态点越来越接近，当压力达到 $p_C=22.115$ MPa，它们就重合为一点，此点即为临界点。

临界点上的比汽化潜热为零，即汽化在一瞬间完成。

水的临界点基本状态参数为：

$$p_C=22.115\ \text{MPa};t_C=374.12\ ℃;v_C=0.003\ 147\ \text{m}^3/\text{kg}$$

2.未饱和水区、湿蒸汽区与过热蒸汽区

在图 2-1-37 所示的水蒸气 $p-v$ 图和 $T-s$ 图上，饱和水线和干饱和蒸汽线还把水和水蒸气分为未饱和水区、湿蒸汽区和过热蒸汽区等三个区。

(1) 未饱和水区

未饱和水区位于饱和水线左侧的一个较狭窄的范围内，该区内的水的状态均为未饱和水状态。

(2) 湿蒸汽区

湿蒸汽区位于饱和水线与干饱和蒸汽线之间，该区内的水蒸气的状态均为湿蒸汽状态。

(3) 过热蒸汽区

过热蒸汽区位于干饱和蒸汽线的右侧，该区内的水蒸气的状态均为过热蒸汽状态。

3.水蒸气 $p-v$ 图上的定温线

图 2-1-38 画出了水蒸气在 $p-v$ 图上的定温线。

当 $t<t_C$(临界点温度)时,一定的温度 t 下,湿蒸汽区的定温线为与定压线重合的水平直线,这说明蒸汽定温压缩液化时,压力保持不变,这一压力称为对应于温度 t 下的饱和压力。由图可见,一定的温度对应一定的饱和压力,即 $p_s=f(t)$;且温度升高,饱和压力随之升高。

水的压缩性极小,因此未饱和水区的定温线几乎是垂直的,说明水在定温压缩时,即使压力升高很多,其比容也减小很少。在过热蒸汽区,定温线的形状类似于一般双曲线,比容越大则压力越小,压力越大则比容越小。

当 $t>t_C$时,物质仅以气态存在。

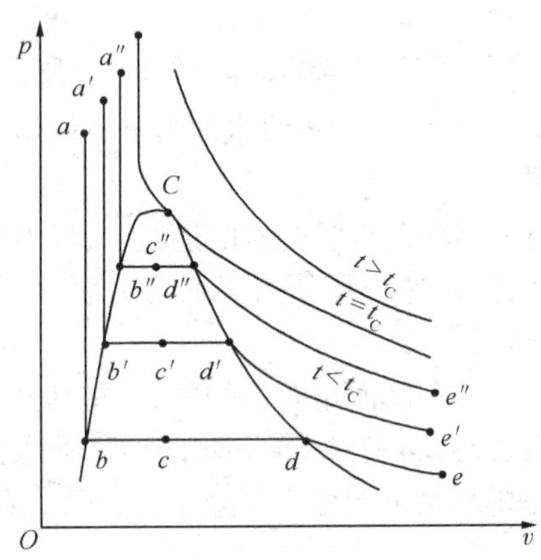

图 2-1-38　水蒸气在 p–v 图上的定温线

十、喷管与扩压管

喷管和扩压管是热能动力装置中所用到的重要部件,它们都是利用工质的流动来进行工作的。例如,在汽轮机、燃气轮机和废气涡轮中,高温、高压的水蒸气、燃气或废气通过喷管,将焓转变为动能,产生高速气流,推动工作叶片,使这些动力设备运转而对外提供动力。又如在叶轮式压缩机中,经叶轮工作叶片提速后的气流流经扩压管,降低气流的动能来增加气流的焓值,达到减速增压的目的。

(一)气流流通截面变化率方程

喷管的作用是使高压气体进行膨胀以获得高速气流。扩压管的作用是使高速气流的速度降低而使气流的压力增大。

气体在喷管和扩压管中流动时,与外界既无热量交换,也无轴功交换。因此,通常将气体在喷管和扩压管中的流动看作一元稳定的可逆绝热流动来进行分析讨论。一元稳定流动,就是与流动方向垂直的同一截面上各点的状态参数和速度都相同,而且不随时间变化的流动。在船舶动力装置处于稳定工况下,气体或蒸汽的流动都可近似地看作一元稳定流动。

一元稳定可逆绝热流动应遵循下列基本方程:(1)基于质量守恒的一元稳定流动的连续性方程;(2)基于能量守恒的一元稳定可逆绝热流动的能量方程;(3)可逆绝热的过程方程;(4)声速方程,由物理学可知,声速 c 是微弱扰动的气态工质中所产生的纵波(压力波)的传播速度,对理想气体有:$c=\sqrt{kpv}=\sqrt{kR_gT}$,可见,声速的大小是由工质的种类和工质的状态参数来确定的。工质在流动中,其状态参数不断地发生变化,因此声速也在不断地变化。

通过应用以上基本方程对一元稳定的可逆绝热流动进行分析,可得

$$\frac{df}{f}=(M^2-1)\frac{dw_g}{w_g}$$

此式称为气流流通截面变化率方程，它反映了气体流速 w_g 的变化率与流道截面积 f 的变化率之间的关系，它是讨论喷管和扩压管截面变化规律的依据。

上式中的 M 为气体流速 w_g 与当地声速 c 之比，即 $M=\frac{w_g}{c}$，称为马赫数。当 $M<1$ 时，气体流速小于当地声速，称为亚声速流动；当 $M>1$ 时，气体流速大于当地声速，称为超声速流动；当 $M=1$ 时，气体流速等于当地声速。

(二)喷管的截面变化规律

对于喷管来说，流速是沿着流动方向不断增加的，即 $dw_g>0$，这时，上式(气流流通截面变化率方程)中 df 的正负号与 (M^2-1) 的正负号相同。

1.喷管进口流速为亚声速

当喷管进口流速为亚声速时，$M<1$，$M^2-1<0$，因此，$df<0$，即亚声速喷管是收缩形的，如图 2-1-39(a)所示。

2.喷管进口流速为超声速

当喷管进口流速为超声速时，$M>1$，$M^2-1>0$，因此，$df>0$，即超声速喷管是扩张形的。这是由于超声速气流膨胀时，比容增加率大于流速增加率，因此截面积必须逐渐增大，如图 2-1-39(b)所示。

3.喷管进口流速为亚声速，出口流速为超声速

如果气流从亚声速一直膨胀到超声速，则喷管应是缩放形的。当气流速度小于当地声速时，喷管截面积逐渐减小；当气流速度大于当地声速时，喷管截面积逐渐增大，即亚声速段收缩，超声速段扩张。这种缩放形喷管又称为拉伐尔喷管，如图 2-1-39(c)所示。

在缩放形喷管的最小截面处，即 $df=0$ 处，由上式(气流流通截面变化率方程)可得 $M=1$，即在最小截面处，流速恰等于当地声速，这一截面称为临界截面。

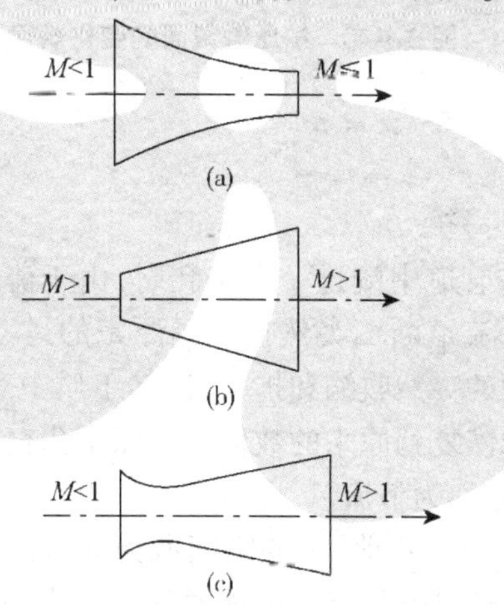

图 2-1-39 喷管截面的变化规律

(三)扩压管的截面变化规律

对于扩压管来说，流速沿流动方向是不断下降的，即 $dw_g<0$，这时，式$\frac{df}{f}=(M^2-1)\frac{dw_g}{w_g}$（气流流通截面变化率方程）中 df 的正负号与(M^2-1)的正负号相反。

1.扩压管进口流速为亚声速

当扩压管进口流速为亚声速时，$M<1$，$M^2-1<0$，因此，$df>0$，即亚声速扩压管的截面积应逐渐增大，如图 2-1-40(a)所示。

2.扩压管进口流速为超声速

当扩压管进口流速为超声速时，因 $M>1$，则 $M^2-1>0$，因此，$df<0$，即超声速扩压管的截面积应逐渐减小，如图 2-1-40(b)所示。

3.扩压管进口流速为超声速，出口流速为亚声速

当进口流速从超声速一直减速到亚声速时，扩压管截面积应先减小后增大而形成缩放形，如图 2-1-40(c)所示。

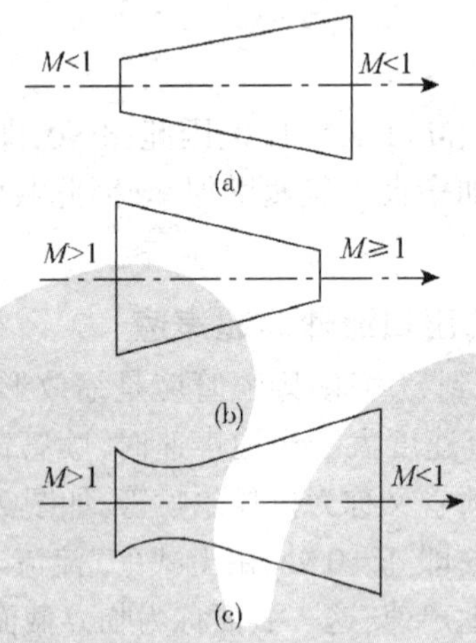

图 2-1-40 扩压管截面的变化规律

十一、绝热节流

(一)绝热节流的典型特征

如图 2-1-41 所示，工质在管道中流过一个小孔时，由于流道断面缩小，工质流速增加，压力减小。当工质流过小孔后，流道断面突然扩张到原来的尺寸，工质的流速降低，压力增大。由于工质流经小孔前、后断面的突然收缩和扩大，流动工质中产生了大量的旋涡，工质内部摩擦很剧烈。这样，压力就不能恢复到原来的数值。按照小孔直径与管道直径比值的不同，压力减小的数值也不同。这种现象称为节流。

如图 2-1-41 中虚线所示，把小孔前、后的空间取为开口系统。由于工质流经小孔时流速较大，来不及与外界进行热交换，所以，节流过程通常可认为是一个绝热过程，即 $q=0$。同时，节流前、后工质动能的变化量与其焓的数值相比可略去不计，即$\frac{1}{2}(w_{g2}^2-w_{g1}^2)=0$。另外，工质流经小孔时与外界没有轴功交换，即 $w_s=0$，根据开口系统热力学第一定律式可知

$$h_1 = h_2$$

即节流前、后工质的焓值相等。

但需要注意，绝热节流过程并非等焓过程。

因为在节流过程中，工质内部有旋涡，所以节流过程不仅是不可逆的，而且是非准静态的。节流过程在 p-v 图上不能用实线表示，而只能用虚线表示。

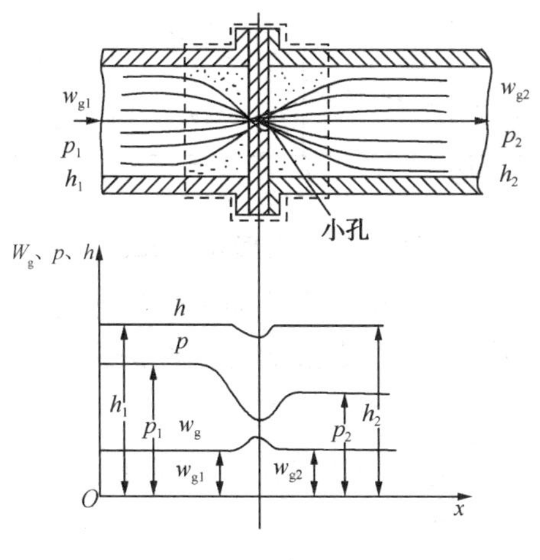

图 2-1-41　绝热节流

(二)绝热节流前、后各状态参数的变化

1.温度的变化

绝热节流一般会引起流动工质的温度变化，称为绝热节流的温度效应，又称为焦耳-汤姆逊效应。

由于理想气体的焓 h 仅为温度 T 的函数，根据节流前、后工质的焓值相等($h_2 = h_1$)可知，理想气体绝热节流后温度 T 不变，即 $T_2 = T_1$。

而实际气体的焓 h 不仅与温度 T 有关，还与压力 p 有关，是温度 T 和压力 p 的函数，所以实际气体绝热节流后温度 T 既可能不变，也可能降低，还可能升高。

实际气体(包括其液态)的绝热节流温度效应与流动工质的种类、节流前的初态以及节流压力降有关。实际气体绝热节流后，若温度升高，即 $T_2 > T_1$，称为节流热效应；若温度降低，即 $T_2 < T_1$，称为节流冷效应；若温度不变，即 $T_2 = T_1$，称为节流零效应，这时的温度称为转回温度。

实验和热力学理论均表明(如图 2-1-42 所示)：对任一给定的实际气体，有一最大转变压力 p_N，当 $p > p_N$时，绝热节流均为热效应；当 $p < p_N$时，对应于任一压力 p，有两个转回温度，其值较大者称为上转回温度 T_H，而较小者称为下转回温度 T_L。高于上转回温度 T_H或低于下转回温度 T_L，绝热节流为热效应；在上转回温度 T_H和下转温度 T_L之间绝热节流为冷效应。将各个压力下的上转回温度各点和下转回温度各点连成一条曲线，称为转回温度曲线，这条曲线与纵坐标之间的区域为冷效应区，这个区域之外则为热效应区。

绝热节流冷效应是工程上获得低温的常用方法，广泛地应用于船舶的制冷和空气调节中。大多数实际气体在压力不太大时，上转回温度一般很高，而下转回温度又很低，故在常温下节流一般处于冷效应区，节流后温度下降。但也有一些上转回温度很低的气体，如氢气和氦气，它们的上转回温度(压力很低时)分别为 202 K 和 25 K。要利用绝热节流使氢气和氦气降温，则必须用其他方法对它们预先冷却，使其温度低于各自的上转回温度。

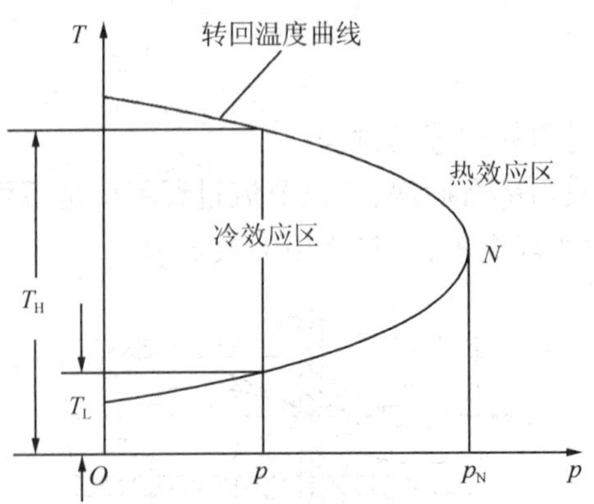

图 2-1-42 转回温度曲线

绝热节流在工程上有着广泛的应用,除上述的制冷和空气调节外,还常用于压力调节、流量调节、湿蒸汽的干度测量以及蒸汽动力装置的功率调节等。

2.压力的变化

绝热节流过程中的摩擦阻力很大,绝热节流后,流动工质的压力减小,即 $p_2<p_1$。

3.比体积的变化

绝热节流后,流动工质的比体积增大,即 $v_2>v_1$。

4.比热力学能的变化

由于理想气体的热力学能仅为温度的函数,根据理想气体绝热节流后温度不变可知,理想气体绝热节流后比热力学能也不变,即 $u_2=u_1$。

实际气体的热力学能不仅与温度有关,还与比体积有关,是温度和比体积的函数,所以实际气体绝热节流后比热力学能既可能不变,也可能降低,还可能升高。

5.比焓的变化

前已分析,绝热节流前、后流动工质的比焓相等,即 $h_2=h_1$。

6.比熵的变化

绝热节流是一种典型的不可逆过程,绝热节流过程中有明显的耗散效应(摩擦阻力很大),绝热节流后,流动工质的比熵增大,即 $s_2>s_1$。

第二节 压缩机的热力过程

压缩机是制造压缩气体的设备。按动作原理和结构,压缩机可分为活塞式压缩机和叶轮式压缩机。叶轮式压缩机又分为离心式压缩机和轴流式压缩机两种。

船上使用的压缩机有:主、副机启动所需的两级活塞式空气压缩机;用于冷库制冷和空气调节的单级活塞式制冷压缩机;用于柴油机增压的废气涡轮增压器,即离心式空气压缩机;以及各种离心鼓风机、通风机等。

从热力学的观点来看,空气压缩机、制冷压缩机和各种风机等的作用是一样的,它们都是消耗机械功而将气体由较小的压力压缩到较大的压力,只不过工作压力范围不同而已。下面

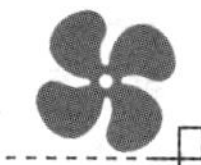

从热力学的观点来分析压缩机的工作过程。

一、活塞式压缩机

(一)活塞式压缩机的示功图及耗功量

1.单级活塞式压缩机的工作过程

图 2-2-1(a)为单级活塞式压缩机简图,图中主要示出活塞 1、气缸 2、吸气阀 3、排气阀 4 和空气滤清器 5 等。为了便于散热,有的气缸壁装有肋片 6,有的气缸做成双层,冷却水在隔层中流过进行冷却。现将单级活塞式压缩机的工作过程简述如下。

(1)压缩过程

单级活塞式压缩机的压缩过程如图 2-2-1(b)中曲线 1-2 所示。

压缩机活塞位于下止点时,气缸中吸入质量为 m 的空气,其状态参数为压力 p_1(大气压力)、温度 T_1、比体积 $v_1(v_1=V_1/m)$,在示功图上用点 1 表示。当活塞从下止点向上止点移动时,空气便被压缩,压力升至 p_2,温度升至 T_2,比体积降至 $v_2(v_2=V_2/m)$。

(2)排气过程

单级活塞式压缩机的排气过程如图 2-2-1(b)中曲线 2-3 所示。

当缸内空气的压力 p_2大于作用在排气阀上的背压力(即空气瓶中的压力)和弹簧张力时,排气阀即被顶开(图中点 2),活塞继续向上止点移动,并将压缩空气排入空气瓶中。由于排气系统有流动阻力,排气压力必须略高于空气瓶中的压力。

(3)余隙容积内压缩空气的膨胀过程

余隙容积内压缩空气的膨胀过程如图 2-2-1(b)中曲线 3-4 所示。

当活塞到达上止点时,为了保证活塞在运动中不碰撞敲击气缸盖,在活塞与气缸盖之间留有一个很小的余隙,由这一余隙所形成的容积称为余隙容积,用符号 V_0表示。残存在余隙容积 V_0内的空气压力为 p_3。由于 $p_3>p_1$,活塞自上止点向下止点移动时不能立即从大气中吸入新鲜空气。只有残余的高压气体在气缸中进行膨胀至压力低于大气压力时(图中点 4),进气阀才在大气压力与气缸内气体压力差的作用下克服弹簧张力而开启,吸气过程开始。

(4)吸气过程

单级活塞式压缩机的吸气过程如图 2-2-1(b)中曲线 4-1 所示。

当吸气阀开启后,活塞继续向下止点移动,空气被吸入气缸,直到活塞到达到下止点 1 为止。在整个进气过程中,因为进气系统有阻力损失,所以气缸内压力始终小于大气压力。

以上四个过程由活塞往复一次来完成,它将状态为(p_1,T_1)的空气吸入,经过压缩变成压力为 p_3的高压气体,最后排入压缩空气瓶,它所消耗的机械功可用示功图面积 S_{12341}表示。

2.单级活塞式压缩机的示功图

示功图为气缸内气体压力随其体积的变化曲线,由示功器测得。

图 2-2-1(b)所示即为单级活塞式压缩机的示功图。

如果略去进排气系统的流动阻力和进、排气阀弹簧张力可得单级活塞式压缩机的理想示功图,如图 2-2-1(c)所示。

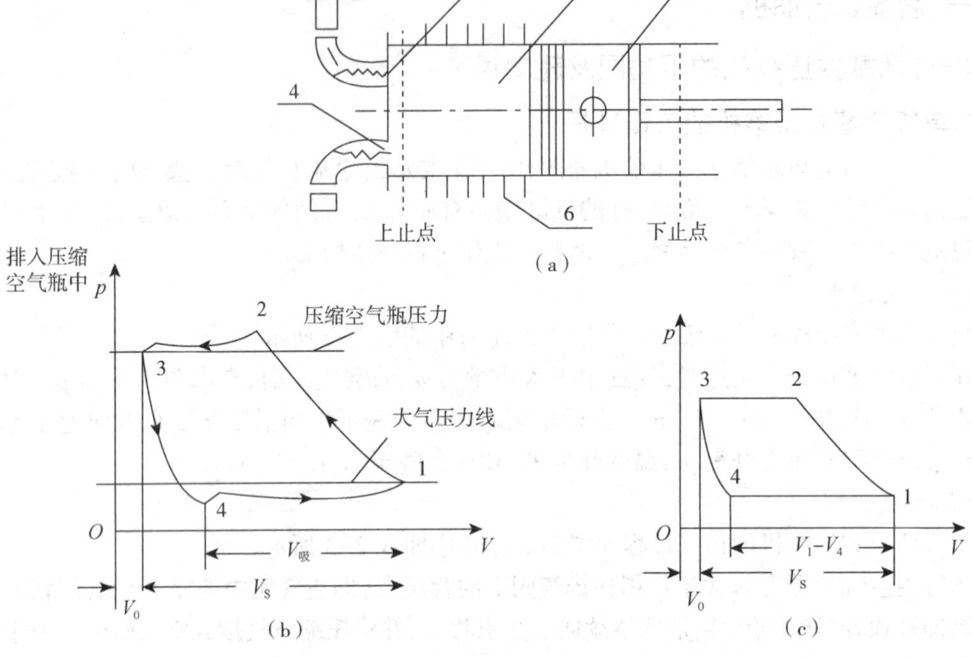

图 2-2-1　单级活塞式压缩机简图和示功图

1—活塞；2—气缸；3—吸气阀；4—排气阀；5—空气滤清器；6—肋片

3.单级活塞式压缩机所消耗的机械功

为了研究方便起见，略去进、排气系统的流动阻力和余隙容积 V_0，而将实际工作过程理想化为理想压缩机的工作过程，如图 2-2-2 所示。

图 2-2-2 中的 4-1 为定压吸气过程。在吸气过程中，气体的压力、温度和比体积均没有变化。因此 4-1 并不表示气体在定压条件下的状态变化过程，气缸中气体体积 V 的增加是由于进入气缸中的气体质量增加，而比体积仍旧不变。

图 2-2-2 中的 1-2（及 1-2′、1-2″）为气体的压缩过程。压缩过程可分为三种情况：

(1)定温压缩过程

如果气缸被冷却水很好地冷却，活塞移动很缓慢，由压缩过程消耗的功所转换成的热量随时由气缸壁传出，在理想情况下，气体温度始终保持不变而成为定温压缩过程，在图 2-2-2 所示的 $p-V$ 图中用 1-2′表示。

(2)绝热压缩过程

如果气缸没有被冷却，而且活塞移动很快，热量来不及通过气缸壁传向外界，这时就成为绝热压缩过程，在图 2-2-2 所示的 $p-V$ 图中用 1-2″表示。

(3)多变压缩过程

如果压缩过程既不是定温过程也不是绝热过程，而是介于两者之间的多变过程，则在图 2-2-2 所示的 $p-V$ 图中用 1-2 表示。

图 2-2-2 中的 2-3（或 2′-3，或 2″-3）为定压排气过程。定压排气过程与定压吸气过程一样，气体的状态不变，而气缸中气体体积的减小是气体不断排入压缩空气瓶的结果。

在活塞的一个往复中，理想压缩机压缩质量为 m 的气体所需的机械功 W_c 为压缩过程中

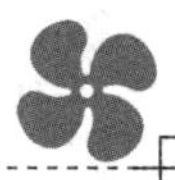

的压缩功与进、排气过程中流动功的代数和,在图 2-2-2 所示的 $p-V$ 图中为 1-2(2′、2″)-3-4-1 所围成的面积。

从图 2-2-2 所示的 $p-V$ 图可以看出:定温压缩(1-2′)时,压缩机所消耗的机械功最小(以面积 $S_{12'341}$ 表示);绝热压缩(1-2″)时,所消耗的机械功最大(以面积 $S_{12''341}$ 表示);多变压缩(1-2)时,所消耗的机械功介于两者之间(以面积 S_{12341} 表示)。

因此,对压缩机气缸加强冷却,使实际的压缩过程尽量接近于定温压缩,不仅能够减少压缩机的耗功,而且可以使压缩终点气体温度不致过高,以保证活塞环在气缸壁上得到正常的润滑条件。

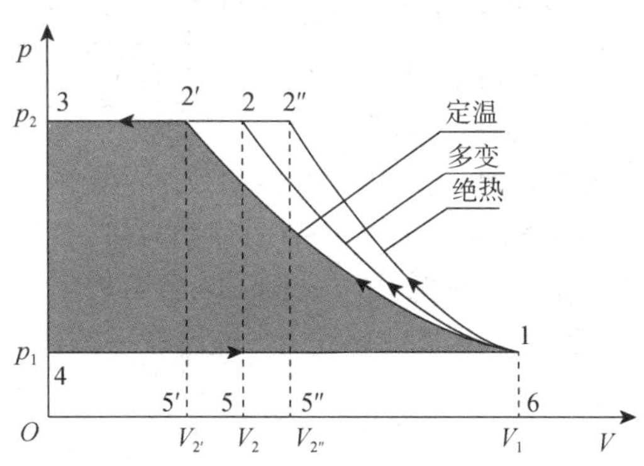

图 2-2-2　单级理想压缩机 $p-V$ 图

(二)活塞式压缩机的容积效率及其影响因素

1.余隙容积对压缩机的耗功和供气量的影响

上面所讨论的是没有余隙容积的理想压缩机的耗功情况。余隙容积的存在对压缩机的耗功和供气量将有影响。有余隙容积的压缩机理想示功图如图 2-2-1(c)所示。

由图 2-2-1(c)可见,此压缩机所消耗的机械功应等于压缩过程的技术功与余隙中剩余的高压气体膨胀过程的技术功的代数和。

理论分析表明:与无余隙容积相比,有余隙容积存在时,压缩机活塞往复一次的供气量减少了,从而压缩机活塞往复一次所消耗的功减少;但是,有余隙容积时和没有余隙容积时,压缩相同质量的气体所消耗的功是相同的。

虽然经理论分析得出:无论有无余隙容积,压缩相同质量的气体所消耗的功是相同的,即余隙容积对压缩机的耗功没有影响,但实际上,余隙容积的存在使压缩机活塞往复一次的吸气量减少,若制造相同质量和相同压力的压缩气体,有余隙容积的压缩机要比无余隙容积的压缩机活塞往复的次数多,增加了摩擦功的消耗。因此有余隙容积的压缩机要比没有余隙容积时消耗的机械功多。这就要求在设计和维修压缩机时余隙容积不能过大。

2.容积效率

图 2-2-1(c)所示的压缩机示功图中,由于余隙容积中残余高压气体的膨胀,在进气过程中所吸入的气体体积应为(V_1-V_4),称为有效吸气容积,它总是小于气缸工作容积 V_s,因而造成气缸工作容积或活塞排量的利用不充分。

用有效吸气容积(V_1-V_4)和气缸工作容积 V_s之比来衡量气缸工作容积的利用率,称为容积效率,以 η_v表示,即

$$\eta_v = \frac{V_1 - V_4}{V_s}$$

3.压缩机的余隙比和增压比对容积效率的影响

若余隙容积中残余气体的膨胀过程是一个多变指数为 n 的多变过程，将多变过程中热力学状态参数之间的关系代入容积效率的定义式中，可得：

$$\eta_v = 1 - \delta(\beta^{\frac{1}{n}} - 1)$$

式中，$\delta = \frac{V_0}{V_s}$，称为压缩机的余隙比；$\beta = \frac{p_2}{p_1}$，称为压缩机的增压比。

由此式可以看出，容积效率 η_v 与余隙比 δ 和增压比 β 有关。当余隙比 δ 增大时，容积效率 η_v 降低；当增压比 β 增大时，容积效率 η_v 也降低。

图 2-2-3 所示为相同的余隙容积时，增压比对容积效率的影响。由图可见，压缩终点气体的压力由 p_2 提高到 $p_{2'}$，则有效吸气容积将由 $(V_1 - V_4)$ 缩小为 $(V_1 - V_{4'})$。当 p_2 不大时，余隙容积对压缩机压缩气体的供气量（容积效率）的影响较小，但当 p_2 较大时，影响就很大。当 p_2 增大到某一数值，如图中的 $p_{2''}$ 时，余隙容积 V_0 中的残余气体膨胀后的体积甚至达到 V_1 而完全不允许进气，因而容积效率 $\eta_v = 0$。

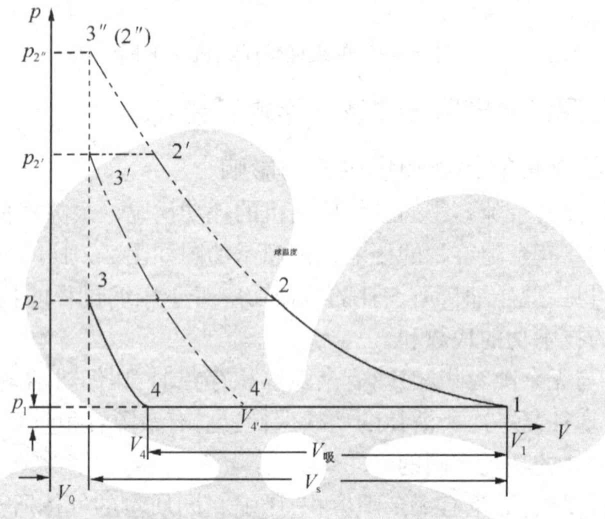

图 2-2-3　增压比对容积效率的影响

此外，压缩终点气体的压力 p_2 越大，压缩终点的气体温度也越高。若压缩机的压缩过程是一个多变指数为 n 的一个多变过程，则初温为 T_1 的空气在增压比为 β 时压缩终点的温度 T_2 为

$$T_2 = T_1 \left(\frac{p_2}{p_1}\right)^{\frac{n-1}{n}} = T_1 \beta^{\frac{n-1}{n}}$$

可见，增压比越大，空气压缩终点的温度越高。当空气温度超过滑油自燃点（300～350 ℃）时，滑油就会自燃。空气压缩终点的温度一般不得超过 160 ℃，以保证正常的润滑条件。

总之，为了提高压缩机容积效率和保证正常润滑条件：一方面，应尽量减小压缩机余隙容积，即降低余隙比（$\delta = V_0/V_s$），一般 δ 为 2%～6%；另一方面，单级压缩机的增压比（$\beta = p_2/p_1$）

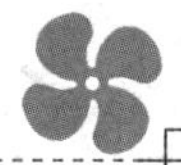

不宜过大,一般以 $\beta \leqslant 7$ 为宜,当超过这个增压比时,应采用多级压缩机。

船舶上启动主机用的压缩空气压力通常为 3 MPa 左右,若采用单级压缩,不但容积效率太低,而且压缩终点温度很高(按绝热过程压缩时压缩终点的温度高达 500 ℃),因此必须采用二级压缩。

例如,某单级活塞式空气压缩机,多变过程的多变指数均为 1.25,余隙比为 5%;压缩前空气的压力为 0.1 MPa,温度为 20 ℃。若压缩后空气的压力为 0.6 MPa,即增压比为 6,则通过计算可知该压缩机的容积效率为 84%,压缩终点的温度为 146 ℃;若压缩后空气压力提高到 3 MPa,即增压比为 30,则通过计算可知该压缩机的容积效率降低至 29%,而压缩终点的温度升高至 305 ℃。可见,当增压比过大时,容积效率就会过低,而且压缩终点气体温度将会超过允许值(160 ℃)。因此,当增压比为 30 时,必须采用二级压缩。

(三)多级压缩和级间冷却

当增压比较大时,采用多级压缩的目的是提高压缩机的容积效率,若同时采用级间冷却,还可以降低压缩终点的温度,保证正常的润滑条件。

1.二级活塞式压缩机的工作原理

图 2-2-4 为二级活塞式压缩机的装置简图。空气经低压缸 1 压缩,压力由初压 p_1 提高至某一中间压力 p_m,然后流入中间冷却器 2,再经高压缸 3 压缩到需要的压力 p_2,最后充入空气瓶中。

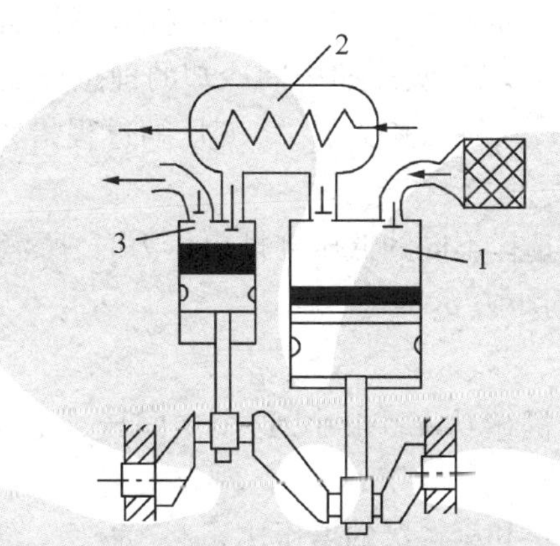

图 2-2-4　二级活塞式压缩机的装置简图

1—低压缸;2—中间冷却器;3—高压缸

图 2-2-5 为二级活塞式理想压缩机的 $p-V$ 图。图中:0-1 为低压缸吸气过程;1-2 为低压缸多变压缩过程;2-5 为低压缸排气过程,排气后在中间冷却器中定压冷却到常温,使 $t_2=t_1$,比体积从原来的 v_2 缩小为 $v_{2'}(=V_{2'}/m)$;5-2′为高压缸吸气过程;2′-3′为高压缸多变压缩过程;3′-4 为高压缸排气过程。

在图 2-2-5 所示的二级活塞式理想压缩机的 $p-V$ 图上,低压缸的示功图可用 0-1-2-5 表示,完成一个工作过程(活塞往复一次)所消耗的机械功可用面积 S_{01250} 表示;高压缸的示功图可用 5-2′-3′-4 表示,完成一个工作过程(活塞往复一次)所消耗的机械功可用面积 $S_{52'3'45}$ 表示。

二级活塞式理想压缩机完成一个工作过程所消耗的机械功为低压缸与高压缸消耗的机械功之和,在图 2-2-5 所示的二级活塞式理想压缩机的 $p-V$ 图上,可用面积 $S_{0122'3'40}$ 表示。而此压缩若用单级压缩机完成，所需要的机械功可用面积 S_{012340} 表示，显然，采用中间冷却的二级压缩机所消耗的机械功要比单级小，节省的机械功可用面积 $S_{233'2'2}$ 表示。

空气经低压缸压缩后，再经过中间冷却器被冷却到常温，然后进入高压缸中压缩，压缩终点温度与低压缸压缩终点温度相差不多，从而保证气缸的良好润滑条件。

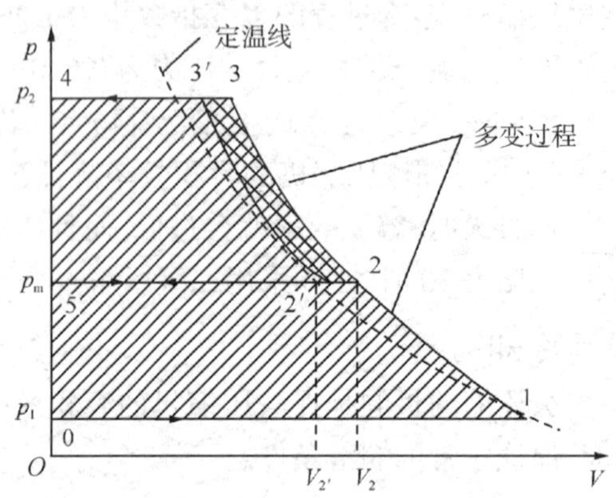

图 2-2-5　二级活塞式理想压缩机的 p-V 图

2.最佳中间压力与最佳增压比

在二级压缩机中，压缩气体所消耗的机械功为低压缸与高压缸所消耗的机械功之和。理论分析表明，对于多变压缩来说，如果中间冷却器能使气体得到最有效的冷却，使冷却后的气体温度达到 $t_2=t_1$，则活塞往复一次，二级压缩中间冷却的理想压缩机所消耗的单位质量机械功 $w_{c,n}$ 由空气的初始状态（p_1、v_1）、终点压力 p_2、多变压缩过程指数 n 和中间压力 p_m 确定，当 p_1、v_1、p_2 和 n 给定时，$w_{c,n}$ 就由 p_m 确定。

因此，在二级压缩机中，当选择不同的低压缸排出压力时，所消耗的单位质量机械功也是不同的。通过分析可知，当中间压力 p_m 为

$$p_m=\sqrt{p_1p_2}$$

时，压缩机所消耗的单位质量机械功 $w_{c,n}$ 最小，这个中间压力 p_m 称为双级压缩的最佳中间压力。

此时，第一级的增压比 p_m/p_1 和第二级的增压比 p_2/p_m 为

$$\beta=\frac{p_m}{p_1}=\frac{p_2}{p_m}=\sqrt{\frac{p_2}{p_1}}$$

此式表明，要使压缩机所消耗的机械功最小，第一级和第二级的增压比应该相同。这个增压比称为最佳增压比。

另外，当两级增压比相同时，每级所消耗的功也相等。因此，选择最佳增压比不仅可以省功，而且可以使各缸的负荷分配均匀。

例如，某二级理想活塞式压缩机，将 $p_1=0.1$ MPa 的空气压缩至 $p_2=3$ MPa，其最佳增压比为 $\beta=\sqrt{\frac{p_2}{p_1}}=\sqrt{\frac{3}{0.1}}\approx5.48$，最佳中间压力 $p_m=\sqrt{p_1p_2}=\sqrt{0.1\times3}\approx0.548$ MPa。

分析表明，多级压缩且各级间气体都得到最有效冷却时，最佳增压比仍是当各级的增压比相同时的各级增压比，由此最佳增压比得到的各级间的压力即为最佳级间压力。

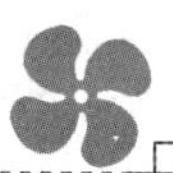

二、叶轮式压缩机

活塞式压缩机因转速不高、间歇性的吸气与排气以及有余隙容积的影响,单位时间供气量小,因此,当需要大供气量时,应采用叶轮式压缩机。这是因为叶轮式压缩机转速很高,能连续不断地吸气与排气,无余隙容积,所以它的机件不大而排量很大,且工作稳定。

(一)叶轮式压缩机的分类

习惯上,叶轮式压缩机按其出口压力 p_g(表压力)的高低分为:通风机($p_g=0.000\ 2\sim0.015$ MPa)、鼓风机($p_g=0.015\sim0.04$ MPa)和压缩机($p_g\geqslant0.04$ MPa)。

叶轮式压缩机按其结构可分为离心式(即径流式)和轴流式两种。它们的结构不同,但工作原理是相同的。

(二)叶轮式压缩机的工作原理

虽然叶轮式压缩机的工作原理与活塞式压缩机不同,但按热力学的观点分析,气体的状态变化过程完全一样,都是气体接受了外界的机械功而被压缩的过程。但是,在叶轮式压缩机中分为两步:(1)通过工作叶片把机械能传给气体以增加其动能;(2)气流在导向叶片和扩压管中降低速度,使压力增大。

船上采用的废气涡轮增压器就是以废气涡轮来带动的离心式压缩机。如图 2-2-6 所示,压缩机转子被带动旋转后,空气沿轴向进入叶轮叶片之间,旋转着的叶片使空气在离心力作用下被高速甩出叶轮,高速气流进入沿叶轮外围所布置的有叶扩压器,速度降低,压力增大,然后经过断面渐大的蜗壳,速度进一步降低,压力进一步增大,最后从排气口排出。

图 2-2-7 为多级轴流式压缩机构造简图,空气从左下方的进口处流入压缩机,经过收缩器 1 时流速得到初步增加。进口导向叶片 2 使气流改为轴向流动,同时还起扩压管的作用,使压力得到初步增大,转子 7 由外力(通常为电动机、汽轮机或燃气轮机)驱动高速旋转。装在转子上的工作叶片 3 推动气流,使之获得很高的流速。高速气流进入装在机壳上的导向叶片 4 间的通道(起扩压管作用),速度降低而压力升高。气流每经过一级(由一排工作叶片和一排导向叶片所构成),压力便增大一些,最后经扩压器 6 进一步增大压力,高压气流从右下方出口排出压缩机。

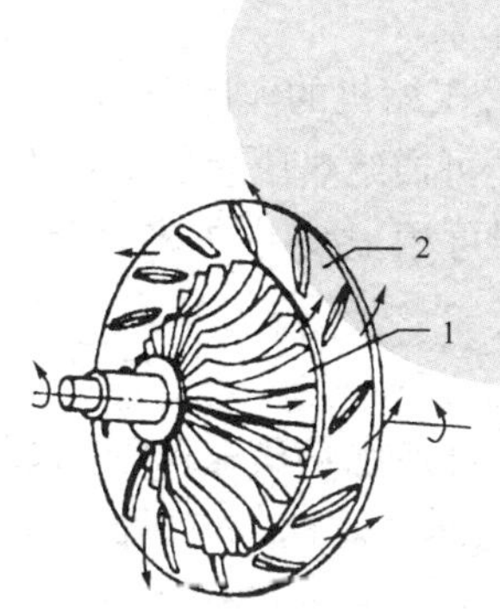

图 2-2-6　离心式压缩机

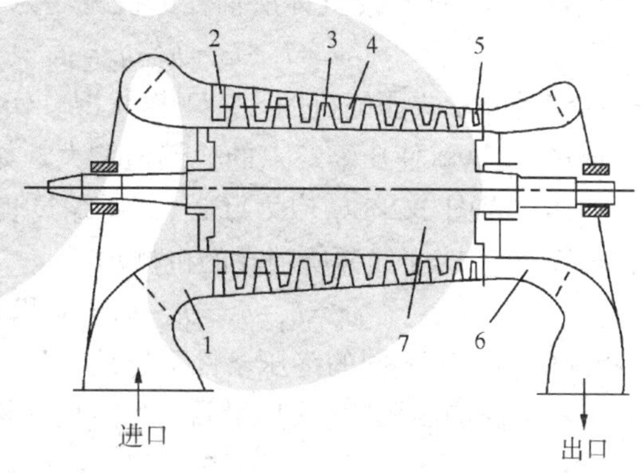

图 2-2-7　多级轴流式压缩机结构简图

1—收缩器;2—进口导向叶片;3—工作叶片;4—导向叶片;5—出口导向叶片;6—扩压器;7—转子

（三）叶轮式压缩机的耗功

由稳定流动能量方程式可知，叶轮式压缩机压缩 1 kg 气体时所消耗的机械功 w_c 为

$$w_c = q - \Delta h - \Delta w_g^2/2$$

通常，由于气流在叶轮式压缩机中的流速较大，流经的时间很短，压缩过程中气体的放热 q 与压缩过程中气体焓的变化量 Δh 相比很小，所以，可以近似认为气体在叶轮式压缩机中的压缩过程是绝热的，即 $q \approx 0$；另外，压缩机进口和出口气体流动动能的差值 $\Delta w_g^2/2$ 与压缩过程中气体焓的变化量 Δh 相比也很小，也可忽略不计，即 $\Delta w_g^2/2 \approx 0$，则可得

$$w_c = -\Delta h = h_1 - h_2$$

此式对任意工质的可逆或不可逆绝热过程均适用。

对于定比热容的理想气体的可逆绝热压缩过程，叶轮式压缩机和单级活塞式压缩机在可逆绝热压缩时消耗机械功的计算公式相同。

（四）叶轮式压缩机的绝热效率

如图 2-2-8 所示，压缩机的可逆绝热压缩过程在 T–s 图中可用垂直线 1–2 来表示。

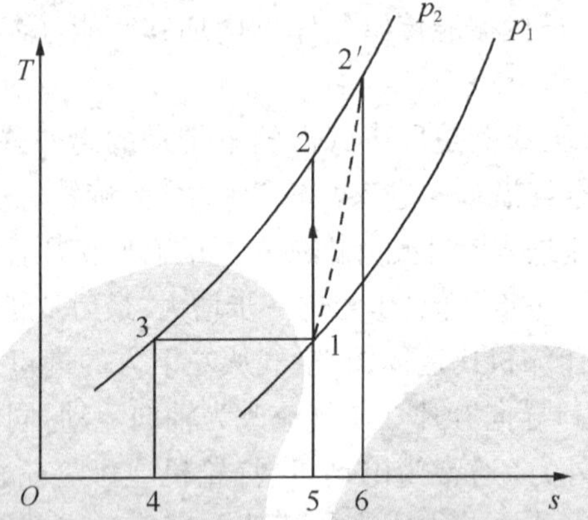

图 2-2-8　T–s 图上的压缩机绝热压缩过程

由于理想气体的比焓 h 是温度的单值函数，在图 2-2-8 中，因为 $T_1 = T_3$，所以 $h_1 = h_3$，即 $h_1 - h_2 = h_3 - h_2$；又因为点 3 和点 2 在一条等压线上，而等压线下的面积 S_{432154} 即为定压加热量，正好等于比焓的变化量，故压缩 1 kg 气体所消耗的机械功为

$$w_c = h_1 - h_2 = h_3 - h_2 = \text{面积 } S_{432154}$$

可逆绝热压缩是叶轮式压缩机的理想工作状况。实际上，压缩机的实际压缩过程是存在着摩擦的不可逆过程，这就使压缩终点的比熵值增大。如果不可逆绝热压缩到相同的终压，则实际压缩过程的终点在图 2-2-8 中应为点 2′，其压缩过程曲线可用虚线 1–2′来表示。压缩机实际绝热压缩过程压缩 1 kg 气体所消耗的机械功为

$$w_c' = h_1 - h_{2'} = h_3 - h_{2'} = \text{面积 } S_{4322'64}$$

显然，在相同的初态和相同的终压条件下压缩 1 kg 气体，可逆绝热压缩（理想状况）所消耗的机械功小于不可逆绝热压缩（实际状况）所消耗的机械功，即 $|w_c| < |w_c'|$，且 $|w_c'| - |w_c| =$ 面积 $S_{522'65}$。

在压缩机中，可以用可逆绝热压缩时压缩机所消耗的机械功 w_c 与不可逆绝热压缩时压缩机所消耗的机械功 w'_c 之比来衡量压缩机中绝热压缩过程的不可逆程度，称为压缩机的绝热效率，用符号 η_c 表示，即

$$\eta_c = \frac{w_c}{w_c'} = \frac{h_1 - h_2}{h_1 - h_2'}$$

第三节 蒸气压缩制冷循环

在现代船舶上，储藏船员食品、运输冷藏货物，以及夏季舱室内进行空气调节等，都需要由低于外界环境的温度来保证。对物体进行冷却，使其温度低于周围环境温度，并维持这个低温，称为制冷。要产生和保持这一低温，就必须从被冷却物体移出热量。在工程上让制冷剂在系统中进行制冷循环的设备称为制冷装置。由热力学第二定律可知，制冷装置必须以消耗机械功或其他形式的能量为代价才能达到制冷的目的。

本节介绍蒸气压缩制冷装置的理想循环、制冷剂 $p-h$ 图和影响制冷系数的主要因素、提高制冷系数的主要途径。

一、蒸气压缩制冷的理想循环

根据卡诺定理，逆向卡诺循环是制冷装置的最理想循环。若采用理想气体为工质，则由于其定温过程无法得到工程上有价值的实现，无法实现以理想气体为工质的逆向卡诺循环。

蒸气压缩制冷循环实现了制冷剂气、液两相交替变化。若保持冷凝压力和蒸发压力恒定，可使冷凝温度和蒸发温度也不变，因而在理论上可实现逆向卡诺循环，以取得较大的制冷系数。又因制冷剂在相变时具有较大的比汽化潜热值，单位质量制冷剂的制冷量较大，从而使制冷装置的结构较紧凑。这是蒸气压缩制冷循环得到广泛应用的原因。

(一) 蒸气压缩制冷的逆卡诺循环

图 2-3-1 是在给定的环境温度 T_1 和冷库温度 T_2 之间的蒸气压缩制冷逆卡诺循环的装置示意图和 $T-s$ 图。图中：

1-2 为制冷剂在压缩机内的绝热压缩过程，消耗外界的比轴功 $w_c = h_2 - h_1$；

2-3 为制冷剂在冷凝器中的定压、定温冷凝放热过程，制冷剂由饱和蒸气变为饱和液体，单位质量制冷剂的放热量 $q_1 = h_2 - h_3$；

3-4 为制冷剂在膨胀机中的绝热膨胀过程，对外界做的比轴功 $w_e = h_3 - h_4$；

4-1 为制冷剂在蒸发器中的定压、定温蒸发吸热过程，单位质量制冷剂的吸热量 $q_2 = h_1 - h_4$。

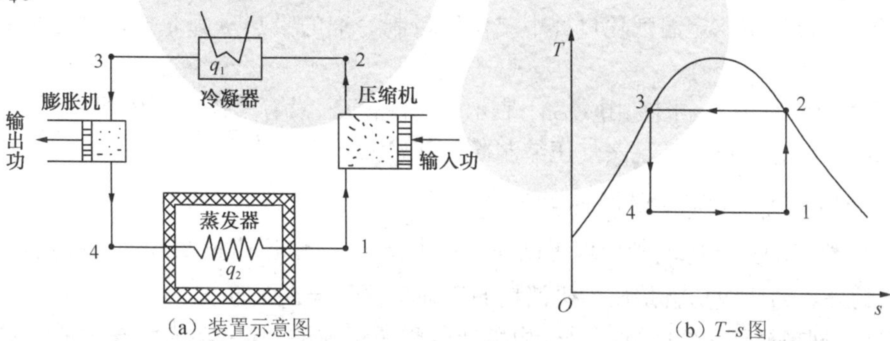

(a) 装置示意图 (b) $T-s$ 图

图 2-3-1 蒸气压缩制冷逆卡诺循环

此逆向卡诺循环的制冷系数为

$$\varepsilon_c = \frac{q_2}{w_c - w_e} = \frac{q_2}{w} = \frac{q_2}{q_1 - q_2} = \frac{T_2}{T_1 - T_2}$$

ε_c是温度T_1与T_2之间所有制冷循环中制冷系数的最大值。

但是，由图 2-3-1 中的 $T-s$ 图可见，其压缩过程和膨胀过程都处在湿蒸气区，这样由于液体的不可压缩性，产生液击而造成压缩机机件的损坏。可见，采用蒸气为工质的逆向卡诺循环也是无法实现的。

(二)蒸气压缩制冷的理想循环

为了实现蒸气压缩制冷循环，必须对图 2-3-1 所示的循环进行以下改进：

(1)用膨胀阀代替膨胀机，以简化装置；

(2)压缩机吸入的是干饱和蒸气(实际上为了保证“干压”，吸入的是过热蒸气)。

改进后的循环称为蒸气压缩制冷理想循环，其装置示意图以及循环的 $T-s$ 图如图 2-3-2 所示，这个装置主要由压缩机、冷凝器、膨胀阀和蒸发器四大部件组成。

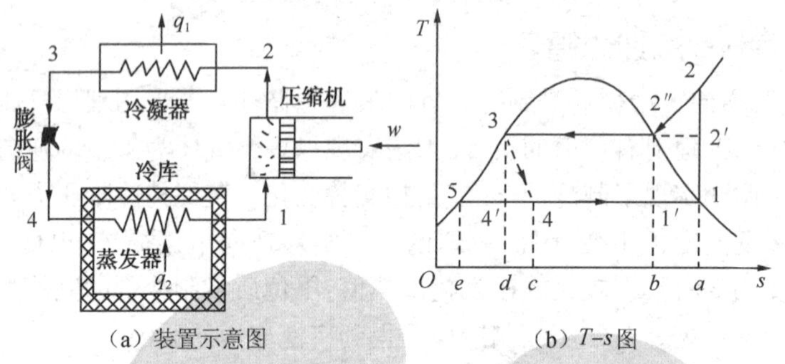

(a) 装置示意图　　(b) $T-s$图

图 2-3-2　蒸气压缩制冷理想循环

图 2-3-2 所示的蒸气压缩制冷循环的工作过程如下：

1-2 为制冷剂在压缩机中的绝热压缩过程，消耗外界的比轴功为 $w_c=h_2-h_1$；

2-3 为制冷剂在冷凝器中的定压放热过程，先由过热蒸气在定压下冷却为干饱和蒸气，再由干饱和蒸气在定压定温下凝结为饱和液体，定压放热过程中单位质量制冷剂的放热量 $q_1=h_2-h_3$，在 $T-s$ 图上可用面积 S_{23da2}来表示；

3-4 为制冷剂在膨胀阀的绝热节流过程，制冷剂的压力急速减小、温度急速下降，绝热节流过程是非准静态过程，在 $T-s$ 图上用虚线表示，节流前、后比焓相等，即 $h_3=h_4$；

4-1 为制冷剂在蒸发器中的定压定温汽化过程，制冷剂由湿蒸气变为干饱和蒸气，这个过程中产生制冷效果，定压定温汽化过程中单位质量制冷剂的吸热量为 $q_2=h_1-h_4$，在 $T-s$ 图上用面积 S_{41ac4}表示。

图 2-3-2 所示的在 $T-s$ 图上用 12341 表示的制冷循环，没有考虑在压缩机、冷凝器和蒸发器中的实际过程的不可逆性，是蒸气压缩制冷的理想循环。

(三)蒸气压缩制冷理想循环的制冷系数

图 2-3-2 所示的蒸气压缩制冷理想循环的每个循环中，单位质量制冷剂的吸热量 $q_2=h_1-h_4$，所消耗的外界的比净功就是压缩机消耗的比轴功，即 $w=w_c=h_2-h_1$。

由于这一理想循环 12341 并不是全由可逆过程所组成的，其中在膨胀阀中的绝热节流过程 3-4 为非准静态过程，所以这一循环的比净功 w 不能用 $T-s$ 图上循环 12341 所包围的面积表示。

根据热力学第一定律,对图 2-3-2 所示的 $T-s$ 图上的 12341 循环有:

$$w=q_1-q_2=\text{面积 } S_{23da2}-\text{面积 } S_{41ac4}=\text{面积 } S_{1234'1}+\text{面积 } S_{4'4cd4'}$$

因为 $h_3=h_4$,所以 $h_3-h_5=h_4-h_5$,即面积 S_{53de5} = 面积 S_{54ce5},于是有:

$$\text{面积 } S_{534'5}=\text{面积 } S_{4'4cd4'}$$

因此,这一循环的比净功 w 可以用面积 S_{12351} 表示,即

$$w=\text{面积 } S_{1234'1}+\text{面积 } S_{534'5}=\text{面积 } S_{123451}$$

于是,图 2-3-2 所示的蒸气压缩制冷理想循环的制冷系数为

$$\varepsilon=\frac{q_2}{w}=\frac{h_1-h_4}{h_2-h_1}=\frac{\text{面积 } S_{41ac4}}{\text{面积 } S_{12351}}$$

如图 2-3-2 所示,用实际的节流过程 3-4 替代理想的绝热膨胀过程 3-4′,制冷量减小了(减少量如面积 $S_{4'4cd4'}$ 所示),而耗功量增加了(增加量如面积 $S_{534'5}$ 所示);用“干压”代替逆卡诺循环的“湿压”,制冷量增加了(增加量如面积 $S_{1ab1'1}$ 所示),耗功量也增加了(增加量如面积 $S_{122''1'1}$ 所示)。总之,与原逆卡诺循环相比,耗功量增加了很多(增加量如面积 $S_{534'5}$ + 面积 $S_{122''1'1}$ 所示),而制冷量增加得很少(增加量如面积 $S_{1ab1'1}$ - 面积 $S_{4'4cd4'}$ 所示),所以,蒸气压缩制冷理想循环的制冷系数 ε 较逆卡诺循环的制冷系数 ε_c 有显著的降低。

(四)单级压缩双蒸发器的制冷循环

船舶制冷装置(及家用冰箱)往往需要用一台压缩机同时保持肉库(冷冻室,-15 ℃左右)和菜库(冷藏室,5 ℃左右)的低温。图 2-3-3 所示的是一个具有一台压缩机和两个蒸发器的制冷系统,其相应的 $T-s$ 图如图 2-3-4 所示。

菜库(冷藏室)中的蒸发器称为高压蒸发器,肉库(冷冻室)中的蒸发器称为低压蒸发器。每个蒸发器前都有一个膨胀阀,以便制冷剂节流、降压、降温,并自动控制制冷剂的流量。低压蒸发器的蒸发压力由压缩机的吸入压力来控制;高压蒸发器的蒸发压力由蒸发器后面的背压阀来控制,使之具有较高的蒸发温度。该制冷系统的其他部分与前述的单级压缩单蒸发器的制冷装置相同。

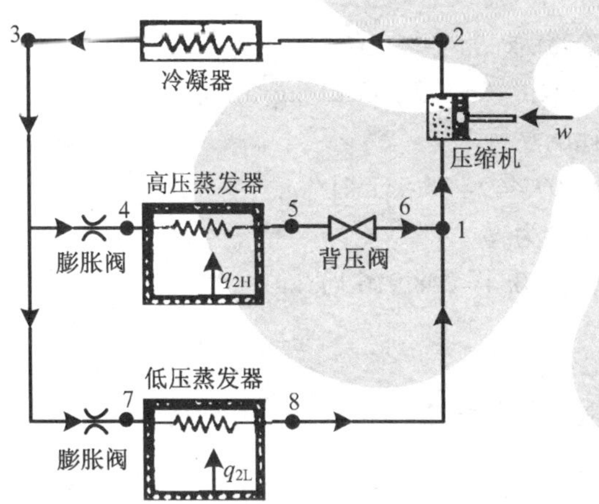

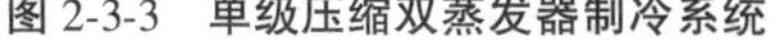
图 2-3-3　单级压缩双蒸发器制冷系统

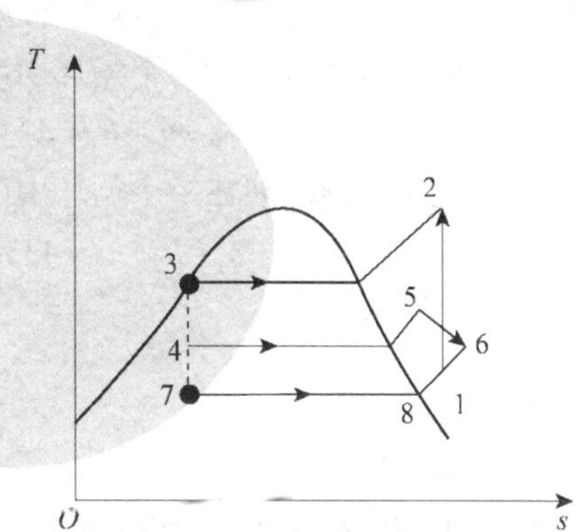

图 2-3-4　单级压缩双蒸发器制冷系统的 $T-s$ 图

二、制冷剂 p–h 图的特征及其应用

(一)制冷剂 p–h 图及其特征

用 T–s 图来分析蒸气压缩制冷循环时，有关耗功和制冷量、放热量都用相应的面积来表示。用面积来进行对比，较为形象，用来进行分析计算，却很不方便。

制冷剂的压–焓图(p–h 图)是以 $\lg p$ 为纵坐标，以 h 为横坐标的半对数坐标图。

图 2-3-5 为缩小了的 R-134a 的 p–h 图。

在制冷剂的压–焓图(p–h 图)上，蒸气压缩制冷循环的有关功量和热量都可用横坐标上相应线段的长度来表示，因而更为直观和方便。所以，应用各种制冷剂的 p–h 图进行分析计算在制冷工程上得到了广泛的应用。

图 2-3-6 为制冷剂 p–h 图的结构示意图。图中除绘有饱和液体线($x=0$)、饱和蒸气线($x=1$)和临界点 C 之外，还绘有四组定参数线：定干度线、定温线、定熵线和定比容线。

(二)制冷剂 p–h 图的应用

图 2-3-7 为蒸气压缩制冷理想循环在 p–h 图上的表示，图中：

1–2 为制冷剂在压缩机中的绝热压缩过程，$w_c=h_2-h_1$，可用图中点 1 与点 2 之间的水平距离表示；

2–3 为制冷剂在冷凝器中的定压放热过程，$q_1=h_2-h_3$，可用图中线段 2–3 的水平距离表示；

3–4 为制冷剂在膨胀阀中的绝热节流过程，其焓值不变，$h_3=h_4$，在图中为垂直线；

4–1 为制冷剂在蒸发器中的定压定温汽化过程，$q_2=h_1-h_4$，可用图中线段 4–1 的水平距离表示。

例如，某制冷装置的 p–h 图如图 2-3-8 所示。制冷剂的蒸发温度为 $t_4=-20$ ℃，压缩机的吸气温度为 $t_1=-20$ ℃，制冷剂的冷凝温度为 $t_3=20$ ℃。在该制冷剂的 p–h 图上可分别找出给定的各点，并查出各点的焓值分别为 $h_1=397.469$ kJ/kg，$h_2=433.000$ kJ/kg，$h_3=h_4=224.084$ kJ/kg，则：

(1)单位质量制冷剂在一个循环中的制冷量为

$$q_2=h_1-h_4=397.469-224.084=173.385\ \text{kJ/kg}$$

(2)单位质量制冷剂在一个循环中所消耗的功为

$$w=h_2-h_1=433.000-397.469=35.531\ \text{kJ/kg}$$

(3)单位质量制冷剂在一个循环中的放热量为

$$q_1=h_2-h_3=433.000-224.084=208.916\ \text{kJ/kg}$$

(4)制冷系数为

$$\varepsilon=\frac{q_2}{w}=\frac{173.385}{35.531}\approx 4.88$$

三、影响制冷系数的主要因素

由蒸气压缩制冷理想循环的制冷系数的公式

$$\varepsilon=\frac{q_2}{w}=\frac{h_1-h_4}{h_2-h_1}$$

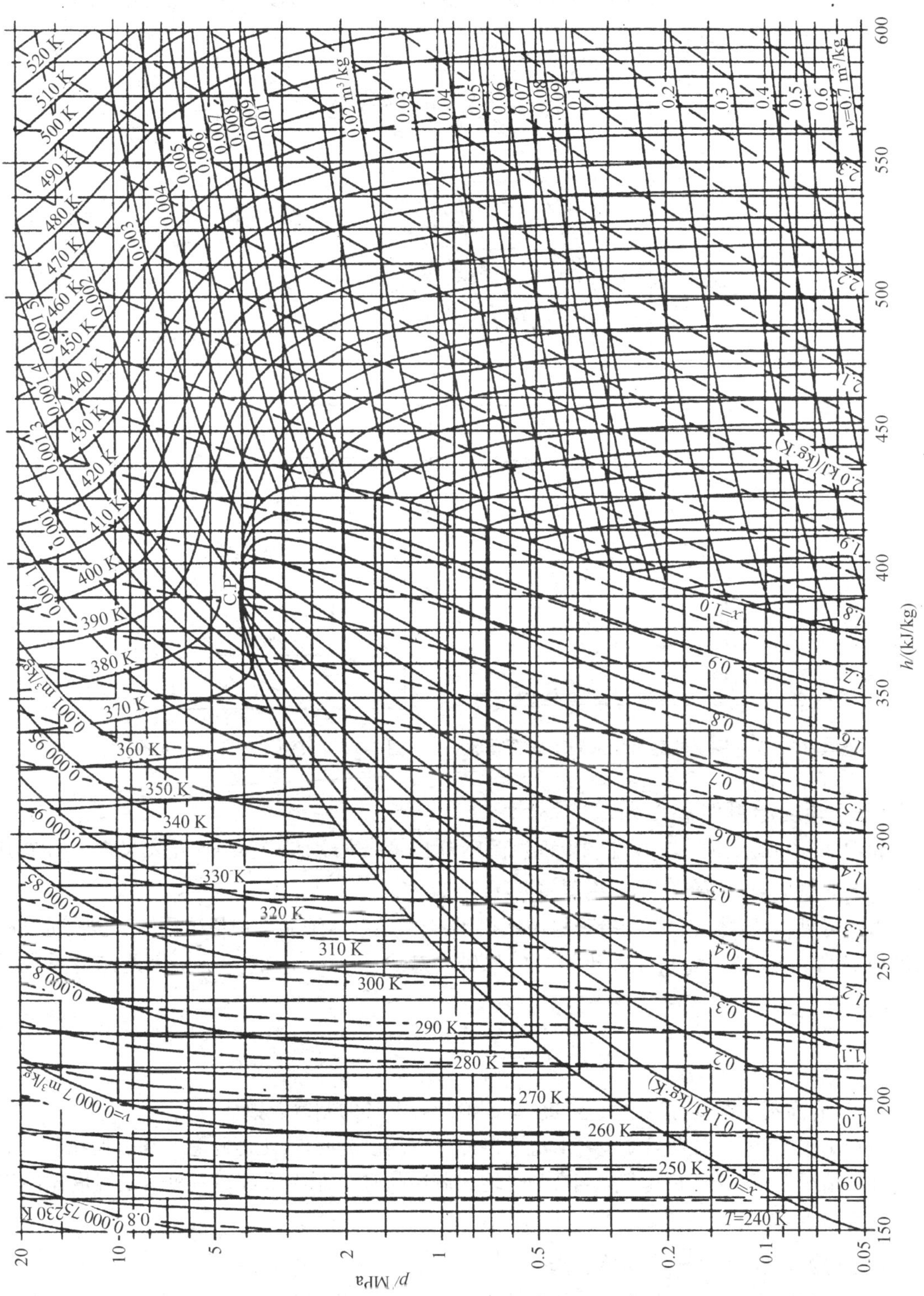

图 2-3-5　R-134a 的 $p-h$ 图

可知，影响蒸气压缩制冷理想循环制冷系数的主要因素是蒸发温度、冷凝温度和离开冷凝器的制冷剂液体的过冷度。

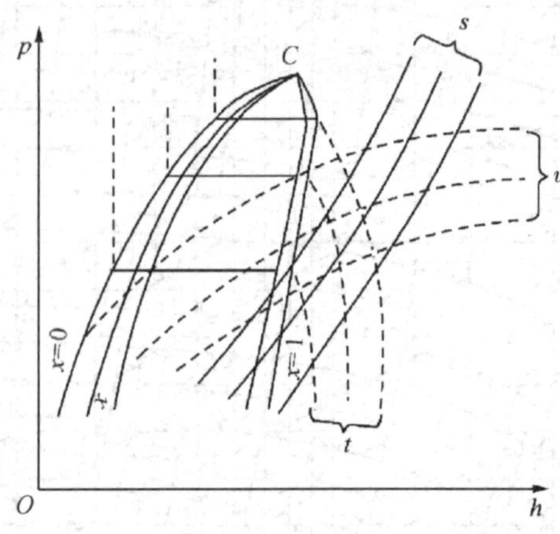

图 2-3-6　制冷剂 $p-h$ 图的结构示意图

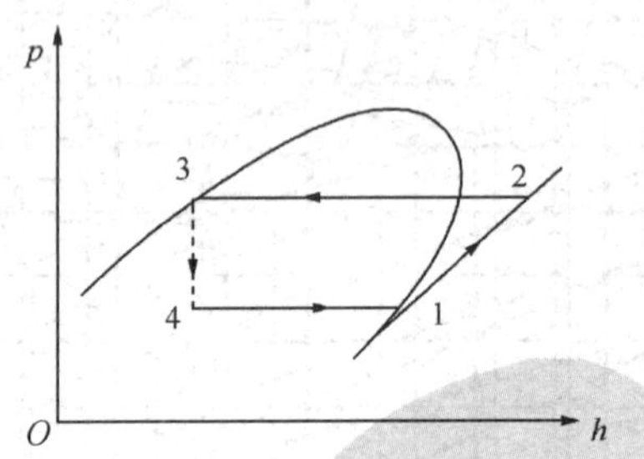

图 2-3-7　$p-h$ 图上的蒸气压缩制冷理想循环

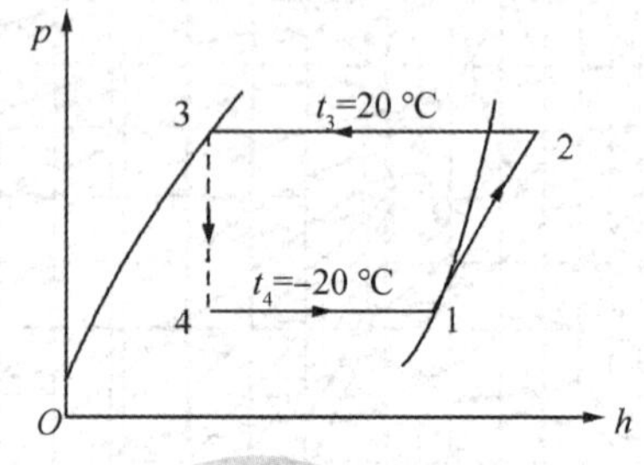

图 2-3-8　某制冷装置的 $p-h$ 图

（一）蒸发温度对制冷系数的影响

如图 2-3-9 所示，原蒸气压缩制冷理想循环为 12341，当冷凝压力不变，把蒸发温度由 T_1 升高到 T'_1，则构成新的蒸气压缩制冷理想循环 1′234′1′。

由图可见，与原蒸气压缩制冷理想循环相比，新的蒸气压缩制冷理想循环的单位质量制冷量增加了（$h_{1'}-h_{4'}>h_1-h_4$），压缩机消耗的比轴功减少了（$h_2-h_{1'}<h_2-h_1$），因此制冷系数增大了。

$$\varepsilon' = \frac{h_{1'} - h_{4'}}{h_2 - h_{1'}} > \varepsilon = \frac{h_1 - h_4}{h_2 - h_1}$$

可见，升高蒸发温度可以增大蒸气压缩制冷理想循环的制冷系数。

但在工程实际中，蒸发温度主要取决于制冷对象的温度要求，不能随意变动。但在制冷对象允许的情况下，取较高的蒸发温度有利于增大制冷循环的制冷系数。一般蒸发温度比冷库温度低 5~7 ℃，以保证传热的需要。

（二）冷凝温度对制冷系数的影响

如图 2-3-10 所示，原蒸气压缩制冷理想循环为 12341，若蒸发温度不变，降低冷凝温度，则构成新的蒸气压缩制冷理想循环 12′3′4′1。

由图可见，与原蒸气压缩制冷理想循环相比，新的蒸气压缩制冷理想循环的单位质量制冷量增加了（$h_1-h_{4'}>h_1-h_4$）、压缩机消耗的比轴功减少了（$h_{2'}-h_1<h_2-h_1$），因此制冷系数增大了。

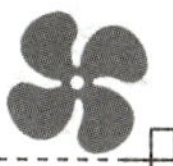

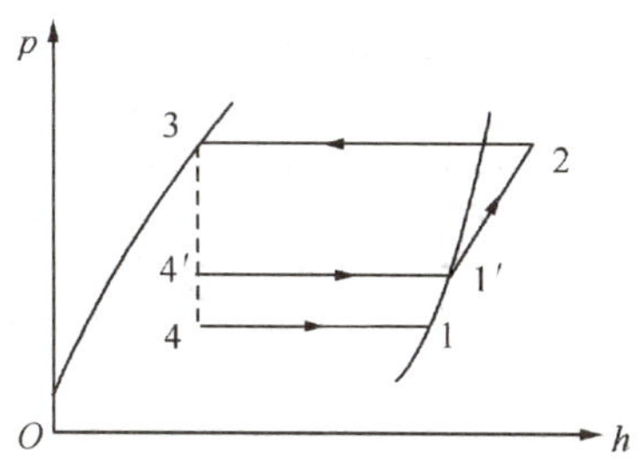

图 2-3-9　蒸发温度对制冷系数的影响

$$\varepsilon' = \frac{h_1 - h_{4'}}{h_{2'} - h_1} > \varepsilon = \frac{h_1 - h_4}{h_2 - h_1}$$

可见,降低冷凝温度可以提高蒸气压缩制冷理想循环的制冷系数。

但在工程实际中,冷凝温度取决于冷却介质(大气或冷却水等)的温度,不能随意变动。但在允许选择冷却介质温度时,比如冰箱、冰柜,从增大制冷系数的角度出发,应放置在房间温度较低的地方,一般冷凝温度要高于冷却介质温度 5~7 ℃,以保证必要的传热温差。

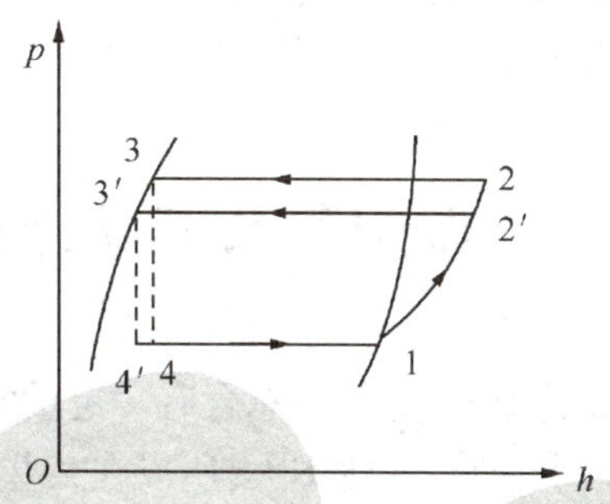

图 2-3-10　冷凝温度对制冷系数的影响

(三)过冷度对制冷系数的影响

如图 2-3-11 所示,原蒸气压缩制冷理想循环 12341 中,进入膨胀阀的制冷剂为饱和液体状态,若使进入膨胀阀的制冷剂液体为过冷液体,而其他条件不变时,则构成新的蒸气压缩制冷理想循环 123′4′1。

由图可见,在这两种蒸气压缩制冷理想循环中,压缩机消耗的比轴功相等,均为(h_2-h_1);而新的蒸气压缩制冷理想循环的单位质量制冷量为$(h_1-h_{4'})$,比原蒸气压缩制冷理想循环的单位质量制冷量(h_1-h_4)增加了$(h_4-h_{4'})$。因此,新的蒸气压缩制冷理想循环的制冷系数比原蒸气压缩制冷理想循环的制冷系数大。

$$\varepsilon' = \frac{h_1 - h_{4'}}{h_2 - h_1} > \varepsilon = \frac{h_1 - h_4}{h_2 - h_1}$$

可见,增大离开冷凝器的制冷剂液体的过冷度可以增大蒸气压缩制冷理想循环的制冷系数,而且过冷度越大,制冷系数增大得越多。

四、增大制冷系数的主要途径

综上分析,升高蒸发温度、降低冷凝温度和增大离开冷凝器的制冷剂液体的过冷度都可以增大蒸气压缩制冷理想循环的制冷系数。

但在工程实际中,蒸发温度主要取决于制冷对象的温度要求,冷凝温度则取决于冷却介质

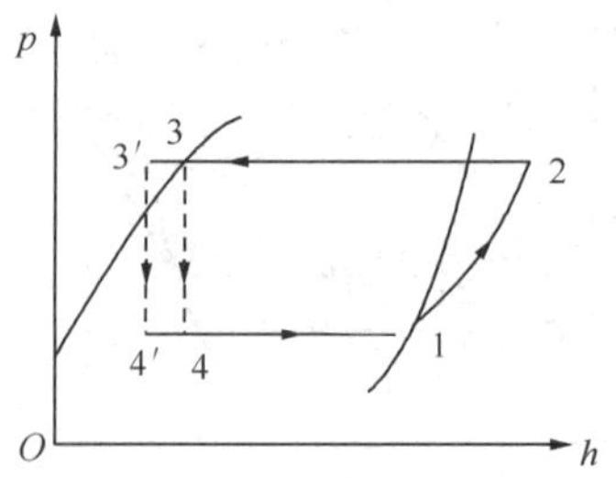

图 2-3-11 过冷度对制冷系数的影响

(大气或冷却水等)的温度,两者一般都不能随意变动。当然,在制冷对象允许的情况下取较高的蒸发温度,在允许选择冷却介质温度时取较低的蒸发温度,都有利于增大蒸气压缩制冷循环的制冷系数。

目前,增大蒸气压缩制冷理想循环制冷系数的最有效的办法,是增大离开冷凝器的制冷剂液体的过冷度。制冷剂液体离开冷凝器的温度取决于冷却介质的温度,过冷度一般都很小。多数制冷装置专设一回热器,使从冷凝器出来的制冷剂液体通过回热器进一步冷却,以增大过冷度。回热器的冷却介质通常为离开蒸发器的低温低压蒸气。

第四节 湿空气及其状态调节

由于海洋、江河、湖泊等水分的蒸发,空气中总含有一定量的水蒸气。

因为水蒸气在空气中含量很小,而且变化不大,所以在某些情况下往往忽略它的影响。例如,以空气作为柴油机或燃气轮机动力装置的工质时,通常就不考虑其中含有的少量水蒸气的影响。但是,在某些情况下,空气中的水蒸气对人们的生活和生产有很大的影响,如潮湿的空气会使人感觉不舒服,使食品加速腐烂;而干燥的空气也会使人感到不适,食品会因失去必要的水分而干缩等。

利用空气调节装置可以将对人不适宜的空气状态加工为适宜的状态。因此有必要了解湿空气的热力性质,并掌握其加热、冷却和加湿等过程。本节主要介绍湿空气的基本概念、湿空气的 h-d 图以及湿空气的典型处理过程。

一、湿空气的基本概念

(一)干空气与湿空气

1.干空气与湿空气的概念

含有水蒸气的空气称为湿空气,完全不含水蒸气的空气称为干空气。

湿空气是由干空气和水蒸气组成的混合气体。

干空气可视为理想气体,而存在于大气中的水蒸气,其压力通常是很小的,所以它的比容很大,分子间的距离是足够远的,可以作为理想气体处理。由理想气体组成的混合气体,称为理想混合气体。因此,湿空气为理想混合气体(事实上,干空气本身就是理想混合气体)。

湿空气这种由干空气和水蒸气组成的混合气体是一种较特殊的理想混合气体,其中的水蒸气的含量可能因凝结而减小,也可能由于水的蒸发而增大,这正是湿空气与由不凝结性气体

组成的混合气体的不同之处。

2.道尔顿分压定律

理想混合气体是由若干不同的理想气体所组成的,各组成气体的温度都相等,且都等于混合气体的温度 T;各组成气体所占容积也都相等,都等于混合气体的总容积 V。

若令理想混合气体中的某组成气体处于混合气体的温度 T 且单独占据整个容积 V,这时该组成气体的压力 p_i 必小于理想混合气体的压力 p,此时的压力 p_i 称为该组成气体的分压力。

实验证明,理想混合气体的压力等于各组成气体分压力的总和,这称为道尔顿分压定律,即

$$p = p_1 + p_2 + \cdots + p_n = \sum_{i=1}^{n} p_i$$

式中,p 为理想混合气体的压力;p_1、p_2、…、p_n 为各组成气体的分压力。

同样,理想混合气体的各组成气体处于理想混合气体的压力 p 和温度 T 时所单独占据的容积 V_i 称为各组成气体的分容积,则理想混合气体的容积 V 等于各组成气体分容积 V_i 的总和,这称为分容积定律,也称为亚美格分容积定律,即

$$V = V_1 + V_2 + \cdots + V_n = \sum_{i=1}^{n} V_i$$

此定律可由理想气体状态方程和道尔顿分压定律推导出来。

由道尔顿分压定律可知,干空气分压力 p_a 与水蒸气分压力 p_v 之和为湿空气的总压力,简称湿空气压力 p_b(大气压力),即

$$p_b = p_a + p_v$$

(二)饱和空气与未饱和空气

1.饱和空气

在一定的温度和压力下,湿空气中可以含有不同量的水蒸气,但水蒸气的含量不能超过某一最大可能的数值。如果湿空气中水蒸气的含量达到这一最大数值,就称这种空气为饱和空气。

此时,湿空气中水蒸气的分压力达到了最大值——湿空气温度下的水蒸气饱和压力,称为水蒸气饱和分压力。因此,饱和空气为湿空气中水蒸气分压力等于湿空气温度下的水蒸气饱和压力的湿空气。

因为饱和空气中的水蒸气为饱和蒸汽,所以饱和空气是由饱和水蒸气和干空气组成的混合气体。

2.未饱和空气

湿空气中水蒸气的含量没有达到最大数值时,就是未饱和空气。

未饱和空气为湿空气中水蒸气分压力小于湿空气温度下的水蒸气饱和压力的湿空气。此时的水蒸气为过热蒸汽,所以未饱和空气是由过热蒸汽和干空气组成的混合气体。

通常情况下,湿空气是处于未饱和状态的,即为未饱和空气。通过一定的途径,未饱和空气可以变为饱和空气。

如果使未饱和空气保持温度不变,且使之与水接触,由于水的蒸发,湿空气中的水蒸气分压力 p_v 不断增大,当增大到该温度下的饱和压力 p_s 时,过热水蒸气变成同温下的饱和蒸汽,如图 2-4-1 中 1-2 过程所示,未饱和空气就变为同温下的饱和空气。

如果把未饱和空气在与水隔绝的情况下定压冷却，当湿空气温度下降到水蒸气分压力 p_v 所对应的饱和温度时，湿空气中的水蒸气便由过热蒸汽变为同压下的饱和蒸汽，如图 2-4-1 中 1–3 过程所示，未饱和空气就变为同压下的饱和空气。

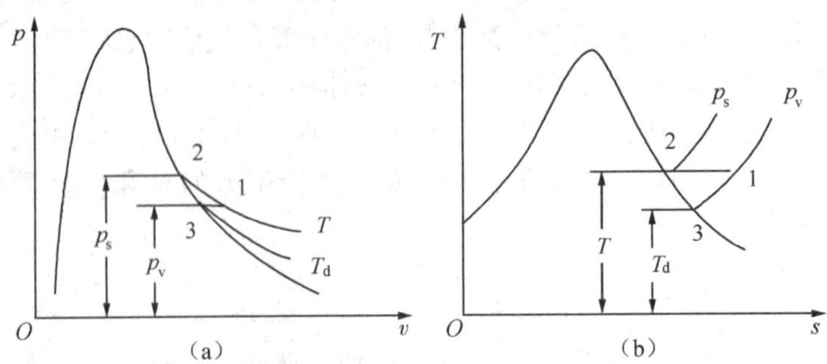

图 2-4-1　湿空气中水蒸气状态的 p–v 图和 T–s 图

(三)绝对湿度与相对湿度

湿度是表征湿空气中水蒸气含量的物理参数。表征湿空气湿度的方式有多种，常用的有绝对湿度、相对湿度等。

1.绝对湿度

单位体积的湿空气中所含水蒸气的质量称为湿空气的绝对湿度，其单位为 $\mathrm{kg}_{水蒸气}/\mathrm{m}^3_{湿空气}$，由于湿空气中的水蒸气质量很小，通常以 1 kg 的千分之一为单位，即为 $\mathrm{g}_{水蒸气}/\mathrm{m}^3_{湿空气}$。可见，湿空气的绝对湿度即湿空气中水蒸气的密度。

若体积为 V(m^3)的湿空气中含有 m_v(kg)的水蒸气，该湿空气的绝对湿度即该湿空气中水蒸气的密度 ρ_v 为

$$\rho_v = \frac{m_v}{V}\mathrm{kg}_{水蒸气}/\mathrm{m}^3_{湿空气}$$

$$= 1\,000\frac{m_v}{V}\mathrm{g}_{水蒸气}/\mathrm{m}^3_{湿空气}$$

在一定体积的湿空气中，水蒸气的含量越多，该湿空气的绝对湿度就越高。在一定的压力和一定的温度条件下，湿空气中能够含有的水蒸气是有极限的，若该体积空气中所含水蒸气超过这个限度，水蒸气就会凝结并从湿空气中析出。显然，在一定的温度和压力下，当湿空气为饱和湿空气时，其绝对湿度达到最大值。

湿空气的绝对湿度只是表达了单位体积的湿空气中所含水蒸气质量的多少，并不能反映空气的干湿程度，不能说明湿空气的饱和程度或吸收水分的能力。通常所说的空气的干湿程度是就水在其中的蒸发速率而言，而相对湿度与蒸发速率直接有关，因此，相对湿度能确切地表述湿空气的干湿程度。

2.相对湿度

把湿空气中水蒸气分压力 p_v 与湿空气温度下的水蒸气的饱和压力 p_s 之比，称为相对湿度，用 φ 表示，即

$$\varphi = \frac{p_v}{p_s}$$

由此式可见，当相对湿度 $\varphi=1$ 时，$p_v=p_s$，湿空气中水蒸气为饱和蒸汽，即相对湿度 $\varphi=1$ 的湿空气为饱和空气；当相对湿度 $\varphi<1$ 时，$p_v<p_s$，湿空气中水蒸气为过热蒸汽，即相对湿度 $\varphi<1$ 的湿空气为未饱和空气；当相对湿度 $\varphi=0$ 时，$p_v=0$，表示不含有水蒸气，此时为干空气。可见，相对湿度 φ 表述了湿空气接近饱和空气的程度，并且与温度无关。

通常，空气的干湿程度是就水在其中的蒸发速率而言的：蒸发迅速，人们感到干燥；蒸发缓慢，人们感到潮湿。相对湿度与蒸发速率直接有关：相对湿度 φ 值越大，蒸发速率越小；相对湿度 φ 值越小，则蒸发速率越大。因此，相对湿度 φ 确切地表述了湿空气的干湿程度。

用温度计和露点测定仪分别测出湿空气温度 t 和露点 t_d，查饱和蒸汽表可得湿空气中水蒸气的饱和分压力 p_s 和实际分压力 p_v，代入上式中即可获得湿空气的相对湿度 φ。

相对湿度 φ 也可由干湿球温度计测得的干球温度与湿球温度来确定。

(四)干球温度、湿球温度与露点

1.干球温度与湿球温度

图 2-4-2 所示为干湿球温度计。

在图 2-4-2 中，左侧温度计测得的温度称为干球温度，也就是空气的温度，用 t 表示；右侧温度计的测温包用浸在水中的纱布包住，它所测得的温度称为湿球温度，用 t_w 表示。

当空气的相对湿度 φ 小于 100%时，纱布上的水分不断蒸发，并吸收汽化潜热，使纱布上的水温下降，因而与周围空气形成温差，空气即向纱布上的水传递热量。空气与水的温差越大，传递的热量就越多。

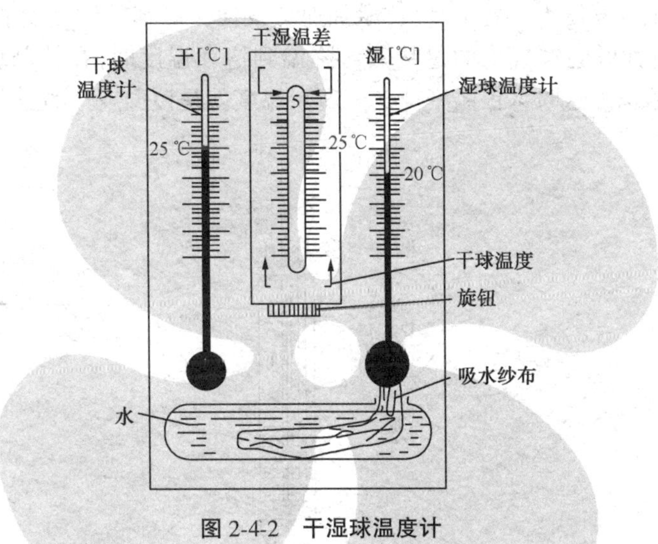

图 2-4-2　干湿球温度计

当水温降到某一数值，即空气传给水的热量恰好等于水分蒸发所消耗的热量时，水温不再下降，这个温度就是湿球温度 t_w，它反映出的是纱布中水的温度。

空气的相对湿度 φ 越小，纱布上的水分蒸发得越快，湿球温度 t_w 就越低于空气的温度 t；反之，空气的相对湿度 φ 越大，则纱布上的水分蒸发得越慢，湿球温度 t_w 就越接近于空气的温度 t。当相对湿度 φ 等于 100%时，纱布上的水分则不会蒸发，故湿球温度 t_w 就等于空气的温度 t，即 $t_w=t$。

可见，相对湿度 φ 与空气的干球温度 t 及其湿球温度 t_w 之间存在一种函数关系，即 $\varphi=f(t,t_w)$，将此函数关系制成数据表（干湿球温度计上就带有此表），当测得湿空气的干球温度 t

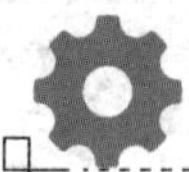

和湿球温度 t_w 后,可由干球温度和干球温度与湿球温度之差从表中查得该湿空气的相对湿度 φ 值。

2.露点

如果把未饱和空气在与水隔绝的情况下定压冷却,当湿空气温度下降到水蒸气分压力 p_v 所对应的饱和温度时,湿空气中的水蒸气便由过热蒸汽变为同压下的饱和蒸汽,未饱和空气就变为同压下的饱和空气。未饱和空气变为同压下的饱和空气后,如继续冷却,湿空气中的水蒸气则开始凝结成水滴或露珠。开始结露的温度称为露点温度,简称露点。所以,露点就是湿空气中水蒸气分压力 p_v 下的饱和温度,用 t_d 表示。

白天气温高,水分蒸发,夜间气温下降,大气被定压冷却,当温度降到露点时,大气中的水蒸气就会结露。

露点是湿空气的一个重要状态参数。在空气调节中,为了减少湿空气中水蒸气的含量,可设法使湿空气冷却到温度低于露点,水蒸气便以水滴形式析出。

露点对锅炉的运行管理有较大的影响,锅炉尾部的受热面(如空气预热器低温段)的腐蚀,就是由于受热面的金属温度低于烟气中水蒸气和二氧化硫气体的露点。一旦出现结露,如果水蒸气和二氧化硫气体凝结,在受热面上将形成亚硫酸,造成严重腐蚀。防止腐蚀的主要原则是设法避免烟气中的水蒸气结露。

露点测定仪的结构如图 2-4-3 所示,在一个镀有镜面的特制玻璃瓶 A 内装有部分乙醚液体,在乙醚中插入一根水银温度计 F,B 为测温包,手握橡皮球气泵 D 经管子 C 通入乙醚中。当动作气泵 D 时把空气压入乙醚中,使乙醚加速蒸发便会冷却特制玻璃瓶 A 的外壁面,使之降温。在靠近外壁面的湿空气中的过热蒸汽降温到饱和温度时,在特制玻璃瓶 A 的外壁面(镜面)上即出现水珠。这时水银温度计 F 上所示温度就是该湿空气的露点温度。

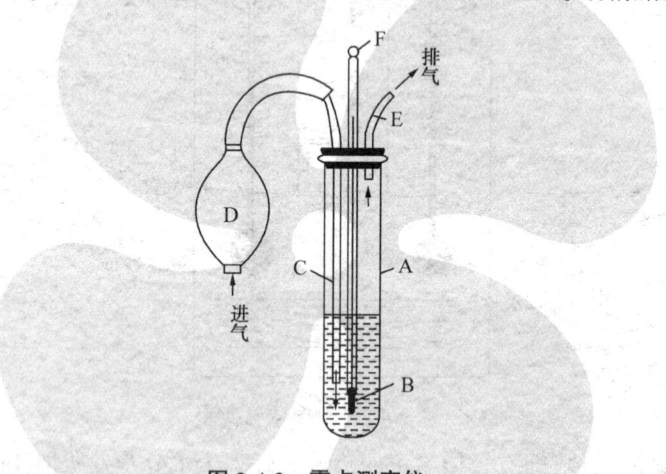

图 2-4-3 露点测定仪

A—特制玻璃瓶;B—测温包;C—管子;D—气泵;E—排气管;F—水银温度计

3.干球温度、湿球温度、露点的大小关系

对某一温度下的湿空气,其干球温度 t、湿球温度 t_w、露点温度 t_d 三者之间的大小关系为

$$t \geqslant t_w \geqslant t_d$$

若湿空气为未饱和空气,其干球温度 t 最高,露点温度 t_d 最低,而湿球温度 t_w 居中,即

$$t > t_w > t_d$$

若湿空气为饱和空气，其干球温度 t、湿球温度 t_w 和露点温度 t_d 相同，即

$$t=t_w=t_d$$

（五）湿空气的含湿量

1.含湿量的概念

一定体积的湿空气中，水蒸气的质量 m_v 与干空气的质量 m_a 之比，称为湿空气的含湿量，用 d 表示，其单位为 $kg_{水蒸气}/kg_{干空气}$，由于湿空气中的水蒸气质量很少，通常用 1 kg 的千分之一为单位，即 $g_{水蒸气}/kg_{干空气}$。

$$d=\frac{m_v}{m_a}\ kg_{水蒸气}/kg_{干空气}=1\ 000\frac{m_v}{m_a}\ g_{水蒸气}/kg_{干空气}=1\ 000\frac{\rho_v}{\rho_a}\ g_{水蒸气}/kg_{干空气}$$

需要强调的是，含湿量 d 不是以 1 kg 湿空气作为衡量基准的，而是以 1 kg 干空气作为衡量基准的。这是因为，对湿空气进行加工处理时，湿空气中所含的水蒸气的质量往往会发生变化，因而被加工处理的湿空气的质量也随之变化，但考虑到湿空气中的干空气质量总是不变的，所以，用 1 kg 干空气作为计算基准可给分析计算带来方便。据此，对湿空气进行加工处理时，根据含湿量 d 的变化，便可确定湿空气进行加工处理过程中所含的水蒸气质量的变化。

可以把含湿量 d 理解为与 1 kg 干空气相混合的水蒸气质量。含湿量 d 若采用 $g_{水蒸气}/kg_{干空气}$ 为单位，则表示在 $(1+0.001d)$ kg 湿空气中含有 d g 水蒸气。

用含湿量计算湿空气中所含水蒸气的质量很方便，但含湿量不能直接表述湿空气的干湿程度。能确切地表述湿空气干湿程度的是湿空气的相对湿度。

2.含湿量与水蒸气分压力的关系

由于湿空气可视为理想气体，对水蒸气和干空气分别有 $p_v=\rho_v R_v T$、$p_a=\rho_a R_a T$，根据道尔顿分压定律和含湿量的定义，可得：

$$d=623\frac{p_v}{p_b-p_v}$$

由此式可见，当湿空气的压力 p_b（大气压力）一定时，湿空气的含湿量 d 与水蒸气的分压力 p_v 之间有着一一对应的关系，即给定水蒸气的分压力 p_v，则有与之相对应的含湿量 d；反之，给定含湿量 d，则有与之相对应的水蒸气的分压力 p_v。

因此，当湿空气的分压力 p_b（大气压力）一定时，对湿空气进行加热或冷却，若含湿量 d 保持不变，则其水蒸气的分压力 p_v 不变。

3.含湿量与相对湿度的关系

根据相对湿度的定义可知 $p_v=\varphi p_s$，因此含湿量 d 可写为

$$d=623\frac{\varphi p_s}{p_b-\varphi p_s}$$

可见，当已知湿空气的压力 p_b（大气压力）和温度（干球温度）t（由 t 查饱和蒸汽表可得水蒸气的饱和分压力 p_s）时，其相对湿度 φ 与含湿量 d 之间的关系便可由上式来确定。

由上式可知，当湿空气的压力 p_b 和温度 t 一定时，若其含湿量 d 保持不变，则其相对湿度 φ 不变。但是，当湿空气的压力 p_b 和含湿量 d 一定时，对湿空气进行加热或冷却，则湿空气的相对湿度 φ 发生变化，温度升高，其相对湿度 φ 变小。

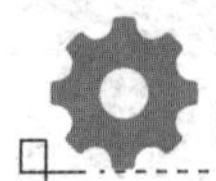

(六)湿空气的比焓和比熵

需要特别强调的是,为了在对湿空气进行加工处理时分析计算方便,湿空气的比焓和比熵的定义不是以 1 kg 湿空气作为衡量基准的,而是以 1 kg 干空气作为衡量基准的。

1 kg 干空气的焓(即干空气的比焓 h_a)与 $0.001d$ kg 水蒸气的焓(即 $0.001d \cdot h_v$,h_v 为水蒸气的比焓)之和,称为湿空气的比焓,用符号 h 表示,即以 1 kg 干空气为基准的湿空气比焓为

$$h = h_a + 0.001d \cdot h_v$$

类似地,1 kg 干空气的熵(即干空气的比熵 s_a)与 $0.001d$ kg 水蒸气的熵(即 $0.001d \cdot s_v$,s_v 为水蒸气的比熵)之和,称为湿空气的比熵,用符号 s 表示,即以 1 kg 干空气为基准的湿空气比熵为

$$s = s_a + 0.001d \cdot s_v$$

二、湿空气的 h-d 图

在对湿空气进行加工处理时,往往需要分析湿空气的某些状态参数,并研究湿空气在设备中的状态变化过程。湿空气的焓湿图(h-d 图)是研究湿空气状态变化不可缺少的工具,为此,下面简单介绍湿空气的 h-d 图。

图 2-4-4 所示为缩小了的湿空气的 h-d 图。

(一)湿空气 h-d 图的结构

湿空气 h-d 图的横坐标为湿空气含湿量 d,纵坐标为湿空气比焓 h。

为了使曲线清楚起见,纵坐标与横坐标的交角不是直角,而是 135°,但因通过坐标原点的水平线以下部分没有用,因此将斜角横坐标 d 上的刻度投影到水平轴上,如图 2-4-5 所示。

湿空气的 h-d 图中绘有下列各曲线。

1.定焓线

湿空气的 h-d 图中的定焓线为一束互相平行并与水平线成 45°角的向右下方倾斜的直线,如图 2-4-5 所示。

2.定含湿量线

湿空气的 h-d 图中的定含湿量线是一组与纵坐标轴平行的垂直线。

3.定温线

可以近似地认为湿空气的 h-d 图中的定温线是一束斜率基本相同的直线,如图 2-4-6 所示。但严格地说,温度越高,定温线的斜率越大。

4.定相对湿度线

湿空气的 h-d 图中的定相对湿度线是一束向上凸出的曲线,如图 2-4-6 所示。由于含湿量一定时,相对湿度随温度的降低而增大,所以定相对湿度线的值自上而下逐渐增大,最下面一条定相对湿度线是极限情况,$\varphi=100\%$,表征湿空气处于饱和状态的相对湿度。$\varphi=100\%$ 线以上各点表示湿空气中的水蒸气是过热的。$d=0$ 的线就是纵坐标轴,也是 $\varphi=0$ 的线,表征干空气状态。

(二)热湿比

湿空气从初态点 1(h_1,d_1)无论经过何种过程到达终态点 2(h_2,d_2),均可用该过程焓值的

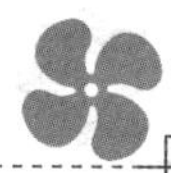

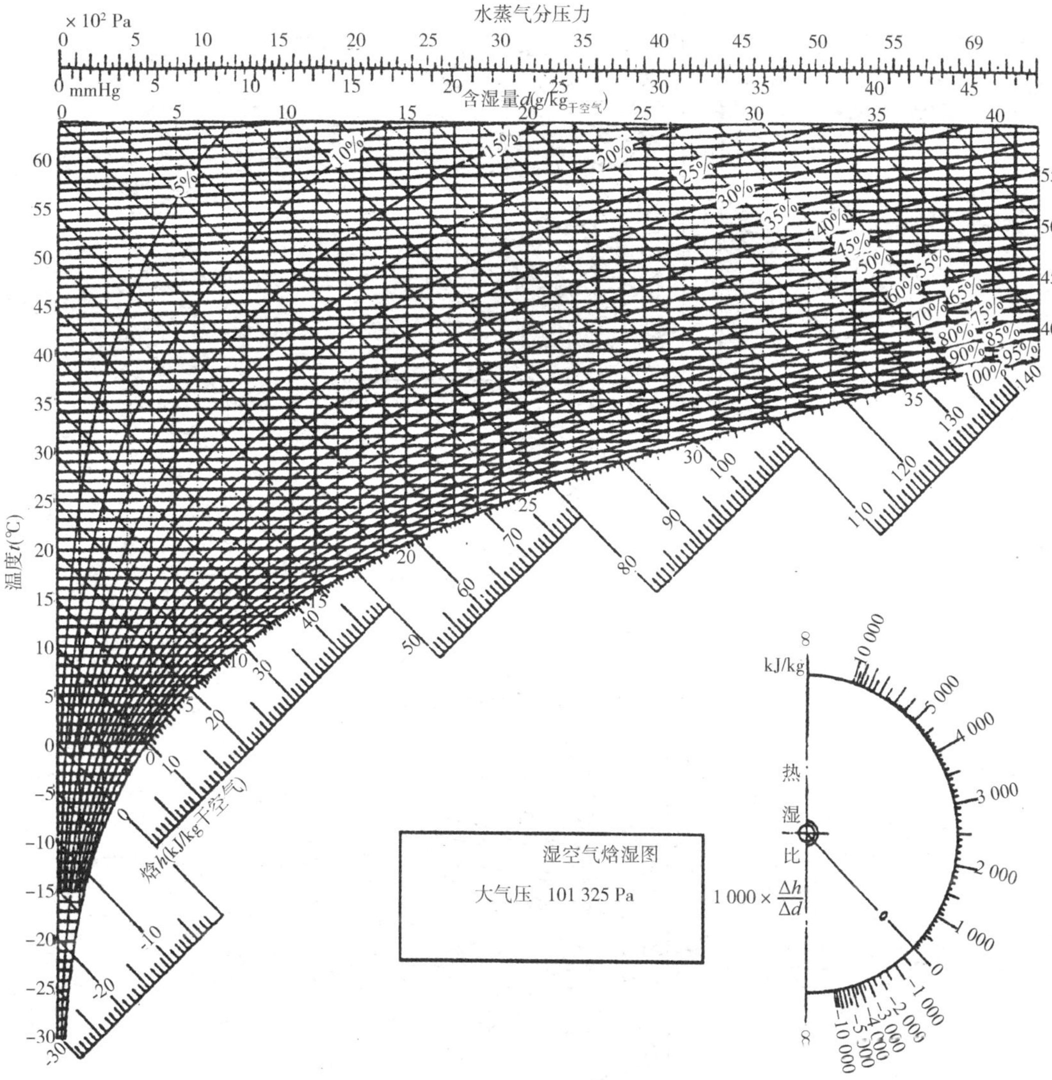

图 2-4-4　湿空气的 $h-d$ 图

变化量 $\Delta h=h_2-h_1$ 与含湿量的变化量 $\Delta d=d_2-d_1$ 的比值,来表示湿空气变化过程的特征和进行的方向,这个比值称为热湿比,用符号 ε 来表示,即

$$\varepsilon=\frac{\Delta h}{0.001\Delta d}$$

Δh 和 Δd 都有正值和负值,因此 ε 也有正值和负值;又因为 Δh 和 Δd 都有零值,所以 ε 有零值,也有正负无穷大。

在冬季,由于舱室对外界放热,以及室内居住人员的呼吸和湿物体所散发出的水蒸气,由空气调节装置送入室内的湿空气焓值 h 减小,含湿量 d 增大,其 ε 值一般为-2 500 左右。

在夏季,由于外界对舱室加热,以及室内居住人员的呼吸和湿物体所散发出来水蒸气,由空气调节装置送入室内的湿空气焓值 h 和含湿量 d 都增大,其 ε 值一般为 8 000~16 000。

(三)湿空气的 $h-d$ 图的应用

在湿空气的 $h-d$ 图上,若已知空气的状态点(如图 2-4-7 中湿空气的 $h-d$ 图上的点 A 所

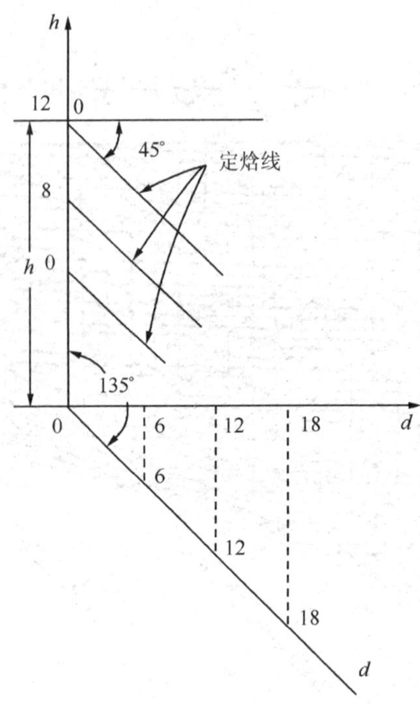

图 2-4-5　$h-d$ 图的斜角坐标系

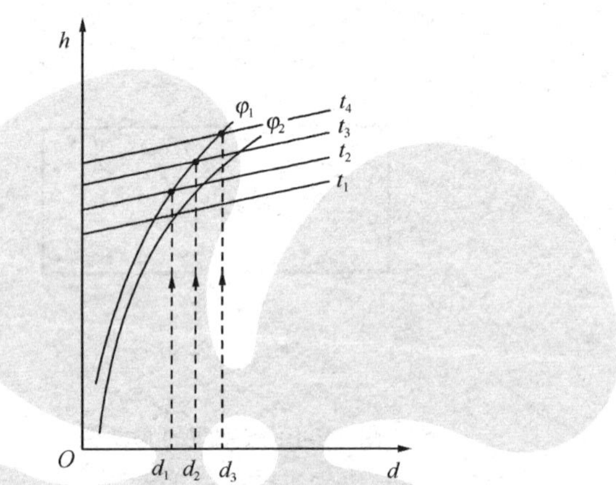

图 2-4-6　$h-d$ 图上的定温线与定相对湿度线

示），即可查得该湿空气的各个参数值，比如：湿空气的比焓 h、含湿量 d、空气温度（干球温度）t、湿球温度 t_w、相对湿度 φ、露点 t_d 等。

由已知的湿空气的任意两个相互独立的参数，就可在湿空气的 $h-d$ 图上确定湿空气的状态点，进而查得湿空气的其他参数。例如，已知某未饱和空气的干球温度 t 和湿球温度 t_w，在湿空气的 $h-d$ 图上，如图 2-4-7 所示，先分别找出 t 和 t_w 所对应的定温线，然后找出 t_w 的定温线与 $\varphi=100\%$ 的定相对湿度线的交点，过该交点作定焓线与 t 的定温线相交于点 A，点 A 即为该未饱和空气的状态点，进而可查该未饱和空气的其他参数。

过状态点 A 作等含湿量线（垂线）与 $\varphi=100\%$ 的定相对湿度线的交点所对应的温度，即为该未饱和空气的露点 t_d。

当大气压力 p_b 一定时，在湿空气的参数中，空气温度（干球温度）t、空气温度 t 下水蒸气饱和分压力 p_s 和饱和空气含湿量 d_s 之间为单值关系，露点 t_d、水蒸气分压力 p_v 和含湿量 d 之间为

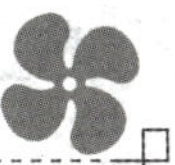

单值关系，湿空气的比焓 h 和湿球温度 t_w 之间为近似单值关系。知道了这些单值关系中的一个参数，就可在 $h-d$ 图上直接查得具有单值关系的其他参数。

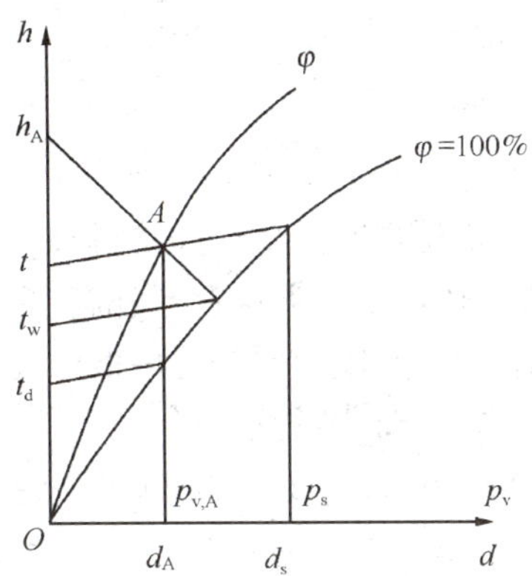

图 2-4-7 湿空气在 $h-d$ 图上的状态点及各参数

显然，将湿空气状态变化过程表示在湿空气的 $h-d$ 图上，就可以方便地分析和计算湿空气参数的变化、加热量与放热量、加湿量与去湿量。

三、湿空气的典型处理过程

空气调节装置中的主要设备有滤器、加热器、冷却器、加湿器和风机等，如图 2-4-8 所示。

在夏季，加热器和加湿器停止工作，由风机将一部分舱室内的空气（称为回风）和外界新鲜空气（称为新风）混合吸入。混合风经滤器去掉灰尘后，进入壁面温度低于露点的冷却器进行降温去湿。然后把这种经过降温去湿的空气通入各舱室。

在冬季，冷却器停止工作，混合风进入加热器使温度升高，再向它喷水或喷水蒸气，使其含湿量增加。然后把这种经过升温加湿的空气通入各舱室。

可见，空气调节装置对空气的加工处理，就是对不同状态的湿空气升温或降温、加湿或去湿的过程。

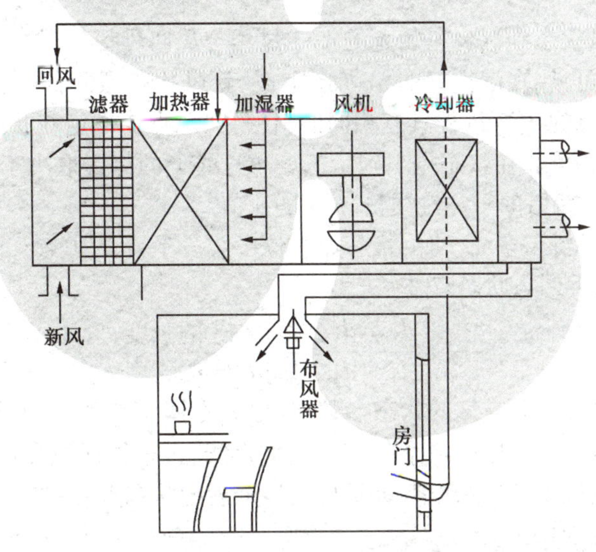

图 2-4-8 空气调节装置示意图

在冬季，由于舱室对外界放热，以及室内居住人员的呼吸和湿物体所散发出的水蒸气，由空气调节装置送入室内的湿空气焓值 h 减小，含湿量 d 增大，是一个冷却加湿的过程。

在夏季，由于外界对舱室加热以及室内居住人员的呼吸和湿物体所散发出来水蒸气，由空气调节装置送入室内的湿空气焓值 h 和含湿量 d 都增大，是一个焓、湿均增大的过程。

（一）湿空气的混合过程

船舶上，常将舱室内的部分空气与外界新鲜空气混合后，由通风机吸入，经空气调节设备处理后，再送入舱室。这样要比只从外界吸入新风经济得多。

例如，因为使用加热器，冬天室内的空气温度比室外高，混合后，可使加热器消耗的蒸汽量减少；而在夏天，因为使用空气调节装置，室内空气温度低于外界空气温度，吸入部分回风与新鲜空气混合后，可减少制冷装置的热负荷，节约能量。

如图 2-4-9 所示，在湿空气的 h-d 图上，设已知新风的状态为点 1(h_1,d_1)，其干空气质量为 $m_{a,1}$，回风的状态为点 2(h_2,d_2)，其干空气质量为 $m_{a,2}$。设混合后的状态为点 3(h_3,d_3)，通过对混合前、后干空气质量、水蒸气质量和湿空气焓值的分析可得：

$$\frac{d_3 - d_1}{d_2 - d_3} = \frac{h_3 - h_1}{h_2 - h_3} = \frac{m_{a,2}}{m_{a,1}}$$

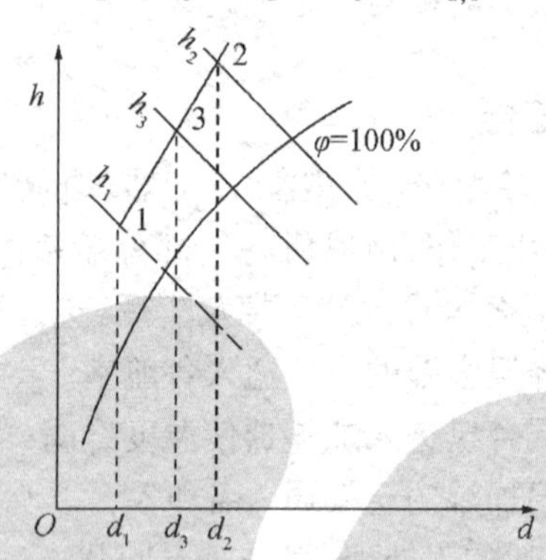

图 2-4-9　混合后湿空气的状态点

由此可知，从新风状态到混合风状态的 1-3 过程与从回风状态到混合风状态的 2-3 过程具有相同的热湿比 ε 可见，在湿空气的 h-d 图上，从新风状态到混合风状态的 1-3 过程与从回风状态到混合风状态的 2-3 过程具有相同的斜率，状态点 3 一定在状态点 1 和状态点 2 两点所连的直线上。状态点 3 在状态点 1 到状态点 2 直线上的位置取决于回风量（回风的干空气质量）$m_{a,2}$与新风量（新风的干空气质量）$m_{a,1}$的比值。

当回风量 $m_{a,2}$等于新风量 $m_{a,1}$时，状态点 3 位于线段 1-2 的中点。回风量 $m_{a,2}$大于新风量 $m_{a,1}$时，状态点 3 靠近回风状态点 2。

$$\frac{m_{a,2}}{m_{a,1}} = \frac{d_3 - d_1}{d_2 - d_3} = \frac{\text{线段 13 的长度}}{\text{线段 23 的长度}}$$

因此，若需确定混合后湿空气的状态参数，只要先在湿空气的 h-d 图上确定参与混合的回风和新风两个状态点，然后把这两个状态点连成直线，再根据回风量（回风的干空气质量）与新风量（新风的干空气质量）的比值，即可确定混合后的状态点。

（二）湿空气的加热过程

在冬季，混合后的湿空气经过加热器被定压加热时，由于其中的水蒸气质量未变，这一过程为定含湿量过程，如图 2-4-10 所示，在湿空气的 h-d 图上用垂线 1-2 表示。

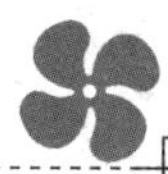

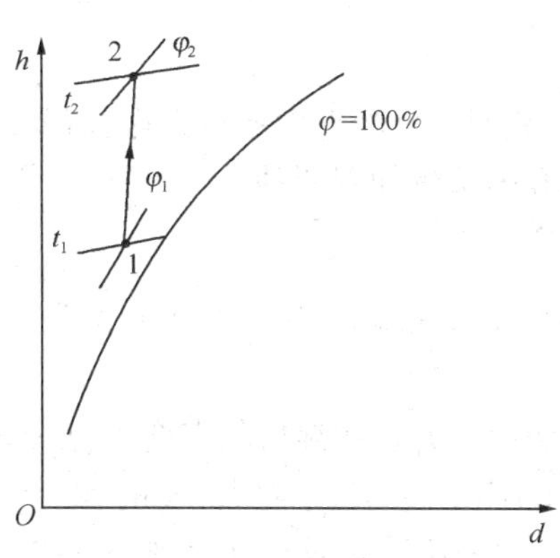

图 2-4-10　湿空气的加热过程

湿空气被定压加热时，因为含湿量 d 和湿空气压力 p_b 不变，所以湿空气中水蒸气的分压力 p_v 和露点 t_d 都不变。此外，在定含湿量过程中，由于其中的水蒸气的质量和分压力不变，湿空气的潜热也没有变化，外界加给湿空气的热量全部用来增加其显热（表现为湿空气的温度升高），所以，定含湿量过程也是定潜热过程。

湿空气被定压加热后，湿空气的温度 t 升高，但相对湿度 φ 减小。

$(1+0.001d)$ kg 湿空气在定含湿量 d 的加热过程（如图 2-4-10 中的过程 1–2 所示）中所吸收的热量为 $q=h_2-h_1$。

（三）湿空气的冷却过程

在夏季，混合后的湿空气经冷却器冷却时，如图 2-4-11 所示，若冷却器壁面温度 t_2 高于该湿空气露点温度 t_d（即图 2-4-11 中的 $t_{2'}$），则该冷却过程为定含湿量过程，即图 2-4-11 中的 1–2 过程线。

若冷却壁面温度 t_3 低于湿空气露点温度 t_d（即图 2-4-11 中的 $t_{2'}$），则该冷却过程按图 2-4-11 中 122′3 进行，湿空气中水蒸气就有一部分凝结成水并被泄走，致使湿空气的含湿量 d 减小。这种冷却过程就不是定含湿量过程，而是一种焓、湿均减小的过程。

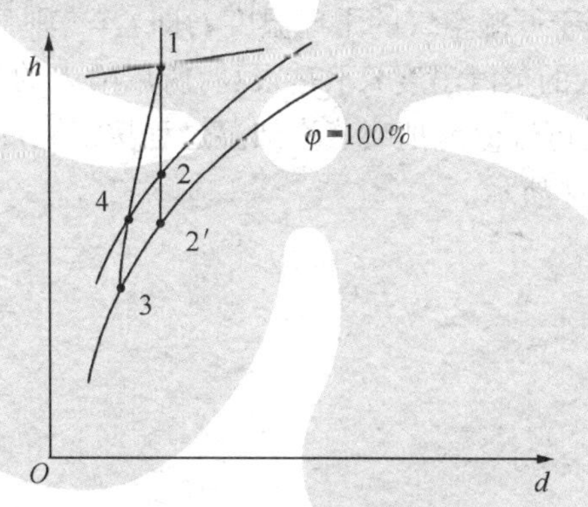

图 2-4-11　湿空气的冷却过程

在冷却器中，实际测出的出口状态参数并不是状态点 3，而是状态点 1 和状态点 3 的连线上的某一状态点 4。这是因为，湿空气流经冷却器时只有贴近壁面流动的一部分湿空气被冷却到点 3 的状态，其余部分湿空气则不断地与状态点 3 的湿空气混合。所以状态点 4 必然在状态点 1 和状态点 3 连线上。冷却器的管距越小、管中纵向排数越多，趋于状态点 3 的湿空气的量就越多，冷却器出口处的湿空气状态点 4 就越接近状态点 3。

(四)湿空气的加湿过程

湿空气经加热器加热后,因相对湿度降低而变得干燥,需要进行加湿处理。空气调节装置中的加湿过程可分为喷水加湿和喷蒸汽加湿两种。

1.喷水加湿过程

湿空气在空气调节装置中被喷水加湿时,喷入的水则蒸发为水蒸气而使湿空气的含湿量增大。

若湿空气未加湿前的状态为(h_1,d_1),加湿后状态变为(h_2,d_2),则以 1 kg 干空气为基准,加入的水的质量为 $m_w = 0.001(d_2 - d_1)$,随加入的水带进湿空气的焓为 $h_2 - h_1 = 0.001(d_2-d_1)h_w$。在低压下,由于水的比焓 h_w 比汽化潜热小很多,而$0.001(d_2-d_1)$的值也很小,所以 $0.001(d_2-d_1)h_w \approx 0$,则 $h_1 \approx h_2$,因此,工程上可近似地把喷水加湿过程按定焓过程处理,在湿空气的 $h-d$ 图上,如图 2-4-12 中的过程 1−2 所示。

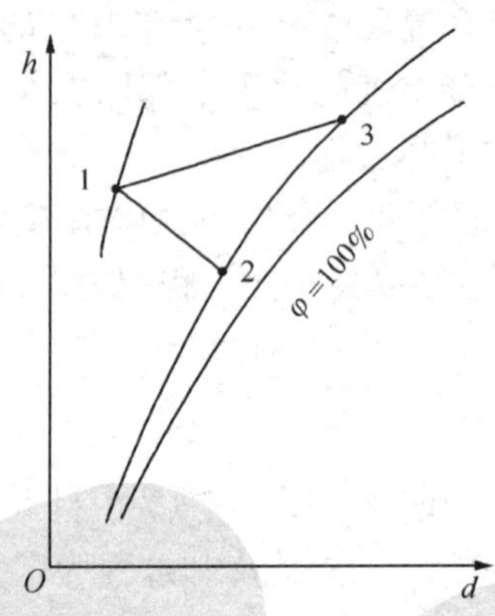

图 2-4-12 湿空气的加湿过程

2.喷蒸汽加湿过程

对湿空气喷蒸汽加湿时,喷入的蒸汽直接进入湿空气,增加其含湿量。

若喷入的蒸汽温度 t_v 等于原湿空气的干球温度 t,即 $t_v=t$,则喷蒸汽加湿过程为定温过程。若 $t_v \neq t$,在空调范围内,喷入的蒸汽温度 t_v 不是很高,所以喷入的蒸汽的温度对原湿空气的温度的影响很小,因此,工程上可近似地把喷蒸汽加湿过程按定温过程处理,在湿空气的 $h-d$ 图上,如图 2-4-12 中的过程 1−3 所示。

第三章
传热学基础

热力学和传热学是从两种不同的角度来研究有关热的问题。热力学是研究热能和其他形式能量之间相互转换的规律,传热学则是研究在温差作用下的热能传递的规律。传热学也是船舶轮机员必须掌握的轮机工程基础理论的重要内容之一。

第一节　基本理论知识

传热学是研究由温差引起的热量传递规律的科学。根据热力学第二定律,只要有温差存在,就有热量传递的发生,就有热量自发地由高温物体传向低温物体,或者从物体的高温部分传向低温部分。

传热学的研究对象是热能的传递过程。在工程技术中,经常遇到的实际传热问题可以分为两大类:第一类是满足或确定设备所应有的热传递速率,例如,对各种热交换器,要求增强传热以减少其尺寸和重量,对保温层如冷库壁,则要求削弱传热,以减少不必要的冷量损失,节约制冷量;第二类是研究热能传递设备所要求的温度分布,以满足设备正常运行的需要,例如,内燃机的气缸内壁在某一时刻的温度值不得高于某一限定值,因此采用气缸外壁水冷的方法,保证内燃机的正常运行。轮机管理人员应该掌握传热学的基本理论知识,了解各种热力设备中热传递的规律,以正确地进行管理,并且能够提出进一步改进热力设备的途径和方法。

一、基本概念

(一)温度场与温度梯度

1.温度场

温度场是描述物体内部温度的分布规律。

前已指出,热传递现象只有在物体或空间内部各点温度不同的条件下才能发生,研究热传递过程首先要研究热传递系统内部温度的分布规律。一般情况下,物体内部的温度分布既随

空间变化，也随时间变化，是空间坐标和时间的函数。温度场是各时刻物体内各点温度分布的总称。

温度场按物体内各点的温度是否随时间变化分为非稳态温度场（随时间变化）和稳态温度场（不随时间变化）。

例如，当柴油机在启动或停机等变工况下运行时，活塞受燃气温度影响，其温度分布不仅与坐标位置有关，而且随时间变化，这时活塞内部温度场是非稳态温度场。但当柴油机运行工况不变时，与高温燃气和进入气缸的新鲜空气相接触的气缸内壁，温度是周期性变化的。但是由于周期很短，其温度的波动仅在一薄层内；而与冷却水接触的气缸外壁，温度是稳定不变的，因而整个气缸壁内部的温度可以当作稳态温度场来分析研究。图 3-1-1 所示为某一瞬时活塞内部的温度分布和气缸内部的稳态温度场。

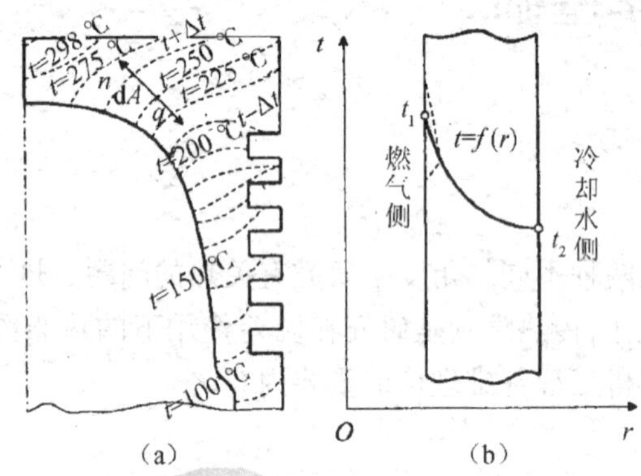

图 3-1-1　活塞内部的温度分布和气缸壁内部的稳态

2.等温面与等温线

温度场中，同一瞬时温度相等的点连成的面称为等温面。

等温面与任一平面的交线称为等温线。

等温线与另一条温度不同的等温线是不可能相交的，等温线只能是封闭曲线或者终止于物体的边界面上。

3.温度梯度

在温度场中，温度在空间上改变的大小程度用温度梯度 grad$t$ 表示。它是在等温面法线方向 n 上的单位长度的温度增量，是一个矢量，其数学表达式为

$$\mathrm{grad}t = \lim_{\Delta n \to 0} \frac{\Delta t}{\Delta n} n = \frac{\partial t}{\partial n} n \quad \mathrm{K/m}$$

式中，$\frac{\partial t}{\partial n}$表示温度 t 在法线方向 n 的导数，指向温度升高的方向为正；n 为法线方向的单位矢量。

热传递的方向是由高温向低温，可见热流的方向与温度梯度方向相反。

（二）热流量与热流密度

传热学所研究的是由温差引起的热量传递规律，而热能传递过程的传热能力及热传递速率通常用热流量和热流密度来表征。

1.热流量

单位时间内通过某截面积的热量，称为热流量，用符号 Q 表示，单位为瓦（W）。

2.热流密度

通过单位面积的热流量,称为热流密度,用符号 q 表示,单位为瓦/平方米(W/m^2)。

二、热传递的基本方式及特点

热传递现象相当复杂,为了便于分析,按照热传递过程中物质运动的特点,热传递可分为三种基本方式:热传导、热对流和热辐射。

1.热传导

不同温度的物体之间通过直接接触,或同一物体不同温度的各部分之间,当没有宏观相对位移时,由分子、原子或自由电子等微粒的热运动来传递热能,这种热传递方式称为热传导。

2.热对流

温度不同的流体与固体壁面之间,或流体中不同温度的各部分之间,由流体微团的宏观相对位移来传递热能,这种热传递方式称为热对流。

3.热辐射

当物体温度高于绝对零度时,物体由于具有一定温度而向外放射辐射能,辐射能通过电磁波向外传播。物体将热能转化为辐射能向外放射,以电磁波的形式传递热能,这种热传递方式称为热辐射。

三、热传递的基本过程和特点

工程实际中的热量传递过程是多种多样的,但热量传递有三种基本的热传递过程,即导热过程、对流换热过程和辐射换热过程。任何一个传热过程都可以看作它们的某种组合,它们的热传递特性决定了任何一个传热过程的效果,为此,下面分别简单介绍这三种基本的传热过程。

(一)导热过程

物体各部分之间不发生相对位移时,由分子、原子或自由电子等微观粒子的热运动而进行的热量传递过程称为导热过程。

只要有温度差,无论固体、液体或气体中都会有导热现象。同理,在固体与液体、固体与气体以及液体与气体的界面上也有导热现象。

通常在固体中才有纯热传导方式的热传递过程,而在气体和液体中的热传递过程通常伴随有流体宏观微团的热对流。

1.傅里叶导热定律

1822 年,法国数学物理学家傅里叶总结了固体导热的实践经验,认为导热所传递的热流量 Q 与温度梯度 $\frac{\partial t}{\partial n}$ 的绝对值和垂直于热流的截面面积 A 成正比。由于热流的方向与温度梯度的方向相反,则

$$Q = -\lambda \cdot A \cdot \frac{\partial t}{\partial n}$$

或

$$q = \frac{Q}{A} = -\lambda \cdot \frac{\partial t}{\partial n}$$

式中,Q 为导热热流量,W;q 为导热热流密度,W/m^2;λ 为导热系数,$W/(m \cdot K)$;A 为垂直于

热流的截面面积，m^2；$\frac{\partial t}{\partial n}$为温度梯度，K/m。

以上两式即为傅里叶导热定律的数学表达式。

2.物体的导热系数

(1)导热系数的物理意义

物体的导热系数 λ 是表明物体导热能力的物理量。

物体的导热系数的定义可由傅里叶导热定律的数学表达式得到，即

$$\lambda = -\frac{q}{\frac{\partial t}{\partial n}}$$

由此式可以看出，导热系数 λ 是在单位温度梯度作用下，物体内部所传导的热流密度值。

(2)不同物质的导热系数比较

不同物质的导热系数 λ 差异很大。

以物质的种类来区分，金属的导热系数 λ 最大，非金属固体次之，液体再次之，气体最小。其中，银的导热系数 λ 最大，为 418 W/(m·K)；而哥罗芳气体的导热系数 λ 最小，为 0.006 W/(m·K)。

紫铜是很好的导热材料，其导热系数 λ 值为 395 W/(m·K)，可用作冰箱的蒸发器管。

以氟利昂 11 作发泡剂的聚氨基甲酸乙酯(ρ = 147 kg/m^3)，其导热系数 λ 值为 0.012 W/(m·K)，是用于冰箱箱体隔热的好材料。

工程上用的各种材料的导热系数值都是通过实验确定的，可查看有关手册。

(3)导热系数随温度的变化规律

各种物质的导热系数 λ 值都是温度的函数，但由于物质的结构、比重、湿度不同，有些物质的导热系数 λ 值随温度的升高而增大，有些物质的导热系数 λ 值却随温度的升高而减小。

水温在 0 ~120 ℃时，导热系数 λ 随温度的升高而增大；在 120~1 300 ℃时，导热系数 λ 却随温度的升高而减小。

但大多数物质的导热系数 λ 随温度的变化有一定的规律性。总体来说，金属的导热系数 λ 随温度的升高而减小，非金属固体的导热系数 λ 随温度的升高而增大；液体的导热系数 λ 随温度的升高而减小，气体的导热系数 λ 随温度的升高而增大。

多孔性物质的导热系数 λ 是固体与空隙内气体的导热系数 λ 的组合值，因此与其密度 ρ 有关。例如冰的导热系数 λ 为 2.22 W/(m·K)，空气的导热系数 λ 为0.024 W/(m·K)，而密度为 ρ=50~250 kg/m^3的雪或霜，其导热系数 λ 为 0.03~0.175 W/(m·K)。

大多数建筑用材和隔热的热绝缘材料的气隙或小孔是对外开口的，很容易因毛细管作用而吸湿受潮。在小孔中吸有水分后，其导热系数 λ 急剧增大，这是因为水分的质传递方向与导热方向一致。例如，干砖的导热系数 λ 为 0.349 W/(m·K)，水的导热系数 λ 为 0.58 W/(m·K)，湿砖的导热系数 λ 则为 1.05 W/(m·K)。

(二)对流换热过程

运动着的流体与固体壁面之间的热传递过程，称为对流换热过程。

对流换热是热对流和热传导两种热传递基本方式同时起作用的一种复杂的热传递过程。因此，对流换热过程远比导热过程复杂。

对流换热是运动着的流体与固体壁面之间的热传递,不仅是流体与固体壁面的温差和固体壁面与流体的接触面积(换热面积)影响着对流换热量,而且一切与流体流动和固体壁面有关的各种因素(如流体的热物性、流体流动的动力因素、流体流动的状态、换热壁面的热状态以及换热壁面的几何因素等),也都影响着对流换热的效果。

对流换热过程涉及流体的运动和热传递两个方面,所以,对流换热须遵循流体运动的基本定律,即质量守恒定律和动量定律,也必须遵循热传递的基本定律,即能量守恒定律。此外,还必须遵循流体与固体壁面之间的换热规律。因此,对流换热过程的数学描述将包括基于质量守恒定律的连续性微分方程、基于动量定律的动量微分方程、基于能量守恒定律的能量微分方程和基于流体与固体壁面之间换热规律的换热微分方程。可见,对流换热过程的数学描述是异常复杂的,通过数学分析得到对流换热的精确解是非常困难的,甚至是不可能的。目前,对流换热的研究还是以实验研究为主,并采用实验研究和理论分析相结合的方法,建立相关的经验公式,供实际工程应用。

1.牛顿冷却公式

1707 年,英国物理学家牛顿提出了对流换热过程的计算公式,现称为牛顿冷却公式,即

$$Q = \alpha A(t_w - t_f)$$

或

$$q = \alpha(t_w - t_f)$$

式中,Q 为对流换热热流量,单位为 W;q 为对流换热热流密度,单位为 W/m^2;α 为对流换热系数,单位为 W/(m^2 · K);A 为对流换热面面积,单位为 m^2;t_w 为固体壁面的温度,单位为 K;t_f 为流体的温度,单位为 K。

以上两式也可写成热阻的形式,即

$$Q=\frac{t_w-t_f}{\dfrac{1}{\alpha A}}=\frac{t_w-t_f}{R_\alpha}$$

$$q=\frac{t_w-t_f}{\dfrac{1}{\alpha}}=\frac{t_w-t_f}{r_\alpha}$$

式中,$R_\alpha=\dfrac{1}{\alpha A}$ 为对流换热热阻,$r_\alpha=\dfrac{1}{\alpha}$ 为单位面积的对流换热热阻。

2.对流换热系数

对流换热系数的定义可由牛顿冷却公式得到,即

$$\alpha=\frac{q}{\Delta t}$$

式中,$\Delta t=|t_w-t_f|$ 为固体壁面温度 t_w 与流体温度 t_f 之间温差的绝对值;q 为热流密度,约定恒取正值;α 为对流换热系数,简称换热系数,单位为 W/(m^2 · K)。

由此式可见,换热系数 α 在数值上等于流体与壁面温差为 1 K 时,单位壁面面积与流体之间交换的热流量,且恒取正值。

3.影响对流换热系数的主要因素

影响对流换热过程的因素很多。牛顿冷却公式并没有给出对流换热热流量 Q 或对流换热热流密度 q 与影响因素之间的具体关系,它只是将对流换热的复杂性转移到对流换热系数 α 上。

对流换热是运动着的流体与固体壁面之间热传递，因而，除两者的温差之外，一切有关流体流动和固体壁面的因素，也都将影响换热系数的大小。所以，对流换热系数 α 的大小与流体流动的动力因素、流体流动的状态、流体的热物性、换热壁面的热状态和换热壁面的几何因素等有关。

(1)流体流动的动力因素

流体流动的动力因素是指流体运动产生的原因。

对流换热按流体流动的动力因素可分为强迫对流和自然对流两大类。

强迫对流是指由于风机或水泵等机械设备所产生的外力迫使流体相对于壁面而产生的运动；自然对流是由流体冷、热各部分的密度差产生的浮升力引起的运动。强迫对流时，整个流体有整齐的宏观运动，因而流体的流速将对对流换热系数 α 的大小产生很大的影响；自然对流时，流体内部不存在整齐的宏观运动，因而浮升力的大小是影响对流换热系数 α 大小的主要因素。

(2)流体流动的状态

流体流动的状态是指流动的形态或结构。

由流体力学可知，流动状态有层流、紊流以及处于两者之间的过渡状态。层流时，由于流体微团平行于壁面有规则地成层状运动，没有横向脉动，因而沿壁面法线方向的热传递只能依靠分子的热传导；紊流时，流体微团除沿主流方向运动外，还存在强烈的横向脉动，因而沿壁面法线方向的热传递不仅依靠分子的热传导，还依靠流体微团的横向脉动，并且以后者为主。由此可见，热传递在层流和紊流中的机理是不同的。显然，流动状态也是影响对流换热系数 α 大小的主要因素。

(3)流体的热物性

对流换热是流体内部的热传导和流体微团传递能量的复合过程。因此，流体本身的热物性对对流换热系数 α 的大小有很大的影响。影响对流换热系数 α 的流体热物性参数主要有：导热系数 λ、比热 c、动力黏度 μ 和密度 ρ 等。

(4)换热壁面的热状态

换热壁面的热状态是指壁温 t_w 的大小，它对对流换热系数 α 的影响，可用下面两种情况予以说明。

液体有相变：当壁温 t_w 明显高于周围液体的饱和温度 t_s 时，壁面上会形成大量气泡而发生汽化沸腾现象，这是有相变的对流换热过程。有相变时，传递的热量包含了液体的潜热，气泡的运动对液体也会产生强烈的扰动。因此，对流换热的机理更为复杂。与无相变时比较，对流换热系数 α 要大得多。

液体无相变：若壁温 t_w 与流体温度 t_f 相差甚大，则要考虑大温差所引起的流体内部各部分热物性参数的不同对对流换热系数 α 的影响。

(5)换热壁面的几何因素

换热壁面的形状、大小以及相对于流动方向的位置等均为换热壁面的几何因素。壁面的几何因素不同，流体的流动情况也不同，从而引起对流换热系数 α 的变化。例如，流体横掠过不同断面或不同直径的管道时就会具有不同的对流换热系数 α。即使流体流过同样断面和大小的管道，当流动方向与管轴线夹角不同时，对流换热系数 α 也会不同。

(三)辐射换热过程

不同温度的物体之间，依靠热辐射方式进行的热传递过程，称为辐射换热过程。

热辐射是热量传递的三种基本方式之一。任何温度高于 0 K 的物体,每时每刻都在以热辐射的方式向外界辐射能量。与此同时,物体又在每时每刻接受其他物体以热辐射的方式向它辐射的能量。辐射换热是物体之间以热辐射方式进行热量交换的总的效果。辐射换热的强弱取决于该辐射换热系统内有关物体表面的形状、温度、发射率,以及它们之间的相对位置、距离等因素。

由于辐射换热过程的分析和计算较为复杂,下面仅简单介绍有关辐射及辐射换热的基本概念。

1.热辐射的本质

物体中的原子内部,处于束缚态的电子从高能态能级向低能态能级跃迁时,电场发生变化;电场的变化引起相应磁场的变化;而磁场的变化又激起电场的变化。这样,电子跃迁所释放的能量就以交替变化的电磁波向四周放射出去,这种能量就叫作辐射能。因此,辐射能是原子内部复杂的激发变化的结果。可见物体的温度只要高于绝对零度,它便不可避免地发射出辐射能,物体的温度越高则发射的辐射能量越多。电磁波的传播是以光速进行的,而又不需要任何中间介质,因此,热辐射是不依赖任何介质、用电磁波来传递热能的一种热传递方式,辐射换热是可以在真空中以光速进行的热传递过程。

电磁波包括波长从 10^{-8} μm 到几千米的各种波。根据不同波长范围的电磁波效应和用途,人们把它们分为宇宙射线、γ 射线、X 射线、紫外线、可见光、红外线和无线电波等,如图 3-1-2 所示。热射线的波长主要位于 0.4~100 μm,其中包括可见光(波长 0.4~0.7 μm)和红外线的一部分(波长 0.7~25 μm 的近红外线和波长 25~100 μm 的远红外线)。可见光是人们比较熟悉的电磁波,其直线传播、投射、反射和折射等有关规律同样适用于热射线。但是,由于波长不同,可见光和一般工程上的热射线在某些情况下将表现出不同的特性,不能混淆。

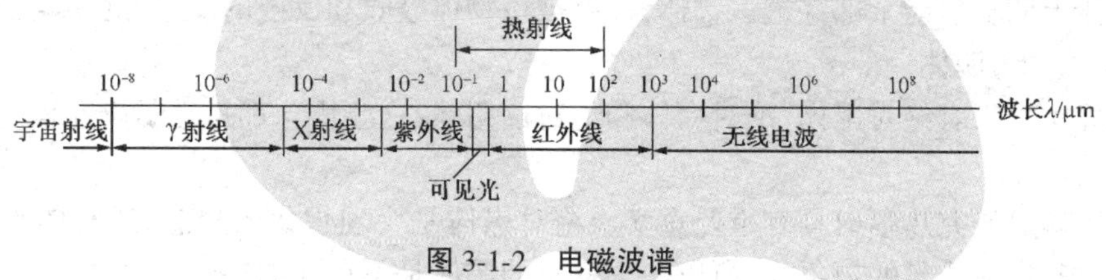

图 3-1-2　电磁波谱

2.物体的吸收比、反射比和穿透比

如图 3-1-3 所示,当辐射能 Q 投射到一个物体上时,一般来说,部分能量 Q_A 被物体吸收,部分能量 Q_R 被物体反射,其余能量 Q_D 透过物体。根据能量平衡,有:

$$Q_A + Q_R + Q_D = Q$$

若令 $\alpha = Q_A/Q$,则 α 称为物体的吸收比;$\rho = Q_R/Q$,则 ρ 称为物体的反射比;$\tau = Q_D/Q$,则 τ 称为物体的穿透比。因此,有:

$$\alpha + \rho + \tau = 1$$

对红外线来说,吸收比 α 主要取决于物体表面的粗糙度,无论物体表面是什么颜色,无论物体表面是平滑面还是磨光面,其反射比都是粗糙面的好几倍。这是因为红外线射到凹凸不平的壁面上会形成多次反射和吸收,使总的吸收量增大。对红外线来说,黑漆、白漆与黄漆等,其吸收比均为 0.90~0.95。

而对可见光来说,物体表面颜色的深浅对可见光的吸收比影响较大。比如对太阳辐射,由

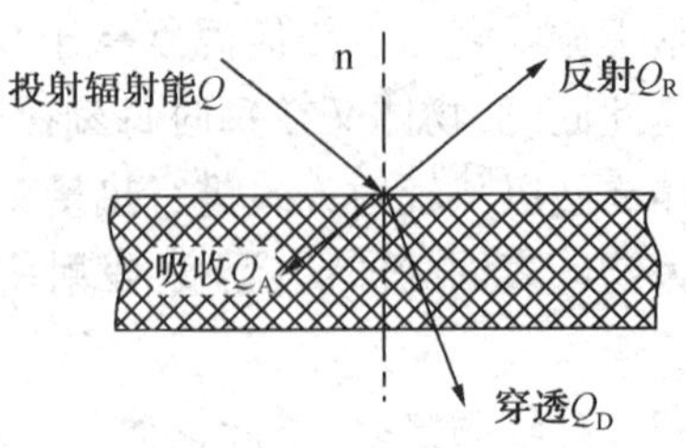

图 3-1-3 辐射能的吸收、反射和透射

于可见光约占一半的能量，所以黑漆的吸收比为 0.96，而白漆的吸收比仅为 0.12~0.16。

实践证明，气体对于辐射能几乎不反射。因此，气体的反射比 $\rho=0$，所以 $\alpha+\tau=1$。而当辐射能投射到固体或液体的表面时，在进入表面后很短的距离内即被吸收完毕。例如，金属导体的该距离仅为 1 μm 的数量级，非导体的该距离也仅为 1 mm 左右。因而，可以认为固体和液体的穿透比 $\tau=0$，其 $\alpha+\rho=1$，这说明：凡是善于吸收（α 比较大）的物体，则不善于反射（ρ 比较小）；善于反射的物体，则不善于吸收。

3.绝对黑体、绝对白体与绝对透明体

由式 $\alpha+\rho+\tau=1$ 可知，如果某物体的吸收比 $\alpha=1$，则该物体的反射比和穿透比必为 0，即 $\rho=0$、$\tau=0$。这说明所有落在物体上的辐射能全部被该物体吸收，没有被反射和穿透的能量，这一类物体称为绝对黑体，简称黑体。

同样，如果某物体的反射比 $\rho=1$，则该物体的吸收比和穿透比必为 0，即 $\alpha=0$，$\tau=0$。这说明所有落在物体上的辐射能全部被该物体反射，没有被吸收和穿透的能量，这一类物体称为绝对白体，简称白体。

如果某物体的穿透比 $\tau=1$，则该物体的吸收比和反射比必为 0，即 $\alpha=0$，$\rho=0$。这说明所有落在物体上的辐射能全部穿透该物体，没有被该物体吸收和反射的能量，这一类物体称为绝对透明体，简称透明体。

自然界中并没有绝对黑体、绝对白体和绝对透明体，这些概念都是为了研究辐射现象的方便而假定的。

绝对黑体对研究热辐射具有重要意义。绝对黑体是个理想化的概念，所有的物体表面在一定程度上都反射一定的辐射能，所以一个完全的黑体是不存在的。

但是，我们可以“人工黑体”。如图 3-1-4 所示的小孔即为人工黑体。图 3-1-4 中有一空腔，它的几何尺寸比其侧壁上的小孔尺寸大得多。这样，一束入射的辐射线进入空腔后，再由该小孔处离开空腔，就必须在这个空腔内壁进行多次（n 次）的反射才有机会穿出小孔，这时穿出的能量为入射能的 $(1-\alpha)^n$ 倍。由于 n 较大，因此 $(1-\alpha)^n$ 的值很小，射进小孔里的辐射能可以认为完全被空腔所吸收。根据计算，以 $\alpha=0.6$ 的壁面所构成的球形空腔，若小孔面积小于空腔壁面积的 0.6%，小孔的吸收率为 $\alpha=0.999\,1$，十分接近黑体。

在传热学中，凡是属于绝对黑体的一切量，都用下角标“0”表示。

4.辐射力与光谱辐射力

物体每单位表面积在单位时间内所放射出去的从 $\lambda=0$ 到 $\lambda=\infty$ 的一切波长的辐射总能量称为辐射力，用符号 E 表示，单位为 W/m^2。若某物体面积为 A，所放射的能量为 Q，则辐射力 E 为

$$E=\frac{Q}{A}$$

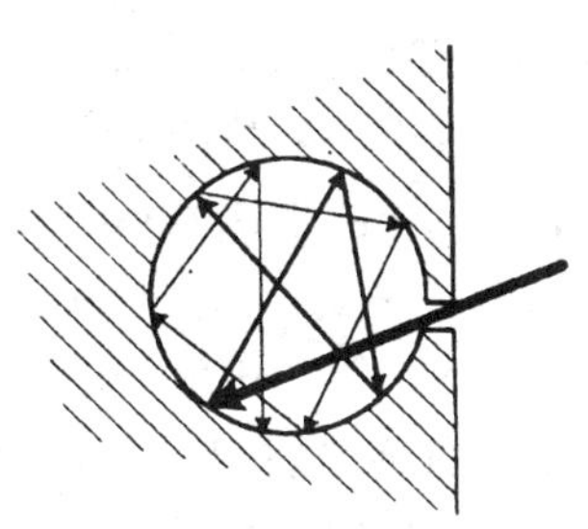

图 3-1-4　人工黑体

若在波长为 λ 到 $\lambda+d\lambda$ 的范围内，物体辐射力为 dE，则 dE 与该波长间隔 $d\lambda$ 所得的商称为波长为 λ 时的光谱辐射力，用符号 E_λ 表示，即

$$E_\lambda=\frac{dE}{d\lambda}$$

5.物体的发射率

辐射换热最重要的是确定实际物体的辐射力。实际物体的辐射力 E 与同温度下绝对黑体的辐射力 E_0 之比值，称为实际物体的发射率（习惯上称为黑度），用符号 ε 表示，即

$$\varepsilon=\frac{E}{E_0}$$

实际物体的发射率（黑度）表征实际物体辐射力接近黑体辐射力的程度。

同一物体的发射率（黑度）随本身的温度 T 和表面状态（如粗糙度、氧化程度等）而异。工程上常用材料的发射率（黑度）值可查有关手册。需要注意的是，同一材料的发射率（黑度）值变化范围很大，由于表面状态不可能得到确切的描述，引用这类数据时需多加斟酌。

6.遮热板

辐射换热是通过电磁波来实现的，因此，只要用任何不能透过热射线的薄板都能有效地削弱辐射的热传递。这种能减少辐射换热的板称为遮热板。

图 3-1-5 为两表面 1、2 间插入遮热板 3 的示意图。分析计算表明，遮热板的发射率（黑度）越低，则辐射换热量减少得就越多；在两表面间插入与表面 1、2 发射率（黑度）相等的薄板，其辐射换热量将减少一半。在实际工程中，为了有效地削弱辐射换热，通常采用发射率（黑度）较低的金属薄板作为遮热板。

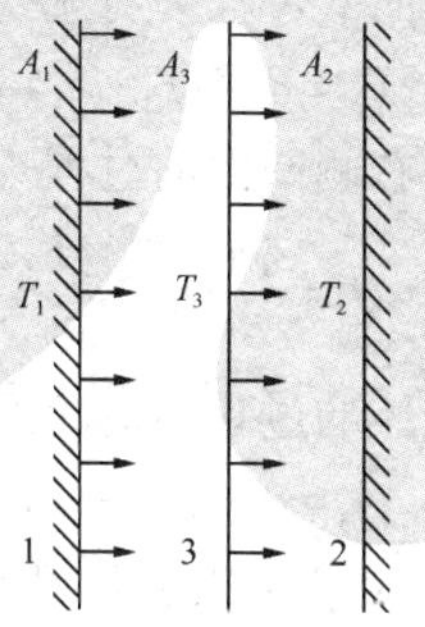

图 3-1-5　遮热板

遮热板之所以能减少辐射传热，是因为对受辐射物体来说，遮热板成了发射物体，而遮热板的温度低于原发射物体的温度；发射物体与受辐射物体间的温度降落由一次降落变为多次降落，这样传给受辐射物体的热量也就减少了。

应用遮热板是削弱辐射换热的有效措施，在工程上被广泛采用。例如，在锅炉的炉门上装有减少辐射热损失的遮热板，以降低对锅炉工的热辐射并降低炉舱温度；在测量管道中的燃气温度时，在温度计外面套上遮热套可以减小测量误差；在一些高温管道外表包以多层铝箔制成的遮热板，以减少辐射热损失等。

例如，使用具有保护套的热电偶来测量管道中流动的燃气的温度，热电偶测得的温度小于流体的实际温度，若燃气管道没有使用热绝缘材料包扎，其相对误差可达-12.57%，这主要是由于热电偶保护套与管内壁之间进行辐射换热，并且由分析可知，壁温与热电偶之间的温差越大、燃气在管道内的流速越小，则测量误差越大。若在管道上包以绝热材料石灰棉，使管道内壁温度升高，此时还用该热电偶测量燃气的温度，则测得的温度升高，测量的相对误差减小为-4%，这说明管道包上绝热材料以后测温误差减小了；若再在热电偶保护套的外面装上遮热套，此时热电偶测得的温度进一步升高，测量的相对误差减小为-0.35%。可见，加遮热套后测温的相对误差显著减小，这说明在测量高温气体时采用遮热套是十分必要的。

第二节　船舶轮机中常见的传热过程

前面已分别介绍了热传导、热对流和热辐射三种基本热传递方式，以及导热、对流换热和辐射换热三种基本换热过程及其换热规律。但工程上，实际的传热过程大多是复杂的复合传热过程，如肋壁传热、各类换热器中复杂流道流体间的传热等。

在前面介绍的三种基本换热过程的基础上，本节讨论船舶轮机中常见的通过平壁传热、通过圆筒壁传热和通过肋壁传热的三种典型的传热过程。

一、通过平壁传热

如图 3-2-1(a)所示，假定有一厚度为 δ、导热系数为 λ 的平壁，平壁两侧的面积皆为 A，温度为 t_{f1} 的热流体在平壁的左侧流过，温度为 t_{f2} 的冷流体在平壁的右侧流过，热流体侧壁面的温度为 t_{w1}，冷流体侧壁面的温度为 t_{w2}。设在热流体一边的对流换热系数为 α_1，冷流体一边的对流换热系数为 α_2。这是一种属于流体和壁内的温度只沿水平方向发生改变的一维稳态传热。

热流体将热量传递给平壁左侧壁面的过程为对流换热过程，其热流量 Q_1 为

$$Q_1=\alpha_1 A(t_{f1}-t_{w1})$$

热量由平壁左侧壁面传递到平壁右侧壁面的过程为导热过程，其热流量 Q_2 为

$$Q_2=\frac{\lambda A}{\delta}(t_{w1}-t_{w2})$$

平壁右侧壁面将热量传递给冷流体的过程为对流换热过程，其热流量 Q_3 为

$$Q_3=\alpha_2 A(t_{w2}-t_{f2})$$

当整个系统达到热稳定状态时，$Q_1=Q_2=Q_3=Q$，得出

$$Q=\frac{A(t_{f1}-t_{f2})}{\dfrac{1}{\alpha_1}+\dfrac{\delta}{\lambda}+\dfrac{1}{\alpha_2}}=kA(t_{f1}-t_{f2})$$

式中，k 称为传热系数，单位为 $W/(m^2\cdot K)$，它表示冷热介质在单位温差下每平方米传热面积

在单位时间内所传递的热量(J)。传热系数 k 越大,传热越强烈,即热传递的速率越大。A 为传热面积。$(t_{f1}-t_{f2})$ 为传热总温差。

上式也可写成热阻的形式:

$$Q=\frac{t_{f1}-t_{f2}}{R_k}$$

式中:

$$R_k=\frac{1}{kA}=\frac{1}{\alpha_1 A}+\frac{\delta}{\lambda A}+\frac{1}{\alpha_2 A}=R_{\alpha1}+R_{\lambda}+R_{\alpha2}$$

称为传热热阻,即传热过程的总热阻。

上式表明,传热过程的总热阻等于平壁两侧换热分热阻与平壁导热分热阻之和。图 3-2-1(b)为单层平壁传热的电路模拟网络图,图中给出了传热总热阻等于各分热阻之和的清晰概念。很显然,用网络图计算简洁明了。

若为多层平壁,则传热过程总热阻中的平壁导热分热阻应为各层导热热阻之和。

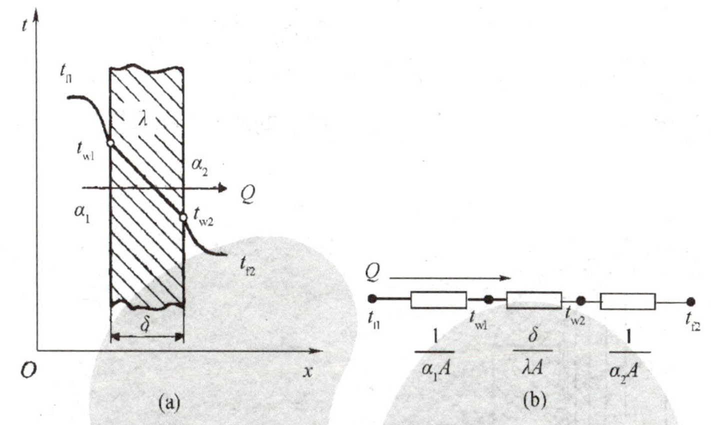

图 3-2-1　通过平壁的传热

二、通过圆筒壁传热

假定有一长为 l、内径为 d_1、外径为 d_2 的圆管,管壁的导热系数为 λ,温度为 t_{f1} 的热流体在管内流过,温度为 t_{f2} 的冷流体在管外流过,内、外壁面的温度分别为 t_{w1} 和 t_{w2}。这一情况是属于流体和壁内的温度只沿半径方向发生改变的一维稳态传热。热流体一边的换热系数为 α_1,冷流体一边的换热系数为 α_2,如图 3-2-2 所示。当整个系统达到热稳定状态时,热流体传给每米管子内壁的热量与通过管壁的导热量,以及由管外壁传给冷流体的热量都相等。因此可得

$$q_1=\frac{t_{f1}-t_{f2}}{\frac{1}{\alpha_1\pi d_1}+\frac{1}{2\pi\lambda}\ln\frac{d_2}{d_1}+\frac{1}{\alpha_2\pi d_2}}=k_1(t_{f1}-t_{f2})$$

此式即为圆筒壁传热的热流量计算公式。式中:

$$k_1=\frac{1}{\frac{1}{\alpha_1\pi d_1}+\frac{1}{2\pi\lambda}\ln\frac{d_2}{d_1}+\frac{1}{\alpha_2\pi d_2}}$$

称为单位管长的传热系数。

也可改写为热阻的形式

$$q_1 = \frac{t_{f1} - t_{f2}}{\dfrac{1}{k_1}} = \frac{t_{f1} - t_{f2}}{R_{k1}}$$

式中

$$R_{k1} = \frac{1}{k_1} = \frac{1}{\alpha_1 \pi d_1} + \frac{1}{2\pi\lambda}\ln\frac{d_2}{d_1} + \frac{1}{\alpha_2 \pi d_2} = R_{\alpha l1} + R_{\lambda l} + R_{\alpha l2}$$

称为单位管长的总热阻，它是各单位管长分热阻的总和，如图 3-2-2(b)所示。

若圆筒壁很薄，当 $d_2/d_1 \leqslant 2$ 时，可按平壁计算，即

$$q_1 = \frac{t_{f1} - t_{f2}}{\dfrac{1}{\alpha_1 \pi d_1} + \dfrac{\delta}{\pi\lambda d_m} + \dfrac{1}{\alpha_2 \pi d_2}} = k_1(t_{f1} - t_{f2}) = \frac{t_{f1} - t_{f2}}{R_{k1}}$$

式中：

$$R_{k1} = \frac{1}{k_1} = \frac{1}{\alpha_1 \pi d_1} + \frac{\delta}{\pi\lambda d_m} + \frac{1}{\alpha_2 \pi d_2}$$

其中，d_m 为圆筒壁的平均直径，δ 为圆筒壁的壁厚。

对于多层圆筒壁，则传热过程单位管长总热阻中的圆筒壁导热分热阻应为各层圆筒壁导热热阻之和。

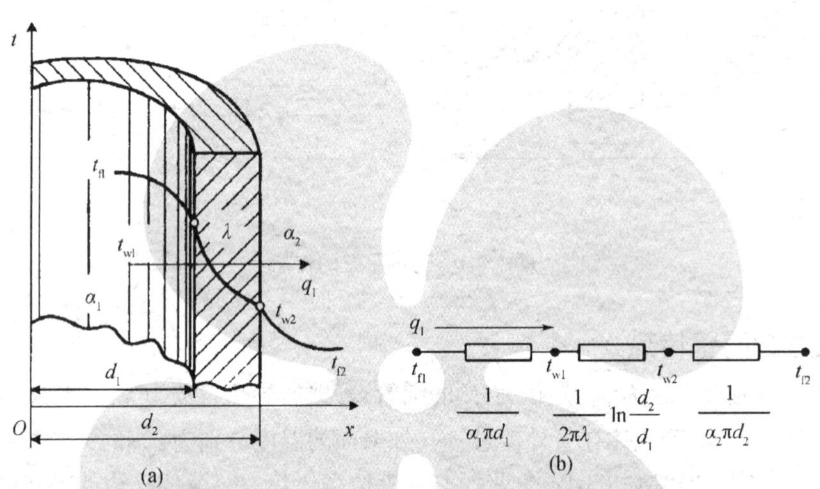

图 3-2-2 通过圆筒壁的传热

三、通过肋壁传热

由上面的传热过程的分析可知，传热热流量 Q 与各分热阻总和成反比。在一定温差下，传热热流量 Q 值的增大，主要决定于如何能有效地使最大的那项分热阻减小下来。

对通过金属壁的传热过程，由于金属的导热系数 λ 较大，而壁厚 δ 又较小，因此金属壁的导热热阻是微不足道的，增大传热热流量 Q 值的关键在于尽可能提高壁两侧的对流换热系数 α_1 和 α_2。

当实际情况不可能再提高壁两侧的对流换热系数 α_1 和 α_2 时，为了减小对流换热热阻，可

以采用加肋片增大表面积 A，以强化传热。

肋片是指依附于基础表面上的扩展表面。例如，室内取暖用的暖汽包就是用肋片增大外侧壁面面积 A_2，通过尽可能减小外侧对流换热热阻 $\frac{1}{\alpha_2 A_2}$ 来增强传热，使传热热流量 Q 值增大。这是暖汽包外侧加肋片的唯一理由。

如图 3-2-3 所示，在平壁的右侧加直肋，则这一侧的换热面积 A_2 为肋片表面积 A_2' 与两肋片之间壁的表面积 A_2'' 之和，即 $A_2=A_2'+A_2''$。显然，加肋侧的面积 A_2 大于未加肋侧的面积 A_1，这两个面积之比，称为肋化系数，以符号 β 表示，即

$$\beta=\frac{A_2}{A_1}$$

肋片越高，肋距越小，肋化系数 β 就越大。

在肋片伸展方向上有表面与流体的换热，因而肋片中沿导热热流传递的方向上热流量是不断变化的。由于肋片材料有导热热阻，整个肋片的温度是不同的，离肋片根部越远壁温越低。假设肋片从根部到顶部的温度均为肋片根部的温度 t_{w2}，这时肋片与流体的换热量为 $\alpha_2 A_2'(t_{w2}-t_{f2})$，考虑肋片的导热热阻，则肋片与流体的实际换热量可写为 $\alpha_2 A_2'(t_{w2}-t_{f2})\cdot\eta_f$，式中的 η_f 称为肋片效率，即

$$\eta_f=\frac{\text{肋片的实际换热量}}{\text{整个肋片温度均为肋片根部温度时的换热量}}$$

各种形式肋片的 η_f 值，可由有关传热学手册中的曲线查得。

若不加肋侧与流体的换热量为 Q_1、通过肋壁的导热量为 Q_2、加肋侧壁面与流体的换热量为 Q_3，在稳定传热过程中，$Q_1=Q_2=Q_3=Q$，则通过分析可得

$$Q=\frac{t_{f1}-t_{f2}}{\frac{1}{\alpha_1 A_1}+\frac{\delta}{\lambda A_1}+\frac{1}{\alpha_2 A_1\beta\eta_{tot}}}=k_1 A_1(t_{f1}-t_{f2})$$

以不加肋侧的面积 A_1 为基准的热流密度 q_1 为

$$q_1=\frac{t_{f1}-t_{f2}}{\frac{1}{\alpha_1}+\frac{\delta}{\lambda}+\frac{1}{\alpha_2\beta\eta_{tot}}}=k_1(t_{f1}-t_{f2})$$

以上两式即为通过肋壁传热的计算公式。式中，k_1 为以不加肋侧的面积 A_1 为基准的肋壁的传热系数；η_{tot} 为肋壁总效率

$$\eta_{tot}=\frac{A_2''}{A_2}+\frac{A_2'}{A_2}\cdot\eta_f$$

需要强调的是，采用不同的基准面积，肋壁的传热系数 k 相差很大。

由此可见，在冷热介质温度 t_{f1}、t_{f2} 一定时，要增强传热，可以增大肋壁两侧的对流换热系数 α_1 和 α_2、肋壁的导热系数 λ、肋壁两侧的传热面积 A_1 和 A_2、肋壁总效率 η_{tot}，减小壁厚 δ。最有效的措施是改变上述的某些值后，可减小各项分热阻中最大的那一个分热阻值。在具体的传热设备中，改变上述各量是受具体条件所约束的，必须权衡利弊得失，选取最有效的措施来增强传热。

比如，对于蒸汽加热的暖汽包，由于蒸汽凝结换热系数 α_1 远远大于暖汽包对室内空气的自然对流时的对流换热系数 α_2，这一传热过程中的总热阻主要取决于室内空气侧的对流换热

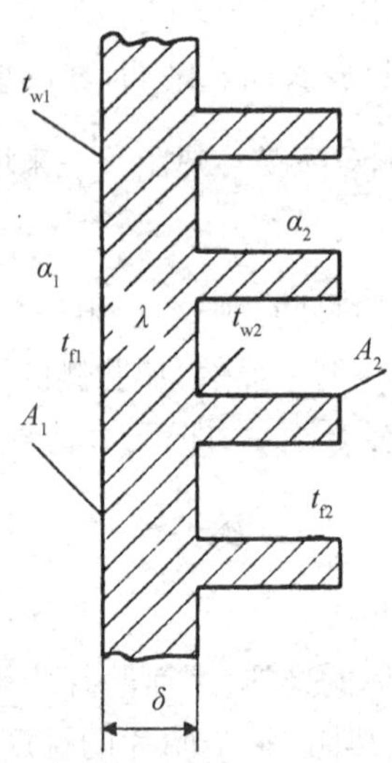

图 3-2-3　通过肋壁的传热

热阻。因此在室内空气侧加导热热阻较小（肋壁总效率 η_{tot} 较高）的肋片是最有效的改进措施。旧式的铸铁直立式暖汽包由于传热面积 A_2 增加不多，现已被钢圆管带钢肋片所替代。对于蒸汽锅炉中的空气预热器，由于壁两侧皆为气体的受迫对流换热，壁两侧的对流换热系数基本相同，即 $\alpha_1 \approx \alpha_2$，而增大壁两侧的对流换热系数 α_1 和 α_2 又必须多消耗风机功率，因此就在空气预热器管壁厚度不变的基础上，管外用环肋增大传热面积 A_1，管内用纵向直肋增大传热面积 A_2，以增强传热。近年来又采用热管两端加肋壁的方法来制造空气预热器以回收烟气的余热。

四、内燃机气缸内高温燃气对气缸套外冷却水的传热过程

上面所讨论的传热过程都没有考虑辐射换热问题。在有些情况下，由于热流体的温度很高且与换热壁面的温差较大，如内燃机气缸内的高温燃气和气缸内壁之间的换热，此时必须要考虑两者之间的辐射换热。

图 3-2-4(a)所示为内燃机气缸内高温燃气对气缸套外冷却水的传热过程，图 3-2-4(b)为该传热过程的局部放大图，图上标出了各处的温度符号。

柴油机气缸内的高温燃气通过缸壁向冷却水的传热过程可分为三部分：

(1)高温燃气对气缸套内壁的热传递过程，高温燃气的温度很高，且与气缸套内壁的温差较大，所以应考虑它们之间的辐射换热。因此，该热传递过程是既有辐射换热又有对流换热的复杂换热过程。

(2)从气缸的内壁到外壁，则是只有金属固体的导热过程。

(3)从气缸外壁到冷却水的热传递过程，气缸套外壁的温度不是很高，且与冷却水的温差较小，所以可不考虑它们之间的辐射换热。因此，气缸外壁到冷却水的热传递过程是对流换热过程。

由高温燃气传递给气缸内壁的总热流量 Q_1 为高温燃气传递给气缸内壁的对流换热热流量 Q_c 和辐射换热热流量 Q_τ 之和，即

$$Q_1 = (\alpha_c + \alpha_\tau) A (t_{f1} - t_{w1}) = \alpha_1 A (t_{f1} - t_{w1})$$

式中，α_c 为高温燃气对气缸内壁的对流换热系数；α_τ 为辐射换热的当量换热系数；α_1 为高温燃

气对气缸内壁的总换热系数；A 为换热面积；t_{f1} 为气缸内高温燃气的温度；t_{w1} 为气缸内壁的温度。

当整个系统达到热稳定状态时，高温燃气的温度 t_{f1}、气缸内壁的温度 t_{w1}、气缸外壁的温度 t_{w2}、冷却水的温度 t_{f2} 均不随时间而变化，则高温燃气传递给气缸内壁的热流量 Q_1 等于通过气缸壁的导热热流量 Q_2，也等于气缸外壁面传递给冷却水的对流换热热流量 Q_3，即 $Q_1=Q_2=Q_3=Q$，因此可得

$$Q=\frac{A(t_{f1}-t_{f2})}{\frac{1}{\alpha_1}+\frac{\delta}{\lambda}+\frac{1}{\alpha_2}}=kA(t_{f1}-t_{f2})$$

式中，k 为传热系数；A 为换热面积；t_{f1} 为气缸内高温燃气的温度；t_{f2} 为气缸外冷却水的温度。

上式若写成热阻的形式，则为

$$Q=\frac{t_{f1}-t_{f2}}{R_k}$$

式中，R_k 为传热热阻，即传热过程的总热阻：

$$R_k=\frac{1}{kA}=\frac{1}{\alpha_1 A}+\frac{\delta}{\lambda A}+\frac{1}{\alpha_2 A}=R_{\alpha 1}+R_{\lambda}+R_{\alpha 2} \quad \text{K/W}$$

由前面的分析可见，将辐射换热热流量的计算转化为当量对流换热热流量的计算，可以简化传热过程的分析和计算。本例中，将高温燃气传递给气缸内壁的对流换热热流量 Q_c 和辐射换热热流量 Q_r 合并计算，给出高温燃气对气缸内壁的总换热系数 α_1，按对流换热过程计算两者的热流量总和，将考虑辐射换热的传热过程转化为通过平壁的传热过程计算。同样，若圆筒壁内的流体也需考虑辐射换热，也可按类似的办法处理。

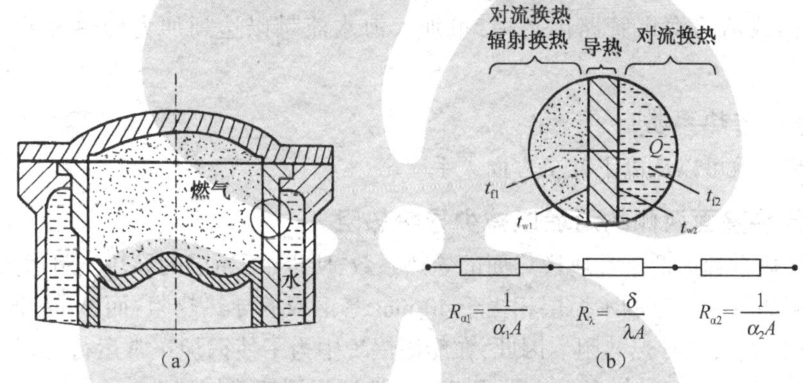

图 3-2-4 柴油机气缸内高温燃气对气缸套外冷却水的传热过程示意图及其局部放大图

五、传热公式

综合上述分析可以看出，对于任何传热过程的传热热流量，一般都可以用

$$Q=kA\Delta t$$

分析计算，故此式称为传热公式。式中，k 为该传热过程的传热系数；A 为该传热过程的传热面积；Δt 为该传热过程的传热温差；Q 为该传热过程的传热热流量。

若写成热阻的形式，则为

$$Q=\frac{\Delta t}{R_k}$$

式中，R_k 为该传热过程的传热总热阻。

第三节　强化传热与削弱传热

在前面讨论的导热、对流换热和辐射换热三种基本换热过程，以及通过平壁传热、通过圆筒壁传热和通过肋壁传热三种工程上常见的传热过程的基础上，本节介绍强化传热与削弱传热的基本途径和常用的方法。

一、强化传热的基本途径

根据传热公式 $Q=kA\Delta t$ 可知，强化传热主要有增加传热面积 A、加大传热温差 Δt 和增大传热系数 k 等三种途径。

（一）增加传热面积

增加传热面积能正比地增大传热量。

为了使结构紧凑，采用加肋壁的办法，可以让传热的基础面积不变，合理地增大肋片面积将有效地增大传热系数。这样可以使换热设备在尺寸、重量改变不大的情况下增大传热量。

但应该注意，必须把肋壁加在对流换热系数 α 值较小的一侧。

（二）加大传热温差

改变热流体或冷流体的平均温度就能改变传热温差。例如，开足滑油冷却器或淡水冷却器的海水阀门或清除海水管路内污垢，可加大海水流量以达到加大传热温差、增强传热的效果。

（三）增大传热系数

增大传热系数可以从以下几个方面入手。

1.清除传热壁面两侧的污垢以减少导热热阻

污垢的导热系数远低于金属换热面的导热系数，所以，污垢层的导热热阻远大于金属层的导热热阻。例如，1 mm 厚的水垢层相当于 40 mm 厚钢板的导热热阻，而 1 mm 厚的烟灰层相当于 400 mm 厚钢板的导热热阻。因此，在船用锅炉中为了使锅炉正常运行，必须用吹灰器定期吹灰，定期用排污装置排污以减少沉积水垢。按运行周期停炉清洗。

2.改变流体的流动情况

（1）增大流速

增大流速，使层流变为紊流，会使对流换热系数 α 增大。但必须注意，增大流速的同时会使流动阻力增大，多消耗泵功。

(2)加插入物

在管内或管间加装绕花丝等插入物,可以达到增强扰动、强化传热的目的。

(3)依靠外加能量的作用

比如,用机械振动的方法可以使对流换热系数 α 增大;对流体施加超声波,使流体增加脉动而强化传热等。

3.改变流体的物性

由导热和对流换热两种换热方式的机理可知,流体的导热系数 λ 和定压比热 c_p、密度 ρ 愈大,换热也就愈强。把手放在低于手温的同温度空气和水中,放在水中的手明显感到较凉,表明失热多。从流体的种类来分,水冷器就比风冷器的体积小得多。

在流体内加入某种添加剂可改变其物性而强化传热,添加剂可以是固体或液体,它与换热介质组成气-固、液-固以及气-液等混合流动系统。例如:

①气流中加入少量固体微粒,如石墨、砂、铅粉、玻璃球等,形成气-固悬浮二相流,由于固体微粒的比热 c_p 和密度 ρ 是气体的几百倍,同时由于固体微粒的扰动作用和辐射作用,显著地增强了传热效果。

②液体中加入固体微粒,如油中加入聚苯乙烯悬浮颗粒使热边界层变薄而增强换热。

③在蒸汽中喷入液滴,如水蒸气中喷入硬脂酸、油酸等液滴,可以产生珠状凝结以增强换热;在风冷设备中将水喷在气流中,使换热面形成水膜蒸发会有效地增强传热效果。

④在液体中注入气体或蒸汽,如化工设备中的载气蒸发器,当液体在壁面沸腾时,注入的气体形成的大量气泡冲击壁面可强化沸腾传热;同时,还可降低壁温使某些化工液料不会因温度过高而变质。

4.改变换热面的表面状况

换热表面的性质、几何形状与大小都对对流换热系数 α 有很大的影响,可以采用以下方法来强化换热。

(1)加大表面粗糙度

人工使换热壁面粗糙度加大,对管内的受迫对流换热、沸腾和凝结换热都有增强作用。

(2)改变换热面的几何形状与大小

为了增大对流换热系数 α,可以采用各种异形管,如蒸汽锅炉中省煤器用的麻花管、制冷装置冷凝器用的低肋螺纹管、制淡水用沟槽管和波纹管、板翅式换热器的各种板翅以及板式换热器的各种波型板片等。由于表面形状的变化,流体在运动中将会不断改变方向和流速,使流体在低雷诺数 Re 下就呈紊流状态,从而使流体在流动阻力增大不太多的情况下,使对流换热系数 α 显著增大。例如,波纹板式换热器的传热系数 k 是壳管式换热器的 2~4 倍。

(3)改进换热壁面结构或性能

通过粉末金属烧结、电火花加工形成多孔金属可使沸腾换热增强。通过离子喷镀聚四氟乙烯或渗氮等方法对壁面改性可使水蒸气在壁面形成珠状冷凝或凝华成霜的速度变缓,以增强传热。

总之,随着生产和科技的发展,增强换热的方法和技术也会日益增多。

二、削弱传热的基本途径

为了削弱某些设备与外界的换热量,通常采用隔热措施。比如,对于热设备要求保温,对于制冷及运输冷冻物品的设备则需要保冷以节省制冷量等。实际工程中采用的隔热措施通常是应用热绝缘层来削弱热量传递。

(一)热绝缘

热绝缘就是隔离冷、热物体，使冷、热物体间不发生热量传递。实际上，使物体与外界之间绝对没有热量传递是做不到的。在工程实际中，只能尽可能地削弱传热。

削弱传热的基本途径就是应用热绝缘层，以增加导热热阻。

热绝缘层就是指一切用来减少与外界进行热交换的辅助层。

1.热绝缘的目的

不同的场合应用热绝缘层的目的是不同的，但概括起来可归纳为以下三种：

(1)节约燃料：从经济观点来看，包扎热绝缘材料所消耗的资金，要比不包扎而多消耗的燃料费少得多。

(2)满足工程技术条件的要求：例如，制冷工程中的冷库外表面包以热绝缘层，可以避免浪费制冷量。

(3)改善劳动条件：例如，锅炉和蒸汽管道的外表面通常均包扎热绝缘层以降低机炉舱温度和防止人员烫伤。劳动保护的要求规定，热设备的绝缘层外表温度不得超过 50 ℃。

2.对热绝缘材料的要求

凡导热性能低的材料都可以被用作热绝缘材料。材料的导热性能以导热系数 λ 值的大小来表示。一般来讲，通常将导热系数 λ 值小于 0.14 W/(m · K)的材料称为隔热材料或热绝缘材料。

根据用途的不同，可选用不同性能的热绝缘材料。但作为热绝缘材料，通常应具备以下三个基本性能：

(1)导热性能差；

(2)具有一定的机械性能，如抗压和抗拉强度等；

(3)具有一定的不吸水性和耐高温的能力。

热绝缘材料的特点之一是孔隙多，当温度升高时，孔隙中的空气对流和辐射换热就要加强，从而使导热系数增大。

热绝缘材料吸水后不应改变原有形状。可能的话，最好采用不吸湿的材料。热绝缘材料吸收水分后，由于水分迁移方向与传热方向相同，导热系数会迅速增大，防水层必须设置在热绝缘层的外侧。

3.工程上常用的热绝缘材料

热绝缘材料的种类很多，按材料的形成可分为：

(1)天然材料：如石棉、云母和软木等；

(2)人工合成材料：如石棉绳、玻璃绒和矿渣棉等。

通常，不同的热绝缘材料有不同的隔热特性，因此，不同的使用场合要选用不同的热绝缘材料，比如：

(1)在高温隔热条件下，可选用石棉、硅石和硅藻土制品等热绝缘材料；

(2)在常温和低温隔热条件下，可选用软木、玻璃纤维、超细玻璃棉和珍珠岩等热绝缘材料；

(3)在低湿条件下，防潮要求较高时，可选用泡沫树脂和泡沫塑料等热绝缘材料。

(二)圆筒壁的临界热绝缘直径

对平壁传热而言,在平壁上加厚热绝缘层,就能削弱平壁传热。

但是,对圆筒壁传热,增加圆筒壁外的热绝缘层的厚度,不是在任何情况下都会削弱传热的。对圆筒壁的热绝缘,为了合理选用热绝缘材料,必须了解圆筒壁的临界热绝缘直径的概念。

对于某一外径的圆筒壁,当在其外壁覆盖某一厚度的某种材料的热绝缘层时,其传热量可能不会减少反而增加,并且随着该热绝缘层厚度的增加,其传热量也逐渐加大;当该热绝缘层厚度达到某一数值时,即该热绝缘层的外径达到某一数值时,其传热量达到最大值,此时,若继续加厚该热绝缘层,则传热量开始减少。我们将传热量为最大值时的该热绝缘层的外径称为圆筒壁的临界热绝缘直径,用符号 d_{cr} 表示。

理论分析表明,若热绝缘材料的导热系数为 λ,绝缘层外表面向周围大气的总换热系数为 α,则圆筒壁的临界热绝缘直径 d_{cr} 为

$$d_{cr}=\frac{2\lambda}{\alpha}$$

假设圆筒壁的内径为 d_1、外径为 d_2,热绝缘层的外径为 d_x,$d_1<d_2<d_x$,则:

(1)如果圆筒壁的外径 d_2 小于 d_{cr}($d_2<d_{cr}$),当 $d_x<d_{cr}$ 时,传热量随 d_x 的增大而增大;当 $d_x=d_{cr}$ 时,传热量最大;当 $d_x>d_{cr}$ 时,传热量才开始随 d_x 的增大而减小,当 d_x 增大到某一数值 d_3 时,其传热量与无此热绝缘层时的传热量相同(即此热绝缘层无热绝缘作用),当 $d_x>d_3$ 时,此热绝缘层才开始真正起到热绝缘的作用。

例如,因为电线的外径 d_2 小于其 d_{cr},所以,外包绝缘层作为电绝缘的同时,还能增加电线的散热作用,而使电线的温度比不包绝缘时低。

(2)如果圆筒壁的外径 d_2 大于 d_{cr}($d_2>d_{cr}$),当 d_x 增加时,传热量减少,此热绝缘层起到了热绝缘的作用。

需要强调的是,临界热绝缘直径 d_{cr} 取决于绝缘材料的导热系数 λ 及绝缘层外表面向周围大气的总换热系数 α。也就是说,临界热绝缘直径 d_{cr} 与选用的材料有关。某　外径为 d_2 的圆管道,对某种热绝缘材料来说,其外径 d_2 可能小于其临界热绝缘直径 d_{cr},而对另一种热绝缘材料来说,其外径 d_2 就可能大于其临界热绝缘直径 d_{cr}。所以,在圆管道外壁覆盖热绝缘层时,应合理选用热绝缘材料,除满足技术要求和使用要求外,还要让它真正起到热绝缘的作用。

比如,石棉的导热系数为 $\lambda=0.151$ W/(m·K),玻璃棉的导热系数为 $\lambda=0.039\ 8$ W/(m·K),若取 $\alpha=12$ W/(m^2·K),则对石棉有 $d_{cr}=0.025$ m,对玻璃棉有 $d_{cr}=0.006\ 6$ m。由此可见,对于外径 $d_2=20$ mm 的热管道来说,若包石棉的厚度不够,反而会比裸管的热损失更大。若包玻璃棉,由于 d_{cr} 已小于 20 mm,不会遇到临界热绝缘层的问题,只要包上玻璃棉就可以减少热损失。

(三)轮机工程中的热绝缘

在船舶轮机工程中,很多装置和设备用到热绝缘。在船舶轮机中,凡是需要隔热的装置、设备或其零部件,通常都是通过施加热绝缘层来削弱热量传递的。

从不同场合应用热绝缘层的目的来看,既有为了节约燃料(如船舶锅炉和蒸汽管道上包扎热绝缘层以减少热量散失等),也有为了满足工程技术条件的要求(如船舶伙食冷库的外表面、冷藏舱的外表面以及输送冷介质管道的外表面等包上隔热的绝缘层可以避免浪费制冷量

等）和改善劳动条件（如船舶锅炉和蒸汽管道的外表面通常均包扎热绝缘层以降低机舱温度和防止人员烫伤等）。

由于船舶环境的特殊性，理想的船用热绝缘材料，除需具有导热系数小、易成形、耐振、不变形、不吸水、不受潮等性能外，还应满足相对密度小、不自燃、耐火、无怪味、防鼠咬虫蛀以及价格低廉和易于购得等要求。

需要强调的是，在敷设热绝缘层来削弱热量传递时，要注意正确选择热绝缘材料。除了根据温度条件和防潮要求选择热绝缘材料外，还要注意传热壁面的截面形状。前已指出，在平壁上只要加厚热绝缘层，就能削弱平壁的传热，但对圆筒壁面上加厚热绝缘层，不是在任何情况下都会削弱传热的，此时要注意临界热绝缘直径问题。在船舶轮机中，绝大多数的管道是圆形截面。在圆管上敷设热绝缘层时，如果热绝缘材料选择不恰当或热绝缘层的厚度不够，敷设的热绝缘层不仅不能起到削弱传热的作用，反而会强化传热。

另外，还应指出，上面只讨论了材料本身的热绝缘性。当把材料加装在物体上时，由于掺和物和加装方法不同，材料的热绝缘性能就会发生变动。在这种情况下，正确估计热绝缘性能的好坏，不能只根据材料本身的导热系数，而应考虑整个结构的导热系数。整个结构的导热系数可用近似方法来计算，但其精确数值只能由实验测定。

第四节　船用热交换器的种类及特点

凡是把热量从热流体传递给冷流体的热力设备均称为热交换器，或称换热器。

一、热交换器的类型

热交换器按其换热方式和结构的不同，通常分为三大类：间壁式、混合式和回热式。

1.间壁式换热器

用固体壁将冷、热流体分开，热流体通过间壁将热量传递给冷流体，这种类型的热交换器称为间壁式换热器。

2.混合式换热器

冷、热流体在其中直接接触混合，使热流体温度下降（热流体放热）、冷流体温度升高（冷流体吸热），最终冷、热流体的温度均匀一致，从而实现了热量从热流体向冷流体的传递，这种类型的热交换器称为混合式换热器。

3.回热式换热器

固体壁面先被热流体加热（热流体放热），再被冷流体冷却（冷流体吸热），这样周期地进行，就实现了热量从热流体向冷流体的传递，这种类型的热交换器称为回热式换热器。

船用热交换器的绝大多数是间壁式换热器类型，因此本节只介绍间壁式热交换器的种类、结构、工作原理及性能特点。

二、间壁式热交换器的种类

在间壁式热交换器中，冷、热两种流体由固体壁相隔，互不相混地进行热量交换，两种流体的压力可以相差较大。它是应用最广泛的热交换器。

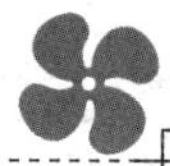

间壁式热交换器按其用途,可称作冷凝器、燃油加热器、造水蒸发器、空气冷却器和滑油冷却器等。

间壁式热交换器按传热表面的结构可分为管式和板式两种。管式热交换器又分为壳管式、肋片管式和套管式;板式热交换器又分为板翅式、平行板式和螺旋板式。

间壁式热交换器按冷、热流体的相对流动方向的不同可分为顺流式、逆流式、叉流式和混合流式,如图 3-4-1 所示。

间壁式热交换器按冷、热流体的流程(亦有称作管程)又分为单流程、双流程和多流程,如图 3-4-2 所示。

(一)按冷、热流体的相对流动方向

1.顺流式

在间壁式热交换器中,冷、热两种流体做平行且同方向流动,如图 3-4-1(a)所示,这样的换热器称为顺流式热交换器。

2.逆流式

在间壁式热交换器中,冷、热两种流体做平行但反方向流动,如图 3-4-1(b)所示,这样的换热器称为逆流式热交换器。

3.叉流式

在间壁式热交换器中,冷、热两种流体沿相互垂直的方向流动,如图 3-4-1(c)所示,这样的换热器称为叉流式热交换器。

4.混合流式

在间壁式热交换器中,冷、热两种流体做平行同向、平行反向、相互垂直这三种方式组合形式的流动,分别如图 3-4-1(d)、(e)、(f)所示,这样的换热器称为混合流式热交换器,又称为杂流式热交换器。

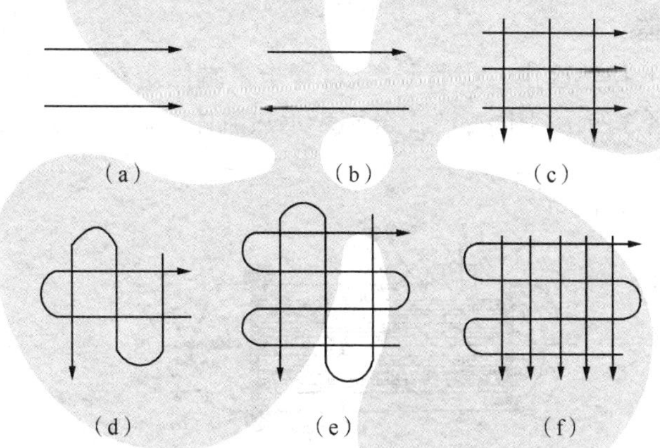

图 3-4-1　热交换器按流动方向分类

(二)按冷、热流体的流程分类

图 3-4-2 示出了冷、热两种流体在间壁式热交换器中的流程,图中,t_1'、t_1''分别表示热流体的进口温度和出口温度,t_2'、t_2''分别表示冷流体的进口温度和出口温度。

1.单流程

在间壁式热交换器中，冷、热两种流体均一次性通过全部换热面积，如图 3-4-2(a)所示，这样的换热器称为单流程热交换器。

2.双流程

在间壁式热交换器中，换热面被分隔成两个部分，冷流体和热流体依次流过换热面的这两个部分，从而形成两次回路，如图 3-4-2(b)所示，这样的换热器称为双流程热交换器。

3.多流程

在间壁式热交换器中，换热面被分隔成三个部分以上，冷流体和热流体依次流过换热面的这几个部分，从而形成多次回路，如图 3-4-2(c)所示，这样的换热器称为多流程热交换器。

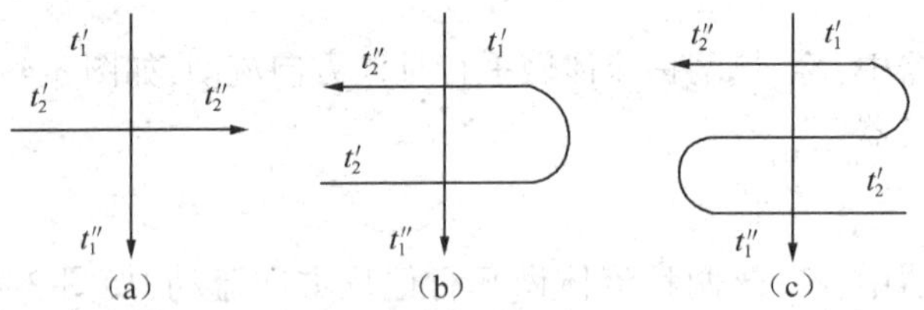

图 3-4-2　热交换器按流程次数分类

三、间壁式热交换器的结构及性能特点

间壁式热交换器依其传热表面的结构可分为管式和板式两种。

（一）管式热交换器

管式热交换器结构坚固、易于制造、适应性强，在工业应用上有较久的历史。目前，在船上和汽车上使用的热交换器中，管式热交换器仍占多数。

管式热交换器的常见形式有壳管式、肋片管式和套管式。

1.壳管式热交换器

在壳管式交换器中，换热面由一束管子组成，管子末端固定在特殊的管板上，然后封闭在一个壳体之中，如图 3-4-3 所示（图中，1′、1″分别表示热流体的进口和出口，2′、2″分别表示冷流体的进口和出口）。

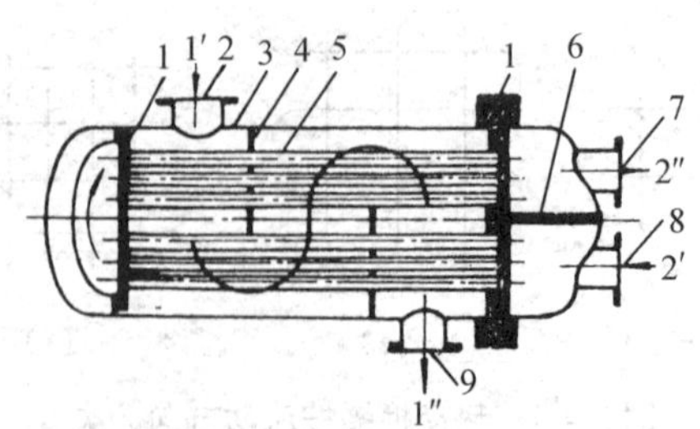

图 3-4-3　壳管式热交换器

1—管板；2—壳程进口；3—外壳；4—折流板；5—管子；6—隔板；7—管程出口；8—管程进口；9—壳程出口

壳管式热交换器在工作时，一种流体在管内流过，另一种在管外（壳内）流过。为了增强传热效果，在壳内常设有挡板以保证管外流体的流向和速度。为提高管内流体流速以增大对流换热系数，在盖板中央设一隔板，可使管中流体速度提高一倍，称为双流程。还有做成三流

程、四流程的热交换器。

船上广泛地用这种热交换器作冷凝器、滑油冷却器、燃油加热器及造水蒸发器等。

2.肋片管式热交换器

肋片管式热交换器应用在换热的两种流体的对流换热系数相差悬殊的情况。

例如，汽车用的冷却水散热器如图 3-4-4 所示，管中热流体为水，而管外冷流体为空气。显然，空气侧的热阻要比水侧大得多。这种热交换器用加肋片的办法来减少空气侧热阻，以增大整个热交换器的传热系数。

在肋片管式热交换器中，管子有圆管和扁管之分，肋片形式则多种多样，有的肋片是与管子一体滚轧出来，如图 3-4-5 所示；有的则是将各种形式的肋片绕在管子上，如图 3-4-6 所示。图 3-4-6(a)所示为根部带皱褶的绕片管，图 3-4-6(b)所示为不断螺旋线绕丝管，图 3-4-6(c)所示为 L 型绕片管。

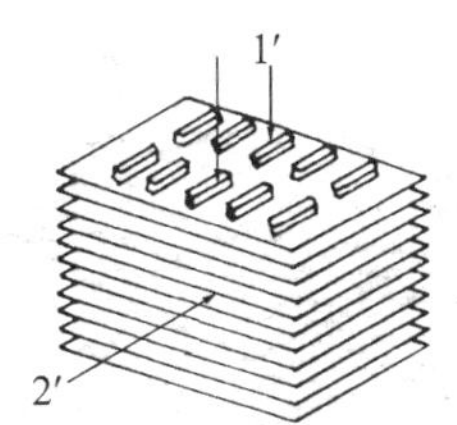

图 3-4-4　汽车用的冷却水散热器

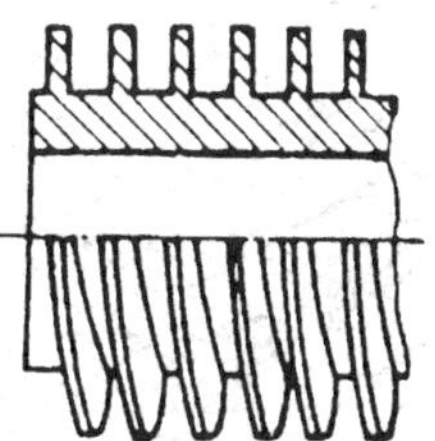

图 3-4-5　矩形截面的滚轧螺纹管

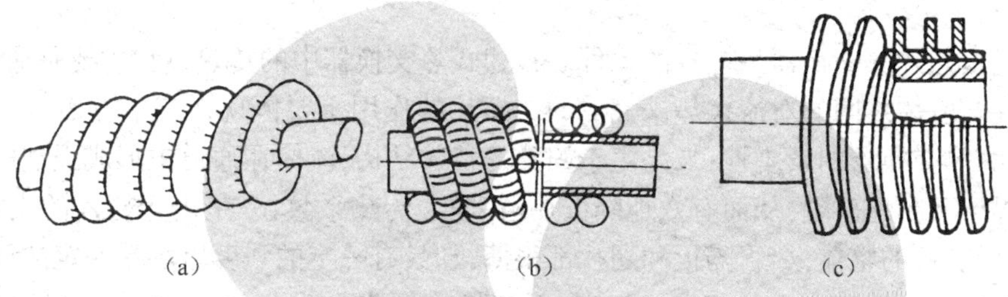

图 3-4-6　管外绕有的各式肋片

3.套管式热交换器

在套管式热交换器中，一种流体从较细的管子内流过，另一种流体则从大、小管子所形成的夹套中流过，如图 3-4-7 所示(图中，1′、1″分别表示热流体的进口和出口，2′、2″分别表示冷流体的进口和出口)。

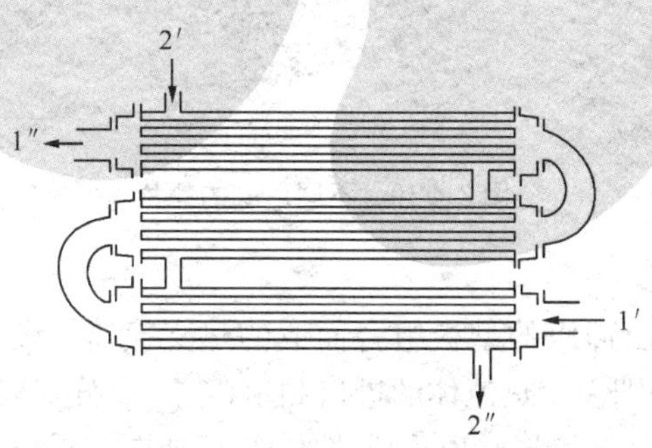

图 3-4-7　套管式热交换器

这种热交换器通常安装在竖壁上，作锅炉装置和柴油机装置的燃油加热器用。套管式燃油加热器的水蒸气在内管中流动，其凝结换热系数远大于在套管间流动的燃油与内管外侧的换热系数。为了强化传热，内管常采用在其外侧具有轴向平肋的特别管子，以提高加热器的传热量。

（二）板式热交换器

板式热交换器被认为是最有发展前途的热交换设备之一。它有板翅、平行板和螺旋板等形式。

1.板翅式热交换器

板翅式热交换器的结构如图 3-4-8 所示。它由隔板 1、翅片 2 和封条 3 三部分组成，在相邻两隔板之间设置翅片和封条组成一个夹层，称为通道。将这些夹层根据流动方式叠加起来，钎焊成一体，即组成板束。图 3-4-9 所示为冷、热流体 1 和 2 做逆流换热时的板束组合图。

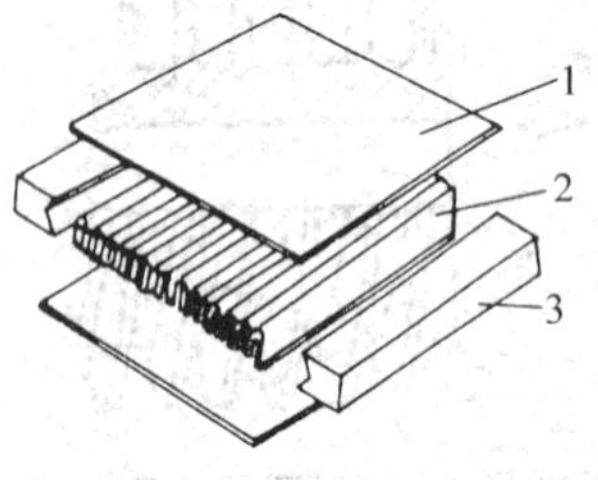

图 3-4-8　板束结构图

1—隔板；2—翅片；3—封条

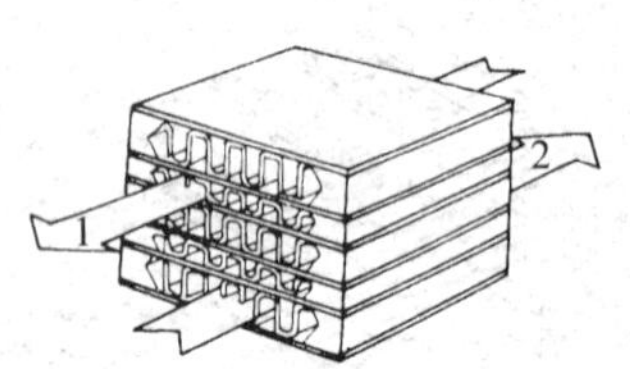

图 3-4-9　逆流板束组合图

翅片是板翅式热交换器最基本的元件。板翅式热交换器中的传热过程主要是通过翅片的导热和翅片与流体之间的对流换热来完成的。翅片的作用主要体现在三个方面：一是扩大传热面积，提高热交换器的紧凑性；二是由于翅片的特殊结构，流体在通道中形成强烈的扰动，这就使热边界层不断地破裂，从而有效地降低热阻，增大传热系数；三是由于翅片的支撑加固作用，板束形成有机的整体，尽管隔板和翅片都很薄，却具有一定的强度以承受一定的压力。

根据不同的工质、组态（气相或液相）和对流换热形式（有相变或无相变），可以采用不同的翅片形式。图 3-4-10 所示为常用的几种翅片。图 3-4-10（a）所示为光直翅片，图 3-4-10（b）所示为锯齿形翅片，图 3-4-10（c）所示为多孔翅片。

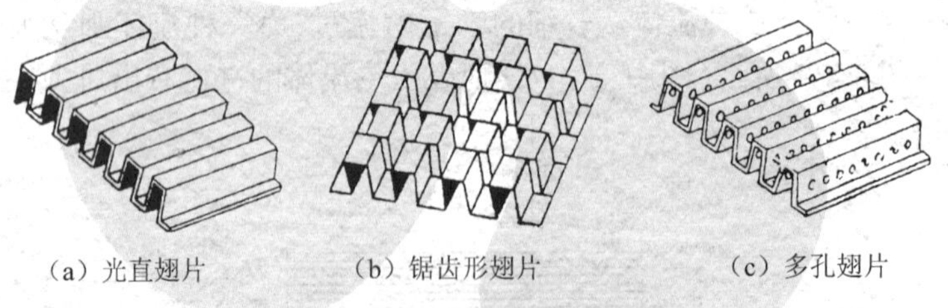

（a）光直翅片　　（b）锯齿形翅片　　（c）多孔翅片

图 3-4-10　不同形式的翅片

2.平行板式热交换器

平行板式热交换器是由冲压的型板组合而成的热交换器。图 3-4-11 所示为此种热交换器的解剖图（图中，1′、1″分别表示热流体的进口和出口，2′、2″分别表示冷流体的进口和出口）。

型板板片被冲压成特殊波纹形状以构成流体通道，如图 3-4-12 所示。图 3-4-13 所示为人字形型板。型板角上开有流体通道孔，板片四周和通道孔周围装有密封垫片。密封垫片是板

式热交换器的重要构件。装配时，首先用黏结剂把垫片粘在板片四周和通道孔周围的密封槽中。若板角通道孔的密封槽中装有密封垫片，则流体不能进入该型板；若不装密封垫片，则允许流体进入该型板。按换热量的要求，将若干块型板叠合起来，并用前、后端板架及连接螺栓将全部板片压紧，相邻型板之间就形成流体通道。借助型板角孔是否安装垫片，使相邻两通道中分别流过冷、热两种流体。

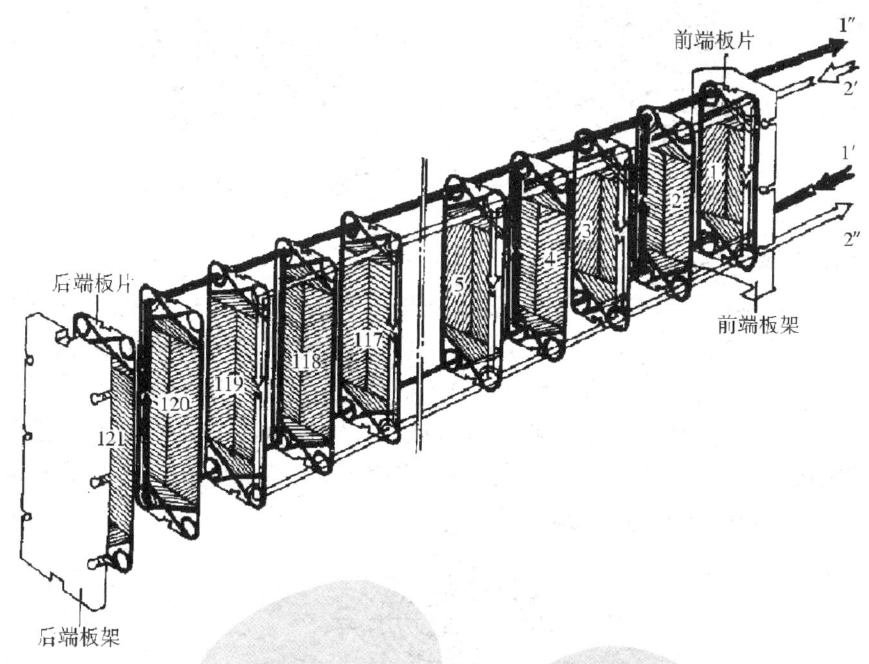

图 3-4-11 平行板式热交换器的解剖图

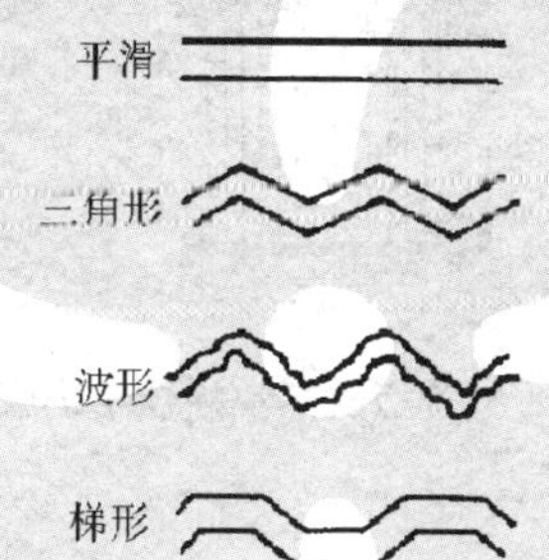

图 3-4-12 由不同形状型板构成的通道

由于型板的特殊形状，板片间的流道方向和截面不断发生变化，增强了流体在通道中的扰动，如图 3-4-14 所示，从而有效地降低热阻，增大换热系数。板式热交换器结构紧凑、拆装方便、容易清洗，但缺点是密封垫片损坏时容易漏泄、不耐高温。

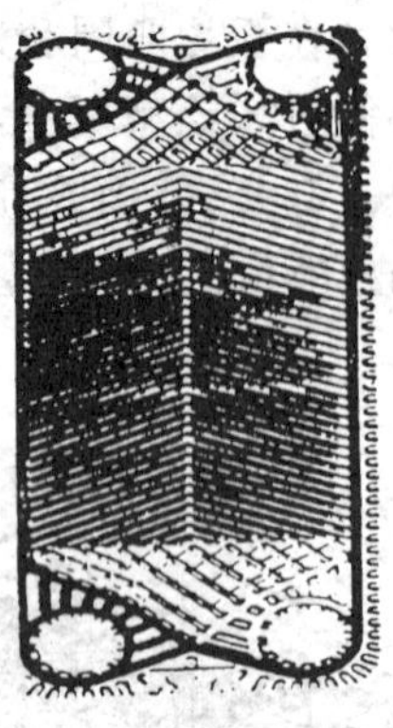

图 3-4-13 人字形型板

图 3-4-14 强烈扰动

3.螺旋板式热交换器

图 3-4-15 为螺旋板式热交换器的结构原理图(图中,1′、1″分别表示热流体的进口和出口,2′、2″分别表示冷流体的进口和出口)。螺旋板式热交换器由两张平行的金属板卷制起来构成两个螺旋通道,以及上、下盖和连接管组成。冷、热两流体分别在螺旋通道中流动。图3-4-15所示为逆流式,热流体从中心进入,螺旋流动到周边流出;冷流体则由周边进入,螺旋流动到中心流出。螺旋流道污垢的形成速度大约是壳管式的 1/10,单位体积换热面积为壳管式的 3 倍,但清洗与检修困难、承压能力较低。

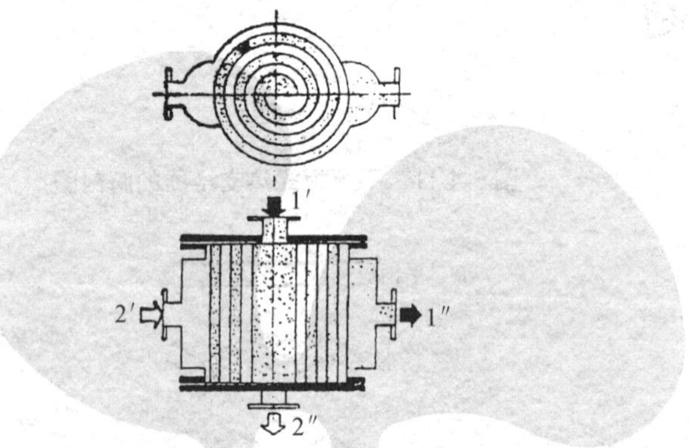

图 3-4-15 螺旋板式热交换器结构原理图

四、热交换器的传热分析

(一)热交换器中流体的温度分布

一般情况下,在热交换器中,热流体因放热而温度下降,冷流体因吸热而温度升高,通常用 t_1'、t_1''分别表示热流体的进口温度和出口温度,用 t_2'、t_2''分别表示冷流体的进口温度和出口温度。

单流程壳管式换热器,按流体的流动方向和流体的热容量的不同,有四种基本形式的温度分布,如图 3-4-16 所示。

(1)顺流时流体的温度分布如图 3-4-16(a)所示。

(2)逆流时流体的温度分布如图 3-4-16(b)所示。

(3)在冷流体沸腾,或冷流体的热容量非常大的情况下,冷流体的温度可认为保持不变,不管是顺流还是逆流,冷流体的温度分布都为水平线,如图 3-4-16(c)所示。

(4)在热流体被冷凝,或热流体的热容量非常大的情况下,热流体的温度可认为保持不变,无论是顺流还是逆流,热流体的温度分布都为水平线,如图 3-4-16(d)所示。

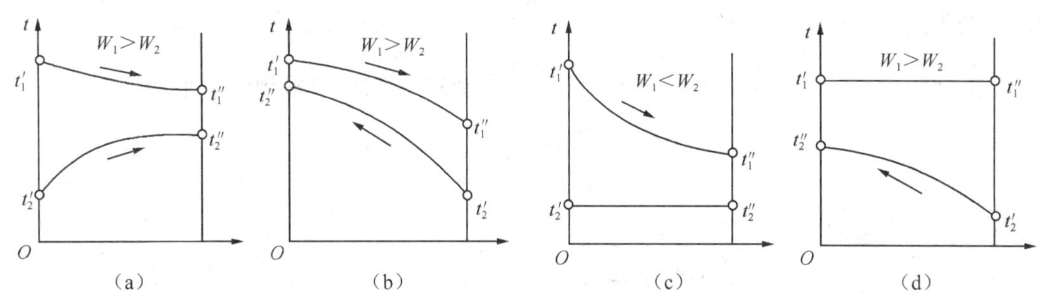

图 3-4-16 单流程壳管式换热器的温度分布

(二)顺流与逆流热交换器的比较

从图 3-4-16 可以看出,在顺流时,热流体的入口遇到冷流体的入口,因此,在入口处具有最大的温差。流体在流动过程中,热流体被逐渐冷却,冷流体被逐渐加热,使冷、热流体的温差越来越小,出口处为最小。不管换热面积有多大,冷流体的终温 t_2'' 都不会高于热流体的终温 t_1''。

从图 3-4-16 可以看出,在逆流时,在热交换器的一端,热流体的入口遇到冷流体的出口,另一端则相反,因此,冷、热流体的温差比较均匀。因为热流体的入口遇到的是已经被加热的冷流体,若换热面足够大,冷流体的终温 t_2''可以高于热流体的终温 t_1''。

顺流和逆流热交换器传热能力的基本差别,可以从图 3-4-16 看出。若将热交换器的换热面积伸展至无穷大,顺流时冷、热流体将以相等的温度离开换热面;而逆流时,其中任何一个流体的出口温度将会达到另一个流体的进口温度。因此,在换热面积相等、流体物性及进口温度相同的情况下,虽然顺流时的初温差比较大,但随着流体的流动,温差越来越小,从整个换热面平均温差来看,逆流时的平均温差较顺流时大,即逆流热交换器比顺流热交换器的传热能力要强,所以逆流式热交换器应用较广。

不过,当一种流体为定温时,顺流换热器与逆流换热器的传热能力相同。

纯粹的顺流和逆流,只有在套管式热交换器或螺旋板式热交换器中才能实现。

(三)对数平均温差

从图 3-4-16 所示的热交换器中流体的温度分布可以看出,冷、热流体的温差随传热壁面的位置而变化,这给热交换器的热计算带来了麻烦。

通过对热交换器的热平衡分析,可得热交换器中冷、热流体的平均温差 Δt_m 为

$$\Delta t_m = \frac{(\Delta t)_{max} - (\Delta t)_{min}}{\ln \dfrac{(\Delta t)_{max}}{(\Delta t)_{min}}}$$

式中,Δt 为热交换器中换热面两端的每一端的温差;$(\Delta t)_{max}$ 为两者中的较大者;$(\Delta t)_{min}$ 为两者中的较小者。因为此式中含有对数项,所以由此式得到的平均温差 Δt_m 称为对数平均温差。

对于顺流热交换器,冷、热流体的进口在换热面的同一端,而冷、热流体的出口在换热面的另一端,很明显,换热面的冷、热流体进口这一端的温差大于换热面另一端的温差,即$(\Delta t)_{max} = t_1' - t_2'$,$(\Delta t)_{min} = t_1'' - t_2''$。

对于逆流热交换器，换热面的一端为热流体的进口和冷流体的出口，温差为$(t_1'-t_2'')$；换热面的另一端为热流体的出口和冷流体的进口，温差为$(t_1''-t_2')$；$(\Delta t)_{max}$则为这两者中的较大者，$(\Delta t)_{min}$则为这两者中的较小者。

无论是顺流换热器还是逆流换热器，当$\frac{(\Delta t)_{max}}{(\Delta t)_{min}}\leqslant 2$时，均可以采用算术平均温差

$$\Delta t_m=\frac{(\Delta t)_{max}+(\Delta t)_{min}}{2}$$

来代替对数平均温差，误差不超过+4%。

算术平均温差总是比对数平均温差大一些。

对于叉流和混流等几种常见的流动方式，其对数平均温差Δt_m可按逆流时的对数平均温差值乘以修正系数$\varepsilon_{\Delta t}$计算，修正系数$\varepsilon_{\Delta t}$可通过查传热学手册中的相关曲线获得。

严格说来，对数平均温差与实际情况还是有差别的。因为在获得对数平均温差式的推导过程中，假设了流体的比热和传热系数沿整个换热面为常量，而实际上，流体的比热是随换热面温度的变化而变化的，传热系数不仅受换热面入口的影响，还随流体的黏度和导热系数的变化而变化。

（四）热平衡分析

热交换器的热平衡分析，主要分为设计热平衡分析和校核热平衡分析。

在设计热交换器时，热平衡分析的目的是确定换热面积，即给定某一换热量，确定换热面为多大时才能满足传递给定换热量的要求。

对于已制成的热交换器，换热面积是已知的，这时进行校核热平衡分析的目的就是确定热交换器的换热量，或确定冷、热流体的出口温度是否符合设计要求。

无论是设计计算还是校核热平衡分析，都需要进行下列分析。

1.传热量

$$Q=k\cdot A\cdot \Delta t_m$$

2.热流体放热量

$$Q_1=c_1\cdot \dot{m}_1\cdot \Delta t_1=c_1\cdot \dot{m}_1\cdot (t_1'-t_1'')$$

3.冷流体吸热量

$$Q_2=c_2\cdot \dot{m}_2\cdot \Delta t_2=c_2\cdot \dot{m}_2\cdot (t_2''-t_2')$$

4.热平衡

$$\frac{W_1}{W_2}=\frac{t_2''-t'}{t_1'-t''}$$

以上各式中，Q为热交换器的传热热流量；k为热交换器的传热系数；A为热交换器的换热面积；Δt_m为热交换器的平均温差，通常取为对数平均温差；Q_1、c_1、$\dot{m}_1$、t_1'、t_1''、W_1分别为热流体的放热热流量、比热容、质量流量、进口温度、出口温度和热容量；Q_2、c_2、$\dot{m}_2$、t_2'、t_2''、W_2分别为冷流体的吸热热流量、比热容、质量流量、进口温度、出口温度和热容量。

第四章

工程流体力学基础

流体力学是研究流体的平衡和运动规律以及流体与固体之间相互作用关系的一门科学，是力学的一个重要分支。在船舶动力装置中，主要采用水、油、水蒸气、空气、燃气等流体作为工作介质，只有掌握了流体在动力装置中的流动规律，才能了解这些装置的性能和运行规律。所以，流体力学是船舶轮机员必须掌握的轮机工程基础理论知识的重要内容之一。

第一节　基本理论知识

流体力学研究的对象是液体和气体（如水、燃油、滑油、空气、燃气和水蒸气等），统称为流体。

一、流体的主要属性及分类

（一）流体的易流动性

流体与固体的主要区别在于流体的易流动性。

在力的作用下，一切物体（包括固体、液体和气体）都将出现变形。固体在受外力作用时，只发生一定程度的变形，变形的大小与所受外力的大小成正比，并且只要所受外力的大小保持不变，其变形也就不再增大，所受外力的大小与其发生变形的快慢无关。流体（液体和气体）则不同，因其分子间的距离较大、内聚力很小，所以受任意微小的剪切力都能连续变形；只要这种力持续作用，流体将持续变形；只有当外力停止作用时，变形才会停止。所以流体的剪切力不是由变形的大小来决定的，而是由变形的快慢来决定的。流体具有容易变形（流动）的特征，这就是流体的易流动性。

因为流体具有易流动性，所以流体（液体和气体）没有固定的形状。液体与气体都随着容器形状的不同而改变自身的形状。液体分子间的距离较小、密度较大，因而液体分子内聚力比气体大得多，所以液体虽不能保持固定的形状，但能保持比较固定的体积，当盛有液体的容器的容积大于液体的体积时，液体就不会充满整个容器，而会在容器中形成一定的自由表面。气体没有固定的形状，也没有固定的体积，极易膨胀和压缩，可以任意扩散，直到充满容纳它的整个容器。

液体和气体虽然都属于流体，但两者在流动性和压缩性等方面有着显著不同。液体的压缩性和膨胀性都很小，在很大的压强作用下，其体积的变化量甚微。这也是液体和气体的另一主要区别。

（二）流体的密度和重度

流体同其他物体一样，具有质量，也具有重力。流体的密度和重度是流体的两个重要属性。

单位体积流体所具有的质量，称为流体的密度，用符号 ρ 表示，单位为 kg/m^3。流体的密度 ρ 表示流体在空间的密集程度。

单位体积流体所具有的重力，称为流体的重度，用符号 γ 表示，单位为 N/m^3。

显然，流体的重度与密度的关系为 $\gamma=\rho g$，式中，g 为重力加速度，单位为 m/s^2。

一定质量流体的体积随其压强和温度的变化而变化，流体的密度和重度也将随其压强和温度的变化而变化。也就是说，流体的密度和重度是压强和温度的函数。但是，温度对液体密度和重度的影响很小，一般情况下可以近似地认为液体密度和重度不随温度变化。

工程上一般近似认为水的密度为常量，常取 4 ℃蒸馏水的 $\rho=1\ 000\ kg/m^3$，$\gamma=9\ 800\ N/m^3$ 作为计算值。

另外，单位质量流体的体积称为流体的比体积，用符号 v 表示，单位为 m^3/kg。显然，流体的密度与比体积互为倒数关系 $v=1/\rho$。

（三）流体的压缩性和膨胀性

由于流体分子间有一定的间隙，所以，一定质量的流体，当其压强或温度发生变化时，其体积（或密度）也发生相应的变化。

1.流体的压缩性

在一定温度下，流体体积（或密度）随压强而改变的性质，称为流体的压缩性。

流体压缩性的大小通常用体积压缩系数 β_p 来度量。体积压缩系数 β_p 的定义为：一定质量的流体，当温度保持不变时，压强每增加一个单位所引起的流体体积的相对变化量，且恒取正值。体积压缩系数 β_p 的单位为 Pa^{-1}。

显然，对于一定质量的流体，同样的压强增量，体积压缩系数 β_p 大的流体，体积变化量大，较易压缩；β_p 小的流体，体积变化量小，较难压缩。

工程上常用体积压缩系数 β_p 的倒数来表示流体的压缩性，称为体积弹性模量，用符号 E_v 表示，单位为 Pa。显然，流体体积弹性模量 E_v 越大，压缩性越小；E_v 越小，压缩性越大。

2.流体的膨胀性

在一定压强下，流体体积（或密度）随温度而改变的性质，称为流体的膨胀性。

流体膨胀性的大小用体积膨胀系数 β_T 来表示。体积膨胀系数 β_T 的定义为：一定质量的流体，在压强保持不变的情况下，温度每升高 1 K 所引起的体积的相对变化量。体积膨胀系数 β_T 的单位为 K^{-1}。

由实验得知，液体的体积膨胀系数非常小。比如，在一个大气压下，温度在 0～10 ℃时，水的体积膨胀系数 β_T 仅为 $1.4\times10^{-5}\ K^{-1}$；当温度在 10～20 ℃时，水的体积膨胀系数 β_T 也仅为 $1.5\times10^{-4}\ K^{-1}$。其他液体的体积膨胀系数也很小。

在一般的温度变化范围内,液体的密度和重度改变都很小,液体的膨胀系数在大多数工程问题中忽略不计。

气体膨胀系数都很大,气体体积随温度和压强变化的规律在热力学理想气体状态方程中有详细讨论。

(四)流体的黏性

在外力的作用下,流体微团间出现相对运动时,会产生一对阻碍流体层间相对运动的摩擦力,称为内摩擦力或黏性力。流体产生内摩擦力的这种性质,称为流体的黏性,或称为流体的黏滞性。

流体的黏滞性是流体所具有的重要属性之一。流体的黏性是由于流体层间的分子内聚力和分子的不规则运动的动量交换而造成的。黏性形成了流体的内摩擦,黏性使流体黏附于它所接触的固体壁面上。

1.牛顿内摩擦定律

流体的黏性,即流体内部所产生的内摩擦力的大小可由牛顿内摩擦定律来确定:实验表明,流体内摩擦力的大小与流体的速度梯度成正比,与接触面积成正比,并且与流体的性质(即黏性)有关,即

$$D_f=\mu A\frac{du}{dy} \qquad 或 \qquad \tau=\frac{D_f}{A}=\mu\frac{du}{dy}$$

式中:D_f为流体的内摩擦力,单位为 N;A 为接触面积,单位为 m^2;du/dy 为速度梯度,单位为 s^{-1};τ 为单位面积上的内摩擦力,即内摩擦应力或切应力,单位为 Pa;μ 是与流体的性质有关的比例系数,称为流体的动力黏度,单位为 Pa·s。

由牛顿内摩擦定律可以看出,当速度梯度 $du/dy=0$ 时,$\tau=0$,$D_f=0$,亦即当流体层之间没有相对运动,或者说处于平衡状态的流体之中不存在内摩擦力,即在平衡的流体中流体的黏性体现不出来。这说明流体黏滞性只有在流体发生运动或变形时,才体现出来。而流体的运动或变形一停止,阻碍流体运动的内摩擦力也随之消失,流体就不呈现黏滞性。

2.流体的黏度

流体黏滞性的大小通常用流体的黏度来度量。流体的黏度通常分为动力黏度、运动黏度和相对黏度。

(1)流体的动力黏度

流体的动力黏度也称为绝对黏度,用符号 μ 表示。

流体的动力黏度 μ 直接来自牛顿内摩擦定律,即

$$\mu=\frac{\tau}{\frac{du}{dy}}$$

显然,流体动力黏度 μ 的物理意义是单位速度梯度时摩擦切应力的大小。在同样的速度梯度下,动力黏度越大的流体,其切应力就越大,表明流体的黏性就越大。显然,动力黏度能直接表示流体黏性的大小。

(2)流体的运动黏度

流体的动力黏度与密度的比值,称为流体的运动黏度,用符号 υ 表示,单位为 m^2/s,即 $\upsilon=\mu/\rho$。

流体的运动黏度不像流体的动力黏度可直接表示流体黏性的大小，只有密度相近的流体才可以用流体的运动黏度来大致比较它们的黏性。

液压系统计算及液压油的牌号多用运动黏度表示。机械油的号数就是以这种油在 50 ℃时运动黏度的平均值来标注的。

(3)流体的相对黏度

相对黏度又称为条件黏度。

流体的动力黏度 μ 和运动黏度 υ 不能直接测量，它们的值往往是通过测量与其有关的其他物理量，再根据有关方程计算求得。

工业上常用工业黏度计来测定液体的黏度，所测得的黏度称为相对黏度。如液压系统中的液压油，实际上都是用黏度计测量的。

工业黏度计有几种类型，如美国采用的 Saybolt 黏度计，其测得的黏度称为赛氏黏度，用 SSU 表示；英国采用的 Redwood 黏度计，其测得的黏度称为雷氏黏度，用 R 表示；德国等欧洲大部分国家采用恩格勒(Engler)黏度计，所测得的黏度称为恩氏黏度，用°E 表示，无量纲。

由于在不同的温度下，流体的黏度不同，工业上一般以 20 ℃、50 ℃、100 ℃作为测定恩氏黏度的标准温度，并相应地以符号$°E_{20}$、$°E_{50}$、$°E_{100}$表示。

3.温度和压强对流体黏度的影响

流体的黏度随流体的温度和压强的变化而变化。一般情况下，同一种流体的黏度受流体温度的影响较大，受流体压强的影响较小。

(1)温度对黏度的影响

温度对流体黏度的影响较大，但液体和气体随温度的变化规律是不同的。

液体的黏度随温度的升高而减小，气体的黏度却随温度的升高而增大。这是由于液体的分子间距较小，不规则运动较弱，液体的内摩擦力主要取决于分子相互吸引的内聚力。当温度升高时，分子间距离增大，液体的内聚力减小，因而内摩擦力也随之减小。而气体的分子间距离较大，内聚力极小，但不规则运动强烈，因此气体的内摩擦力主要取决于分子不规则运动的动量交换。当温度升高时，根据分子运动理论，分子的动量交换率随温度升高而加剧，因而内摩擦力也随之增大。

相对来说，温度的影响对液体较气体更为明显。

油液黏度的变化，对液压元件的性能有较大影响。温度升高时，油液黏度下降，使流量发生波动，工作不平稳。所以液压系统中希望采用黏温性能好(即黏度随温度变化小)的油液。

各种机器使用的润滑油，其黏度应保持在一定的范围内。对于柴油机和辅助锅炉，为使燃油雾化良好，可根据燃油的不同性质对燃油进行适当加温，以使燃油黏度降低。另外，船舶在低温区域或低温季节航行时，更应注意对燃油和滑油的加温工作，使其黏度降低，以利于沿管道输送。

(2)压强对黏度的影响

压强对流体黏度的影响较小。

概括地说，液体的黏度随压强的增大而增大。因为当液体压强增加时，分子间的距离缩小，黏度增加。当压强在 3×10^7 Pa 以下时，黏度和压强的变化一般呈线性关系。当压强极高时，黏度会急剧增大。所以当液压油压强在 2×10^7 Pa 以上且变化幅度较大时，应当计算其黏度的变化。当液压油压强在 10^7 Pa 以下时，其黏度变化可以忽略不计。

(五)液体的表面张力及毛细管现象

在工程实际中,经常使用盛有水或水银的细玻璃管来测量流体的压强,这时需要考虑表面张力对测量读数的影响。

1.表面张力

流体内部的分子间存在内聚力,不同的液体和气体的分子间的内聚力大小是不同的。在液体与气体交界的自由表面附近的分子,由于受自由表面两侧不同流体的分子内聚力作用不平衡,自由表面附近的液体分子受到极其微小的拉力,使表面存在一种缩为最小的趋势,产生这种收缩趋势的拉力,称为表面张力。

表面张力仅在自由表面存在,液体内部并不存在,所以它是一种局部受力现象。由于表面张力很小,一般来说对液体的宏观运动不起作用,可以忽略不计,只有在某些特殊情况下,才必须考虑其影响,如微小的液滴运动、曲率很大的流体薄层运动、流体在细密的多孔介质中流动以及流体压强的测量等。

表面张力的大小,可以用表面张力系数 σ 来表示。表面张力系数是指在自由表面(把这个面看作一个没有厚度的薄膜)单位长度上所受的拉力大小,单位为 N/m。

表面张力系数 σ 的大小随液体和气体的种类和温度的变化而异。不同种类液体的表面张力系数 σ 是不同的,同种液体接触不同种类的气体时表面张力系数 σ 也是不同的。液体含杂质(包括微细气泡)的多少也对表面张力产生较大的影响,通常含杂质越多,表面张力系数 σ 越小。

表面张力随温度的变化很明显,当温度升高时,表面张力系数 σ 减小。

2.毛细管现象

在工程实际中,经常使用盛有水或水银的细玻璃管来测量流体的压强,这时需要考虑表面张力的影响。如图 4-1-1 所示,把开口的细玻璃管与盛有水或水银的容器连通,由于表面张力的作用,细玻璃管中的液面和与之连通的容器中的液面不在同一水平面上。

液体在细管中由于表面张力的作用而上升或下降的现象,称为毛细管现象。

流体与固体相接触时,其间存在附着力。若附着力大于液体分子间的内聚力,液体将沿固体壁面向外伸展,液体的接触角(液体表面的切面与固体壁面所构成的角)为锐角,这种现象称为浸润现象,如图 4-1-1(a)所示;若附着力小于液体分子间的内聚力,液体将沿固体壁面向内收缩,液体的接触角为钝角,这种现象称为非浸润现象,如图 4-1-1(b)所示。

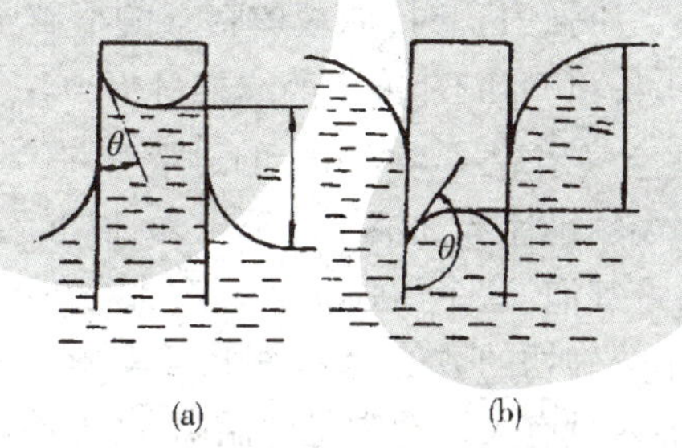

图 4-1-1　毛细管现象

在细管中,若发生浸润现象,液体将沿管壁面向外伸展,使细管中的液面向下弯曲呈凹面;同时,液体表面张力的作用使液面尽量缩小,力图使其成为平面。两者共同作用的结果使液体沿细管上升，直到上升液柱的重量和表面张力的垂直分量平衡为止，如图 4-1-1(a)所示。相反，在细管中若发生非浸润现象，细管中的液面呈凸面，液面在细管中降低，如图 4-1-1(b)所示。

毛细管现象中液面上升和下降的高度 h 与表面张力系数 σ 成正比，与液体的密度 ρ、细管内径 d 成反比，并与接触角 θ 的大小有关。接触角 θ 的大小取决于液体、气体的种类和管壁材料等因素。

将细玻璃管插入水中，会发生浸润现象，液面在细管中上升，细玻璃管中的液面呈凹面，水与玻璃的接触角 $\theta=8°\sim9°$，如图 4-1-1(a)所示。将细玻璃管插入水银中，则会发生非浸润现象，液面在细管中下降，细玻璃管中的液面呈凸面，水银与玻璃的接触角 $\theta=139°$，如图 4-1-1(b)所示。

毛细管现象将给液体测压计特别是测压管造成一定的误差。液面差与玻璃管的内径成反比，所以，玻璃管的内径愈小，液面差值就愈大，所以实验用的测压管内径不宜太小，一般应为 10 mm 左右，同时要注意毛细管作用引起的误差。

(六)液体的含气量及空气分离压

含气量、空气分离压是液体特别是液压油和水中含气(汽)的重要属性。若液体中含气量增加，将导致油缸活塞杆出现爬行，液压控制系统频宽降低，液压系统或流体机械出现气穴、汽蚀现象。因此，在液压传动和流体机械的设计和运行操作中必须给予足够的重视。

1.液体的含气量

液体的含气量是指液体中所含气体按体积计算的百分比。

液压油中所含气体分为混入的气体和溶入的气体两种。混入的气体以直径 0.25~0.5 mm 的气泡悬浮于油液中，它对油液的体积弹性模量和黏性产生显著的影响，尤其对体积弹性模量的影响极大。溶入的气体呈溶解状态，对液压油的弹性和黏性影响很小。

油液中空气的混入量取决于油液的性质、油液与空气接触程度及扰动状态，与压强的大小及温度没有直接关系。油液中混入的空气量增加，不仅使油液的体积弹性模量急剧下降，而且使油液的动力黏度线性增加。

油液中空气的溶解量正比于绝对压强，与温度无直接关系。当压强增大，部分混入的空气则溶入油液中。溶解速度取决于与空气相接触的油液的流动情况。

2.液体的空气分离压

假设在某一不变温度下，当压强为 p_0 时，油液中空气的溶解量为 α_0，当压强降至 p_1 时，油液中的空气并不立即从油液中析出，此时油液中的溶解量仍为 α_0。由于压强为 p_1 时油液中空气量应为 α_1，因此油液中溶解空气出现了$(\alpha_0-\alpha_1)$的过溶解量。当压强继续降低到某一 p 值时，油液中过多溶解的空气将突然迅速从油液中分离出来，以混入油液中的微细气泡为核心聚集成长，使油液中立即产生大量气泡，这个压强 p 称为该油液在该温度下的空气分离压。

液体的空气分离压没有十分确切的数值，受多种因素影响。一般来说，空气分离压与油液的种类、温度、空气溶解量和混入量有关。通常是油温高、空气溶解量及混入量大，空气分离压就高。一般液压油空气分离压的平均值在 1.3~6.5 kPa。

(七)流体的分类

1.可压缩流体与不可压缩流体

根据流体压缩性的大小,流体可分为可压缩流体和不可压缩流体。

如果流体的压缩性很小,当压强增大时,流体的体积变化量完全可以忽略不计的流体称为不可压缩流体;否则,当压强增大时,流体的体积变化量不能忽略不计的流体称为可压缩流体。

由实验得知,液体的压缩性非常小。水的体积弹性模量几乎不随压强的改变而改变。如果取 $E_v = 1.96 \times 10^9$ Pa 作为水的体积弹性模量的平均值,当压强增加一个大气压(10^5 Pa)时,所引起的体积相对变化量仅为-0.05‰,亦即水的体积只缩小 0.05‰左右,显然,这个体积变化是可以忽略不计的。一般在工程计算中,可以忽略液体的压缩性的影响,将液体视为不可压缩流体。

气体的压缩性与液体不同,它视气体的热力学过程而定,一般情况下,需要同时考虑压强和温度对于气体的压缩性的影响。气体的体积弹性模量比液体小很多。气体的压缩性(与液体相比较)是很大的,一般将气体视为可压缩流体。

但需要指出,是否考虑压缩性的影响不完全决定于是气体还是液体,还要由具体的条件来决定。例如,低速(速度小于 100 m/s)流动的气体,其压强和温度的变化不大,因而引起的密度变化是可以忽略不计的,即此时可以把气体视为不可压缩流体。如船舶通风等问题,可以把气体当作不可压缩流体处理。因此,不可压缩流体得出的规律,不仅适用于液体运动,同时也适用于低速气体的运动。在研究高压液体传动、水下爆炸和管道中的水击现象时,则必须考虑液体的压缩性,把液体视为可压缩的流体。

2.理想流体与实际流体

自然界中的流体都是具有黏性的,统称为黏性流体或实际流体。

流体具有黏性,流体在流动时就产生内摩擦力或切应力,这就使得对流体运动的研究变得非常复杂。为了使问题简化,便于分析,在研究流体运动时提出了非黏性流体的概念。

非黏性流体就是指忽略了黏性的流体,这是一种实际上并不存在的假想的流体,所以也称为理想流体。把具有黏性的流体叫作实际流体。

研究理想流体的运动,可以大大简化理论分析的过程,容易得出一些结果。一般来说,在研究流体运动时,如果黏性的影响必须考虑,则可以先从理想流体入手,找出理想流体运动的各种规律,然后专门对黏性的作用进行理论分析或实验研究,最后对理想流体运动的研究结果加以补充和修正,使实际问题得以解决。这是流体力学中处理复杂问题的一种有效方法。

3.牛顿流体和非牛顿流体

黏性流体可分为牛顿流体和非牛顿流体。

符合牛顿内摩擦定律的流体称为牛顿流体,如图 4-1-2 中的实线所示。空气、燃气、水蒸气、水、油类等为牛顿流体。

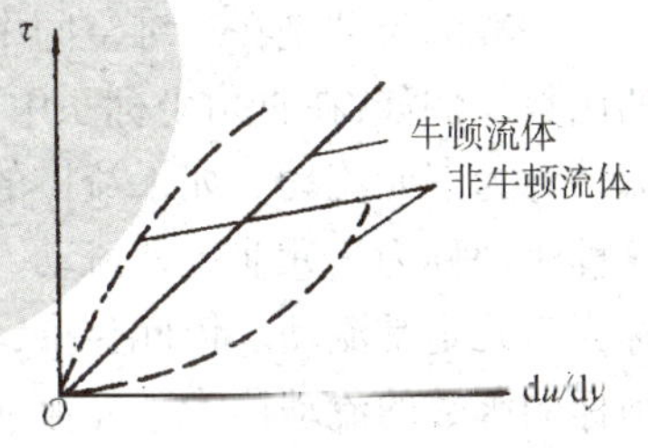

图 4-1-2　牛顿流体和非牛顿流体

不符合牛顿内摩擦定律的流体称为非牛顿流体,如图 4-1-2 中虚线所示。聚合的溶液、含有悬浮杂质微粒或纤维物的流体、黏土浆、油漆等为非牛顿流体。

本章所讨论的内容仅限于牛顿流体。

二、描述流体流动的两种方法

在流体力学中，通常采用两种方法来描述和研究流体的流动，即拉格朗日（Lagrange）法和欧拉（Euler）法。

拉格朗日法着眼于流体质点，研究每一个流体质点在运动过程中的位置、速度、加速度等各种物理量随时间的变化规律，并综合所有流体质点的这种规律，以获得整个流体运动的规律。这种方法虽然在概念上比较直观，但应用起来比较复杂，工程上很少应用。

欧拉法着眼于流场（充满运动流体的空间）而不是个别流体质点的运动，通过研究不同流体质点在所流经的空间点时的物理量随时间的变化规律，获得整个流场内流体的运动规律。

工程上通常采用的是欧拉法。在欧拉法中，空间坐标 x,y,z 和时间 t 是四个相互独立的变量，称为欧拉变数。当空间坐标 x,y,z 不变，仅时间 t 变化时，各物理量的函数表达式表示在某一固定空间点上，流体的各物理量随时间的变化规律；当时间 t 不变，空间坐标 x,y,z 变化时，各物理量的函数表达式表示在某一瞬时，不同空间点上流体的各种物理量的分布规律。

三、定常流动与非定常流动

在流场的任何固定空间点上，流体所具有的各种物理量均不随时间发生变化的流动，称为定常流动。如果有任何一种物理量随着时间发生变化，则流体的流动称为非定常流动。

对于定常流动，任何一个流体质点在通过空间某一固定点时，都具有相同的物理量，因此这些物理量仅是空间点的坐标 x,y,z 的函数，而与时间 t 无关。

当分析某种流动时，如果流体的物理量随时间变化非常缓慢，那么在较短的时间间隔内，可以近似地把这种流动作为定常流动处理。以小孔泄流为例，若容器直径很大，小孔直径很小，则水面下降十分缓慢，泄流轨迹变化也非常缓慢，那么在较短的时间间隔内，可以近似地认为流动是定常的。

需要强调的是，定常流动或非定常流动的确定与坐标系的选择有关。在某些情况下，合理地选择坐标系可以将非定常流动转化为定常流动，从而使问题得到简化。

四、均匀流动与非均匀流动

流体的各种物理量与空间坐标无关，即在同一瞬时，所有空间点上的流体的物理量均相同，则这种流动称为均匀流动；否则，称为非均匀流动。对于非定常的均匀流动，流体的流动参数仅仅是时间 t 的函数，而与空间坐标 x,y,z 无关。

一般的流动是在三维空间中进行的，所以，非均匀流动时，流体的物理量是三个空间坐标的函数。例如，在直角坐标系中，速度、压强和密度等物理量都是 x,y,z 三个坐标的函数，这种流动称为三元流动。如果流体的物理量不仅是三个空间坐标的函数，还是时间 t 的函数，那么这种流动称为三元非定常流动。如果流体的物理量仅仅是三个空间坐标的函数，则这种流动称为三元定常流动。依此类推，流体的物理量是两个坐标的函数的流动称为二元流动，是一个坐标的函数的流动称为一元流动。同样地，在一元和二元流动中，如果流体的物理量不仅是空间坐标的函数，同时还是时间 t 的函数，则这种流动分别称为一元非定常流动和二元非定常流动；如果流体的物理量仅仅是空间坐标的函数，那么这种流动分别称为一元定常流动和二元定常流动。

显然，自变量的数量越少，问题越简单。因此，对于工程问题，在满足一定精度的条件下，

总是尽可能地将三元流动简化为二元甚至一元流动来近似求解。

五、与流体流动相关的若干概念

1.流线与迹线

流场中流体质点在空间的运动轨迹,称为迹线。

在某一瞬时,某一曲线上任意一点的切线方向与流体在该点的速度方向一致,称这条曲线为流线,如图 4-1-3 所示。

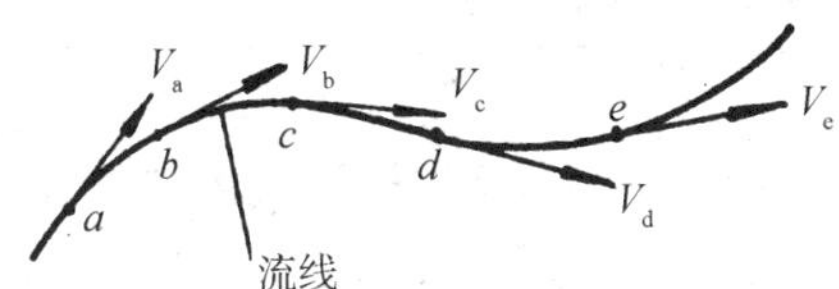

图 4-1-3　流线

流线是一个瞬时的概念,它是由许多空间点在同一瞬时组成的。必须注意,流线并不是流体质点在空间的运动轨迹,即流线与迹线是两个不同的概念。

迹线是基于拉格朗日法的概念,而流线是基于欧拉法的概念。

一般来说,对于非定常流动,在不同瞬时,流线的形状不同。如果在同一空间点上流速的方向在变化,那么经过这一空间点的流线的形状也必然在变化。

对于定常流动,空间点上的流速不随时间变化,所以流线的形状将保持不变,而且流体质点将沿着流线运动,即在定常流动中流线与迹线重合,在这种情况下,可以将流线看作理想流体中的固体壁面。因为如果理想流体不能渗入又不能离开固体壁面,那么流体质点将沿壁面流动。反之,也可以将固体壁面看作一条流线。

在一般情况下,通过某一空间点在给定瞬时只能作出一条流线,因为在同一点上不可能同时有几个流动方向,所以流线一般不能相交和转折。只有在流场内流速为零的点上流线才可能相交,通常把此点称为驻点。

流线能够形象地描绘出流场内的流动状况。流线的疏密程度可以大致地反映出流场内各点流速的大小。流线稠密处流速大,稀疏处流速小,显然流线相切点处,流速为无限大,此点被称为奇点。

2.流管与流束

在流场中作一条本身不是流线又不相交的封闭曲线,通过这条封闭曲线上各点的流线所构成的管状表面称为流管。流管内部的流体称为流束。

图 4-1-4 所示为由封闭曲线 C 所形成的流管。

流管像流线一样也具有瞬时性,在非定常流动中,流管的形状一般要随时间而改变;在定常流动的情况下,流线的形状是不随时间而变化的,因此流管的形状和位置也是不随时间而变化的,流管内的流束将沿着流管流动。这时的流管可以看作真实的管子;反之,真实的管子中有流体流动时也可以看作流管。

因为流线不能相交,流体的速度总是与流线相切,所以在垂直于流线的方向上速度分量必定为零,因而流体在某一瞬时是不能穿越流管流进或流出的,流管内的流体只能在流管内流动,流管外的流体也只能在流管外流动。

横截面为极其微小的流管称为微元流管,其内的流体称为微元流束。微元流管或微元流

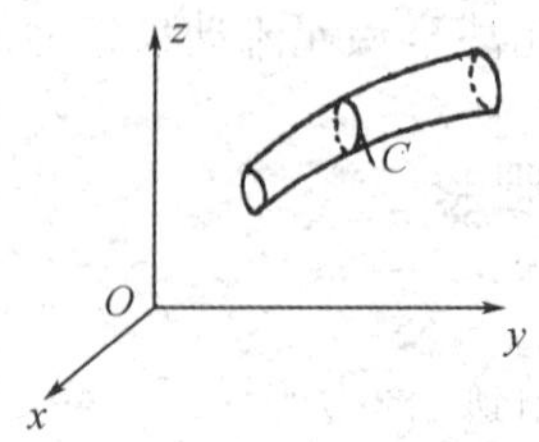

图 4-1-4　流管与流束

束的极限为流线。对于微元流束,可以认为其横截面上各点的运动要素是相等的。

3.总流与过流断面

横截面为有限值的流管,其内的流体为无数微元流束的总和,称为总流。工程上沿某一方向流动的水管、风管、射流中的流体均为总流。

对于微元流束,可以认为其横截面上各点的速度是大小相等的,且方向均与横截面垂直;而总流横截面上各点的速度值不一定相等,方向也不一定相同,所以总流的所有流线不一定垂直于同一横截面。但是,总流总存在这样的断面:这个断面处处与流线垂直,或者近似垂直。这种在总流中处处与流线垂直的断面,称为过流断面。

在总流的流线平行的情况下,过流断面是一平面,如图 4-1-5 中的截面 A-A;在流线不平行时,则为一曲面,如图 4-1-5 中的 B-B 截面。

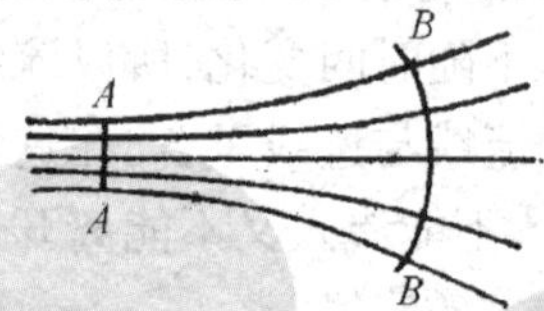

图 4-1-5　总流的过流断面

工程上,对于总流各截面变化不大,或流线曲率较小的流动,可以近似地认为垂直总流中心线的截面(管截面,射流截面)为过流断面。

4.缓变流

缓变流是指流线之间的夹角很小、流线的曲率半径很大的一种流动,即流线趋于平行的直线,这样就可以忽略由于流线弯曲而引起的离心惯性力。因此在缓变流过流断面上的质量力只有重力。

流线几乎是平行直线,缓变流处的过流断面是垂直于流线的平面,其上没有沿断面的分速度,因此,沿过流断面方向的压强分布与流体绝对静止的情况相同。

在总流中,并不是各处都符合缓变流的条件,只有符合缓变流的条件,沿过流断面方向的压强分布才和流体绝对静止的情况相同,此处只有重力和表面力中压力的平衡关系,因而在过流断面上满足流体静力学基本方程。

六、静压、总压和动压

1.静压

流动中的流体质点的压强 p,是流体质点在具有速度 v 的同时而具有的压强值,称为静压。

测量静压强的测压管称为静压管。就静压的意义来讲,静压应跟随流体质点以同一速度 v 一起运动来测量,以使其排除速度 v 对它的影响,这将给测量带来一定的困难。为了实现对

静压的测量,应将感受静压的管口截面(测压孔)与流线平行,这样,流速平行于测压管口,而不影响对静压的测量。

2.总压

流体质点的速度 v 减少到 0,其动能完全转化为压强能时的压强称为驻点压强或滞止压强,也称为总压或全压,以 p_0 表示。

测量总压的测压管称为皮托管或总压管。流场中某一点的静压为 p、速度为 v 时,它的驻点压强可按以下方法测得:在测压管平行迎着来流的前端开有小孔,速度为 v 的来流在小孔中滞止下来,速度变为零值而使压强值增大,此时所测的压强即为来流的驻点压强(滞止压强、总压、全压)。

3.动压

分析表明,当某点的流速为 v、静压为 p 时,其总压 p_0 为

$$p_0 = p + \frac{1}{2}\rho v^2$$

式中,$\frac{1}{2}\rho v^2$ 为该点处单位体积流体的动能,称为动压。

由此式可以看出,某一点的总压等于它的静压与动压之和。

可见,只要用皮托管(总压管)和静压管测出某点的总压 p_0 与静压 p 之差,即可按上式计算出该点的流速 v。静压管与总压管联合使用,称为联合测压管;若将静压管和总压管做成一体,称为普朗特管。

七、层流与紊流

实践表明,管道中流体流动的速度不同,其流动状态也不同。任何实际流体(液体和气体)的流动都存在层流与紊流这两种性质完全不同的流动状态。

当管中流体的流速较低时,各流体质点的运动轨迹是有条不紊的,各流层的质点互不混杂,管中的流动是层次分明的,且呈一层层的沿轴向的运动,没有横向运动,各层间互不干扰,这种状态的流动称为层流。

当管中流体的流速较大时,流体质点的运动毫无规则,相互之间发生混杂和撞击等现象,这种状态的流动称为紊流(或湍流)。

通常把流动状态转化时,流过管道过流断面的平均流速称为临界流速,用 U_c 表示。

八、雷诺数及其物理意义

1.雷诺数与临界雷诺数

流体流动的形态可以根据流体流动的平均流速 U 的大小用临界流速 U_c 来判别。然而,用临界流速 U_c 来判别流动状态并不方便,实际上,当流体的种类(黏度)不同,或管道大小和形状不同时,临界流速 U_c 也是不同的。

实验指出,流体在圆管道中流动时,临界流速 U_c 正比于流体的运动黏度 $\boldsymbol{v}$,而反比于管道直径 d,但无论 $\boldsymbol{v}$、d 和 U_c 如何变化,由它们组成的整体 $\frac{U_c d}{\boldsymbol{v}}$ 是一个固定不变的常数,由于 U_c 是临界流速,所以称这个常数为临界雷诺数,用符号 Re_c 表示,即

$$Re_c = \frac{U_c d}{\upsilon} = \frac{\rho U_c d}{\mu}$$

因此，定义任意平均流速的雷诺数 Re 为

$$Re = \frac{Ud}{\upsilon} = \frac{\rho Ud}{\mu}$$

式中，U 为流体的平均流速；d 为管道直径；ρ 为流体的密度；υ 为流体的运动黏度；μ 为流体的动力黏度。

用雷诺数 Re 与临界雷诺数 Re_c 比较，即可判断流体流动的状态：

当 $U<U_c$ 时，$Re<Re_c$，流动是层流；

当 $U>U_c$ 时，$Re>Re_c$，流动是紊流。

由于临界雷诺数 Re_c 的值是一定的，用它来判断流动状态具有很大的优越性和普遍性。

实验证明，对于采用不同运动黏度 υ 的流体，沿不同管径 d 的圆管中流动，当紊流变为层流时，临界雷诺数 Re_c 均等于 2 320。因此，当 $Re<2\ 320$ 时，管流是层流；当 $Re>2\ 320$ 时，管流是紊流。工程上一般近似取 $Re_c=2\ 000$。

2.雷诺数的物理意义

雷诺数的物理意义是流体流动的惯性力与黏性力之比。

流体的流动为什么会存在层流和紊流两种状态呢？为什么临界雷诺数可以作为流态的判别标准呢？这是因为在流体的流动中总是存在维持流体流动的惯性力和阻抗流体流动的黏性力，前者可以看成激发流体微团混杂的因素，后者可以看成抑制该运动的因素。雷诺数的物理意义则是惯性力与黏性力的比值。在流速较小的情况下，黏性力对流体质点的运动起着主导作用，抑制湍动的因素超过了激发湍动的因素，因此雷诺数就较小，流动也就为层流。当流速较大时，维持流体质点运动的惯性力起着主导作用，使黏性力失去对流体质点运动的控制，激发湍动的因素就超过了抑制湍动的因素，这时雷诺数较大，流动也就转化为紊流。从层流到紊流的转变决定于惯性力与黏性力大小的比值。临界雷诺数就是流体内部这两种力的对比达到使流态起质变的临界值。

由于空气、水的黏度很小，对于工程中常遇到的流速和管径，其流动一般均为紊流；而油的黏度比空气和水要大得多，其流动通常为层流。

第二节　流体静压强

当流体处于静止或平衡状态时，流体中任一点上所具有的压强，称为流体静压强。

流体处于平衡状态（静止或相对静止）的，流体不呈现切应力，也就是说，流体的黏性没有体现出来，所以，对平衡流体所得到的结论，对理想流体和实际流体都是适用的。

一、流体静压强的特性

流体静压强有两个重要特性：

（1）流体静压强的方向沿作用面的内法线方向。

（2）流体静压强的大小与作用面的方位无关，即在平衡流体中，任意一点的流体静压强沿不同方向作用时，流体静压强的数值是相等的，与作用面的方位无关。但是，流体中不同位置

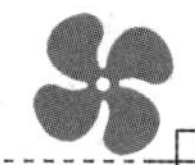

处的静压强值是不同的,与该点所处的位置有关。

二、压强的表示方法及单位

(一)压强的表示方法

表示某点处流体的压强,可以以不同的基准计量,因而该点的压强可能有不同的数值。通常以绝对真空和大气压强为基准计量,因而有绝对压强与相对压强及表压强与真空压强之分。

1.绝对压强与相对压强

以完全真空为基准计量的压强称为绝对压强。

以大气压强 p_a 为基准计量的压强称为相对压强。

2.表压强与真空压强

若流体的绝对压强高于大气压强,即相对压强为正值,称为表压强,用符号 $p_{表}$ 或 p_g 表示。

若流体的绝对压强低于大气压强,即相对压强为负值,则处于真空状态,其绝对值称为真空压强,用符号 $p_{真}$ 或 p_v 表示。

应该注意的是,表压强、真空压强和相对压强是有区别的,相对压强可正可负,而表压强和真空压强均为正值。

(二)压强的单位

当度量压强的大小时,在国际单位制(即 SI 制)中用 N/m^2,即 Pa 作为压强单位。在工程制中用 kgf/cm^2,英、美等国家用 lbf/in^2。此外,还常用标准大气压和工程大气压来度量压强的大小。

在重力场中表示很小的压强或精密测定压强的场合下,压强的单位又往往用液体的高度来表示。如果所用的液体是水银(Hg)、水(H_2O)或其他液体,压强便可分别表示为 mmHg, mmH_2O 或 mH_2O, mm 或 m 某种液柱等。

上述各单位之间的换算关系参见第六章。

三、流体静力学基本方程

在流体力学中,当流体所受的质量力(力的大小与流体的质量成正比)只有重力时,该流体称为重力流体。工程技术领域中所遇到的静止或做匀速直线运动的流体通常都是重力流体。下面只介绍重力流体静力学基本方程。

1.流体静力学基本方程的两种表达形式

如图 4-2-1 所示,设静止液体的密度为 ρ,液体自由表面上的压强为 p_0。若在液体中任取一点 B,在 B 点处取一水平微元面积 dA,以该微元面积 dA 为底,铅垂向上至液体自由表面截取一微元圆柱体为研究对象,通过分析其受力平衡状况可得:当该静止液体所受的质量力只有重力时,距液体自由表面深度为 h 的 B 点的静压强 p 为

$$p=p_0+\rho gh$$

此式即为不可压缩流体仅在重力作用下的流体静压强的计算公式,通常称为流体静力学基本方程。

此式说明,静止液体中任一点的静压强由两部分组成:一部分是自由液面上传来的压强 p_0;另一部分是截面积为单位面积,高度为 h 的液体柱的重力所产生的压强 ρgh。

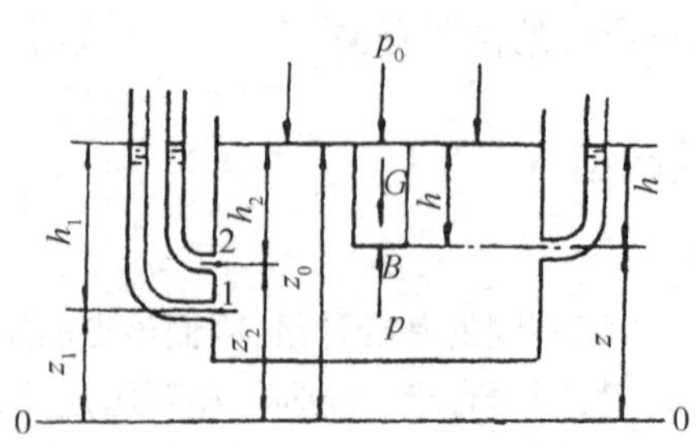

图 4-2-1 流体静力学基本方程

此式还说明,静止流体中任意点都受到自由液面上压强 p_0 的作用,p_0 有任何变化,都会引起流体内所有流体质点压强的同样变化,即施于静止的流体表面上的压强将以同一数值沿各方向传递到流体中所有流体质点。对于这种压强在液体中传递的现象,法国人帕斯卡归纳为帕斯卡原理。水压机、液压传动装置的设计都是以此原理为基础的。

如图 4-2-1 所示,取任意水平面 0-0 为基准面,在静止液体中任选两点 1 和 2,距基准面的位置高度分别为 z_1 和 z_2,静压强分别为 p_1 和 p_2,由上式可得

$$z_1 + \frac{p_1}{\rho g} = z_2 + \frac{p_2}{\rho g} \qquad 或 \qquad z + \frac{p}{\rho g} = C$$

式中,C 为常量。

此式即为在重力作用下的流体静力学基本方程的另一种表达形式。它表明,静止流体中任意一点的位置高度 z(距某一水平基准面)及其压强与重度的比值之和均相等。

由此式可以看出,位于同一位置高度的各点具有相同的压强值,即在重力作用下的静止液体中,等压面是水平面;自由液面为等压面(压强等于液面上部的气体压强,对于开口容器则为大气压强),即自由液面为水平面。

2.静止液体中两点的压强差

如图 4-2-1 所示,在静止液体中任选两点 1 和 2,距基准面的位置高度分别为 z_1 和 z_2,静压强分别为 p_1 和 p_2,由流体静力学基本方程可得

$$p_1 = p_2 + \rho g \Delta h$$

式中,$\Delta h = z_2 - z_1$,为 1、2 两点的垂直距离。

这是计算静止流体中两点的压强差,或是由某一点的压强计算另一点压强的计算公式。

3.流体静力学基本方程的适用范围

流体静力学基本方程的适用范围为:

(1)必须是重力流体,即流体所受的质量力只有重力;

(2)流体处于平衡状态,即流体处于静止或做匀速直线运动状态;

(3)必须是同一种不可压缩流体,即流体的密度为同一个常量。

通常情况下,在工程技术领域中所遇到的静止或做匀速直线运动的流体,一般都是重力流体。

需要强调的是,以上各式只能在同一种流体(ρ 相同)中应用,尤其在确定连通器中的等压面、计算连通器中的压强时,要特别注意这个问题。若同一容器(或连通器中)中装有互不掺混的几种液体,可分别在每一种液体中应用上述各式。

四、帕斯卡原理及应用

由流体静力学基本方程 $p=p_0+\rho gh$ 可知，静止流体中任意点都经受到了自由液面上压强 p_0 的作用。对于同一种连续液体中的任意确定点来说，h 为定值，该点的压强 p 将随自由液面上的压强 p_0 的数值而改变。p_0 有任何变化，都会引起流体内所有流体质点压强的同样变化。比如，当 p_0 增加 Δp 时，只要液体原有的平衡情况未受到破坏，则平衡液体中任意点的压强也必将随着增加 Δp，即

$$p' = (p_0 + \Delta p) + \rho gh = p + \Delta p$$

这个规律可表述如下：对平衡液体，其液面或任意一点的压强和压强变化，将均匀、等值地传递到液体中的每一质点。这就是帕斯卡原理。

帕斯卡原理是液压传动的基本原理，被广泛地用于机械工程，如千斤顶、水压机等。

图 4-2-2 为油压千斤顶的工作原理图。利用帕斯卡原理，可以计算油压千斤顶中力的比例关系。在两个互相连通的封闭容器中盛满了油，构成封闭的液压传动系统。设小活塞和大活塞的承压面积分别为 A_1 和 A_2，当在小活塞上作用一个外力 P_1 时，小活塞对它底面所接触液体产生的表面压强为 $p=P_1/A_1$，根据帕斯卡原理这个表面压强 p 将均匀等值地传递到液体中的每一点上，因此，在大活塞的底面上产生同样的压强 p。如果不计活塞与壁面的摩擦力，则

$$\frac{P_1}{A_1} = \frac{P_2}{A_2}$$

由于大活塞面积 A_2 比小活塞面积 A_1 大，作用在大活塞上的总压力 P_2 比作用在小活塞上的总压力 P_1 要大得多。总压力按活塞的面积比放大，在小活塞处施加较小的力，就可在大活塞处产生较大的力，举起较重的物体。

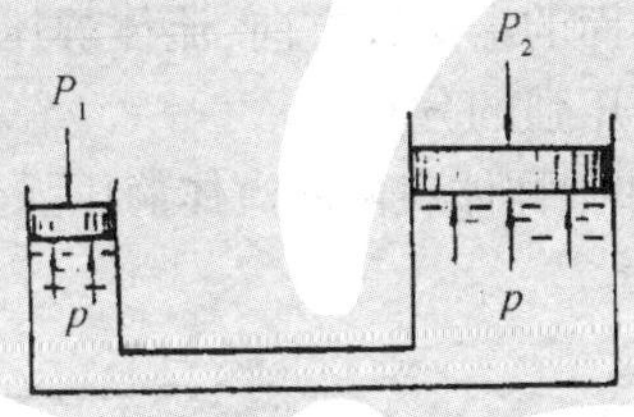

图 4-2-2　油压千斤顶工作原理图

五、连通器原理及应用

底部互相连通的两个或几个容器称为连通器。如图 4-2-3 所示的连通器内部装有密度为 ρ 的均质流体，作用于两端面上的压强分别为 p_1 和 p_2，在两端面产生高度差为 h 的情况下处于平衡状态。

设等压面 $a-a$ 处的压力为 p，根据流体静力学基本方程，可得

$$p = p_1 + \rho gh_1$$
$$p = p_2 + \rho gh_2$$

两式相减并移项，得

$$h = \frac{p_1 - p_2}{\rho g}$$

此式表明了连通器内液体的平衡规律。

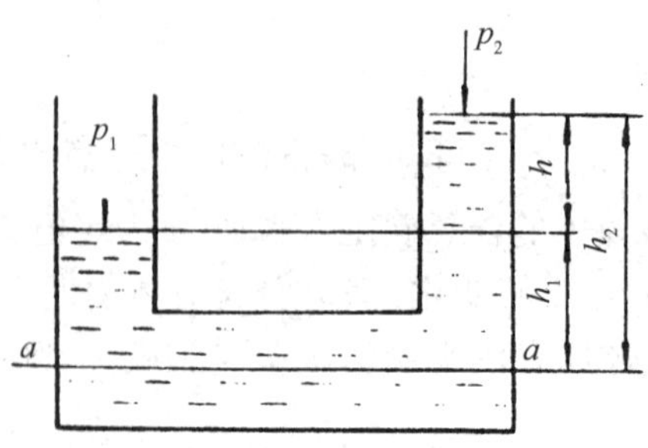

图 4-2-3 连通器原理

利用此连通器原理，可以制成锅炉水位计。由上式可知，当连通器两部分容器的表面压强相等（$p_1=p_2$），或自由液面上只有大气压强（$p_1=p_2=p_a$）时，则 $h=0$，即两液面处于同一水平面。

在锅炉侧壁上装一个玻璃管，其下端与锅炉内液体相连，其上端与锅炉上部蒸汽空间相通，则玻璃管内的液面高度即指示锅炉中的水位。

六、液柱式测压计

根据流体静力学基本方程不仅可以计算静止流体中任意点的静压强，还可以制作各种液柱式测压计，比如测压管、U 形测压计、比压计、倾斜微压计等，参见第五章第二节压力计的相关内容。

七、流体静压强的分布

从流体静力学基本方程 $p=p_0+\rho gh$ 可以看出，当密度为常数时（即在同一容器的同种流体中），流体静压强的大小沿流体的垂直深度 h 是以直线规律分布的；而根据流体静压强的特性可知：流体静压强的方向是沿作用面的内法线方向，流体静压强的大小与作用面的方位无关。由此，可画出任意作用面上流体静压强的分布。

图 4-2-4～图 4-2-7 示出平板和圆柱体表面的流体静压强分布。

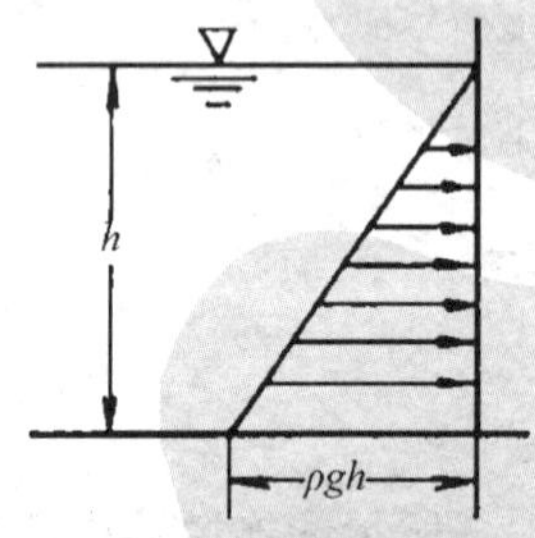

图 4-2-4 垂直平板流体静压强分布

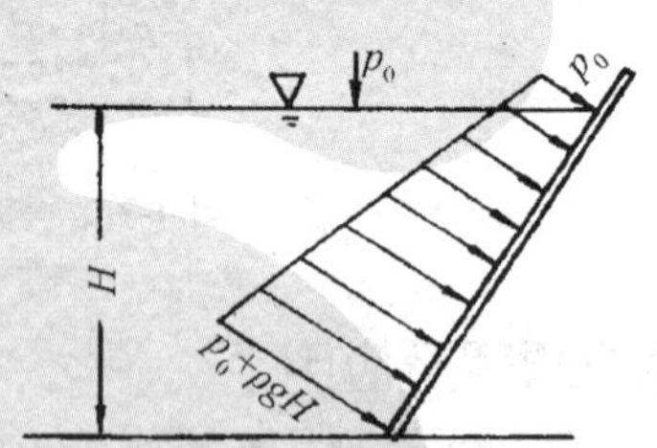

图 4-2-5 倾斜平板流体静压强分布

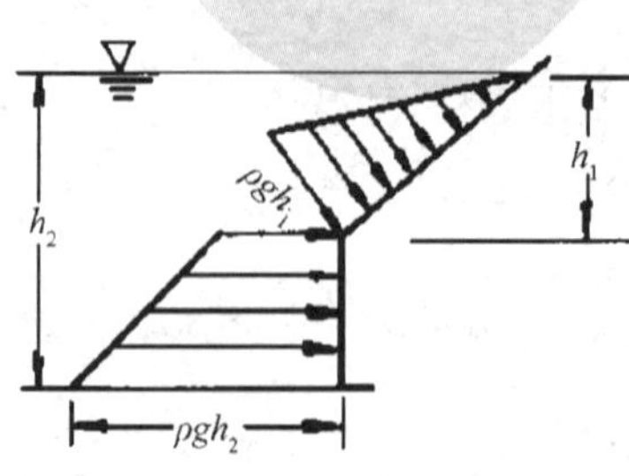

图 4-2-6 折板表面流体静压强分布

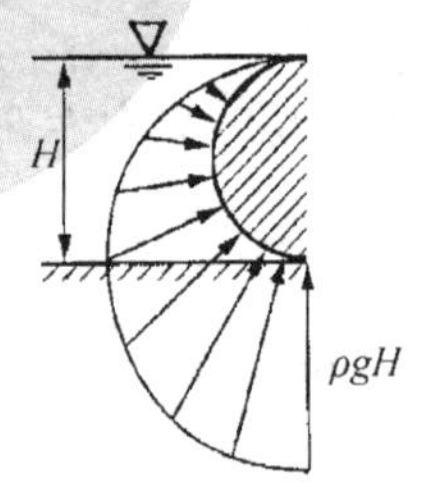

图 4-2-7 圆柱表面流体静压强分布

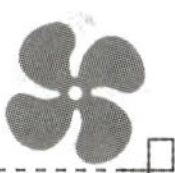

第三节　流量及文丘里流量计

一、流量与平均流速

1.流量

单位时间内通过某一空间表面的流体的量，称为通过该表面的流量。

流量可以用体积、质量和重力来计量，因此流量又分为体积流量、质量流量和重力流量。工程上所指的流量通常是指体积流量。

体积流量用符号 Q 表示，单位为 m^3/s；质量流量用符号 Q_m 表示，单位为 kg/s；重力流量用符号 Q_g 表示，单位为 N/s。

对于均质流体，体积流量 Q、质量流量 Q_m、重力流量 Q_g 之间的关系为

$$Q_m=\rho Q$$

$$Q_g=gQ_m=\rho gQ$$

在计算流经任意表面的体积流量时，表面上各点流体的速度并不一定与该表面垂直，所以必须将表面上各点流体的速度 v 向各点处的外法线方向 n 投影来计算体积流量。

显然，选取总流的过流断面来计算总流的体积流量是比较方便的，因为过流断面上各点的流速 v 处处与过流断面的外法线方向 n 一致。

2.平均流速

虽然过流断面上各点的速度都与过流断面垂直，选取总流的过流断面来计算总流的体积流量时，各点的速度不需要向过流断面的外法线方向投影，相对来说还是比较方便的。但是，流体具有黏性，当流体流动时，流体与固体壁面之间、流体本身质点之间都有内摩擦力产生，因而总流过流断面上各点的流速往往是不相等的。例如，管道中靠近管壁处流速小，而管轴处流速最大。因此，尽管选取总流的过流断面，但计算总流的体积流量仍然是很烦琐的。在工程中，为了使实际计算问题得到简化，引入了平均流速的概念。

假想某表面上的流体质点的速度是以某一速度值 U 均匀分布的，且处处与该表面垂直，以这一均匀分布的流速 U 通过该表面的体积流量与通过该表面的实际体积流量相等，则这一均匀分布的流速 U 称为该表面的平均流速。

显然，以平均流速计算体积流量是非常简单的，即

$$Q=UA$$

式中，A 为某过流断面的面积；U 为该过流断面的平均流速；Q 为通过该过流断面的体积流量。

工程上所指管道中流体的流速，通常就是指管道横截面（过流断面）的平均流速。需要强调的是，按平均流速的定义，平均流速是根据体积流量相等原则确定的。

3.动能修正系数

平均流速是根据流量相等的原则而确定的，因此，利用总流过流断面平均流速计算的流量代替用该断面上各点的实际流速计算的流量（称为实际流量）时，不必加以任何修正。但是，若利用总流过流断面平均流速计算的动能来代替用该断面上各点的实际流速计算的动能（称为实际动能），则需要加以修正。由此引出动能修正系数 α。

动能修正系数 α 是实际动能和以平均流速计算的动能的比值。显然，以平均流速计算的动能乘上动能修正系数 α，即为实际动能。

若流速在过流断面上均匀分布，则 $\alpha=1.0$；若流速在过流断面上不均匀分布，则 $\alpha>1.0$，流速分布越不均匀，α 值越大。实际流体的总流有层流和紊流两种流动状态，紊流流动在过流断面上的速度分布除近壁处不均匀外，其余大部分较均匀，可取 $\alpha=1.0$。

二、总流连续方程

连续方程是流体力学的基本方程之一，是质量守恒定律在流体力学中的应用。总流连续方程规定了总流过流断面上的平均流速与过流断面面积之间所应满足的关系。

1.总流连续方程的一般形式

如图 4-3-1 所示，总流过流断面 1-1（面积为 A_1）与 2-2（面积为 A_2）及总流的流管表面组成一个固定的空间区域，称为控制体，控制体的体积为 $\forall$。

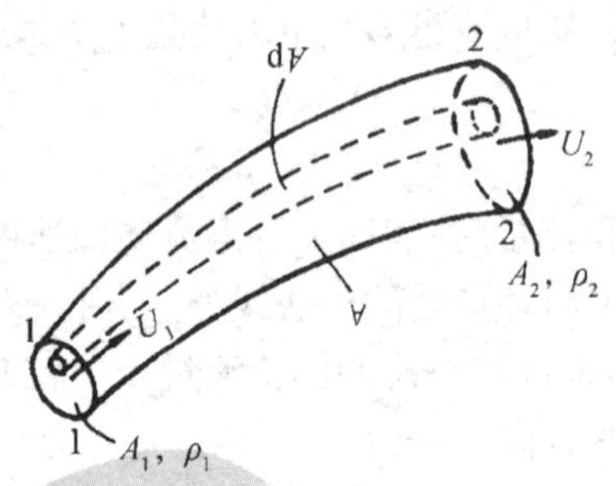

图 4-3-1　总流连续方程

若控制体内既没有产生流体的源点，也没有吸收流体的汇点，根据质量守恒定律，在单位时间内，流进控制体的流体质量减去流出控制体的流体质量等于控制体内流体质量的增加量，由此分析可得

$$\rho_2U_2A_2-\rho_1U_1A_1=-\frac{\partial}{\partial t}\int_{\forall}\rho\,\mathrm{d}\forall$$

式中，ρ_1、U_1、ρ_2、U_2 分别为总流过流断面 1-1、2-2 上的平均密度和平均流速。

此式即为总流连续方程的一般形式。它既适用于定常流动，也适用于非定常流动；既适用于不可压缩流体，也适用于可压缩流体。以下的定常流动的总流连续方程和不可压缩流体的总流连续方程是此式的两个特例。

2.定常流动的总流连续方程（质量连续方程）

对于定常流动，总流连续方程的一般形式可简化为

$$\rho_2U_2A_2=\rho_1U_1A_1$$

由于截面 1-1 与 2-2 是任意选定的，因此有

$$\rho UA=\text{常量}$$

式中，A 为总流任意过流断面的面积；ρ、U 分别为该过流断面上的平均密度和平均流速。

此式说明，对于定常流动，无论是可压缩流体的流动还是不可压缩流体的流动，总流任意过流断面上的质量流量都是相等的。总流过流断面上的质量流量为一常量。因此，定常流动的总流连续方程也称为质量连续方程。

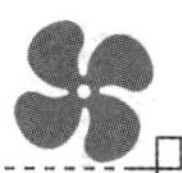

3.不可压缩流体的总流连续方程(体积连续方程)

对于不可压缩流体的流动,因为ρ=常量,所以,总流连续方程的一般形式可简化为

$$U_2A_2=U_1A_1$$

或

$$UA=\text{常量}$$

此式说明,对于不可压缩流体的流动,无论是定常流动还是非定常流动,沿总流任意过流断面上的体积流量都是相等的。总流过流断面上的体积流量为一常量。因此,不可压缩流体的总流连续方程也称为体积连续方程。

由此式可知,对于不可压缩流体(液体或低速流动的气体),总流过流断面上的平均速度与过流断面的面积成反比。

需要说明的是,对于不可压缩流体的非定常流动,此式应为瞬时的概念,即同一瞬时沿总流任意过流断面上的体积流量都是相等的。在不同的瞬时,体积流量可为不同的常量,常量随时间而变化。

4.具有分支管道的总流连续方程

因为连续方程的实质是质量守恒,所以对于具有多分支管道的管流,在应用总流连续方程时,要把管道的各分支部分都包括在内。

对于定常流动,具有多分支管道的总流连续方程可写为

$$\sum(\rho_{\text{出}i}U_{\text{出}i}A_{\text{出}i})=\sum(\rho_{\text{进}i}U_{\text{进}i}A_{\text{进}i})$$

对于不可压缩流体的流动,具有多分支管道的总流连续方程可写为

$$\sum(U_{\text{出}i}A_{\text{出}i})=\sum(U_{\text{进}i}A_{\text{进}i})$$

以上两式中,$\rho_{\text{出}i}$、$U_{\text{出}i}$、$A_{\text{出}i}$分别为流出控制体的各分支管道过流断面上的平均密度、平均流速和过流断面的面积;$\rho_{\text{进}i}$、$U_{\text{进}i}$、$A_{\text{进}i}$分别为流入控制体的各分支管道过流断面上的平均密度、平均流速和过流断面的面积。

例如,图4-3-2所示为一分支管道,取管截面1-1,2-2,3-3及其中间管壁为控制面组成控制体。如果管内是不可压缩流体流过,此时流出控制体的流量为U_3A_3,流进控制体的流量为$(U_1A_1+U_2A_2)$,因此,根据质量守恒定律,有:

$$U_3A_3=U_1A_1+U_2A_2$$

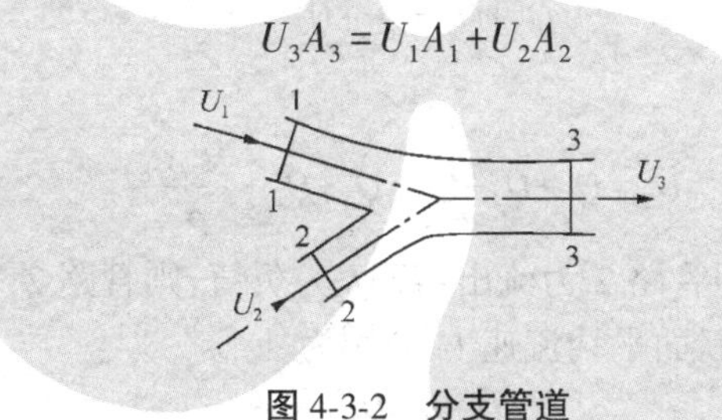

图4-3-2　分支管道

三、总流连续方程的应用

1.船用真空泵

如图4-3-3所示,船用真空泵是利用海水流经喷管时所形成的真空来抽吸空气的。若已知喷管进口截面直径d_1、出口截面直径d_2、海水在喷管进口处的平均流速U_1,则利用管流连续

方程可确定海水在喷管出口处的平均流速 U_2。

海水可看作不可压缩流体,由不可压缩流体的总流连续方程可知

$$U_2A_2=U_1A_1$$

因此,海水在喷管出口处的平均流速 U_2 为

$$U_2=\frac{A_1}{A_2}U_1=\left(\frac{d_1}{d_2}\right)^2U_1$$

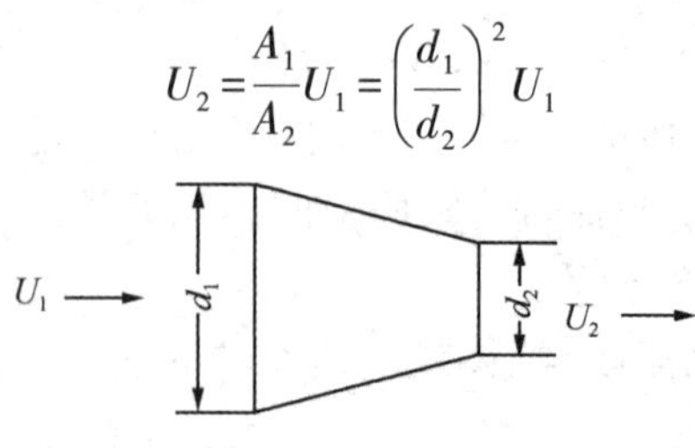

图 4-3-3　海水流经喷管

2.多管路旁通水箱

如图 4-3-4 所示,某水箱有四分支管路与外界相通,各管截面面积分别为 A_1、A_2、A_3 和 A_4。若已知管路 1 流入的体积流量为 Q_1、管路 3 流出的质量流量为 Q_{m3}、管路 4 流入的体积流量为 Q_4,且已知水的密度 ρ,则根据总流连续方程可以判断出管路 2 是流入还是流出,并能计算出管路 2 的体积流量、质量流量和断面平均流速。

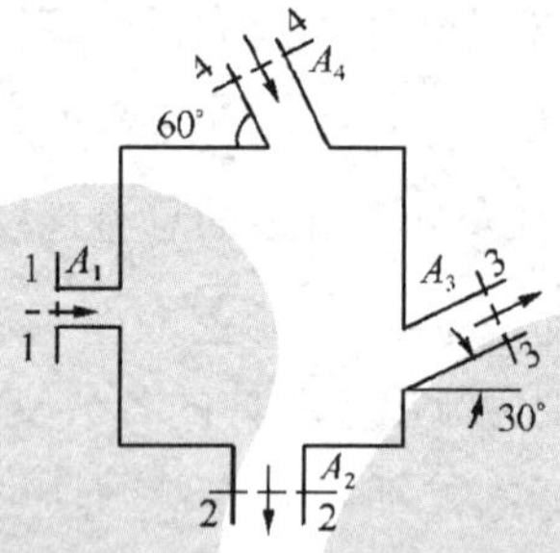

图 4-3-4　四分支管路水箱

设管路 2 是流出,且体积流量为 Q_2。水可视为不可压缩流体,由不可压缩流体的总流连续方程可知

$$Q_2+Q_3=Q_1+Q_4$$

则管路 2 的体积流量为

$$Q_2=Q_1+Q_4-Q_3=Q_1+Q_4-\frac{Q_{m3}}{\rho}$$

若 Q_2 为正值,说明假设正确,即管路 2 为流出;若 Q_2 为负值,则管路 2 为流入。

管路 2 的质量流量 Q_{m2} 和断面平均流速 U_2 分别为

$$Q_{m2}=\rho Q_2$$

$$U_2=\frac{Q_2}{A_2}$$

四、文丘里流量计

文丘里流量计用于测量管道中的流量,它是管截面两头粗中间细的一节管子。

图 4-3-5 所示的是一水平放置的文丘里流量计,粗截面 1–1 处的截面积 A_1(或管径 d_1)、收

缩截面 2-2 处的面积 A_2(或管径 d_2)为已知。用测压管测得截面 1-1 与截面 2-2 管中心线上的压强差(p_1-p_2),即可求得管中的流量。

设截面 1-1 的平均流速为 U_1、压强为 p_1,截面 2-2 的平均流速为 U_2、压强为 p_2,若液体在管内做定常流动,且忽略液体的黏性,即视液体为理想不可压缩流体,则由截面 1-1 和截面 2-2 间的不可压缩流体的总流连续方程

$$U_1A_1=U_2A_2$$

和理想不可压缩流体的总流伯努利方程

$$z_1+\frac{p_1}{\rho g}+\frac{U_1^2}{2g}=z_2+\frac{p_2}{\rho g}+\frac{U_2^2}{2g}$$

因 $z_1=z_2$,可得截面 1-1 的平均流速 U_1(或截面 2-2 的平均流速 U_2),进而可求得管中的体积流量为

$$Q=U_1A_1=k\cdot\sqrt{\frac{p_1-p_2}{\rho g}}$$

式中,$k=A_1\cdot\sqrt{\frac{2g}{\left[\left(\frac{A_1}{A_2}\right)^2-1\right]}}$,显然,对一定的文丘里流量计,$k$ 为常量。

由上式可见,若测得截面 1-1 与截面 2-2 管中心线上的压强差(p_1-p_2),即可求得管中的体积流量 Q。

如图 4-3-5 所示,若用 U 形测压管测得水银柱高差 h,则截面 1-1 与截面 2-2 管中心线上的压强差为 $p_1-p_2=(\rho_{汞}-\rho)gh$,因此管中流量可写为

$$Q=k\cdot\sqrt{\frac{(\rho_{汞}-\rho)h}{\rho}}$$

在实际应用中,考虑到截面 1-1 至截面 2-2 间会有能量损失,以及截面上流速分布不均匀的影响,此计算流量应加一修正,即实际流量为

$$Q_{实际}=\beta Q=\beta\cdot k\cdot\sqrt{\frac{(\rho_{汞}-\rho)h}{\rho}}$$

式中,β 称为流量系数,其值由实验测定,通常在 0.95~0.99。

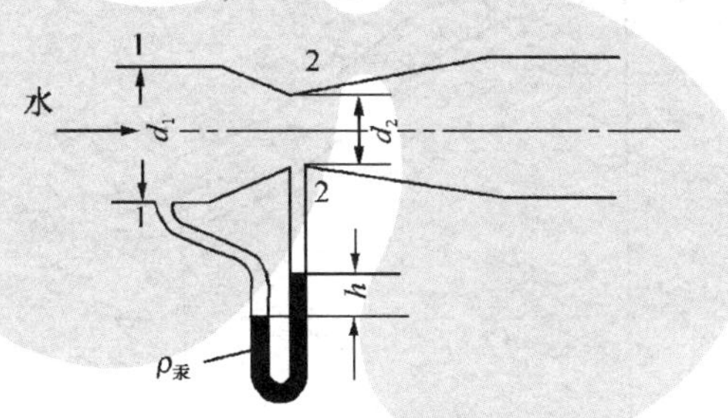

图 4-3-5　文丘里流量计

另外,用文丘里流量计测定流量时,应采用文丘里流量计的收缩段,测量其前、后的压强差,这时的能量损失较小,流量系数 β 值更接近于 1。如果采用文丘里流量计的扩张段,则能量损失较大。

具体使用文丘里流量计时,是由已标定好的 $Q_{实际}-h$ 关系曲线,根据测压管测得的 h 值查

出 $Q_{实际}$。

第四节　总流伯努利方程及其应用

总流连续方程建立了总流过流断面上的平均流速与过流断面面积之间的关系。而总流伯努利方程将建立总流过流断面上的速度、压强及过流断面位置之间的关系。

本节只讨论重力流体(质量力只有重力)的定常流动。

一、理想流体总流伯努利方程

1.理想流体总流伯努利方程的表达式

如图 4-4-1 所示,在质量力只有重力的不可压缩理想流体定常流动的总流中,取总流缓变流处的两个过流断面 1-1 与 2-2,断面平均流速分别为 U_1 和 U_2,压强分别为 p_1 和 p_2;取任意水平面 0-0 为基准面,两过流断面距基准面的高度分别为 z_1 和 z_2。根据流体流动的动量守恒和质量守恒,经数学分析和推导,可得

$$z_1+\frac{p_1}{\rho g}+\frac{\alpha_1 U_1^2}{2g}=z_2+\frac{p_2}{\rho g}+\frac{\alpha_2 U_2^2}{2g}$$

式中,α_1 和 α_2 分别为过流断面 1-1 和 2-2 的动能修正系数。

工程实际中的总流多是紊流流动状态,因此动能修正系数通常可取为 $\alpha_1=\alpha_2=1.0$,上式就可写为

$$z_1+\frac{p_1}{\rho g}+\frac{U_1^2}{2g}=z_2+\frac{p_2}{\rho g}+\frac{U_2^2}{2g}\qquad 或\qquad z+\frac{p}{\rho g}+\frac{U^2}{2g}=C$$

式中,C 为常量。

此式即为工程上通常所采用的理想流体的总流伯努利方程。它反映了定常流动中沿总流各过流断面的位置高度 z、压强 p 和平均流速 U 三个要素之间的变化规律。

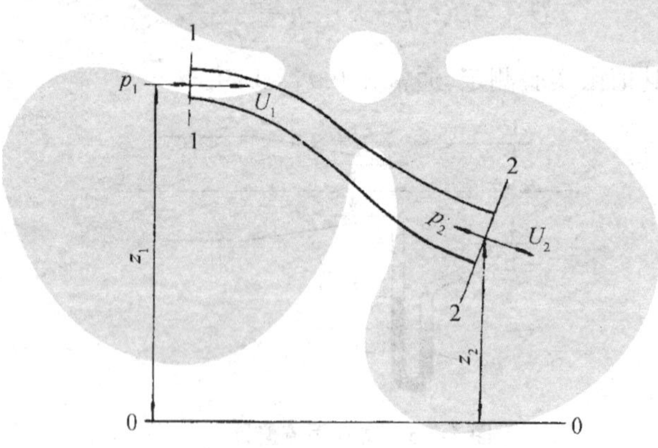

图 4-4-1　总流伯努利方程

2.理想流体总流伯努利方程的适用条件

理想流体总流伯努利方程的适用条件为:

(1)理想流体,即不考虑流体的黏性的流体;

(2)不可压缩流体,即忽略流体的压缩性,流体的密度 ρ 为常量的流体;

(3)重力流体,即质量力只有重力的流体;

(4)定常流动,即流体流动的所有物理量均不随时间变化的流动;

(5)缓变流处的过流断面。

应用理想流体总流伯努利方程时,除应满足其适用条件外,尚需注意以下几点:

(1)在适用条件中提到的缓变流,仅仅是指在所取的过流断面附近为缓变流,而与所取的两个过流断面之间是否缓变流并没有关系。也就是说,在所取的两个断面之间,可以是缓变流,也可以是急变流,只要是所选取的两个过流断面附近是缓变流即可。

如图 4-4-2 所示,断面 1-1 和 4-4 符合缓变流条件,可以应用理想流体总流伯努利方程;断面 2-2、断面 3-3 则不符合缓变流条件,不能应用理想流体总流伯努利方程。

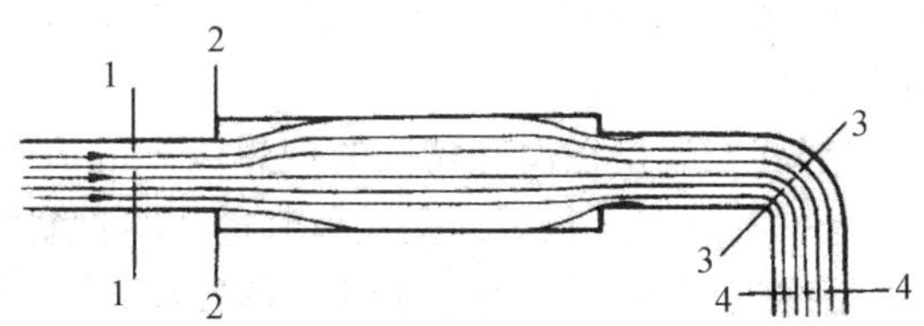

图 4-4-2 缓变流条件

(2)在应用理想流体总流伯努利方程时,速度水头中的 U 取过流断面的平均流速,位置水头 z 和压强水头中的 p 则可以取过流断面上任一点的 z 和 p,但需要强调的是,必须是流断面上同一点的 z 和 p。因为所取的过流断面附近是缓变流,所以在所取的过流断面上的任一点的测压管水头 $z+p/(\rho g)$ 都是相等的。因此,在应用理想流体总流伯努利方程进行计算时,取过流断面上的任一点的 $z+p/(\rho g)$ 都是可以的。

在实际工程中,一般选取总流中心线上的点,即 z 为所取过流断面中心点的位置高度,p 为该点的静压,理想流体总流伯努利方程中的 U 则为该过流断面上的平均流速。

(3)由于是缓变流,过流断面就可以用垂直总流中心线的截面来代替,通常所指的管截面、射流截面即为过流断面。

3.理想流体总流伯努利方程及其各项的意义

(1)几何意义

伯努利方程中的各项 z、$p/(\rho g)$ 和 $U^2/(2g)$ 都具有长度因次,故 z 称为位置高度或位置水头,$p/(\rho g)$ 称为压强高度或压强水头(又称为静压水头),$U^2/(2g)$ 称为速度高度或速度水头(又称为动压水头),$z+p/(\rho g)$ 称为测压管水头(或静水头),$z+p/(\rho g)+U^2/(2g)$ 称为总流过流断面的总水头。

理想流体总流各过流断面的测压管水头 $z+p/(\rho g)$ 高度连起来的线,称为理想流体总流的测压管水头线。理想流体总流各过流断面的总水头 $z+p/(\rho g)+U^2/(2g)$ 高度连起来的线,称为理想流体总流的总水头线。

根据理想流体总流伯努利方程可知,理想流体总流各过流断面的总水头永远是相等的,因此,理想流体总流的总水头线是和水平基准面平行的水平直线。这就是理想流体总流伯努利方程的几何意义。

需要注意的是,理想流体总流的测压管水头线不一定是一条直线,因为测压管水头的大小

与各过流断面的速度水头有关。

(2)能量意义

伯努利方程中，z 为单位重力流体具有的位势能（称为比位能），$p/(\rho g)$ 为单位重力流体具有的压强能（称为比压强能），$U^2/(2g)$ 为单位重力流体所具有的动能（称为比动能）。

理想流体总流伯努利方程表明，总流各过流断面上单位重力流体的位势能、压强能与动能之和即总比能（单位重力流体的机械能）为一常量。总流各过流截面的总比能是相等的，比位能、比压强能与比动能则不一定是相等的，这三者之间是可以相互转换的。所以，伯努利方程是机械能守恒原理在流体力学中的表达式。

二、实际流体总流伯努利方程

实际流体是具有黏性的，当流体微团之间有相对运动时，相互之间必产生切应力，对流体运动形成阻力，为了维持流动，必须克服阻力，从而消耗能量（机械能转化为热能而损失掉）。这种机械能的消耗称为能量损失。

前述的理想流体总流伯努利方程是在没有黏性的理想流体的流动中，单位重力流体的总机械能守恒。实际上，这只是一种近似。很短的文丘里流量计的收缩段、重力作用下的小孔口出流等问题，由于它们的能量损失很小，可以忽略不计，可以运用理想流体总流伯努利方程。

在工程实践中，许多流动问题存在着明显的机械能损失。如图 4-4-3 所示，在长长的输送滑油的管道 1-1、2-2 截面装两支测压管，就会发现下游截面 2-2 上的测压管内液面比截面 1-1 低一个很明显的高度，这就说明，液体的总机械能中的一部分压强能，在流动过程中是不断减少的，此压强差就是用来克服流动阻力的。

若图 4-4-3 所示的总流是质量力只有重力的不可压缩实际流体的定常流动，在该总流的两个缓变流处取两个过流断面 1-1 与 2-2，断面平均流速分别为 U_1 和 U_2，压强分别为 p_1 和 p_2；取任意水平面 0-0 为基准面，两过流断面距基准面的高度分别为 z_1 和 z_2；则截面 1-1、截面 2-2 上的单位重力流体的总机械能 H_1 和 H_2 分别为

$$H_1 = z_1 + \frac{p_1}{\rho g} + \frac{U_1^2}{2g}$$

$$H_2 = z_2 + \frac{p_2}{\rho g} + \frac{U_2^2}{2g}$$

由于截面 1-1 与截面 2-2 之间有能量损失，必定有 $H_2<H_1$。它们的差值即为过流断面 1-1 与 2-2 之间的单位重力流体的能量损失，称为水头损失，用 h_v 表示，即

$$h_v = H_1 - H_2$$

就得到

$$z_1 + \frac{p_1}{\rho g} + \frac{U_1^2}{2g} = z_2 + \frac{p_2}{\rho g} + \frac{U_2^2}{2g} + h_v$$

此式称为一元黏性流体的伯努利方程，即实际流体总流伯努利方程。

式中的水头损失 h_v 将在下节中具体介绍。

显然，除第一条（即流体为无黏性的理想流体）外，其他均为实际流体总流伯努利方程的适用条件。

实际流体总流伯努利方程与理想流体总流伯努利方程在实际应用中的不同之处仅在于水头损失 h_v 的计算。

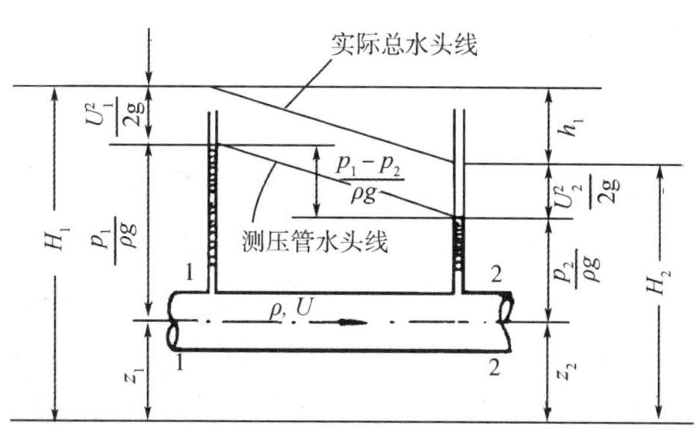

图 4-4-3　实际流体的一元流动

需要注意的是，由于有能量损失，实际流体的总水头线不再是一条水平线，而是单调下降的折线。单调下降是因为沿程阻力水头损失的存在(如图 4-4-3 所示)，在阀门及管径突变等处的总水头线突然下降，则是由局部阻力水头损失造成的。

实际流体的测压管水头线和理想流体相同的是，沿着流动方向可能有升高或者降低的趋势；不同的是，由于压强能的损失，测压管水头线的坡度与理想流体测压管水头线的坡度不同。

实际流体总流伯努利方程表明，实际流体总流单位重力流体的位势能、压强能与动能之和即总比能(单位重力流体的机械能)是沿程减小的，但在考虑能量损失后，仍然是守恒的。需要注意的是，能量损失的存在使实际流体总流的总比能沿程减小，但不能肯定地说比位能、比压强能和比动能中的哪一个一定沿程减小。管路每个截面上总比能都由比位能、比压强能和比动能三部分组成，三者之间可以相互转换。比动能的分布由管流连续方程确定：管截面越大，则比动能越小；管截面越小，则比动能越大；管截面不变的管段其比动能不变，只有比位能和比压强能可以相互转换。

三、有能量输入或输出的总流伯努利方程

1.有机械能输入时的总流伯努利方程

若管系中设有泵或风机装置，流体经过该装置时机械能增加，此为有机械能输入的系统。泵或风机供给单位重力流体的机械能，称为泵的扬程，以 H_p 表示(对于风机，一般称为风机全风压，也以 H_p 表示)。

当总流两过流断面 1-1 和 2-2 之间设有输入机械能的装置(泵或风机)时，根据机械能守恒原理就可写出带有泵或风机装置等有机械能输入的实际流体总流伯努利方程

$$z_1 + \frac{p_1}{\rho g} + \frac{U_1^2}{2g} + H_p = z_2 + \frac{p_2}{\rho g} + \frac{U_2^2}{2g} + h_v$$

若忽略两过流断面间的水头损失，$h_v = 0$，上式即简化为有机械能输入的理想流体总流伯努利方程。

由上式可得

$$H_p = (z_2 - z_1) + \frac{p_2 - p_1}{\rho g} + \frac{U_2^2 - U_1^2}{2g} + h_v$$

可见，泵供给单位重力流体的机械能(扬程)用于：①把流体提升一定的高度，即增加位势能；②克服反压差增加压强能；③提高速度水头，即增加动能；④克服管路中各种能量损失。

泵在单位时间内供给流体的能量，亦即泵的有效功率，为重力流量 ρgQ 与水泵扬程 H_p之积，用符号 N 表示，单位为瓦（W），即

$$N=\rho gQH_p$$

2.有机械能输出时的总流伯努利方程

若管系中设有水轮机装置，利用水的位能通过水轮机装置对外输出机械能，此为有机械能输出的系统。单位重力的水输出的机械能，称为水轮机的水头，以 H_T表示。

当总流两过流断面 1-1 和 2-2 之间设有输出机械能的装置（水轮机）时，根据机械能守恒原理就可写出带有水轮机装置等有机械能输出的实际流体总流伯努利方程为

$$z_1+\frac{p_1}{\rho g}+\frac{U_1^2}{2g}-H_T=z_2+\frac{p_2}{\rho g}+\frac{U_2^2}{2g}+h_v$$

若忽略两过流断面间的水头损失，$h_v=0$，上式即简化为有机械能输出的理想流体总流伯努利方程。

四、总流伯努利方程的应用

在实际应用中，实际流体总流伯努利方程与理想流体总流伯努利方程的不同之处仅在于水头损失的计算。下面举例说明总流伯努利方程在工程实际中的应用。

1.并行船舶侧向推力的产生

当两艘船并排同向行驶且靠得很近的时候，它们往往会自动地越靠越近而发生互撞事故。这一现象可用伯努利方程来解释。

当两艘船并排同向行驶且靠得很近时，根据连续性方程可知，水流经过两船之间的渐狭通道的流速将逐渐增加。若不考虑海水的黏性，由伯努利方程可知，流速的增加必然引起压强的降低，因此，海水作用在两艘船里侧的压强小于作用在外侧的压强，这样，在两艘船的外侧形成了一对向里侧的侧向推力，使它们逐渐靠拢。两艘船距离越近，它们之间的水流速度就越大，因而压强就越低，最后导致相撞。

2.虹吸管

图 4-4-4 所示的装置是利用一虹吸管将水箱中的水引出至 C 端流入大气。设虹吸管出口 C 距水箱液面的垂直距离为 H，虹吸管最高点 B 距水箱液面的高度为 h，水箱通大气，液面压强为大气压强 p_a。

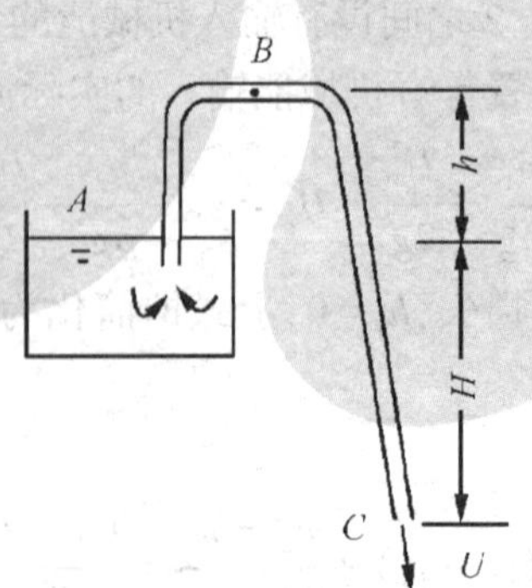

图 4-4-4　虹吸管

取虹吸管出口 C 端所在的水平面为基准面，忽略水的黏性，且截面 A（水箱液面）流速很

小可忽略不计，对截面 A(水箱液面)和 C(虹吸管出口截面)列伯努利方程，可得虹吸管出口流速为

$$U=\sqrt{2gH}$$

再以截面 A(水箱液面)为基准面，对截面 A(水箱液面)和截面 B(虹吸管最高点处截面)列伯努利方程，即可得到虹吸管最高点 B 处的绝对压强。如果虹吸管为等截面管，则可得虹吸管最高点 B 处的绝对压强为

$$p_B=p_a-\rho g(H+h)$$

由以上两式可知，虹吸管的出口流速只与虹吸管出口 C 距水箱液面的垂直距离 H 有关，H 越大，出口流速 U 越大。

但是，H 值也不能无限制地增大，当虹吸管最高点 B 距水箱液面的高度 h 不变时，H 越大，则 B 点处的绝对压强越低，若 B 点处的绝对压强低于水温所对应的饱和压强 p_s，虹吸管中的水在 B 点处将发生汽化，则虹吸管失效。基于同样的原因，虹吸管最高点 B 距水箱液面的高度 h 也有限制。总体来说，由上式可知

$$H+h<\frac{p_a-p_s}{\rho g}$$

式中，p_s 为水温所对应的饱和压强(绝对压强)。可见，水温决定了虹吸管总高度($H+h$)的最大值。

3.喷射泵(射流泵)

喷射泵主要由收缩喷嘴、混合室以及扩压管组成，并与吸入流体(水或空气)的进口管路相连接，如图 4-4-5 所示。

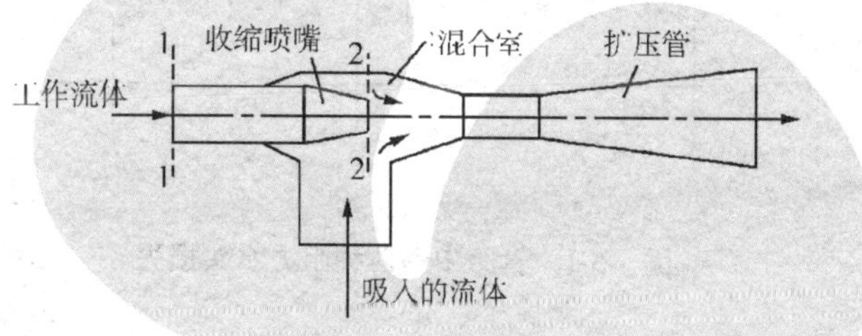

图 4-4-5 喷射泵

喷射泵的原理主要是利用收缩喷嘴处的高速水流产生真空，从而将容器中的流体吸入泵内，再与射流一起流至下游。在船舶造水装置和舱底污水排放系统中通常使用喷射泵。在船舶造水装置中，用射流泵抽出装置中的空气，使造水装置处于真空条件下工作。

设喷管通过的流量为 Q；喷管进口处截面 1-1 的绝对压强为 p_1，截面直径为 d_1；喷管出口处截面 2-2 的绝对压强为 p_2，截面直径为 d_2。取管轴线所在的水平面为基准面，忽略流体的黏性，列截面 1-1 和截面 2-2 的伯努利方程，再由不可压缩流体管流连续方程 $Q=U_1A_1=U_2A_2$，可得混合室的真空度

$$p_{2真}=\frac{8\rho Q^2}{\pi^2}\left(\frac{1}{d_2^4}-\frac{1}{d_1^4}\right)-(p_1-p_a)$$

对确定的装置来说，d_1 和 d_2 为已知的确定值；(p_1-p_a)即为进口截面的表压强，可由压强表测得；流量 Q 可由流量计测出。由上式即可计算出混合室内的真空度。

在混合室造成很高的真空度，就可以把造水装置中的空气抽出。空气和海水混合后进入

扩压管中,因扩压管出口断面大于进口断面,故其出口流速小于进口流速。根据伯努利方程可知,出扩压管时的压强比进扩压管时的压强要大,可大于大气压强,所以空气和海水混合物可以从扩压管排出舷外。

从增加被抽吸的流体(包括气体和液体)的观点来看,应该尽可能增大混合室处的真空度。但是,喷射泵真空度的增大有一个限度。实际上,当混合室处的绝对压强低于该温度所对应的饱和压强时,该处液体即开始汽化,产生的蒸汽占据一定容积,不仅使被抽吸的流体的流量减少,还常伴随产生非常有害的空蚀现象,因此工作中必须注意防止。

第五节 流动阻力和水头损失

由于实际流体是具有黏性的,在流体流动过程中,当流体微团之间或流体微团与固体壁面之间有相对运动时,相互之间必产生摩擦切应力,对流体运动形成阻力。为了维持流动,必须克服阻力,从而消耗能量(机械能转化为热能而损失掉),这种机械能的消耗称为能量损失。

流体沿管道流动,单位重力流体的能量损失,称为水头损失,用符号 h_v 表示,单位为米(m)。

水头损失按其产生的原因可分为两种:沿程阻力水头损失和局部阻力水头损失,如图 4-5-1 所示。

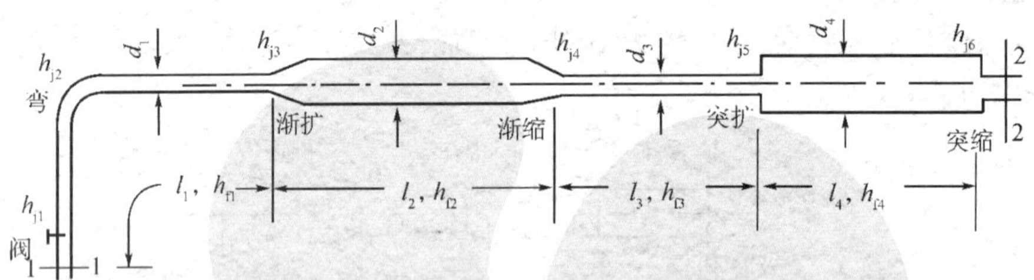

图 4-5-1 管路中的两种阻力水头损失

一、沿程阻力水头损失

沿程阻力水头损失是指单位重力流体在沿着管截面面积变化不大的管路中,由于流体具有黏性,在流体与管壁面及流体微团与微团之间的摩擦而损失的能量。

沿程阻力水头损失用符号 h_f 表示。

任一管路均可按管径及流速的大小沿程分为若干管段,每一管段的沿程阻力水头损失 h_f,不论是层流还是湍流,均可按达西公式

$$h_f = \lambda \frac{l}{d} \frac{U^2}{2g}$$

计算。式中,λ 是比较小的无因次数,称为沿程阻力系数;l 为管段长度,单位为 m;d 为管径,单位为 m;U 为管截面的平均流速,单位为 m/s。$U^2/(2g)$ 代表单位重力流体的动能,前面已经知道,称它为速度水头,在工程实践中,总是习惯于把各种阻力表示为速度水头的若干倍数。

实验与理论分析表明,沿程阻力系数 λ 与流体流动的状态和管壁的粗糙程度有关,沿程阻力系数 λ 是雷诺数 Re 和管壁相对粗糙度 Δ/d 的函数,即

$$\lambda = \lambda\left(Re, \frac{\Delta}{d}\right)$$

实践表明，流体流动的阻力与流体流动的状态有关。管道中液体流动的速度不同，其运动状态也不同。层流运动比较有规则，所以流动的能量损失比较小，紊流则由于其无规则的混杂与碰撞，能量损失会大大增加。

对于圆管层流流动，沿程阻力系数 λ 的计算公式已经推导出来，并为实验所证实，即 $\lambda = 64/Re$，也就是说，圆管层流流动时，沿程阻力系数 λ 仅仅是雷诺数 Re 的函数，且与雷诺数 Re 成反比，而与管壁的相对粗糙度 Δ/d 无关。

对于圆管紊流流动，沿程阻力系数 λ 不能完全从理论上求得，而只能在实验的基础上，经过理论分析，建立半经验计算公式。

尼古拉兹（Nikuradse）实验曲线和对工业管道比较实用的莫迪（Moody）图，均给出了沿程阻力系数 λ 随雷诺数 Re 与相对粗糙度 Δ/d 的变化规律。相关内容可参阅相关的工程流体力学教材、水力学手册或机械工程手册。

二、局部阻力水头损失

局部阻力水头损失是指单位重力流体在某些局部，由于转弯或管径的改变（如突扩、突缩、渐扩、渐缩等）及装置了某些配件（阀门、测量仪表等）而产生的额外的能量损失。

局部阻力水头损失用符号 h_j 表示。

产生局部阻力的原因在于，流体在上述的局部，产生大量的旋涡，这些旋涡的能量不断地转变为热能而逸散于流体中，使机械能减少。流体经过这些局部地方产生旋涡是由于流体具有黏性和流体在这些局部地方沿着压强增加方向流动。

管路中每个局部处的局部阻力水头损失的计算，通常采用类似于达西公式的计算公式

$$h_j = \zeta \frac{U^2}{2g}$$

式中，ζ 是无因次数，称为局部阻力系数。

由于局部阻力水头损失的复杂性，各种局部阻力系数 ζ 的确定，目前主要是靠实验测定。有关局部阻力系数的详细资料可参阅相关的工程流体力学教材、水力学手册或机械工程手册。

需要强调的是，计算局部阻力水头损失 h_j 时，必须要注意确认查得（或给出）的局部阻力系数 ζ 值对应的速度水头：一般来说，局部阻力系数 ζ 值都是对应于局部损失之后的截面上的速度水头；当局部损失之后的速度水头的数值无法给出时，ζ 值是对应于局部损失之前的速度水头给出的，比如流入大容器的管道出口等。当然，局部阻力系数 ζ 值也可取对应于局部损失前的速度水头，但必须保证使两种取法所计算出的局部阻力水头损失 h_j 的值相同。

三、减小流动阻力和水头损失的方法

（一）减小沿程阻力水头损失的方法

1.圆管层流流动的相关结论

由分析可知，在圆管层流流动时：

$$\lambda = \frac{64}{Re}$$

$$h_f=\lambda \cdot \frac{l}{d} \cdot \frac{U^2}{2g}=\frac{32\mu l}{\rho g} \cdot \frac{U}{d^2}=\frac{128\mu l}{\pi\rho g} \cdot \frac{Q}{d^4}$$

由此，对圆管层流流动可得以下结论：

(1)沿程阻力系数 λ 只与流体流动的雷诺数 Re 有关，而与圆管内壁的相对粗糙度 Δ/d 无关；

(2)沿程阻力水头损失 h_f 与管路的长度 l 成正比；

(3)对同一截面大小(直径一定)的管道，沿程阻力水头损失 h_f 与流体流动的平均流速 U(或流量 Q)成正比；

(4)当流体流动的平均流速 U 一定时，沿程阻力水头损失 h_f 与管道直径 d 的平方成反比；

(5)当流体流动的流量 Q 一定时，沿程阻力水头损失 h_f 与管道直径 d 的四次方成反比。

2.圆管紊流流动的相关结论

由分析可知，在圆管紊流流动中，当雷诺数很大、紊流充分发展时：

$$\lambda = \lambda\left(\frac{\Delta}{d}\right)$$

$$h_f = \lambda \frac{l}{d} \frac{U^2}{2g} = \frac{8\lambda l}{g\pi^2} \cdot \frac{Q^2}{d^5}$$

由此，对圆管充分发展紊流可得以下结论：

(1)沿程阻力系数 λ 仅仅是相对粗糙度 Δ/d 的函数，与雷诺数 Re 无关。即对同一相对粗糙度 Δ/d 的管道，当雷诺数 Re 不同时，其沿程阻力系数 λ 是相同的；但对不同相对粗糙度 Δ/d 的管道，即使雷诺数 Re 相同，它们的沿程阻力系数 λ 也不相同。

(2)沿程阻力水头损失 h_f 与管路的长度 l 成正比。

(3)对同一截面大小(直径一定)的管道，沿程阻力水头损失 h_f 与流体流动的平均流速 U(或流量 Q)的平方成正比。

(4)当流体流动的平均流速 U 一定时，沿程阻力水头损失 h_f 与管道直径 d 成反比。

(5)当流体流动的流量 Q 一定时，沿程阻力水头损失 h_f 与管道直径 d 的五次方成反比。

3.减小沿程阻力水头损失的措施

综合以上结论，为减小流体流动的阻力和沿程阻力水头损失 h_f，工程上应主要从以下几个方面入手：

(1)尽可能缩短管路的长度 l(因为无论流体的流动是层流还是紊流，沿程水头损失均与管路的长度成正比)；

(2)尽可能地采用内表面光滑的管道，即减小管道内表面的相对粗糙度 Δ/d；

(3)尽可能增加管道的截面积，采用直径 d 较大的管道(因为在流量一定时，层流流动时的沿程阻力水头损失 h_f 与 d^4 成反比，而紊流流动时沿程阻力水头损失 h_f 与 d^5 成反比)。

（二）减小局部阻力水头损失的方法

当管道截面发生变化时，管道截面积的变化越大，局部阻力系数 ζ 值越大。

同样的截面积变化，截面突然扩大(或缩小)的局部阻力系数 ζ 值大于截面逐渐扩大(或逐渐缩小)的局部阻力系数 ζ 值。同样条件下，截面逐渐扩大的局部阻力水头损失 h_j 大于截面逐渐缩小的局部阻力水头损失 h_j。

对于弯管，流向变化的角度越大，局部阻力系数值越大。折弯管的局部阻力系数值大于圆

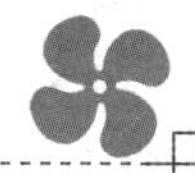

弯管的局部阻力系数值。圆弯管的直径越大、弯转的曲率半径越小,局部阻力系数值越大。

对于各种阀门,阀门的开度越小,局部阻力系数值越大。一般来说,阀门的结构越复杂,局部阻力系数值越大。

综合以上结论,为减小流体流动的阻力和局部阻力水头损失 h_j,工程上应主要从以下几方面入手:

(1)尽量避免管道截面的大小和形状发生改变,尽可能地采用同样截面的管道;

(2)当管道截面积发生变化时,应采用截面逐渐变化(逐渐扩大或逐渐缩小)的管道,尽可能避免截面的突然变化(突然扩大或突然缩小);

(3)当管道发生转弯时,应采用圆弧过渡(圆弯管),且圆弧的半径(曲率半径)越大越好;

(4)尽可能减少安装在管道上的配件(如阀门、测量仪表等)和设备。

第五章
仪表与量具

第一节　温度计

习惯上,把测量温度的仪器、仪表和装置,都称为温度计。温度计是船舶轮机中最重要的测量仪表之一。下面先介绍目前常用的温度测量方法及特点,然后介绍几种在船舶轮机中常见的温度计。

一、温度计的种类及特点

描述物体冷热程度的宏观物理量称为温度。温度本身是一个抽象的物理量,温度的测量也与其他物理量的测量有很大的不同。比如,长度、质量和时间等物理量的测量很简捷,直接与标准量进行比较即可获得。温度的测量则不能如此进行,必须通过测量某些随温度的变化而变化的物体的性质来间接地测量温度。

我们知道,物体的性质和所发生的物理现象都与温度有关,比如几何尺寸、密度、黏度、弹性、导电率、导热率、热容量、热电势以及辐射强度等,通过测出其中某个参数的变化就可以间接地获得被测物体的温度,这就是温度计测温的基本原理。

依据温度测量的基本原理,寻找测量温度的方法有以下特殊要求:

(1)所选择的物理参数,其数值变化应只与温度有关,而与其他因素无关或关系不大,即要求所选择参数仅是温度的单值函数;

(2)所选择的物理参数,其与温度之间的函数关系必须是稳定的,并且要简单、明了,同时其随温度的变化应该是连续的;

(3)所选择的温度计的测温介质,应能够迅速与被测介质达到热平衡,温度的跟踪性要好。

事实上,完全满足以上要求是不可能的。但是,人们从大量的实践中,已经找到比较成熟且基本满足以上要求的测温方法。归纳起来,主要都是利用物体的热膨胀性、热电变换、热电阻、热辐射,以及熔点、硬度、颜色等随温度变化的物理效应和化学效应来实现温度的测量,

比如：

（1）利用物质的热胀冷缩现象测量温度，比如测量介质为固体的双金属片温度计、测量介质为液体（酒精、水银等）的玻璃管液体温度计、测量介质为气体的气体温度计等，这类温度计的应用较普遍，也是最早被采用的温度计。

（2）利用物体的热电效应随温度变化的现象测量温度，比如热电偶温度计。

（3）利用物体的导电率随温度变化的现象测量温度，比如电阻温度计。

（4）利用物体的热辐射强度随温度变化的现象测量温度，比如光学高温计、光电高温计和辐射高温计等。

此外，还有利用物体的磁化率随温度变化的现象测量温度制造的磁温度计、利用正向电压随温度变化的现象测量温度制造的二极管温度计等。

依据以上所有这些测温方法制造的温度计已广泛应用于工业生产及科学研究。除此之外，人们正在努力寻找新的测量方法以满足不断发展的测温要求。例如，寻找或推广将超声波技术、激光技术、射流技术以及微波技术等现代科技手段用于科研和生产部门的温度测量中。

各种温度测量技术、各种温度计目前已在各行、各业、各部门得到了广泛的应用，并随着社会的进步和技术的发展，逐渐形成新的温度测量技术、诞生新种类的温度计。目前受科学技术发展的推动，所涉及的温度范围越来越广，特高温度和超低温度的测量问题也显得越来越突出。

测量温度的方法很多，但归纳起来，通常可分为两大类：一是与被测温度的物体相接触的直接测量法，二是与被测温度的物体不相接触的间接测量法。

在直接测量法中，测量温度的元件与被测量的物体直接接触，当敏感元件与被测量的物体呈热平衡时，根据温度的定义，此时敏感元件给出的就是被测量物体的温度。采用直接测量法测量温度的温度计也称为接触式温度计，比如前述的热膨胀温度计、热电偶温度计、热电阻温度计等。

在间接测量法中，测量温度的元件与被测量的物体不直接接触，而是通过辐射等原理来测量被测物体的温度。采用间接测量法测量温度的温度计也称为非接触式温度计，比如前述的光学高温计、光电高温计和辐射高温计等。

任何一种温度计的适用测温范围都是有限的，所以温度计的选择与应用是测温工作的重要内容之一。应根据不同的测温要求和特点，在工作和测量温度范围内，合理选择更加适合其特定温度区间的、满足特性要求的温度计。

目前，温度计的种类繁多、型号各异，即使同一类型温度计也可能由于温度计材料或工作介质的不同，适用范围和工作性能大不一样。表 5-1-1 给出了目前常用的各种温度计的类型、适用温度范围、测量精度和特点等。

需要说明的是，间接测量温度的方法近年来受到重视，并且发展很快。比如热辐射法、激光法和光子偏振法等，其中，热辐射法已有悠久的历史，其温度测量范围很宽，高温、中温、低温都能应用，准确度也在不断提高。目前，间接测量温度的方法在高温测量应用较多，比如光学高温计、光电高温计、红外高温计、光谱高温计、比色高温计等。此外，间接测量温度的方法具有一系列独特的优点，比如响应时间可以达到毫秒级，不会干扰被测量对象的原有热状态，可以远距离测量，以及可以测量热容量极小的物体等，这些优点都是其他方法无可比拟的。因此，可以预见，在船舶的热力系统和安全系统中，间接测量温度的方法必将获得进一步的应用。

下面介绍几种目前轮机工程中常见的直接测量法即接触式温度计的原理、特性、用途及维护。

二、膨胀式温度计

常用的膨胀式温度计有玻璃管式液体（水银、酒精）温度计、双金属片温度计和压力表式温度计。

（一）玻璃管式液体温度计

玻璃管式液体温度计是最常见的温度测量装置之一，也是我们日常生活和工程实际当中见到最多的一种温度计，比如空气温度计、体温温度计等。玻璃管式液体温度计的液体工作介质常用的是酒精或水银，故也称为酒精温度计或水银温度计。

表 5-1-1　常用温度计的类型、测温范围、精度及特点

类型	温度计或传感器类型			测温范围/℃	精度	特点
接触式温度计	热膨胀式	水银		-50~650	0.1%~1%	操作方便，价廉，一般无较大误差；易损坏，不能远传、自控
		双金属		-80~600		机械强度大，耐振，价廉，能报警和自控；但不能离开测量点测量
		压力表式	液体	-30~600	1%	耐振，坚固，价廉；感温部体积大
			气体	-20~350		
			蒸汽			
	热电阻式	铂电阻		-260~600	0.1%~0.3%	测温精度高，能远距离多点测量和记录、报警、自控，结构复杂；不能测高温，感温部体积大，须注意环境温度的影响
		镍电阻		-50~300	0.2%~0.5%	
		铜电阻		-50~150	0.1%~0.3%	
		半导体热敏电阻		-50~350	0.3%~1.5%	体积小，响应快，灵敏度高；但线性差，受环境温度的影响
					0.4%~1.0%	
	热电偶式	镍铬-康铜		0~600	0.4%~1.0%	测温精度高，能远距离多点测量，种类多，适应性强，结构简单，经济，应用广泛；需冷端补偿，在低温段测量精度较低
		镍铬-镍硅		0~1 000	0.2%~0.5%	
		铂铑$_{10}$-铂		200~1 400		
		铂铑$_{30}$-铂铑$_{6}$		200~1 600		
非接触式温度计	光学高温计			700~3 000	1%	可携带使用，可简便地测 1 000 ℃以上的高温，辐射率影响小；不能做远距离测量、记录、报警和自控
	辐射高温计			800~3 500	1%	测温范围广，能做远距离测量、报警和自控；环境条件影响测量精度，连续测高温须水冷却或气冷却
	红外辐射测温仪			-10~1 300		适用低温及红外线范围，响应时间短，灵敏度高
其他	示温涂料	碘化银		-35~2 000	<1%	测温范围大，经济方便，特别适用于大面积连续运转零件上的测温；精度低，人为误差大
		二碘化汞				
		氯化铁				
		液晶				

玻璃管式液体温度计的基本结构如图 5-1-1 所示，它是由液体工作介质、薄壁玻璃包和带有毛细管的玻璃杆茎所组成的。玻璃包和玻璃杆茎使液体工作介质与外界隔离。温度计玻璃杆茎底部的测温泡具有较大的容积，它容纳了大部分的液体工作介质；当液体工作介质受热时体积增大，液体工作介质就沿玻璃杆茎内的毛细管上升，到达一适当位置时停止上升，该位置

具有刻度即可读出温度数值；玻璃杆茎顶部的膨胀腔是为了防止温度超出温度计测量范围而设置的。

玻璃管式液体温度计的测量精度主要取决于液体工作介质的体积膨胀系数。液体体积膨胀系数的定义是：一定质量的液体，在压力保持不变的条件下，温度每升高一个单位所引起的液体体积的相对一般变化量。可见，当相同的温度变化时，液体工作介质的体积膨胀系数越大，液体在毛细管中上升的高度就越大，即温度计越灵敏，测量精度越高。通常选用的液体工作介质为酒精、水银。酒精的体积膨胀系数比水银大，约为水银的 6 倍。酒精的工作范围为 -70～+65 ℃，水银的工作范围为 -40～+300 ℃。另外，玻璃杆茎内的毛细管的直径也是影响温度计灵敏度的一个重要因素，毛细管的直径越小，液体在毛细管中上升的高度就越大，但毛细作用对测量精度的影响也增大。毛细管的尺寸是根据测温泡的尺寸、液体工作介质的种类以及温度计测量范围要求等决定的。

轮机专业

玻璃管式液体温度计具有价格低、使用方便、读数直观、性能稳定和精度高等优点，被广泛用于科学研究、工业生产以及日常生活等各个领域。它的缺点是测温范围窄、易破损、不能远程传递和记录，使其在自动控制和自动调节中的应用受到限制。

（二）双金属片温度计

双金属片温度计的结构如图 5-1-2 所示。它是由两种线膨胀系数不同的金属片焊接而成的。当温度升高时，由于两种金属片的长度变化量不同，双金属片向热膨胀系数小的一侧弯曲，通过类似于弹簧管式压力表上所用的传动机构，带动指针偏转，即可示出温度数值。

多数情况下，双金属片温度计可作为温度自动记录仪使用，也可用于遥测。

（三）压力表式温度计

压力表式温度计的工作原理因与压力表的工作原理相同，故称为压力表式温度计。

如图 5-1-3 所示，一种在制冷系统中遥测温度所用的膨胀式温度计，它的感温元件是测温包；测温包与毛细管、弹簧管组成一封闭空间，内装有液体工作介质；当测温包中的液体工作介质随温度变化发生热胀冷缩时，液体工作介质的压力就发生变化，致使弹簧管发生形变，通过机械传动机构，带动指针偏转，即可指示温度的数值。

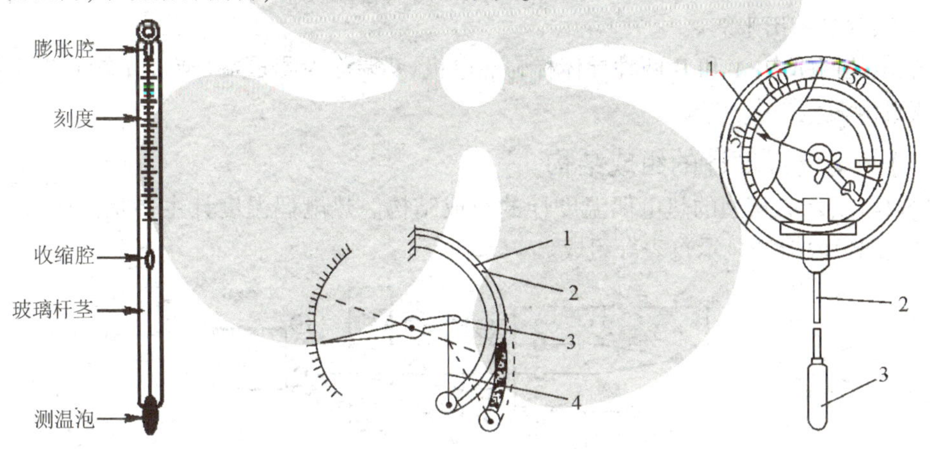

图 5-1-1　玻璃管式液体温度计的基本结构

图 5-1-2　双金属片温度计原理图

1—双金属片（热膨胀系数较大）；2—双金属片（热膨胀系数较小）；3—指针（或记录笔）；4—传动杆

图 5-1-3　压力表式温度计

1—压力表；2—毛细管；3—测温包

三、热电偶温度计

(一)热电偶测温的基本原理

热电偶测温的基本原理是热电效应。如图 5-1-4 所示,如果把两种不同的金属或合金导体 A 和 B 组合成闭合回路,就构成了简单的热电偶回路。当 A 和 B 的两个连接点处的温度 T、T_0不同时,比如 $T>T_0$,在这个闭合回路中就会产生一定大小的电动势 $E_{AB}(T,T_0)$,这个物理现象被称为热电效应,由于它是德国物理学家塞贝克于 1821 年在观察铋-铜和铋-锑电路的电磁效应时发现的,故也称为塞贝克效应,这个电动势被称为热电势。

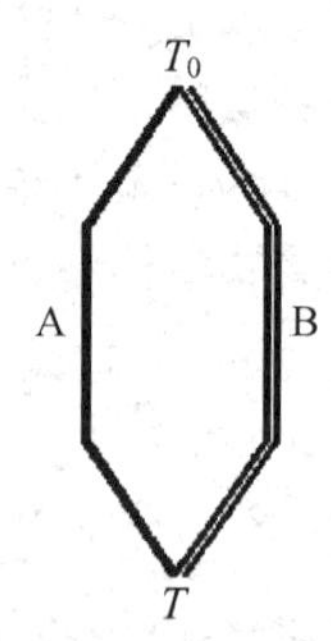

图 5-1-4 闭合回路的热电效应

热电势是由接触电势和温差电势两部分组成的,理论分析表明,热电偶回路的热电势可写为某一关于温度的函数在两个连接点处温度 T 与 T_0时的该函数值的差值,即 $E_{AB}(T,T_0)=f(T)-f(T_0)$,并由此得出以下结论:

(1)热电偶回路的热电势大小只与组成热电偶的材料及两端的温度有关,与丝的长短和粗细无关;

(2)只有不同的材料才能产生热电势、构成热电偶,而相同材料不可能产生热电势;

(3)只有热电偶两端的温度不同时才会产生热电势;

(4)当材料选定以后,热电势大小仅与两端的温度有关。

可见,当热电偶回路中的两种材料选定后,若设法使其两个端点中的一个端点的温度恒定,热电偶回路中的热电势就仅是另一个端点温度的函数。比如,若使温度 T_0恒定,$f(T_0)$即为常量,热电势 $E_{AB}(T,T_0)$就与温度 T 建立了一一对应关系,由热电势 $E_{AB}(T,T_0)$的大小即可得到温度 T 的大小,这就是热电偶测温的原理。

当温度 T_0 取为定值后,把热电势 $E_{AB}(T,T_0)$与温度 T 之间的关系列成专门的表格,称为热电偶分度表。不同的热电偶具有不同的分度表。由于 T_0 不同,分度表中的数值也是不同的,通常 T_0 为 0 ℃,而许多低温热电偶的 T_0 取为 0 K。热电偶分度表中的数值是人们根据大量的科学实验总结出来的。

在热电偶回路中,A 和 B 两种导体称为热电极,T 端称为测量端(或工作端),T_0端称为参比端(或自由端)。

(二)热电偶温度计的组成结构

图 5-1-5 所示为典型的热电偶温度计的组成结构。热电偶温度计主要是由热电偶、补偿导线、参比端恒温器和显示仪表等组成。

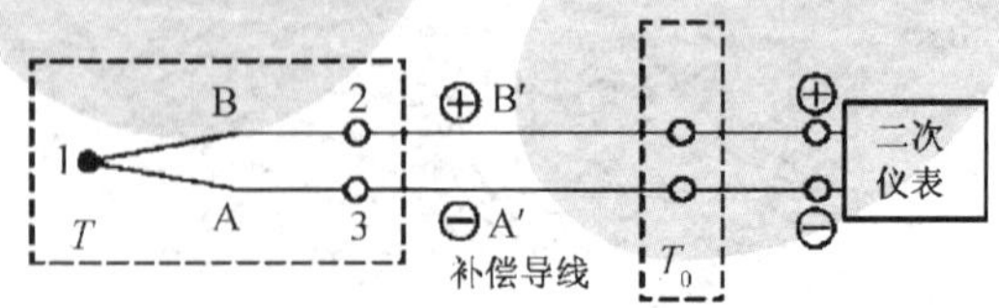

图 5-1-5 热电偶温度计的组成结构简图

两种不同成分的金属导体 A 和 B,一端连接在一起就构成了测温元件即热电偶,其接点 1 即为热电偶测量端,2 和 3 为热电偶参比端;热电偶测量端 1 放置在被测温度为 T 的介质中;A′和 B′为补偿导线,用于将热电偶参比端 2 和 3 延伸到远离热电偶测量端 1 的参比端恒温器

(其温度恒定为 T_0)中,以避免当热电偶测量端1的温度发生变化时,对热电偶参比端2和3的温度造成影响。由测量仪表测量回路中的热电势的大小,根据热电偶分度表即可获得被测介质的温度。显示仪表的作用就是指示或记录被测温度的测量值。

(三)热电偶温度计的特点

热电偶是一种热电型的温度传感器,它将温度信号转换为电势(mV)信号,配以测量电势信号的仪表或变换器,就可以实现温度的测量和温度信号的转换。

热电偶是目前应用最广泛的温度测量元件。它既可以用于流体温度的测量,也可以用于固体温度的测量;既能测量静态温度,也能测量动态温度。此外,它还具有以下明显的优点:

(1)结构简单、制作方便、价格低廉,不仅有定型的标准化产品,也可以自行制作;

(2)测温范围宽,从1 K到3 000 K的温度范围内,每个温区都有各种不同型号的热电偶可供选择使用;

(3)测温精度较高,高温区的复现性和稳定性很好;

(4)体积小、热容量小、热惯性小;

(5)由于直接输出电势信号,便于信号的远距离传输和自动记录、控制,更有利于集中检测、记录和控制。

(四)热电偶的种类

从理论上讲,凡是材质不同的两种金属材料均可组成热电偶,但在实际工程中并非如此。制作热电偶的材料,一般要求其理化性质稳定、电阻温度系数小、机械性能好,这样所组成的热电偶的灵敏度高、复现性好;此外,还希望热电偶的热电势与温度之间最好呈线性关系。目前,被选作热电偶的材料已有很多种,制作的热电偶已有300余种,但由于不同的材料具有不同的特性,所组成的热电偶在不同温度范围内所表现出的性能就有较大的差异。一般来说,热电偶的灵敏度随温度降低而明显下降,这也是用热电偶测量低温的主要困难。

常用热电偶可分为标准热电偶和非标准热电偶两大类。标准热电偶是指国家标准规定了其热电势与温度的关系、允许误差,并有统一的标准分度表的热电偶,且有与其配套的显示仪表可供选用。非标准热电偶在使用范围或数量级上均不及标准热电偶,一般也没有统一的分度表,主要用于某些特殊场合的测量。

另外,根据使用的习惯还有以下几种不同的分类方法:

(1)按其热电势与温度之间的关系以及使用性能,分为常用热电偶和特殊热电偶。

(2)按其适应的温度范围不同,分为高温、中温和低温热电偶。

(3)按其结构不同,分为铠装式、插入式和裸线式热电偶。

目前,我国已全部按国际电工委员会(IEC)的国际标准来生产标准化热电偶,并指定S、R、B、K、E、J、T共七种标准化热电偶为我国的统一设计型热电偶:S型为铂铑$_{10}$-铂(PtRh10-Pt),R型为铂铑$_{13}$-铂(PtRh13-Pt),B型为铂铑$_{30}$-铂铑$_{6}$(PtRh30-PtRh6),K型为镍铬-镍硅(NiCr-NiSi),E型为镍铬-康铜(NiCr-CuNi),J型为铁-康铜(Fe-CuNi),T型为铜-康铜(Cu-CuNi)。

一般来说,铂铑$_{10}$-铂热电偶(S型)、铂铑$_{13}$-铂热电偶(R型)、铂铑$_{30}$-铂铑$_{6}$热电偶(B型)和镍铬-镍硅热电偶(K型)用于中高温的测量,而铜-康铜热电偶(T型)、镍铬-康铜热电偶(E型)和铁-康铜热电偶(J型)用于中低温的测量。此外,目前镍铬-金铁热电偶在中低温尤其是低温测量中应用很广。

另外，热电偶绝缘管的选择也十分重要。绝缘管应选择电阻率高、化学性质稳定、高温下与热电偶材料不发生作用的材料制造，例如熔融石英、氧化铝、氧化铍等。

（五）几种常见的热电偶及其特性

1.铂铑$_{10}$-铂（PtRh10-Pt）热电偶（S型热电偶）

铂铑$_{10}$-铂热电偶（S型热电偶）的正极为铂铑合金丝（铂90%，铑10%），负极为纯铂丝。其理化性质稳定，测量精度高，常用于精密温度测量和作为基准温度计使用，可用于中高温区的温度测量，通常使用范围为300~1 300 ℃，短期可达1 600 ℃，但灵敏度较低，室温下灵敏度仅为几个μV/℃，且价格高昂，因此较少在中低温度下使用。

2.镍铬-镍硅（NiCr-NiSi）热电偶（K型热电偶）

镍铬-镍硅热电偶（K型热电偶）以镍铬为正极、镍硅为负极。其化学性质稳定，灵敏度高（室温下为41 μV/℃左右），成本低，价格低廉，非常适合中高温度的测量，常用的工作范围为100~1 000 ℃，短期可达1 300 ℃。镍铬合金的名义组分是90%镍和10%铬及少量硅等，镍硅合金的名义组分为97%镍和3%硅及少量钴等。

3.铜-康铜（Cu-CuNi）热电偶（T型热电偶）

铜-康铜热电偶（T型热电偶）以铜为正极、康铜为负极。铜丝和康铜丝容易做到材质均匀，同时其性能稳定、复现性好，价格也低廉，所以铜-康铜热电偶被广泛用于液氮温区（80 K）至室温的测量。在室温下，其灵敏度可达40 μV/℃；在液氮温度下，其灵敏度为16 μV/℃。在中低温区，铜-康铜热电偶通常是首选的测温仪表之一。

铜丝具有高纯度（99.999%以上），康铜的成分是60%铜和40%镍。

4.镍铬-康铜（NiCr-CuNi）热电偶（E型热电偶）

镍铬-康铜热电偶（E型热电偶）以镍铬为正极、康铜为负极，它综合了镍铬-镍硅热电偶和铜-康铜热电偶的一些优点，适用于80~800 K的温区。它的最大优点是灵敏度高，室温下可达70 μV/℃，因此镍铬-康铜热电偶对测量小温差是非常有利的。

5.镍铬-金铁热电偶

几乎所有的热电偶的热电势都随着温度的降低而减小，同时灵敏度也下降，热电偶的这一特性对于低温测量是非常不利的，所以，一般热电偶都只能用于80 K以上的温区。镍铬-金铁热电偶却较好地克服了这一缺点，可以工作在1~300 K温区，温度为1 K时灵敏度为10 μV/K，是铜康的30倍。此外，它还具有稳定性好、热导率低的优点，这对低温测量也是非常有利的。

镍铬-金铁热电偶的正极为镍铬、负极为金铁。金铁丝是在纯金中掺入微量的铁原子融合而成的，随着掺入的铁原子的比例增加，镍铬-金铁热电偶在低温段的灵敏度下降，而在高温段的灵敏度上升（以10 K为交界点）。

（六）热电偶的测温

在温度测量工作中，经常会遇到一些温度测量问题，比如温度的多点检测、多处显示、平均温度测量等，通过合理地布置热电偶的测温线路就可以满足这些不同的要求。

1.多支热电偶共用一台显示仪表

在温度测量中，尤其是船舶轮机中的温度测量，大多是为了监测机械运行工况是否正常而

进行的。通常情况下，这种测温只是做定期检测，而无须进行连续观测，因此，为了简化控制台面并减少显示仪表的数目，常常将分度号相同而被测温度值相近的若干支热电偶，通过一个切换开关共用一台显示仪表，轮流（或按要求）显示各支热电偶检测的温度，同时，这样也使这些热电偶具有相同的系统误差。

多支热电偶共用一台显示仪表的测温线路如图 5-1-6 所示，图中的两种线路相比较，常用的是图 5-1-6(b)的形式，由于该线路设置了一支辅助热电偶，实现了热电偶参比端的温度补偿，可以节约大量的补偿导线。线路中的切换开关可以为手动型，也可以为自动型，根据测量要求可随时或定期按顺序将各支热电偶分别与显示仪表接通，分别对相应的测量点进行测量。

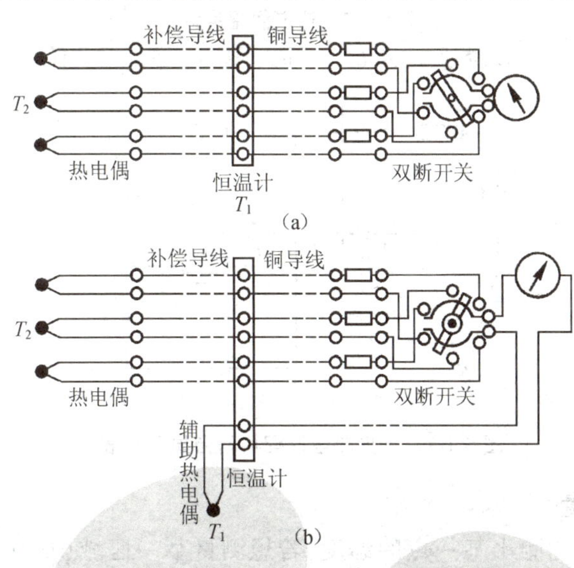

图 5-1-6　多支热电偶共用一台显示仪表

对于具有多通道、可自动扫描的显示仪表，只要将各支热电偶按仪表不同通道接入即可，无须外接转换开关。同时，还可人为选择扫描起讫点，以及扫描速度和时间间隔，以满足不同的测量和显示要求。

应用这种测温线路时应注意的是：

(1)线路中所用各支热电偶的分度号应一致，并且应与显示仪表所标明的热电偶分度号相同；

(2)接线时应特别注意热电偶正、负极性，不得接反；

(3)线路中的外接电阻是用以调整每一支热电偶测量线路的总电阻值，以使每一支热电偶测量电路的总电阻值相等，并且应等于显示仪表所规定的外接电阻值。

图 5-1-7 所示即为船上常用的测量柴油机气缸排气温度的热电偶温度计，在操作台上设有切换开关，使用一个表头就可以读出每一个气缸的排气温度，该表头实际上是一个毫伏表，但其刻度为温度刻度，这样就可以显示温度值。

2.一支热电偶配用两台显示仪表

在工程实际的现场测温时，有时需要将一支热电偶产生的热电势输送到两台显示仪表，以实现分别在两处（比如现场和控制室）同时显示同一温度，此时的测温线路如图 5-1-8 所示。

此时测温线路的显示仪表通常应选用电位差计，而不宜选用动圈式仪表。

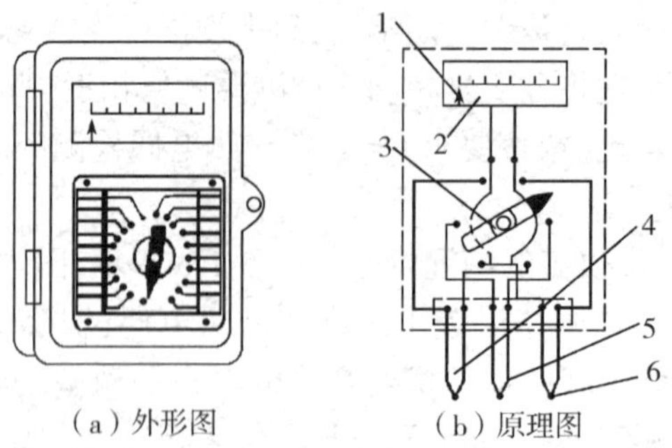

图 5-1-7　热电偶温度计

1—温度指针；2—表盘；3—切换开关旋钮；4、5、6—热电偶

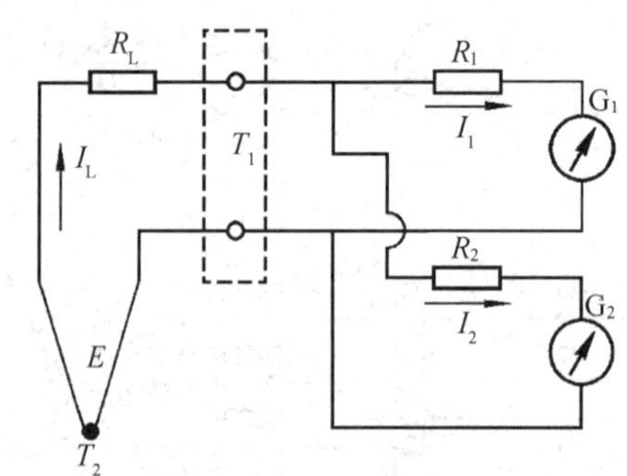

图 5-1-8　一支热电偶配用两台显示仪表

3.平均温度的测量

由于热电偶测温仅能测出某一点的温度，若想测量某一区域（比如某一壁面）的平均温度，可将布置在该区域不同测点处的若干支分度号相同的热电偶，采用并联法或串联法连接至同一台显示仪表，以获得其平均温度。当然，此方法获得的是这些热电偶测得的温度的平均值，也就是这些测点处的温度的平均值。测点的数目和各测点的位置，应根据被测对象的温度分布情况和测量要求恰当地选择，以真正反映被测对象的平均温度。

四、热电阻温度计

在工程实际中，温度的测量除了广泛使用热电偶之外，热电阻温度计也是应用非常广泛的一种测温仪表。尤其在工业生产中，中低温的测量大多采用热电阻温度计。

（一）热电阻测温的基本原理

物理学指出，各种材料的电阻值都随着温度的变化而变化。在热电阻温度计中，热电阻是测量温度的敏感元件，它之所以能够用来测量温度，就是因为用来制作热电阻的导体或半导体都具有电阻值随温度的变化而变化的性质。也就是说，导体或半导体的电阻值是温度的函数，只要知道了这种函数关系，再把导体或半导体的电阻值测量出来，就可以得到热电阻本身的温度，从而就可以得到该热电阻所处的环境或介质的温度。这就是热电阻温度计测量温度的基本原理。

不同材料的电阻值随温度变化的大小，通常用材料的电阻温度系数 α 来表示，其物理意义是：材料在单位温度变化时，其电阻值的相对变化量。一般来说，纯金属和合金的电阻温度系数为正值，半导体的电阻温度系数则为负值。实验证明，当温度升高 1 ℃时，大多数金属电

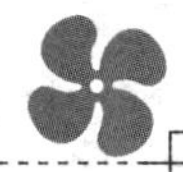

阻值要增大 0.4%~0.6%，而半导体的电阻值要减小 3%~6%。

(二)热电阻温度计的特点

热电阻温度计是利用导体或半导体的电阻值随温度的变化而变化的特性来实现测温的。热电阻温度计之所以得到广泛的应用，主要是因为它具有以下几个突出的优点：

(1)测量精度高，复现性好；

(2)灵敏度高，输出信号强，便于显示仪表的识别、检测；

(3)热电阻温度计是电信号的传递，所以更有利于实现远距离的检测和控制，也更易于实现巡检、自控、越限报警和自动显示、记录等功能。

热电阻温度计由热电阻、显示仪表和连接导线组成。根据热电阻材料的不同，热电阻温度计测温范围在 0.3~900 K。

此外，热电阻阻值的测量是通过给予一定的工作电流测量该电流流过热电阻时所产生的电压降来反映电阻值的，而加入的工作电流的大小对测量灵敏度影响很大，所以所加的工作电流不能太小。但是，若工作电流太大，在热电阻上的功率消耗就会增大，消耗的电功率转变成热能(称焦耳热)就会影响被测温度场，造成测温的附加误差。所以，在用热电阻进行精密测量时，应全面考虑所选用热电阻材料的室温电阻，以及工作电流对温度测量的准确度和灵敏度的影响。

(三)对热电阻材料的要求

尽管大多数的导体或半导体的电阻值均随温度的变化而变化，然而，并不是所有的导体或半导体都能作为测温热电阻。因此，根据实际测温的需要，用作热电阻的材料必须有以下的特定要求：

(1)材料的电阻温度系数 α 要大。材料的电阻温度系数 α 越大，其制成的温度传感器的灵敏度就越高。材料的电阻温度系数 α 与材料的纯度有关，材料的纯度越高，其电阻温度系数 α 值就越大；反之，材料的杂质越多，其电阻温度系数 α 值就越小，且不稳定。

(2)材料的电阻率要大。材料的电阻率越大，其制成的温度传感器的体积就越小，其热惯性也就越小，因而对温度变化的响应就越快。

(3)在整个测量范围内，材料应具有稳定的理化性质。

(4)材料的电阻与温度之间的关系最好是近于线性或为平滑的曲线，而且这种关系应有良好的重复性。

(5)易于加工复制，且价格低廉。

显然，全面符合以上这些要求的热电阻材料是很难找到的。所以，应当根据具体的测温要求，从不同的侧重角度选择合适的材料。

目前应用最广泛的金属电阻材料是铂和铜。同时，随着低温和超低温技术的发展，目前可用作热电阻材料的还有合金、碳以及半导体材料(锗等多种新型热电阻材料)。

(四)金属电阻温度计

一般来说，纯金属和合金具有正的电阻温度系数，其电阻值随其温度的升高而增大。金属电阻温度计就是利用这一性质进行工作的。一般来说，铂、铜、铟、铁、镍等几种金属材料都可以作为热电阻体，但由于很难得到纯净的铁和镍，它们的特性曲线也不是很平滑，在工程实际当中很少应用。工业中应用最多的是铂和铜这两种金属材料的热电阻。

1.铂电阻温度计

铂具有很高的化学稳定性，且容易提纯，便于加工，所以它是热电阻温度计中最常用的材料。

铂电阻（WZB）是用高纯铂丝制成的，其优点是测温精度高，线性和稳定性好，性能可靠，电阻温度系数大，测温范围在-260～600 ℃。由铂丝作敏感栅制成的温度片可测-18.3～600 ℃的机件表面温度。铂电阻的缺点是在还原气体中易被侵蚀变脆。

铂电阻温度计主要由铂电阻丝、石英管、U形玻璃管、引线及耐热绝缘的防护套管等组成。通常引线之间的绝缘要求大于5×10^{9} Ω（500 ℃以下）。电阻器与保护套管的热接触往往用加一定量的氦气的办法来实现。热接触不良会增加自热效应、延长响应时间。

2.铜电阻温度计

铜电阻（WZG）测温范围在-50～+150 ℃，在该测温范围内，其电阻值与温度有良好的线性关系。同时，铜的电阻温度系数α高于其他金属，而且价格相对低廉，并易于提纯。

铜电阻的缺点是电阻率低，因而铜电阻丝必须做得又细又长，从而使它的机械强度降低；另外，铜电阻在高温下容易氧化。所以，铜电阻适用于在低温及无侵蚀性的介质中工作。

3.合金电阻温度计

合金类似很不纯的金属元素，一般来说，合金对温度的变化是不灵敏的，但也有例外的情形，比如纯金属掺入微量磁性金属组织的合金就会出现一些反常现象。在锗、铂等金属中加入微量的铁、钴等磁性金属，在极低温度下，其电阻与温度的关系会表现出与纯金属不同的特性。微量杂质的作用使合金具有很大的正电阻温度系数，比如含0.5%（原子比）铁的铑-铁合金可以制成一种很有用的低温温度计，弥补铂电阻温度计低温下灵敏度降低的缺点。

（五）半导体电阻温度计

由于纯金属或合金电阻温度计随着温度的下降，其电阻值减小，灵敏度也随之下降，到极低温度时甚至无法使用，而半导体电阻温度计具有负的电阻温度系数，当温度降低时，不仅其电阻值增大，更重要的是它的灵敏度也随之增大，这种特性对于低温测量是极为理想的。

半导体电阻温度计除了灵敏度高以外，还有体积小、热容量小的优点，可作为精密温度测量工具，也可在工业上应用。

1.锗电阻温度计

锗是最常用的半导体材料，纯锗在低温下的电阻率太大，对温度的灵敏度也不高，因此，必须掺杂微量的杂质以提供载流子，通常所加的杂质为锑、砷和铟等。通常所说的锗电阻都是指含杂质的锗。

锗电阻是迄今所研究过的半导体材料中最理想的低温测量元件，它的电阻与温度的关系很稳定，重复性很好，标定一次可长期使用，而且它的测量精度可达到0.005 K。由于锗电阻相对金属电阻温度计在低温下具有显著的优点，许多国家将锗电阻温度计作为4.2～20 K的标准测量仪表。

2.热敏电阻温度计

热敏电阻通常是由两种以上过渡金属（Mn，Ni，Cu，Fe，Co等）氧化物的粉末按一定比例混合在1 000～1 300 ℃高温下烧结而成的多晶半导体。热敏电阻与半导体电阻一样具有负的电

阻温度系数,随温度降低,不仅阻值增加,电阻的变化率也急剧增加,因此热敏电阻的测量灵敏度较高。

半导体热敏电阻具有以下特点:

(1)成本低、体积小、重复性好,可满足不同测量对象的要求。

(2)电阻温度系数大,灵敏度高,可测量 0.001~0.005 ℃微小的温度变化。

(3)可制成杆形、圆形、珠形、垫圈形和薄片形等多种形式,直径可小至 0.5 mm;体积小,热惯性小,响应速度快,时间常数小到毫秒级,适用于动态温度测量。

(4)元件本身的电阻值可达 3~700 kΩ,当用于远距离测温时,可忽略导线电阻的影响。

(5)抗腐蚀性好,适合用于腐蚀性介质中的温度测量。

(6)在-50~350 ℃温度范围内的稳定性较好。

(7)对环境温度敏感,老化快,互换性差,测量时易受到干扰,使用时须经常进行校正。

由于半导体热敏电阻温度计的特点,尤其是其性能不是很稳定且互换性差,其测量精度不高,目前较多应用在精度要求不高的场合(比如作为家用空调系统的温控元件等),以及用于腐蚀性介质的温度测量。

五、热辐射温度计

热辐射温度计是根据物体的热辐射随其温度的变化规律来测量物体温度的。这种测量方式的特点是感温元件不与被测物体直接接触,因此它具有几个突出的优点,比如:

(1)不扰乱被测物体的温度场;

(2)由于是非接触测温,可以不受高温气体的氧化和腐蚀;

(3)测温范围广,从理论上讲,这种温度计的测温上限是无限的;

(4)由于是非接触测温,这种温度计不必与被测物体达到热平衡,它与被测物体是以辐射换热的方式传热,这种换热方式的速度和光速一样快,热惯性小,灵敏度高;

(5)可对远距离物体、带电物体及其他不可接触物体或高速运动物体等进行温度测量。

正是因为以上优点,热辐射温度计才具有比其他测温技术更为显著的优越性,得到越来越广泛的应用。

热辐射测温仪表按其测温的工作原理不同,可分为全辐射温度计、单色温度计、亮度温度计、比色温度计、三色温度计等。按其测温范围可分为 700~3 200 ℃的高温测温仪、100~700 ℃的中温测温仪、100 ℃以下的低温测温仪。

1.全辐射温度计

全辐射温度计以热辐射的斯蒂芬-玻尔兹曼定律为测温原理。它利用热电传感元件,通过测量物体热辐射的全部波长的总能量来确定物体的表面温度。

2.单色温度计

单色温度计通过测量物体热辐射中的某一波长范围($\lambda \sim \lambda + d\lambda$)内所发出的辐射能量来确定物体的表面温度。通常根据所设计的温度计的测温范围来确定所需要的测量波段,并选用一定的滤光片将此波段以外的热射线全部滤掉,由此还可以大大削弱其他光源对测温结果的影响。

单色温度计的测温误差,除与被测物体的黑度有关外,还与所使用的测温波长有关。理论分析表明,黑体定标的单色温度计所使用的测温波长越短,由物体的黑度所引起的测温误差越小。所以,单色温度计一般工作于短波区。由于热辐射的峰值辐射波长随温度的升高而向短波方向移动,单色温度计适用于高温测量。

3.比色温度计

比色温度计通过测量物体热辐射中的两个不同波长范围($\lambda_1 \sim \lambda_1+d\lambda_1$、$\lambda_2 \sim \lambda_2+d\lambda_2$)内所发出的辐射能量的比值来确定物体的表面温度。

比色温度计的测温误差取决于所使用的两个测温波长 λ_1、λ_2,以及这两个测温波长分别对应的被测物体的黑度 ε_1、ε_2,且 ε_1 与 ε_2 相差越小,测温误差就越小,若 ε_1 与 ε_2 相等,被测物体的温度就等于黑体定标的比色温度计的读数温度。

因此,对于比色温度计,提高测量精度的关键是选择两个适当的测温波段,使这两个测温波段的被测物体的黑度相差最小。

显然比色温度计采用的方法可以大大减小被测物体的黑度对测温误差的影响。

4.三色温度计

三色温度计是依次取三个不同波长的波段,通过测量这三个波段内所发出的辐射能量,将第一、第三波段辐射能量之积除以第二波段辐射能量的平方,由所得之商来确定物体的表面温度。

理论分析表明,三色测温可以使其测量结果与被测物体的黑度无关,因而可以提高热辐射测温的精度。

5.红外热像仪

热像仪能把物体自身发出的热辐射转换成可见的图像,这种图像称为热像图或温度图。由于热像图中包含了被测物体的热状态信息,通过热像图的观察和分析,可获得被测物体表面或近表层的温度分布及其所处的状态。

现有的热成像技术基本上都是使用两类热像仪,即光机扫描热像仪和非机械扫描热像仪。其中,非机械扫描热像仪又分为热释电热像仪、红外扫描热像仪、红外摄像热像仪等多种形式。目前国内研制和使用的主要是光机扫描热像仪和热释电热像仪。

由于这种测温方法简便、直观、精确、有效,且不受测温对象的限制,它在温度测量技术中有着广阔的应用前景。

六、其他温度计

1.二极管温度计

物理学指出,二极管在稳定的正向电流的条件下,其正向电压随温度的降低而增大。半导体二极管温度计正是利用此原理制成的。

二极管的正向电压 U 与温度 T 之间的关系,在较大的温度范围内都表现出良好的线性关系,因此,这种温度计的测温和定标都比较简单。只要在这个温度范围内选定两个温度点,就可利用线性关系得到温度的分度。另外,二极管温度计的灵敏度较高,用一般的测压技术就可以使其测温的准确度达到 0.1 ℃。

一般来说,当温度降低到某一温度以下时,二极管的正向电压 U 与温度 T 之间的关系就失去了线性。当为非线性关系时,有的二极管的灵敏度变得更高(比如硅二极管),这对低温测量则更加有利。

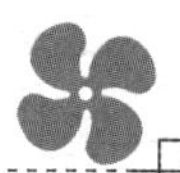

二极管温度计的优点是:(1)可用于 1~400 K 温度范围的测量;(2)灵敏度高;(3)与半导体电阻温度计相比,受磁场的影响较小;(4)价格低廉。

二极管温度计的缺点是:(1)复现性差;(2)体积较大;(3)不能做点的温度测量。

2.电容温度计

电容温度计的测温原理是利用电容器介质的介电常数随温度显著变化的特性来测温。它不受磁场影响,即使在 150 kGs 的强磁场下,影响也仅在±1 mK 以内。

电容温度计在 0.1~72 K 的温度范围内,电容-温度是单调函数。尤其是在 5.2 K 以下时,电容-温度为线性函数,此时的灵敏度也很高。在液氦温度下自热很小(约 70 pW),并随温度的降低而减小,热响应快,重复性为±13 mK 左右,但稳定性不好,存在瞬时电容漂移,所以应将组件密封放置在套管内。

3.示温涂料

示温涂料是利用某些物质的颜色随温度的变化而变化的特性来进行测温的。比如复盐碘化汞(HgI_2)和碘化亚铜(Cu_2I_2),当温度达到 70 ℃时就从红色变成了黑色。

通常要求示温涂料的颜色随温度而变化的过程必须是不可逆的。

一般来说,示温涂料的测温精度为±(5~8)℃。变色温度与所处温度的延续时间有关,延续时间越长,变色温度就越低。因此,有时要用变色温度-时间关系曲线校正测试结果。

在零件表面上,示温涂料的涂膜越薄越好,一般为 0.03~0.05 mm。当同时使用多种具有不同变色温度的示温颜料以能一次观察零件的温度分布时,示温涂料可以涂成宽度约为 10 mm 的带状条纹。此外,尽管示温涂料对零件的传导换热影响甚微,但是,它对零件的辐射换热的影响不能忽略不计。因此,示温涂料最好以狭窄条状或点状涂在零件表面上。示温涂料不宜接触高温燃气及摩擦面,故其使用受到了一定限制。

为了便于进行零件温度分布的实际观察,还可以通过选取某种具有多点温度下相继变色的物质,或者可以通过混合多种具有单个变色温度的颜料而制取示温涂料。

4.变色温度指示器

根据某些物质的颜色随温度的变化而变化的特性制成的示温片和示温带,用变色来测试或指示物体的表面温度,称为变色温度指示器。测温时,只需将变色温度指示器(示温片或示温带)黏附在被测机件的干燥表面,并保持良好的接触,当被测表面温度达到该指示器所代表的温度时,显示出数字或图形,根据该指示器标出的温度数值,便可判断机件表面温度。

表面温度指示器的测温范围一般在 40~260 ℃。

示温蜡片是利用某些物质在不同温度下能够发生熔化或变色的特性来测温的。使用时,可根据机件额定工作温度选择相应的示温蜡片黏附在监测部位,当被测部位温度超过示温蜡片额定温度时,示温蜡片即熔化脱落,从而可知机件过热。另外,如果需要了解机件表面温度的变化,则可在机件的相应部位贴上 2~3 种在其温度变化范围内的不同温度的示温片,即可反映出温度的细微变化。

此外,还有根据同样原理制成的便携式的结构简单的测温笔,它是根据画在机件表面上的笔痕的变色时间长短来判定温度范围的。

第二节 压力计(压力表)

习惯上,把测量流体压强的仪器、仪表及装置,称为压力计或压力表。压力表是船舶动力装置中最重要的仪表之一。

一、压力计的种类

压力计的种类很多,根据工作原理可分为液柱式压力计、弹性式压力计、电气式压力计和活塞式压力计等四大类。

液柱式压力计是利用液体静力平衡的原理制成的;弹性式压力计是利用弹性元件在压力的作用下产生的变形来测量压力的;电气式压力计是在上述两种压力计的基础之上将压力引起的液柱的变化或弹性元件的变形转换成电量来测量压力的;活塞式压力计是用来校验压力表的。

测量大气压力的仪表则称为气压表,测量负压力(真空)的仪表则称为真空表。

测量两个压力之差的仪器称为差压计。差压计根据其工作原理可分成液柱式差压计、弹性式差压计和电气式差压计等三类。

在自动检测中,应用最多的是电气式压力计和差压计。

二、液柱式压力计

液柱式压力计因其结构简单、使用方便、价格低廉,且测量精度较高,至今仍被广泛地用于测量低压、负压、压差等。其缺点是玻璃管易碎、体积偏大、读数不方便等。

(一)测压管

测压管是一种最简单的液体压力(压强)的测量仪器,它是利用一端开口的玻璃管连接在管道或容器的侧壁,根据玻璃管内液面上升的高度,测得管道或容器中液体压力的数值。

如图 5-2-1 所示的测压管,若测压管内液面上升的高度为 h,已知液体的密度为 ρ(或已知液体的重度 γ,$\gamma=\rho g$,g 为重力加速度),则点 A 的表压力为 $p_{表}=\rho gh=\gamma h$;若大气压力为 p_a,则该点的绝对压力为 $p=p_a+\rho gh=p_a+\gamma h$。可见,只要用标尺量出测压管内液面上升的高度 h 值,再乘以液体的重度 γ,即得该点的表压力。

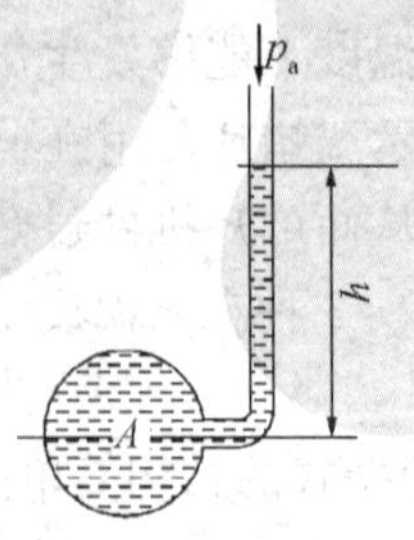

图 5-2-1 测压管

为了减小测压管内液面上升时所受毛细管现象的影响,规定测压管的内径不得小于 5 mm,一般采用内径为 10 mm 左右的玻璃管作为测压管。

测压管通常用来测量较小的压力，一般小于 9 800 Pa，不适用于测量较大或微小的压力。在测量较大的压力及微小的压力或气体压强时，必须加以改造。

此外，这种测压计只能用于测量液体的压力，不能用于测量气体或蒸汽的压力。

（二）U 形管压力计

U 形管压力计一般用来测量压力不是很大的流体的压力，比如柴油机的扫气压力、锅炉鼓风机的风压力等。

U 形管压力计是一个两端开口的 U 形玻璃管，如图 5-2-2 所示，管内盛有比被测流体的密度大的工作液体。此液体同时起两个作用：一个作用是把处于不同压力下的流体间隔开来（图 5-2-2 所示即把被测流体与大气间隔开来）；另一个作用是用其液位差来表示被测压力的数值。工作液体可根据所测流体的种类和所测压力的大小适当选择。比如，测量液体的压力时通常采用水银；当测量气体的压力时，若所测压力较大，则通常采用水银，若所测压力较小，则通常采用水或酒精。

一般 U 形管压力计读数刻度的最小单位是 1 mm，有些精度高的液柱式压力计配有光学放大读数装置，读数精度可以提高。另外，采用密度较小的液体作工作液体，可以提高压力计的灵敏度和测量精度。

用 U 形管压力计测量流体的压力时，将 U 形管的一端开口与被测压力处相接，另一端开口与大气相通，根据 U 形管内两液面的高度，便可计算出被测流体的压力的大小。

如图 5-2-3 所示的 U 形管压力计，被测流体的密度为 ρ_1，工作液体的密度为 ρ_2。当需测压力点 C 的压力大于大气压力时，U 形管左管的工作液面下降，右管的工作液面上升，如图 5-2-3（a）所示，若量得如图所示的左、右两管工作液面的高度分别为 h_1、h_2，则点 C 的表压力为 $p_{C表}=\rho_2gh_2-\rho_1gh_1$。当点 C 的压力小于大气压力，即该点为真空状态时，U 形管左管的工作液面上升，右管的工作液面下降，如图 5-2-3（b）所示，则点 C 的真空压强为 $p_{C真}=\rho_2gh_2+\rho_1gh_1$。

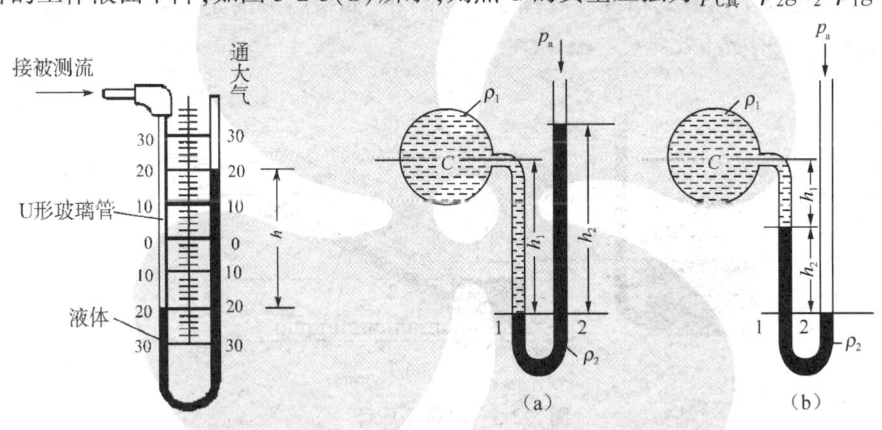

图 5-2-2　U 形管压力计　　图 5-2-3　U 形管压力计测量压力

U 形管压力计既可用于测量液体的压力，也可用于测量气体的压力。当被测流体是气体时，由于气体的密度 ρ_1 很小，ρ_1gh_1 项可以略去不计，因此，图 5-2-3（a）所示的点 C 的表压力 $p_{C表}$ 和图 5-2-3（b）所示的点 C 的真空 $p_{C真}$ 分别为 $p_{C表}=\rho_2gh_2$、$p_{C真}=\rho_2gh_2$。

（三）差压计

差压计是用于测量两点间压力差的仪器。测量流量、管路中的流动阻力损失等经常需要使用这种仪器。图 5-2-4（a）所示差压计用来测量较大的压强差，而图 5-2-4（b）所示差压计用来测量较小的压强差。

在图 5-2-4(a)中，若两容器或管道两断面 1 和 2 的垂直距离为 H，其内液体相同，密度为 ρ_1，差压计内工作液体的密度为 ρ_2(工作液体可用水银)，工作液体的液面高度差为 h，则两容器或管道两断面 1 和 2 的压力差为 $p_1-p_2=(\rho_2-\rho_1)gh+\rho_1gH$。如果点 1 和 2 在同一水平面上，即 $H=0$，则 $p_1-p_2=(\rho_2-\rho_1)gh$。如果所测的是气体的压力差，则 $p_1-p_2=\rho_2gh$。

图 5-2-4(b)所示为测量压力差较小时的倒 U 形管差压计，当两容器或管道两断面 1 和 2 在同一水平面上时，其压力差为 $p_1-p_2=\rho_1g(h_1-h_2)=\rho_1gh$。由此可见，压力差与空气的压力无关。另外，在压力差较小时，工作液体的密度 ρ_1 越小，h 值越大，测量精度就越高。

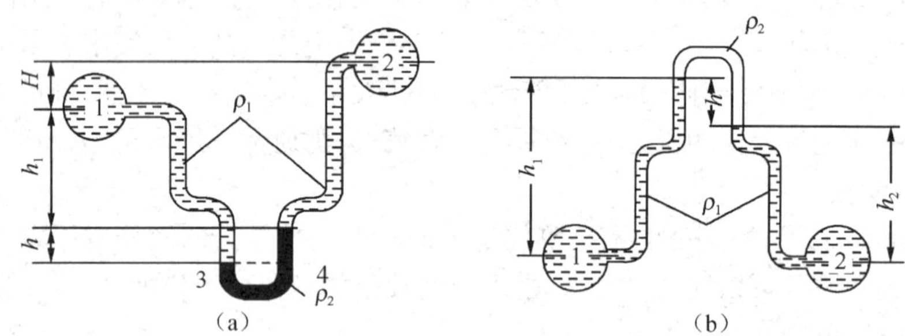

图 5-2-4　差压计

(四)斜管微压计

在测量微小的压力时，为了提高测量精度，常采用斜管微压计。其读数的最小单位是 0.1 mm，测量精度在 0.5~1 级。

斜管微压计是把单管杯式压力计的单管倾斜放置而成，如图 5-2-5 所示。若斜管与底板的夹角为 α，斜管读数为 l，则容器液面与斜管液面的高度差为 $h=l\sin\alpha$，由于 $\alpha<90°$，则 $\sin\alpha<1$，$l>h$，显然这样提高了读数的精度。在图 5-2-5(b)中，如果所测的是气体，则所测气体的绝对压力为 $p=p_a+gh=p_a+\rho gl\sin\alpha$。

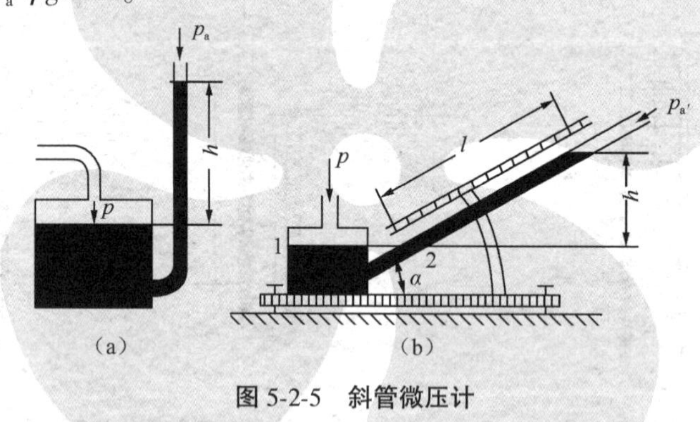

图 5-2-5　斜管微压计

三、弹性式压力计

弹性式压力计利用弹性元件受力产生的变形，经过机械机构放大转变为可直接读出的压力值。这类压力计也被称为机械式压力计或压力表。

弹性式压力计构造简单、尺寸小、工作可靠、量程宽，价格比较低廉，精度也相当高。此外，它是靠机械机构来实现压力值的读出的，因而使用方便，直读性好，也不需要配套二次仪表。弹性式压力计目前应用广泛。

在弹性式压力计中，用作感受压力的弹性元件是弹性式压力计的核心元件。常用的弹性元件有弹簧管、金属膜片、波纹管、蜗卷管等，虽然种类繁多，但工作原理相似。表 5-2-1 给出了常见的几种弹性元件的参数和性质。

表 5-2-1 常见的几种弹性元件的参数和性质

名称	示意图	测量范围/MPa		输出量特性	动态性质	
		最小	最大		时间常数/s	自振频率/Hz
平薄膜	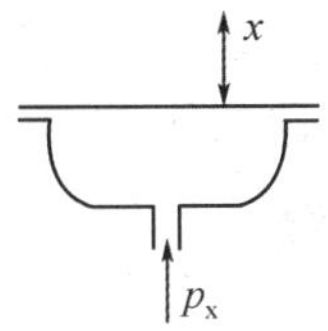	10^{-3}	10^{2}	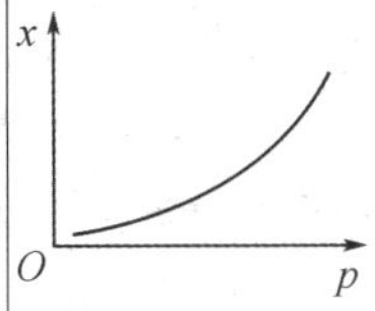	$10^{-5}\sim10^{-2}$	$10\sim10^{4}$
波纹膜	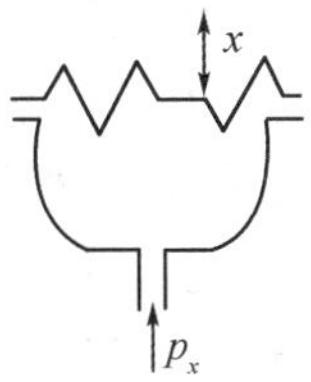	10^{-6}	1	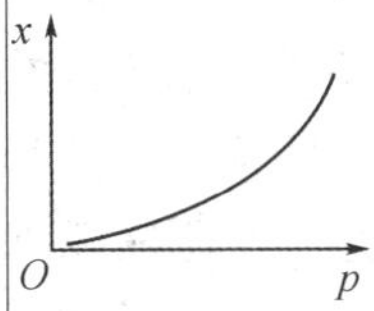	$10^{-2}\sim10^{-1}$	$10\sim10^{2}$
挠性膜	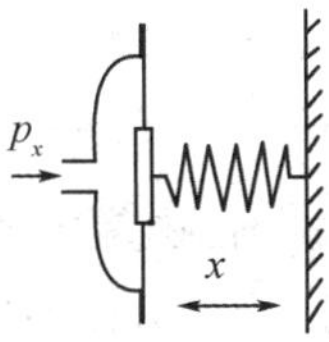	10^{-8}	10^{-1}	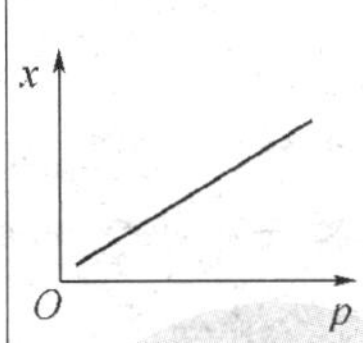	$10^{-2}\sim1$	$1\sim10^{2}$
波纹管	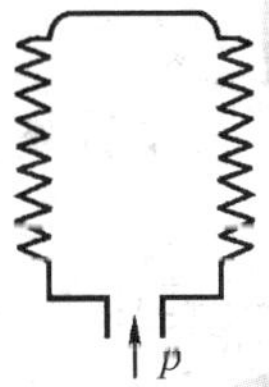	10^{-6}	1	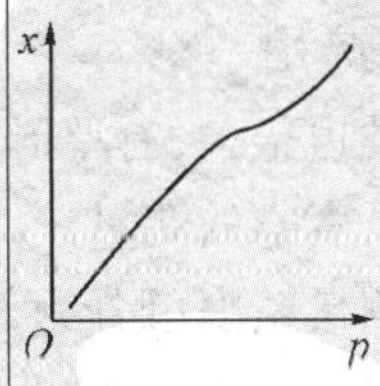	10^{-2}	$10\sim10^{2}$
单圈弹簧管	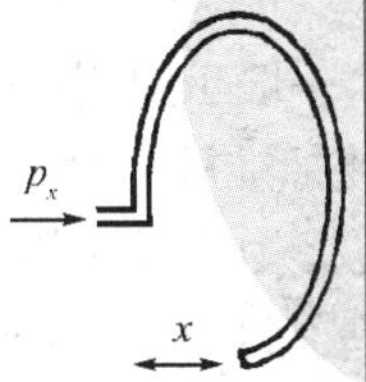	10^{-4}	10^{3}	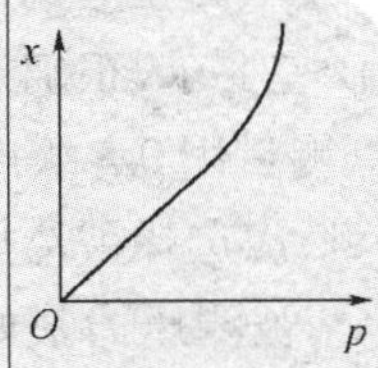	—	$10^{2}\sim10^{3}$

下面以船舶轮机工程中常见的弹簧管式压力表、电触点式压力表、平均压力计、最高压力计和膜片式压力计为例，对弹性式压力计的构造和工作原理做一简单介绍。

(一)弹簧管式压力表

1.弹簧管式压力表的结构及工作原理

弹簧管式压力表的外形、结构及工作原理如图 5-2-6 所示。制冷装置中所采用的压力表，

往往还刻有对应于不同压力时的制冷剂的饱和温度值。

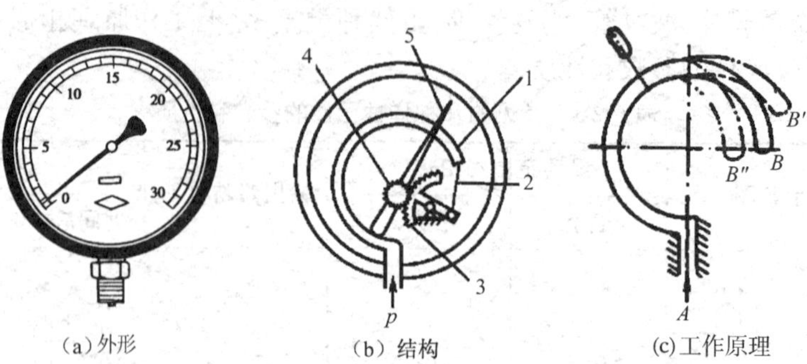

(a)外形　　(b)结构　　(c)工作原理

图 5-2-6　弹簧管式压力表的外形、结构及工作原理简图

1—弹簧管;2—连杆;3—扇形齿轮;4—小齿轮;5—指针

弹簧管是该压力表的核心元件,它是一根椭圆形截面的空心金属管子,弯成圆弧状;管子的一端封闭(图中的 B 端),作为自由端;另一端固定(图中的 A 端),但开口用于接入被测流体,是被测流体的输入端。当具有压力的流体由输入端(图中的 A 端)通入时,椭圆形截面管子的内部受压后有变圆的趋势,使弯成弧状的弹性管向外伸张,自由端(图中的 B 端)就会产生位移。当被测流体的压力大于当地的大气压力时,自由端 B 则向外移动,比如移动到 B′;反之,当被测流体的压力小于当地的大气压力时,自由端 B 则向内移动,比如移动到 B″。管内被测流体的压力与大气压力相差越大,位移量也就越大。

弹簧管自由端的位移量很小,一般都需要放大并转换为指针的回转角。图中所示的连杆、扇形齿轮等传动机构是弹簧管式压力表中常见的传动放大机构,弹簧管自由端的位移通过连杆带动扇形齿轮转动,扇形齿轮带动固定仪表指针的中心小齿轮转动,拨动指针即可指示出被测流体的压力值。

2.弹簧管式压力表的选用

弹簧管式压力表的种类也很多,有单圈的弹簧管式压力表,也有多圈的弹簧管式压力表,可用于高压、中压、低压以及真空的测量。

弹簧管式压力表根据测量精度可分为普通压力表和精密压力表,普通压力表的精度一般为 1~2.5 级,精密压力表的精度一般为 0.1~0.4 级。

在选择和使用弹簧管式压力表时,应注意以下几点:

(1)应根据所测压力的误差要求,正确选择压力表的精度等级。一般工业用压力表 1.5 级或 2.5 级已足够,科研或精密测量用 0.5 级或 0.35 级的精密压力计或标准压力表。

(2)对于稳定压力的测量,应选择被测压力小于压力表满量程(压力表的上限)的 2/3 的压力表;对于波动压力的测量,被测压力最好不要超过压力表满量程的 1/2,且在每秒钟内波动压力的变化不应超过压力表满量程的 1/10。但无论何种情况,被测压力都不应低于压力表满量程的 1/3。

(3)从取样点到压力表的信号管路应尽可能短,且取压管的内径不应小于 3~5 mm,否则会延长测量的延迟时间。

(4)若被测流体为液体,压力表应安装在与测压点同一水平高度上,否则必须要考虑液位差引起的附加压力,并对测量值加以修正。

(5)不同规格的压力表,都有与其相适应的温度和相对湿度的许用范围。

(6)被测流体不应对压力表的材料(铜和铜合金)有腐蚀作用。当测量具有腐蚀性的流体的压力时,应加装有中性介质的隔离保护装置。

(7)长期在振动的环境中工作,会造成压力表指针传递机构构件间的摩擦,影响测量精度和使用寿命,因此应采取适当的隔振措施。

(8)取压管与压力表之间应安装有切断阀门,以备检修或更换压力表时使用。

(9)要根据使用场合合理选择压力表的外形尺寸。现场当地指示使用的压力表一般表面直径为 100 mm;在标准较高或照明条件较差的场合一般使用表面直径为 200~250 mm 的压力表;盘装压力表的直径为 150 mm,或用矩形压力表。

表 5-2-2 给出了常见的弹簧管式压力表的规格、测量范围、精度等级等。

表 5-2-2 常见的弹簧管式压力表参数

<table>
<tr><th>类型</th><th>型号</th><th>结构</th><th>公称直径/mm</th><th>测量范围/MPa</th><th>精度等级</th><th>用途</th></tr>
<tr><td rowspan="16">普通压力表</td><td>Y40</td><td>径向</td><td rowspan="2">40</td><td rowspan="2">0~0.1
0~0.16
0~0.25
0~0.4
0~0.6</td><td rowspan="7">2.5</td><td rowspan="2">测量对铜合金无腐蚀的液体、气体、蒸气的压力</td></tr>
<tr><td>Y40Z</td><td>轴向无边</td></tr>
<tr><td>Y60</td><td>径向</td><td rowspan="5">60</td><td rowspan="14">0~0.1
0~0.16
0~0.25
0~0.4
0~0.6
0~1
0~1.6
0~2.5
0~4
0~6
-0.1~0
-0.1~0.06
-0.1~0.15
-0.1~0.3
-0.1~0.5
-0.1~0.9
-0.1~1.5
-0.1~2.4</td><td rowspan="14">测量对铜和铜合金无腐蚀的液体、气体、蒸气的压力或真空度</td></tr>
<tr><td>Y60T</td><td>径向带后边</td></tr>
<tr><td>Y60TQ</td><td>径向带前边</td></tr>
<tr><td>Y60Z</td><td>轴向无边</td></tr>
<tr><td>Y60ZQ</td><td>轴向带前边</td></tr>
<tr><td>Y100</td><td>径向</td><td rowspan="4">100</td><td rowspan="9">1.5</td></tr>
<tr><td>Y100T</td><td>径向带后边</td></tr>
<tr><td>Y100ZQ</td><td>轴向带前边</td></tr>
<tr><td>Y100TQ</td><td>径向带前边</td></tr>
<tr><td>Y150</td><td>径向</td><td rowspan="4">150</td></tr>
<tr><td>Y150T</td><td>径向带后边</td></tr>
<tr><td>Y150ZQ</td><td>轴向带前边</td></tr>
<tr><td>Y150TQ</td><td>径向带前边</td></tr>
<tr><td>Y260</td><td>径向</td><td>260</td></tr>
</table>

续表

类型	型号	结构	公称直径/mm	测量范围/MPa	精度等级	用途
精密压力表（可作标准压力表）	YB-160A	径向	160	-0.1~0 0~0.1 0~0.16 0~0.25 0~0.4 0~0.6 0~1 0~1.6 0~2.5 0~4 0~6 0~10 0~16 0~25 0~40 0~60	0.25，0.4	可校普通压力表或精密测量液体、气体、蒸气的压力或真空度
	YB-160B	径向				
	YB-160C	径向中压				
	YB-160	径向				

附注：型号中的最后一个字母 A 表示仪表零点可调；B 表示仪表带有镜面；C 表示仪表带镜面且零点可调。

符号说明：通常情况下，压力表的仪表型号中用汉语拼音的第一个字母表示某种含义，比如，Y 表示压力，Z 表示真空度（或阻尼），B 表示标准（或防爆），J 表示精密（或矩形），A 表示氨表，X 表示信号（或电接点），P 表示膜片，E 表示膜盒；仪表型号中的数字表示表盘的直径尺寸（单位为 mm），尺寸后的符号表示压力表的结构或配接的仪表。

（二）电触点式压力表

图 5-2-7 为电触点式压力表的构造示意图。

电触点式压力表其实是在一个普通的弹簧管式压力表上加装了接触器和压力高值与压力低值限定器制成的。

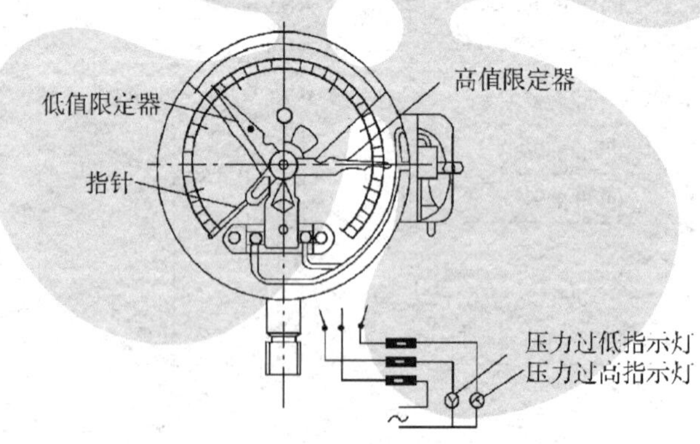

图 5-2-7　电触点式压力表的构造示意图

当所测压力降低到压力低限时，压力表指针上所附的接触器就与低值限定器接触；当所测压力达到压力高限时，压力表指针上所附的接触器就与高值限定器接触，从而使相应的控制电路起作用，并通过指示灯显示或蜂鸣器报警。

限定器的压力高限与压力低限可根据需要加以调整和设定。

(三)平均压力计和最高压力计

在船舶内燃机上采用的平均压力计和最高压力计，可以用来判断内燃机各缸的负荷是否均匀，也可用来分析内燃机的工作状况。

图 5-2-8 为一种常见的平均压力计的结构图。它主要是由接头 1、测压器 3 和指示仪表 11 等组成。内燃机气缸内的燃气的脉动压力通过接头 1 并经过滤后，进入测压器 3 的气室，在这里进行扩散和均衡，然后进入安装在气室中的毛细管，使脉动压力再一次受到阻尼后进入指示仪表 11。这样，便可测得内燃机气缸中的燃气在测量期间的平均压力，该压力值由指示仪表 11 的指针示出。指示仪表 11 系普通的弹簧管式压力表，可按所需的测量范围选用适当量程的压力表。

最高压力计的结构如图 5-2-9 所示。它主要由接头(连接螺母 1、端接头 2 和转动手轮 10)、止回装置(止回阀体 3、阀座 4、止回阀 5 和衬套 6)和指示仪表 11 等组成。当止回阀 5 的下腔内的压力大于上腔内的压力时，止回阀 5 就会打开；当下腔内的压力下降时，止回阀 5 就会关闭，使上腔内得以保持所测得的最大压力。为了消除进入上腔中的具有最大压力值的燃气的高温和脉动对指示仪表的影响，高压燃气先通过节流圈 7 和蛇形管 8，然后接入指示仪表 11 中，使其指针指示出最高压力值。指示仪表 11 也是一只普通的弹簧管式压力表。

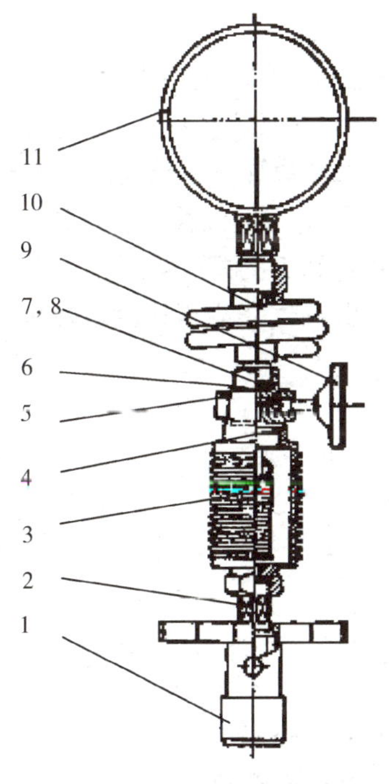

图 5-2-8　平均压力计

1—接头；2—滤网；3—测压器；4、7、8 垫圈；5—放气阀；6—通道；9—手轮；10—蛇形管；11—指示仪表

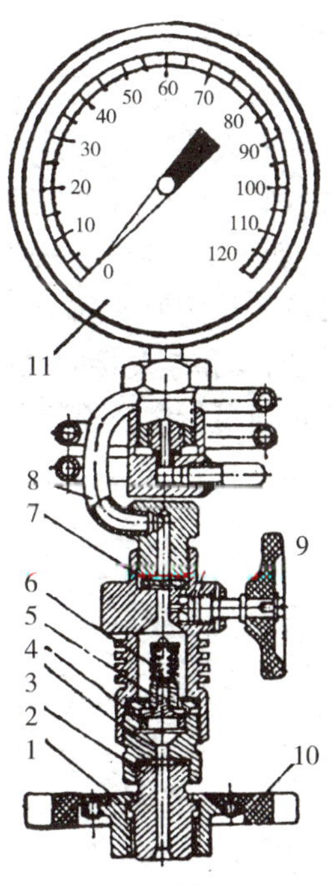

图 5-2-9　最高压力计

1—连接螺母；2—端接头；3—止回阀体；4—阀座；5—止回阀；6—衬套；7—节流圈；8—蛇形管；9—放气阀；10—转动手轮；11—指示仪表

(四)膜片式压力表

膜片式压力表的工作原理与弹簧管式压力表的工作原理类似，只是将弹簧管换成了金属

膜片。被测压力作用在一块平的或有波纹的金属膜片上，使膜片变形向上弯曲，通过连杆、扇形齿轮和小齿轮，带动指针转动即可指示出压力值。

膜片的变形位移量很小，因此这种压力表的测量范围也较小，通常用于低压和微压的测量。

四、常用的电气式压力计和差压计

按照机电变换器形式的不同，常用的电气式压力计和差压计可分为电阻应变片式压力计、电感式压力计、霍尔效应式压力计、压电式压力计及电气式差压计等几种类型。

1.电阻应变片式压力计

电阻应变片式压力计的工作原理是利用弹性元件将压力的变化转换成电阻的变化来进行测量，即测量应变片在压力作用下所产生的应变引起的电阻的变化。应变片是由金属导体或半导体制成的电阻体，其阻值随压力产生的应变而变化。

电阻应变片式压力计通常配用应变仪进行压力测量。

2.电感式压力计

电感式压力计的工作原理是利用弹性元件将压力的变化转换成位移量，再利用磁感应原理将位移量转换成电路中电感量的变化。电路中的电感常由线圈和铁芯构成，分为可变气隙电感和可动铁芯电感两种。

通常，电感式压力计另配有测量电路，其作用是将电感量的变化转换为电压（或电流）信号，以便于送入放大器放大，再由指示仪表或记录仪表指示或记录。

图 5-2-10 所示为 YDC 型电感式压力计的结构。它由弹簧管和差动变压器组成，弹簧管 1 的自由端和差动式变压器的铁芯 2 相连。当压力使弹簧管 1 产生位移时，弹簧管 1 带动铁芯 2 在变压器中运动，从而使差动变压器的两个二次侧线圈 4 和 5 的感应电动势发生变化。当这两个二次侧线圈 4 和 5 差接时，就有一个与弹簧管 1 自由端位移成正比的电压输出。测出这个电压输出，再通过标定及换算即可得到所测压力。

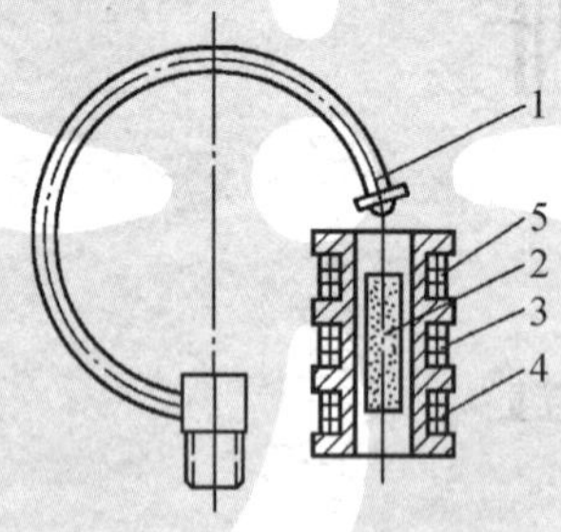

图 5-2-10　YDC 型电感式压力计

1—弹簧管；2—铁芯；3——一次侧线圈；4、5—二次侧线圈

YDC 型压力计常与 ECP、ECX 等系列的电子差动仪器配合使用。

3.霍尔效应式压力计

在一块矩形金属板（或半导体片）的相对应的两端通以控制电流时，若没有磁场的作用，其相对应的另外两端的电极将处于相同的电位；当有磁力线垂直穿过金属板（或半导体片）时，其相对应的另外两端就会产生电位差，这一现象称为霍尔效应，这个电位差称为霍尔电势，能产生霍尔效应的金属板（或半导体片）称为霍尔元件。

霍尔效应压力计就是利用弹性元件在压力作用下的位移来改变通过霍尔元件的磁感应强度,从而改变霍尔电势,然后通过标定换算得压力值。

霍尔电势只有在控制电流稳定的情况下才与磁感应强度成正比,因此,测量系统中必须具备一个稳定的电压源来供给控制电流。

4.压电式压力计

压电式压力计的工作原理是利用某些晶体材料的压电效应将压力转换成电量进行测量。有些晶体材料,当受压力作用而发生机械变形时,在其相对的两个侧面上会产生异性电荷,这种现象称为压电效应。有压电效应的材料称为压电材料,目前广泛使用的压电材料有石英、钛酸钡等。

压电材料制成的压电元件,在压力的作用下,其表面产生电荷,电荷数的多少与压力的大小成正比。所以,测得压电元件的压电量(电荷数),即可获得压力值。

压电式压力计的特点是:体积小,结构简单,不需要外加电源,灵敏度和响应频率高,适用于动态压力的测量。其测量范围可从 0~700 Pa 到 0~70 MPa,精度可达 0.1%。

5.电气式差压计

电气式差压计的种类虽然繁多,但其结构与工作原理与电气式压力计相似,其区别仅在于:压力计的弹性元件是在单一压力的作用下发生形变,差压计的弹性元件则是在压力差(两个压力之差)的作用下发生形变。

电气式差压计根据其弹性元件的类型,可分为膜片式和双波纹管式;根据机电变换器的类型,可分为差动变压器式和电容式。

第三节 转速计(转速表)

习惯上,把测量各种旋转物体转速的仪器、仪表及装置称为转速表,也称为转速仪、转速计。转速表也是船舶动力装置中最重要的仪器仪表之一。转速是计算船舶动力装置功率的重要参数之一,转速的测量也是船舶动力装置的功率测量的主要组成部分之一。下面先介绍转速的概念以及目前常用的测量转速的方法及特点,然后介绍几种在船舶轮机中常见的转速表。

一、转速及其测量

(一)转速

由理论力学可知,角速度 ω 是表示物体转动快慢和转动方向的物理量,在国际单位制中,角速度 ω 的单位为 rad/s 或 1/s。但工程上习惯用转速 n 来表示物体转动的快慢。

转速 n 是指旋转物体上的一点(非转轴上的点)在 1 min 内围绕其转轴所转动的周圈数,其单位为 r/min,显然,某点旋转 1 周圈就是该点的转角变化 2π,则转速 n 与角速度 ω 之间的关系为

$$\omega = \frac{2\pi n}{60} = \frac{\pi n}{30} \qquad 或 \qquad n = \frac{60\omega}{2\pi} = \frac{30\omega}{\pi}$$

(二)转速的测量

概括地说,转速的测量方式可分为三大类:计数式、模拟式和同步式。

计数式是通过某种方法数出旋转体在一定时间内的总转数来计算转速；模拟式是通过测量由瞬时转速引起的某种物理量（如离心力、发电机的输出电压）的变化来计算转速；同步式是利用另一旋转体或已知频率的闪光与被测旋转体的旋转同步来测出转速。

表 5-3-1 列出了以上三种转速测量方式的测量方法、适用范围及特点等。

表 5-3-1　转速测量方式

测量方式		测量方法	适用范围	特点	备注
计数式	机械式	通过齿轮转动数字轮	中低速	简单，价廉	与秒表并用，也可在机构中加入计时器
	光电式	利用来自被测旋转体上的光线，使光电管产生脉冲	中高速；最高可测 25 000 r/min	没有扭矩损失，简单	数字式转速计
	磁电式	利用磁电转换器将转速变换成电脉冲	中高速		数字式转速计
模拟式	机械式	利用离心力与转速的平方成正比的关系	中低速	简单	陀螺测速仪
	发电机式	利用电机的直流或交流电压与转速成正比的关系	最高可测 10 000 r/min	可远距离指示	测速发电机
	电容式	利用电容充放电回路产生与转速成比例的电流	中高速	无扭矩损失	
同步式	机械式	转动带槽的圆盘，目测与旋转体同步的转速	中速	无扭矩损失	
	频闪式	利用已知频率闪光测出与旋转体同步的频率	中高速	无扭矩损失	

二、转速表的分类

目前，转速表的分类方法有很多种，常用的有按工作原理、按使用方式、按记数方式、按记录方式、按表盘的刻度特点等。

（一）按工作原理分类

常见的按工作原理进行分类的转速表有：

（1）离心式转速表：根据角速度与惯性离心力的关系而制成的转速表。

（2）振动式转速表：利用特制的弹簧片组与其相应的转速谐振效应制成的转速表。

（3）电动式转速表：带有机电换能器的转速表，属于这类转速表的有带电机传感器的电动式转速表和电脉冲式转速表。

（4）磁感应式转速表：根据电磁感应原理制成的转速表。

（5）频闪式转速表：根据频闪测速原理制成的转速表。

（二）按使用方式分类

常见的按使用方式进行分类的转速表有以下两类。

1.固定式转速表与便携式转速表

固定式转速表是指将其安装在某种机器或设备上使用,并通过传动机构与被测旋转体的转轴相连的转速表。

便携式转速表也称为手持式转速表,它是指便于携带的、可单独使用的、可以随时随地用来测量各种机器或设备转速的转速表。

2.接触式转速表与非接触式转速表

接触式转速表是指测量转速时需要与被测旋转体直接接触或相连接的转速表。比如,固定式转速表可采用各种形式的传动装置,如齿轮变速机构、弹性联轴节、转轴等,与被测旋转体的转轴相连;某些便携式(手持式)转速表则是利用橡皮连接头或金属连接头把转速表的转轴与被测转旋转体的轴连接起来。

非接触式转速表是指测量转速时不需要与被测旋转体直接接触或相连接的转速表。比如,频闪式转速表,利用闪光与被测旋转体转速同步的方法来测量转速;电子计数式转速表,利用光电器或磁电传感器测试旋转体,将转速转换成电信号后输送给转速数字显示仪。

(三)其他分类方式

1.按计数方式分类

常见的按计数方式进行分类的转速表有:

定时式转速表:它的特点是利用计时机构控制计数机构,因为测量转速的时间为一定值(3 s或6 s),故称为定时式转速表。

电子计数式转速表:利用电子计数原理制成,由转速传感器(光电式、磁电式、激光式等)和数字显示仪两部分组成。

2.按记录方式分类

人工记录式转速测量仪:人工手动记录与测试转速。

自动记录式转速测量仪:自动记录被测转速。

3.按表盘的刻度特点分类

表盘上的刻度,有一些转速表是均匀分布的,也有一些转速表是不均匀分布的。

表盘上的刻度,有一些转速表标有零点标线,也有一些转速表没有零点标线而以其能测量的最小转速值为刻度的起点,但都是以其能测量的最大转速值为刻度的终点。表盘上刻度的起点至刻度的终点所表示的转速值范围,即为该转速表的量程。

表盘上只刻有一个量程范围的转速表,称为单量程转速表;表盘上刻有多个量程范围,并可以通过一个旋钮或按键进行量程转换的转速表,称为多量程转速表。

三、离心式转速表

离心式转速表是目前常用的机械式转速表之一,也是应用得最早的一种转速表。由于离心式转速表具有结构简单、使用方便、价格低廉等优点,尽管其测量精度较低,但目前仍被广泛使用。不过,由于离心式转速表的测量方法为接触式,在测量过程中会消耗旋转体的部分功率,其使用范围受到一定的限制。

(一)离心式转速表的结构及工作原理

离心式转速表是利用一定质量的旋转体所产生的离心力与旋转体的旋转角速度成比例的

原理制成的测量仪表，主要由传动、机心和指示器三部分组成。固定离心式转速表的外形如图5-3-1所示，圆锥离心式转速表的工作原理如图5-3-2所示。

离心式转速表在测量转速时，转速表的旋转轴随被测旋转体一起以同样的转速旋转，若转速表内的质量为 m 的重物随转速表的旋转轴以同样的转速一同转动，则由理论力学可知，该重物所产生的离心力 F 的大小与转速 n 的平方成正比。离心式转速表的转速测量的实质是对离心力的测量。

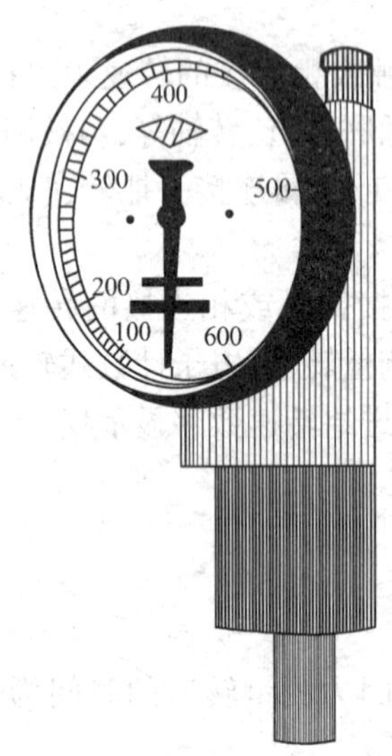

图 5-3-1　固定离心式转速表外形图

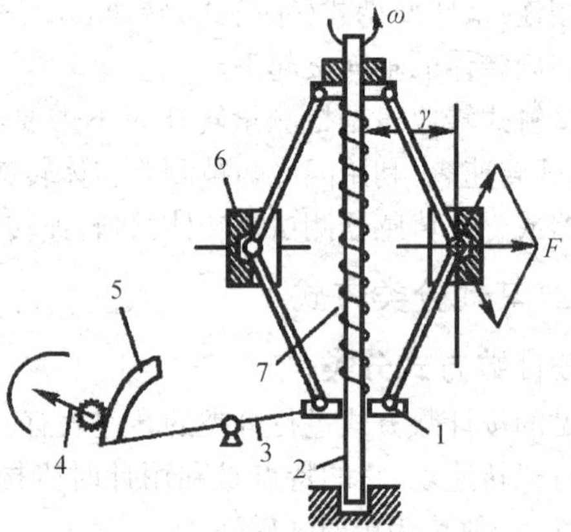

图 5-3-2　圆锥离心式转速表的工作原理

1—滑块；2—转轴；3—杠杆；4—指针；5—传动齿条；6—重块；7—弹簧

在图5-3-2中，当重块6在转轴2的带动下旋转时，在离心力 F 的作用下，重块6就向外散开，并使得滑块1向上移动，通过传动齿条5带动指针4转动；与此同时，向上运动的滑块1压缩弹簧7，直至弹簧的反作用力与拉杆所受的离心力 F 在转轴轴向的分力相平衡时，指针4就停止转动；根据指针转过的角度，就可以指示出转速 n 的大小。指针的位置与转轴的旋转速度 ω（转速 n）一一对应。因此，可在经过标定的刻度盘上直接读出被测旋转体的转速的大小。

离心式转速表的测量范围一般为30~20 000 r/min，测量误差为±1%。使用时，只要将转速表旋转轴顶在被测旋转体上靠摩擦力的带动便可工作，即可直接读出转速值。

（二）便携离心式转速表的使用

便携（手提）离心式转速表往往制成多量程的，即转速表装有变速器，借以改变转速表内测速旋转体的转速。在多量程的转速表表盘上，通常对应其量程的组数刻有对应的若干列刻度标识，也可以利用各量程范围的倍数关系以减少表盘上的刻度标识列数。

使用手提离心式转速表测量旋转体的转速时，应注意以下几点：

（1）应根据被测旋转体的转速来选择适当的调速盘的挡数，不能用低速挡来测量高转速；

（2）转速表轴与被测旋转体轴接触时，应使两轴心对准、对直，动作要缓慢，同时在测量过程中应始终使两轴线保持在同一条直线上；

（3）在测量过程中，转速表轴与被测旋转体轴不要顶得过紧，以两轴相接触不产生相对滑动为原则；

（4）通常情况下，指针偏转的方向与被测旋转体的旋转方向无关；

(5)转速表在使用前应先加注润滑油(钟表油),通常是从转速表的外壳或调速盘上的注油孔注入。

(三)固定离心式转速表的使用

使用固定离心式转速表测量旋转体的转速时,应注意以下几点:

(1)首先应注意转速表表盘上的转速表系数,转速表系数的计算公式如下:

$$转速表系数=\frac{转速表轴的实际转速}{被测旋转体的转速}$$

比如,若转速表系数为1:1,则转速表的示值即为被测旋转体的转速,也就是转速表轴的转速;若转速表系数为1:2,则转速表轴的实际转速为转速表的示值的一半,即若转速表的示值为200 r/min,则转速表轴的实际转速为100 r/min。

(2)转速表在使用时,转速表的正常工作范围应选在该转速表测量上限值的80%左右,比如,量程为100~600 r/min的转速表,其最高工作转速应选为480 r/min,这样既可以保证转速表表针指示的准确度,又可以延长转速表的使用寿命。

(3)无论被测旋转体的转向如何,指针均向同一方向指示。

(4)若转速表的出厂鉴定误差为其测量上限值的2%,则指针指示不稳定性的摆动幅度为1/2小格。

(5)在使用过程中,须每隔12 h加注润滑油1次。

(6)转速表在运输和储藏期间,应注意防振、防潮。

四、定时式转速表

定时式转速表也称为钟表式转速表,它是除离心式转速表外,另一种常用的机械式转速表。定时式转速表是一种精密式的机械式转速表。它具有精度高、携带方便等优点,在国内外获得广泛应用。

(一)定时式转速表的工作原理

定时式转速表的工作原理是利用在一定的时间间隔内(比如3 s、6 s等)记录下旋转体转过的周圈数来测量旋转体的转速。它测量的是一段时间内的旋转体转速的平均值,并由指针在表盘上直接指示出被测旋转体的转速值。为了测定时间间隔,转速表装有定时机构,并由此而得名。

定时式转速表的测量范围可达5 000 r/min,测量精度为±(0.1%~0.5%)。

(二)定时式转速表的使用

常用的定时式转速表有两种,即双盘式和单盘式。

单盘定时式转速表如图5-3-3所示。使用时,将套在表盘上的橡皮接头4与被测旋转体相连接;用手握紧表壳5,将表盘2端平,使表轴和被测轴的轴心在同一条直线上;揿压按钮3,然后松开,使表机构开始工作,同时打开计数器开始计数;经过一定的时间间隔(比如3 s或6 s)后,表机构停止工作,并关闭计数器,指针1即在表盘上指示被测旋转体的转速。

图5-3-3所示的单盘定时式转速表的长针轴与转轴的传动比为1:100,短针轴与长针轴的传动比为1:10。长针刻度盘均匀地标刻了100个小格,每小格的分度值为10 r/min。短针刻度盘均匀地标刻了10个小格,每小格的分度值为1 000 r/min。该定时式转速表在6 s时间间隔内所测量的转速值,是经放大(将输入值扩大10倍)、平均后再折合成每分钟的转速值,

按r/min 进行刻度的。

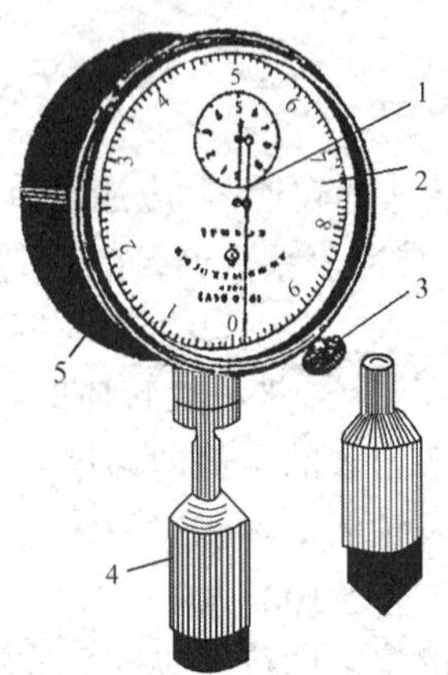

图 5-3-3　单盘定时式转速表

1—指针;2—表盘;3—按钮;4—橡皮接头;5—表壳

五、其他转速计

(一)光电式转速计

光电式转速计是将物体的转动变换为光通量的变化,再通过光电转换元件将光通量的变化转换成电量的变化。光电式转速计不需要辅助电源就能把被测对象的非电量信号转换为易于测量的电信号,属于非电量电测量的方法。

目前已有多种测量转速的光电转换元件(传感器)和光电式转速计可供选择,其测速范围可达每分钟几十万转,它不仅使用方便,而且对被测旋转体无干扰。

光电转换元件的工作原理是光电效应。从物理学可知,光是由具有一定能量的粒子(称为光子)构成的。所以,当金属或半导体表面受到光的照射时,它的表面层便受到一连串具有能量的光子的轰击,这些物质中的电子的动能便增大,因而产生电子逸出表面、物质的导电率发生变化、在某个方向上产生电动势三个现象,它们也分别被称为外光电效应、内光电效应和阻挡层光电效应,这三个现象统称为光电效应。

根据外光电效应制成的光电转换元件有光电管、光电倍增管等;根据内光电效应制成的光电转换元件有光敏电阻以及由它构成的光导管等;根据阻挡层光电效应制成的光电转换元件有光电池和光电晶体管等。

光电式转速计主要是利用光电管将光脉冲变成电脉冲。

光电管是在玻璃泡内安装两个电极:光电阴极和光电阳极。将光电材料黏附在玻璃泡内壁,或者涂敷在半圆形的金属片上,便构成光电阴极;在阴极的前面,装有单根直立或环状的金属丝,它就是光电阳极。当光电阴极受到光线的照射时,便向外发出电子;若在光电阳极上接上正电位,则光电阴极所发出的电子被光电阳极吸引,从而形成光电流。如果光源发出的是光脉冲,则光电管形成电脉冲。

由光电管构成的转速计分反射型和透射型两种。

反射型光电管转速计的工作原理如图 5-3-4 所示。在转轴 7 的表面,沿圆周方向间隔均匀地贴上金属箔或反射纸带,形成黑间隔(没贴金属箔或反射纸带)与白间隔(贴有金属箔或反射纸带)均匀相间的反射面,并将传感器对准此反射面,光源 1 发射的光线经过透镜 2 成为均匀的平行光，照射到半透明膜片 5 上；一部分光线透过膜片，另一部分光线则被反射，经透镜 3 聚光成一点，照射到转轴 7 表面上的黑白相间的反射面上。当转轴 7 转动时，反射面上的白间隔（贴有金属箔或反射纸带）将光线反射，黑间隔（没贴金属箔或反射纸带）则不能反射。被白间隔反射的反射光再经透镜 3 照射到半透明膜片 5 上，透过半透明膜片并经透镜 4 聚焦后，照射在光电管 6 的光电阴极上，使光电管 6 的光电阳极产生光电流。由于转轴 7 表面上的反射面是黑间隔与白间隔均匀相间的，转轴 7 转动时将获得与转速及黑白间隔数有关的光脉冲，使光电管 6 产生相应的电脉冲。当黑白间隔数一定时，该电脉冲数与转速成正比。电脉冲送至数字测量电路，即可计数和显示。

透射型光电管转速计的工作原理如图 5-3-5 所示。转轴 1 上安装有带孔的圆盘 2；圆盘 2 的一边设置光源 3，另一边设置光电管 4。若圆盘随转轴 1 转动，每当光源 3 发出的光线通过圆盘 2 的小孔照射到光电管 4 时，光电管就产生一个电脉冲。当转轴 1 连续转动时，光电管 4 就输出一列与转速及圆盘 2 上的孔数成正比的电脉冲数。在孔数一定时，该列脉冲数就与转速成正比。电脉冲送入测量电路进行放大和整形，再送入频率计即可显示，也可以专门设计一个计数器进行计数和显示。

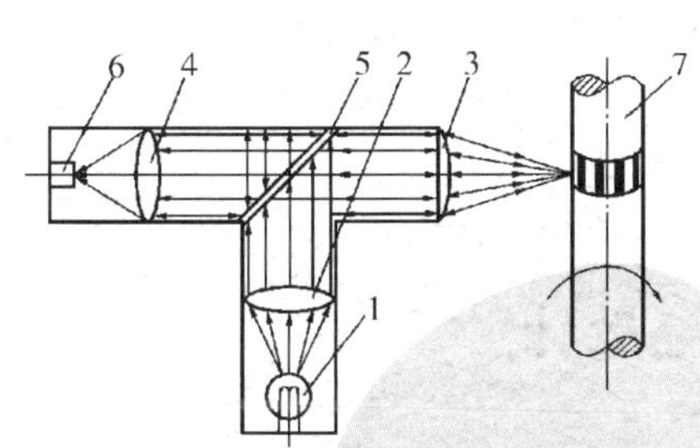

图 5-3-4　反射型光电管转速计的工作原理

1—光源；2、3、4—透镜；5—半透明膜片；6—光电管；7—转轴

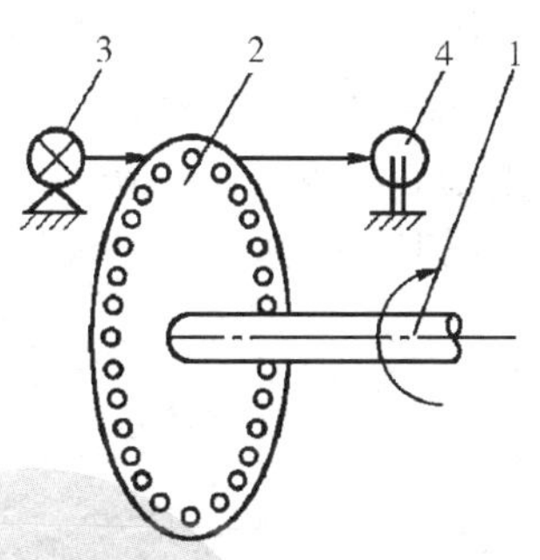

图 5-3-5　透射型光电管转速计的工作原理

1—转轴；2—圆盘；3—光源；4—光电管

若想使同一转的脉冲数增加，可将圆盘上的孔改为槽；若想获得线光源，可在光源与圆盘之间放置开有同样窄槽的光栅。

（二）磁电式转速计

磁电式转速计利用电磁感应原理将物体的转速（转动的频率）转换为感应电动势的频率。磁电式转速计不需要辅助电源就能把被测对象的机械能转换为易于测量的电信号，属于非电量电测量的方法。

磁电式转速计是一种有源转速计，也称为感应式转速计。它有较大的输出功率，配用的电路比较简单，性能也比较稳定，其工作频率一般为 5~500 Hz。但是，由于对被测转轴有一定的阻力矩，并且低速时其输出信号较小，磁电式转速计不适用于低转速和小扭矩转轴的转速测量。

磁电式转速计通常分开式和闭式两种。

另外，感应电动势的幅值也与转速有关，通过测定感应电动势的大小，也同样可测定转速，但这种方法实际上用得很少，通常使用发电式转速表。

（三）发电式转速表

与磁电式转速计相同，发电式转速表的工作原理也是电磁感应，利用电磁感应原理将物体的运动转换为感应电动势的输出。与磁电式转速计不同的是，发电式转速表是让被测转轴带动测速发电机，通过测量测速发电机所输出的感应电动势的大小（而不是感应电动势的频率）来确定被测转轴的转速。

发电式转速表通常由测速发电机和显示仪表组成。测速发电机的转子与被测转轴相连，当测速发电机的转子随被测转轴一起转动并切割磁力线时，在转子线圈中就感应出电动势。当磁通量一定时，感应电动势的大小与转速成正比，因此，根据感应电动势的大小即可确定被测转轴的转速。

感应电动势的大小通常由磁电式伏特表来测量，但其表盘刻度的单位并不是 V（伏特，电势的单位），而是 r/min（转每分钟，转速的计量单位）。

测速发电机有直流和交流两种。但由于直流发电机的整流子容易产生干扰信号，同时也比较容易出故障，最好采用交流测速发电机。测速发电机在使用时容易受环境温度、环境湿度及电方面的干扰，其误差一般为 1%～2%，其测速范围一般在 5 000 r/min 以下，另外，发电式转速表在测速时要吸收掉一部分被测转轴的旋转功率。因此，发电式转速表一般在稳定转速的测量中使用得不多，但在瞬变转速的测量中有反应快、信号易于采集记录等优点。

在船舶轮机中，用于测量推进器转速的发电式转速表，通常带有 4 个指示器或 7 个指示器，使用时应注意：指示器的安装要远离磁场和蒸汽管；在电路中并联时的极性必须使指针的偏转与推进器的转向相对应。当船舶前进时，转速表的测量误差不应超过表盘上限的 0.8%；当船舶后退时，转速表的测量误差不应超过表盘上限的 1.2%。

第四节　流量计

习惯上，把测量流体流量的仪器、仪表及装置统称为流量计。流量计也是船舶动力装置中最重要的、最常用的仪器仪表之一。流量测量对船舶运营的经济性和安全性都是十分重要的。

一、流量的概念

单位时间内通过某一空间表面的流体的量，称为流量，也称为瞬时流量，用符号 q 来表示。流量可以用体积、质量或重力来计量，因此，流量又分为体积流量、质量流量和重力流量。

单位时间内通过某一空间表面的流体的体积，称为体积流量，用符号 q_v 来表示，单位为 m^3/s。

单位时间内通过某一空间表面的流体的质量，称为质量流量，用符号 q_m 来表示，单位为 kg/s。

单位时间内通过某一空间表面的流体的重力，称为重力流量，用符号 q_g 来表示，单位为 N/s。

对于均质流体，体积流量 q_v、质量流量 q_m、重力流量 q_g 三者之间的关系为

$$q_m = \rho q_v$$

$$q_g = g q_m = \rho g q_v$$

式中，ρ 为密度，单位为 kg/m^3；g 为重力加速度，单位为 m/s^2。

通常情况下，液体一般用体积流量，而气体一般用质量流量。

在计量流量时，有时还需要知道在某一段时间内流体通过某截面处的总体积或总质量。

某一段时间内通过某一空间表面的流体的总量，称为累积流量，因该总量可以用该段时间内的瞬时流量对时间积分得到，故也称为积分流量。某一段时间内通过某一空间表面的流体的总量（即累积流量）除以该时间段的时间间隔，称为平均流量。

二、流量计的种类及特点

测量流量最简便和精确的方法是体积法或重量法。

用体积法测量时，使用带有体积刻度的量箱和秒表分别测量体积和时间，即可按前述的体积流量 q_v 的定义计算出其体积流量 q_v。

用重量法测量时，测得一定时间内流过的均质液体的质量或重力，即可得到其质量流量 q_m 或重力流量 q_g。

图 5-4-1 为测量船舶柴油机燃油消耗量的一种体积法测量装置的测量原理示意图。其测量腔由 A、B、C 三个标准玻璃容器组成，为了提高测量精度，这三个标准玻璃容器的每个容器的刻度线都标志在玻璃细管上，测量时可根据需要选用一个或几个容器使用。测量前，将三通旋塞 1 置于“供油”(a)位置，调整稳压腔 2 上部的放气旋塞 3，使稳压腔 2 内的燃油液面恰好上升到超过腔中的连通管 4 的顶部；再将三通旋塞 1 置于“充油”(b)位置，当测量腔中燃油液面略高于 A_0-A_0 刻度线时，即将三通旋塞 1 旋回“供油”(a)位置。测量时，将三通旋塞 1 置于“测量”(c)位置，这时，测量腔中燃油的液面开始下降，待测量腔中的燃油液面下降到 A_0-A_0 刻度线时，按下秒表按钮开始计时；当测量腔中的燃油液面下降到选定体积的刻度线（比如，选用一个容器测量时的 $A-B$ 刻度线；选用两个容器测量时的 $B-C$ 刻度线；选用三个容器测量时的 C_0-C_0 刻度线）时，立即停止计时，同时将三通旋塞 1 置于“供油”(a)位置。

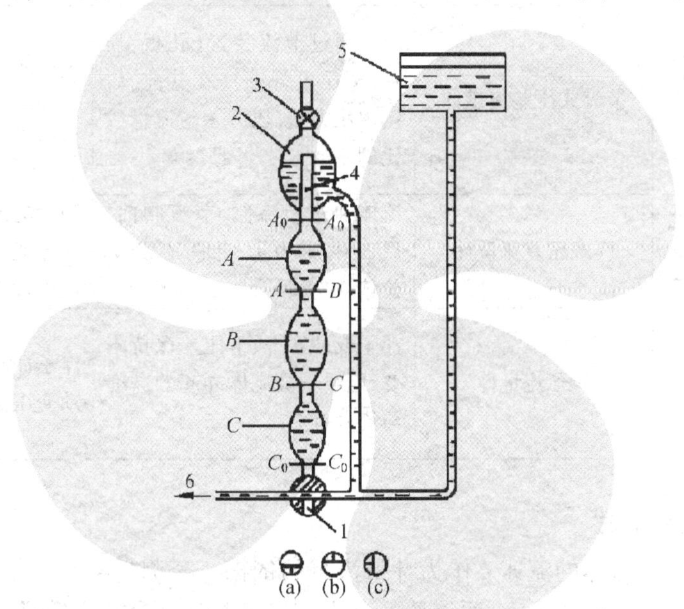

图 5-4-1　体积法测量装置的测量原理示意图

1—三通旋塞，三个工作位置：(a)供油，(b)充油，(c)测量；

2—稳压腔；3—放气旋塞；4—连通管；5—日用油箱；6—通向发动机

若测得的柴油机消耗体积为 V_τ(L)的燃油所需的时间为 τ(s)，则柴油机的燃油消耗量可按下式计算

$$G=3.6\times\frac{V_{\tau}\cdot\rho_{\tau}}{\tau}$$

式中，G 为燃油消耗量，单位为 kg/h；ρ_{τ} 为测量时燃油温度下的燃油密度，单位为 kg/m^3。

流量测量的体积法和重量法费工、费时且效率低，通常仅用于流量不是太大的场合。另外，由于这两种方法的测量精度很高，一般也用于其他类型流量计的校准。

在工程上通常采用可直接读出流量数值的流量计。目前常用的流量计按其测量方法可分为速度式、容积式、压差式和恒压式等几大类，表 5-4-1 列出了这几类流量计的常见形式和工作原理。

表 5-4-1　常见流量计的种类

流量计种类	典型流量计	机械变换原理	机电变换器
速度式流量计	涡轮流量计	叶轮或涡轮被流体冲转，其转速与流体的流速成正比	涡轮的转速通过磁电式变换器变换成电量
	叶轮流量计		
容积式流量计	椭圆齿轮流量计	椭圆齿轮或腰轮被流体冲转，每转一周排出一定量的流体	椭圆齿轮或腰轮的转速通过磁电式或光电式变换器变换成电量
	腰轮流量计		
压差式流量计	靶式流量计	通过管道中的靶，使流量变换为压差作用在靶上，压差的大小与流量的平方根成正比	作用在靶上的力，通过弹性圆筒和应变片转换成电量
	节流式压差流量计	流体通过节流装置（孔板、喷嘴、文丘里管等），在其前、后产生压力差，压力差与流量成比例	节流装置前、后的压力差通过差动变压器转换成电量
	膜式压差流量计	流体通过节流阀，节流阀前、后产生压力差使膜片发生位移	膜片的位移通过差动变压器或电容变换器转换成电量
恒压式流量计	浮子流量计	浮子或冲塞上、下压差保持不变，但浮子被流体冲起的高度与流量有关	浮子冲起的高度通过差动变压器转换成电量

三、速度式流量计

速度式流量计以流体的流速 v 作为计量流量的依据。若测得某管道横截面的面积为 A，该横截面上流体的平均流速为 v_a，而该截面上流体某一点流速为 v，则管道内流体的体积流量 q_v 为 $q_v=v_aA=kvA$，式中，k 为该截面的平均流速 v_a 与该点流速 v 的比值，即 $k=v_a/v$，它与该截面的流速分布有关。因此，速度式流量计的测量准确度不仅取决于仪器本身的准确度，还与管道横截面上的流速分布有关。

(一)涡轮流量计

1.涡轮流量计的工作原理

船舶使用的燃油流量计多为涡轮流量计。

涡轮流量计相当于在管道中安装了一个水涡轮,当被测流体通过时,被测流体冲击涡轮叶片使涡轮旋转,在一定的黏度下,在一定的流量范围内,涡轮转速与流量成正比,通过对转速的计算即可得到累计流量和瞬时流量。

将涡轮转速转换成电脉冲信号处理有以下两种方法。

(1)磁阻方法

用导磁不锈钢制作叶片,顺次切割管壁上的检测线圈,周期性改变检测线圈磁阻,从而使磁通量发生周期性变化,检测线圈产生与流量成正比的脉冲信号。该方法适用于清洁的润滑性液体和气体、不含固体颗粒(防磨损)流体。

(2)感应方法

转子用非导磁材料制成,将一块磁钢埋在涡轮内腔,当磁钢在涡轮的带动下旋转时,固定于壳体上的检测线圈中感应出电脉冲信号。该方法如选材适当,可用于测量非润滑性气体、含微小颗粒和具有腐蚀性的流体,还可用于由于液态气体突然汽化等而可能造成涡轮突然高速旋转的场合。

图 5-4-2 为通过磁电变换器来计量转速而测出流量数值的涡轮流量计的结构。涡轮流量计的前导流架 1 和后导流架 4 的作用是导直流体,使流速分布符合要求,同时也作为涡轮 2 的支承架。涡轮 2 用导磁的不锈钢制成,并随流体的运动而转动。涡轮 2 经仔细平衡,装于轴承上,其惯性和摩擦力都很小。涡轮 2 旋转时,将周期地改变磁电变换器 3 中磁路的磁阻,从而输出与流量成正比的脉冲信号,经放大后,若输送到频率计,则可以测得瞬时流量;若输送到积数器,则可测得某一段时间内的累积流量。其误差极小,灵敏度极高。

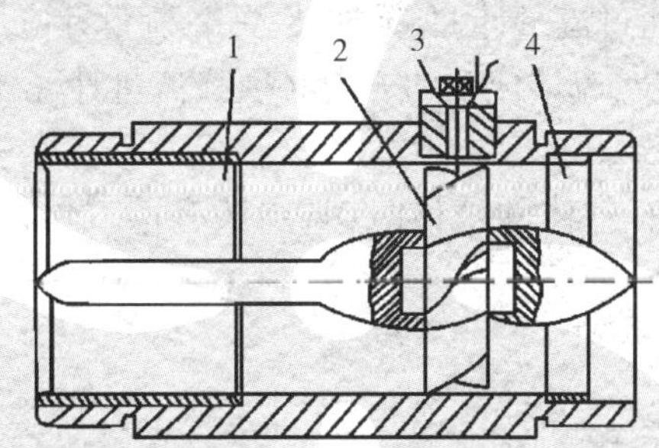

图 5-4-2 涡轮流量计

1—前导流架;2—涡轮;3—磁电变换器;4—后导流架

2.涡轮流量计的特性

涡轮流量计的特性通常用仪表常数 ξ 与流量 q_v 之间的关系来表述。

仪表常数,就是单位时间内输出电脉冲数 N 与流量 q_v 之比,即 $\xi=N/q_v$。以仪表常数 ξ 为纵坐标,以流量 q_v 为横坐标而画得的涡轮式流量计的仪表常数 ξ 与其流量 q_v 之间的关系曲线,称为涡轮流量计的特性曲线。

在理想的情况下,涡轮流量计的特性曲线应为一条水平直线。但是,由于涡轮阻力矩的存在,实际的特性曲线并非直线。当流量很小时,流速较慢,涡轮的转动力矩较小,涡轮阻力矩的作用较为明显,则仪表常数 ξ 值较小。在流动状态从层流过渡到紊流时,由于层流状态的流体黏性摩擦力矩小于紊流状态的黏性摩擦力矩，涡轮的转速即行增大，特性曲线会出现峰值。当流量较大时，由于流速快，涡轮的转动力矩远远大于阻力矩，特性曲线就接近于直线。在涡轮流量计的设计和使用时，应使涡轮流量计工作在特性曲线的直线部分，这样其精度可达 0.5%，重复性可达 0.1%。

涡轮流量计的特性受流体黏度的影响较大，黏度越大的流体，仪表常数 ξ 达到稳定状态所要求的流量也就越大。但是，无论哪一种流体，只要流量超过某一定值，仪表常数 ξ 都会达到稳定状态。此外，流体黏度对特性曲线的影响也与管道的直径有关，直径越粗，其影响越小，反之则影响越大。

鉴于上述原因，一般在涡轮流量计的出厂说明书上，都规定了不同管道直径的涡轮流量计在测量不同黏度流体时的最小量程。同时，为了保证测量的精度，最小量程通常取为最大量程的 50%以上。

此外，由于管道中放有涡轮，将会产生压力损失，涡轮流量计的压力损失 Δp 与流量 q_v 的平方成正比。

3.涡轮流量计安装使用时的注意事项

应根据被测流量的大小，被测流体的物理特性、温度变化范围和工作压力范围等来选择适用的涡轮流量计。

安装使用涡轮流量计时应注意以下几个要点：

(1)为保证涡轮流量计内流速分布均匀，流量计前要有长度不小于 15 倍管道直径的直管段，流量计后要有长度不小于 5 倍管道直径的直管段，必要时可加整流器。

(2)为减轻支承涡轮的轴承磨损，涡轮流量计前应加装滤器，以清除杂质，避免杂质进入流量计。

(3)使用时应注意不能超过规定的最高温度、最大压力和最高转速；当用于高温蒸汽流量的测量时，不允许冲刷蒸汽通过流量计，必须加装旁路；流量计应加装止回阀，以防止倒转。

(4)流量计必须水平安装，流体流动的方向必须与流量计壳体所标注的箭头一致，流量计的轴线必须与管道的轴线一致。

(5)在测量易汽化或含有气体的液体时，必须装有消气器，使测量值仅为液态流体的流量，以提高测量的精度。

(二)涡街流量计

1.涡街流量计的工作原理

在流动的流体中放置一个有对称形状的非流线型的柱体时，在它的下游两侧就会交替出现旋涡，且两侧旋涡的旋转方向相反，并轮流地从柱体上分离出来，在下游侧形成涡街，称为卡门涡列。当旋转方向相反的旋涡之间的距离 h 与旋转方向相同的旋涡之间的距离 l 满足 $h/l=0.281$ 的关系时，非对称卡门涡列稳定。

大量的实验证明，旋涡形成的振动波频率与柱体附近流体的流速成正比，与柱体的特征尺寸成反比。显然，当柱体的形状、尺寸确定后，就可以通过测量振动波频率来计算流体的流速，进而获得流体的流量。

频率检测的常用方法有：

(1)热敏元件：旋涡发生时，发热体(热电阻通电)的散热条件发生变化。

(2)压敏器件：旋涡发生时，柱体的两侧有压力差。

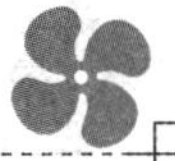

(3)压电晶体：旋涡发生时，压电晶体产生电势。

工业上的涡街流量计一般用于测量流动的雷诺数为500~100 000的流体的流量。

2.涡街流量计安装使用时的注意事项

安装使用涡街流量计时应注意以下几个要点：

(1)不宜测量腐蚀性较强、含有悬浮物或纤维的流体。

(2)在满足要求的流量计量程范围内，宜选择口径较小者。

(3)应保证在旋涡发生的柱体处不产生空穴现象。在旋涡发生的柱体处，由于发生节流现象而使流体的静压下降，当被测液体的静压低于该流体在工作温度下的饱和蒸气压时，液体则汽化，这种暂时的汽化现象即为空穴现象。

(4)流量计前要有长度不小于20倍管道直径的直管段，流量计后要有长度不小于5倍管道直径的直管段，且直管段内壁不应有凹凸。

(5)涡街流量计的压力损失小、结构简单、维护方便，不受流体的压力、温度、黏度和密度的影响，对于大口径管道的流量测量(如烟道排气和天然气等)更为方便，但要求的流量计前、后的直管段较长。

(三)其他速度式流量计简介

1.电磁流量计

电磁流量计是根据法拉第电磁感应定律来进行流量测量的一种日益应用广泛的速度式流量计。电磁流量计的主要特点是：

(1)对被测流体的电导率有一定的要求，一般要求电导率大于10^{-3} S/m，而与被测流体的温度、压力、黏度、密度等对导电率无影响的流体的参数无关；

(2)被测流体的磁导率应接近于1；

(3)不能测量气体、蒸气及石油产品，也不能测量铁磁介质；

(4)应避免安装在有较强电磁场的地点；

(5)在测量管道中没有任何阻碍被测流体流动的部件，所以几乎没有压力损失；

(6)被测流体的最大流速一般应不大于10 m/s。

2.超声波流量计

超声波流量计根据声波在流体中的传播规律来测量流体的流速，进而获得流体的流量。

此外，其他用于测量流体流速的仪器设备，如热线风速仪、毕托管等，均可用于流体流量的测量。

四、容积式流量计

容积式流量计通过测量一定时间内流经流量计的流体的固定体积的数量来实现对流体流量的测量。若固定体积为V(m^3)，每秒钟流经流量计的流体的固定体积V的数量为n，则流体的流量$q_v=nV$(m^3/s)。

容积式流量计用于测量累计流量时，其准确度很高，一般情况下，相对误差为±(0.1%~0.5%)；而用于测量瞬时流量时，由于其内部有运动部件，惯性较大，测量误差较大。

流体流量的大小和流体的黏度对容积式流量计的测量准确度的影响较小，所以，容积式流量计适用于小口径、高黏度流体的流量测量。

由于容积式流量计的内部有运动部件，在安装使用时应注意：在流量计的入口前加装过滤

器,防止杂物进入将运动部件卡死;应留有旁路,以便于经常清洗;同时应注意流体的温度和清洁度,不能超过流量计的使用限度。

使用容积式流量计时应特别注意其滑漏量及流量的上限和下限,以减小测量误差。

由于齿轮等运动部件与壳体间存在间隙,在流量计进、出口压力差的作用下,就存在着通过间隙的滑漏量,从而引起测量误差。尤其是在小流量时,滑漏量相对较大。一般情况下,只有在流量计量程的15%~20%以上使用时,才能保证测量的精度。

当流量超过额定值时,由于流量计的进、出口压力差增大,其误差将增大。此外,过大的流量也会造成转动部件的磨损甚至损坏。特别是湿式气体流量计,大流量会引起液面波动,造成误差增大。

除了提高加工精度和材料的耐磨性外,为提高流量计的测量准确度,目前已出现了伺服容积流量计。其工作原理为:流量计的转动部分由伺服电机带动,用微差压感受元件测量进、出口的差压,用差压信号调节伺服电机转速,保持差压为零,以减少滑漏量。这种伺服流量计准确度在±0.1%以上,但结构复杂、设备庞大。

下面介绍几种常见的容积式流量计。

(一)椭圆齿轮流量计

椭圆齿轮流量计用于测量液体,特别是高黏度液体的流量。

椭圆齿轮流量计的结构及工作原理如图5-4-3所示。它由相互啮合的一对椭圆齿轮1和2、月牙形计量液腔3和4以及计数机构等组成。相互啮合的一对椭圆齿轮在液体压力差的作用下交替地相互带动绕各自的轴旋转,每转一周,排出4份齿轮与仪表壳体之间形成的月牙形计量液腔体积的液体。齿轮转轴可与机械部分相连,也可采用齿轮转速的电量变送,测得齿轮转速即可得到体积流量。

椭圆齿轮流量计实质上相当于一个液压马达,在流量计进、出口的液流压力差(p_1-p_2)的作用下工作。在图5-4-3(a)的位置,作用在椭圆齿轮1上的作用力互相平衡,有效转矩为零,椭圆齿轮2在压力差的作用下产生一转矩使其沿顺时针方向回转,并带动齿轮1沿顺时针方向回转;当转到图5-4-3(b)的位置时,椭圆齿轮2上的转矩已经减小,而齿轮1上的转矩已经产生;当转到图5-4-3(c)的位置时,椭圆齿轮2上的转矩为零,椭圆齿轮1上的转矩增至最大。因此,在每一位置上两个椭圆齿轮所产生转矩的总和基本上是一定值。齿轮每转一圈,月牙形计量液腔3和4各充液两次、排液两次。所以,通过流量计的液体体积正比于它的转数。

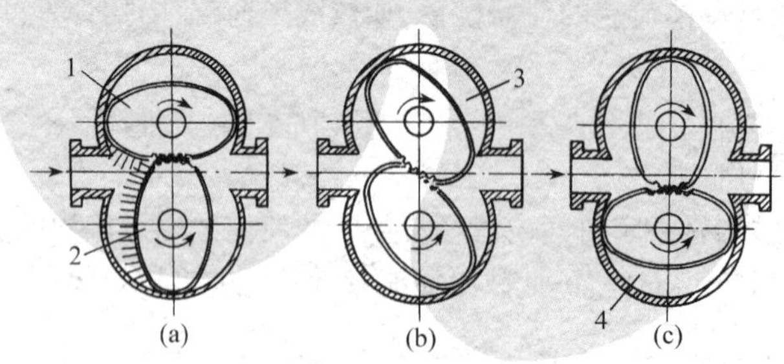

图5-4-3 椭圆齿轮流量计的结构及工作原理图

1、2—相互啮合的一对椭圆齿轮;3、4—月牙形计量液腔

椭圆齿轮流量计的常用计数机构是机械式的,它通过齿轮传动、棘轮棘爪机构推动数字盘转动,从而获得累计转数值,再利用标定指出流量值。

在自动化检测中，常将齿轮的转动速度通过光电变换器或磁电变换器转换成电脉冲信号，而后利用光电转速表或数字式频率计测出转速值，通过标定换算得到流量值。

椭圆齿轮流量计一般用作测量某一定时间内的液体总流量。它的输出轴上的载荷很小，因此，被测液体在流量计前、后的压差也很小，故容积效率很高，测量误差较小，精度可达±0.5%，同时测量范围也很大。

由于椭圆齿轮流量计是用测量体积的方法来测量流量的，从原理上讲，流量的大小及流体黏度的大小对测量的精度影响很小，这是它比其他流量计优越的地方。但是，实际上齿轮与腔室之间存在间隙，会造成泄漏，使仪表指示值与实际流过的液体体积之间存在误差。该误差与被测流体的流量大小及黏度有关。如前所述，对于同一黏度的液体，流量越小，其相对误差越大，因此，使用时应注意被测流量的下限值。但是，对一定的流量计，测量流量也不应过大，过大会使齿轮迅速转动而磨损。

轮机专业

此外，流体流过椭圆齿轮流量计会产生压力损失。对于低黏度的液体，压力损失 Δp 与流量 q_v 的平方成正比；对于高黏度的液体，压力损失 Δp 与流量 q_v 呈直线关系。

由于椭圆齿轮流量计的精度与流速的分布无关，使用时无须加导直器。

(二) 腰轮流量计

腰轮流量计的结构如图 5-4-4 所示，它由一对转动过程中始终相切的腰轮、计量液腔以及计数机构等组成。它的工作原理与椭圆齿轮流量计相同，只是腰轮式流量计内的腰轮上没有齿，所以，它对流体中的固体杂质没有椭圆齿轮式流量计那么敏感。

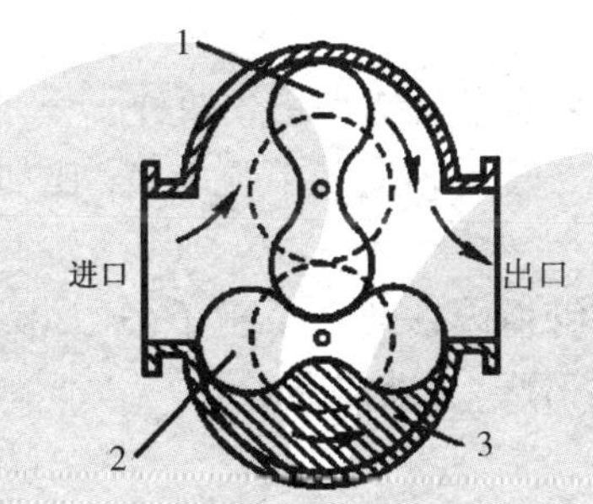

图 5-4-4　腰轮流量计

1、2—腰轮；3—计量液腔

腰轮流量计可用于液体流量的测量，特别适用于测量高黏度的液体，也可用于测量大流量的气体。

(三) 刮板流量计

刮板流量计的结构如图 5-4-5 所示。

在压力差的作用下转子 3 转动，转子 3 上有 4 个可以内外滑动的刮板 1，转子 3 带动刮板的滚轮在中心静止的凸轮 2 的外缘滚动，转子 3 每转一周有 4 份两刮板与壳之间的固定体积的计量液腔 4 的流体排出，从而测得体积流量。

(四) 湿式气体流量计

湿式气体流量计的结构如图 5-4-6 所示。

气体从位于水面 3 以下中心位置的进气口 1 进入，推动转翼 4 转动，从出口 2 排出，每转一周有 4 份一个转翼所包围的固定体积的气体排出。

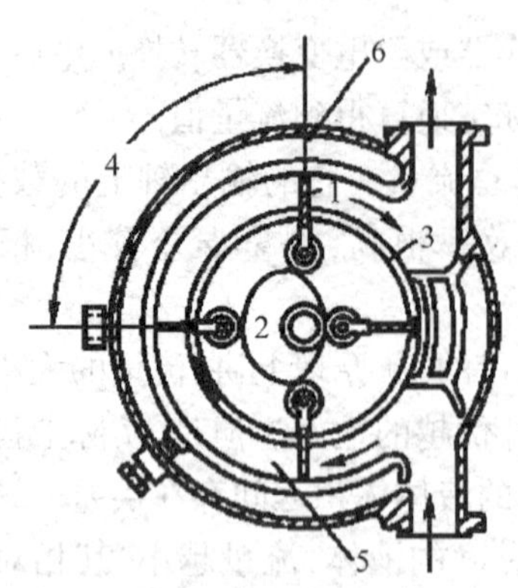

图 5-4-5　刮板流量计

1—刮板；2—凸轮；3—转子；4—计量液腔；5—流动的液体；6—静止的液体

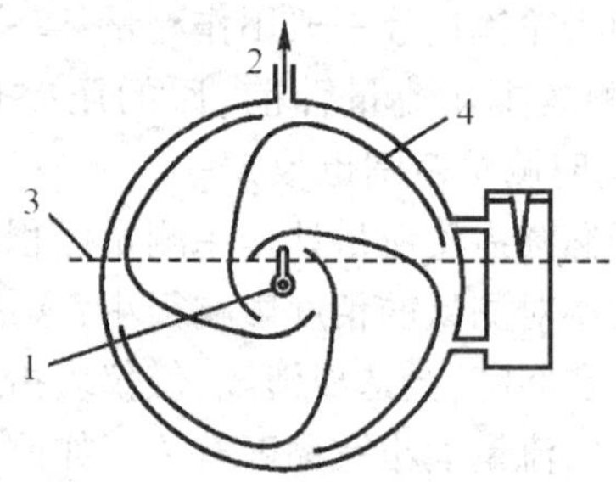

图 5-4-6　湿式气体流量计

1—进气口；2—出口；3—水面；4—转翼

在使用湿式气体流量计时必须保持流量计水平放置和水面 3 位置的恒定。

湿式气体流量计可用于高准确度的气体体积流量的测量。

五、压差式流量计

由流体力学可知，当流体流过某一物体时会产生压力损失，即在该物体的前、后会产生压力差 Δp，该压力差 Δp 与流量 q_v 有关。若测得该压力差 Δp，即可通过计算获得流体的流量 q_v。压差式流量计即根据此原理制成。

目前常见的压差式流量计主要有节流式和靶式两种。

节流式流量计的工作原理是在管道内安装节流装置（比如孔板、喷嘴等），通过检测节流装置前、后的压力差来获得流量。

靶式流量计的工作原理是在管道内安装一个靶子（比如圆盘、多孔板等），通过检测靶子所受的力（由靶子前、后的压力差形成）来获得流量。

（一）节流式流量计

节流式流量计由节流装置、压力传送管道、差压仪表等组成。

节流装置包括节流件、取压装置、前/后直管段、安装法兰等。节流装置分为标准节流装置和非标准节流装置。标准节流装置应根据流量测量节流装置国家标准和鉴定规范进行设计、制造、安装、使用。

节流件的形式有多种，如孔板、喷嘴、文丘里管、文丘里喷嘴等。目前最常用的是孔板和喷嘴。

孔板是指沿开孔轴线旋转对称的圆形薄板，全名为同心薄壁锐缘孔板。孔板节流件的取压方式主要有两种：(1)角接取压：孔板两侧的压力由孔板与管道形成的角顶处取出，可采用单独钻孔或环室方式取压；(2)法兰取压：在特定法兰上单独钻孔取压。

标准喷嘴由两个圆弧曲面入口收缩部分和圆筒体组成。喷嘴节流件的取压方式为角接取压。

标准孔板与标准喷嘴相比较：

(1)孔板比喷嘴的压力损失大，适合用于清洁的流体。

(2)喷嘴比孔板的测量误差小，精度高，可用于有污垢的流体。

(3)与孔板相比,喷嘴的流量系数的稳定性好。

(4)与喷嘴相比,孔板的加工制造简单,价格低廉。

标准节流装置的适用条件为:

(1)标准节流装置只适用于内径大于 50 mm 的圆形截面管道。

(2)管道内为单相均质流体且充满管道,做连续稳定流动,流速小于声速。

(3)流体流经节流件时无相变。

(4)流体的流动为充分发展的紊流。

(5)节流件上、下游的直管段的长度有一定的要求;若在节流件上、下游安装温度计套管,套管与节流件之间的距离也应满足相应的值。

(6)节流件上游 10 倍管道内径范围内的管道,其内壁的相对粗糙度需查资料,以确定管道的加工工艺。

(二)靶式流量计

靶式流量计也是利用流体流经一个物体会产生压力差的原理制成的。但靶式流量计不是测量这个压力差,而是测量物体(靶子)由于这个压力差所产生的作用力,进而通过计算来获得流量的。

在管道中放置一个靶子(比如圆盘),当管道中有液体流动时,靶子就被流动的液体所冲击。由于液体流过靶子时有压力损失,靶前、靶后的压力不一样。假定靶前的压力为 p_1,靶后的压力为 p_2,靶子的面积为 A,则作用在靶子上的力 $P=(p_1-p_2)A$。通过理论分析可知,对于一定的流体及一定结构尺寸的靶式流量计,体积流量 q_v 与作用在靶子上的力 P 的平方根成正比。因此,只要测得靶子上的作用力 P,就可获得流体的体积流量 q_v。

根据上述的原理,在管道中放置圆盘,将圆盘上的作用力通过弹性元件和机电变换器转换成电信号,就制成了靶式流量计。

影响靶式流量计测量精度的因素有很多,归纳起来,主要有管道的直径、管道直径与靶子直径之比、被测流体的雷诺数、靶的形式及尺寸精度等。这些影响因素目前大多尚无法用数学分析来描述,只能通过现场标定来修正。

通常情况下,一个确定的靶式流量计都有一个界限雷诺数,所测量流量的液体流动的雷诺数应高于这个界限雷诺数。若靶式流量计工作在这个界限雷诺数以下,即测量高黏度小流量时,其测量值一般都需要加以修正。

此外,温度对靶式流量计的精度也有影响,因此在高温测量时,通常需引入热膨胀修正系数。

六、恒压式流量计

目前常用的恒压式流量计是浮子流量计。

浮子流量计的工作原理如图 5-4-7 所示。在一个竖直安装的锥形管内放一浮子(或冲塞),浮子的密度大于被测流体的密度。当锥形管内没有流体流动时,浮子因自重而落于锥形管的下方。当锥形管内有流体自下而上流动时,流体流经浮子与锥形管管壁之间的环形缝隙后,浮子上、下形成一压力差,使浮子获得向上的升力。当升力大于浮子的重力与浮力之差时,浮子上升。随着浮子的上升,浮子与锥形管管壁之间的环形缝隙的面积增大,缝隙中流体的流速下降,作用在浮子上的升力也就减小,直至升力与浮子的重力、浮力平衡,浮子将稳定在某一高度上。流经锥形管内的流体的流量越大,浮子上升的高度就越高。

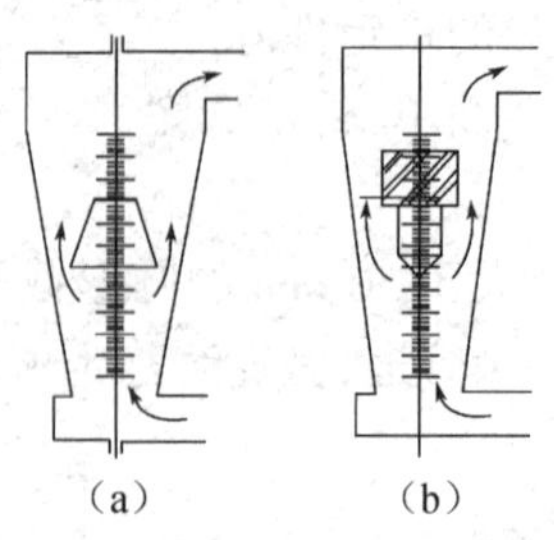

图 5-4-7　浮子流量计的工作原理

理论分析表明,在一定的条件下,流过浮子流量计的流量与浮子上升的高度成正比。因此,只要测得浮子上升的高度,就可以得到流量值。

当浮子流量计用于低压系统时,可采用透明的锥形管,并标注刻度,以直接观察浮子升起的高度,并直接从刻度值上读出流量,如图 5-4-7 所示。另外,为了保证浮子在锥形管内的对中,不致偏心或偏斜而影响测量的精度,可使用导向钢丝,如图 5-4-7(a)所示;或在浮子上开斜槽,使浮子在流体的作用下产生旋转,如图 5-4-7(b)所示。

当浮子流量计用于高压系统时,浮子则应装在金属管中,再通过磁电感应系统将浮子的升高量转换成电参量,经测量仪表测出流体的瞬时流量,或用积数器测量某一段时间内流量的总和。

图 5-4-8 所示为差动变压器式浮子流量计的结构,它由测量部分和差动变压器部分所组成。测量部分主要由锥形管 1 和浮子 2 构成。浮子 2 浮动的高度,通过差动变压器转换成电量。浮子 2 的升高或降低,使拉扦 4 带动差动变压器的铁芯 5 运动,从而使差动变压器的两个二次侧线圈 6 和 7 的感应电动势发生变化。当线圈差接时,线圈的输出电压正比于铁芯 5 的位移,因而也正比于浮子 2 高度的变化。

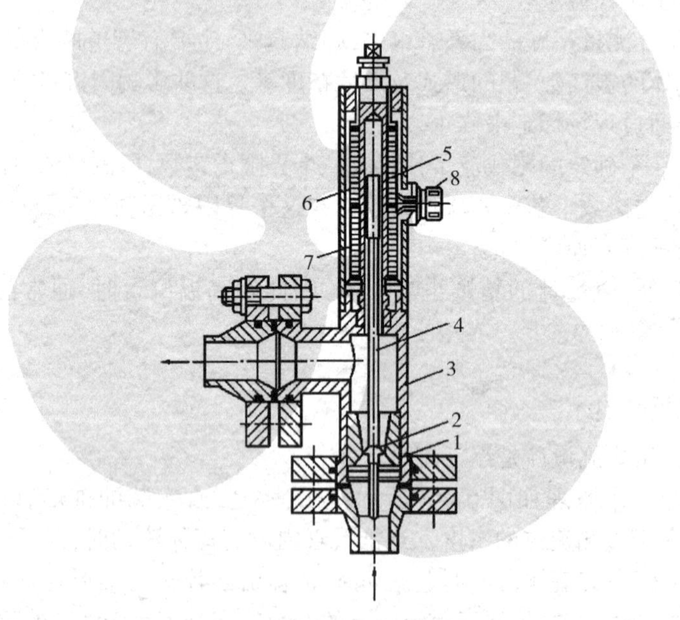

图 5-4-8　差动变压器式浮子流量计

1—锥形管;2—浮子;3—壳体;4—拉扦;5—铁芯;6、7—二次侧线圈;8—接线座

在根据浮子的上升高度计算流体的流量时要用到一个重要的参数——流量系数 β。影响

流量系数β的因素很多，如流体的黏度、锥形管与浮子的直径比、浮子的形式、流速分布的不均匀系数等，但最主要的是被测流体的黏度。

浮子流量计的测量精度主要取决于流量系数β。

浮子流量计的流量系数β很难用数学分析式来描述，通常是采用试验的方法来确定。影响流量系数β的综合因素是流体流动的雷诺数。当浮子的形状一定时，若流体流动的雷诺数大于某一界限值，β为常数。

另外，使用浮子流量计时还应注意其出厂标定时的流体的密度、温度及压力与被测流体间的差异，特别是流体的密度，当它们不一样时，则需要对测量值加以修正。

七、质量流量计

前面介绍的几种流量计得到的都是体积流量，由于测量过程中会引起流体的温度及压力的变化，导致流体的密度发生变化，在计算流体的质量时会产生误差。而质量流量计得到的读数即流体的质量流量。

质量流量计的最大特点就是其测量值不受被测流体的压力、温度等参数的变化所引起的流体密度的变化的影响，因而其流量测量的准确性有了很大的提高。

质量流量计具有测量精度高、响应速度快、压力损失小等特点，目前正逐渐被用于流体流量的精密测量中。

质量流量计按其工作原理可分为直接式，推导式和温度、压力补偿式三大类。

1.直接式质量流量计

流量计中的测量感受元件的输出信号直接反映流体的质量流量，这一类质量流量计称为直接式质量流量计。

若某管道的横截面面积为$A(\mathrm{m^2})$，该横截面上的流体流动的平均流速为$v(\mathrm{m/s})$，流体的密度为$\rho(\mathrm{kg/m^3})$，则该管道中的流体流动的质量流量为$q_m=\rho vA(\mathrm{kg/s})$。如果管道的横截面面积$A$为常量，测得$\rho v$就可以得到质量流量$q_m$。而$\rho v$实际上就是单位体积流体的动量，所以，测得单位体积流体的动量就可获得质量流量。

直接式质量流量计的种类很多，在此不一一介绍。

2.推导式质量流量计

流量计中的测量感受元件分别检测流体的体积流量和流体的密度，将这两个信号输出后，通过运算后得到质量流量并输出和显示的质量流量计称为推导式质量流量计。

流体的质量流量q_m与体积流量q_v之间的关系为：$q_m=\rho q_v$，式中，ρ为流体的密度。

利用前述的压差式或速度式等流量计测量输出用于计算体积流量q_v的信号，同时利用密度计测量输出用于计算流体密度ρ的信号，将这两类输出信号输入运算器，经过运算后即可得到并输出流体的质量流量q_m。

当然，有些结构的压差式流量计也可通过测量压力差Δp，直接运算得到流体的质量流量q_m。

3.温度、压力补偿式质量流量计

流量计中的测量感受元件分别检测流体的体积流量、温度、压力，将这些信号输出后，根据已知的被测流体的密度与其温度和压力之间的函数关系，经过运算，将测得的体积流量数值自动转换为标准状态下的体积流量。对于确定的流体，其标准状态下的密度值是一个定值，这样，标准状态下的体积流量就代表了流体的质量流量。这一类质量流量计称为温度、压力补偿式质量流量计。

一般来说，连续观测温度和压力要比连续观测密度容易。工业上使用的质量流量计大多是基于这种原理的。

第五节　湿度计

习惯上，把测量空气湿度的仪器、仪表及装置称为湿度计。

由于海洋、江河、湖泊等水分的蒸发，空气中总含有一定量的水蒸气。因为水蒸气在空气中含量很小，而且变化不大，所以在某些情况下往往忽略它的影响。例如，以空气作为柴油机或燃气轮机动力装置的工质时，通常就不考虑其中含有的少量水蒸气的影响。但是在某些情况下，空气中的水蒸气对人们的生活和生产有很大的影响，如潮湿的空气会使人感觉不舒服，使食品容易腐烂，而干燥的空气也会使人感到不适，使食品因失去必要的水分而干缩。利用空气调节装置可以将空气从对人不适宜的状态加工为适宜的状态。

空气湿度的测量在船舶轮机工程中，尤其是在空气调节装置中是非常重要的。下面先介绍湿空气、相对湿度及其测量方法，然后介绍几种在船舶轮机中常见的湿度计。

一、湿空气的相对湿度及其测量方法

含有水蒸气的空气称为湿空气，完全不含水蒸气的空气称为干空气。

在一定的温度和压力下，湿空气中可以含有不同量的水蒸气，但水蒸气的含量不能超过某一最大可能的数值。如果湿空气中水蒸气的含量达到这一最大数值，就称这种空气为饱和空气；如果湿空气中水蒸气的含量没有达到最大数值，就称这种空气为未饱和空气。

湿空气接近饱和空气的程度可用湿空气的相对湿度 φ 来衡量。相对湿度 $\varphi=1$ 的湿空气为饱和空气；相对湿度 $\varphi=0$ 的湿空气不含有水蒸气，此时为干空气；$0<\varphi<1$ 的湿空气为未饱和空气。

人们通常所说的空气的干湿程度，是指水在空气中的蒸发速率。水在空气中蒸发迅速，人就会感到干燥；水在空气中蒸发缓慢，人就会感到潮湿。相对湿度与蒸发速率直接有关：相对湿度 φ 值越大，蒸发速率就越小；相对湿度 φ 值越小，蒸发速率就越大。因此，相对湿度 φ 确切地表述了湿空气的干湿程度。

通常情况下，湿空气的湿度测量都是指湿空气的相对湿度的测量。测得湿空气的相对湿度，再根据湿空气的压力和温度，即可得到湿空气的含湿量；测得湿空气的含湿量，再根据湿空气的压力和温度，也可得到湿空气的相对湿度。

二、干湿球温度计

1.干湿球温度计的结构及工作原理

干湿球温度计由两支完全相同的玻璃棒温度计所组成，其中一支称为干球温度计，而在另一支头上包一层湿纱布，称为湿球温度计，如图 5-5-1 所示。

在图 5-5-1 中，左侧的温度计为干球温度计，其测得的温度称为干球温度，也就是湿空气的温度，用 t 表示；右侧的温度计为湿球温度计，其测温包用浸水的湿纱布包住，为了保持纱布

及水银球(或酒精球)的湿润,纱布的另一端应浸入盛水容器中,它所测得的温度称为湿球温度,用 t_w 表示。

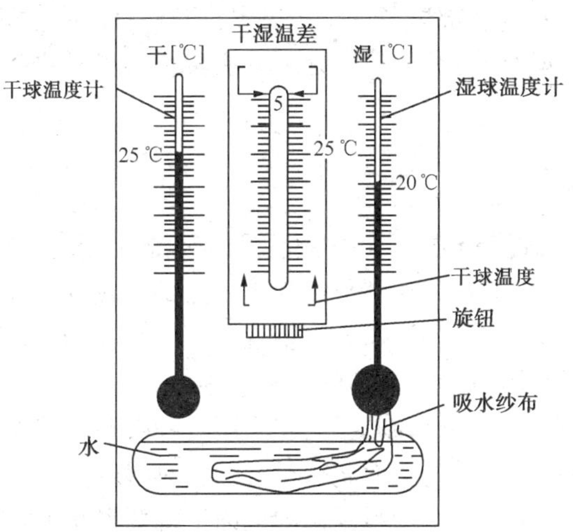

图 5-5-1 干湿球温度计

当湿球温度计测温包上的纱布未浸水湿润(干燥状态)时,两支温度计的温度指示应完全一样。当纱布浸水湿润之后,根据湿空气的相对湿度的不同,湿球温度计的读数就会发生一定的变化。当湿空气的相对湿度 φ 小于100%时,由于纱布上的水分不断地蒸发,并吸收汽化潜热,纱布上的水温下降,与周围空气形成温差,湿空气即向纱布上的水传递热量。空气与水的温差越大,传递的热量就越多。当水温降到某一数值,湿空气传给水的热量恰好等于水分蒸发所消耗的热量时,水温不再下降,这个温度就是湿球温度 t_w,它反映的是纱布中水的温度。

空气的相对湿度 φ 越小,纱布上的水分就蒸发得越快,湿球温度 t_w 就越低于空气的温度 t;反之,相对湿度 φ 越大,纱布上的水分就蒸发得越慢,湿球温度 t_w 就越接近于空气的温度 t(即干球温度)。当相对湿度 φ 等于100%时,纱布上的水分则不会蒸发,故湿球温度 t_w 就等于空气的温度 t,即 $t_w=t$。可见,相对湿度 φ 与空气的干球温度 t 及其湿球温度 t_w 之间存在一种函数关系,将此函数关系制成数据表(干湿球温度计上就带有此表),当测得湿空气的干球温度 t 和湿球温度 t_w 后,可由干球温度 t 和干、湿球温差 $\Delta t(=t-t_w)$ 从表中查得该湿空气的相对湿度 φ。

很明显,空气愈干燥,则干、湿球温差 Δt 愈大;反之,则愈小。

2.使用干湿球温度计时应注意的问题

在使用干湿球温度计测量空气的相对湿度时,应重点注意以下几点:

(1)干湿球温度计在使用前(未湿润时)应保证两者读数差不大于0.1 ℃。

(2)湿球上的纱布,宽为水银球柱高的1.3~1.5倍,其长度要比水银球柱高度大10~15 mm,并在水银球柱上方3 mm处扎紧,且将纱布抹平,同时在贴水银球下扎牢,但又不宜过紧以免影响纱布吸水。

(3)测量过程中,湿球应始终保持良好的湿润,纱布要清洁,尽可能用蒸馏水湿润。

(4)在测量时,应待水银液柱稳定后方可开始读数。

(5)读数时,观察者的视线应与液柱面在同一水平面上,要避免人对着温度计呼吸和人体辐射热影响测量的准确性。

目前空调工程中多采用通风式干湿球温度计（又称阿斯曼湿度计）。它与普通干湿球温度计的区别是在两支温度计的上部装了一个小风扇，使空气以一定的速度（≥2.5 m/s）流过干湿球温度计的温包，同时两支温度计的温包处装有能防止热辐射的金属保护管，以便提高测量的精度。

三、电阻式湿度计

许多金属盐（比如氯化锂等）在空气中有很强的吸湿性，吸湿使这些金属盐中的水分增加，直到盐中的水分与空气中的水分达到平衡为止。盐的平衡含水量与空气的相对湿度一一对应。空气的相对湿度越大，盐中的平衡含水量就越大，而盐的电阻就越小；反之，空气的相对湿度越小，盐中的平衡含水量就越小，而盐的电阻就越大。

电阻式湿度计就是利用以上原理制成的，它采用一种吸湿性较强的物质，利用其吸湿后导电性发生变化的特性，通过测量其电阻而获得空气的相对湿度。

常见的氯化锂湿度计，是在一个塑料圆棒的上面平绕两根互不相连的金属丝，或在同一平面上布设一对梳状的电极丝，然后涂上一层氯化锂与多孔性塑胶的混合溶液。氯化锂是吸湿物质，它吸收空气中的水分。氯化锂吸收水分的多少不同，其导电性能也不同，两金属丝间电阻也就发生变化。空气的相对湿度 φ 影响吸湿物质氯化锂所吸收的水分的多少，从而也就影响两金属丝间的电阻的变化。所以，通过仪表测量两金属丝间的电阻变化，就可以计算得到空气的相对湿度 φ 值。

氯化锂感湿元件简单、体积小、灵敏度高，可测出相对湿度 φ 值在±0.14%范围内的变化，而且反应速度快。在 0.5 m/s 的风速下，电阻式湿度计吸湿时的反应速度是毛发式湿度计的 12 倍，放湿时的反应速度是毛发式湿度计的 2 倍多。其缺点是需按使用温度进行校正，而且使用日久后，氯化锂涂料会脏污或剥落，因而需要定期检查，并加以清洁或换新。使用时，不要用手触或擦拭感湿元件，以免影响工作性能。

电阻式湿度计可用于远距离测量、自动记录和控制。

四、毛发式湿度计法

人的头发、尼龙丝（或薄膜）在空气的相对湿度发生变化时会产生伸缩，例如，精选脱脂后的毛发在湿度变化 10%时，其长度会变化 2%。

毛发式湿度计就是利用此现象制成的。将一束脱脂处理后的毛发一端固定，当空气的相对湿度发生变化时，脱脂毛发束的另一端将其所发生的长度变化以位移信号传递，比如直接牵动杠杆机构，以带动指针，指示出空气的相对湿度 φ 值；或者将位移信号转换成电开关动作，与加湿电磁阀及除湿电磁阀配合使用，则可以作为湿度自动控制器来调节控制空气的湿度；或者通过转换器将位移信号转换成电信号，便于远距离传输，并可用于自动记录与控制等。

五、露点测湿法

用温度计测出湿空气的温度 t，用露点测定仪测出湿空气的露点 t_d，查饱和蒸汽表可得湿空气中水蒸气的饱和分压力和实际分压力，再根据湿空气相对湿度 φ 的定义即可获得湿空气的相对湿度 φ。

露点测湿法准确度高、测量范围宽，计量用的精密露点仪准确度可达±0.2%，甚至更高。

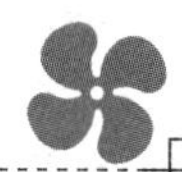

但是，用现代的光电原理制成的露点仪价格高昂，并常和标准湿度发生器配套使用。

此外，需要注意的是，露点温度 t_d 并不是前面提到的湿球温度 t_w，两者是不同的概念，一般情况下，两者的数值也是不相等的。

对某一温度下的湿空气，其干球温度 t、湿球温度 t_w、露点温度 t_d 三者之间的大小关系为 $t \geqslant t_w \geqslant t_d$。若湿空气为未饱和空气，其干球温度 t 最高，露点温度 t_d 最低，而湿球温度 t_w 居中，即 $t > t_w > t_d$；若湿空气为饱和空气，其干球温度 t、湿球温度 t_w 和露点温度 t_d 均相同，即 $t = t_w = t_d$。

第六节　密度计

习惯上，将测量物质密度的仪器、仪表及装置称为密度计。当然，密度计有时也可用来测量相对密度（比重），过去也称为比重计。

一、密度的概念和测量方法

（一）密度与重度

密度和重度是物质的两个重要属性。

单位体积的某物质所具有的质量，称为该物质的密度，用符号 ρ 表示，单位为 kg/m^3。物质的密度 ρ 表示该物质在空间上的密集程度。

单位体积的某物质所具有的重力，称为该物质的重度，用符号 γ 表示，单位为 N/m^3。

物质的重度与密度的关系为：$\gamma = \rho g$，式中，g 为重力加速度，单位为 m/s^2。

工程上一般认为水的密度 ρ 和重度 γ 为常量，常取 4 ℃蒸馏水的密度 $\rho = 1\ 000\ kg/m^3$、重度 $\gamma = 9\ 800\ N/m^3$ 作为计算值。

过去将一物质的重度与取作标准的另一物质的重度之比值，称为该物质的比重。根据物质的重度与密度的关系可知：两物质的重度之比等于其密度之比，所以，比重现称为相对密度，即一物质的密度与取作标准的另一物质的密度之比值。

因为纯水和空气分别是最常见的液体和气体，它们的密度也是已知的，所以取作标准的物质通常是纯水和空气。固体和液体物质的比重是指该物质的重度与标准大气压下 4 ℃的纯水的重度之比值；或者说，固体和液体物质的相对密度是指该物质的密度与标准大气压下 4 ℃的纯水的密度之比值。气体物质的比重是指该物质的重度与标准状态下的空气的重度之比值；或者说，气体物质的相对密度是指该物质的密度与标准状态下的空气的密度之比值。

需要注意，密度和重度都是有量纲的量，而相对密度（比重）是无量纲的量。

由于物质的密度、重度及相对密度（比重）之间有确定的相互关系，所以，测量出这三者当中的任何一个量，即可获得另外两个量。通常是测量物质的密度。下面介绍几种目前常用的液体密度的测量方法及测量使用的仪表。

（二）液体密度的测量方法

测量液体的密度最简便和直接的方法是体积法和重力法，常用的还有液柱平衡法。

1.体积法

用体积法测量时，使用带有体积刻度的容器（比如量入式的烧杯、容量瓶等）盛得一定体积的均质液体，再用天平称得该体积液体的质量（事先应先称得空载容器的质量），或者先称得一定质量的均质液体，再测得它的体积；然后根据密度、重度及比重的定义，即可计算获得该液体的密度、重度和比重。

2.重力法

用重力法测量时，使用带有体积刻度的容器（比如量入式的烧杯、容量瓶等）盛得一定体积的均质液体，再用重力计测得该体积液体的重力（事先应先测得空载容器的重力），或者取得一定重力的均质液体，再测得它的体积；然后根据密度、重度及比重的定义，即可计算获得该液体的密度、重度和比重。

3.液柱平衡法

测量液体密度的液柱平衡法利用的是连通器原理。

如图 5-6-1(a)所示的连通器，内部装有密度为ρ_1的均质液体，由于连通器左、右两部分容器中液体的表面压力相等（或两边都开口通大气），两液面位于同一水平面上。

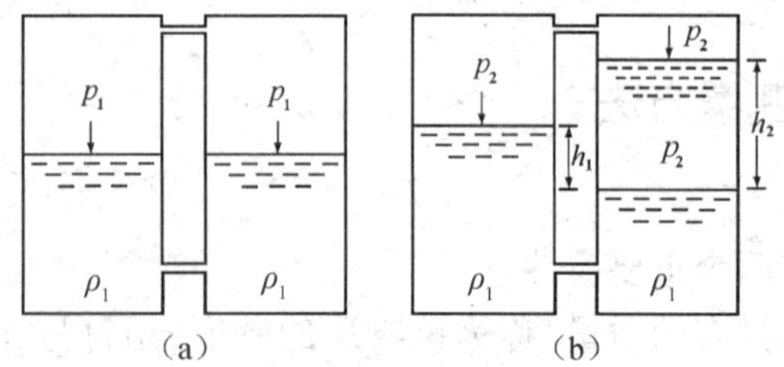

图 5-6-1　液体比重测量的液柱平衡法

若在连通器的右侧容器中注入一定量的另一种与原液体互不掺混的密度为ρ_2且$\rho_2<\rho_1$的液体，待液体平衡时，虽然连通器左、右两部分容器中液体的表面压力仍相等，但两液面不在同一水平面上，而是右侧容器中的液面较高，左侧容器中的液面较低。若以这两种互不掺混的液体的分界面为基准面，则连通器左、右两部分容器中的两种液体的液面高度之比，等于这两种液体的密度之比的倒数，即

$$\frac{h_1}{h_2}=\frac{\rho_2}{\rho_1}$$

式中，h_1为左侧容器中密度为ρ_1的液体在分界面以上的高度；h_2为右侧容器中密度为ρ_2的液体在分界面以上的高度。

显然，若已知一种液体的密度值，只要测出h_1、h_2的高度值，即可获得另一种液体的密度值。

若这两种液体中一种液体为标准大气压下 4 ℃的纯水，则测出h_1、h_2的高度值，即可获得另一种液体的相对密度（比重）。若被测液体的密度小于水的密度，则在连通器中先装入一定量的水（即密度为ρ_1的液体为水），待水平衡后再倒入一定量的被测液体（即密度为ρ_2的液体为被测液体）；若被测液体的密度大于水的密度，则在连通器中先装入一定量的被测液体（即密度为ρ_1的液体为被测液体），待被测液体平衡后再倒入一定量的水（即密度为ρ_2的液体为水）。待液体平衡后，测量h_1与h_2的数值。

二、密度计的种类

密度计按其用途分为液体密度计、气体密度计、固体密度计等。

常用的测量液体密度的密度计（或比重计）有浮子式密度计、静压式密度计、振动式密度

计和放射性同位素密度计等。

1.浮子式密度计

(1)浮子式密度计的结构

浮子式密度计也称为浮计。浮计按其测量密度的范围分为重表和轻表两种,用于测量比纯水密度大的液体密度的浮计称为重表,用于测量比纯水密度小的液体密度的浮计称为轻表。

图 5-6-2 所示为轻表的结构,它由压载室 B、躯体 A 和干管 C 等三部分所组成。躯体 A 是一个圆柱形的中空玻璃管,其下端即装满小铅丸等重物的压载室,以使浮计的重心下降,以保证浮计浸入被测量的液体时能呈铅垂的平衡状态。同时,不同重力大小的重物可以调整浮计的平均密度(重度),以测量不同密度的液体,从而形成了不同量程和不同分度的浮计。但任何一个浮计的平均密度都小于其测量的液体的平均密度。重物的上部用隔板结构或胶固物封紧。干管 C 是顶端封闭的细长圆柱管,其下端同躯体 A 的上端熔接,内壁紧贴着刻有浮计用途和单位的分度表。

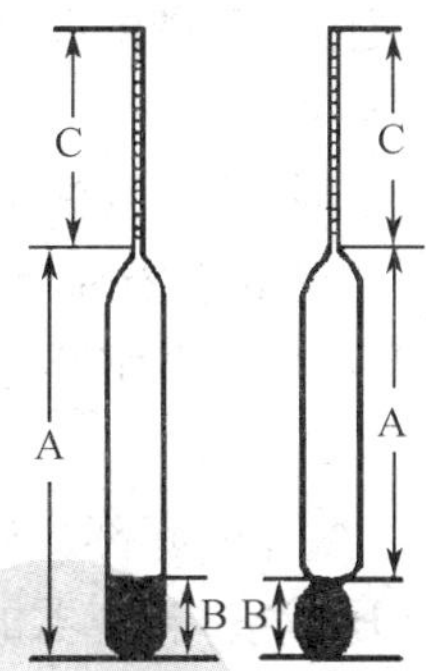

图 5-6-2　浮计(轻表)结构示意图

重表的结构与轻表的结构是类似的,也由压载室 B、躯体 A 和干管 C 等三部分所组成;与轻表不同的是,重表的干管 C 是圆柱形的中空玻璃管,躯体 A 是细长的圆柱管。轻表的形状是上细下粗(如图 5-6-2 所示),而重表的形状是上粗下细,但无论是轻表还是重表,最下面都是重锤(压载室)。

此外,重表压载室内的重物要比轻表的重(或多)。

轻表和重表上的刻度都是不均匀的(上疏下密),而且刻度值都是下面的数值大而上面的数值小(上小下大),其示数表示被测液体的密度,其单位一般为 g/cm^3。$1\ kg/cm^3 = 1\ 000\ g/cm^3$,其刻度值也可认为是无量纲(单位)的比重数值。

浮计的刻度以其浸入纯水中达到平衡状态时与水面相接之处为基准刻度线,其值为 1.000(g/cm^3)。重表的刻度是自此基准刻度线向下,刻度值由 1.000(g/cm^3)逐渐加大;轻表的刻度则是自此基准刻度线向上,刻度值由 1.000(g/cm^3)逐渐减小。

自重相等的重表和轻表,当浸入水中达到平衡状态时,它们所受到的浮力相等(等于自身的重力),即排开的水的体积相等;而重表的基准刻度线 1.000(g/cm^3)在其全部刻度的最上端,轻表的基准刻度线 1.000(g/cm^3)在其全部刻度的最下端,所以,重表的下端必须做得细又长,轻表的下端则必须做得粗而短(即前述的重表与轻表的形状)。

(2)浮子式密度计的工作原理

当浮计部分浸入被测量的液体时,不仅受到重力的作用,还受到被测液体的浮力的作用。浮计的重力是一定的,当浸入被测量的液体时,它将根据其所受的浮力的大小而上浮或下沉:

当重力大于浮力时，浮计则会下沉，浮计的浸入部分增加，导致浮力增加；而当重力小于浮力时，浮计则会上浮，浮计的浸入部分减小，导致浮力减小。一个功能完好的浮计在浸入被测液体足够长时间后应处于漂浮状态（当然在测量液体的密度时，被测液体的密度不能超过浮计的量程），此时浮计所受到的向上的浮力大小等于浮计自身的向下的重力的大小。

根据阿基米德原理，浮计浸入被测液体时所受到的浮力的大小，等于浮计所排开的液体的重力的大小。由此可知，被测液体的密度 ρ 与浮计浸入被测液体中的体积 V 成反比。若浮计的截面尺寸一定，则被测液体的密度 ρ 与浮计浸入被测液体中的深度成反比。

当浮计浸入被测液体处于平衡状态时，浮计浸没于被测液体中的深度取决于被测液体的密度，显然，被测液体的密度越小，则浮计浸没的深度越深；而被测液体的密度越大，则浮计浸没的深度越浅。所以，浮计上的刻度读数下大上小，在浮计上的刻度与液面重合处，即可读出液体的密度数值。

当然，浮计上标刻的读数也被认为是无量纲（单位）比重值，所以浮计也被称为比重计。此外，若浮计上标刻的读数是经标定的液体的某种浓度，此时的浮计即变为浓度计。

（3）使用浮子式密度计时的注意事项

在使用浮子式密度计测量液体的密度时，应特别注意以下几点：

①浮计浸入被测液体中要保证浮计始终处于铅垂状态。

②浮计浸入被测液体时，一开始会有小的上下沉浮运动，必须待浮计处于自然平衡状态时读取其刻度值。

③浮计浸入被测液体测量时，不能让浮计的底部（压载室）与容器的底部接触，浮计处于自然平衡时应为悬浮状态，浮计的底部（压载室）与容器的底部有一定的距离。

④应根据被测液体密度的大小，选择合适的量程和分度的浮计来测量。可先大概估计被测液体的密度，选用几只不同量程的浮计试用比较，最后确定测量用的浮计。

2.静压式密度计

静压式密度计的工作原理是将液体密度的测量转换为液体静压力（静压强）的测量。现有的静压式密度计按其测量方式分为液柱测压式和差压式两种。

（1）液柱测压式密度计

根据流体静力学基本方程，静止液体当中任意一点的静压力（静压强）：$p=p_0+\rho gh$。式中，p_0为静止液体自由表面上的气体压力（压强），单位为 Pa；ρ 为静止液体的密度，单位为 kg/m^3；g 为重力加速度，单位为 m/s^2；h 为该点距静止液体自由表面的垂直深度，单位为 m。当静止液体自由表面通大气时，其上的绝对压力（绝对压强）为大气压力（大气压强），即 $p_0=p_a$，则静止液体当中任意一点的表压力（表压强）为 $p_{表}=p-p_a=\rho gh$。由此可见，液面通大气的一定高度的静止液柱的表压力与该液体的密度成正比，因此，可根据压力测量仪表测出高度为 h、液面通大气的静止液柱的表压力数值 $p_{表}$，由 $\rho=p_{表}/(gh)$ 换算出液体的密度。这就是液柱测压式密度计的工作原理。

测量压力的方式和仪表有很多种（参见本章第二节），比如，膜盒（或膜片）是一种常用的压力测量元件，用它直接测量液体的液柱静压的密度计，称为膜盒（或膜片）静压式密度计。

另外，还有一种常用的液柱测压式密度计称为单管吹气式密度计，它的工作原理也是通过测量一定高度液柱的静压力来换算液体的密度，只是它以测量气压来代替直接测量液柱的压力。将一根吹气管插入被测液体液面以下的某一深度，将压缩空气引入吹气管，调整压缩空气

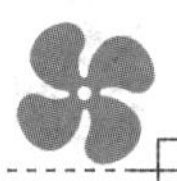

的压力，当吹气管的底部管口开始有气体不断地逸出时，吹气管内空气的压力就等于吹气管底部管口处液柱高度（即吹气管的插入深度）的压力，由空气的压力值便可换算出液体的密度。

（2）差压式密度计

根据流体静力学基本方程，静止液体当中任意两点的静压差 $\Delta p=\rho g\Delta h$。式中，ρ 为静止液体的密度，单位为 kg/m^3；g 为重力加速度，单位为 m/s^2；Δh 为两点的垂直距离，单位为 m。由此可见，静止液体当中相差一定高度的两点静压差与该液体的密度成正比，因此，可根据测量压力差的仪表（差压计）测出高度为 Δh 的两点的静压力差值 Δp，由 $\rho=\Delta p/(g\Delta h)$ 换算出液体的密度。这就是差压式密度计的工作原理。

差压计的种类也有很多，可参见本章第二节。

与液柱测压式密度计相比，差压式密度计有其独特的优势。

液柱测压式密度计的特点是测量一定高度液柱的静压力数值，且要求该液柱的自由表面为大气压力。当被测液体的液面通大气时，可将液柱测压式密度计从液面插入液体中的一定深度来测量其静压力数值。但多数情况下需要从被测液体中取出一定量的样品，在容器中形成一定高度的液柱来测量液柱底部的静压力数值。这样，所测量的那一点的静压力大小以及当地大气压力的大小都对测量的精度有一定的影响。

而差压式密度计的特点是测量静止液体中相距一定高度的两点的静压力差值，它对被测液体自由表面上的气体压力以及测量点的静压力大小都没有任何要求，这样就更便于现场直接测量，测量精度也有很大的提高。

3.振动式密度计

振动式密度计的基本原理是基于振动系统的固有频率（或称自然频率）和固有周期与振体的质量和系统的弹性有关，而与外界的干扰及其振幅等无关。理论分析表明，单自由度振动系统的固有频率 f 和固有周期 T 只与均质振体的密度 ρ、体积 V 和弹性系数 k 有关。所以，对于弹性系数 k 一定的振动系统，若振体的体积 V 已知，则测定该振动系统的固有频率 f 或固有周期 T，即可得到振体的密度 ρ。

用振动式密度计来测量液体的密度，通常是在空心的振体内充以一定体积的被测液体后，通过测定该振体的固有频率（或固有周期），或测量固有频率（或固有周期）的改变量，换算出被测液体的质量或密度。

目前国内外使用的数字式液体密度计大多是 U 形振荡管，就是在一个 U 形的玻璃管内充以一定体积的被测液体，然后给该 U 形玻璃管一初始干扰，使其受激后发生振动，通过测量该振动的固有周期 T 来获得该被测流体的密度 ρ。

振动式密度计的特点是：不受空气浮力、重力和人为因素的影响，因而测量精度比较高；测量所需的被测液体的量很少，一般每次测量仅需 0.1～2 mL；测量速度较快，适用于现场测量。但被测液体的黏度、含气量及均一性等对测量结果有影响，需用专门的方法消除这些影响。此外，每次测量时所用的被测液体的量很少，所以测量后的清洁非常重要，否则，被测液体和清洁溶剂的残留会对下次测量有影响。

4.放射性同位素密度计

放射性同位素密度计的测量原理为：在测量仪器内设置放射性同位素辐射源，它的放射性辐射线（比如 γ 射线）在穿透一定厚度的被测液体后，被辐射线检测器所接收。一定厚度的被测液体对放射性辐射线的吸收量与该被测液体的密度有关，辐射线检测器所接收的信号则与

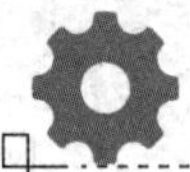

该吸收量有关，因此，辐射线检测器所接收的信号经变换、分析、换算后便可得到被测液体的密度。

第七节　盐度计

海水盐度是海水中含盐量的标度。通常将测量海水盐度的仪器、仪表和装置称为海水盐度计，简称盐度计。在船上，海水盐度计常用于海水淡化装置中所造淡水的盐度测量和控制。本节先简单介绍海水盐度的概念及测量方法，然后介绍船上常用的海水盐度计。

一、盐度的概念及测量方法

海水的含盐量是海水的重要特性，海水盐度则是海水含盐量的定量量度。海水盐度简称盐度。盐度是海水最重要的理化特性之一，它与温度和压力构成海水的三大基本参数。

实际上，盐度表示的是海水中盐类物质的质量分数。几十亿年来，来自陆地的大量化学物质溶解并贮存于海洋中。据测定，海水中含量最多的化学物质有 11 种，其中排在前三位的是钠、氯和镁。海水的含盐量与沿岸径流量、降水及海面蒸发等密切相关。地球上盐度最高的海域为红海，而盐度最低的海域为波罗的海。南、北纬 30°～40°的海水盐度最高，而赤道附近的海水盐度较低。

海水盐度的基本含义是海水中所溶解的所有物质的质量与海水质量的比值，此种含义的盐度也被称为绝对盐度。海水中所溶解的物质种类繁多，有些物质在烘干、提取过程中发生变化，其质量很难测定，因而绝对盐度不仅不能直接测量，间接测量也非常困难，不具有实际意义。

自 1901 年的第二次北欧国际海洋学会会议首次给出了可实际测量的海水盐度的定义及测量方法以来，随着海洋科学的发展和测量技术的进步，不仅海水盐度的测定方法不断地变化和改进，对盐度值测量准确性的要求也越来越高，为了保证测量的简便、准确以及历史数据的统一，先后对盐度的测定做了几次修订。

目前采用的是实用盐度，符号为 S，它是无量纲（单位）的量。联合国教育、科学及文化组织（UNESCO）、国际海洋考察理事会（ICES）、海洋研究科学委员会（SCOR）和国际海洋物理科学学会（IAPSO）等四个国际组织通报建议于 1982 年 1 月 1 日起采用 1978 年的实用盐度标度（简称实用盐标），并出版了《国际海洋用表》，表中规定了计算实用盐度的方法。

1978 年的实用盐标是用电导的方法测定海水的盐度。

由物理学可知，当导体的两端有电势差时，导体中就有电流通过，而一段导体中的电流与其两端的电势差成正比，其比例系数称为电导。电导的倒数称为这段导体的电阻。电阻与导体的性质和几何形状有关，实验表明，对于粗细均匀的导体，当导体的材料与温度一定时，导体的电阻与它的长度成正比、与它的横截面面积成反比，其比例系数称为电阻率。电阻率与导体材料的性质有关，不同材料的导体其电阻率不同。电阻率的倒数称为电导率。而海水的电导率取决于海水的温度、压力和盐度，因此，通过测定海水的电导率和温度及压力就可以确定海水的盐度。

电导法测盐的方法精度高，速度快，操作简便。

二、海水盐度计的种类

由于海水的电导率能反映海水总离子浓度，而且测量简便、准确，并易于实现自动化测量，自实用盐标确定以来，统一用海水的电导率来测量海水盐度。

以电导法为原理的盐度计，按用途分为实验室盐度计和现场盐度计两种。这些盐度计都是由电导率传感器、测量电路及数据处理装置等组成的。电导率传感器又分为电极式和感应式两种。

电极式盐度计的电流极对电导池内的海水施加电流，电位极则测量电导池内的海水电压降，从而测出电导率。

感应式盐度计通过电导池内外单区海水回路把两个同轴环形变压器耦合起来，测其与海水电导率成比例的感应强度来达到测盐目的。

由于海水盐度是海水的电导率、温度和压力的函数，现场盐度计的测量电路又有带自动温度、压力补偿和不补偿两种，后者则是直接把电导率、温度、压力的测量值输入计算机获得盐度。

不同的观测任务和目的，对海水盐度测定的准确度和分辨率的要求不同。目前对海水盐度的测定分为三个等级标准：

等级 1：准确度为±0.02，分辨率为 0.005；

等级 2：准确度为±0.05，分辨率为 0.01；

等级 3：准确度为±0.2，分辨率为 0.05。

三、海水盐度计的测量原理

电导法测盐的基本原理在于水溶液的导电性随其含盐量的增加而增加，即含盐量越多，其导电性就越好，或者说其电导率就越大，或者说其电阻率就越小。所以，盐度计的基本测量线路都是基于水溶液的导电性的。

盐度计的基本测量线路有三种方式，如图 5-7-1 所示。图 5-7-1(a)所示的方式称为串联测定方式，其测量的是通过电极的电流；图 5-7-1(b)所示的方式称为并联测定方式，其测量的是电极两端的电位差；图 5-7-1(c)所示的方式称为电桥测定方式，它以电极作为测量电桥的一臂，根据两电极间的水溶液的电阻值的变化来测定电桥的偏离程度。这三种方法目前得到了普遍应用。

四、海水盐度计的使用

盐度计常用于船上的海水淡化装置中，作为所造淡水盐度的连续测量仪表，并能在淡水含盐量超过既定标准时发出声、光报警，同时使不合格的淡水自动返回蒸馏器或泄入舱底。

海水淡化装置中盐度检测系统的盐度传感器通常都是电极式的，装在海水淡化装置的凝水管中，电极表面镀有铂或铑，如图 5-7-2 所示。当凝水不断地流过传感器时，在两电极间即会有电流通过。为防止盐度传感器的电极因黏附异物而短路，传感器每使用一个月左右应进行一次清洁。清洁时应以软布擦拭，切勿用硬物刮刷，以免电极表面的铂铑层受到损坏。

图 5-7-3 所示为某一盐度计的控制面板。其调整方法如下：首先接通电源开关 K_1，电源指示灯 XD_1亮。然后将温度修正旋钮对准 50 ℃，再将 R_{13}按逆时针方向转到底，接着按下试验开关 K_4，这时的盐度传感器即与测量电路脱开，而专门供调试用的固定电阻 R_3则接入电路。如

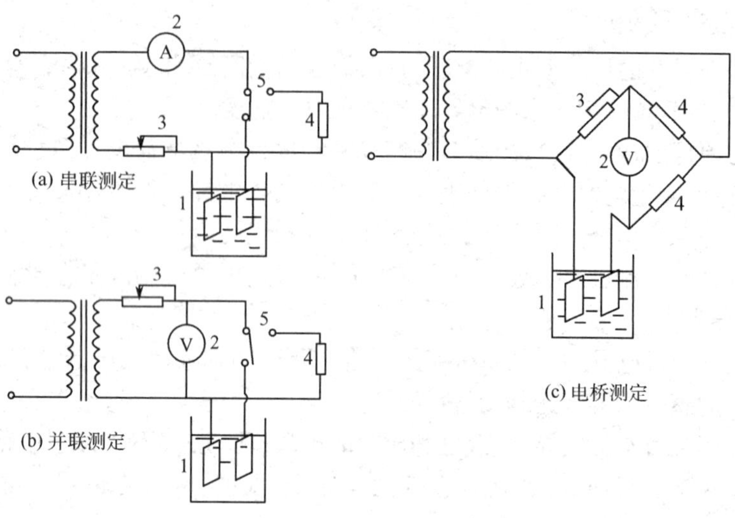

图 5-7-1　盐度计的基本接线原理图

1—电极；2—测量仪表；3—调整电阻；4—试验用标准电阻；5—转换开关

果盐度计指示准确，毫伏计指针应指在 50 mg/L 处，否则调节 R_{12} 校准。最后慢慢按顺时针方向转动 R_{13}，直至报警红灯 XD_2亮。警报响，即可松开试验开关 K_4，调整即告完成。

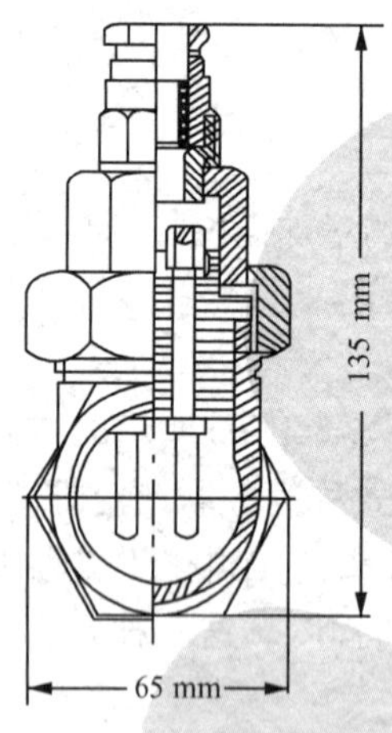

图 5-7-2　盐度传感器

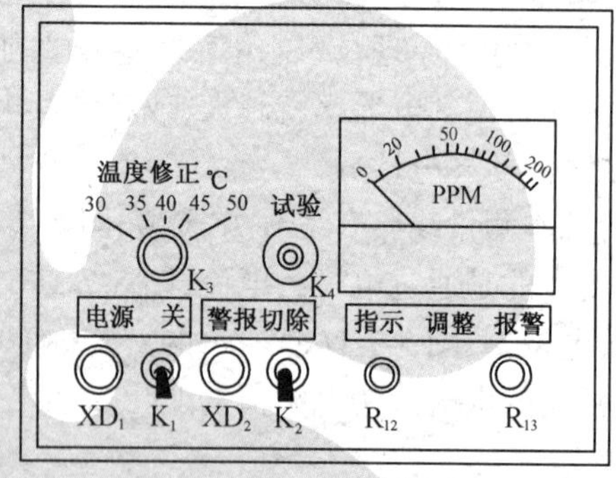

图 5-7-3　某盐度计的控制面板

K_1—电源；K_2—报警蜂鸣器消声开关；K_3—温度修正旋钮；

K_4—试验开关；XD_1—电源指示灯；XD_2—报警红灯；

R_{12}—指示值调整电阻；R_{13}—含盐量限定值调整电阻

第八节　塞尺

塞尺是一种测量间隙的薄片量尺，又称厚薄规、间隙片、测微片等。

塞尺是用于检验间隙的测量器具之一，主要用来检验机床特别紧固面与紧固面、活塞与气缸、活塞环槽与活塞环、十字头滑板与导板、进/排气阀顶端与摇臂、齿轮啮合间隙等两个结合面之间的间隙大小。

一、塞尺的结构

塞尺是由许多具有不同厚度级差的薄钢片组成的量规。薄钢片的数量很多，将其分组，并按组别将一定数目的薄钢片制成一把一把的塞尺，每把塞尺中的每个薄钢片都具有两个平行的测量平面，且都有厚度标记，以供组合使用。

塞尺一般用不锈钢制造，最薄的为 0.02 mm，最厚的为 3 mm。在 0.02~0.1 mm，各钢片厚度级差为 0.01 mm；在 0.1~1 mm，各钢片的厚度级差一般为 0.05 mm；1 mm 以上，钢片的厚度级差为 1 mm。

钢片的形状通常分为类型 A、B 两种类型，如图 5-8-1 所示。塞尺的常见规格见表 5-8-1。

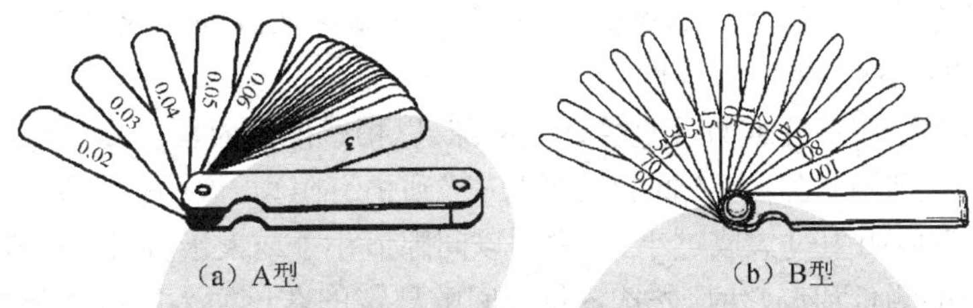

图 5-8-1　塞尺

在用塞尺检验被测间隙尺寸是否合格时，可以用通止法判断，也可由检验者根据塞尺与被测表面配合的松紧程度来判断。测量时，根据被测间隙的大小，将一片或数片重叠在一起塞进间隙内。比如，用 0.06 mm 的一片能插入间隙，而 0.07 mm 的一片不能插入间隙，那就说明该间隙在 0.06~0.07 mm，所以塞尺也是一种界限量规。

表 5-8-1　塞尺的常见规格

A 型	B 型	塞尺片长度/mm	片数	塞尺的厚度/mm 及组装顺序
组别标记				
75A13	75B13	75	13	0.02；0.02；0.03；0.03；0.04；0.04；0.05；0.05；0.06；0.07；0.08；0.09；0.10
100A13	100B13	100		
150A13	150B13	150		
200A13	200B13	200		
300A13	300B13	300		

续表

A 型	B 型	塞尺片长度/mm	片数	塞尺的厚度/mm 及组装顺序
组别标记				
75A14	75B14	75	14	1.00;0.05;0.06;0.07;0.08;0.09;0.10;0.15;0.20;0.25;0.30;0.40;0.50;0.75
100A14	100B14	100		
150A14	150B14	150		
200A14	200B14	200		
300A14	300B14	300		
75A17	75B17	75	17	0.50;0.02;0.03;0.04;0.05;0.06;0.07;0.08;0.09;0.10;0.15;0.20;0.25;0.30;0.35;0.40;0.45
100A17	100B17	100		
150A17	150B17	150		
200A17	200B17	200		
300A17	300B17	300		

二、塞尺的使用方法

(1)用干净的布将塞尺测量表面擦拭干净,不能在塞尺沾有油污或金属屑末的情况下进行测量,否则将影响测量结果的准确性。

(2)使用塞尺时可用一片或数片重叠插入间隙,以稍感拖滞为宜。

(3)将塞尺插入被测间隙中,来回拉动塞尺,感到稍有阻力,说明该间隙值接近塞尺上所标出的数值;若拉动时阻力过大或过小,则说明该间隙值小于或大于塞尺上所标出的数值。

(4)进行间隙的测量和调整时,先选择符合间隙规定的塞尺插入被测间隙中,然后一边调整,一边拉动塞尺,直到感觉稍有阻力时拧紧锁紧螺母,此时塞尺所标出的数值即为被测间隙值。

图 5-8-2 所示为用直尺和塞尺测量轴的偏移和曲折,这是主机与轴系法兰的定位检测工作之一。将直尺贴附在以轴系推力轴或第一中间轴为基准的法兰外圆的素线上,用塞尺测量直尺与之连接的柴油机曲轴或减速器输出轴法兰外圆的间隙 Z_1、Z_2,以及法兰间的间隙 Y_1、Y_2,并依次在法兰外圆的上、下、左、右四个位置上进行测量。

图 5-8-3 所示为用塞尺检验机床尾座紧固面的间隙(<0.04 mm)。

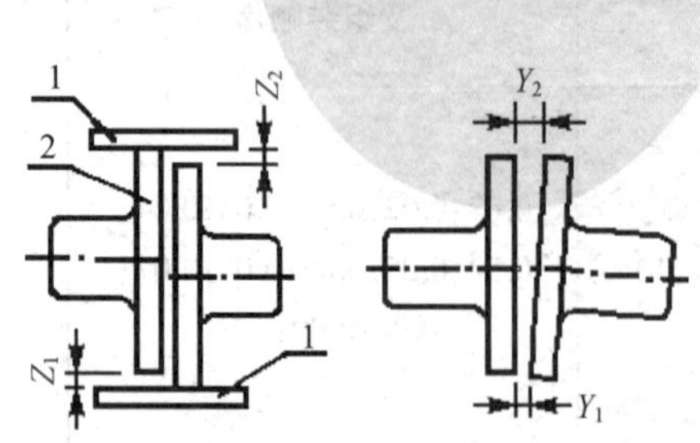

图 5-8-2 用直尺和塞尺测量轴的偏移和曲折

1—直尺;2—法兰

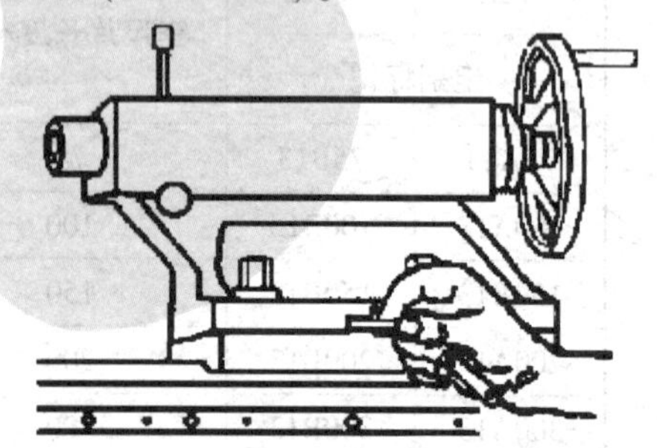

图 5-8-3 用塞尺检验机床尾座紧固面间隙

三、使用塞尺时的注意事项

(1)使用塞尺前必须先清除塞尺和工件上的污垢与灰尘。

(2)应根据间隙的大小合理选用塞尺的片数,片数愈少愈好。

(3)测量时动作要轻,不允许在测量过程中剧烈弯折塞尺,或用较大的力硬将塞尺插入被检测间隙,否则将损坏塞尺的测量表面或零件表面的精度。

(4)不允许用塞尺测量温度较高的工件。

(5)使用完后,应将塞尺擦拭干净,并涂上一薄层工业凡士林,然后将塞尺折回夹框内,以防锈蚀、弯曲、变形而损坏。

(6)存放时,不能将塞尺放在重物下,以免损坏塞尺。

第九节　游标卡尺

游标卡尺(简称卡尺)是一种带有测量卡爪并用游标读数的通用量尺。它是一种常用的长度量具,具有结构简单、使用方便、精度中等和测量的尺寸范围大等特点,所以应用非常广泛。

游标卡尺是一种中等精度的长度量具。它可以测量0~2 000 mm工件的内外尺寸(如长度、宽度、内径和外径等),包括孔距、深度和高度等。但是,由于它的测量精度不是很高,只能适用于测量公差等级IT10~IT15的零件。

一、游标卡尺的结构

游标卡尺的类型虽然较多,但结构大同小异,都是由主尺、副尺和量爪等三个主要部分组成的。

具有固定量爪的尺身上有类似于钢尺一样的刻度的部分,称为主尺。主尺的刻度线间距为1 mm。主尺的长度决定了游标卡尺的测量范围。

具有活动量爪的游框(也称尺框)套在主尺上,可在尺身上移动,其上也有刻度,称为副尺,也称为游标。副尺的刻度线间距取决于游标卡尺的精度。

此外,测量范围为0~125 mm的游标卡尺一般还带有测量深度的深度尺;而测量范围大于等于200 mm的游标卡尺一般还带有可将游框做微小调整的微动装置。

下面介绍三种常见的游标卡尺。

(一)三用游标卡尺

测量范围为0~125 mm的游标卡尺,一般制成如图5-9-1所示的具有刀口形的上、下量爪并带有深度尺的型式。

下量爪(外测量爪)7用来测量工件的外径或长度,上量爪(内测量爪)2用来测量孔径或槽宽,深度尺5用来测量工件的深度。因其可直接测量工件的外径、内径和深度,故称为三用游标卡尺。

深度尺5固定在游框(尺框)3的背面,能随着游框在尺身的导向凹槽中移动。测量深度时,应把尺身尾部的端面紧靠在零件的测量基准平面上。

测量时,先松开紧固螺钉4,然后移动游框(尺框)3,使其得到需测量的尺寸,再用紧固螺钉 4 锁紧,以防尺寸变动。

小尺寸的游标卡尺大多制成这种型式。

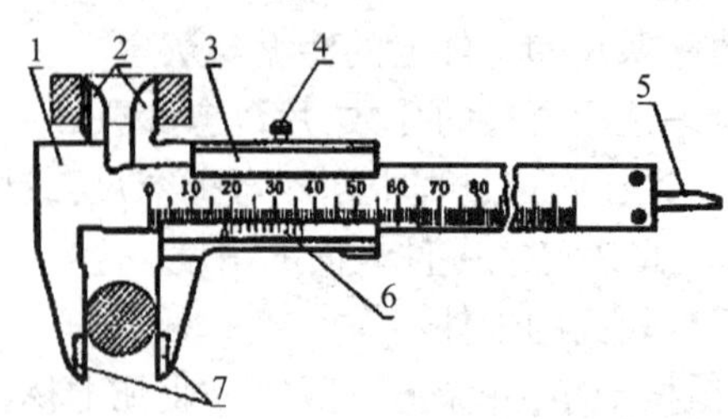

图 5-9-1　三用游标卡尺

1—尺身(主尺);2—上量爪(内测量爪);3—游框(尺框);4—紧固螺钉;
5—深度尺;6—游标(副尺);7—下量爪(外测量爪)

(二)双面量爪游标卡尺

测量范围为 0~200 mm 和 0~300 mm 的游标卡尺,可制成如图 5-9-2 所示的具有内、外测量面的下量爪和具有刀口形的上量爪的型式。

为了调整方便,在其游框(尺框)3 上增加了可随其一起移动并可做微小调整的微动装置 5。使用时需注意,移动游框(尺框)3 时,应将紧固螺钉 4 的两个螺钉都松开;当游框 3 移动到某一需要的位置后,旋紧微动装置 5 上的螺钉将微动装置 5 固定在尺身上,而游框 3 上的螺钉仍保持松开状态;此时用手指转动微动螺母 7,活动量爪就随同游框 3 一起微量前进或后退,即微调游标(副尺)8 的尺寸。微动装置的作用是使游标卡尺在测量时用力均匀,便于调整测量压力,减小测量误差。

上量爪 2 用来测量工件的外径或长度;下量爪 9 既可用来测量工件的外径或长度,也可用来测量孔径或槽宽,但在用下量爪测量孔径或槽宽时,游标卡尺的读数必须加上两个下量爪的厚度(一般为 10 mm)。

必须强调的是,并不是所有的双面量爪游标卡尺的下量爪的结构都是一样的,有的卡尺用下量爪测量内孔跟用上量爪测量外径一样,游标卡尺的读数并不需要加上、下量爪的厚度,而是卡尺显示多少就读多少。使用时应特别注意看清其结构,以正确读数。

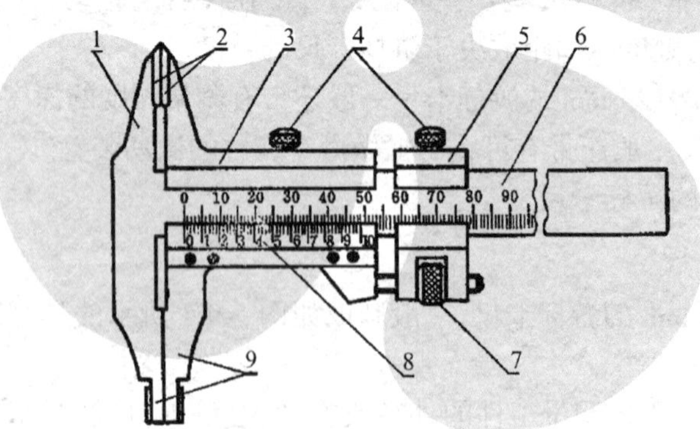

图 5-9-2　双面量爪游标卡尺

1—尺身(主尺);2—上量爪;3—游框(尺框);4—紧固螺钉;5—微动装置;
6—主尺刻度;7—微动螺母;8—游标(副尺);9—下量爪

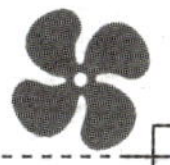

(三)单面量爪游标卡尺

测量范围为0～200 mm和0～300 mm的游标卡尺,也可制成如图5-9-3所示的只有一对具有内、外测量面的下量爪的型式,测量范围大于300 mm的游标卡尺,则只制成这种仅带有下量爪的型式。

这种卡尺除没有上量爪外,其余结构和功能与双面量爪游标卡尺完全相同。

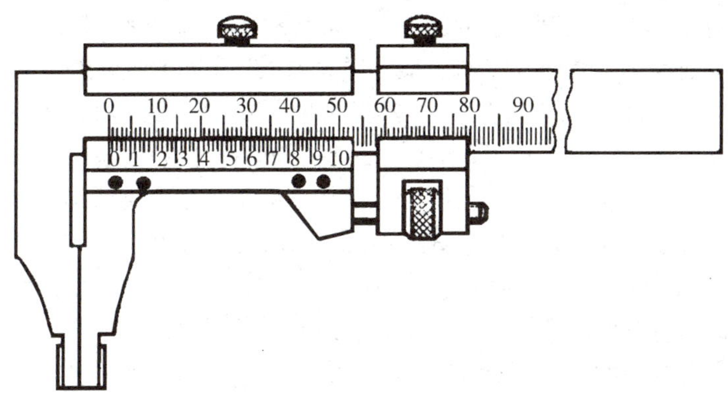

图5-9-3　单面量爪游标卡尺

二、游标卡尺的刻度方式及分度值

游标卡尺的分度值,常用的有0.1 mm、0.05 mm和0.02 mm三种。这三种分度值的游标卡尺的主尺刻度相同,每格均为1 mm,所不同的是副尺(游标)的总格数与主尺相对的格数不同。

游标卡尺的读数分度值是利用主尺与副尺(游标)间的刻度距离之差来确定的。下面以0.1 mm分度值的游标卡尺为例来加以说明,它有以下两种刻度方式:

(1)主尺刻度的每格为1 mm,取其9格的长度(即9 mm)分为10等份刻度在副尺(游标)上,则副尺(游标)刻度的每格为0.9 mm;这时,主尺刻度的每格与副尺(游标)刻度的每格相差0.1 mm,则该游标卡尺的分度值为0.1 mm。

(2)主尺刻度的每格为1 mm,取其19格的长度(即19 mm)等分为10等份刻度在副尺(游标)上,则副尺(游标)刻度的每格为1.9 mm,这时,主尺刻度的2格与副尺(游标)刻度的1格相差2.0−1.9=0.1 mm,因此该游标卡尺的分度值也为0.1 mm。与上一种刻度方式相比,它增大了副尺(游标)刻度线的间距,使副尺(游标)的刻度线条更加清晰,更容易看准读数。

分度值为0.05 mm和0.02 mm的游标卡尺的刻度方法也是相似的。分度值为0.05 mm的游标卡尺是将主尺刻度的19格的长度(即19 mm)分为20等份刻度在副尺上,或将主尺刻度的39格的长度(即39 mm)分为20等份刻度在副尺上;而分度值为0.02 mm的游标卡尺是将主尺刻度的49格的长度(即49 mm)分为50等份刻度在副尺上。

三、游标卡尺的读数原理及读数方法

游标卡尺的测量读数是由主尺的读数和副尺(游标)的读数两部分组成的。

如图5-9-2和图5-9-3所示,当游标卡尺的活动量爪与固定量爪贴合时,副尺(游标)的"0"刻度线(简称游标零线)对准主尺上的"0"刻度线,此时量爪间的距离为0。当游框向右移动到某一位置时,固定量爪与活动量爪之间的距离,就是零件的测量尺寸,如图5-9-1所示。

此时所测量尺寸的整数部分,可在游标零线左边的主尺刻度线上读出来,而比 1 mm 小的小数部分,可由副尺(游标)读出。

(一)游标卡尺的读数原理

前述的三种分度值以及两种刻度方式的游标卡尺,其读数原理和读数方法都是相同的。下面以前述的第一种刻度方式、分度值为 0.1 mm 的游标卡尺为例,介绍游标卡尺的读数原理和读数方法。这种游标卡尺的主尺刻度线的每格为 1 mm,副尺(游标)刻度线的每格为 0.9 mm。

如图 5-9-4(a)所示,当游标零线与主尺零线对准(两爪合并)时,副尺(游标)上的第 10 根刻度线正好与主尺上的 9 mm 的刻度线对齐,而副尺(游标)上的其他刻线都不会与主尺上的任何一条刻度线对齐。当游标向右移动 0.1 mm 时,则游标零线后的第 1 根刻度线与主尺的刻度线对齐;当游标向右移动 0.2 mm 时,则游标零线后的第 2 根刻度线与主尺的刻度线对准;依此类推,若游标向右移动 0.5 mm,则游标零线后的第 5 根刻度线与主尺的刻度线对齐,如图 5-9-4(b)所示。由此可知,当游标向右移动不足 1 mm 的距离时,其距离值虽不能直接从主尺上读出,但可以找到与主尺刻度线对齐的副尺(游标)上的刻度线,则副尺(游标)上该刻度线左侧的格数(该刻度线与游标零线间的格数)与游标卡尺的分度值(比如 0.1 mm)之乘积,即为该距离的大小。比如,图 5-9-4(b)所示的尺寸即为 5×0.1=0.5(mm)。

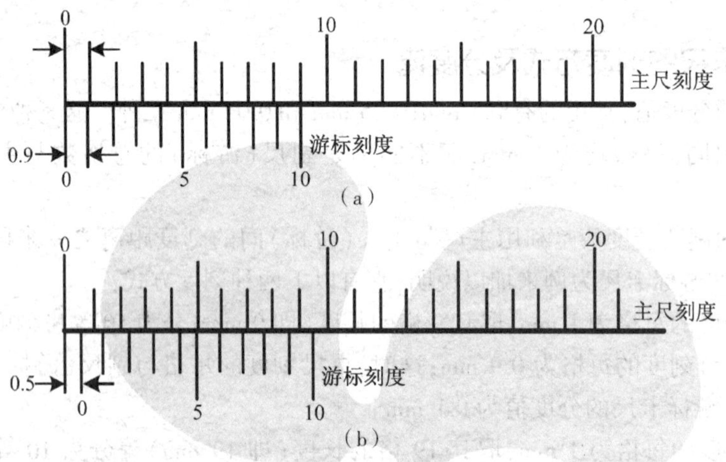

图 5-9-4　游标卡尺的读数原理

(二)游标卡尺的读数方法

在游标卡尺上读数,概括来说就是:以游标零线为准线,从主尺上读整数,从副尺上读小数。

若游标零线恰好与主尺刻度线对齐,则按游标零线的位置直接在主尺上读出被测尺寸的数值,否则:

(1)首先看游标零线的左边,在主尺上读出被测尺寸的整数部分。

(2)其次看游标零线的右边,在副尺(游标)上找出与主尺刻度线对齐的刻度线,数出副尺(游标)上该刻度线左侧的格数(该刻度线与游标零线间的格数),则该格数与游标卡尺分度值的乘积即为被测尺寸的小数部分;当然,目前大多数的游标卡尺,其副尺上的刻度值已按其分度值标记,可由与主尺刻度线对齐的那根副尺刻度线直接读出小数部分,而不用先数格数再乘分度值了。

(3)最后将第一步的整数与第二步的小数相加,即得被测尺寸的数值。

游标卡尺测量的尺寸均以毫米(mm)计。

(三)游标卡尺的读数示例

图 5-9-5(b)、(c)给出了按前述第一种刻度方式、分度值为 0.1 mm 的游标卡尺(主尺每格为1 mm,副尺每格为 0.9 mm)的两个读数示例。

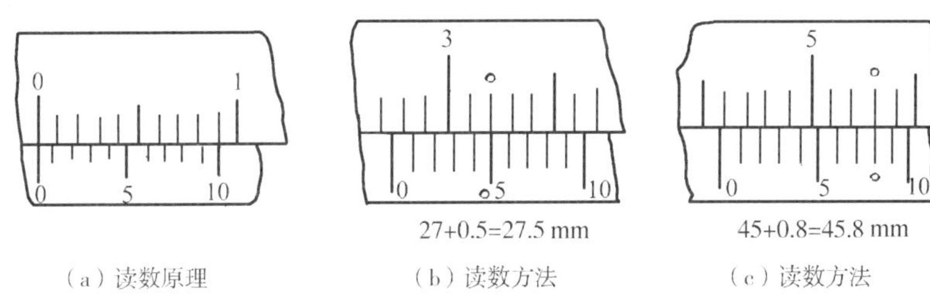

图 5-9-5　分度值为 0.1 mm 的游标卡尺(1)

图 5-9-6 所示为按前述第二种刻度方式、分度值为 0.1 mm 的游标卡尺的游标零位和读数示例。由图 5-9-6(a)可见,副尺(游标)上的 10 格对准主尺上的 19 格(19 mm),即主尺每格为 1 mm,而副尺每格为 1.9 mm,主尺 2 格与副尺 1 格相差 0.1 mm。其读数原理并未改变,却增大了副尺刻度线的间距,使副尺的刻度线线条更加清晰,更容易看准读数。图 5-9-6(b)为其读数示例,游标零线在 2~3 mm 刻度线之间,游标零线左边的主尺刻度线是 2 mm,因此,所测尺寸的整数部分是 2 mm;再观察副尺(游标)上的刻度线,可以看出副尺(游标)上游标零线后的第 3 根刻度线与主尺刻度线是对齐的,因此,所测尺寸的小数部分为 3×0.1=0.3(mm);两者相加,则所测尺寸为 2+0.3=2.3(mm)。

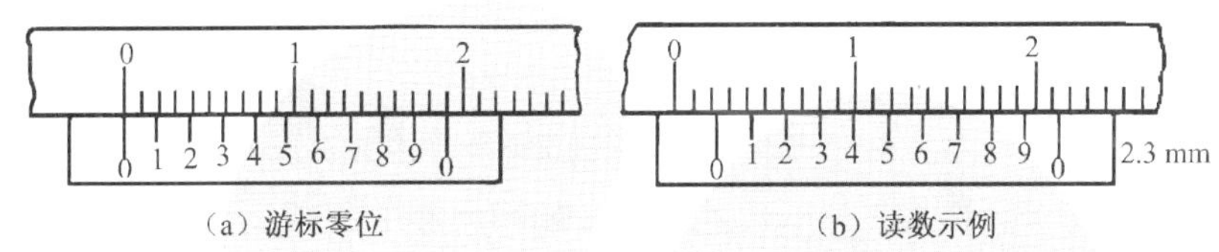

图 5-9-6　分度值为 0.1 mm 的游标卡尺(2)

图 5-9-7 所示为分度值为 0.05 mm 的游标卡尺的游标零位和读数示例。由图 5-9-7(a)可见,副尺(游标)上的 20 格对准主尺上的 39 格(39 mm),即主尺每格为 1 mm,而副尺每格为 1.95 mm,主尺 2 格与副尺 1 格相差 0.05 mm(同样的道理,若副尺上的 20 格对准主尺上的 19 格,即主尺每格为 1 mm,而副尺每格为 0.95 mm,则主尺 1 格与副尺 1 格仍相差 0.05 mm)。图 5-9-7(b)为其读数示例,游标零线在 32~33 mm 刻度线之间,副尺(游标)上游标零线后的第 11 根刻度线与主尺刻度线是对齐的,因此,所测尺寸的整数部分为 32 mm,小数部分为 11×0.05=0.55(mm),则所测尺寸为 32+0.55=32.55(mm)。

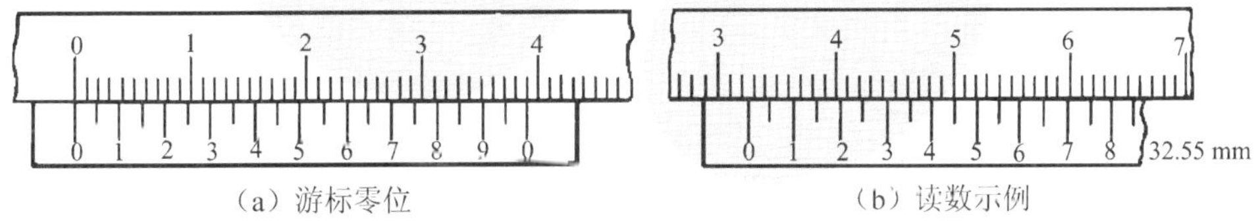

图 5-9-7　分度值为 0.05 mm 的游标卡尺

图 5-9-8 所示为分度值为 0.02 mm 的游标卡尺的游标零位和读数示例。由图 5-9-8(a)可见,副尺(游标)上的 50 格对准主尺上的 49 格(49 mm),即主尺每格为 1 mm,而副尺每格为 0.98 mm,主尺 1 格与副尺 1 格相差 0.02 mm。图 5-9-8(b)为其读数示例,游标零线在 123~

124 mm刻度线之间，副尺（游标）上游标零线后的第 11 根刻度线与主尺刻度线是对齐的，因此，所测尺寸的整数部分为 123 mm，小数部分为 11×0.02＝0.22（mm），则所测尺寸为 123+0.22＝123.22（mm）。

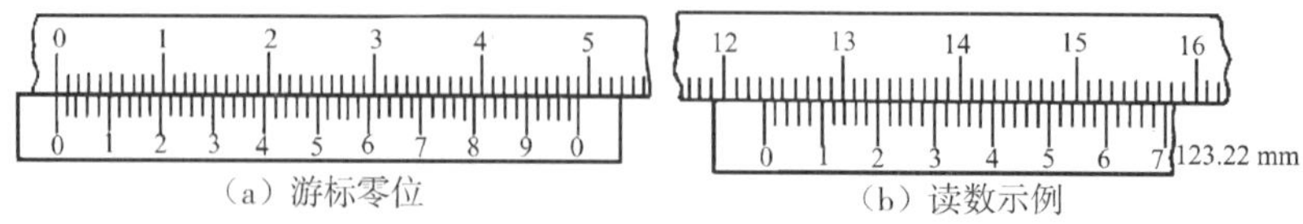

图 5-9-8　分度值为 0.02 mm 的游标卡尺

实际上，由图 5-9-6、图 5-9-7、图 5-9-8 可见，目前大多数游标卡尺的副尺上所标注的刻度值，并不是其刻度线序号（或格数）的数值，而是刻度线序号（或格数）与游标卡尺分度值之积的 10 倍值，这样就可以很方便地读出所测尺寸的小数部分，而不再需要进行上述的与分度值有关的换算了。

四、游标卡尺的使用

图 5-9-9 所示为三用游标卡尺测量外径、孔径和深度的用法示例。

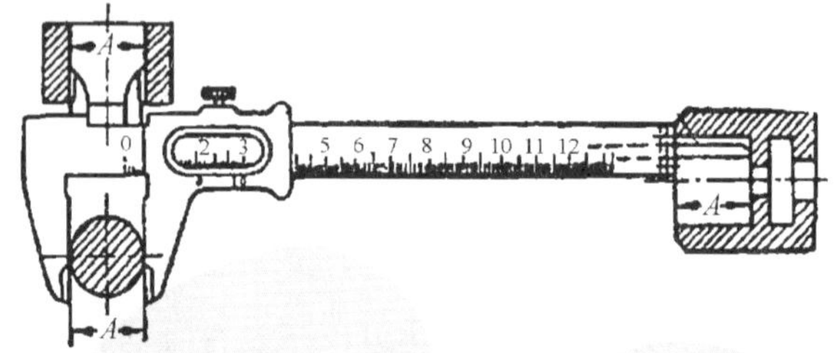

图 5-9-9　三用游标卡尺测量外径、孔径和深度

图 5-9-10 所示为双面量爪游标卡尺测量两孔的中心距 e 的用法示例。但要注意，游标卡尺并不能直接测量出两孔的中心距 e，而是通过测量图示的 M 值由计算得到 e，此时要注意量爪的厚度 t，若两孔的孔径 D 和 d 已知（或测得），则两孔的中心距为 $e=M+2t-1/2(D+d)$，此时，两孔壁的最大距离为 $M+2t$，这也是用双面或单面量爪游标卡尺测量一个圆孔孔径的方法。

当然，用双面或单面量爪游标卡尺测量这两孔壁的最小距离（相当于测量一个圆柱的外径）去计算两孔的中心距 e，则不需要考虑量爪的厚度 t。

图 5-9-11 所示为游标卡尺测量圆孔中心到平面的距离 C 的用法示例。同样也要注意，游标卡尺也并不能直接测量出这个距离 C，而是通过测量图示的 T 值（孔壁到平面的最小距离）由计算得到 C，即 $C=T+D/2$。

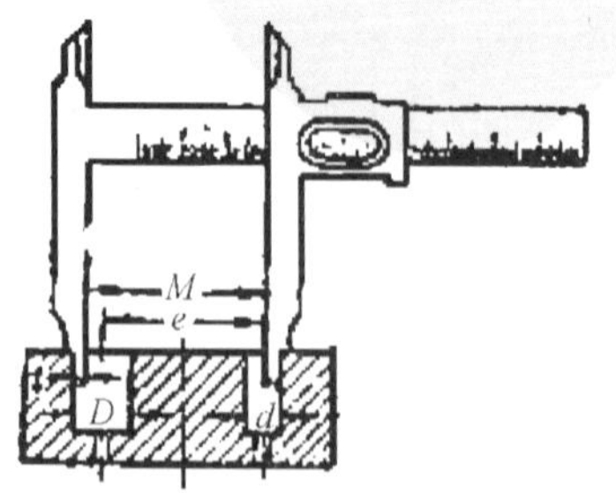

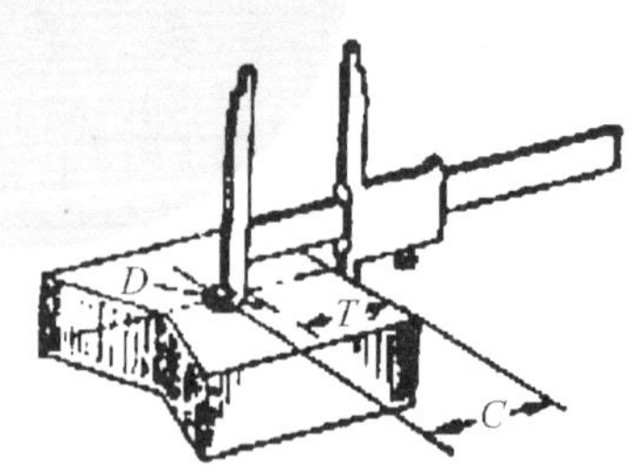

图 5-9-10　双面量爪游标卡尺测量两孔的中心距　图 5-9-11　游标卡尺测量圆孔中心到平面的距离

五、游标卡尺的使用和保养注意事项

正确使用和保养游标卡尺应重点注意以下几点：

(1)使用游标卡尺测量前，应把游标卡尺擦拭干净，并检查游标卡尺的两个测量面和测量刀口是否平直无损；然后合并量爪，检查量爪两结合面是否贴合（应无明显的间隙），并检查主尺的零位刻度线与游标的零位刻度线是否对齐。

(2)移动游框时，其活动要自如，不应过松或过紧，更不能有晃动；用固定螺钉固定游框时，卡尺的读数不应有所改变；在移动游框时，不要忘记松开其固定螺钉，亦不要过松以免掉落丢失。

(3)使用游标卡尺测量工件时，不允许过分地施加压力，所施压力应使两个量爪刚好接触工件的表面。如果所施压力过大，不仅会使量爪弯曲或磨损，而且量爪在过大压力的作用下所产生的弹性变形会使测量的尺寸不准确（外尺寸将小于实际尺寸，内尺寸将大于实际尺寸）。

(4)使用中应注意保护量爪的测量面；不得用卡尺去测量铸件表面、锻件表面以及运动着的工件表面。

(5)游标卡尺在读数时，应水平端持游标卡尺，且朝着亮光的方向；同时，应使视线正对着卡尺的刻度线表面，以避免因视线不正造成读数误差。

(6)为了获得正确的测量结果，可以多测量几次，即在工件的同一截面上的不同方向进行测量。对于较长的工件，则应在工件全长的各个部位进行测量，以获得一个比较正确的测量结果。

(7)游标卡尺是中等精度的量具，若因条件所限而必须用游标卡尺去测量精度要求高的工件，最好先用块规将游标卡尺校对一下，并记住这把游标卡尺的误差，并在测量时将这个误差考虑进去。

(8)测量工件的外尺寸时，应使量爪贴靠在被测工件的表面；同时，卡尺必须放正，卡尺两测量面的连线应垂直于被测工件的表面，不得歪斜，以免产生误差，如图 5-9-12 所示，卡尺歪斜时，其测量结果 a 将比实际尺寸 b 要大。必要时，可以轻轻摇动卡尺，以放正其位置。

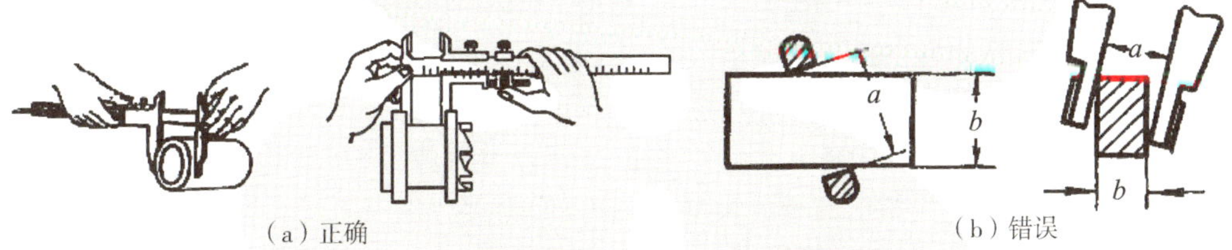

（a）正确　　（b）错误

图 5-9-12　游标卡尺测量外形尺寸

测量时，先把卡尺的活动量爪张开，使两量爪能自由地跨在工件的两侧，把固定量爪贴靠在工件上，然后移动游框，用轻微的压力使活动量爪贴紧工件，然后拧紧固定螺钉以固定游标，再读出测量的工件尺寸。若卡尺带有微动装置，应先拧紧微动装置上的固定螺钉，然后转动调节螺母，使量爪接触零件，再拧紧游框上的固定螺钉以固定游标，最后读取测量的工件尺寸。

必须注意，绝不可把卡尺的两个量爪只调节到接近甚至小于所测尺寸时，强行把卡尺卡到工件上去。这样做会使量爪变形，或使测量面过早磨损，导致卡尺失去应有的精度。

(9)测量工件的内尺寸时，应使量爪分开的距离小于所测内尺寸，待量爪进入工件内孔后，再慢慢张开量爪并使其轻轻接触工件的内表面，如图 5-9-13 所示，然后将游框上的固定螺钉拧紧使游框固定后，再轻轻取出卡尺来读数。

图 5-9-13 游标卡尺测量内孔尺寸

取出量爪时必须注意，用力要均匀，要使卡尺沿着孔的中心线方向滑出，不可歪斜，以避免量爪受到扭伤、变形和不必要的磨损，也避免使游框产生位移，影响测量精度。

当测量圆孔的内径尺寸时，应注意使卡尺的两测量刃位于孔的直径位置处，不能偏歪。图 5-9-14 所示为使用带有刀口形的量爪和带有圆柱面形的量爪测量内孔的直径，当量爪不在孔的直径位置处时，其测量结果 d 将比实际孔径 D 小。

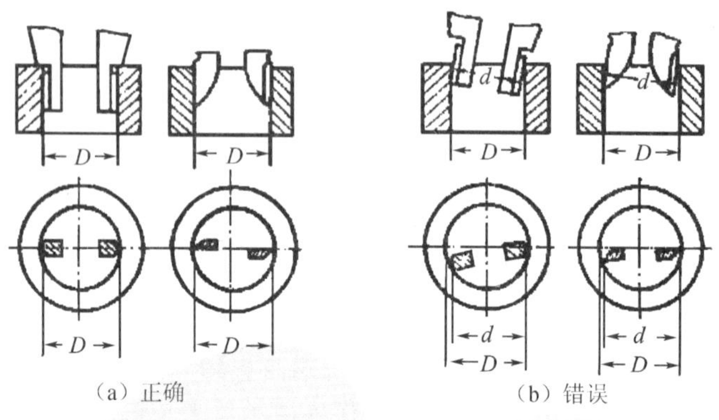

图 5-9-14 游标卡尺测量内孔径

当用下量爪的外测量面测量内尺寸时，一定要注意考虑量爪的厚度，即游标卡尺上的读数，加上两量爪的厚度，才是被测工件的内尺寸。测量范围在 500 mm 以下的游标卡尺，两量爪的总厚度一般为 10 mm。但当量爪磨损和修理后，其厚度可能会变小，读数时也要把这个因素考虑进去。

当用游标卡尺测量内孔的深度时，应使主尺端面紧贴工件端面，并使尺子尖端贴住内孔的底面，然后读出尺寸。

（10）测量平面沟槽时，应当使用量爪的平面测量刃进行测量，尽量避免使用端部测量刃和刀口形量爪测量。对于圆弧形沟槽的尺寸，则应当使用刃口形量爪进行测量，而不应当使用平面形测量刃进行测量，如图 5-9-15 所示。

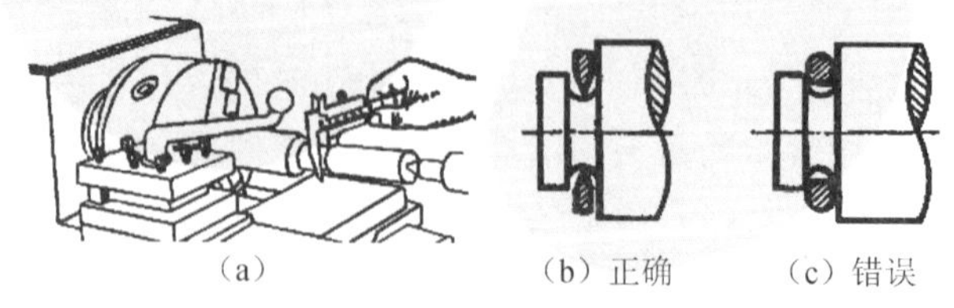

图 5-9-15 游标卡尺测量沟槽

此外，在测量沟槽的宽度时，还要注意放正游标卡尺，应使卡尺两测量刃的连线垂直于沟槽，不能歪斜，如图 5-9-16 所示，否则也将使测量结果不准确（可能大，也可能小）。

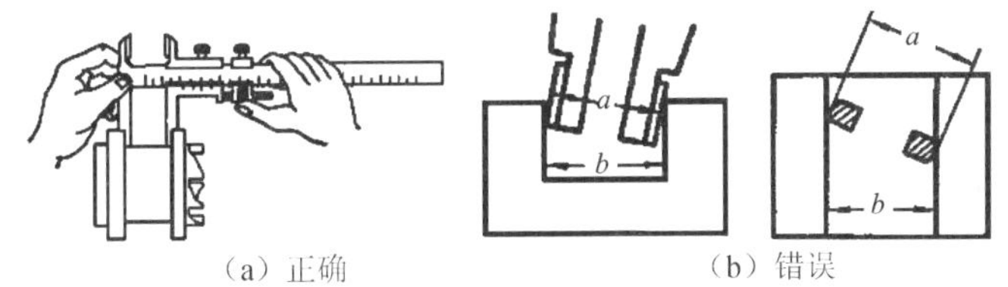

（a）正确　　（b）错误

图 5-9-16　游标卡尺测量沟槽宽度

六、其他游标卡尺简介

除以上介绍的普通游标卡尺外，还有一些专用游标卡尺，比如高度游标卡尺、深度游标卡尺、齿厚游标卡尺等，它们的读数原理和方法与普通游标卡尺相同。

高度游标卡尺用于测量工件的高度和精密划线，其结构特点是用质量较大的基座代替了固定量爪，可移动的尺框则通过横臂装有测量高度和划线用的量爪。高度游标卡尺的测量工作应在平台上进行。当量爪的测量面与基座的底平面位于同一平面时，比如在同一平台平面上，主尺与游标的零线是相互对准的。因此，在测量高度时，量爪测量面的高度就是被测量工件的高度尺寸，与游标卡尺一样，它的具体数值可在主尺(整数部分)和游标(小数部分)上读出。用高度游标卡尺划线时，应先调好划线高度，再用紧固螺钉把游框锁紧，然后在平台上进行调整，调整后可以进行划线。

深度游标卡尺用于测量工件的深度尺寸，如台阶高低、槽的深度等。它的结构特点是游框的两个量爪连在一起，成为一个带游标的测量基座，基座的端面和尺身的端面就是它的两个测量面。使用深度游标卡尺测量时，应先把测量基座轻轻地压在工件的基准面上，两个端面必须都接触工件的基准面。

齿厚游标卡尺用来测量齿轮(或蜗杆)的齿厚和齿顶。它由两根相互垂直的主尺组成，在水平主尺与垂直主尺上各附有游标、游框和微动装置。

传统的游标卡尺，包括以上介绍的普通游标卡尺和专用游标卡尺，在使用时都存在一个共同的问题，就是读数不太方便，虽然可以直接读出测量尺寸，但其读数刻线不是很清晰，容易读错，有时不得不借助放大镜将读数部分的刻线放大。为了解决这个问题，现在的游标卡尺采用了无视差结构，使游标的刻度线与主尺的刻度线处在同一平面上，消除了在读数时因视线倾斜而产生的视差。有的卡尺装有测微表或数字显示装置代替游标读数，就形成了带表卡尺(如图 5-9-17 所示)和数显卡尺(如图 5-9-18 所示)，这样就大大提高了读数的准确性，也更便于使用。

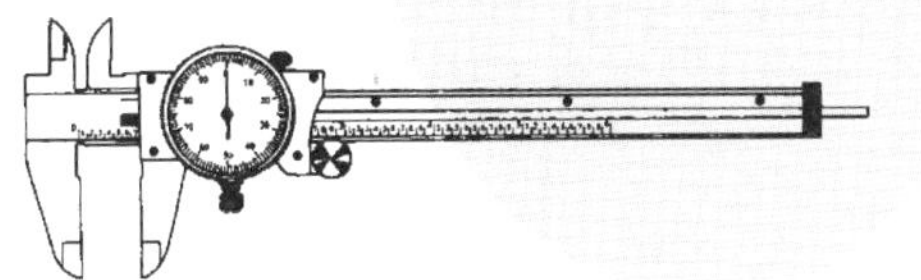

图 5-9-17　带表卡尺

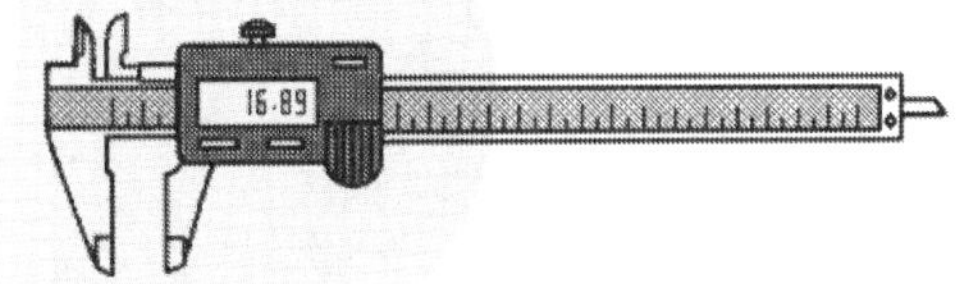

图 5-9-18　数显卡尺

第十节　千分尺

千分尺又称分厘卡，它是一种比游标卡尺更精密的长度量具，用它测量的长度可以准确到

0.01 mm或0.001 mm。因其测量精度比较高,属精密量具,故一般用来测量公差等级为IT6~IT10的零件尺寸。

千分尺是应用螺旋测微原理而制成的量具,故也称为螺旋测微器或螺旋测微仪。千分尺是一种常用的长度量具,其测量精度比游标卡尺高,并且使用比较灵活,多用于加工精度要求较高的场合。

国家标准中规定:外径千分尺是利用螺旋副原理对尺架上两测量面间分隔的距离进行读数的外尺寸测量器具,其分度值为0.01 mm和0.001 mm。分度值为0.001 mm的称为微米千分尺。(过去有的地区将分度值为0.001 mm的称为千分尺,而将分度值为0.01 mm的称为百分尺。)

千分尺的种类虽然很多,比如外径千分尺、内径千分尺、深度千分尺、螺纹千分尺以及公法线千分尺等,但它们的结构大体相似,读数原理也基本相同。

通常所说的千分尺一般都是指外径千分尺,它也是工程上使用最多、应用最广泛的一种千分尺。外径千分尺常用于测量或检验零件的外径、凸肩厚度以及板厚、壁厚等(测量孔壁厚度的千分尺,其量面呈球弧形)。下面以外径千分尺为例,介绍千分尺的结构、读数原理、读数方法以及使用和保养的注意事项等。

一、千分尺的结构

千分尺一般是由尺架、测微机构、测力机构和制动机构等几个部分组成的。

图5-10-1所示是测量范围为0~25 mm的外径千分尺的结构。尺架1的一端装有固定量砧2,另一端装有测微装置。固定量砧和活动量砧(测微螺杆)的测量面上都镶有硬质合金,以延长测量面的使用寿命。尺架1的两侧面覆盖着绝热板12,使用千分尺时,手持绝热板,以防止人体的热量影响千分尺的测量精度。

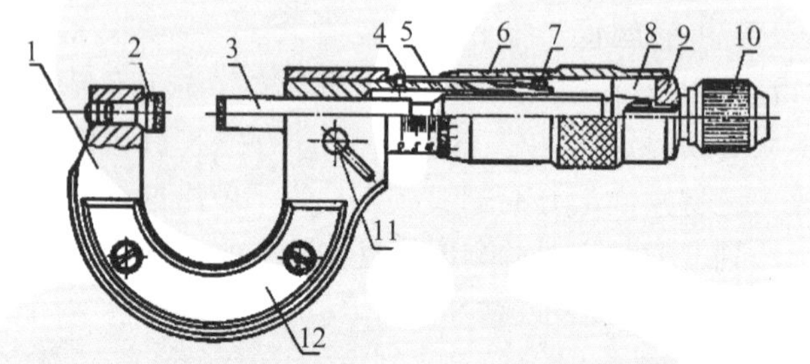

图5-10-1 测量范围为0~25 mm的外径千分尺的结构

1—尺架;2—固定量砧;3—测微螺杆(活动量砧);4—螺纹轴套;5—固定套管;6—活动套管;7—调节螺母;8—接头;9—垫片;10—测力机构;11—锁紧手柄;12—绝热板

(一)千分尺的测微机构

图5-10-1中的3~9是千分尺的测微机构部分。

带有刻度的固定套管5用螺钉固定在螺纹轴套4上,而螺纹轴套4又与尺架1结合成一体。在固定套管5的外面有一带刻度的活动套管6,它用锥孔通过接头8的外圆锥面再与活动量砧(测微螺杆)3相连。

测微螺杆3的一端是测量杆,并与螺纹轴套上的内孔定心间隙配合;中间是精度很高的外螺纹,与螺纹轴套4上的内螺纹精密配合,可使测微螺杆3旋转自如并且其间隙极小;测微螺杆3另一端的外圆锥与内圆锥接头8的内圆锥相配,并通过顶端的内螺纹与测力机构10

连接。

当测力机构10的外螺纹旋紧在测微螺杆3的内螺纹上时,测力机构10就通过垫片9紧压接头8,而接头8上开有轴向槽,有一定的胀缩弹性,能沿着测微螺杆3上的外圆锥胀大,从而使活动套管6与测微螺杆3和测力机构10结合成一体。

当用手旋转测力机构10时,就带动测微螺杆3和活动套管6一起旋转,并沿着精密螺纹的螺旋线方向运动,使千分尺两个量砧的测量面之间的距离发生变化。

(二)千分尺的测力机构

图5-10-1中的10为千分尺的测力机构,其内部的结构如图5-10-2所示。

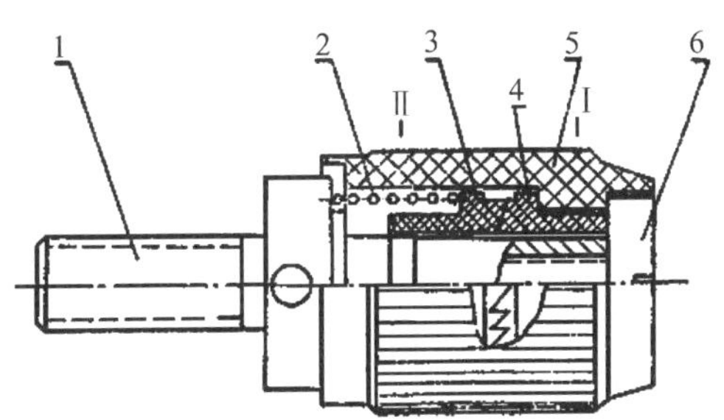

图5-10-2　千分尺的测力机构

1—轮轴;2—弹簧;3、4—棘轮;5—转帽;6—螺钉

千分尺的测力主要依靠的是一对棘轮3、4的相互作用。棘轮4与转帽5联结成一体,而棘轮3可压缩弹簧2在轮轴1的轴线方向移动,但不能转动。弹簧2的弹力是用来控制测量压力的,螺钉6使弹簧压缩到千分尺所规定的测量压力。当手握转帽5顺时针旋转测力机构时,若测量压力小于弹簧2的弹力,转帽的运动就通过棘轮传给轮轴1(其带动测微螺杆旋转),使千分尺两个量砧的测量面之间的距离继续减小,即继续卡紧零件;当测量压力达到或略微超过弹簧的弹力时,棘轮3与4在其啮合斜面的作用下,压缩弹簧2,使棘轮4沿着棘轮3的啮合斜面滑动,转帽的转动就不能带动测微螺杆旋转,同时发出"嘎嘎"的棘轮跳动声,表示已达到了额定测量压力,由此达到控制测量压力的目的。

当转帽5逆时针旋转时,棘轮4用垂直面带动棘轮3,不会产生压缩弹簧的压力,从而就能始终带动测微螺杆移动,使测微螺杆的测量面离开被测零件。

(三)千分尺的制动机构

千分尺的制动机构就是测微螺杆的锁紧装置,其结构如图5-10-3所示。

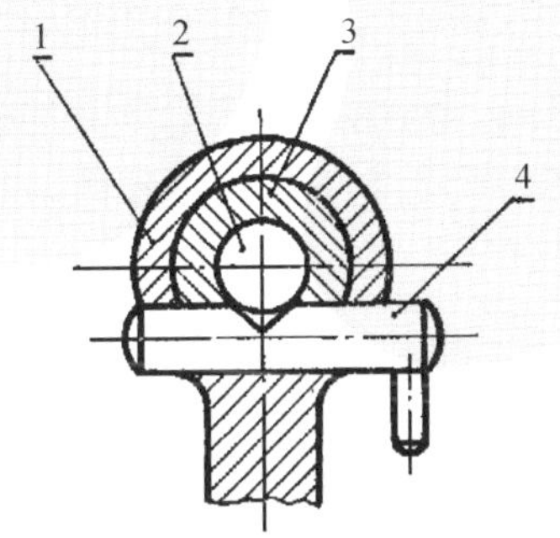

图5-10-3　千分尺的制动机构

1—尺架;2—测微螺杆;3—固定套管;4—制动轴

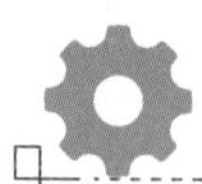

制动轴 4 的圆周上，有一个深浅不均的偏心缺口，正对着测微螺杆 2。当制动轴以缺口的较深部分正对着测微螺杆 2 时，测微螺杆 2 就能在轴套 3 内自由活动，当制动轴转过一个角度，以缺口的较浅部分对着测微螺杆 2 时，测微螺杆 2 就被制动轴压紧在轴套内不能运动，达到制动的目的。

制动轴 4 的转动用锁紧手柄（即图 5-10-1 中的 11）控制。

二、千分尺的读数原理和读数方法

（一）千分尺的读数原理

外径千分尺的读数是利用一套螺旋读数机构，它包括一对精密的螺纹（图 5-10-1 中的测微螺杆 3 与螺纹轴套 4）和一对读数套管（图 5-10-1 中的固定套管 5 与活动套管 6）。

用千分尺测量零件的尺寸时，要把被测零件置于千分尺的两个量砧的测量面之间测量，所以，两个量砧的测量面之间的距离就是零件的测量尺寸。

当测微螺杆（活动量砧）在螺纹轴套中旋转时，由于螺旋线的作用，测微螺杆就沿轴向移动，使两个量砧的测量面之间的距离发生变化。若测微螺杆按顺时针方向旋转一周，两个量砧的测量面之间的距离就减小一个螺距。同理，若按逆时针方向旋转一周，两个量砧的测量面之间的距离就增大一个螺距。

常用千分尺测微螺杆的螺距为 0.5 mm。因此，当测微螺杆顺时针方向旋转一周时，两个量砧的测量面之间的距离就减小 0.5 mm。当测微螺杆顺时针方向旋转不到一周时，其减小的距离就小于一个螺距，具体数值可从与测微螺杆结成一体的活动套管的圆周刻度上读出。活动套管的圆周上刻有 50 个等分刻度线，因当活动套管旋转一周时，测微螺杆就推进或后退 0.5 mm，所以，活动套管每转过它本身圆周刻度的一小格时，两个量砧的测量面之间的移动距离就是 0.5 mm/50＝0.01 mm。

由此可知，千分尺上的螺旋读数机构可以准确地读出 0.01 mm，也就是说千分尺的分度值为 0.01 mm。

若活动套管转过不到它本身圆周刻度的一小格，两个量砧的测量面之间的移动距离就小于 0.01 mm，其值可由它转过的在其本身圆周刻度小格内的位置大概估值，即测量尺寸的千分之几毫米也可估测，所以称为千分尺。若在固定套管上也刻上类似于游标卡尺上的游标刻度，利用游标卡尺一样的游标读数原理，则测量尺寸的千分之几毫米也可以准确地读出，即该千分尺的分度值为 0.001 mm，此千分尺即为微米千分尺。

（二）千分尺的读数方法

千分尺的固定套管上刻有轴向中线作为活动套管读数的基准线。另外，为了计算测微螺杆旋转的整数转，在固定套管中线的两侧，刻有两排刻度线，每排刻度线的间距均为 1 mm，但上、下两排相互错开 0.5 mm。

千分尺的具体读数方法如下：

（1）读出固定套管上露出的刻线尺寸，一定要注意不能遗漏应读出的 0.5 mm 的刻线值。

（2）读出活动套管上的尺寸，此时要注意看清活动套管圆周上的哪一条刻度线与固定套管的中线（基准线）对齐，然后将该刻度线所标注的格数乘上 0.01 mm 即得活动套管上的尺寸。

（3）将以上所得的两个尺寸相加，即为千分尺所测得的尺寸。

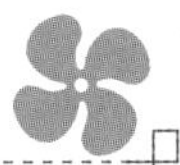

(三)千分尺的读数示例

如图 5-10-4(a)所示,在固定套管上读出的尺寸为 8 mm,在活动套管上读出的尺寸为 27(格)×0.01 mm=0.27 mm,两数相加即得被测零件的尺寸为 8.27 mm。

如图 5-10-4(b)所示,在固定套管上读出的尺寸为 8.5 mm(此时千万要注意:不能遗漏应读出的 0.5 mm),在活动套管上读出的尺寸为 27(格)×0.01 mm=0.27 mm,两数相加即得被测零件的尺寸为 8.77 mm。

图 5-10-4(c)和图 5-10-4(d)所示也是千分尺的测量结果,请读者自己分析并读出数值。

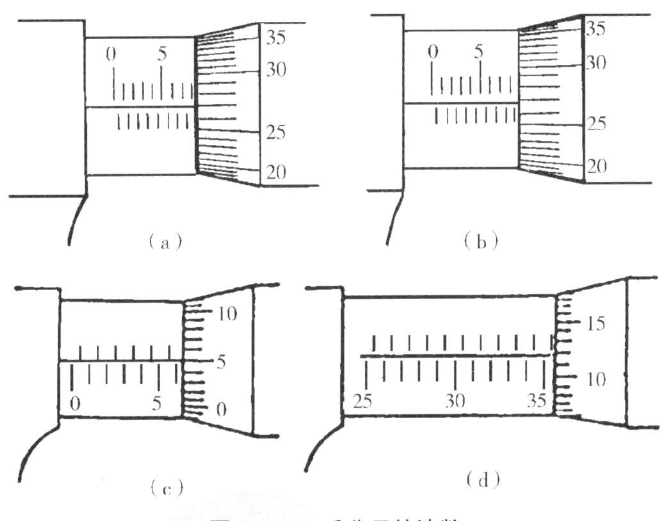

图 5-10-4 千分尺的读数

三、千分尺的使用

因为千分尺测微螺杆的移动量为 25 mm,所以常用的千分尺的测量范围一般为 0~25 mm。为了使千分尺能测量更大的长度尺寸以满足工程实际的需要,把千分尺的尺架做成了各种大小的尺寸,因而就形成了不同测量范围的千分尺。测量上限大于 300 mm 的千分尺,也可把固定量砧做成可调或可更换式的。

千分尺是一种应用广泛的精密量具,按其制造精度,可分为 0 级和 1 级两种,0 级精度较高,1 级次之。千分尺的制造精度,主要是由它的示值误差和两个量砧测量面的平面平行度公差的大小决定的。从千分尺的精度要求可知,用千分尺测量 IT6~IT10 级精度的零件尺寸较为合适。

千分尺在使用过程中,由于磨损,特别是使用不妥当,千分尺的示值误差超差,应定期进行检查,并进行必要的拆洗或调整,以便保持千分尺的测量精度。

(一)千分尺的零位校正

千分尺如果使用不当,就会造成零位走动,从而使测量结果不正确。所以,千分尺在使用时必须先校对千分尺的零位。

校对千分尺的零位就是先将千分尺的两个量砧的测量面擦拭干净,然后转动测微螺杆使它们贴合在一起(指 0~25 mm 的千分尺,若测量上限大于 25 mm,则应在两个量砧的测量面之间放入校准棒或相应尺寸的量块),检查活动套管圆周上的 0 刻度线是否对准固定套管上的中线(基准线),以及活动套管的端面是否正好使固定套管上的 0 刻度线露出来。若两者的位置都是正确的，则千分尺的零位正确；否则，就需要进行校正，使之对准零位。

若只是活动套管的0刻度线没有对准固定套筒的中线且偏差很小，可将千分尺的专用扳手插入固定套管的小孔内，把固定套管转过一点，使之中线对准活动套管的0刻度线即可；若偏差较大则不可如此，而应该松开测力机构去调整固定套管。

若活动套管的轴向位置不正确（比如，活动套管的端部盖住固定套管上的0刻度线，或固定套管上的0刻度线露出太多，或固定套管上的0刻度线与0.5刻度线错误等），则必须松开测力机构进行固定套管的调整。

先用制动机构（锁紧手柄）将测微螺杆锁住，然后将千分尺的专用扳手插入测力机构中的轮轴的小孔内，逆时针旋转即可将测力机构松开，此时活动套管就可以调整了。调整时，应先转动活动套管使其0刻度线对准固定套筒的中线，然后轴向移动活动套管以使固定套管上的0刻度线正好露出来，最后将测力机构旋紧即可。

（二）千分尺的间隙调整

千分尺会因使用磨损等导致其精密螺纹的配合间隙增大，从而使示值误差超差，此时则必须进行调整，以保证千分尺的测量精度。

调整精密螺纹的配合间隙，应先用制动机构（锁紧手柄）将测微螺杆锁住，再用专用扳手把测力机构松开，拉出活动套管后再进行调整。

由图5-10-1（千分尺的结构）可以看出，螺纹轴套的接近精密螺纹的那一段壁厚比较薄，且连同螺纹部分一起开有轴向直槽，使螺纹部分具有一定的胀缩弹性。同时，在螺纹轴套的圆锥外螺纹上旋着调节螺母，当调节螺母往里旋入时，因螺母直径保持不变，这就迫使外圆锥螺纹的直径减小，导致精密螺纹的配合间隙减小。

调整了调节螺母后，应先松开制动机构（锁紧手柄）进行试转，看螺纹间隙是否合适。若间隙过小，会使测微螺杆活动不灵活，此时可把调节螺母松出一点；若间隙过大，则会使测微螺杆松动，此时可把调节螺母再旋进一点。如此反复调整调节螺母，直至间隙调整好后，再把活动套管安装上，对准零位后将测力机构旋紧。

经上述调整的千分尺，除必须校对零位外，还应当用标准检定量块检验该千分尺的5个尺寸的测量精度，在确定了千分尺的精度等级后，才能用于实际测量。

（三）千分尺的用法及注意事项

千分尺是精密量具，使用和保养时应重点注意以下几点：

（1）千分尺的两个量砧的测量面应保持干净，使用前应进行间隙检查、零位检查和活动度检查。

把千分尺的两个量砧的测量面擦拭干净，然后转动测力机构，使两个量砧的测量面接触（这是指0~25 mm的千分尺，对测量上限大于25 mm的千分尺，应在其两个量砧的测量面之间放入校准棒或相应尺寸的量块），此时两个量砧的测量面之间（或量砧的测量面与校准棒或量块之间）应没有间隙和漏光现象，并且活动套管上零线应与固定套管上的基准线对齐，否则应进行间隙调整和零位校准。

转动测力机构时，活动套管应能自由、灵活地沿着固定套管活动，应没有任何轧卡和活动不灵活的现象。若有活动不灵活、轧卡等现象，应及时送去检修。

（2）测量前，应把零件的被测量表面擦拭干净，以免有脏物的存在而影响测量的精度。

（3）测量时，千分尺必须先放正，然后开始进行测量。

使用千分尺测量零件时，应使测微螺杆与零件的被测量尺寸的方向一致。比如，测量外径时，测微螺杆应与零件的轴线垂直，不得歪斜，如图 5-10-5 所示。

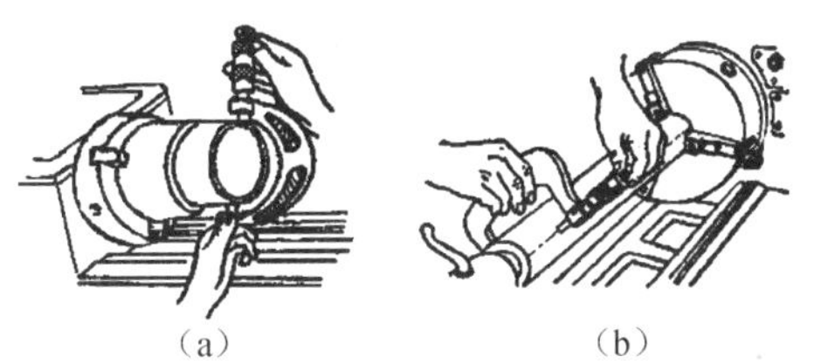
（a） （b）

图 5-10-5 在车床上使用外径千分尺测量

（4）单手使用外径千分尺时，可先用大拇指和食指（或中指）捏住活动套筒，然后用小指勾住尺架并压向手掌上；将千分尺移向零件，在零件上放正后，再将大拇指和食指移向转动测力机构，然后转动测力机构开始测量，如图 5-10-6（a）所示。

双手使用外径千分尺时，应一只手捏住尺架两侧面的绝热板，用另一只手的大拇指和食指转动测力机构进行测量，如图 5-10-6（b）所示。

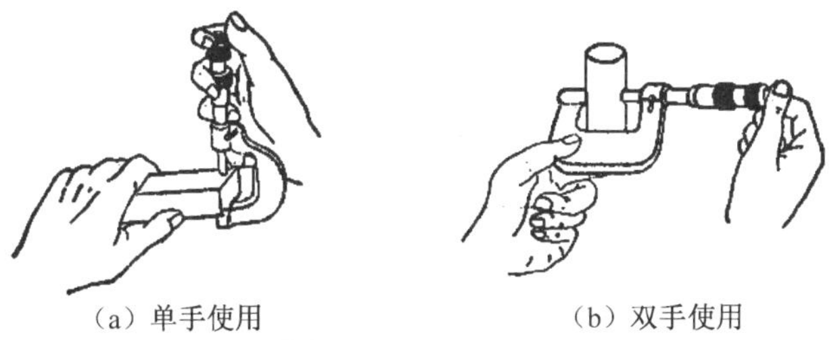
（a）单手使用 （b）双手使用

图 5-10-6 千分尺的正确使用

（5）测量时，应当手握测力机构的转帽来转动活动量砧（测微螺杆），使量砧表面保持标准的测量压力，即听到“嘎嘎”的声音，表示压力合适，此时可以开始读数。要避免因测量压力不合适而产生测量误差。

测量时，可在旋转测力机构的同时，轻轻地晃动尺架，以使量砧的测量面与零件的表面有良好的接触。

（6）测量时，绝不允许用力旋转活动套管来增加测量压力，这会使测微螺杆过分压紧零件表面，致使精密螺纹因受力过大而发生变形，损坏千分尺的精度。有时用力旋转活动套管后，虽然因活动套管与测微螺杆间的连接不牢固而使对精密螺纹的损坏并不严重，但是，活动套管打滑后，千分尺的零位就走动了，尺寸的测量就不准确了。

（7）千分尺是精密量具，不允许手握千分尺的活动套管晃动和挥舞使尺架旋转以快速推进测微螺杆，如图 5-10-7（a）所示，这样会破坏千分尺的内部结构。更不允许把千分尺当卡钳或榔头使用。

（8）不得使用千分尺测量运动中的工件，比如图 5-10-7（b）所示的测量旋转运动中的工件，这样很容易使千分尺的量砧测量面严重磨损，导致测量不准确。

对于超过常温的工件，不要使用千分尺进行测量，以免产生读数误差。

不得使用千分尺测量表面粗糙的零件，这样易使量砧测量面过早磨损。

绝对不允许用千分尺测量带有研磨剂的表面，以免损伤量砧测量面的精度。

（9）读数时，最好不要把千分尺从零件上取下来读数，而应在零件上进行读数，读数后再放松活动量砧，取出千分尺，这样可减少量砧测量面的磨损。

(a)

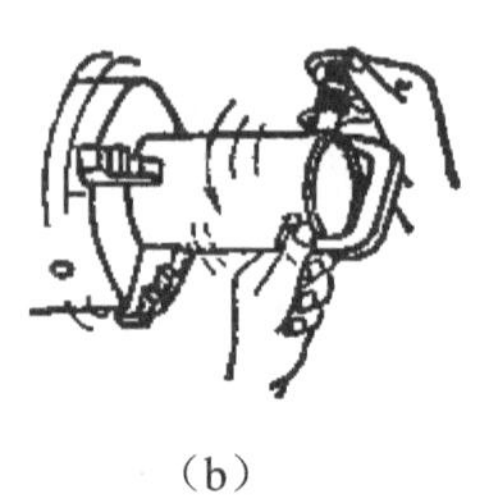
(b)

图 5-10-7　千分尺的错误使用

如果必须取下千分尺读数，应先用制动机构(锁紧手柄)锁紧测微螺杆后，然后轻轻地将千分尺从零件上滑下。把千分尺当卡规使用是错误的，因为这样做不但容易使测量面过早磨损，而且会使测微螺杆或尺架因发生变形而失去精度。

(10)在读取千分尺上的测量数值时，应特别注意观察固定套管基准线上的小数的数值(要注意看是否露出 0.5 mm 的刻度线)。若大于 0.5 mm，读数时切勿遗漏。

(11)为了获得正确的测量结果，可在同一位置上再测量一次。尤其是测量圆柱形零件时，应在同一圆周的不同方向测量几次，检查零件外圆有没有圆度误差，再在全长的各个部位测量几次，检查零件外圆有没有圆柱度误差等。

(12)千分尺使用完毕后，应用清洁的棉纱擦拭干净，然后涂上防锈油，放入盒中。

四、其他千分尺简介

千分尺的种类很多，除前面介绍的外径千分尺外，还有内径千分尺、内测千分尺、三爪内径千分尺、深度千分尺、壁厚千分尺、板厚千分尺、尖头千分尺、螺纹千分尺、公法线长度千分尺，以及读数精度较高的杠杆千分尺和读数方便的数显千分尺等。

内径千分尺主要用于测量大的孔径，其分度值为 0.01 mm，读数方法与外径千分尺相同。为了满足测量不同尺寸孔径的需要，内径千分尺可以连接不同长度的加长测量杆，加长测量杆也可以相互连接加长。内径千分尺上没有测力装置，测量压力的大小完全靠手的感觉。内径千分尺的示值误差比较大，在测量精度较高的内径时必须进行校准。内径千分尺除可用来测量内径外，还可用来测量槽宽、机体两个内端面之间的距离等内尺寸，但不能测量 50 mm 以下的尺寸，需用内测千分尺。

内测千分尺主要用于测量小尺寸内径、槽的内侧面宽度等，其特点是容易找正内孔直径，且测量方便。内测千分尺的分度值一般为 0.01 mm。内测千分尺的读数方法与外径千分尺相同。但是，需要注意的是，内测千分尺活动套管上的刻线尺寸与外径千分尺相反，它的测量方向和读数方向也都与外径千分尺相反。

三爪内径千分尺适用于测量中小直径的精密内孔，尤其适于测量深孔的直径。需要注意的是，三爪内径千分尺的零位必须在标准孔内进行校准。

深度千分尺用以测量孔深、槽深以及台阶高度等，其结构除了用基座代替尺架和固定量砧外，其余与外径千分尺无多大区别。深度千分尺的分度值一般也为 0.01 mm，其读数原理与读数方法与外径千分尺也完全相同。深度千分尺的测量杆一般为可更换的形式，更换后用锁紧装置锁紧即可。深度千分尺的零位校对应在精密平面上进行。用深度千分尺测量孔深时，应把基座的测量面紧贴在被测孔的端面上，同时，零件的这一端面不仅要求光洁平整，还要求与孔的中心线垂直，这样才能够使深度千分尺的测量杆与被测孔的中心线平行，以保证测量精

度。此时,从测量杆端面到基座端面的距离,就是孔的深度。

壁厚千分尺主要用于测量精密管形零件的壁厚,其分度值为 0.01 mm。壁厚千分尺的测量面镶有硬质合金,可延长其使用寿命。

板厚千分尺主要用于测量板料的厚度尺寸,其分度值一般为 0.01 mm(有的分度值为 0.05 mm)。板料可插入深度一般为 50~200 mm。

尖头千分尺主要用来测量零件的厚度、长度、直径及小沟槽,比如钻头和偶数槽丝锥的沟槽直径等。尖头千分尺的分度值为 0.01 mm。

螺纹千分尺主要用于测量普通螺纹的中径,其结构与外径千分尺相似,所不同的是螺纹千分尺带有几副可调换的特殊测量头,测量头的角度与螺纹牙型角是相同的。螺纹千分尺的分度值为 0.01 mm,其测量范围、测量螺距的范围、可调换的特殊测量头的副数等有多种组合可供选择。

公法线长度千分尺主要用于测量外啮合圆柱齿轮的两个不同齿面公法线长度,也可以在检验切齿机床精度时,按被切齿轮的公法线检查其原始外形尺寸。公法线长度千分尺的结构与外径千分尺相似,所不同的是公法线长度千分尺是用两个带精确平面的量钳(测量面)来代替原来的量砧测量面。公法线长度千分尺的分度值为 0.01 mm,其测量范围在 0~150 mm 内按 25 mm 分段,测量模数 $m \geqslant 1$ mm。

杠杆千分尺又称指示千分尺,它是由外径千分尺的固定套管部分和杠杆卡规中的指示机构组合而成的一种精密量具。杠杆千分尺既可以像千分尺那样用作长度的绝对测量,也可以用作长度的相对测量。杠杆千分尺的分度值有 0.001 mm 和 0.002 mm 两种。杠杆千分尺不仅读数精度较高,而且因其测量力由小弹簧产生,比普通千分尺的棘轮装置所产生的测量力稳定,同时其弓形架的刚度较大。因此,杠杆千分尺的实际测量精度也比较高。用杠杆千分尺做长度的相对测量前,应按被测工件的尺寸,用量块调整好零位。测量时,应按动退让按钮,让活动测杆的测量面轻轻接触工件,不可硬卡,以免测量面磨损而影响精度。测量工件直径时,应摆动量具,以指针的转折点读数为正确的测量值。

同传统的游标卡尺一样,传统的千分尺也存在读数不太方便、读数刻线不是很清晰、容易读错等问题。为了方便读数和提高读数准确性,目前也出现了装有测微表或数字显示装置的千分尺。图 5-10-8 所示即为数显外径千分尺。

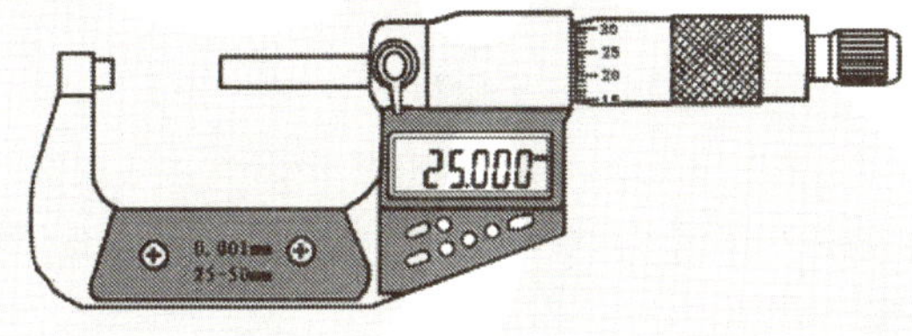

图 5-10-8 数显外径千分尺

第十一节 扭矩仪

功率是表征机械和动力机械设备性能的一个重要参数,对不同的机械,其功率的含义不同。比如,机床的功率是指切削功率,即各切削分力所消耗功率的总和;压缩机和风机的功率是指单位时间所吸收的功;内燃机和汽轮机的功率则是指单位时间发出的功。

功率的测定方法当然也应根据具体的测试对象及功率的含义来确定。而对于大多数以轴作为输入(或输出)装置的动力机械来说，其轴功率一般由轴输入(或输出)的扭矩与轴的旋转角速度的乘积获得，即

$$Ne = M_n \cdot \omega \approx \frac{M_n \cdot n}{9\ 550} \quad \text{kW}$$

式中，Ne 为轴输入(或输出)的功率，单位为 kW；M_n 为轴输入(或输出)的扭矩，单位为N · m；ω 为轴的旋转角速度，单位为 rad/s；n 为轴的转速，单位为 r/min。

转速的测量可采用本章第三节中的各种转速测量方式，扭矩的测量则要通过扭矩仪或测功器来进行测量。本节介绍扭矩的测量方式及常见的扭矩检测设备(扭矩传感器、扭矩仪)，下节介绍功率的检测方法与设备(测功器、示功器)及其应用。

一、扭矩测量的基本原理

(一)剪应变与扭矩

由材料力学可知，在弹性范围内，一根圆轴在受到扭矩 M_n(N · m)的作用时，其表面的剪应力 τ(Pa)和剪应变 γ(rad)分别为

$$\tau = \frac{M_n}{W_n}$$

$$\gamma = \frac{\tau}{G} = \frac{M_n}{GW_n}$$

式中，W_n 为该圆轴的抗扭截面模量，单位为 m^3，对于截面形状和尺寸一定的轴，其值为常量；G 为材料的剪切弹性模量，单位为 Pa。

由此可见，当圆轴的材料和截面形状及尺寸一定时，剪切弹性模量 G 和抗扭截面模量 W_n 均为定值，则圆轴表面的剪应变 γ 与扭矩 M_n 呈线性关系，即只要测得了圆轴表面的剪应变 γ，就可得到作用在圆轴上的扭矩 M_n。

(二)相对扭转角与扭矩

由材料力学可知，一根圆轴在受到扭矩 M_n(N · m)的作用时，其相距为 L(m)的两个横截面之间的相对扭转角 θ 的大小为

$$\theta = \frac{LM_n}{GJ_n}$$

式中，G 为材料的剪切弹性模量，单位为 Pa；J_n 为该圆轴截面的极惯性矩，单位为 m^4，对于截面形状和尺寸一定的轴，其值为常量。

由此可见，当圆轴的材料和截面形状及尺寸一定时，剪切弹性模量 G 和截面极惯性矩 J_n 均为定值，若两个横截面之间的距离 L 确定，则这两个横截面之间的相对扭转角 θ 与扭矩 M_n 为线性关系，即只要测得了相距为 L 的两个横截面之间的相对扭转角 θ，就可得到作用在圆轴上的扭矩 M_n。

二、扭矩的测量方式及分类

目前，扭矩都是利用轴、特制的联轴节或实际传动轴等传递扭矩的零件，通过测量其在扭矩的作用下所产生的扭转变形来测量的。

扭矩传感器是扭矩仪的核心器件，尽管目前各种测量扭矩的扭矩传感器的形式与结构各异，但都是基于前述的原理，即通过测量圆轴表面的剪应变 γ（或剪应力 τ），或者测量圆轴某一长度的相对扭转角 θ 来实现扭矩测量的；同时，无论测量哪一个参数，也都是通过机电变换器将其转换为电量，而后对它进行测量再经换算来确定扭矩。

所以，现有的测量扭矩的扭矩仪或扭矩传感器按其所测量的参数分为两大类：剪应力或剪应变式与相对转角式。而每一类中，按其测量方式和机电变换器的类型，又分为电阻应变片式、磁致伸缩式、相位差式、钢弦式等，如图 5-11-1 所示。

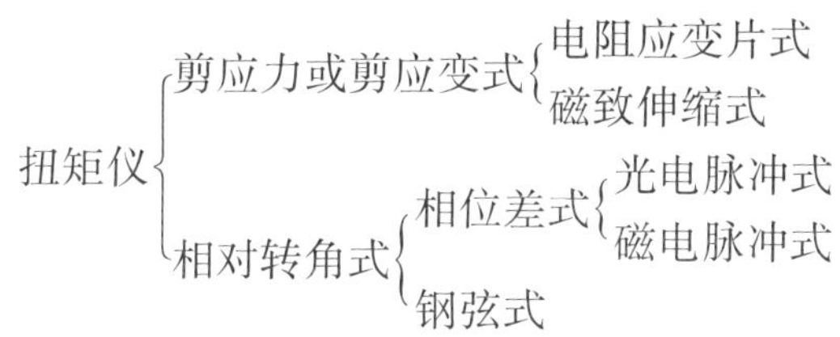

图 5-11-1　扭矩仪的分类

我国目前用得最广的扭矩仪是电阻应变片式、相位差式和钢弦式三种。

三、电阻应变片式扭矩仪

电阻应变片式扭矩仪利用应变片将由扭矩产生的剪应变转换成电量来进行测量。应变片可以直接贴在需要测量扭矩的传动轴上，也可以贴在一根特制的传动轴上制成应变片式扭矩传感器，用于各种需要测量扭矩和功率的传动测试台架上。

在测量扭矩的过程中，应变片不论是直接贴在传动轴上还是贴在专用的轴上，其测量技术的关键都是应变片的贴片位置及方向和旋转体上电量信号的传递这两个问题。

（一）应变片的贴片位置及方向

电阻应变式扭矩仪或传感器是利用应变原理来测量扭矩的。由材料力学可知，当被测圆轴受到扭矩作用时所产生的剪应力，其最大值位于轴的外圆周面上，两个主应力分别是与轴线成 45°和 135°的夹角。因此，可把应变片贴在主应力的方向上，测出其应变值，即可得到扭矩值。

虽然剪应变是角变形，而应变片不能直接测得剪应变，但从电桥的加减特性可知，只要沿被测轴偏角 45°和 135°方向上（如图 5-11-2 所示）贴片，将这两个应变片分别接在电桥相邻的两个桥臂中，应变仪指示仪表的读数（应变量）就是剪应变值，由该剪应变值再根据标定曲线就可换算得被测轴扭矩值。

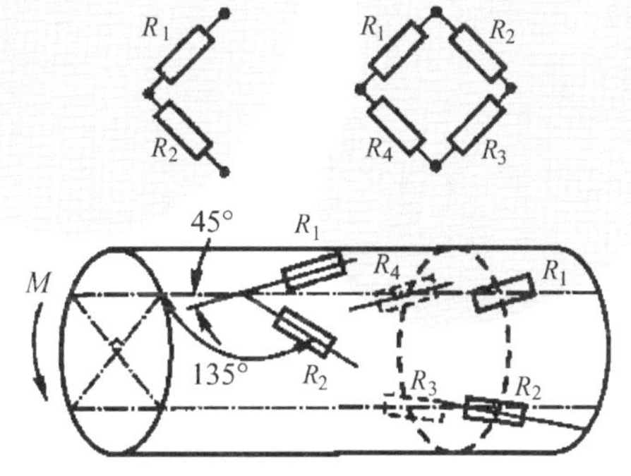

图 5-11-2　应变片的贴片方式

在实际工程应用中，为了提高扭矩仪的工作效率，常采用下述措施：

(1)在被测轴上选取适当的截面,在该截面的圆周方向以90°的间隔布置4只应变片(如图5-11-2所示),其贴片方向仍沿与轴线成45°和135°的方向,并以全桥方式接入应变仪电路中,以提高测量的灵敏度。

(2)当被测轴为细长轴、轴径很小、贴片位置受到限制且只承受扭矩时,为了避免圆周方向4个应变片布置时的空间位置拥挤,可沿轴线在不同的截面上贴片。

(二)旋转体上电信号的传递

旋转体上电信号的向外传递问题是一个具有普遍意义的技术问题,电阻应变片式扭矩仪电信号的传递就是其中较为典型的一例。

目前,旋转体上电信号的向外传递主要使用两种形式:一种是集流装置形式,另一种是电磁波发射形式。

集流装置形式的电信号向外传递就是采用各种结构形式的集流装置将电信号从旋转轴上传出。这种形式的电信号传递因其结构简单,在实际测量中应用得较为广泛。

一般集流装置可分为两个部分,即安装在旋转轴上的旋转部分和安装在旋转轴外的固定部分,按这两个部分是否接触,集流装置分为接触式与非接触式两种。集流装置按其结构形式分为很多种,常用的有接触式中的电刷-滑环集流装置、水银集流装置,以及非接触式中的感应式集流装置。

随着无线电发射技术和接收技术的应用,近年来越来越多地利用近程遥测装置进行扭矩的测量。在旋转轴上安装固定电磁波发射装置,应变片接到发射装置上,将电信号转换成被调制的载波信号后,经发射装置的天线发射出去,由接收装置的天线接收、解调,还原成与被测量相关的信号。

1.电刷-滑环集流装置

电刷-滑环集流装置分为径向电刷-滑环集流装置和端面电刷-滑环集流装置两种,其结构形式虽不同,但信号传输的原理是一样的。

集流装置的关键部件是集流环。

图5-11-3所示为径向电刷-滑环集流装置示意图。在扭矩轴1的外径上装一绝缘环3,应变片组2的引线连接在绝缘环3的滑环4上,电刷5被紧压在滑环上,应变的电信号就通过电刷连接在测试仪器上。绝缘环3、滑环4、电刷5构成径向刷式集流环。在应变测量中,因应变片的电阻变化十分微小,所以集流装置在旋转过程中的接触电阻变化一定也要十分微小,这样才不致引入较大的测量误差,为此常采用以下措施:滑环采用低电阻值的银或镀银铜环,电刷多用银石墨电刷,电刷与滑环间还要保持适当的压力并要求防尘。另外,对滑环表面光洁度、不圆度的加工都有较高的要求。

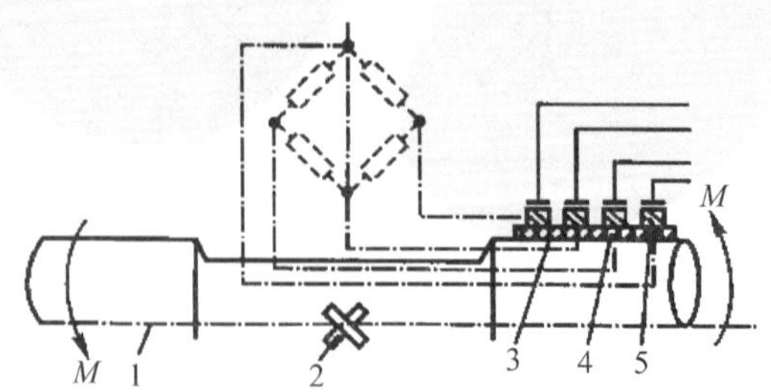

图5-11-3　径向电刷-滑环集流装置示意图

1—扭矩轴;2—应变片组;3—绝缘环;4—滑环;5—电刷

径向刷式集流环的接触电阻变化较大,故仅可用于低速转轴的测量。如果将电刷与滑环的接触面由轴的圆周面转移到轴的端面,则构成了端面刷式集流环,如图 5-11-4 所示。对于直径尺寸较大的旋转轴,这种结构的电刷相对滑动线速度低于径向刷式集流环,易于实现一滑环多电刷的布置(图 5-11-4 中为 2 电刷),从而降低了接触电阻,故适用于转速较高的工作状态。端面刷式集流环装置虽然不失为在旋转轴上传输电信号的一种有效方法,却不宜用于应变片式扭矩传感器。这是由于扭矩传感器往往是布置在原动机与负载之间,无自由端面可供使用。

图 5-11-5 为某一种端面电刷-滑环集流装置的结构图,由套筒 1、绝缘环 2、滑环 3、电刷 4 构成端面刷式集流环。套筒有各种尺寸,套在被测轴上或专用的弹性轴上。应变片通过导线接到滑环上,滑环的端面有与之相接触的电刷 4,电刷靠簧片 5 压紧在端面上,并与外壳 6 相连。为了防止电刷在振动的影响下离开滑环,电刷应有一定的预紧力。应变产生的电信号就是通过电刷和端面接触传递出去的。套筒 1 与外壳 5 在测量过程中做相对运动,所以中间装有轴承 7。

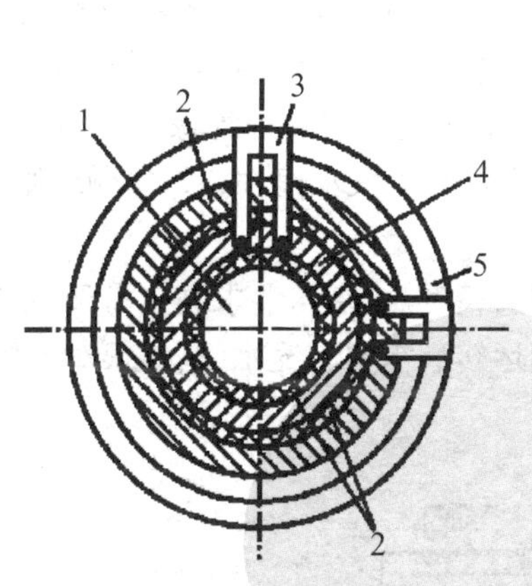

图 5-11-4 端面刷式集流环

1—旋转轴;2—滑环;3—电刷;4—绝缘环;5—固定套筒

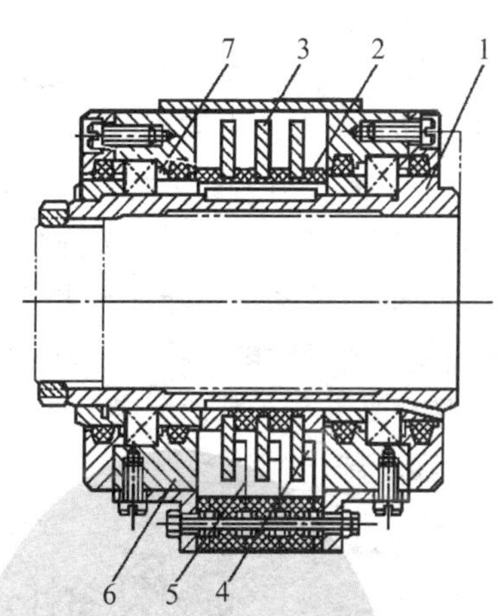

图 5-11-5 端面电刷-滑环集流装置的结构

1—套筒;2—绝缘环;3—滑环;4—电刷;5—簧片;6—外壳;7—轴承

一般情况下,对于半桥测量,集流环有三副(见图 5-11-5);对于全桥测量,集流环有四副(见图 5-11-3)。

集流环的关键零件是电刷和滑环。对于一般用途的集流装置,滑环用紫铜制成,电刷用石墨-铜合金制成。对于测量精度较高的集流装置,滑环用纯银或蒙乃尔合金(60%~71%的 Ni,25%~35%的 Cu,1%~3%的 Mn,1%的 Fe,1%的 Si)制成,电刷用石墨-银合金制成。为使电刷在测量中始终压在滑环上,簧片 5 采用弹性极好的铍青铜制成。

电刷-滑环集流装置结构简单、坚固耐用、维修方便,但是它的接触电阻易受振动影响而产生波动,从而影响到测量精度。

2.水银集流装置

图 5-11-6 所示为以水银作为运动部件与固定部件之间导电介质的水银槽式集流环。图中,扭矩轴 1 上的四个应变片 2 引线分别连接到被绝缘层 5 隔开的内运动环 3 上,外固定环 7 上的引线 6 与仪表电路相连接,在内、外环的间隙中充满液体水银作为导电介质。由铝锰青铜制成的内运动环 3 与外固定环 7 的表面经特殊处理后与汞有很好的亲润性,当内运动环 3 随

扭矩轴1转动时可保持良好的导电性。这种水银集流环的内、外环接触电阻比前述刷式集流环小一个数量级，在运动过程中其接触电阻的变化量很小，所以可用于每分钟数千转的高速转轴的扭矩测量。

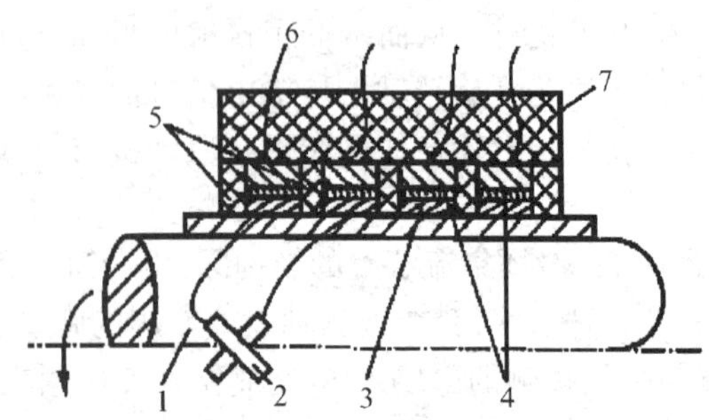

图 5-11-6　水银槽式集流环

1—扭矩轴；2—应变片；3—内运动环；4—水银层；5—绝缘层；6—引线；7—外固定环

图5-11-7为一种水银集流装置的结构图。图中，内套1固定在被测轴或特制的弹性轴上，与轴一起转动。内套1上有内绝缘环4及表面经过处理的铜制内接触环5，应变片的引出线接在其上。外壳体2与内套1之间装有滚动轴承3。外壳上装有外绝缘环6和外接触环7。内、外接触环之间有0.2~0.7 mm的间隙，其中通过注孔8注入水银，内、外接触环则借水银接通。外接触环7通过螺塞9用导线与测量仪表相连。

水银集流装置的接触电阻稳定、噪声小，但其制造精度高、密封要求高。另外，水银蒸气的慢泄漏，尤其是在高温下工作容易蒸发逸出，长时间运转后需要补充水银，水银对人体有毒害，因而其使用受到限制。

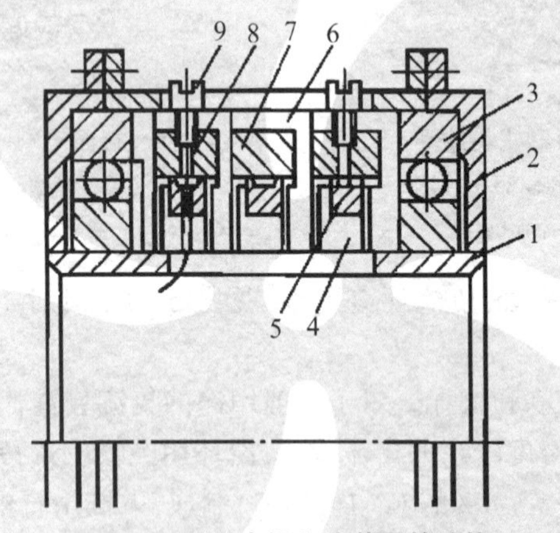

图 5-11-7　水银集流装置的结构

1—内套；2—外壳体；3—滚动轴承；4—内绝缘环；5—内接触环；6—外绝缘环；7—外接触环；8—注孔；9—螺塞

3.感应式集流装置

感应式集流装置利用电磁感应的原理将集流装置旋转部分的电信号耦合到集流装置的固定部分，它去除了这两个部分的各种接触点，因而称无接触集流装置，也称变压器式集流装置。

图5-11-8为感应式集流装置的测量电路图和结构原理图。

图5-11-8(a)为测量电路图。贴在被测轴上的四个应变片接成全桥，四个接点分别接到两

个变压器 T_1 和 T_2 上。T_1 为供桥变压器，它的一次侧线圈 S_1 接到测量仪表的振荡电路或其他电源上，二次侧线圈 S_2 将交流载波电压供给电桥。T_2 为输出变压器，它的一次侧线圈 S_3 接在电桥的输出端，二次侧线圈 S_4 与应变仪或其他测量仪器的放大电路相连。

图 5-11-8(b)为结构原理图。图中，集流装置的内套筒 1 和外套筒 2 上，分别装有纯铁槽形环 3、4、5、6，变压器的线圈 S_1、S_2、S_3 和 S_4 就绕在其中。为了防止两个变压器的相互干扰，中间用非磁性材料制成的屏蔽环 7、8 隔开。内、外套筒也用非磁性材料制成，内套筒 1 固定在被测轴上，随轴一起转动，外套筒 2 固定在台架上。

感应式集流装置的优点是无接触电阻的影响，其体积小、惯性小；其缺点是易受外电磁场的干扰。

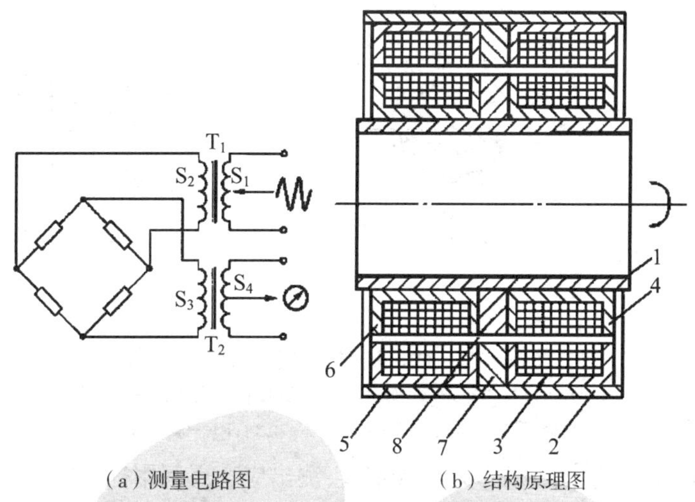

（a）测量电路图　　（b）结构原理图

图 5-11-8　感应式集流装置

1—内套筒；2—外套筒；3、4、5、6—槽形环；7、8—屏蔽环

（三）应变片式扭矩传感器

目前，应变片式扭矩传感器的主要技术指标大致是：扭矩过载能力为 20%～25%；非线性度为 0.2%～1.0%；滞后量为 0.2%～1.0%；零点漂移量为 0.01%/℃～0.02%/℃；较低转速时集流环接触电阻的变化所引起的误差为 0.3%～0.5%。应变式扭矩传感器的最高工作转速受到集流环电刷与滑环间的滑移线速度的限制，且与扭矩的量程有关，量程越大，允许的最高工作转速越低，在 1 500～9 000 r/min。

图 5-11-9 为常见的 BMR-13 型应变片式扭矩传感器的结构和接桥方式。

测量扭矩用的弹性轴 1 安放在轴承 3 中，传感器靠外壳 2 安装在测试台架上。弹性轴 1 的两端铣有键槽，用键与动力轴及负载相连。

弹性轴 1 的最敏感段贴有四片应变片 4，贴片处轴径 d 的确定既要保证足够的输出灵敏度，又要保证足够的强度。弹性轴通常用 40Cr 合金钢或铍青铜制成。为保证贴片处的应变均匀，贴片处的长度取（1～1.5）d。弹性轴其他各处的直径视结构而定，但必须大于贴片处的直径 d。

弹性轴 1 安装四个相互隔开的铜环 5，且以绝缘环 6 与弹性轴 1 隔开。应变片 4 通过嵌在轴槽中的引出导线 7 与铜环 5 相接。外壳 2 上装有电刷支架 8，电刷 9 由石墨-铜合金制成，用弹簧钢片 10 压在铜环 5 上。四个电刷分别接入应变仪或其他测量仪器的接线柱上。

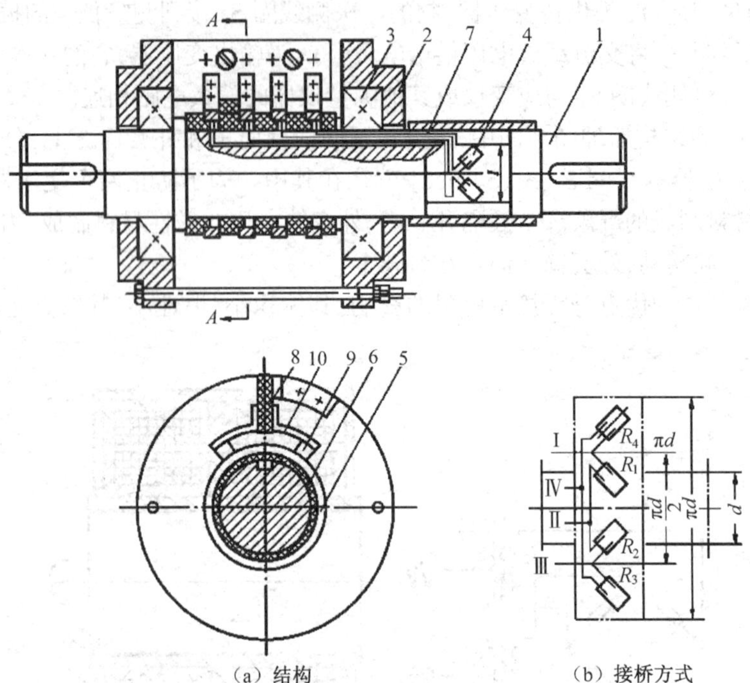

图 5-11-9　BMR-13 型应变片式扭矩传感器

1—弹性轴；2—外壳；3—轴承；4—应变片；5—铜环；6—绝缘环；7—引出导线；8—电刷支架；9—电刷；10—弹簧钢片

应变式扭矩仪的测量仪表大多采用应变仪，测出应变后利用标定换算得扭矩值；有的应变式扭矩仪使用专用的二次仪表，比如 DN 型扭矩测量仪。

四、相位差式扭矩仪

（一）相位差式扭矩仪的工作原理

如前所述，材料和尺寸一定的圆轴在扭矩 M_n 的作用下，圆轴上间隔一定距离的两个横截面之间将产生一个相对扭转角 θ，并且，在弹性变形范围内，该相对扭转角 θ 与扭矩 M_n 成正比。这样，如果在这两个横截面上各安装一个机电信号变换器，则两个信号变换器产生的电信号之间将有一个相位差 $\Delta\varphi$，且相位差 $\Delta\varphi$ 正比于相对扭转角 θ 角。由于相对扭转角 θ 角正比于扭矩 M_n，相位差 $\Delta\varphi$ 也正比于扭矩 M_n。因而，测得相位差 $\Delta\varphi$，即可获得扭矩 M_n。相位差式扭矩仪就是根据此原理制造的。

相位差式扭矩仪的工作原理如图 5-11-10 所示。在转轴 1 的相距为 l 的两个横截面上，装有两个构造和性能完全相同的传感器 2 和 3。该传感器一般为磁电式或光电式传感器。使用时，转轴每转一转，传感器就产生一列脉冲信号，当转轴受到扭矩的作用而产生扭转变形时，上述两个传感器所输出的信号间出现一个相位差 $\Delta\theta$，使用专用电子测量电路即可精确测得这个相位差 $\Delta\theta$，由于该相位差 $\Delta\theta$ 与该轴段所受扭矩 M_n 成正比，因此测出这个相位差 $\Delta\theta$ 后，根据标定曲线就可获得扭矩 M_n 值。

（二）相位差式扭矩传感器

常用的相位差式扭矩传感器有光电式和磁电式两种。

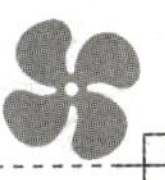

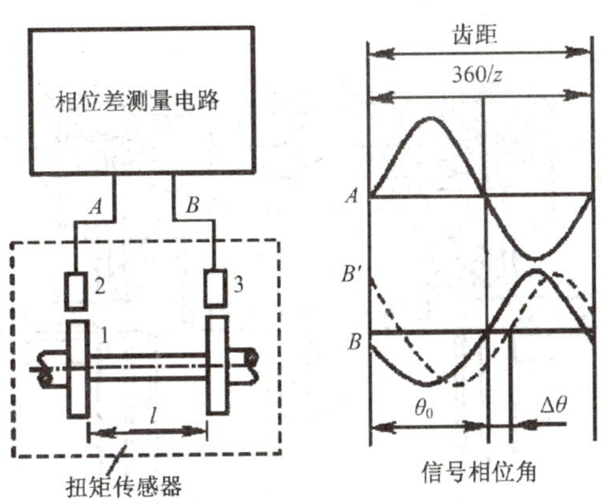

图 5-11-10 相位差式扭矩仪的工作原理

1—转轴;2、3—传感器

无论是光电式还是磁电式,相位差式扭矩传感器都是由两列输出的脉冲信号之间的相位差来确定扭矩的,并且两列输出的脉冲信号的频率均与转轴的转速成正比,由其中的任意一列输出信号的频率都可以用来确定转轴的转速。因此,它们均能同时测量扭矩和转速,这对需要测取功率的检测极为方便。

目前,商品化的相位差式扭矩传感器都有与之配套的二次仪表,可用数字直接显示出扭矩值和转速值,其测量范围从 1 牛·米(N·m)到数千牛·米(N·m)。

相位差式扭矩仪工作可靠、抗干扰能力强、稳定性好、测量精度高,因而在动力机械测试中得到了广泛应用。另外,产生脉冲信号的光电管(光电式扭矩传感器)和线圈(磁电式扭矩传感器)均安装在固定不动的壳体上,因而其信号输出装置就比较简单,更适用于高速下的扭矩测量。

1.光电式相位差扭矩传感器

图 5-11-11 为光电式相位差扭矩传感器的结构图。图中,弹性轴 1 上相隔一定距离安装了两个分度盘 2 和 3,分度盘上均匀地开了 20 个孔或槽。在分度盘的外面,壳体 4 上安装了两个光电管 5 和 6。两个分度盘之间设有光源 7,它与光电管 5、6 位于同一条直线上。弹性轴 1 以滚动轴承 8 支承在壳体 4 上。测量时,弹性轴 1 带着分度盘 2、3 转动,当分度盘上的孔或槽转到与光源、光电管成同一直线时,光线照射到光电管上,光电管就产生一个电脉冲;当分度盘转到将光线遮没时,光电信号则即行消失。于是,弹性轴 1 每旋转一周,两个光电管就各发出 20 个电脉冲。

如果两个分度盘为相互对正安装,则这两列电脉冲之间没有初始相位差;如果两个分度盘错开一定角度,则不受力时这两列电脉冲之间有一个初始相位差 φ_0。两个分度盘不论用哪一种方法安装,当弹性轴 1 受扭矩作用后,由于轴的扭转变形使两个分度盘相互转过一个角度 θ,两列电脉冲之间的相位差增加 $\Delta\varphi_0$。

比如,若两个分度盘错开 3°安装,则其产生的两列电脉冲的初始相位差为 $\varphi_0=60°$;受扭矩作用后,两分度盘的相对转角若为 1.5°,则两列电脉冲相位差的增量为 $\Delta\varphi=30°$。此时,实际相位差为 $\varphi_0+\Delta\varphi=90°$。

只有相位差的增量 $\Delta\varphi$ 才能反映出扭矩的大小,因此,在测量和显示仪表中必须扣除初始的相位差。

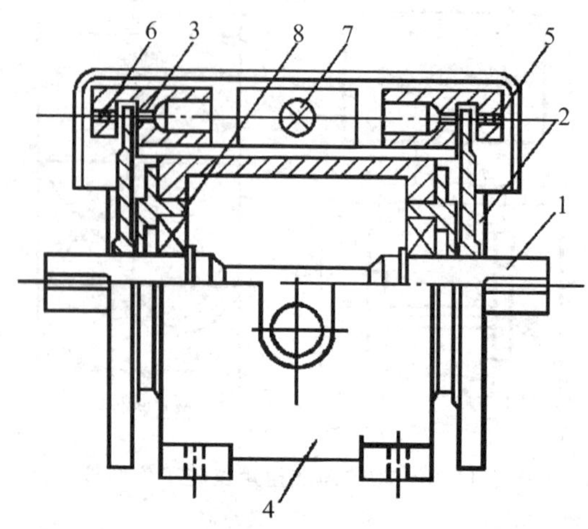

图 5-11-11　光电式相位差扭矩传感器的结构

1—弹性轴;2、3—分度盘;4—壳体;5、6—光电管;7—光源;8—滚动轴承

2.磁电式相位差扭矩传感器

图 5-11-12 所示为磁电式相位差扭矩传感器的结构。图中,弹性轴 1 由高强度的弹性材料铍青铜制成,通过滚动轴承 2 支承在传感器的壳体 3 上。弹性轴 1 的两端铣有键槽,利用键与被测动力轴及负载相连。

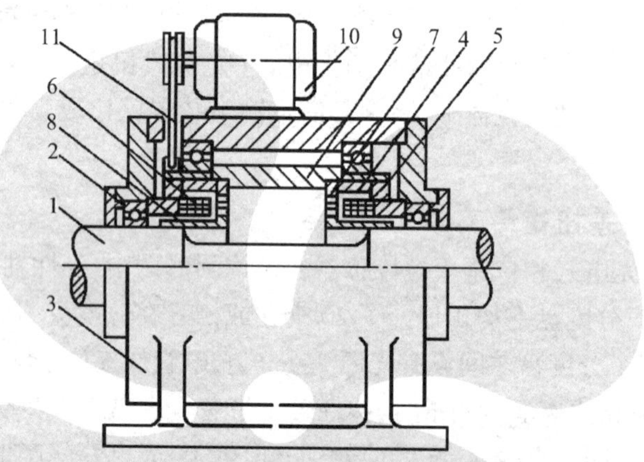

图 5-11-12　磁电式相位差扭矩传感器的结构

1—弹性轴;2—滚动轴承;3—壳体;4—磁钢;5—导磁环;6—线圈;7—内齿轮;8—外齿轮;9—套筒;10—电机;11—V 形带

磁电式变换器由磁钢 4、导磁环 5、线圈 6、不啮合的内齿轮 7 和外齿轮 8 构成。磁钢 4、内齿轮 7 和导磁环 5 都固定在由非导磁材料制成的套筒 9 上。外齿轮 8 固定在弹性轴 1 上。线圈 6 固定在壳体 3 的端盖上。磁钢 4 所产生的磁场的磁力线通过导磁环 5、线圈 6、外齿轮 8、内齿轮 7 形成一个闭合磁回路。导磁环 5 与线圈 6 之间、线圈 6 与外齿轮 8 之间、内齿轮 7 与外齿轮 8 之间均有气隙。当磁钢 4 的磁势一定时,磁回路中的磁通将取决于磁阻的大小。在上述回路中,气隙的磁阻是主要的。

测试时,弹性轴 1 与套筒 9 做相对转动,内齿轮 7 与外齿轮 8 之间的气隙在变化,回路中的磁阻也跟着变化,磁通也就发生变化,于是线圈 6 内产生的感应电动势也在变化。由于内、外齿轮的齿形是正弦形的,则线圈 6 中的感应电动势也按正弦波形变化,变化的频率与内、外

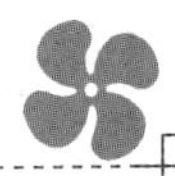

齿轮的齿数及其相对转速有关。

通常，这类扭矩传感器中的齿轮制成 60 齿或 120 齿，这时，当弹性轴与套筒相对转动一周时，电信号就变化 60 周或 120 周。在齿轮齿数一定时，电信号的周期就取决于弹性轴与套筒的相对转速，由此可引出转速测量信号。

弹性轴上装有两组磁电变换器，所以产生两列电信号。当弹性轴未受扭矩时，如果两对内、外齿轮是完全相对应地安装的，两列电信号之间就没有初始相位差；如果两对内、外齿轮错开一定角度安装，两列电信号之间就有一个初始相位差 φ_0。图 5-11-12 所示的磁电式相位差扭矩传感器的两对内、外齿轮是错开半个齿安装，所以其两列电信号之间的初始相位差 $\varphi_0=180°$。

当弹性轴承受扭矩 M_n 后发生扭转变形时，由于两组磁电变换器是相隔一定距离安装的，其两个外齿之间就会产生一个与扭矩 M_n 成正比的相对扭转角 θ，就导致两列电信号之间的相位差发生变化，其增量为 $\Delta\varphi$。由于 $\Delta\varphi$ 正比于相对扭转角 θ，也就正比于扭矩 M_n。

由上可知，内、外齿轮的相对运动是产生电信号不可缺少的条件。由此就产生一个问题，当测量高速传动轴的扭矩时，弹性轴高速转动，虽然装有内齿轮的套筒静止不动，但两者之间的相对运动仍很大，那么磁电式传感器所感应出的电信号仍较强；但是，当测量低速传动轴的扭矩时，弹性轴低速转动，若套筒静止不动，两者之间的相对运动就很小，磁电式传感器所感应出的电信号就较弱；另外，当需要对弹性轴进行静态标定时，弹性轴是静止不转的，若套筒静止不动，则无信号输出。为解决这一问题，在壳体上安装一个电机 10，电机 10 转动时可通过 V 形带 11 带动套筒转动，套筒的转动方向与弹性轴的转动方向相反。这样就使弹性轴在受静态扭矩作用或在低速时有足够的输出信号。为了保证测量的精度，通常在测量转速低于 400 r/min 的传动轴的扭矩时，均应启动电机带动套筒做逆向的转动。但是要注意，这时的信号变化频率已不再是被测转轴的转速，因而必须另外引入转速的信号。

（三）数字式扭矩仪

相位差式扭矩仪的测量电路分为模拟式测量电路和数字式测量电路两类。目前的相位差扭矩仪大多采用数字式测量电路，直接以数字显示出扭矩值，故而又被称数字式扭矩仪。

模拟式测量电路将两列信号通过双稳触发器变换成一列脉冲，其宽度就是两列信号的相位差 $\Delta\varphi$，然后通过平均值检波器输出一个相应于此脉冲列的平均电压值，送入电压指示电表显示，如图 5-11-13 所示。若脉冲的周期为 T，脉冲的宽度为 $\Delta\varphi$，则输出电压的平均值为 $\overline{U}=A\Delta\varphi/T$，$A$ 为脉冲的最大幅值。可见，当脉冲的周期 T 和幅值 A 一定时，输出电压的平均值 $\overline{U}$ 和相位差 $\Delta\varphi$ 成比例。

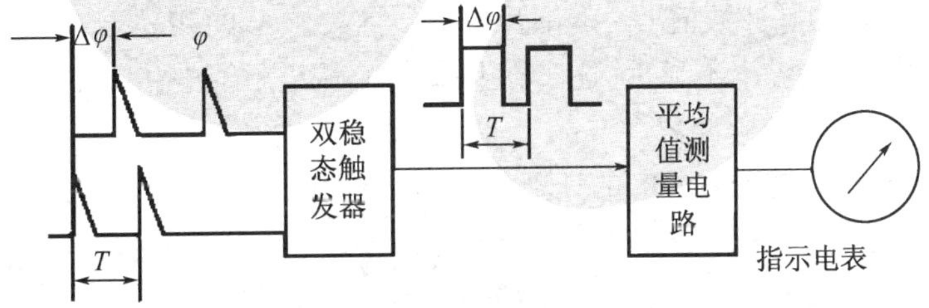

图 5-11-13　相位差式扭矩仪的模拟式测量电路

数字式扭矩仪采用的是数字式测量电路，以数字直接显示出扭矩值。目前，尽管数字式扭矩仪的类型很多，但其工作原理大致相同。

图 5-11-14 所示为某一数字式扭矩仪测量电路的方框图和波形图。两组信号 1 和 2 分别通过整形放大电路 A 和 B，将正弦波转化为方形波。方形波进入鉴相双稳态触发电路 C，并以其负向越零作为鉴相双稳态触发脉冲，信号 1 作为开门信号，信号 2 作为关门信号。这样，鉴相器的输出也是一个矩形波，其脉冲宽度就是两个信号的相位差 $\varphi_0+\Delta\varphi$。将此相位差信号与由时间脉冲发生器 D 所产生的 1×10^6 Hz 的时间脉冲信号一起送入与门 E。当有相位差脉冲时，与门 E 打开，时间脉冲信号通过；当相位差脉冲消失时，与门 E 关闭，时间脉冲信号不能通过。这样，就得到了与相位差 $\varphi_0+\Delta\varphi$ 成正比的时间脉冲。

为了使计数器能直接显示扭矩值，用定时电路 F 控制与门 G。当定时信号接通时，与门 G 打开，则由与门 E 送入的时间脉冲通过与门 G；当定时信号截止时，与门 G 关闭。在定时时间 t 内，通过与门 G 的时间脉冲信号数与相位差 $\varphi_0+\Delta\varphi$ 和定时时间 t 成正比。定时时间 t 的大小由系数开关 H 控制，其改变系数可使定时时间 t 改变，从而改变了进入与门 G 的时间脉冲累计量 N。

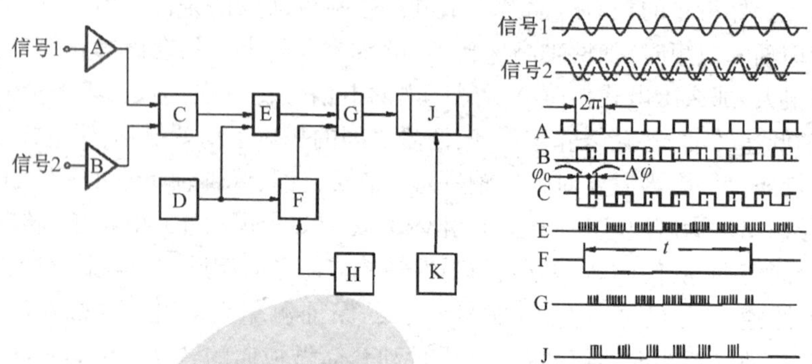

图 5-11-14　数字式扭矩仪测量电路的方框图和波形图

A、B—整形放大电路；C—鉴相电路；D—时间脉冲发生器；

E、G —与门；F—定时电路；H—时间系数开关；J—计数器；K—零位调整开关

为了使显示的扭矩值能代表转轴实际所承受的扭矩，时间系数开关 H 的改变系数是在扭矩传感器标定时获得的，即在扭矩传感器上加一个已知的扭矩，然后调整扭矩仪上的系数开关，直至数码管上显示出该已知扭矩值，这时，时间系数开关上的系数值就能够保证显示的读数代表实际的扭矩值。每台传感器的系数是不一样的，传感器出厂时均有标定。

从与门 G 出来的时间脉冲数送入计数器 J 进行计数。这时应考虑到与门 G 送来的脉冲数中有一部分是初始相位差所包含的脉冲数 N_0，数码管的显示数据中不应包含这一部分值。为此采用了零位调整开关 K，给计数器一个预置数来补偿。在加载前，数码管的显示数值就是初始相位差 φ_0所包含的脉冲数值 N_0，零位开关使预置数与 N_0的和等于 10^4。由于一般仪器的数码管仅有四位，万位数溢出不显示，这实际上就将 N_0从显示值中扣除了。加载后，直接读出的扭矩值实际上是 $N-N_0$的脉冲数。

由上述的原理可得被测扭矩 M_n的计算公式为

$$M_n=\frac{2\pi k}{f_c tz}(N-N_0)$$

式中，k 为弹性轴的转换常数（其值与弹性轴的直径及剪切弹性模量有关）；f_c 为时间脉冲频率；t 为时间系数；z 为传感器中齿轮的齿数；N 为通过与门的时间脉冲总数；N_0 为相当于初始相位差的时间脉冲数。

由此可知,当传感器一定时,k、z 和初始相位差 φ_0 一定。如果时间脉冲频率也一定,则数码管显示的数值 $N-N_0$ 与被测扭矩 M_n 之间只有一个时间系数 t 可以被人为地调整。若标定时确定了时间系数 t,测量时显示的数值就代表真实的被测扭矩值 M_n。

五、钢弦式扭矩仪

(一)钢弦式扭矩仪的测量原理

理论分析表明,一根张紧的钢弦的固有频率 f_0 与其张力有关。当钢弦的张力有一个微小的增加量 $\Delta P(\Delta P/P \ll 1)$ 时,钢弦的固有频率变化量 Δf 可近似地写为

$$\Delta f \approx \frac{1}{2} \frac{\Delta P}{P} f_0$$

可见,当初始张力 P 一定时,钢弦固有频率的变化量 Δf 与其张力的微小变化量 ΔP 近似地成正比关系。钢弦式测力传感器就是基于钢弦的这个关系将力转换成钢弦的固有频率的变化而对其进行测量的。

但是,当初始张力 P 一定时,钢弦固有频率的变化量 Δf 与其张力的微小变化量 ΔP 只是近似地成正比关系,这个近似的线性关系就存在着一定的非线性误差。为了减小这个非线性误差,钢弦式测力传感器往往做成两根钢弦差动的形式,即一根钢弦张力增加 ΔP,而另一根钢弦张力减小 ΔP,测量张力变化后的这两根钢弦的频率差。

理论分析表明,若两根钢弦的初始固有频率相同,均为 f_0,则张力增加 $\Delta P(\Delta P/P \ll 1)$ 后的钢弦的固有频率 f_1 与张力减小 $\Delta P(\Delta P/P \ll 1)$ 后的钢弦的固有频率 f_2 的差值可近似地写为

$$\Delta f = f_1 - f_2 \approx \frac{\Delta P}{P} f_0$$

此式说明,当初始张力 P 一定时,差动的两根相同钢弦的固有频率的差值 Δf 与其张力的微小变化量 $\Delta P(\Delta P/P \ll 1)$ 也是近似地成正比关系,但与前面的单根钢弦相比,此时的非线性误差大大减小。

(二)钢弦的激振方式和信号变换方式

通常,钢弦式测力传感器的钢弦是在电磁力的作用下起振的,起振后将钢弦的振动频率转换成电量来进行测量。

钢弦的激振方式和信号变换方式有两种:间歇式激振及变换与连续等幅激振及变换。

图 5-11-15 是连续自激式振荡电路的工作原理图。长度为 l 的钢弦 1 放于磁感应强度为 B 的磁场中,当钢弦通以电流 i 时,钢弦因受力而振动,钢弦振动则会切割磁力线而产生感应电动势 e,感应电动势的频率就是钢弦振动的频率。感应电动势经放大器 3 放大后,送入测量电路进行测量和显示。为了维持等幅振荡,从放大器的输出端取出信号电流通过反馈电路 4 供给钢弦。理论分析表明,图 5-11-15 所示的自激振荡电路就像一个普通的 LC 电子振荡器,可以激发钢弦做稳定的等幅振荡。

图 5-11-16 是另一种连续激振和变换的工作原理图。当线圈 3 通以脉冲电流后,铁芯 2 产生磁场,作用于钢弦并使之振动。于是,钢弦与磁铁之间的间隙发生变化,则磁阻发生变化,致使线圈 5 中的磁通量发生变化,从而产生感应电动势。感应电动势的频率就是钢弦振动的频率,将它送入放大器放大,然后送入测量仪表显示。同样,为了维持等幅振动,从放大器的输出端引入正反馈信号供给线圈 3。

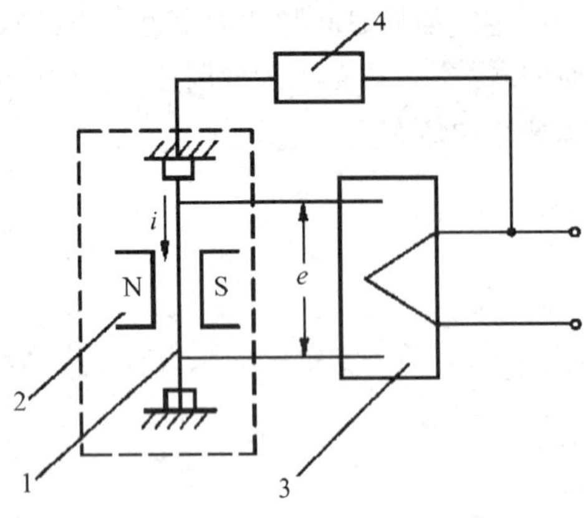

图 5-11-15　连续自激式振荡电路的工作原理图

1—钢弦;2—磁钢;3—放大器;4—反馈电路

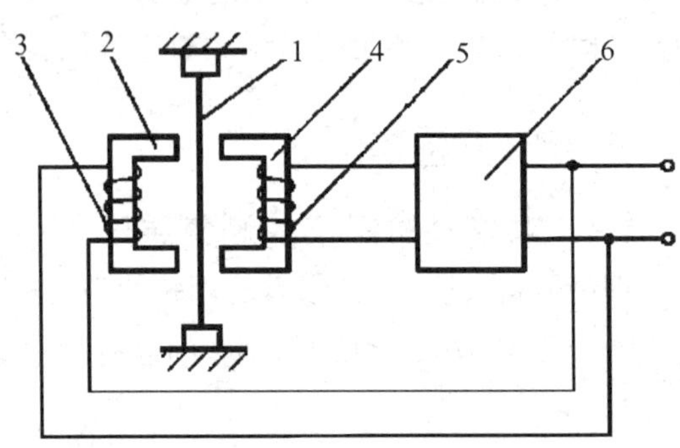

图 5-1-16　连续激振和变换的工作原理图

1—钢弦;2—铁芯;3、5—线圈;4—永久磁铁;6—放大器

(三)钢弦式扭矩传感器

图 5-11-17 所示为钢弦式扭矩传感器的工作原理图。在被测轴或特制的弹性转轴 1 上,相隔一定距离安装两个卡环 2 和 3。卡环 2 上有凸台 A_2、B_2,而卡环 3 上有凸台 A_3、B_3。在 A_2 与 A_3 之间及 B_2 与 B_3 之间安放两个变换器,各有一根钢弦 4 和 5。当转轴 1 承受扭矩时,两个卡环间的轴发生扭转变形,使两个卡环所在的横截面产生相对扭转,卡环 2、3 也随之一同扭转,致使钢弦 4、5 的张力发生变化,一根钢弦的张力变大(称为拉弦),另一根钢弦的张力变小(称为压弦)。由于两卡环的相对转角与扭矩成正比,由卡环导致的钢弦的张力变化量也与扭矩成正比。两根钢弦的固有频率的差值随其张力的变化就代表了扭矩的变化。

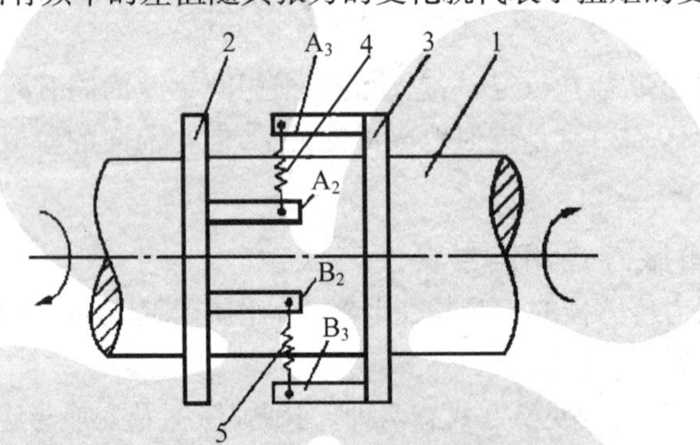

图 5-11-17　钢弦式扭矩传感器的工作原理

1—转轴;2、3—卡环;4、5—钢弦

图 5-11-18 所示为钢弦式扭矩传感器中变换器的结构。钢弦 1 上绕有软铁丝 2,用于调整钢弦的传感系数。钢弦 1 用夹紧装置 6 夹紧,并用凸轮 5 调节其初始的张紧程度。激振用的电磁铁和接收用的磁钢 7 用绝缘的环氧树脂 8 隔开。极靴 3 上绕有线圈组 4,其中一个线圈用于接收来自放大器的反馈电流以使钢弦振荡,另一个线圈用于感应出频率为钢弦固有频率的电动势送给放大器。导线通过接线柱 9 引出。上述零件均装在变换器的壳体 11 内,整个变换器通过安装块 12 安装在轴的卡环上。

(四)钢弦式扭矩仪实例

图 5-11-19 所示为目前船上应用较多的非接触式马哈克(MAIHAK)钢弦式扭矩仪的组成及工作流程。

6
5
1
4
3
2
7
8
9
10
11
12

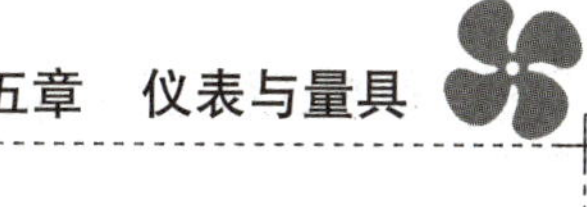

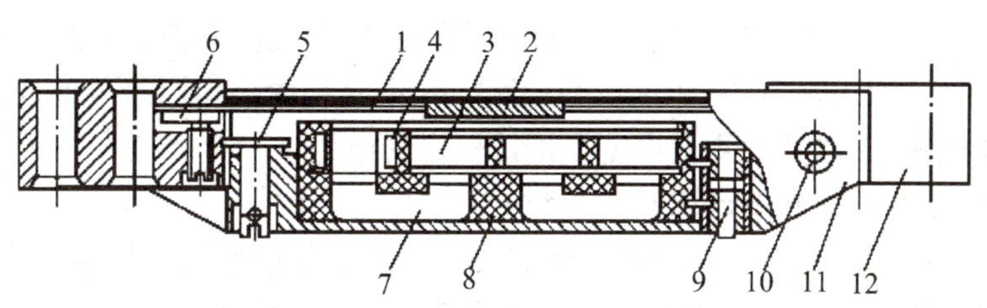

图 5-11-18　钢弦式扭矩传感器中的变换器

1—钢弦；2—软铁丝；3—极靴；4—线圈组；5—凸轮；6—夹紧装置；7—磁钢；8—环氧树脂；9—接线柱；10—定位装置；11—壳体；12—安装块

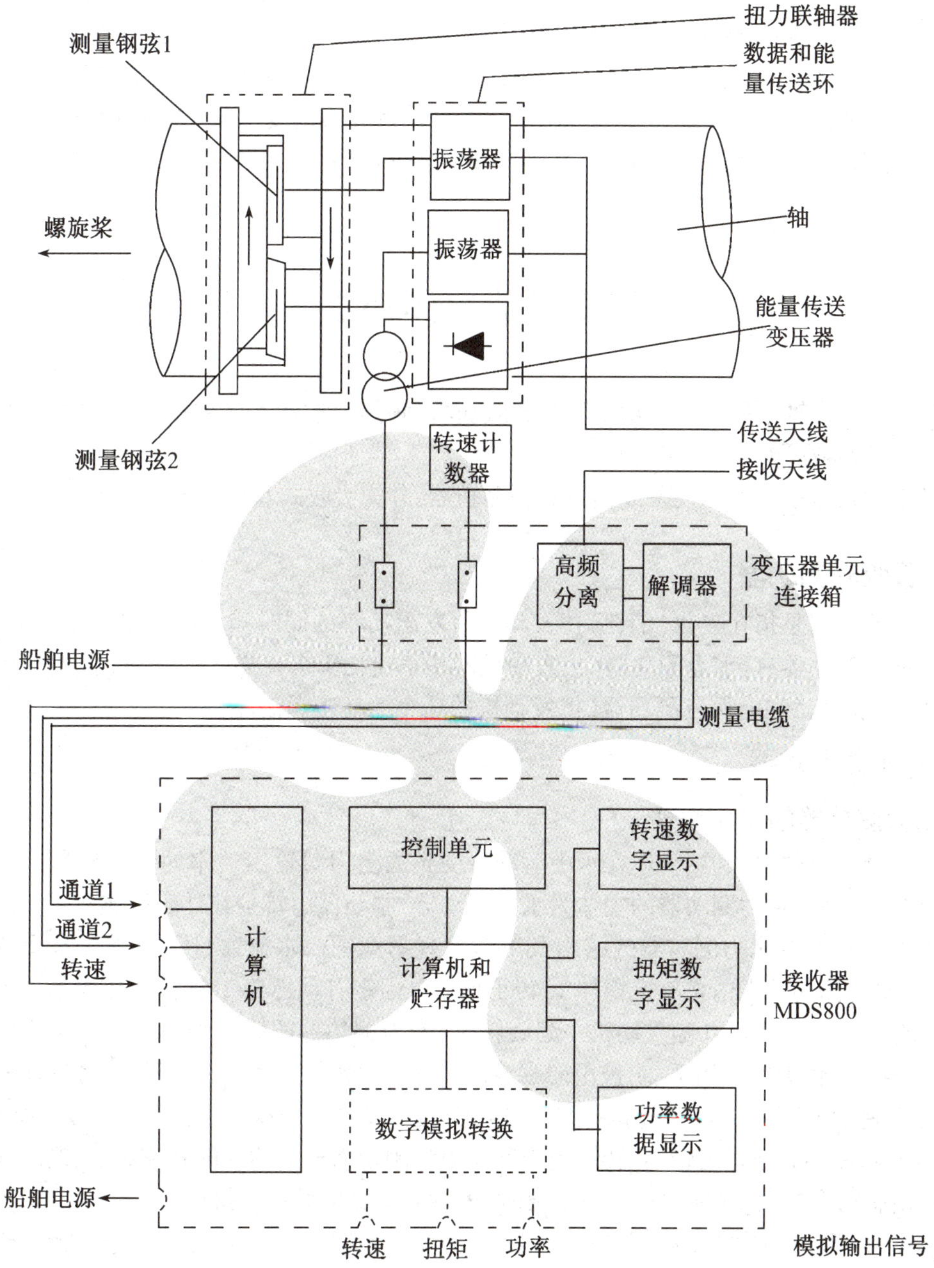

扭力联轴器
测量钢弦1
数据和能量传送环
振荡器
振荡器
螺旋桨
轴
能量传送变压器
测量钢弦2
传送天线
转速计数器
接收天线
高频分离
解调器
变压器单元连接箱
船舶电源
测量电缆
控制单元
转速数字显示
通道1
通道2
转速
计算机
计算机和贮存器
扭矩数字显示
接收器 MDS800
数字模拟转换
功率数据显示
船舶电源
转速
扭矩
功率
模拟输出信号

图 5-11-19　非接触式马哈克钢弦式扭矩仪的组成及工作流程

马哈克扭矩仪有滑环式和非接触式两种。非接触式扭矩仪主要由检测、数据和能量传递以及显示部分组成,如图 5-11-19 所示。其检测部分主要是两根相同型号的 MDS31 钢弦传感器,它们频率变化相反,以补偿测量误差。该扭矩仪的电力由一个布置在轴旁的变压器提供。钢弦低频振荡信号经振荡器的载波频率调制后,从发射天线传到接收天线。发射天线既是传递扭矩频率信号的装置,也是传递测速光栅的转速脉冲信号的装置。接收天线接收到的频率信号,在连接箱中进行高频分离和解调,并对其需要的低频测量信号进行放大,然后与转速的脉冲信号一起由电缆输入接收器 MDS800 中,一台微型计算机对测量信号进行计算和处理,最后输入存储器中,同时也将测得的转速、扭矩及轴功率等以数字形式显示出来。

最后需要注意的是,扭矩仪是安装在原动机与负载之间的仪器设备,它起着传递扭矩的作用,因此,在安装时,扭矩仪的轴心线要绝对保证与原动机的轴心同轴。这就对各轴的同心度、平衡度、轴端面的垂直度等均提出了很高的要求,同时,还要考虑振动对扭矩仪的影响。否则,扭矩仪的弹性轴就会产生附加力矩,这不仅会影响到测量的精度,还会造成弹性轴的疲劳损伤。因此,无论什么类型的扭矩仪,都必须严格按照其说明书的要求并由熟练的技术人员安装。

第十二节　测功器

由发动机输出轴上所发出的功率称为有效功率,它是船舶动力装置的一个重要的性能参数,其测量一般是在测功器上完成的。

测量发动机有效功率的设备或装置称为测功器,分为吸收式和传递式两大类。

一、吸收式测功器

吸收式测功器是指在吸收(消耗)掉发动机所发出功率的同时测量出功率大小的测功器。常用的吸收式测功器有:水力测功器(把发动机的功率消耗于水)、电力测功器(把发动机的功率消耗于负载电阻)和电涡流测功器(把发动机的功率消耗于涡流环)。

(一)水力测功器

1.水力测功器的工作原理

水力测功器工作时,利用物体在水中运动所受到的阻力对输出功率的动力机械施加反扭矩,从而吸收功率。水力测功器的主体为水力制动器,制动器由转子和外壳组成。

图 5-12-1 所示为水力测功器的结构及工作原理示意图。水流通过入口进入水力测功器的水腔中,水力测功器壳内设有定搅棒 1,转子轴 5 上固定有动搅棒 2,搅棒的作用是增大水对旋转轴的阻力。当转子轴 5 随发动机一起旋转时(水力测功器的转子轴与发动机轴用联轴节连接),在离心惯性力的作用下,水被甩向水腔的外缘,形成厚度为 h 的水环,并将发动机所发出的扭矩传递给外壳 3。外壳 3 由轴承 4 支撑,因而可以自由地摆动,外壳 3 上有一力臂 10。测力机构 9 将制动力通过力臂 10 转换为制动力矩作用于水力测功器的外壳 3 上,同时在表盘 8 上指示出制动力的大小(在力臂为一定值时,表盘 8 上也可显示为扭矩值)。

当外壳平衡时,测功器对旋转轴所施加的阻力矩(或称制动力矩)等于动力机械的输出扭矩 M_n(N·m),即 $M_n=P\times R$,式中,P(N)为制动力,R(m)为传动臂的长度(力臂)。再由测得

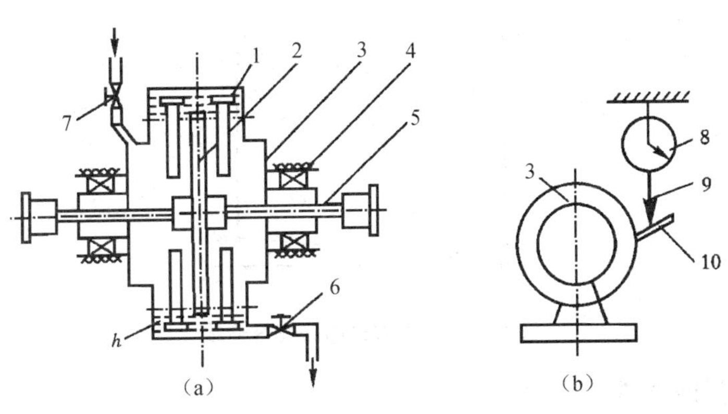

图 5-12-1　水力测功器的结构及工作原理示意图

1—定搅棒；2—动搅棒；3—外壳；4—轴承；5—转子轴；6—出水阀门；7—进水阀门；8—表盘；9—测力机构；10—力臂

的旋转轴的转速 n 得到输出功率 Ne(kW)。

在实际的测功器结构中，力臂不是简单的一根长为 R 的杆，而是一套由齿轮、杠杆等部件组合的复杂的磅秤机构。通过这套机构可以从测功器上的表盘指针直接读出所测的力矩值。有些水力测功器则采用压力传感器来感受力 P，不仅使测量的精度得到了提高，还易于实现电控。

在主轴转速一定的条件下，水层的厚度越大，测功器对发动机所施加的阻力矩就越大，而水层厚度可以通过进水阀和排水阀来控制，这样，发动机的输出功率经水分子间相互摩擦变成热量而消耗掉。摩擦所产生的热则导致水温的升高，如果水温过高，就会在水中产生气泡，这样就会使测功器工作不稳定，因此，一般排水温度要限制在 50~70 ℃。

2.水力测功器的特性曲线

水力测功器的特性曲线就是它的工作范围曲线，该曲线给出了在不同的转速条件下，水力测功器所能吸收的功率的范围。

图 5-12-2 为水力测功器的特性曲线图，图中的封闭曲线由五个线段组成，各线段表示的含义如下：

OA 段：最大水层厚度线。此时，测功器中水层的厚度为最大值，即 $h=h_{max}$，这一段曲线是一条三次方曲线，它表明测功器所吸收的功率随转速 n 的增加而增加，转速较小时，吸收功率增加得比较缓慢，当转速稍大后，测功器所吸收的功率 Ne 将随转速 n 的增加而急剧增加。

AB 段：最大制动扭矩线。最大制动扭矩受测功器中的转动部件强度的限制。沿着 *AB* 线，若要通过提高转速来增大其吸收功率的能力，则必须减小测功器内的水层厚度。

BC 段：等功率线。它表明水温达到最高允许值时，测功器所能吸收的功率。沿 *BC* 线，减小水层的厚度就可以增加转速。

CD 段：最高转速线。最高转速受测功器中转动部件离心力负荷的限制。

DO 段：空载线。此时水力测功器中水层的厚度 h 为零，该线段由空气阻力及转动部件轴承的摩擦阻力决定。

测功器的特性曲线 *OABCDO* 所包围的区域表示了该水力测功器所能吸收的功率范围。只要某一被测发动机的输出功率特性曲线完全落在该区域之内，就可以选用该水力测功器来对其进行功率的测量。

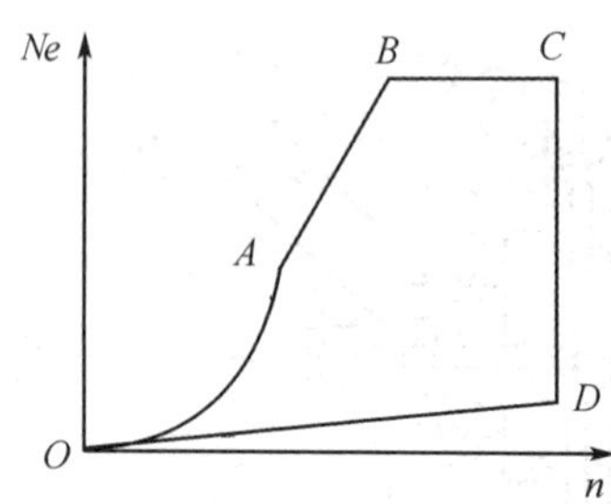

图 5-12-2 水力测功器特性曲线

3.水力测功器的特点

水力测功器具有结构简单、工作可靠、价格低廉、功率储备大、使用方便等特点，但是，由于水力测功器在低速时所吸收的功率与转速的立方成正比，当发动机的转速较低时，其制动力矩也比较小。通常，为了测量较低转速的发动机的输出功率，往往选用的水力测功器的最大吸收功率要远远大于发动机的额定功率。

（二）电力测功器

电力测功器既可当作发电机，用于吸收发动机的输出功率以完成对其输出功率的测量；又可作为电动机，用于驱动发动机。

当电力测功器用于功率测量时，直流电力测功器的转子随同发动机一起旋转，电枢绕组切割定子绕组所组成的磁场，在电枢绕组中产生相应的感应电动势和感应电流，即将发动机所发出的动能转变为发电机的电能，该电能一般通过电路中的负载电阻消耗掉。

当电力测功器作为电动机使用时，电枢绕组有电流流过，此时，它在磁场中将受到电磁力的作用而转动，产生驱动力矩，带动发动机运行。

与水力测功器相比，电力测功器有许多优点，特别是在低速时，其制动力矩与转速的平方成正比，因此，在低速运行时也有较大的制动力矩，测量精度较高。另外，它还可以作为电动机倒拖发动机，这对于发动机实验的进行很有必要，因为利用它可进行发动机的冷磨合和启动，并且可以很方便地测定发动机的机械效率。

电力测功器分为交流电力测功器与直流电力测功器两种。

交流电力测功器可以将测功器发出的电能回收并加以利用，因此常用于大功率发动机的长时间实验（如耐久实验）；直流电力测功器由于结构方面的限制，其功率容量均较小，只能满足中小功率发动机实验，并且，在一般情况下，测功器发出的电能都消耗在其负载电阻上导致无法加以利用。

1.直流电力测功器

电力测功器一般都采用平衡的工作方式。图 5-12-3 是平衡式直流电力测功器的结构简图。它主要是由转子 1、电枢绕组 4、外壳 2 和激磁绕组 3 组成。它与普通发电机或电动机的主要区别在于其定子外壳 2 被支撑在摆动的轴承上，可以绕轴线自由摆动。在定子外壳 2 上固定有力臂 6，它与机械式测力机构 5 或力传感器相连，用以测定扭矩。

直流电力测功器的转子随同动力机械一起旋转时，电枢绕组切割定子绕组所形成的磁场，在电枢绕组中产生的感应电动势 $E=C_n \cdot \Phi \cdot n$，式中：Φ 为磁极的磁通量；n 为电枢转速；C_n 为常数。当电枢绕组有电流流过时，它在磁场中将受到电磁力的作用。若此时的直流电力测功器作为发电机使用，其电枢绕组所受的电磁力产生与转向相反的电磁力矩（此为制动力矩），

该力矩传递给外壳，此时，外壳将产生一个与该力矩大小相等、方向相反的阻力矩，该阻力矩的大小即可用测力机构测出。若此时的直流电力测功器是作为电动机使用，则电枢绕组所受的电磁力产生与转向相同的电磁力矩（此为驱动力矩），该力矩可直接用于发动机的启动或倒拖实验。

使用直流电力测功器时，不仅需要三相交流电动机提供直流电，以便向直流电机的电枢及激磁绕组供电，还需要有大功率的负载电阻，用于吸收电功率。此外，在有些情况下，若希望对电能进行回收，还要考虑将测功器电机输出的直流电变为交流电反馈回电网。因此，直流电力测功器的使用费用比较高。

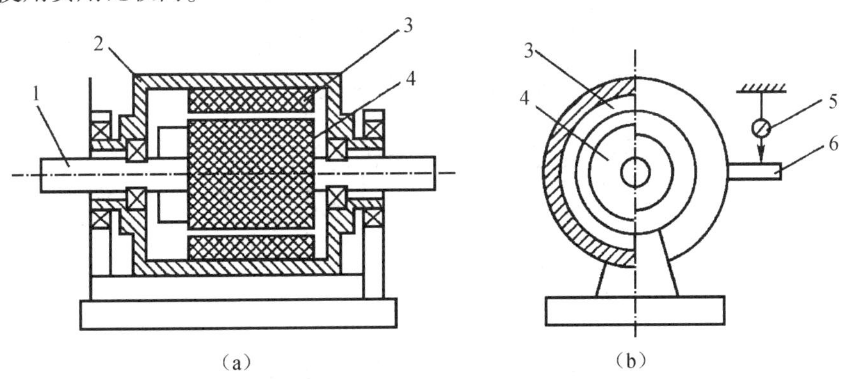

图 5-12-3　平衡式直流电力测功器结构简图

1—转子；2—外壳；3—激磁绕组；4—电枢绕组；5—测力机构；6—力臂

2.交流电力测功器

直流电力测功器在测量功率时无法直接将原动机的功率转变为电能加以利用或输送到电网中去，这是一种能量的浪费。可以通过以下两种方案来解决能量回收的问题：一种方案是在直流测功器装置中再设置交流机组，用直流发电机带动一直流电动机，再由该直流电动机拖动交流发电机发电并网来完成能量回收的任务；另一种方案是直接采用交流电力测功器。

但是，在电力测功器中应用交流电机存在的问题是，交流电机在较大范围内的转速及负荷调节比直流电机的调节要困难得多，需要配备专用的装置。当测功器作为发电机使用时，原动机的转速必须高于发电机的同步转速才能发电，因此，若要在较宽的转速范围内都可以向电网反馈电能，就必须配置变频设备，这将使测功器的成本升高。

目前，在测功器中采用了一种新型的交流调速电机，它是一种可控硅无整流子电机，简称SCR 电机。该电机具有直流电机的调速性能，即只要改变电压或激磁电流的大小就可以在广阔的范围内进行无级调速，并且调速精度高、反应速度快。采用 SCR 电机的测功器既可作电动机又可作发电机反馈电能，并且它的转速-扭矩、转速-功率的特性可以任意调节，是一种理想的测功器。

（三）电涡流测功器

置于交变磁场中的金属内部会感应出闭合电流，这种闭合电流称为电涡流。电涡流测功器就是利用电涡流的形成吸收动力机械的输出功率。

图 5-12-4 为电涡流测功器的结构示意图。电涡流测功器主要由定子磁轭 1、感应子 2、涡流环 3 和激磁线圈 4 组成。电涡流测功器产生制动力的原理是：当激磁线圈通以直流电时，磁力线便由感应子、空气间隙、涡流环、定子磁轭等形成闭合回路。在磁力线回路中，磁轭和感应

子均由高导磁材料制成，而涡流环由高导磁低电阻值的材料制成，其磁阻和电阻均很小，因此整个磁路中磁阻的大小主要取决于空气间隙的厚度变化。感应子的外圆制成凹凸齿状，在齿顶处的空气间隙 l 很小，其磁通密度就很大；而齿槽处的空气间隙 L 较大，其磁通密度就很小。当感应子旋转时，由于磁阻的变化，穿过涡流环的磁通密度不断地增减，于是在涡流环的表面产生强烈的电涡流，在此过程中电能就被转化为热能，也就必须对涡流环进行冷却。与电力测功器相同，由于定子磁轭是固定在外壳上的，在外壳上将产生一个与感应子的力矩大小相等而方向相反的阻力矩，该阻力矩的大小同样可用测力机构测出。

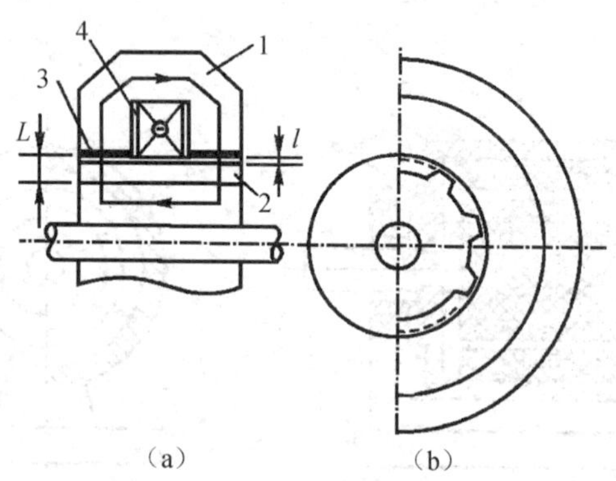

图 5-12-4　电涡流测功器的结构示意图

1—定子磁轭；2—感应子；3—涡流环；4—激磁线圈

电涡流测功器具有结构简单、控制方便、测量精度高、有很宽的转速范围和功率范围等特点，并且只用很少的电能就可以控制较大的制动力矩，其消耗的功率仅为制动功率的 0.5%~1%，因此不仅可供发动机作为测功设备，而且能满足燃气轮机的测功要求。电涡流测功器的工作转速范围在 1 000~25 000 r/min，最大制动功率可达数兆瓦（MW），并且很容易实现自动控制。但是，这种测功器只能吸收原动机的功率使其全部转化为热能，不能发出电力，也不能作为电动机以驱动发动机工作。

二、传递式测功器

很明显，吸收式测功器一般只用于发动机的试验或台架测试，对于实际运行中的发动机则不能使用。另外，利用吸收式测功器测出的是在某一稳定工况下的平均扭矩，不能反映扭矩的变化。

如前所述，发动机的有效功率 Ne（kW）与发动机输出轴上的有效扭矩 M_n（N·m）及此时轴的转速 n（r/min）的关系为

$$Ne \approx \frac{M_n \cdot n}{9\,550}$$

可见，只要测得发动机输出轴的转速和扭矩，就能得到发动机的有效功率。在船舶轮机工程中，测量扭矩和转速的主要目的是计算发动机的有效功率。

传递式测功器就是指在不影响发动机正常运行的情况下完成对其输出功率测量的测功器。这种方式的功率测量是利用对发动机输出轴的扭矩测量和转速测量来完成的。这时的扭矩测量就要由前述的扭矩仪或扭矩传感器来进行，由于它们并不吸收发动机输出的功率，也称为传递式扭矩测量。当然，利用吸收式测功器测量了发动机的功率后，再根据发动机输出轴的转速也可获得发动机输出轴的扭矩值，这种扭矩的测量方式被称为吸收式扭矩测量。

在船舶上，对运转的发动机的输出功率测量则只能采用传递式测功器。实船测量运行中的发动机的输出扭矩或扭矩变化必须采用传递式测量方式，即使用扭矩仪或扭矩传感器测量内燃机的输出轴、中间轴（或螺旋桨轴）或特殊联轴节的扭转变形以确定其扭矩值，进而确定发动机所发出的功率。

当然，在发动机的试验或台架测试中，也可以把吸收式测功器只作为负载（吸收发动机所发出的功率），而采用前述的各种扭矩仪或扭矩传感器来测量扭矩。

三、几种常见测功器的性能比较

测功器的低速制动力矩是评价测功器的一个重要指标。图 5-12-5 给出了三种吸收式测功器的低速制动力矩的比较。由图中的曲线可以很明显地看出，就低速制动性能来说，电涡流测功器最佳，电力测功器次之，水力测功器最差。

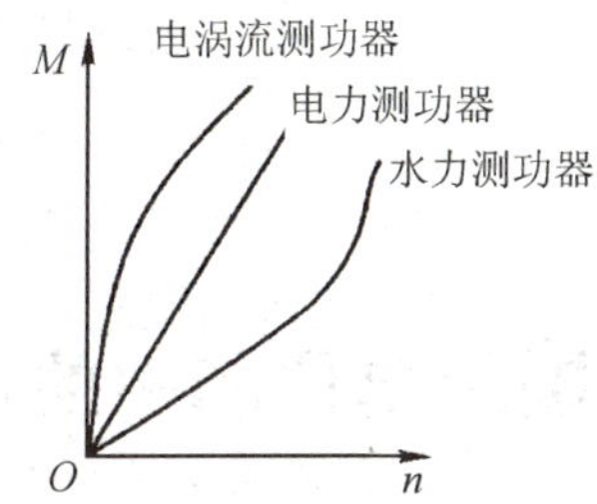

图 5-12-5　三种吸收式测功器的低速制动力矩的比较

表 5-12-1 列出了几种常见测功器的一般特性指标，不仅便于对它们进行比较，也可作为选择测功器时的参考。关于测功器的其他性能及详细分析可参阅其他专门资料。

表 5-12-1　常见测功器的一般特性

测功器名称	综合结构尺寸	应用功率范围	测量精度	适用转速范围	对安装及操作的要求	成本	低速制动力矩	工作稳定条件	其他说明
水力测功器	中	各种功率	1%～2%	中等转速	安装保养简单，操作方便	低	小	进水压头平稳	
电力测功器	大	中小功率	0.5%～1%	中等转速	安装保养简单，操作方便，调节精细	高	中	电网电压稳定	可以回收能量
电涡流测功器	小	各种功率	2%（普通级）0.5%～1%（精密级）	中高转速	冷却水和转子轴承精度等级要求高，保养精细	高	大	电网电压稳定	易于实现自动控制
各种扭矩仪	最小	各种功率	1%～2%	各种转速	安装要求高，否则引起附加力矩	较高			不吸收功率，用于现场运行时测量

第六章 单位及单位换算

第一节　国际单位制中的常见单位

一、国际单位制简介

单位制(System of Units)是指由选定的一组基本单位和由定义方程式与比例因数确定的导出单位组成的一系列完整的单位体制。

基本单位是可以任意选定的,由于基本单位选取的不同,组成的单位制也就不同,如米制、英制、工程制、国际单位制等。

单位制的形成和发展与科技的进步、生产的发展密切相关。早在17—18世纪,人们就开始意识到计量单位及计量制度的混乱对科技和生产发展的影响。1795年,法国科学家创立了以米为基本单位的计量制度(米制)。1875年,17个成员正式签署了“米制公约”,为米制的传播和发展奠定了国际基础,米制成为国际上最早公认的单位制。随着科技的发展,米制中又派生出许多适于各种科技领域的不同单位制,如厘米-克-秒制,米-千克力-秒制等。

随着科学技术的发展,国际交往也日益频繁,各种单位制的并存不仅对国际贸易有阻碍作用,也不利于各国之间的科学文化交流,因此,为避免由于单位制不同而引起的混乱和烦琐的换算,统一单位制已成为世界各国的共同要求。

1948年召开的第九届国际计量大会做出了决定,要求国际计量委员会创立一种简单而科学的供所有米制公约组织成员均能使用的实用单位制。1954年的第十届国际计量大会决定采用米(m)、千克(kg)、秒(s)、安培(A)、开尔文(K)和坎德拉(cd)作为基本单位。国际计量委员会在1956年将经过21个成员同意的以这6个单位为基本单位的实用计量单位制草案拟命名为国际单位制,并拟以国际通用符号SI来表示。1960年的第十一届国际计量大会正式通过了此草案,并正式命名为国际单位制,且规定其符号为SI。1974年的第十四届国际计量大会又决定将物质的量的单位摩尔(mol)增补为国际单位制的基本单位。目前的国际单位制中共有7个基本单位。

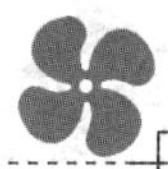

国际单位制先进、实用、简单、科学，并适用于文化教育、科学技术和经济建设各个领域，已被世界各国及国际组织广泛采用。1977 年，中国明确规定要逐步采用国际单位制，1984 年，中国颁布的《中华人民共和国法定计量单位》就是以国际单位制为基础而制定的。

二、国际单位制的基本单位

在国际单位制中，基本量共有 7 个，基本量的单位称为基本单位。常见的长度、质量和时间在国际单位制中均为基本量，它们的单位也是国际单位制中的基本单位，分别为米(m)、千克(kg)和秒(s)。表 6-1-1 列出了国际单位制中的量的名称、单位名称及单位符号。

表 6-1-1　国际单位制的基本单位

量的名称	单位名称	单位符号
长度	米	m
质量	千克(公斤)	kg
时间	秒	s
电流	安[培]	A
热力学温度	开[尔文]	K
物质的量	摩[尔]	mol
发光强度	坎[德拉]	cd

注：[ ]内的字，是在不致混淆的情况下，可以省略的字；( )内的字，为前者的同义语。

三、国际单位制的辅助单位

国际单位制中有两个辅助单位，即弧度和球面度，见表 6-1-2。

表 6-1-2　国际单位制的辅助单位

量的名称	单位名称	单位符号
[平面]角	弧度	rad
立体角	球面度	sr

注：[ ]内的字，是在不致混淆的情况下，可以省略的字。

四、国际单位制的导出单位

国际单位制(SI)中的导出单位是由 SI 基本单位按定义式导出的，其数量很多，主要分为三大类：用 SI 基本单位表示的 SI 导出单位；具有专门名称的 SI 导出单位；用 SI 辅助单位表示的 SI 导出单位。

具有专门名称的 SI 导出单位总共有 19 个，其中有 17 个是以杰出科学家的名字命名的，如牛顿、帕斯卡、焦耳等，以纪念他们在本学科领域里做出的贡献，同时，为了表示方便，这些导出单位还可以与其他单位组合表示另一些更为复杂的导出单位。表 6-1-3 列出了国际单位制中具有专门名称的导出单位。国家选定的非国际单位制中的单位如表 6-1-4 所示。由词头和以上单位构成的十进倍数和分数单位如表 6-1-5 所示。

表 6-1-3　国际单位制中具有专门名称的导出单位

量的名称	单位名称	单位符号	其他表示示例
力，重力	牛[顿]	N	$kg \cdot m/s^2$
压力，压强，应力	帕[斯卡]	Pa	N/m^2
功、能[量]、热量	焦[耳]	J	$N \cdot m$
功率，辐射通量	瓦[特]	W	J/s
频率	赫[兹]	Hz	s^{-1}
电荷[量]	库[仑]	C	$A \cdot s$
电位、电压、电动势	伏[特]	V	W/A
电容	法[拉]	F	C/V
电阻	欧[姆]	Ω	V/A
电感	亨[利]	H	$V \cdot s/A$
电导	西[门子]	S	Ω^{-1}、A/V
磁通[量]密度、磁感应强度	特[斯拉]	T	$N/(A \cdot m)$
磁通量	韦[伯]	Wb	$T \cdot m^2$
光通量	流[明]	lm	cd/sr
[光]照度	勒[克斯]	lx	lm/m^2
摄氏温度	摄氏度	℃	
[放射性]活度	贝克[勒尔]	Bq	s^{-1}
吸收剂量	戈[瑞]	Gy	J/kg
剂量当量	希[沃特]	Sv	J/kg

注：[ ]内的字，是在不致混淆的情况下，可以省略的字；( )内的字，为前者的同义语。

表 6-1-4　国家选定的非国际单位制中的单位

量的名称	单位名称	单位符号	换算关系和说明
时间	分 [小]时 天(日)	min h d	1 min = 60 s 1 h = 60 min = 3 600 s 1 d = 24 h = 86 400 s
平面角	[角]分 [角]秒 度	(″) (′) (°)	1″ = (π/648 000) rad 1′ = 60″ = (π/10 800) rad 1° = 60′ = (π/180) rad (π 为圆周率)
旋转速度	转每分	r/min	$1\ r/min = (1/60)\ s^{-1}$
长度	海里	n mile	1 n mile = 1 852 m(只用于航程)
速度	节	kn	1 kn = 1 n mile/h = (1 852/3 600) m/s(只用于航程)
体积	升	L(l)	$1\ L = 1\ dm^3 = 10^{-3}\ m^3$
能	电子伏	eV	$1\ eV \approx 1.602\ 189\ 2 \times 10^{-19}\ J$

续表

量的名称	单位名称	单位符号	换算关系和说明
级差	分贝	dB	
线密度	特[克斯]	tex	1 tex=1 g/km
质量	吨 原子质量单位	t u	1 t=1 000 kg 1 u≈$1.660\ 565\ 5\times10^{-27}$ kg

注:1.周、月、年(年的符号为 a)为一般常用的单位。

2.[ ]内的字,是在不致混淆的情况下,可以省略的字。

3.( )内的字,为前者的同义语。

4.角度单位度、分、秒的符号不处于数字后时,用括号。

5.升的符号中,小写字母 l 为备用符号。

6.r 为"转"的符号。

7.日常生活和贸易中,质量习惯称为重量。

8.公里为千米的俗称,符号为 km。

表 6-1-5　用于构成十进倍数和分数单位的词头

所表示的因数	词头名称	词头符号
10^{18}	艾[可萨]	E
10^{15}	拍[它]	P
10^{12}	太[拉]	T
10^{9}	吉[咖]	G
10^{6}	兆	M
10^{3}	千	k
10^{2}	百	h
10^{1}	十	da
10^{-1}	分	d
10^{-2}	厘	c
10^{-3}	毫	m
10^{-6}	微	μ
10^{-9}	纳[诺]	n
10^{-12}	皮[可]	p
10^{-15}	飞[母托]	f
10^{-18}	阿[托]	a

注:1.[ ]内的字,是在不致混淆的情况下,可以省略的字。

2.10^4为万,10^8为亿,10^{12}为万亿,这类数词的使用不受词头名称的影响,但不应与词头混淆。

第二节　法定计量单位

我国于1984年2月27日由国务院颁布并开始正式实施《中华人民共和国法定计量单位》,并规定我国的计量单位一律采用《中华人民共和国法定计量单位》,法定计量单位按《中华人民共和国法定计量单位使用方法》执行。

我国的法定计量单位包括:

(1)国际单位制的基本单位(见表6-1-1);

(2)国际单位制的辅助单位(见表6-1-2);

(3)国际单位制中具有专门名称的导出单位(见表6-1-3);

(4)国家选定的非国际单位制中的单位(见表6-1-4);

(5)由以上单位构成的组合形式的单位;

(6)由词头和以上单位构成的十进倍数和分数单位(词头见表6-1-5)。

第三节　轮机工程中常用的国际单位与工程单位、英美习惯制单位的换算

我国的法定计量单位以国际单位制的单位为基础,适当增加了国家选定的非国际单位制中的单位。但由于船舶的特殊性,目前船舶上常用的单位制有工程单位制、英美单位制和国际单位制,这就涉及三种单位制之间的单位换算。下面先简单介绍工程单位制和英美单位制,然后给出轮机工程中常用单位的三种单位制之间的换算关系。

一、工程单位制(MSF制)

在工程单位制中,选用长度、力和时间作为基本量,它们相应的单位分别为米(m)、千克力(kgf)和秒(s)。

在工程单位制中,质量为导出量,其单位为导出单位,按牛顿第二定律($F=ma$)

$$力=质量\times加速度$$

可以导出质量的单位为千克力·二次方秒每米($kgf\cdot s^2/m$)。

在工程单位制中,压力(压强)为导出量,其单位为导出单位千克力每平方米(kgf/m^2),但由于这个单位太小,工程上多以千克力每平方厘米(kgf/cm^2)作为压力(压强)的常用单位。

在工程单位制中,功为导出量,其单位为导出单位:千克力·米(kgf·m)。

在工程单位制中,热量是基本量,它的单位是卡(cal)或千卡(kcal)。

1卡(cal)或1千卡(kcal)表示在标准大气压下,1 g或1 kg的纯水温度升高1 ℃所需要的热量。热量和功之间的单位用被称为功热当量(符号用A表示)的数据进行换算,根据实验结果,功热当量$A=1/427$千卡每千克力每米[kcal/(kgf·m)]。

二、英美习惯单位制(USCS制)

在USCS制中,选用长度、力和时间作为基本量,相应的基本单位分别为英尺(ft)、磅力

(lbf)和秒(s)。

在 USCS 制中，质量为导出量，其导出单位按牛顿第二定律 $F=ma$ 可得：磅力·平方秒每英尺(lbf·s²/ft)。

在 USCS 制中，压力(压强)也为导出量，其导出单位为：磅力每平方英寸(lbf/in²)。

在 USCS 制中，功为导出量，其导出单位为：磅力·英尺(lbf·ft)。

在 USCS 制中，热量是基本量，它的单位是英热单位，用符号 Btu 表示，它表示 1 lb 质量的纯水温度升高 1℉所需的热量，功热当量为 $A=1/778$ 英热单位每磅力每英尺[Btu/(lbf·ft)]。

三、三种单位制之间的单位换算

在轮机工程实践中，经常要用到一些常见量的国际单位、工程单位和英美制单位之间的单位换算，比如：

1 海里(n mile)= 6 080 英尺(ft)= 1 852 米(m)

1 码(yd)= 3 英尺(ft)

1 英尺(ft)= 12 英寸(in)= 0.304 8 米(m)

1 英寸(in)= 2.54 厘米(cm)

1 英加仑(UKgal)= 4.546 09 升(L)

1 美加仑(USgal)= 3.785 411 784 升(L)

1 英吨(T)= 2 240 英磅(lb)= 1 016.047 千克(kg)

1 美吨(shT)= 2 000 英磅(lb)= 907.185 千克(kg)

1 公制马力(Ps)= 0.735 5 千瓦(kW)

1 英制马力(HP)= 0.745 7 千瓦(kW)

1 千克力(kgf)= 9.806 65 牛顿(N)= 2.204 6 磅力(lbf)

1 千卡(kcal)= 4 186.8 焦耳(J)

下面用表格形式给出轮机工程中常用的国际单位、工程单位和英美制单位之间的单位换算关系。

1.长度

毫米 mm	厘米 cm	米 m	千米 km	英寸 in	英尺 ft	码 yd	海里 n mile
1	0.1	0.001	0.000 001	0.039 37	0.003 28	0.001 09	
10	1	0.01	0.000 01	0.393 70	0.032 80	0.010 93	
1 000	100	1	0.001	39.370 1	3.280 84	1.093 61	0.000 54
	100 000	1 000	1	39 370.1	3 280.84	1 093.61	0.539 62
25.4	2.54	0.025 4	0.000 03	1	0.083 33	0.027 78	
304.8	30.48	0.304 8	0.000 30	12	1	0.333 33	0.000 16
914.4	91.44	0.914 4	0.000 91	36	3	1	0.000 49
		1 852	1.852		6 080	2 026.67	1

2.面积

平方米 m^2	平方厘米 cm^2	平方毫米 mm^2	平方码 yd^2	平方英尺 ft^2	平方英寸 in^2
1	10 000	10^6	1.196 0	10.763 9	1 550.1
1×10^{-4}	1	100	1.196×10^{-4}	1.076×10^{-3}	0.155 0
1×10^{-6}	0.001	1			
		83.6×10^4	1	9	1 296
0.863 1	8 631		0.111 1	1	144
6.452×10^{-4}	6.451 6	645.16	7.716×10^{-4}	6.9×10^{-3}	1

3.体积

立方厘米 cm^3,cc,mL	升 L,dm^3	立方米 m^3	立方英寸 in^3	立方英尺 ft^3	英加仑 UKgal	美加仑 USgal
1	1×10^{-3}	1×10^{-6}	0.061	3.531×10^{-5}	2.2×10^{-4}	2.642×10^{-4}
1×10^3	1	1×10^{-3}	61.024	0.035 3	0.220	0.264
1×10^6	1×10^3	1	6.102×10^4	35.315	219.98	264.18
16.387	0.016 4	1.639×10^{-5}	1	0.579×10^{-3}	3.605×10^{-3}	4.329×10^{-3}
2.832×10^4	28.317	0.028 32	1 728.0	1	6.299	7.481
4 546	4.546	4.546×10^{-3}	277.4	0.160 5	1	1.201
3 785	3.785	3.785×10^{-3}	231.0	0.133 7	0.832 7	1

4.质量

克 g	千克(公斤) kg	公吨 t	英磅 lb	英吨 T	美吨 shT
1	1×10^{-3}	1×10^{-6}	$2.204\ 6\times10^{-3}$	$0.984\ 2\times10^{-6}$	1.102×10^{-6}
1×10^3	1	1×10^{-3}	2.204 6	$0.984\ 2\times10^{-3}$	1.102×10^{-3}
1×10^6	1 000	1	2 204.6	0.984 2	1.102 3
453.59	0.453 6	4.536×10^{-4}	1	4.464×10^{-4}	5.1×10^{-4}
1.016×10^6	1.016×10^3	1.016	2 240	1	1.120
9.07×10^5	9.07×10^2	0.907 2	2 000	0.892 9	1

5.重度

千克力每立方米 kgf/m^3	克力每立方厘米 gf/cm^3	磅力每立方英寸 lbf/in^3	磅力每立方英尺 lbf/ft^3
1	0.001	0.000 036	0.062 428 4

注：1 gf/cm^3 = 1 tf/m^3。

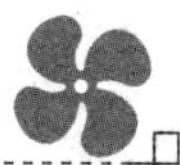

6.力

牛顿 N	达因 dyn	千克力 kgf	磅力 lbf
1	1×10^{5}	0.101 972	0.224 8
1×10^{-5}	1		
9.8		1	2.204 6

7.速度

厘米/秒 cm/s	米/秒 m/s	国际节,海里每小时 kn,n mile/h	千米每小时 km/h	英尺每秒 ft/s	英里每小时 mile/h
1	1×10^{-2}	0.019 4	0.036	0.032 8	0.022 4
1×10^{2}	1	1.943 9	3.6	3.280 8	2.237 0
51.44	0.514 4	1	1.852	1.687 8	1.150 8
27.78	0.277 8	0.540 0	1	0.911 4	0.621 4
30.48	0.304 8	0.592 5	1.097	1	0.186 8
44.70	0.447 0	0.869 0	1.609 3	1.466 7	1

注:1 节(英制)= 1.000 64 节(国际)。

8.压力(压强)

帕斯卡 Pa	巴 bar	千克力每平方厘米 kgf/cm^2	标准气压 atm	毫米汞柱 mmHg	米水柱 mH_2O	磅力每平方英寸² lbf/in^2
1	1×10^{-5}	$1.019\ 7\times10^{-5}$	$0.986\ 9\times10^{-5}$	7.501×10^{-3}	$1.019\ 7\times10^{-4}$	1.450×10^{-4}
1×10^{5}	1	1.019 7	0.986 92	750.06		14.503 8
$9.806\ 7\times10^{4}$	0.980 7	1	0.967 84	735.56	10	14.223 3
$1.013\ 25\times10^{5}$	1.013 25	1.033 3	1	760.0	10.333	14.696 0
1 333.22	0.013 4	1.360×10^{-3}	$1.315\ 8\times10^{-5}$	1		0.019 34
6 869.76	0.068 95	0.070 31	0.068 05	5.163 8		1

注:1 mm 汞柱(1 mmHg)= 1 托(Torr);1 Pa = 1 N/m^2;1 MPa = 10^6Pa = 10 bar = 10.197 kgf/cm^2;
1 atm(工程大气压)= 1 kgf/cm^2 = 736 mmHg;1 bar = 10^5 Pa = 10^5 N/m^2;1 psi = 1 lbf/in^2。

9.流量

毫升每秒 mL/s	升每分钟 L/min	立方米每小时 m^3/h	英加仑每分钟 UKgal/min	美加仑每分钟 USgal/min	立方英寸每秒 in^3/s	立方英尺每小时 ft^3/h
1	60×10^{-3}	3.6×10^{-3}	13.197×10^{-3}	15.851×10^{-3}	61.024×10^{-3}	127.14×10^{-3}
16.667	1					
	16.667	1				
	4.54		1			
	3.785			1		

10.扭矩

牛顿米 N・.m	千克力米 kgf・m	千克力厘米 kgf・cm	磅力英尺 lbf・ft
1	0.101 972	10.197 2	7.377 66
9.806 7	1	100	
0.098	0.01	1	

11.角速度

转每分钟 r/min	转每秒 r/s	弧度每秒 rad/s	度每分钟 (°)/min	度每秒 (°)/s
1	0.016 67	π/30	360	6

注：1 rad = 57.296°。

12.功、能和热量

焦耳 J	千瓦时 KWh	千克力米 kgf・m	千卡 kcal	磅力英尺 lbf・ft	英热单位 BTU
1	$0.277\ 8\times10^{-6}$	0.102 0	$0.238\ 8\times10^{-6}$	0.736 3	$0.947\ 8\times10^{-3}$
3.6×10^{6}	1	3.671×10^{5}	859.845	$2.655\ 2\times10^{6}$	3 412.14
9.806 7	2.724×10^{-6}	1	$2.342\ 3\times10^{-3}$	7.233	$9.294\ 7\times10^{-3}$
4 186.8	1.163×10^{-3}	426.935	1	3 088.026	3.968 3
1.355 8	3.766×10^{-7}	0.138 3	$0.323\ 8\times10^{-3}$	1	$1.285\ 1\times10^{-3}$
1 055.056	2.931×10^{-4}	107.586	0.252 0	778.17	1

注：1 尔格(erg) = 10^{-7}焦耳(J)；1 J = 1 W・s；1 W・h = 3 600 W・s；1 cal = 4.186 05 J。

13.功率

瓦特 W	千瓦 kW	千克力米每秒 kgf/s	公制马力 Ps	磅力英尺每秒 lbf・ft/s	英制马力 HP
1	0.001	0.102 0	$1.359\ 6\times10^{-3}$	0.737 6	$1.341\ 0\times10^{-3}$
1 000	1	102	1.359 6	737.6	1.341 0
9.8067	$9.806\ 7\times10^{-3}$	1	0.013 3	7.233	0.013 15
735.499	0.735 5	75	1	542.476	0.986 3
1.355 8	$1.355\ 8\times10^{-3}$	0.138 3	1.843×10^{-3}	1	1.818×10^{-3}
745.7	0.745 7	76.04	1.013 9	550	1

14.热功率和机械功率

千卡每秒 kcal/s	千瓦 kW	公制马力 Ps	千克力米每秒 kgf・m/s	英热单位每秒 BTU/s	英制马力 HP	磅力英尺每秒 lbf・ft/s
1	4.186	5.692 0	426.900	3.968 3	5.614 1	3 087.77

注：1 W = 1 J/s；1 kgf/s = 9.806 65 W。

15.动力黏度

牛顿秒 每平方米 N·s/m² 帕秒 Pa·s	千克力秒 每平方米 kgf·s/m²	千克力秒 每平方厘米 kgf·s/cm²	达因秒 每平方厘米 泊 P	厘泊 cP	千克力小时 每平方米 kgf·h/m²	牛顿小时 每平方米 N·h/m²
1	0.102	1.02×10^{-3}	10	1 000	28.3×10^{-6}	278×10^{-6}

16.运动黏度

厘沲 cSt	沲 St	平方米每秒 m²/s	平方英尺每秒 ft²/s
1	1×10^{-2}	1×10^{-6}	0.000 010 76

注：1 St = 1 cm²/sec。

17.换热系数

焦耳 每平方米 每小时每摄氏度 J/(m²·h·℃)	千卡 每平方米 每小时每摄氏度 kcal/(m²·h·℃)	卡 每平方厘米 每秒每摄氏度 cal/(cm²·s·℃)	英热单位 每平方英尺 每小时每华氏度 BTU/(ft²·h·℉)	瓦特 每平方米 每开尔文 W/(m²·K)
1	2.389×10^{-4}	$6.614\ 4\times10^{-9}$	4.893×10^{-5}	2.778×10^{-4}

注：W/(m²·K)为SI单位。

18.导热系数

千卡 每米每小时 每摄氏度 kcal/(m·h·℃)	卡 每厘米每小时 每摄氏度 cal/(cm·h·℃)	焦耳 每厘米每秒 每摄氏度 J/(cm·s·℃)	英热单位 每英尺每小时 每华氏度 BTU/(ft·h·℉)	英热单位 每英寸每小时 每华氏度 BTU/(in·h·℉)	瓦特 每米 每开尔文 W/(m·K)
1	2.778×10^{-3}	1.163×10^{-2}	0.671 96	8.063 5	1.163

注：W/(m·K)为SI单位。

19.比热容(比热)

焦耳每千克每开尔文 J/(kg·K)	焦耳每千克每摄氏度 J/(kg·℃)	千卡每千克每摄氏度 kcal/(kg·℃)
1	1	239×10^{-6}
4 186.8	4 186.8	1

主推进动力装置篇

第七章
柴油机的热力循环

第一节　热机循环

一、热机循环的概念及作用

（一）热机

热机是指把燃料的化学能通过燃烧变为热能，再通过燃烧产物（工质）的膨胀做功把热能转变为机械能的动力机械。热机在工作过程中需要完成两次能量转化，如图 7-1-1 所示。蒸汽机、蒸汽轮机以及柴油机和汽油机等都是较典型的热机。根据燃料燃烧时所在部位的不同，热机分为外燃机和内燃机两种类型。

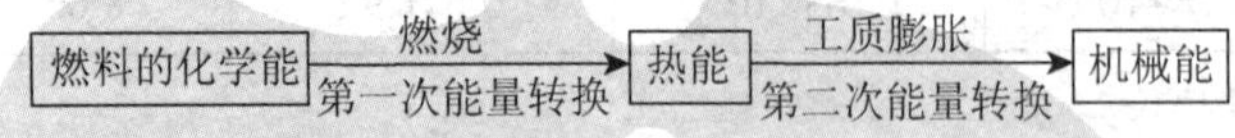

图 7-1-1　燃料的能量转换

1.外燃机

外燃机是指燃料的燃烧（燃料的化学能转变成热能）是在气缸外部特设的锅炉中进行的，燃料燃烧时放出的热能加热水，使水变成蒸汽，再将蒸汽引入气缸内膨胀做功，推动机械运动，如往复式蒸汽机、蒸汽轮机等。

2.内燃机

如果燃料的化学能转变成热能（燃烧）和热能转变成机械能（燃气膨胀）这两次能量转化均在气缸内部完成，并直接利用燃料燃烧产生的高温高压燃气在气缸中膨胀做功，则称为内燃机。根据所用燃料的不同，内燃机可大致分为汽油机、煤气机、柴油机和燃气轮机。它们都具有内燃机的共同特点，但又具有各自的工作特点。

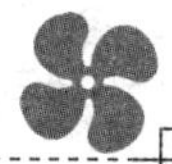

内燃机与外燃机相比,其主要优点是:

(1)在内燃机中,热能不需要中间工质(如水蒸气等)传递,能量损失小,具有较高的热效率。

(2)内燃机中的两次能量转换均发生在气缸内部,整个装置不仅结构简单,在尺寸和重量等方面也具有明显优势。其中,燃气轮机在所有热机中具有尺寸小,装置重量最小,单位重量的功率最大等特点。

内燃机中的汽油机与柴油机的比较如表 7-1-1 所示。汽油机使用挥发性好的汽油作燃料,采用外部混合法(汽油与空气在气缸外部进气管中的汽化器内进行混合)形成可燃混合气;其燃烧为点火式(电火花塞点火)。这些特点使汽油机不能采用高压缩比,限制了汽油机的经济性,也不允许其作为船用发动机使用(汽油的火灾危险性大),但它工作柔和平稳、噪声低、比重量小,因而广泛应用于轿车和轻型运输车辆。柴油机是一种压缩发火的往复式内燃机。柴油机使用挥发性较差的柴油或劣质燃油作燃料;采用内部混合法(燃油与空气的混合发生在气缸内部)形成可燃混合气;缸内燃烧采用压缩式(靠缸内空气被压缩后产生的高温自行发火,即压缩自行发火)。这些特点使柴油机在热机领域内具有最高的热效率(最高达 55%左右),因而应用十分广泛,在船用发动机领域中,柴油机已经取得了绝对的统治地位。

表 7-1-1 汽油机与柴油机的比较

项目	特点	
	汽油机	柴油机
燃料(燃烧工质)	汽油	柴油或劣质燃油
点火方式	电火花塞点火	压缩自行发火
混合气的形成方式	气缸外混合	气缸内混合
压缩比	6~10	12~22
有效热效率	15%~40%	30%~55%

(二)热机循环

任何热机的工作都是通过一个接一个的工作循环来实现的。热机循环是指工质将外界的热能在一定条件下连续不断地转变为机械能。热机循环是热机工作的基本原理,按照所采用的热机模型可进一步分类。内燃机中最常见的热机循环方式是奥托循环(常称作四冲程循环),其中柴油机中最常见的热机循环方式是狄塞尔循环。外燃机中使用的循环方式还包括以燃气轮机方式工作的布雷顿循环,以及以汽轮机方式工作的兰金循环。

柴油机的基本工作原理是采用压缩发火方式使燃油在缸内燃烧,用高温高压的燃气作为工质,在气缸中膨胀推动活塞往复运动,并通过活塞-连杆-曲柄机构将往复运动转变为曲轴的回转运动。燃油在柴油机气缸中燃烧做功必须通过进气、压缩、燃烧、膨胀与排气五个过程。包括进气、压缩、混合气形成、着火、燃烧与放热、膨胀做功和排气等在内的全部热力循环过程,称为柴油机工作过程;包括进气、压缩、膨胀和排气等过程的周而复始的循环称为工作循环。

二、理想循环的热力过程

(一)工质与理想气体

实现热能和机械能相互转化的媒介物质称为工质,依靠它在热机中的状态变化(如膨胀)

才能获得功,而做功通过工质才能传递热。常见的工质有燃烧气体、水蒸气、制冷剂以及空气等。

忽略气体分子的自身体积,将分子看成有质量的几何点;假设分子间没有相互吸引和排斥,即不计分子势能,分子之间及分子与器壁之间发生的碰撞是完全弹性的,不造成动能损失。这种气体称为理想气体。理想气体的特点主要有:

(1)与气体分子之间的平均距离相比,分子体积可以忽略不计;

(2)分子之间没有相互作用力,不计分子势能;

(3)分子之间及分子与器壁之间发生的碰撞不造成动能损失;

(4)在容器中,在未碰撞时考虑气体分子做匀速运动,碰撞时发生速度交换,无动能损失;

(5)理想气体的内能是分子动能之和。

理想气体是实际气体在压强不断降低情况下的极限。理想气体的循环模式主要有:卡诺循环、奥托循环、狄塞尔循环、混合加热循环、焦耳循环等。

(二)理想循环

理想循环是指研究热机循环时,为简化分析所做的假设的理想化循环,即假定循环是在封闭的,工质完全为气体且其成分和质量不变、比热容为定值,各热力过程均为可逆的条件下进行的。

热机的工作循环是指在气缸内进行的每一次将燃料燃烧的热能转换为机械能的一系列连续过程。由于热机实际循环的所有热力过程都是非常复杂的,为便于分析,根据实际工作过程所表现的特征,将其简化为:

(1)工质是理想气体,其比热容视为定值;

(2)工质与外界无质量交换,不计进、排气过程及其流动损失;

(3)工质的压缩和膨胀过程均为绝热过程,不计缸壁传热、漏气等热损失;

(4)燃烧过程为外界高温热源以定容过程、定压过程向工质加热,排气过程用定容放热过程代替;

(5)构成循环的各个过程均是可逆的。

热机的热力状态分析中,常有保持某一状态参数不变的状态过程,如典型的基本热力过程有定温、定压、定容和绝热等过程。定容、定压、定温和绝热过程中各有一个状态参数(分别为 V、p、T 和 S)保持不变,且这四个过程与实际热机中工质的状态变化较为接近,故称为基本的热力过程。

在状态变化过程的任一瞬间,系统与外界没有热量交换的热力过程称为绝热过程。例如,蒸汽轮机中蒸汽还没有来得及与外界交换热量,就可以完成工作过程。各基本可逆过程状态参数的 p–V 图(压容图)和 T–S 图(温熵图)如图 7-1-2 所示。

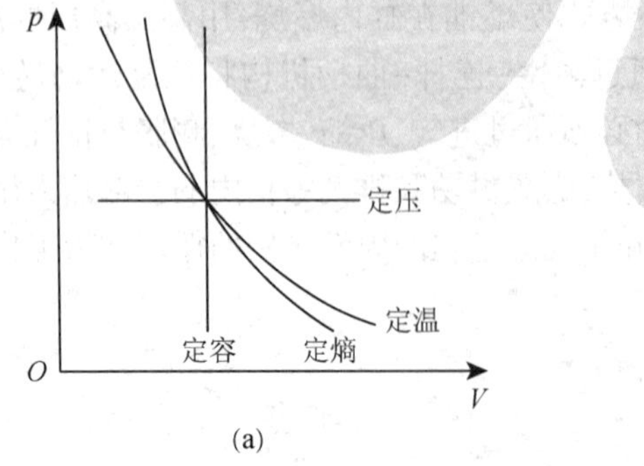

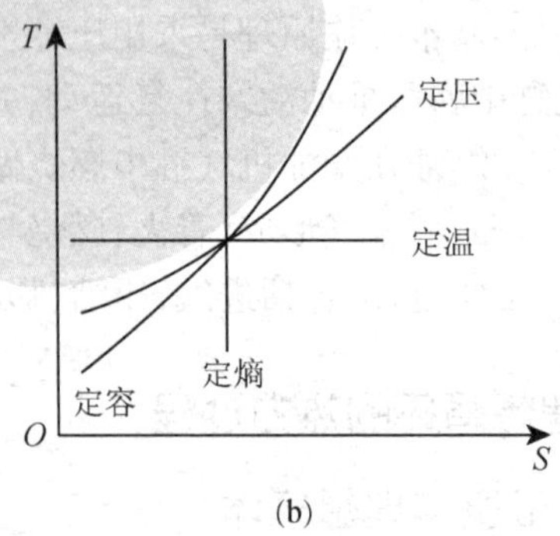

图 7-1-2　典型热力过程的 p–V 图和 T–S 图

图 7-1-2 中，在 $p-V$ 图上，等温过程曲线为双曲线的一支，绝热过程曲线比等温过程曲线更陡一些。在 $T-S$ 图上，类似于定容线，定压线也为正斜率的上翘指数曲线，但定压线的斜率比定容线的小，即定压线比定容线平缓。

1.定容过程

比容保持不变的过程称为定容过程。例如，一定量的气体在刚性密闭容器内进行加热或放热的过程。

图 7-1-3 表示定容加热过程。在定容过程中，比体积 V 保持不变，其过程方程式为

$$V=\text{常数}$$

定容过程曲线如图 7-1-3 中的曲线 1−2 或 1−2′所示，即在 $p-V$ 图上是一条垂直于 V 轴的铅垂线。

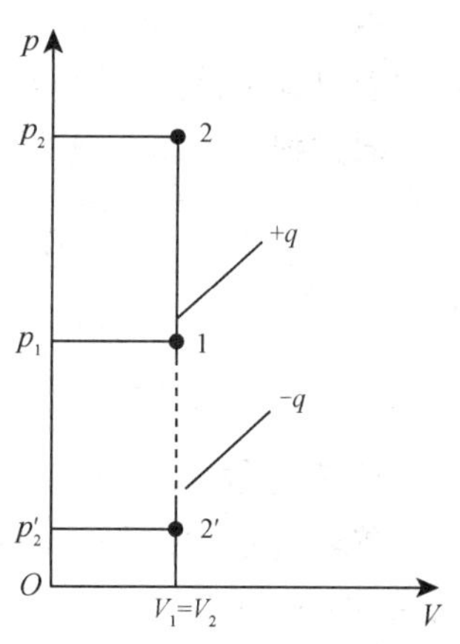

图 7-1-3　定容加热过程的 p-V 图

根据 $V=$ 常数和状态方程 $pV=RT$，可求得定容过程初、终状态参数之间的关系为

$$V_1=V_2$$

或

$$\frac{p_2}{p_1}=\frac{T_2}{T_1}$$

即在定容过程中，气体的绝对压力与绝对温度成正比。

定容过程的膨胀功 $W=\int_{V_1}^{V_2} p\mathrm{d}V$，因 $\mathrm{d}V=0$，所以 $W=0$。

2.定压过程

压力保持不变的过程称为定压过程。工程上使用的加热器、冷却器、锅炉、蒸发器等换热设备实际是在接近于定压的情况下工作的。

图 7-1-4 表示定压加热过程。在定压过程中，压力 p 保持不变，其过程方程式为

$$p=\text{常数}$$

在 $p-V$ 图上，定压过程曲线为一条平行于 V 轴的水平线（见图 7-1-4）。

根据 $p=$ 常数和 $pV=RT$，可求得定压过程初、终态状态参数之间的关系为

$$\frac{V_2}{V_1}=\frac{T_2}{T_1}$$

即在定压过程中气体的比体积与绝对温度成正比。

定压过程中气体所做的膨胀功为

$$W=\int_{V_1}^{V_2} p\mathrm{d}V=p(V_2-V_1)$$

在 $p-V$ 图上，1−2 直线下的面积即为气体所做的膨胀功。同理，直线 1−2′下的面积为压缩功。

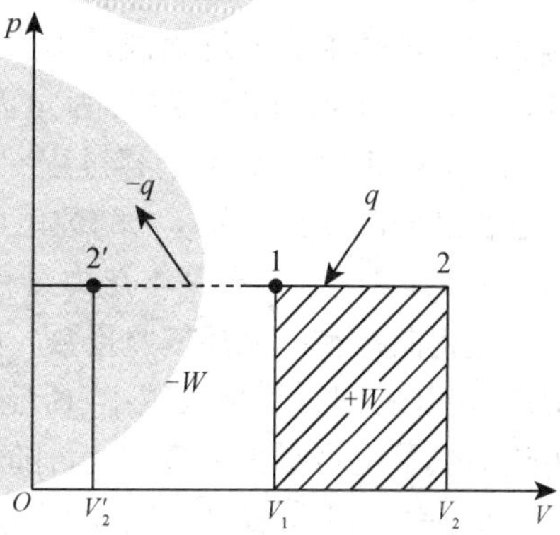

图 7-1-4　定压过程的 $p-V$ 图

3.定温过程

定温过程是工质状态变化时温度保持不变的过程。在工程上，若过程进行得慢，工质与外界热交换良好时的热力过程可作为定温过程处理。

在定温过程中，温度保持不变，即 T=常数，根据状态方程，可得定温过程方程式为

$$pV=常数$$

在 p–V 图上定温过程为一条等边双曲线，如图 7-1-5 中曲线 1–2 或 1–2′所示。

在定温过程中，气体初、终状态参数之间的关系为

$$\frac{p_1}{p_2}=\frac{V_2}{V_1}$$

即在定温过程中，气体的绝对压力与比体积互成反比。

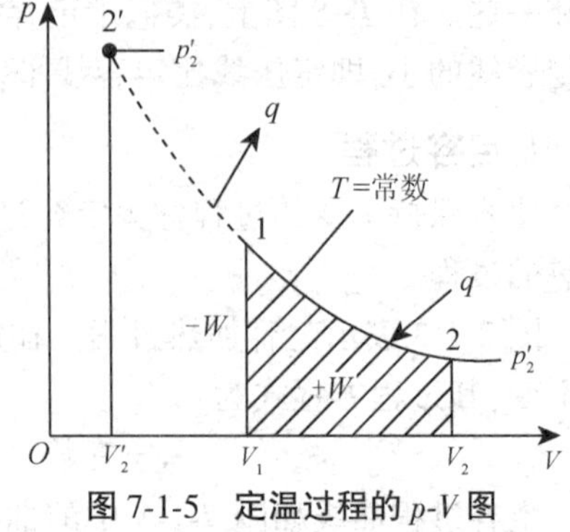

图 7-1-5　定温过程的 p-V 图

定温过程中气体所做的膨胀功为

$$W=\int_{V_1}^{V_2}p\mathrm{d}V=\int_{V_1}^{V_2}\frac{RT}{V}\mathrm{d}V=RT\ln\frac{V_2}{V_1}=RT\ln\frac{p_1}{p_2}$$

在定温过程，外界加给工质的热量全部转换为工质对外所做的膨胀功；反之，外界对工质所做的压缩功全部转换为热量放给外界。

4.绝热过程

在绝热过程中的每一时刻，工质与外界均不发生热交换，即 $\mathrm{d}q=0$。

绝热过程曲线在 p–V 图上是一条较定温线斜率大的不等边双曲线（高次双曲线），如图 7-1-6 所示。

由绝热过程方程式和理想气体状态方程式，可以得到绝热过程气体初、终状态参数（p、V）的关系式：

$$\frac{p_1}{p_2}=\left(\frac{V_2}{V_1}\right)^k$$

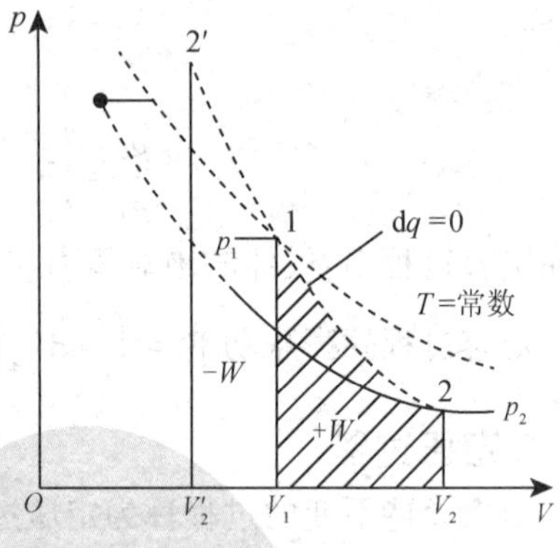

图 7-1-6　绝热过程的 p-V 图

5.多变过程

实际热机中工质进行的各种热力过程通常可表示为

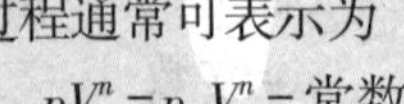

$$pV^n=p_1V_1^n=常数$$

式中：n 称为多变指数，在某一多变过程中，n 为定值，但不同多变过程的 n 值各不相同。前述的四种基本热力过程都是多变过程的特例。例如，当指数 $n=0$ 时，$pV^0=p=$常数，为定压过程；当 $n=1$ 时，$pV=$常数，为定温过程；当 $n=k$ 时，$pV^k=$常数，为绝热过程；当 $n=\infty$ 时，$p^{1/\infty}V=p^0V=V=$常数，为定容过程；当 n 等于 0、1、k、∞ 以外的某一数值时，它表示上述四种基本过程之外的热力过程。n 的数值可以根据实际过程的具体条件来确定。

图 7-1-7 表示四种基本热力过程曲线画在同一个 p–V 图和 T–S 图上的情况。由图可知，多变过程曲线在图上都依照指数 n 的大小按顺时针方向排列，如果初态相同，压力下降或容积增加也相同，则过程指数越小，所能获得的膨胀功就越大；同时，随着 n 从 ∞ 降到 k，气体对外传热的热量也将减小到零，然后，随着 n 的继续减小，需要从外界吸取更多的热量。

从 p–V 图上可看出，以定容线为分解线，右边的各过程膨胀功为正，即 $W>0$；左边的各过程膨胀功为负，即 $W<0$。从 T–S 图上可看出，以定温线为分解线，上方的各过程线内能增加，即 $\Delta u>0$；下方的各过程线内能减少，即 $\Delta u<0$。从 T–S 图上可看出，以绝热线为分界，右边的各过程线热量为正，即 $q>0$，外界对系统加热；左边的各过程线热量为负，即 $q<0$，系统对外界放热。

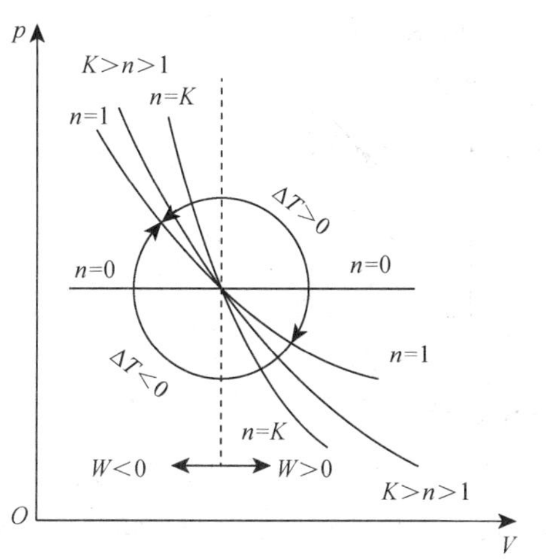

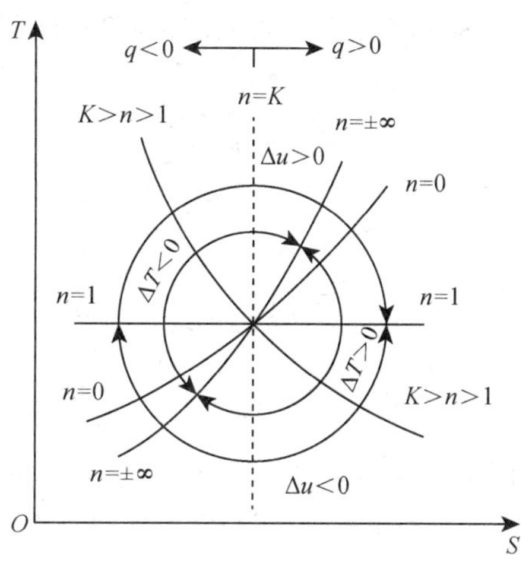

图 7-1-7　多变过程的 p-V 图和 T-S 图

第二节　理论循环与实际循环

一、理论循环

内燃机、燃气轮机都属于能输出机械能的动力设备，它们都是通过工质进行正循环实现连续不断地将热能转换为机械能的热机。

内燃机实际循环是不可逆的开式循环，很多因素的存在导致分析工作很困难。为便于热力分析，对内燃机实际工作循环做理想化概括：

(1)假定以外界加给内燃机的热量替代实际燃烧过程产生的热量，用定容放热过程来概括实际放入大气的热量。

(2)实际上，进、排气过程只是工质量的变化，工质状态几乎没有变化，且进、排气过程所做的功相互抵消。因略去燃烧和排气放热，所以取消进、排气过程，即整个循环理论上是工质性质不变的封闭循环。

(3)忽略实际压缩和膨胀过程中工质与气缸壁之间的热量交换，即理想化为绝热过程。

(4)忽略循环中所有不可逆因素。

通过以上理想化，可以得到一个以理想气体为工质的封闭可逆正循环——内燃机理想循环。

(一)定容加热理想循环(奥托循环)

定容加热理想循环又称为奥托循环(Otto Cycle)。奥托循环的一个周期是由吸气、压缩、膨胀做功和排气这四个冲程构成的。首先活塞向下运动使燃料与空气的混合气体通过一个或者多个气门进入气缸，关闭进气门，活塞向上运动压缩混合气体，然后在接近压缩冲程顶点时由火花塞点燃混合气体，燃烧空气爆炸所产生的推力迫使活塞向下运动，完成做功冲程，最后将燃烧过的气体通过排气门排出气缸。

奥托循环是由绝热压缩、定容加热、绝热膨胀和定容放热过程组成的气体可逆循环。汽油机由火花塞点火引燃，使气缸内由易挥发的汽油形成的可燃混合气体迅速燃烧，燃烧时活塞位

移极小，因此汽油机的理想循环为奥托循环，如图 7-2-1 所示。

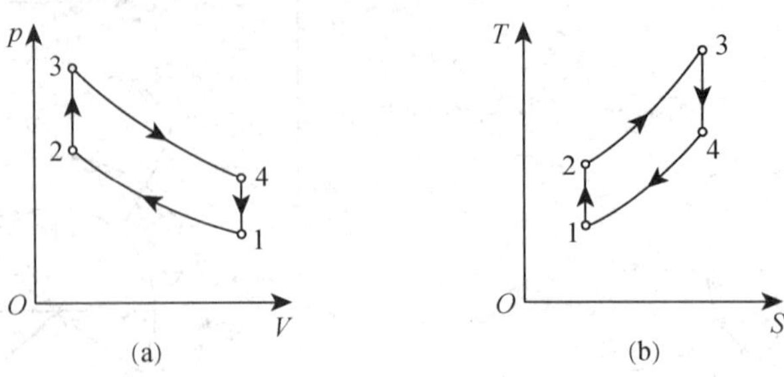

图 7-2-1　定容加热理想循环

由图 7-2-1 所示的定容加热理想循环 $p-V$ 和 $T-S$ 图可见，奥托循环是由 1-2 可逆绝热压缩过程、2-3 可逆定容加热过程、3-4 可逆绝热膨胀过程、4-1 可逆定容放热过程组成的可逆正循环。

比较奥托循环与混合加热理想循环，可以看出，奥托循环是将加热量全部分配到定容加热过程的混合加热理想循环的一个特例，即混合加热理想循环的定压预胀比 $\rho=1$ 时就是定容加热理想循环。因此，定容加热理想循环的热效率为

$$\eta_t = 1 - \frac{1}{\varepsilon^{k-1}}$$

定容加热理想循环的热效率 η_t 随压缩比 ε 增加而提高。

奥托循环是理想化的循环，在理论分析和计算时，认为循环由绝热、定容、定压等过程组成，并且系统的组成、性质和质量都保持不变，而实际上由于发生了燃烧和爆炸，系统的组成和性质必然发生变化。因此，实际汽油发动机的效率要比奥托理想循环的效率低很多，只有一半或更小，约为 25%。现代的汽车、卡车等使用的内燃机中大多采用奥托循环。

（二）定压加热理想循环（狄塞尔循环）

定压加热理想循环又称为狄塞尔循环（Diesel Cycle）。定压加热理想循环是由两个绝热过程、一个定压过程和一个定容过程构成的循环。

最典型的四冲程柴油机采用的就是定压加热理想循环，是柴油机的一种理想热力循环。狄塞尔循环是由 19 世纪德国工程师鲁道夫·狄塞尔提出的，因而得名。

狄塞尔循环经历四个变化过程：绝热压缩，定压吸热，绝热膨胀，定容放热。

早期的低速柴油机的工作循环可理想化为定压加热理想循环。近年来，有些增压柴油机及汽车用高速柴油机一边燃烧，一边进行膨胀，在整个燃烧过程中气缸内的压力几乎不变，也可理想化成定压加热循环。

如图 7-2-2 所示，定压加热理想循环是由 1-2 可逆绝热压缩过程、2-3 可逆定压加热过程、3-4 可逆绝热膨胀过程、4-1 可逆定容放热过程组成的可逆正循环。

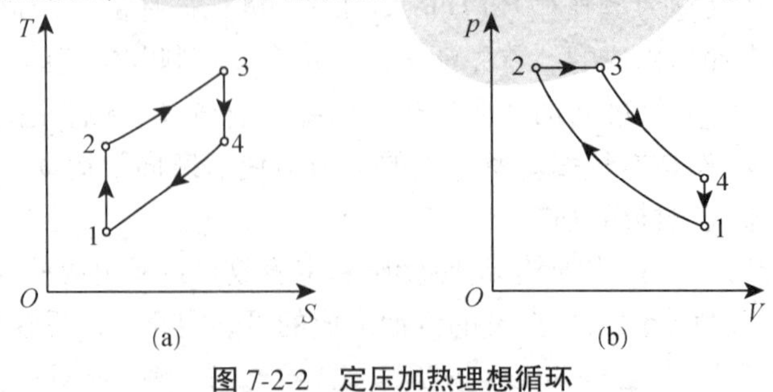

图 7-2-2　定压加热理想循环

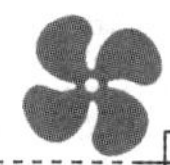

可见，定压加热理想循环相当于定容升压比 $\lambda=1$ 的混合理想循环特例，所以定压加热理想循环的热效率为

$$\eta_t = 1 - \frac{\rho^k - 1}{\varepsilon^{k-1} k(\rho - 1)}$$

可知，定压加热理想循环的热效率 η_t 随压缩比 ε 的增大、气体 k 值的增大而增大，增大定压预胀比 ρ，则 q_1（负荷）增加，循环的输出功增加，但循环的热效率随之降低。

（三）混合加热理想循环

混合加热理想循环实际上是理想发动机的循环，称为空气循环。混合加热理想循环对工质的性质、热力过程的进行条件要求极高，比如它要求在压缩和膨胀冲程中与外界没有热交换，即压缩和膨胀过程为绝热过程。

机械喷射式高速柴油机的理想循环 $p-V$ 和 $T-S$ 图如图 7-2-3 所示。图中 1-2 为可逆绝热压缩（定熵）过程，2-3 为可逆定容加热过程，3-4 为可逆定压加热过程，4-5 为可逆绝热膨胀（定熵）过程，5-1 为可逆定容放热过程。因为兼有定容和定压加热过程，故称为混合加热理想循环。

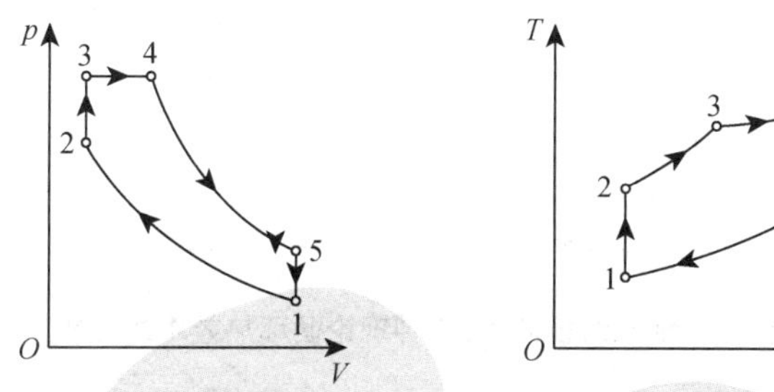

图 7-2-3　混合加热理想循环

混合加热理想循环的热效率为

$$\eta_t = 1 - \frac{q_2}{q_1} = 1 - \frac{q_{p51}}{q_{v23} + q_{p34}} = \frac{c_v(T_5 - T_1)}{c_v(T_3 - T_2) + c_p(T_4 - T_3)}$$

$$= 1 - \frac{T_5 - T_1}{(T_3 - T_2) + k(T_4 - T_3)}$$

引入 3 个反映循环特性的参数：压缩比 ε，为绝热压缩过程工质起始状态 1 与终了状态 2 的比容之比，即 $\varepsilon = v_1/v_2$；定容升压比 λ，为定容加热过程工质的终了状态 3 与起始状态 2 的压力之比，即 $\lambda = p_3/p_2$，定容加热量越大，λ 就越大；定压预胀比 ρ，为定压加热过程工质的终了状态 4 与起始状态 3 的比容之比，即 $\rho = v_4/v_3$，定压加热量越大，ρ 就越大。

根据组成循环的各过程特点下的状态参数之间的关系，有

$$\eta_t = 1 - \frac{\lambda\rho^k - 1}{\varepsilon^{k-1}[(\lambda - 1) + k\lambda(\rho - 1)]}$$

上式表明：混合加热循环的热效率 η_t 随压缩比 ε 的增大、定容升压比 λ 的增大和定压预胀比 ρ 的减小而增大。

（四）三种理论循环热效率的比较

（1）如果循环加热量 Q_1 和压缩比 ε 相同，如图 7-2-4（a）温熵图所示，循环加热量 Q_1 相同，即面积 1-2-3-4-b-a-1 = 面积 1-2-e-3′-4′-c-a-1 = 面积 1-2-3″-4″-d-a-1；循环的放

热量 Q_2 不同，定容加热循环的放热量最小，定压加热循环的放热量最大，即面积 1-4-b-a-1 最小，面积 1-4″-d-a-1 最大。因此，定容加热循环的热效率最高，定压加热循环的热效率最低，混合加热循环的热效率居中。

（2）如果循环加热量 Q_1 与循环最高爆发压力 p_z 相同，如图 7-2-4（b）温熵图所示，循环加热量 Q_1 相同，即面积 1-2″-3′-4″-b-a-1=面积 1-2′-3′-e-4′-c-a-1=面积 1-2-3-4-d-a-1；循环的放热量不同，定容加热循环的放热量最大，定压加热循环的放热量最小，即面积 1-4-d-a-1 最大，面积 1-4″-b-a-1 最小。因此，定压加热循环的热效率最高，定容加热循环的热效率最低，混合加热循环的热效率居中。

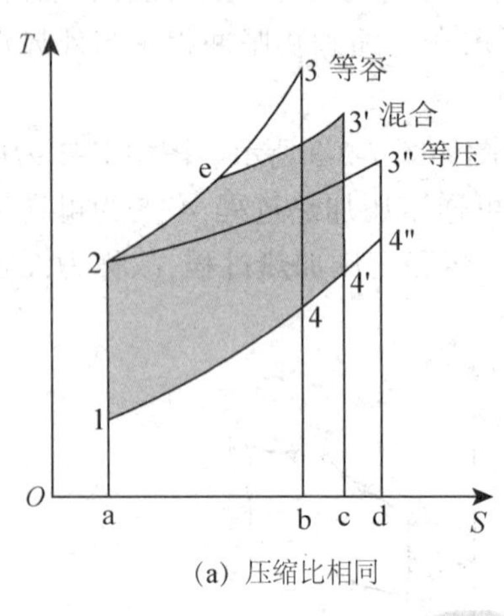

（a）压缩比相同

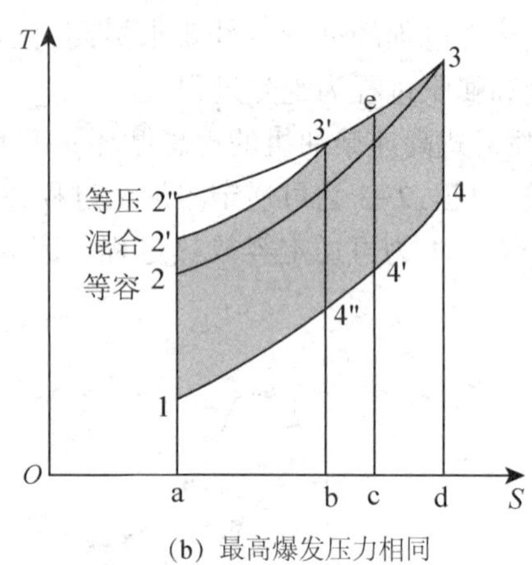

（b）最高爆发压力相同

图 7-2-4　加热量相同时，三种理论循环热效率的比较

现代柴油机的最高爆发压力 p_z 已经达到了相当的限度，这种限制最高爆发压力的柴油机以定压燃烧循环的工作热效率最高。因此，现代高增压柴油机有向定压加热循环发展的趋势。

上述理论循环中，工质只绝热膨胀到 5 点（如图 7-2-5 所示），然后定容放热（相当于排入大气），由此必然损失部分排气能量。若使工质由 p_z 一直膨胀到进气压力 p_a，即在 5 点以后继续绝热膨胀到 6 点，然后定压放热 Q_2(6-1)，这种循环称为继续膨胀混合加热循环。显然，此种循环比上述循环更完善。此循环即为涡轮增压柴油机理论循环（相当于柴油机与燃气轮机联合工作），称为修正阿特金森（Atkinson）循环。在柴油机气缸内如实现此种循环，气缸必须做得很长。采用柴油机与燃气涡轮联合工作可合理解决此问题：气缸内膨胀 4-5，燃气涡轮内膨胀 5-6。

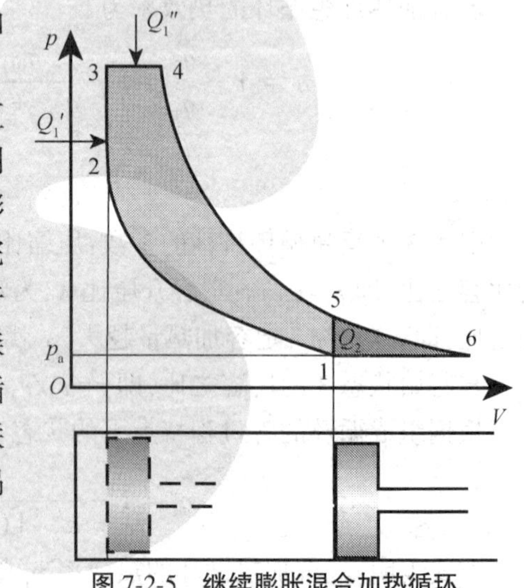

图 7-2-5　继续膨胀混合加热循环

（五）焦耳循环

焦耳循环即气体制冷机循环，是以气体为工质的制冷循环，其工作过程包括定熵压缩、定压冷却、定熵膨胀及定压吸热四个过程，这与蒸汽压缩式制冷机的四个工作过程相近，两者的区别在于工质在焦耳循环中不发生集态改变。

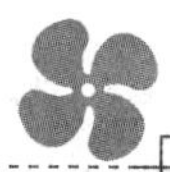

二、实际工作循环

在热机的实际循环中，燃料的化学能转变为机械能的过程是十分复杂的。热机的实际循环存在着许多不可避免的损失（如机械摩擦、散热、燃烧不完全等），使它不可能达到理论循环的热效率。工质是实际混合气，存在燃烧加热和排气加热，计及各种热力损失的实际工作循环称为热机实际工作循环。实际循环和理论循环之间存在以下差异。

（一）工质的影响

理论循环中的工质是理想气体，而实际循环中的工质是空气和燃烧产物的混合物。工质成分的变化、比热的变化、高温分解以及分子数的变化等综合因素会使燃烧阶段的压力、温度较理论循环降低，使实际循环的热效率和做功能力下降。

（二）传热损失

在实际循环中，热机的工质与热机机体之间存在热量交换，并非绝热过程。在压缩过程初期，气缸内工质被机体加热；在压缩过程后期，由于工质被压缩后温度升高，超过了机体的温度，工质通过机体向外传递热量。实际压缩过程的总趋势是工质向外放热，因此实际压缩终点压力低于理想循环的绝热压缩终点压力。

膨胀过程更为复杂多变。在膨胀过程初期，由于后燃现象以及高温时已分解的燃烧产物的重新复合反应，缸内工质位加热膨胀；在膨胀过程后期，由于后燃结束及复合反应的减弱，缸内工质位散热膨胀。整个膨胀过程是一个以膨胀多变指数 n_2 为代表的多变膨胀过程，通常 n_2 为 1.15~1.30，即膨胀过程是一个工质被加热的多变过程，膨胀终点缸内压力高于绝热膨胀压力。

（三）燃烧损失

燃烧损失是指后燃和不完全燃烧所引起的损失。

在理论循环中，全部热量来自高温热源吸收的热量 Q_1，无燃烧过程；在实际循环中，全部热量是由燃油的燃烧得到的，必然存在部分燃油在膨胀过程中仍然继续燃烧的后燃现象。另外，由于空气不足，或混合物形成不良造成的不完全燃烧，燃料的热值未被充分利用，使燃烧膨胀线的位置下移，产生不完全燃烧损失。

（四）换气损失

理论循环是一个闭口循环，混合加热和定容放热，无须进行工质的替换，而实际循环必须排出废气和吸入新鲜空气。在排气过程中，为了减少排气消耗的功，其排气阀总是提前开启，让废气在下止点前某点就开始排出，由此损失了一部分有用功，称为膨胀损失功。另外，非增压四冲程柴油机实际循环的进气过程与排气过程均消耗轴功，称为泵气功。膨胀损失功与泵气功之和即为实际循环的换气损失。

（五）泄漏损失

气阀处的泄漏可以完全防止，但活塞环处的泄漏无法避免。在良好的磨合状态下，其泄漏量约为气缸内工质总重的 0.2%。

（六）其他损失

其他损失包括工质的涡动以及活塞运动速度与燃烧速度不相配合而偏离定容、定压加热过程的时间损失等。

由于上述各项损失的存在,实际循环的热效率明显下降。例如,一台非增压四冲程柴油机的压缩比 $\varepsilon=13$,过量空气系数 $\alpha=2$,最高燃烧压力 $p_z=5$ MPa,其理论循环热效率 $\eta_t=61\%$,而实际循环热效率降低到 45%,仅为理论循环热效率的 74%左右。

第八章

轮机工程材料

第一节　材料特性与参数

一、静力学基础知识

静力学研究物体的受力与平衡的一般规律。平衡是指物体相对于地面处于静止或匀速直线运动的状态，所以平衡是物体运动状态的特殊情形，地面上的房屋、桥梁、高压输电塔、工厂中的各种固定设备，以及机械零件运动速度很低或加速度很小时，都可视为处于平衡状态。

人们在使用简单的工具和机械的基础上，逐渐总结出力学的概念和公理。例如，从滑轮和杠杆得出力矩的概念；从斜面得出力的平行四边形法则；等等。

(一)力、力的作用效应和力的三要素

力是物体间相互的机械作用。力的作用可以使物体的运动状态发生变化，或者使物体发生变形。

力使物体改变运动状态，即力的运动效应(或称力的外效应)；力使物体产生变形，即力的变形效应(或称力的内效应)。

力使物体产生两种运动效应：一是使物体沿力的方向平移(此时力的作用线通过物体质心)；二是使物体既发生平移又发生转动(此时力的作用线不通过物体质心)。

力对物体的作用效应取决于力的大小、方向和作用点，即力的三要素。

力的大小反映了物体间相互作用的强弱程度，国际通用的计量单位是“牛顿”，简称“牛”，分别用 N 和 kN 表示牛和千牛；力的方向指的是静止质点在该力的作用下开始运动的方向；力的作用点是物体相互作用位置的抽象化。力总是作用于物体的一定面积上，如果这个面积很小，则可将其抽象为一个点，这时作用力称为集中力；如果接触面积较大，这时的作用力称为分布力，通常用单位长度的力表示沿长度方向上的分布力的强弱程度，称为载荷集度，单位为 N/m。

力的作用效应是有方向的，所以力是矢量。

（二）刚体和力的可传性

为了简化研究，静力学引入了刚体的概念。刚体是指在力的作用下，其内部任意两点之间的距离始终保持不变的物体。这是一个理想化的力学模型。在刚体的概念下，我们不用考虑力的变形效应。

作用于刚体上某点的力，只要保持力的大小和方向不变，可以沿其作用线移到刚体上任意一点，而不会改变该力对刚体的运动效应。力的这一性质，就是力的可传性。力的这个性质不适用于非刚体，即变形体。

（三）力系

力系是指作用于物体上的一群力。当所有力的作用线在同一平面内时，称为平面力系，否则称为空间力系。当所有力的作用线汇交于一点时，称为汇交力系。当所有力的作用线都相互平行时，称为平行力系，否则称为一般力系。

如果一个力系作用于刚体上而不改变刚体的原有运动状态，则称该力系为平衡力系。如果两个力系对同一刚体的作用效应完全相同，则称这两个力系为等效力系。

（四）静力学公理

1.二力平衡条件

作用在刚体上的两个力，使刚体保持平衡的必要和充分条件是这两个力的大小相等、方向相反，且作用在同一直线上，即

$$\boldsymbol{F}_1=-\boldsymbol{F}_2$$

这个公理表明了作用于刚体上的最简单的力系平衡时所必须满足的条件，如图 8-1-1 所示。

工程上，受到两个大小相等、方向相反，且在同一直线上力作用的构件很常见，如连杆可以近似看成二力构件。

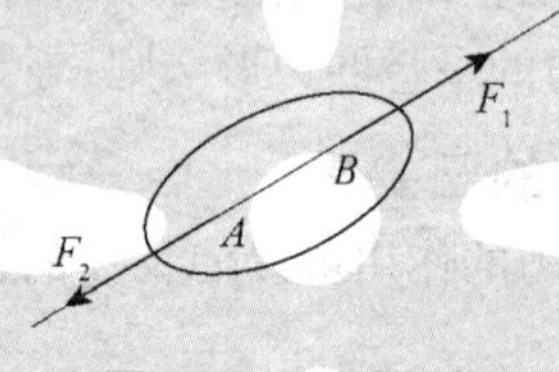

图 8-1-1　二力平衡

2.加减平衡力系原理

在已知力系上加上或减去任意的平衡力系，并不改变原力系对刚体的作用。这个公理是研究力系等效变换的重要依据，可以很容易地推论得到力对刚体的可传性。

3.力的平行四边形法则

作用在物体上同一点的两个力，可以形成一个合力。合力的作用点也在该点，合力的大小和方向，由以这两个力为边构成的平行四边形的对角线确定。或者说，合力矢等于这两个力矢的几何和。

4.作用和反作用定律

两物体之间的作用力和反作用力总是同时存在，两力的大小相等、方向相反，沿着同一直

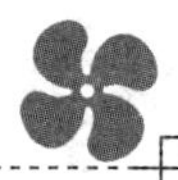

线,分别作用在两个相互作用的物体上。这就是牛顿第三定律,是材料力学用截面法分析和确定承载物体内力时的基本原理和方法。

5.刚化原理

变形体在某一力系作用下处于平衡,如将此变形体刚化为刚体,其平衡状态保持不变。

这个公理提供了把变形体看作刚体模型的条件——平衡。如绳索在等值、反向、共线的两个拉力作用下处于平衡,如将绳索刚化成刚体,其平衡状态保持不变。若绳索在两个等值、反向、共线的压力作用下并不能平衡,这时绳索就不能刚化为刚体。

(五)力矩

力对刚体的作用效应使刚体的运动状态发生改变(包括移动与转动),其中力对刚体的移动效应可用力矢来度量;而力对刚体的转动效应可用力对点的矩(简称力矩)来度量,即力矩是度量力对刚体转动效应的物理量。

$$\boldsymbol{M}_O(\boldsymbol{F}) = \pm \boldsymbol{F}h$$

平面上作用一力 $\boldsymbol{F}$,在同平面内任取一点 O,点 O 称为矩心,点 O 到力的作用线的垂直距离 h 称为力臂。力对点之矩(如图 8-1-2 所示)是一个代数量,它的绝对值等于力的大小与力臂的乘积,它的正负可按以下方法确定:力使物体绕矩心逆时针方向转动时为正;反之为负。力矩的常用单位为 N · m 或 kN · m。

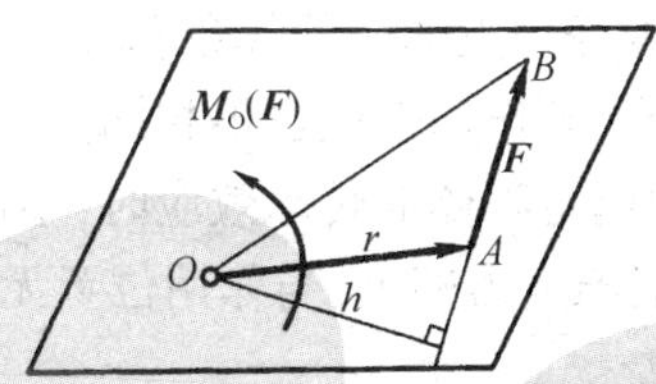

图 8-1-2　力对点之矩

1.力矩的性质

力矩的性质如下:

(1)力对点之矩不仅取决于力的大小,同时还与矩心的位置(即力臂)有关。

(2)力对于任一点之矩,不因该力的作用点沿其作用线移动而改变。

(3)如果力的大小等于零或力的作用线通过矩心,则力对矩心的力矩等于零。

2.合力矩定理

定理:平面汇交力系的合力对于平面内任一点之矩,等于所有各分力对于该点之矩的代数和。

$$\boldsymbol{M}_O(\boldsymbol{F}_R) = \boldsymbol{M}_O(\boldsymbol{F}_1) + \boldsymbol{M}_O(\boldsymbol{F}_2) + \cdots + \boldsymbol{M}_O(\boldsymbol{F}_n) = \sum \boldsymbol{M}_O(\boldsymbol{F}_i)$$

(六)力偶

1.力偶与力偶矩

由两个大小相等、方向相反且不共线的平行力组成的力系,称为力偶(如图 8-1-3 所示)。如船员在开闭阀门的时候,一般是用双手或用 F 扳手施力于手轮,作用于手轮上的就是力偶。力偶作用于自由体的结果是使物体绕质心转动。

力偶不能合成一个力或用一个力来等效替换,力偶也不能用一个力来平衡。因此,力和力偶是静力学的两个基本要素。

力与力偶臂的乘积称为力偶矩(如图 8-1-4 所示),记作 $\boldsymbol{M}(\boldsymbol{F},\boldsymbol{F}')$,简记为 $\boldsymbol{M}$。

$$
\begin{aligned}
\boldsymbol{M}_O(\boldsymbol{F},\boldsymbol{F}') &= \boldsymbol{M}_O(\boldsymbol{F}) + \boldsymbol{M}_O(\boldsymbol{F}') \\
&= \boldsymbol{F}\cdot\overline{aO} - \boldsymbol{F}\cdot\overline{bO} \\
&= \boldsymbol{F}(\overline{aO} - \overline{bO}) \\
&= \boldsymbol{F}\cdot d
\end{aligned}
$$

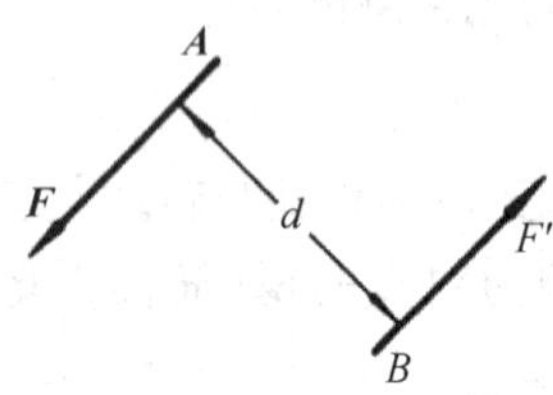

图 8-1-3 力偶

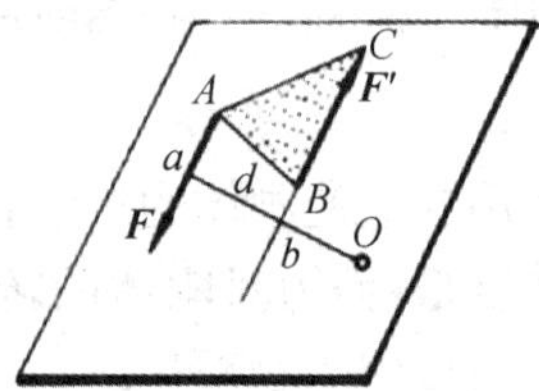

图 8-1-4 力偶矩

2.力偶的性质

力偶的性质如下:

(1)力偶无合力,只能与力偶平衡。

(2)力偶中的两力对作用面内任一点的矩的代数和等于力偶矩,与矩心位置无关。

(3)力偶在平面内的转向不同,其作用效应也不相同。

性质(2)告诉我们,在考虑力偶对物体的转动效应时,不需要指明质心。如船员用 F 扳手或长柄叉形阀钩开闭阀门,只要能施上力即可,与作用位置无关。

(七)力的平移定理

可以把作用在刚体上点的力平行移到任一点,但必须同时附加一个力偶,这个附加力偶的矩等于原来的力对新作用点的矩,如图 8-1-5 所示。力的平移定理可以用来计算固定端约束的受力等。

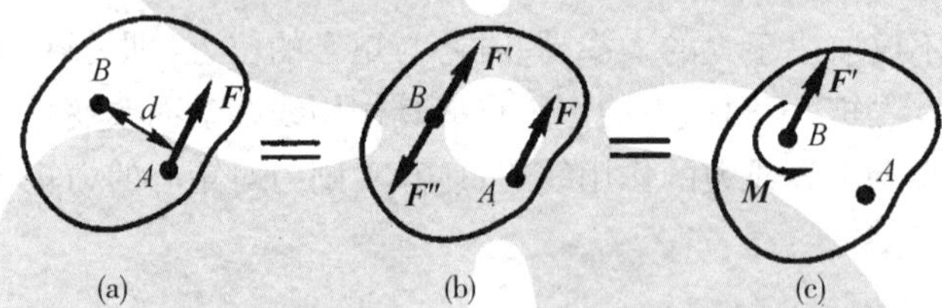

图 8-1-5 力的平移定理

(八)约束和约束反力

1.约束和约束反力的概念

位移不受限制的物体称为自由体;反之,称为非自由体。对非自由体的某些位移起限制作用的周围物体称为约束,如机械中的铰链、地面上的房屋。约束阻碍物体的位移,约束对物体的作用就是力,这种力称为约束反力,简称反力。约束反力的方向与限制物体运动的方向相反。

物体会受到像重力、引力及各种机械的动力和载荷等改变物体运动状态的力的作用,这类力称为主动力。它们的大小和方向一般是预先给定的,彼此是独立的。约束反力的大小通常

是未知的，取决于约束的性质，也取决于主动力的大小和方向，是一种被动力，需要根据平衡条件或动力学方程来确定。

物体独立运动的个数，称为物体的自由度。空间物体的自由度为 6，平面物体的自由度为 3，约束使物体的自由度减少，减少的数目等于约束数。

事实上，船机（机构）就是各种约束对自由体（船机构件）进行适当的运动限制，让船机仅有所需要的运动。如普通向心轴承（约束）限制了轴类零件（自由体）空间上两个方向的平移和两个方向的转动，只剩下一个方向的转动和移动。在对船机进行维护时，拆卸船机就是解除约束，而装配船机就是对之加上合适的约束。

2. 工程中经常遇到的简单约束类型

(1) 柔性约束

由链条、带和钢丝绳等构成的约束统称为柔性约束，其约束反力只可能是拉力。

(2) 光滑接触面约束

支持物体的固定面、啮合齿轮的齿面、机床中的导轨等，当摩擦忽略不计时，都属于光滑接触面约束（如图 8-1-6 所示）。这类约束只能限制沿接触点处公法线指向约束方向的运动或位移。

光滑支承面对物体的约束反力作用在接触点处，方向沿接触表面的公法线指向受力物体。这种约束反力称为法向反力，通常用 $\boldsymbol{F}_N$ 表示。

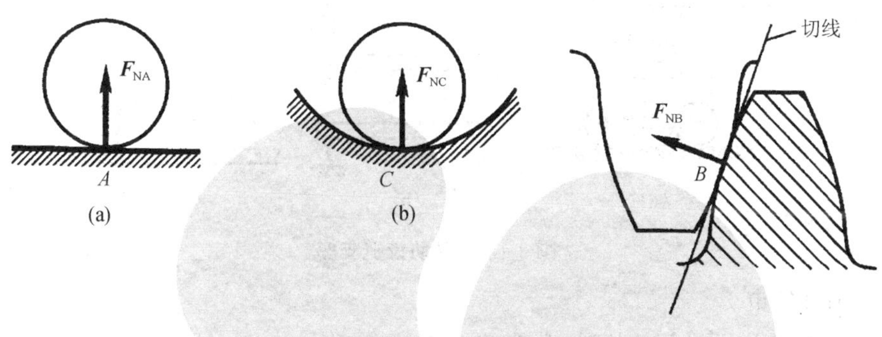

图 8-1-6　光滑接触面约束

(3) 光滑圆柱铰链约束

根据被连接构件的具体情况不同，光滑圆柱铰链约束可分为以下几种形式：向心轴承（如图 8-1-7 所示）、中间圆柱形铰链和固定铰链支座（如图 8-1-8 所示）以及滚动铰链支座（如图 8-1-9 所示）等。

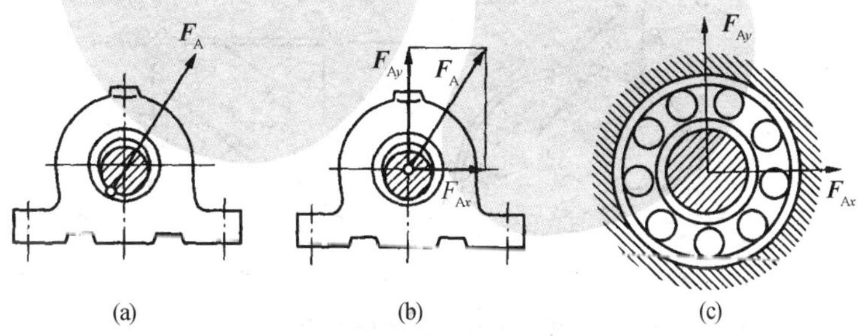

图 8-1-7　向心轴承

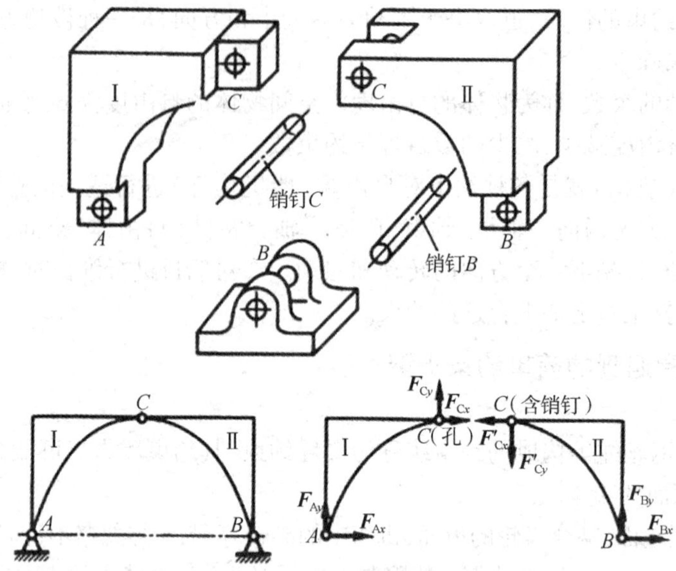

图 8-1-8　中间圆柱形铰链和固定铰链支座

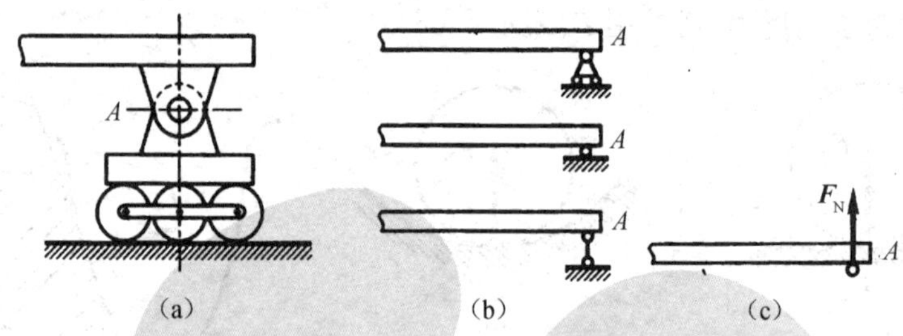

图 8-1-9　滚动铰链支座

(4)二力杆约束

只在两个力作用下平衡的构件，称为二力构件，简称二力杆(如图 8-1-10 所示)。它所受的两个力必定沿两力作用点的连线，且等值、反向，与构件的形状无关。

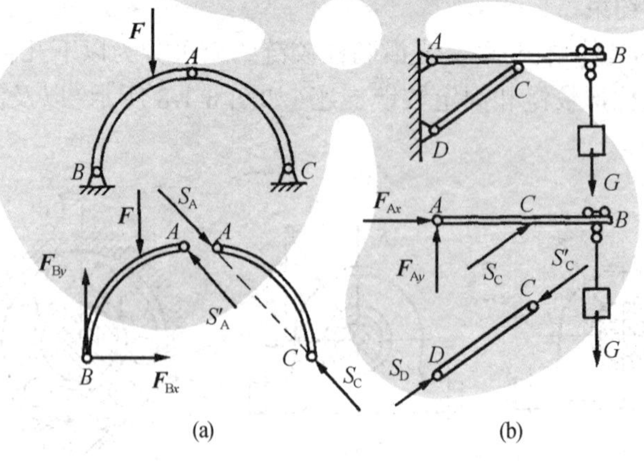

图 8-1-10　二力杆约束

(5)光滑球形铰链约束

光滑球形铰链约束(如图 8-1-11 所示)属于空间型约束。

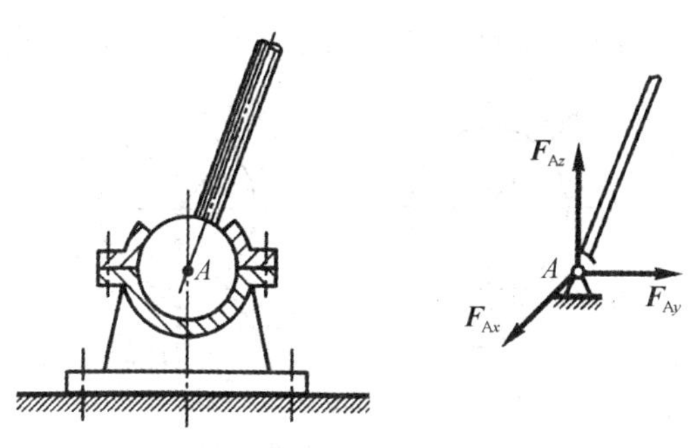

图 8-1-11 光滑球形铰链约束

(6)止推轴承

止推轴承(如图 8-1-12 所示)与径向轴承不同,它除了能限制轴的径向位移外,还能限制轴沿轴向的位移。

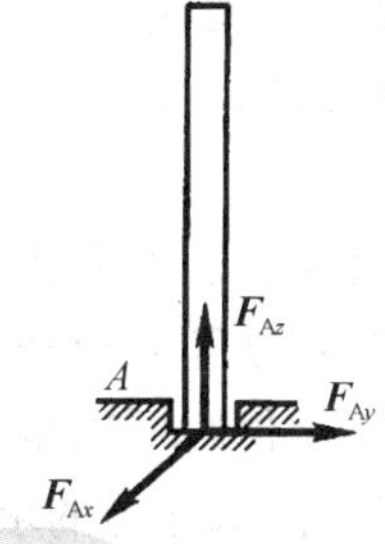

图 8-1-12 止推轴承

(7)固定端约束

在平面问题中,固定端约束共产生两个反力、一个反力偶,如图 8-1-13 所示。

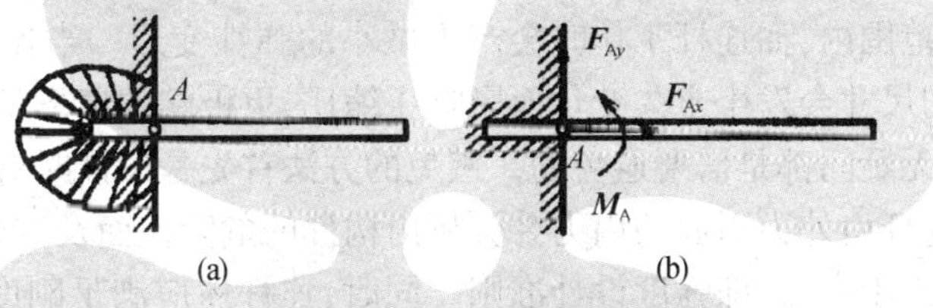

图 8-1-13 固定端约束

(九)受力图、受力分析和力系平衡条件

在工程实际中,为了求出未知的约束反力,需要根据已知力,应用平衡条件求解。为此,首先要确定物体受了几个力,每个力的作用位置和力的作用方向,这种分析过程称为物体的受力分析。

作用在物体上的力可分为两类:一类是主动力,如物体的重力、风力、气体压力等,一般是已知的;另一类是约束对于物体的约束反力,为未知的被动力。

图 8-1-14 为一受力为 $\boldsymbol{F}$、重力为 $\boldsymbol{W}$ 的碾子在碾压路面时遇到 A 处石头阻碍,分析碾子的受力并画出受力分析图。

碾子受到的主动力是 $\boldsymbol{F}$ 和 $\boldsymbol{W}$,大小和方向已知,A 处石头和地面如不计摩擦,均为光滑表面接触,故在 A 处受石头法向反力 $\boldsymbol{F}_{NA}$ 的作用,在 B 处受地面法向反力 $\boldsymbol{F}_{NB}$ 的作用,它们都沿

着碾子上接触点的公法线指向圆心。碾子受力分析如图 8-1-14(b)所示。

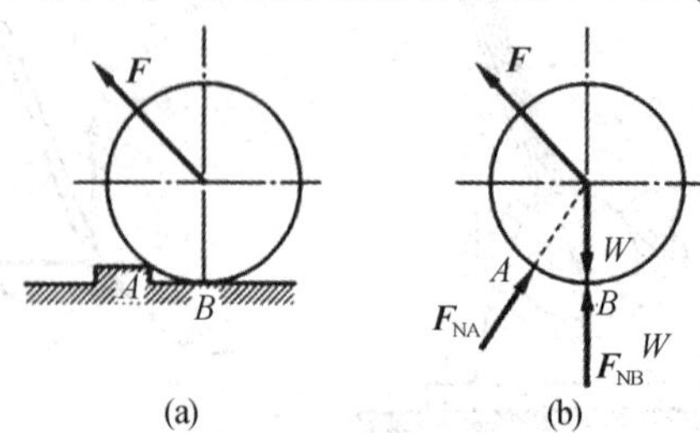

图 8-1-14　碾子受力图

正确地画出物体的受力图,是分析和解决力学问题的基础。

(1)必须明确研究对象。

(2)正确确定研究对象受力的数目。

(3)正确画出约束反力。

(4)当分析两物体间相互的作用力时,应遵循作用与反作用关系。

在工程上,确定作用在构件上的所有未知力,是对工程构件进行强度分析、刚度设计、稳定性设计以及动力学分析的基础。

在平面一般力系作用的情形下,当物体处于平衡状态的时候,其所受力系的主矢和对于任意一点的主矩同时等于零,为力系平衡的充分和必要条件,简称平衡条件。这时,力系既不能使物体发生移动,也不能使物体发生转动。我们可以根据此平衡条件,建立力系的平衡方程,求解出静定结构的未知力。关于超静定结构未知力的求解,读者可以查阅有关资料。

二、材料力学基础知识

在静力学中,我们忽略了物体的变形,将所研究的对象抽象为刚体。实际上,任何固体受力后,其内部质点之间均会发生位移,从而导致物体发生变形。工程上,绝大多数构件的变形限制在弹性变形的范围内,如连杆工作时会产生微小的弹性变形。当连杆受力过大而产生塑性变形以后,连杆的尺寸会发生永久变化而影响压缩比,更极端的情形是连杆受力过大而发生断裂。这些情形毫无疑问都是需要避免的。避免的方法首先是设计时对连杆进行额定负荷下的受力分析,计算连杆由外力引起的内力并分析出构件的危险截面及该处的应力,该应力应小于构件所选材料的许用应力,即强度设计准则。同时,连杆还应满足刚度要求(即弹性变形控制在允许范围内)和稳定性要求,这样连杆在正常工作时一般是安全的。连杆的承载能力不可能设计成无限大,总是有限的,因此如果柴油机超负荷运行,连杆内部的应力就可能因超过许用应力而失效,甚至发生断裂导致机损事故。因此,轮机员应尽可能避免船机超负荷运行。

在材料力学中,为使研究简便起见,对材料也做了一些合理的假定,如材料均匀连续性假定、各向同性假定和小变形假定。

(一)内力、应力和应变

1.内力

构件受到外力作用后发生变形,其内部各点(宏观上的点)的相对位置发生变化,由此而产生因变形导致的内力(此为附加内力)。附加内力随外力的增大而增大,到达某一限度时就会引起构件破坏,因而它与构件的强度密切相关。当我们手提重物时,手臂肌肉会紧张甚至酸痛,但是这种感受会因人而异,即同样的重物(载荷)对不同的人产生的效果是不同的。所以,

内力的概念对解决诸如构件承载能力问题是必需的,但还远远不够。

为了揭示并确定承载构件内的内力,通常采用截面法:假想用一个截面将处于平衡状态的构件截成两部分,取其中任一部分,在已知的外力和需要确定的内力分量之间建立平衡方程,以此计算出各个内力分量的大小和方向。

内力(偶)可以分为轴力、剪力、扭矩和弯矩。

(1)轴力:沿着杆件轴线方向的内力,使杆件产生伸长或压缩变形,拉为正,压为负。

(2)剪力:作用于截面内的内力,使两个相邻截面产生相互错动。

(3)扭矩:作用于截面内的内力偶,使两个相邻截面产生绕杆件轴线的相对转动,这种变形称为扭转变形。

(4)弯矩:垂直于横截面的内力偶,使两个相邻截面产生绕横截面上的某一轴线的相互转动,这种变形称为弯曲变形。

工程上将只承受拉伸的杆件统称为杆;只承受压缩的杆件统称为压杆或柱;主要承受扭转的杆件统称为轴;主要承受弯曲的杆件统称为梁。

工程上研究强度问题,需要知道哪些横截面可能最先发生失效,这些横截面称为危险截面。内力分量最大的横截面就是首先需要考虑的危险面。内力分量沿着杆件长度方向变化的分布情况,可以用杆件的内力图来表示。

2.应力

杆件由于所受外力不同,约束情况不同,不同横截面上的内力往往不一样,同一横截面上各点处的内力也并非处处相同。如受弯矩的截面上,截面上、下两边的数值最大,构件失效会从这些点处开始。因此,我们需要考察各点处内力的强弱,这就引入了应力的概念。

应力就是内力在一点处的集度,即微小面积上的内力。应力单位:$1\ \mathrm{Pa}=1\ \mathrm{N/m^2}$,$1\ \mathrm{MPa}=10^6\ \mathrm{Pa}$,$1\ \mathrm{GPa}=10^9\ \mathrm{Pa}$。应力可以分为正应力 $\boldsymbol{\sigma}$ 和剪(切)应力 $\boldsymbol{\tau}$。正应力垂直于截面,指向外法线方向为正;剪(切)应力相切于截面,左上右下为正。

对于拉压等截面直杆,如活塞杆、连杆以及气缸盖螺栓,横截面上的应力可视为均匀分布,因此有垂直截面:

$$\boldsymbol{\sigma}=\frac{\boldsymbol{F}_{\mathrm{N}}}{A},\quad \tau=0$$

式中:$\boldsymbol{F}_{\mathrm{N}}$——截面上的轴力;

A——截面积。

对于和轴线倾斜角度为 α 的斜面:

$$\sigma_{\alpha}=\sigma\cos^{2}\alpha,\ \tau_{\alpha}=\frac{1}{2}\sigma\sin(2\alpha)$$

轮机工程人员需要特别注意的是,在计算连杆和气缸盖螺栓等构件的工作应力的时候,螺栓的受力是按照若干螺栓组理论上的平均受力来计算的,实际情况是各螺栓组的受力因为装配(如液压拉伸器错误使用)等会分配不均匀,因此个别螺栓的受力会大于平均受力,极端情况下某组螺栓会因为工作应力过大而发生断裂,有些“连杆伸腿”的严重故障就与此有关。另外,气缸盖螺栓为防止气缸盖和缸套结合面的燃气泄漏,在装配时按照合适的预紧力上紧,工作时气缸盖螺栓的残余预紧力与燃气导致的拉力(轴力)叠加,如果装配时预紧力过大或柴油机严重超负荷,都会导致气缸盖螺栓的工作应力过大而产生危险。

工程上,有些构件以剪切变形为主,在构件连接中更为常见,如活塞销、飞轮和轴处的键连接、铆接，中间轴法兰的连接螺栓和冲床的工件切离等。剪切构件受力特点：作用在构件两侧面上的横向外力的合力大小相等、方向相反、作用线距离很近。剪切变形的特点是两力间的横截面发生相对错动。

图 8-1-15 所示是两块钢板的铆接情况。假设剪应力在剪切面（m-m 截面）上是均匀分布的，得剪应力计算公式：

$$\boldsymbol{\tau}=\boldsymbol{F}_{S}/A$$

式中：$\boldsymbol{F}_{S}$——剪力；

A——剪切面面积。

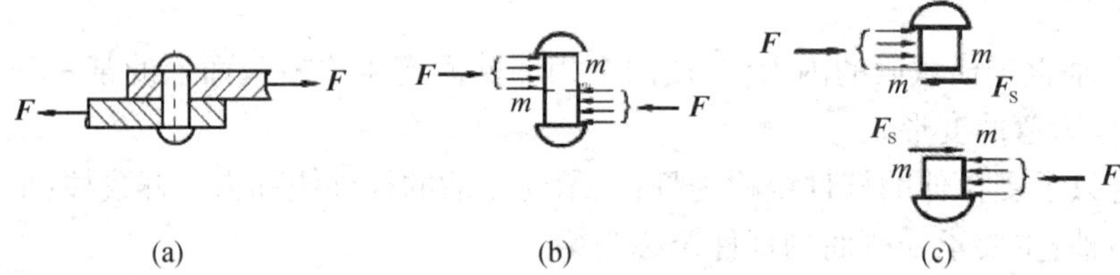

图 8-1-15　钢板铆接的受力分析

对于铆接这种情况，还可能出现挤压破坏，因此还需要计算表面挤压应力。假设应力在挤压面上是均匀分布的，得实用挤压应力公式：

$$\boldsymbol{\sigma}_{bS}=\boldsymbol{F}_{bS}/A_{bS}$$

式中：A_{bS} 为挤压面面积，$A_{bS}=d\times\delta$，d 为孔径，δ 为钢板厚度。

3.许用应力

如果构件某点处的应力大于该构件材料的能力（如脆性材料的抗拉强度、塑性材料的屈服强度），该点处就会首先被破坏，乃至引起整个构件的失效（如断裂）。显然这种情况是我们应该避免的。引入应力的概念以后，我们不必考虑材料的粗细，可以通过试验来确定各种材料的极限应力（材料失效时的应力），极限应力用 $\boldsymbol{\sigma}_{u}$ 表示。材料的极限应力在工程手册上可以查到。为了保证构件安全、可靠地工作，应使它的实际工作应力小于材料的极限应力。但是，材料的极限应力是由一定条件下的试验来测定的，这种条件和实际工作条件是有差异的，试验的材料和实际材料也有一定的差异，为安全起见，我们引入许用应力的概念。

在强度计算中，一般把极限应力除以大于 1 的系数 n，作为设计时应力的最大允许值，称为许用应力，用 $[\boldsymbol{\sigma}]$ 表示，即有 $[\boldsymbol{\sigma}]=\boldsymbol{\sigma}_{u}/n$。不同材料有不同的极限应力，该材料的许用应力还与所选 n 值的大小有关。n 为材料的安全因数（安全系数），其值可从有关规范或手册中查到。显然，n 越大，据此设计的构件安全裕度就越大。一般重要的构件或不容易维修的构件，应该选用较大的安全因数以保障安全，但过大的安全因数会耗费更多的材料而使成本增加，所以安全因数并非越大越好。

对于拉压等截面直杆，其强度条件是

$$\boldsymbol{\sigma}=\frac{\boldsymbol{F}_{N}}{A}\leqslant[\boldsymbol{\sigma}]$$

对于以剪切变形为主的构件，其强度条件是 $\boldsymbol{\tau}=\boldsymbol{F}_{S}/A\leqslant[\boldsymbol{\tau}]$，即剪切面上的剪应力应小于许用剪切应力。同样，实用挤压应力应小于许用挤压应力，许用挤压应力常由实验方法确定，许用挤压应力与该材料的拉压许用应力常存在一定的对应关系。实际设计计算时，一般以剪应力计算为主，实用挤压应力作为辅助验算。

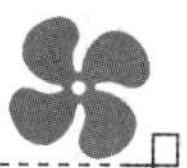

4.应力集中

以上计算的拉压杆件正应力,是横截面积上的平均应力。这是根据材料均匀等假设自然得到的结果。实际构件由于结构的需要,会在其上钻孔、开槽等,导致横截面尺寸的突然变化,其应力分布不再是均匀的。截面突变处的应力局部增大,离开该处的地方应力又趋于均匀,这种现象称为应力集中。在应力集中处,应力的最大值(峰值应力)与物体的几何形状和加载方式等因素有关。

对于由脆性材料制成的构件,应力集中现象将一直保持到最大局部应力到达强度极限之前。因此,在设计脆性材料构件时,应考虑应力集中的影响。对于由塑性材料制成的构件,应力集中对其在静载荷作用下的强度则几乎无影响。因此,在研究塑性材料构件的静强度问题时,通常不考虑应力集中的影响。

当构件(如柴油机连杆、曲轴等构件)受到周期性载荷或受冲击载荷作用时,无论是脆性材料还是塑性材料,应力集中对构件的疲劳寿命都有很大影响,应力集中处往往是疲劳源。据统计,80%的构件断裂破坏是疲劳断裂。

5.应变

材料力学中研究变形,是为了研究构件的刚度。变形是由外力引起的,与内力的分布有关。按变形类型分类,变形可以分为弹性变形和塑性变形。

弹性变形在构件除去外力后,产生的变形随之消失;塑性变形在构件除去外力后,产生的变形不能恢复,也叫作残余变形。

构件受力以后会产生四种变形形式:拉伸和压缩变形、剪切变形、扭转变形、弯曲变形。

对于构件的拉伸和压缩变形,其变形特点是沿轴线方向伸长(受拉)和缩短(受压)的纵向变形与横向尺寸缩小(受拉)和增大(受压)的横向变形,如图 8-1-16 所示。杆件在扭转变形时,其杆的横截面绕轴线发生相对转动。杆件任意两横截面间的相对角位移称为扭转角,如图 8-1-17 所示。

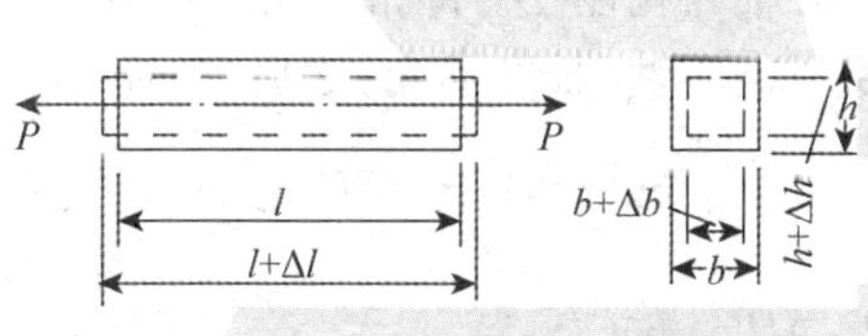

图 8-1-16　杆件受拉时的变形

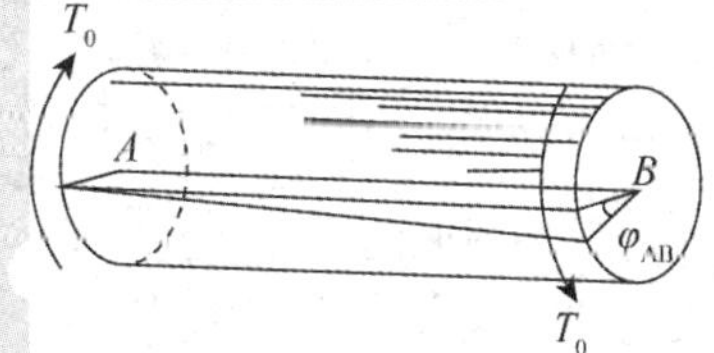

图 8-1-17　圆轴扭转时的扭转角

构件变形的绝对大小并不能完整表示其变形程度。为了表示弹性变形的程度,我们引入了应变的概念。

描写受力弹性体在各点处线变形程度的量,称为线应变或正应变;描写受力弹性体在各点处角变形程度的量,称为切应变或角应变。线应变和切应变都是无量纲的量。

对于构件沿长度方向均匀变形的情形,其相对伸长量 ε 表示轴向变形的程度:

$$\varepsilon=\frac{\Delta l}{l}$$

正应变 ε 是单位长度的变形量,无量纲,伸长为正。

(二)胡克定律

通过实验发现,当拉力不超过某一限度时,杆件变形是弹性的,且其伸长量 Δl 与拉力和杆

件的原长 l 成正比。引入一个系数 E,则有

$$\Delta l=\frac{Pl}{EA}=\frac{Nl}{EA}$$

上式就是胡克定律。式中,P 是外力;N 是内力;A 是杆件截面积;E 是弹性模量。E 与材料的性质有关,单位和应力相同。E 大,则杆件变形小,因此它是衡量材料抵抗弹性变形能力的一个指标。比如,火车采用钢制车轮,就是因为钢制车轮弹性模量大、弹性变形小,这样变形而产生的阻力矩就较小且耗能较少;反之,自行车轮胎气不足的时候,轮胎会因为较大的弹性变形而使阻力矩变大导致骑行困难。柴油机缸盖采用紫铜垫片,是因为紫铜有弹性模量小、塑性好、耐高温(紫铜的熔点是 1 083 ℃)的特性。纯铝的弹性模量比紫铜要小,塑性也好,但熔点为 660 ℃,不适用于柴油机燃烧室的高温环境。

胡克定律还可以用 $\sigma=E\varepsilon$ 来表示,即杆件纵向线应变与所受正应力成正比,与材料弹性模量成反比。拉伸变形时,杆的纵向伸长,横向缩短,杆件的横向应变记为 ε'。实验表明,在弹性变形范围内,同一材料的横向应变 ε' 和纵向应变 ε 之比为一常数,即

$$\varepsilon'=-\varepsilon\mu$$

式中:μ 为横向变形系数,也称为泊松比,由实验测定。

实验表明,杆件扭转时,横截面剪应力与剪应变之间也存在一定的关系:当剪应力不超过材料的剪切比例极限时,剪应力与剪应变有线性关系,即 $\tau=G\gamma$,这一关系称为剪切胡克定理。其中,γ 为切应变或角应变,G 为剪切弹性模量,也与材料的性质有关。由式可知,G 大,杆件扭转变形就小。

胡克定律分母中的 EA,代表材料抵抗拉伸(压缩)变形的能力,称为杆件的抗拉(压)刚度。大部分受力构件,不仅要求其强度高,不易被破坏,还要求杆件的刚度大、弹性变形小,即构件的强度设计准则和构件变形必须满足刚度要求。

同样,杆件的扭转变形也要控制在一定的范围内。GI_p 为圆轴的抗扭刚度,其中,I_p 是只与横截面大小和形状有关的几何量,称为横截面对其中心的极惯性矩。如空心圆轴的 I_p:

$$I_p=\pi D^4(1-\alpha^4)/32,\alpha=d/D \quad (d\text{ 为空心轴内孔径},D\text{ 为轴的外径},0\leqslant\alpha<1)$$

实心轴的 α 为零,而同样重量、同样材料做成空心轴(长度不变)之后,外径大于实心轴的轴径,假定 $d=\frac{1}{2}D$,则 $\alpha=\frac{1}{2}$,$\alpha^4=\frac{1}{16}$,$I_p=\frac{15}{16}\times\frac{\pi D^4}{32}$;由于重量和长度不变,根据计算,实心轴的轴径为 $\frac{\sqrt{3}}{2}D$,其极惯性矩为 $I_p=\pi(\frac{\sqrt{3}}{2})^4D^4/32=\frac{9}{16}\times\frac{\pi D^4}{32}$。实心轴极惯性矩只有空心轴的 60%,即实心轴的抗扭刚度要比同样重量、同样材料的空心轴小很多;如果保证空心轴的极惯性矩和实心轴的一样,即两者抗扭刚度一样,则空心轴的材料可以少用很多,即轴可以做得较轻。机器的圆轴大多采用空心结构主要就是这个原理。

(三)材料的力学性能

材料的力学性能也称为机械性质。材料的力学性能是指材料在外力作用下所体现出的应力、应变、强度和变形等方面的性质,它是构件强度计算及材料选用的重要依据。下面介绍常用的力学性能指标。

(1)强度

金属材料在载荷作用下抵抗塑性变形和断裂的能力称为强度。按加载方式的不同,强度可分为抗拉强度、抗压强度、抗弯强度和抗剪强度等。通常以抗拉强度作为基本的强度指标,

它是通过拉伸试验测得的。

(2)塑性、弹性、刚度和脆性

金属材料在载荷作用下产生塑性变形而不被破坏的能力称为塑性。金属的塑性值也是通过拉伸试验测得的。常用塑性值的指标是伸长率和断面收缩率。

弹性是指物体在外力作用下发生形变,当外力撤销后能恢复原来大小和形状的性质或能力。弹簧零件需要较大的弹性,一般选用或采取工艺措施(如热处理)获得屈服强度较大的材料。

刚度是指材料或结构在受力时抵抗弹性变形的能力。如前所述,在材料力学中,胡克定律分母中的 EA,代表材料抵抗拉伸(压缩)变形的能力,称为杆件的抗拉(压)刚度。GI_p 为圆轴的抗扭刚度。弹性模量 E 与横梁截面惯性矩 I 的乘积 EI 表示横梁的抗弯刚度,比如,横梁的高度往往大于宽度就是为了获得较大的惯性矩 I 以提高横梁的刚度。

脆性是指材料在外力作用下(如拉伸、冲击等)仅产生很小的变形即断裂破坏的性质。

(3)硬度

硬度是指金属材料抵抗比它更硬的物体压入其表面的能力,即抵抗局部塑性变形的能力。许多机械零件根据工作条件的不同,常要求硬度在某一规定的范围内,这样才能保证高的强度、好的耐磨性和长的使用寿命。硬度也是金属材料的重要力学性能之一。

常用的硬度指标有:布氏硬度 HB、洛氏硬度 HR 和维氏硬度 HV。布氏硬度试验法主要用来测定灰铸铁、有色金属,以及退火、正火和调质处理的钢材等。洛氏硬度试验法测量范围广,试件表面压痕小,可直接测量成品或较薄的工件,被广泛用于生产和科研中。维氏硬度试验法的测量精度高,误差较小,可以用来测量极薄试件,以及金属镀层、化学热处理后的表面硬度,但生产率不如洛氏硬度试验法高,故不宜用于成批生产的常规试验。

(4)延展性

材料在外力作用下能延伸成细丝而不断裂的性质叫作延性,在外力(锤击或轧制)作用下能碾成薄片而不破裂的性质叫作展性。显然,材料塑性好,其延展性也好。

(5)韧性

材料在塑性变形和断裂过程中吸收能量的能力称为韧性。塑性好的材料一般韧性也较好。一般我们关注的材料在受到冲击的时候吸收能量的能力称为冲击韧性。冲击韧性是金属材料在冲击载荷作用下抵抗破坏的能力。为了确定金属材料的冲击韧性值,必须进行冲击试验,以冲断具有缺口的标准试样所需的能量作为衡量标准。冲击韧性值可从冲击试验机刻度盘上读出,不需要计算。用缺口试样冲击吸收功除以底部横截面积 S,即得到冲击韧性值,用符号 a_k(单位:J/cm^2)表示:

$$a_k = \frac{A_k}{S}$$

冲击韧性值 a_k 愈大,表明材料韧性愈好。a_k 值的大小与试验温度有关。材料的力学性能会随外界条件的变化而变化,如温度、加载速度等都会对材料的力学性能产生一定影响。有些材料在室温(20 ℃)时无明显脆性,而在低温下其冲击韧性急剧下降,可能导致脆性断裂。远洋船舶经常航行在惊涛骇浪中,船体材料需要具有较高的冲击韧性,而无限航区的船舶可能在冬季航行到寒冷地带,其船体钢板不但需要具有较高的冲击韧性,而且材料的低温脆性转变温度指标必须要足够低(比如-40 ℃或-60 ℃)才能保证安全。

1.低碳钢拉伸试验

研究材料力学性能的主要方法是试验，一般不加说明的话，都是指在常温、静载条件下进行试验的。最基础的材料力学性能试验是低碳钢和铸铁的拉伸试验。

拉伸试验的试件必须按照国家标准（金属拉伸试验的国家标准是 GB/T 228，仍在不断更新中。本部分内容采纳目前各种资料常采用的 GB/T 228—1987 标准及其符号，请读者注意）加工成标准试件。圆截面的拉伸标准试件如图 8-1-18 所示。试件的中间等直杆部分为实验段，其长度 l 称为标距，试件较粗的两端是装夹部分。对圆截面的标准试件，标距 l 与直径 d 有两种比例：

$$l=10d, l=5d$$

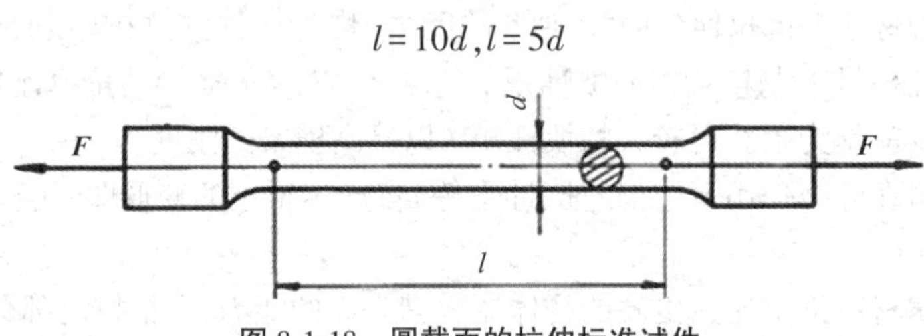

图 8-1-18　圆截面的拉伸标准试件

拉伸试验在万能实验机上进行。试件受到由零逐渐增加的拉力 F 的作用，同时发生伸长变形，加载一直进行到试件断裂为止。一般实验机上附有自动绘图装置，在实验过程中能自动绘出伸长变形的拉伸图曲线。

根据图线特点，低碳钢在拉伸时可以分成 4 个阶段：弹性阶段、屈服阶段、强化阶段、局部变形阶段。低碳钢拉伸图曲线如图 8-1-19 所示。

（1）弹性阶段

$\sigma-\varepsilon$ 曲线的 OB 段为弹性变形阶段，在这一阶段内试件的变形为弹性变形。如将外力卸去，试件的变形也随之全部消失，这种变形即为弹性变形。弹性变形阶段最高点 B 点所对应的应力值称为弹性极限，用 σ_e 表示。

弹性阶段 OB 又可再划分为两段。OA 段的线型为直线，应力和应变成正比，即满足胡克定律 $\sigma=E\varepsilon$，其最高点所对应的应力值称为比例极限，用 σ_p 表示。OA 直线的倾角为 α，其斜率即为材料的弹性模量 E。AB 段为微弯曲线，这一阶段应力和应变不再保持比例关系，胡克定律不再适用，但仍是弹性变形。

弹性极限与比例极限虽有不同的物理含义，但由于它们的数值十分接近，在工程应用中，一般认为弹性极限与比例极限大致相等。

（2）屈服阶段

当应力超过弹性极限后，出现接近水平的波动线段 BD。在此阶段，应力变化不大但应变显著增加，它标志着材料暂时失去了对变形的抵抗能力，这种现象称为屈服。屈服阶段的最低应力值称为材料的屈服极限，记为 σ_s。这一阶段材料弹性变形和塑性变形同时存在，如将外力卸去，试件的变形不能完全消失。

一般重要构件工作时不容许出现塑性变形，所以屈服极限 σ_s 是衡量塑性材料强度的重要指标之一。选用材料时，屈服极限并非越高越好。

（3）强化阶段

屈服阶段后，$\sigma-\varepsilon$ 曲线出现上凸的曲线 DG 段。这表明，若要使材料继续变形，必须增加拉力，即材料又恢复了抵抗变形的能力，这种现象称为材料的强化，DG 段对应的过程为材料

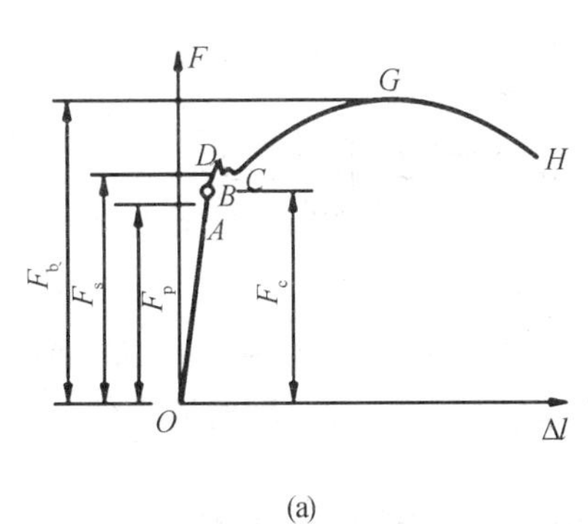

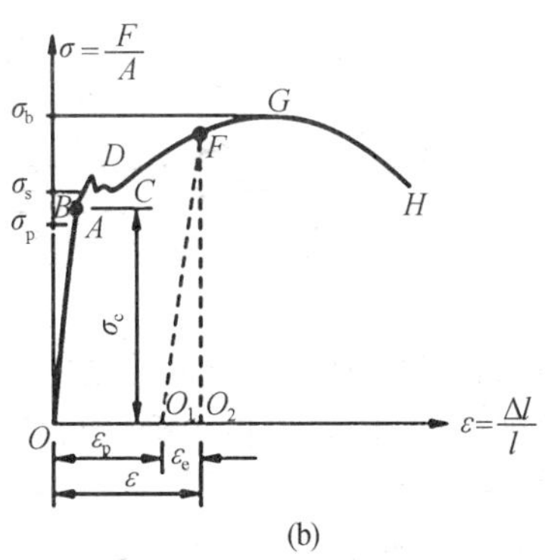

图 8-1-19 低碳钢拉伸图曲线($F-\Delta l$ 曲线和 $\sigma-\varepsilon$ 曲线)

的强化阶段。曲线最高点 G 所对应的应力是材料所能承受的最大应力,称为强度极限或抗拉强度,用 σ_b 表示。它是衡量材料强度的另一重要指标。

将试件拉到超过屈服点后卸载,然后重新加载时,材料的比例极限有所提高,而塑性变形能力减弱,这种现象称为冷作硬化(加工硬化)。这在工程中常常用到,如起重用的钢索和建筑用的钢筋,常用冷作硬化工艺提高其强度。

(4)局部变形阶段

$\sigma-\varepsilon$ 曲线的 GH 段为局部变形阶段。此阶段曲线从最高点下降,试件较薄弱的某一横截面及其附近出现局部收缩即缩颈的现象,如图 8-1-20 所示。在试件继续伸长的过程中,由于缩颈部分的横截面面积急剧减小,试件继续伸长所需要的拉力也迅速减小,于是按初始横截面面积计算的名义应力随之减小。当缩颈处的横截面收缩到某一程度时,试件便发生断裂。

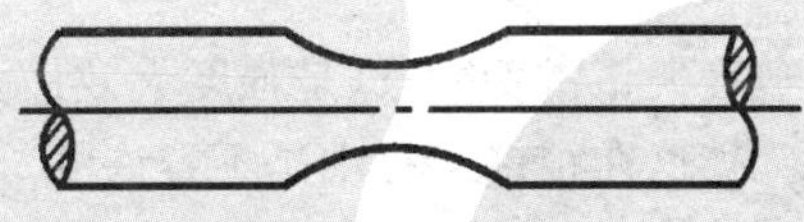

图 8-1-20 缩颈现象

试件被拉断后,弹性变形消失,塑性变形依然保留。工程中用试件拉断后残留的塑性变形来表示材料的塑性性能。常用的塑性指标有延伸率 δ 和断面收缩率 ψ。前者表示试件拉断后标距范围内平均塑性变形百分率,即

$$\delta=\frac{l_1-l}{l}\times100\%$$

式中:l——标距原长;

l_1——图 8-1-21 所示试样拉断后标距的长度。

δ 反映了材料在破坏时所发生的最大塑性变形程度。工程上将 $\delta>5\%$ 的材料称为塑性材料,如低碳钢、黄铜、铝合金等;将 $\delta<5\%$ 的材料称为脆性材料,如铸铁、陶瓷、石材等。低碳钢是典型的塑性材料,其延伸率 δ 为 20%~30%。

另一个塑性指标断面收缩率 ψ 是指试件断口处横截面面积的塑性收缩百分率,即

$$\psi=\frac{A-A_1}{A}\times100\%$$

式中:A——试件原横截面面积;

A_1——图 8-1-21 所示断裂后缩颈处的最小横截面面积。

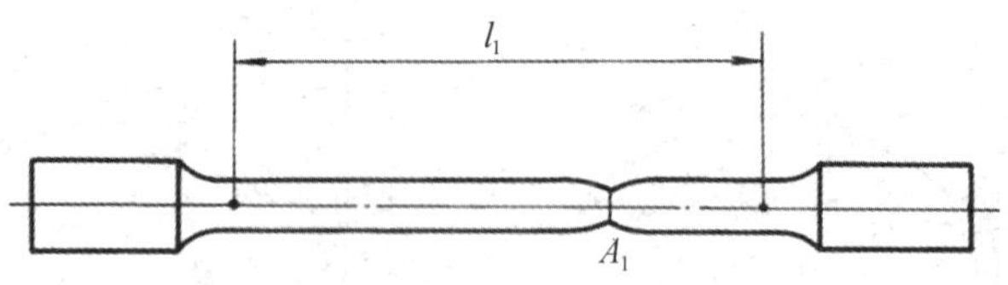

图 8-1-21　试样拉断后标距的长度

塑性材料拉伸时都具有较高的延伸率，但其中有些材料没有明显的屈服阶段。对于没有明显屈服点的塑性材料，工程中通常以产生 0.2%塑性应变时所对应的应力作为名义屈服极限，用 $\sigma_{0.2}$ 表示。

铸铁是典型的脆性材料，拉伸断裂时的强度极限 σ_b 是衡量其强度的唯一指标。铸铁受拉伸时的 $\sigma-\varepsilon$ 曲线的特点是没有明显的直线部分，既无屈服阶段，也无缩颈现象，在拉应力较小的情况下试样即发生断裂，断裂时应变通常只有 0.4%~0.5%，断口垂直于试件轴线（扭曲断裂时，断口与试件轴线大致成 45°）。由于铸铁的抗拉强度较差，一般不宜作为承受拉力的构件。

2.压缩试验

低碳钢压缩时的比例极限和屈服极限与拉伸时相同，而其抗压强度极限难以测出，所以低碳钢压缩时相应的力学性能不再单独试验测得。

铸铁压缩时的抗压强度比抗拉强度高出 4~5 倍。铸铁试件受压缩发生断裂时，断裂面与轴线大致成 45°~ 55°的倾角，这表明铸铁试件受压时断裂由最大切应力所致。对于其他脆性材料，如石材、混凝土等，其抗压能力也显著高于抗拉能力。因此，工程上常用脆性材料作为承压构件，如船机机架常采用灰铸铁材料。

3.强度失效和失效应力

如果构件发生断裂，将完全丧失正常功能，这是强度失效最明显的形式。如果构件没有发生断裂而是产生明显的塑性变形，这在很多工程中是不容许的。因此，当构件发生屈服而产生明显的塑性变形，也是失效。根据拉伸试验过程中呈现的现象，强度失效的形式可以归纳为：塑性材料的强度失效形式是屈服和断裂，一般首先考虑屈服；脆性材料的强度失效形式是断裂。因此，塑性材料的强度失效应力是屈服极限 σ_s（或条件屈服极限 $\sigma_{0.2}$）、强度极限或抗拉强度 σ_b；脆性材料的强度失效应力是强度极限或抗拉强度 σ_b。

第二节　金属冶炼和金属加工基础

一、金属材料成型知识

金属材料除少数贵金属（金、银、铂等）以外，绝大多数以化合物形式存在于自然界，都要经过冶炼才能使用。冶炼后的合格金属或铸成金属锭块，作为以后铸锻成型工艺的原材料，或经过连铸成坯后轧制成材供工程人员直接选用或作为毛坯再进行后续加工。比如，轧钢厂轧制的船体钢板，船厂收货检验合格后入库，根据需要首先对之进行钢板预处理、切割、加工（如开坡口）和成型，再将加工以后的钢板焊接装配成船体分段或总段，最后在船台或船坞合拢组装成完整的船体（各船厂船体建造工艺会有一定不同，比如大型船厂为缩短船坞建造时间，上层建筑会在船体下水以后在码头上进行吊装）。大多数柴油机构件（零件）需要将金属原材料

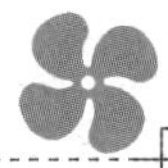

经过铸锻等工艺制成零件毛坯,再对毛坯进行机加工和热处理,制成合格的零件。

(一)铸造

铸造是将液体金属浇铸到与零件形状相适应的铸造空腔中,待其冷却凝固后,获得具有一定形状、尺寸和性能的金属零件或毛坯的成型方法。

铸造是最古老的金属成型工艺,我们今天经常使用的词汇"模范"就是来自铸造工艺。至今铸造还是金属成型的主要工艺手段。各种壳体、阀体,机床床身,柴油机的缸套、缸盖和船舶螺旋桨大多采用铸造成型工艺制作。

1.铸造工艺的特点

铸造工艺的特点是优点突出,缺点明显。因其优点突出,所以至今得到广泛应用;因其缺点明显,重要的受力零件一般不采用铸造工艺制作毛坯。

(1)铸造工艺的优点

①可以生产形状复杂的零件,尤其是复杂内腔的毛坯,这是由液体金属的流动性决定的,如图 8-2-1 所示;

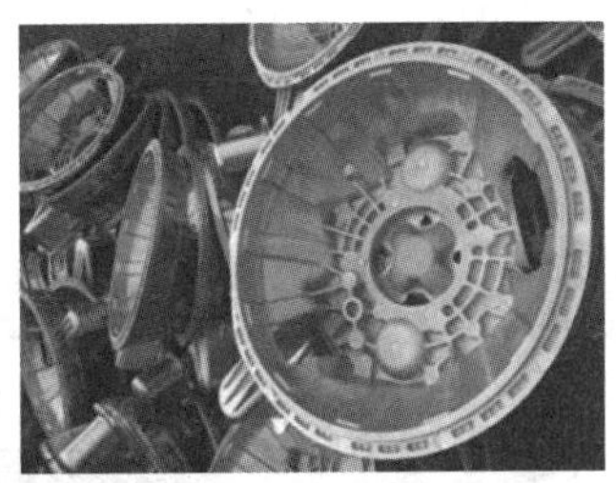

图 8-2-1　铝合金精密铸件

②工业常用的金属材料均可铸造,重量可从几克到几百吨;

③原材料来源广,价格低廉,如废钢、废件、切屑等,铸造的主要原料是价廉的生铁和铝合金;

④铸件的形状、尺寸与零件非常接近,减少了切削量,属于少无切削加工;

⑤应用广泛,机械中 40%~70%、机床中 70%~80%的重量是铸件;

⑥铸件往往具有耐磨、吸振等综合性能,这是柴油机的缸套一般采用铸铁件的重要原因。

(2)铸造工艺的缺点

①机械性能不如锻件,如组织粗大,缺陷多等,受力复杂或受拉的重要零件一般采用锻件;

②砂型铸造中,单件、小批量生产,工作环境差,工人劳动强度大,浇注现场如图 8-2-2 所示;

③铸件质量不稳定,工序多,影响因素复杂,易产生许多缺陷,废品率高。

图 8-2-2　浇注现场

2.铸造分类

铸造主要分为普通砂型铸造和特种铸造两大类。

(1)普通砂型铸造

普通砂型铸造是利用砂作为铸模材料，又称砂铸、翻砂，包括湿砂型、干砂型和化学硬化砂型三类，但并非所有砂均可用来铸造。砂型铸件如图 8-2-3 所示。铸造类型如图 8-2-4 所示。因为铸模所使用的砂可重复使用，砂型铸造[如图 8-2-4(a)和图 8-2-5 所示]的成本较低，但生产率较低，铸模制作耗时，铸模本身不能被重复使用，须破坏后才能取得成品。

图 8-2-3　砂型铸件

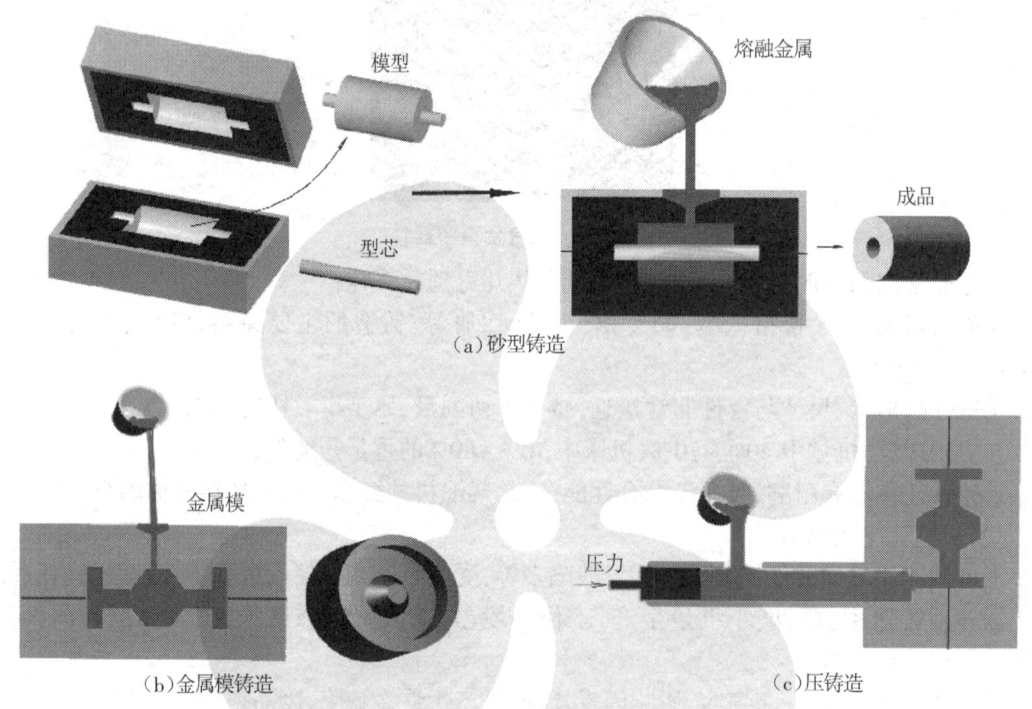

图 8-2-4　铸造类型

砂型(芯)铸造的方法主要有：湿型砂型、树脂自硬砂型、水玻璃砂型、干型和表干型、实型铸造、负压造型。

铸件的内腔形状取决于砂芯，砂芯被高温液态金属包围，其材料与外部的型砂要求有差异。砂芯的制造方法是根据砂芯尺寸、形状、生产批量及具体生产条件进行选择的。在生产中，砂芯从总体上可分为手工制芯和机器制芯。

随着科技的进步与铸造业的蓬勃发展，在很多现代化的铸造车间里，造型、造芯实现了机械化或自动化。

(2)特种铸造

特种铸造,按造型材料又可分为:以天然矿产砂石为主要造型材料的特种铸造,如熔模铸造、泥型铸造、壳型铸造(如图 8-2-6 所示)、负压铸造、实型铸造、陶瓷型铸造等;以金属为主要铸型材料的特种铸造,如金属型铸造、压力铸造、连续铸造、低压铸造、离心铸造等。压力铸造件如图 8-2-7 所示,熔模铸造件如图 8-2-8 所示。

图 8-2-5 砂型铸造

图 8-2-6 壳型铸造

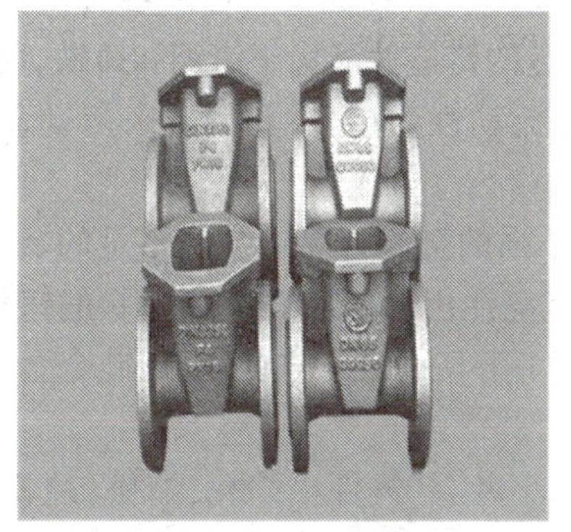

图 8-2-7 压力铸造件

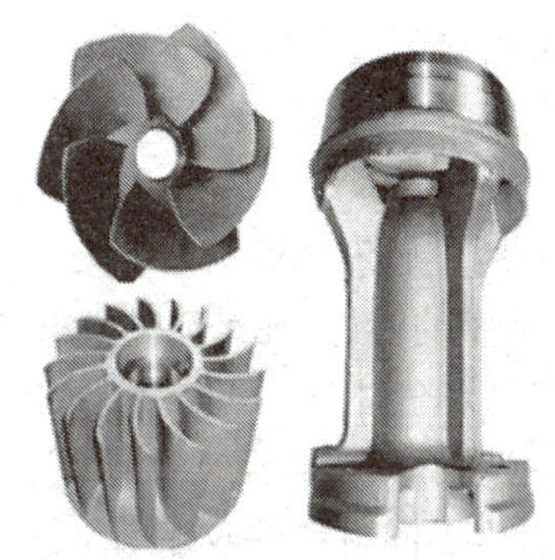

图 8-2-8 熔模铸造件

①金属型铸造

金属型铸造法是利用熔点较原料高的金属制作铸模的方法,细分为重力铸造、低压铸造和高压铸造。金属型可以反复使用,但设施前期投入比较大,大批量生产时才能显示出良好的经济效果。金属型铸造既适用于大批量生产形状复杂的铝合金、镁合金等非铁合金铸件,也适合生产钢铁金属的铸件、铸锭等。金属型铸造冷却速度快,铸件组织致密,力学性能比砂型铸件高 15%左右,压力铸造件的力学性能与锻件的接近;铸件能获得较高的尺寸精度和表面粗糙度等级,并且质量稳定性好。但金属型铸模无退让性,铸件凝固收缩时,尤其金属液冷却太快时,容易产生气孔、冷隔、浇不到和缩孔,有些铸形结构容易产生残余应力,导致变形或产生裂纹。

②熔模铸造

这种方法可以分为外膜铸造和固体铸造。

先以蜡复制所需要铸造的物件,然后浸入含陶瓷(或硅溶胶)的池中待干,使蜡制的复制品覆上一层陶瓷外膜,重复步骤直到外膜足以支持铸造过程(1/8~1/4 寸),然后熔化模中的蜡,并抽离铸模。其后铸模需要多次加以高温,增强硬度后方可用来铸造。在制成的铸模中浇注金属液体,待金属液体结晶完毕后,打破铸模即得到铸件。

中国旅游业的图形标志——东汉“马踏飞燕”青铜铸件有说是用熔模铸造制作的(有说是用陶范法制作的,但系铸件无疑),如图 8-2-9 所示。熔模铸造常用于制作外形不规则的青铜工艺品(如图 8-2-10 所示)和形状复杂的零件毛坯(如汽车、摩托车发动机零件毛坯等)。

图 8-2-9　东汉“马踏飞燕”青铜铸件

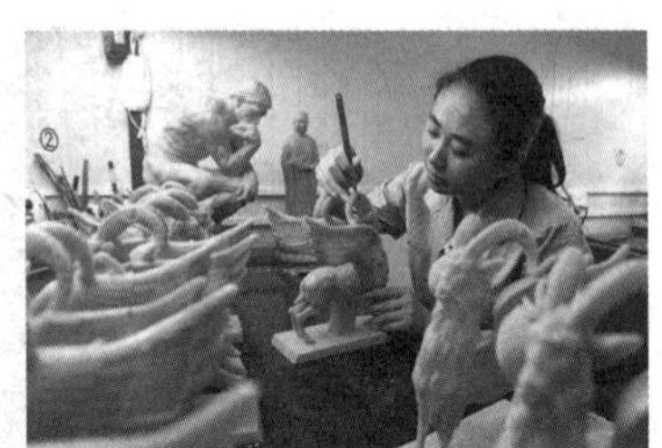

图 8-2-10　技师在制作蜡模

3.铸造金属

几乎所有的材料都可以用于铸造,但由不同金属材料得到优良铸件的难易程度是有差异的。在几种常用的铸造合金中,铸造铝合金和铜合金的铸造性能优于铸钢和铸铁,而铸铁又优于铸钢。铸铁中,灰铸铁的铸造性能最好。可以用流动性、收缩性和偏析来衡量金属的铸造性能。

(1)流动性:金属液体流动的能力。流动能力不强的金属容易产生浇不足的缺陷,难以浇制形状复杂、薄壁的铸件;凡是流动性好的金属都能浇注出薄壁和较复杂形状的铸件,并且液体金属中的熔渣和气体易于上浮,不致形成夹渣和气孔等缺陷。硅黄铜、铝硅合金、灰铸铁和锡青铜等流动性较好,铸钢流动性较差。

(2)收缩性:不同材料的收缩率不同,凡收缩率小者,其铸件中缩孔、缩松(疏松)、变形和裂纹等缺陷就少。如铸钢的收缩率较大,要得到合格的铸钢铸件需要采取较复杂的工艺措施。又如生铁水在采取一定工艺措施后,结晶和冷却时会发生不同程度的石墨化现象,产生石墨,石墨由于比重小,会产生体积的膨胀,从而减少了铸件体积的收缩率,并且降低了铸件的内应力,尤其是灰铸铁,由于其石墨化程度相对较高,加上流动性好,是应用最多的铸造材料。

(3)偏析:液体金属凝固后化学成分的不均匀现象。一般而言,偏析愈严重,铸件质量愈差。

(二)金属压力加工

金属压力加工是利用金属在外力作用下产生的塑性变形,来获得具有一定形状、尺寸和力学性能的原材料、毛坯或零件的生产方法,又称金属塑性加工。材料塑性愈好,压力加工成型性愈好,加工后的表面质量优良,不易产生裂纹;材料变形抗力低,金属在压力作用下易于实现固态下的流动,易于充填模腔,不易产生缺陷。在常用的金属材料中,低碳钢的压力加工性能比中高碳钢高,而碳素钢又比合金钢好;灰铸铁、白口铸铁等脆性材料则根本无法用压力加工。

1.金属压力加工的特点

(1)改善金属的内部组织,提高金属的力学性能:冶炼以后的液态金属经过结晶,得到原始铸态组织,其显微组织一般很粗大,且常伴有气孔、缩孔等缺陷。经过压力加工后,能细化显微组织,压合微裂纹、气孔、缩孔等常见缺陷,提高材料组织的致密性,从而大大提高金属的力

学性能。

(2)具有较高的生产率,节省金属材料:除自由锻以外,其他压力加工方法能直接使金属坯料成为所需形状和尺寸的零件,大大减少了后续的加工量,提高了生产效率。相比直接在金属坯料上机械加工的方法,齿轮压制等制造方法的生产率要高出几倍到几十倍。

(3)节省金属材料:强度、塑性等力学性能的提高可以相对减小零件的截面尺寸和重量;精密锻造的锻件,其形状、尺寸精度和表面质量很接近成品零件,实现少无切削加工,提高了材料的利用率。

(4)生产范围广:金属压力加工可以加工各种形状和尺寸,从重量不到 1 g 的冲压件到数百吨的大型锻件都可以生产。

(5)设备投入较大,成本较高:加工设备比较昂贵,模具前期投入较大。加工过程中会对金属内部组织和性能产生不利影响(如加工硬化),需要增加热处理工艺加以消除。制件成本要高于铸造。

(6)不能获得形状复杂的制件,一般锻件的形状、尺寸精度和表面质量还不够高。

2.金属压力加工的分类

(1)锻造

锻造用于制造各种零件或型材毛坯,主要包括两种基本方式,即自由锻造和模型锻造。锻造件的力学性能好,如柴油机连杆、贯穿螺栓、活塞杆、曲轴和船舶轴系等,因此锻造是重要受力零件毛坯的主要生产手段。

①自由锻造(简称自由锻):使已加热的金属坯料在上、下铁砧之间承受冲击力(自由锻锤)或压力(压力机)而变形的过程,用于制造各种形状比较简单的零件毛坯。自由锻的“自由”指对锻料侧面的金属塑性变形不加以限制,同样的设备对大型锻件的加工能力要高于模锻。自由锻主要用于大中型锻件或形状比较简单的零件毛坯的单件小批量生产,如船舶轴系、大型柴油机贯穿螺栓、大型曲轴组件和大型齿轮毛坯等。

②模型锻造(简称模锻):使已加热的金属坯料在已经预先制好型腔的锻模间承受冲击力(自由锻锤)或压力(压力机)而变形,成为与型腔形状一致的零件毛坯,用于制造各种形状比较复杂的零件。模锻可以让自由锻的“千锤百炼”变为“一锤定音”,生产效率高,但模锻的锻模前期投入较大,适合外形比较复杂、批量较大的中小型受力零件毛坯的生产,如发动机连杆、齿轮等。大型模锻压机是衡量一个国家工业实力的重要标志,是飞机主承力框、大梁等整体构件生产的关键设备。中国二重研制成功的八万吨模锻压机世界排名第一。

(2)轧制

轧制是使金属坯料通过一对回转轧辊之间的空隙而受到压延的过程,包括冷轧(金属坯料不加热)和热轧(金属坯料加热),用于制造如板(带)材、型线材、管材等。有色金属及其合金一般熔点较低,变形抗力也较低,故其型线材、棒材及管材(坯)绝大多数采取挤压、拉拔方法生产。

①板(带)材:应用最广泛的轧材之一。板带钢占钢材的比例多达 50%~60%。我国一般称厚度在 4 mm 以上的为中厚板(其中 4~20 mm 者为中板,20~50 mm 者为厚板,50 mm 以上者为特厚板,而特厚板可厚达 500 mm 以上,最厚可达 5 000 mm)。厚度在 0.2 mm 以下者为箔材,目前箔材最薄可以薄至 0.001 mm。板材宽度一般在 600~3 000 mm。带材指厚度在 6 mm 及以下,宽度一定而长度极长的带状钢板,大多卷成卷状;宽度一般在 20~1 500 mm,宽度不小于 600 mm 的为宽钢带,宽度小于 600 mm 的为窄钢带。热连轧带钢在现代轧钢生产中占据统

治地位。板(带)材应用广泛,按用途可分为造船钢、锅炉钢、桥梁钢、压力容器钢、汽车板(0.6~1.5 mm 的冷轧深冲钢板)、电工钢板、深冲板、航空结构用钢、焊管坯和不锈钢耐酸耐热等特殊用途板等。

②型线材:型线材断面形状复杂,品种规格繁多。型线材主要采取轧制方法生产,一般占总钢材的 30%~35%。型线材按用途可分为常用型钢(圆钢、方钢、扁钢、六角钢、三角钢、角钢、槽钢、工字钢和 H 型钢等)和专用型钢(钢轨、钢桩和球扁钢等);按断面形状可以分为简单断面型钢和复杂断面或异型断面型钢。

A.圆钢:应用最广的钢材之一,其直径一般在 5~350 mm。其中规格较小的小圆钢称为线材,多用于建筑,拉制钢丝、铁钉和钢丝绳等金属制品;直径在 10~40 mm 的小圆钢称为棒材,常用作建筑钢筋,制作螺栓等尺寸较小的机械零件;直径在 40~350 mm 的圆钢,经锻、冲和车削等工艺制作各种机械零件,也可以作为坯料轧制成无缝钢管。

B.方钢:边长一般为 4~250 mm,多用于制作机械零件。

C.扁钢:宽 12~300 mm、厚 4~60 mm、截面为长方形并稍带钝边的钢材。扁钢规格用厚度和宽度的毫米数表示,如 8 mm×200 mm 的扁钢。扁钢可以认为是钢板一类,但扁钢一般是定轧的,可以减少切割工作量和材料的消耗。扁钢多用作薄板坯、焊管坯等,弹簧扁钢则用于制造汽车、拖拉机等运输车辆。

D.六角钢:主要用于采矿钻杆、凿岩钢钎及制造螺母等。

E.三角钢:多用于制造锉刀等。

F.角钢:广泛应用于各种金属结构、桥梁、输电塔、船舶和容器架等,如图 8-2-11 所示。

G.槽钢:截面为凹槽形的长条钢材,如图 8-2-12 所示。槽钢主要用于建筑结构、车辆制造及其他工业结构,槽钢还常常和工字钢配合使用。

图 8-2-11 角钢

图 8-2-12 槽钢

H.工字钢:也叫钢梁,是截面为工字形的长条钢材。工字钢的翼缘从根部向边上逐渐变薄,且有一定的角度。工字钢截面尺寸相对较高、较窄,只能用于横梁,如用于承重柱则容易失稳。工字钢广泛用于建筑、桥梁和其他金属结构,如图 8-2-13 所示。

I.H 型钢:当今钢结构建筑中应用广泛的型材。与翼缘外薄而内厚的工字钢相比,H 型钢翼缘内表面没有倾斜度,上、下表面是平行的。H 型钢的截面特性要明显优于传统的工字钢、槽钢和角钢。H 型钢常用于要求承载能力大、截面稳定性好的大型桥梁、高层建筑、高速公路等,如图 8-2-14 所示。

J.钢轨:分轻轨、重轨和吊车轨。钢轨使用量大且等截面,使用轧制方法制作效率高、经济性好。尤其现代钢轨生产的精炼、精轧和精整工艺,既保证了钢轨精确的断面尺寸,又使其具有良好的内在质量。

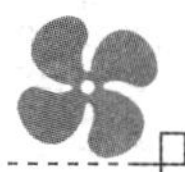

图 8-2-13　工字钢

图 8-2-14　H 型钢

③管材：管材的种类繁多，用途不同，技术要求各异。其中钢管是一种重要的管材。目前生产的钢管外径为 0.1~4 500 mm，壁厚为 0.01~250 mm。钢管通常占钢材总量的 8%~16%。

钢管应用极为广泛。钢管具有空心断面，适合作液体、气体和固体的输送管道，是工业的"血管"。船舶上各种材质、各种规格的管路星罗棋布，密密麻麻，维系着船舶系统的正常运行。老旧船舶管路的"跑、冒、滴、漏"，让轮机人员防不胜防，头痛不已。如果需要焊接补漏，轮机人员必须做足防火功课，一般应拆除"问题"管路然后到工具间焊接。

与相同重量的圆钢相比，钢管截面系数大，抗弯抗扭强度大，成为各种机械和建筑结构上的重要材料，在石油（地质）钻采、化工、飞机和汽车制造、锅炉、医疗器械、家具和自行车等方面都需要大量的钢管。

需要指出的是，很多重要机械的受力轴尽管也是采取空心断面的形状，但一般不是直接采用轧制的成品管材，而是采用锻造的方式制作毛坯，如组合式曲轴、机床主轴等。

钢管按生产方式分为无缝管和焊管两大类。无缝管可分为热轧管、挤压管和冷加工（包括冷轧、冷拔）三大类；焊管分为直缝焊管和螺旋焊管等。我国焊管产量约占世界焊管总产量的 1/2，无缝管产量约占世界无缝管总产量的 2/3。

无缝管力学性能、抗腐蚀性能较好，但设备投资大，成材率低；焊管生产效率高，设备相对简单、壁厚精度高，应用越来越广，世界范围内的焊管产量已经超过无缝管产量。

（3）挤压

挤压是把放置在模具容腔内的金属坯料从模孔中挤出后成型为零件的过程，包括冷挤压和热挤压，多用于壁厚较薄的零件以及制造无缝管材等。挤压时，坯料受三向压应力，内部裂纹不易产生和扩展，所以即使是塑性较低的坯料，也可被挤压成型。挤压件如图 8-2-15 所示。

挤压，特别是冷挤压，材料利用率高，材料的组织和机械性能得到改善，操作简单，生产率高，可制作长杆、深孔、薄壁、异型断面零件，是重要的少无切削加工工艺。挤压主要用于金属的成型，也可用于塑料、橡胶、石墨和黏土坯料等非金属的成型。

挤压按坯料温度区分有热挤压、冷挤压和温挤压三种。金属坯料处于再结晶温度（见塑性变形）以上时的挤压为热挤压；在常温下的挤压为冷挤压；高于常温但不超过再结晶温度下的挤压为温挤压。

热挤压广泛用于生产铝、铜等有色金属的管材和型材等。钢的热挤压既用于生产特殊的管材和型材，也用于生产难以用冷挤压或温挤压成型的实心和孔心（通孔或不通孔）的碳钢和合金钢零件，如具有粗大头部的杆件、炮筒、容器等。热挤压件的尺寸精度和表面粗糙度等级优于热模锻件，但配合部位一般仍需要经过精整或切削加工。

冷挤压原来只用于生产铅、锌、锡、铝、铜等的管材、型材，以及牙膏软管（外面包锡的铅）、干电池壳（锌）、弹壳（铜）等制件。20 世纪中期，冷挤压技术开始用于碳素结构钢件和合金结构钢件，如各种截面形状的杆件和杆形件、活塞销、扳手套筒、直齿圆柱齿轮等，后来又用于挤压某些高碳钢、滚动轴承钢和不锈钢件。冷挤压件精度高、表面光洁，可以直接用作零件而不需经切削加工或其他精整。冷挤压操作简单，适用于大批量生产的较小制件（钢挤压件直径一般不大于 100 mm）。

（4）冲压

冲压是使金属板坯在冲模内受到冲击力或压力而成型的过程。冲压的坯料主要是热轧和冷轧的钢板和钢带。冲压件如图 8-2-16 所示。

钢材中板材占比最大，而大部分板材经过冲压制成成品。汽车的车身、底盘、油箱、散热器片，锅炉的汽包，容器的壳体，电机、电器的铁芯硅钢片等都是冲压加工的。仪器仪表、家用电器、自行车、办公机械、生活器皿等产品中，也有大量的冲压件。据有关调查统计，自行车、缝纫机、手表里有 80%是冲压件。

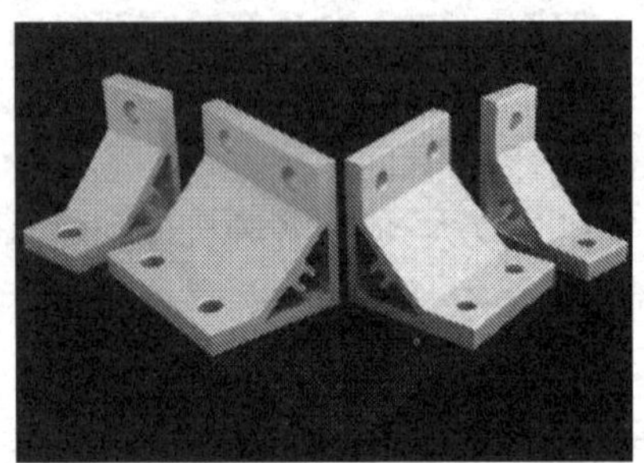

图 8-2-15　挤压件

图 8-2-16　冲压件

冲压按加工温度分为热冲压和冷冲压。前者适合变形抗力高、塑性较差的板料加工；后者则在室温下进行，是薄板常用的冲压方法。冲压是金属塑性加工（或压力加工）的主要方法之一，属于材料成型工程技术。

冷冲压件一般不再经切削加工，或仅需要少量的切削加工。热冲压件精度和表面状态低于冷冲压件，但仍优于铸件、锻件，切削加工量也少。

（5）拉拔

拉拔是将金属坯料拉过模孔以缩小其横截面的过程，用于制造如丝材、小直径薄壁管材等，也分为冷拉拔和热拉拔。目前的拉拔形式主要有线材拉拔、棒料拉拔、型材拉拔和管材拉拔。采用拉拔工艺有利于金属的晶粒细化，提高产品的综合性能，使用的工具与设备简单且维护方便。此外，拉拔是一种节约型加工技术，并且能获得高精度和高表面质量。拉拔件如图 8-2-17 所示。

金属拉拔加工方法具有以下优点：

①可以生产长度极大、直径极小的产品，并且可以保证沿整个长度上横断面完全一致。

②制品形状和尺寸精确，表面质量好。尺寸精度为正负百分之几毫米，表面粗糙度等级可以达到很高的水平。

③制品的机械强度较高。

金属拉拔加工方法的缺点是每道加工率较小，拉拔道次较多，能量消耗较大。

图 8-2-17　拉拔件

二、钢的分类及其性能和用途

钢具有优良的力学性能和良好的工艺性，是一种优良的结构材料。改变钢中的合金元素种类及其含量可以获得不同性能的合金钢。钢的品种众多，可以满足工程上的不同需求。

钢的分类方法很多：按是否含有合金元素分为碳素钢和合金钢；按用途分为结构钢和工具钢；还可以按质量分类和按照含碳量分类等。各种分类方法都出自一定的意图，我们还可以将分类方法融合在一起，如优质结构钢、合金工具钢等。

(一)碳素钢

碳素钢简称碳钢，是含碳量小于 2.11%的铁碳合金。碳钢中还有一些冶炼过程中难以除净的杂质元素，如 Si、Mn、S、P 等。碳钢具有一定的机械性能，且工艺性能良好，价格低廉，便于获得，所以在工业生产中得到广泛应用。

碳钢的性能取决于含碳量的多少，碳钢的质量取决于磷、硫和杂质的含量控制。

铁碳合金的室温平衡组织是由铁素体和渗碳体两个基本相组成的。但随着含碳量的增加，不仅组织中渗碳体相对量增加，而且渗碳体的形态和分布情况随之改变，从而导致性能的改变。因此，含碳量不同，钢的组织不同，性能也就各异。

铁素体是一个软而韧的相，即塑性很好，硬度和强度很低。渗碳体是一个硬而脆的相，即塑性极差，硬度很高。碳钢中铁素体和渗碳体在室温时可以单独存在，也可以以珠光体机械混合物形式存在。珠光体的性能是强度高，硬度也较高，塑性、韧性较差。简单地说，含碳量越低，铁素体相对含量就越高，碳钢的强度、硬度越低，塑性、韧性越好；含碳量越高，铁素体相对含量就越低，珠光体相对含量就越高，碳钢的强度、硬度越高，塑性、韧性变差；当含碳量高于 0.77%后，会出现二次渗碳体，碳钢的硬度继续走高，但强度开始下降；碳钢的含碳量高于 1.35%以后，碳钢的塑性极差，强度也不高，一般没有实用价值。目前我国和其他工业强国在超高碳钢(含碳量为 1.0%~2.1%的铁基合金材料)方面开展了研究。采用适当的制备工艺获得无网状碳化物的超细晶超高碳钢，不仅在中高温下具有高变形速率的超塑性特性，而且在室温下具有良好的综合力学性能。超细晶超高碳钢不仅有望替代部分中高碳钢制作工模具、钢丝、结构件，从而显著延长其使用寿命，而且利用其中高温下良好的固态连接特性，可与自身或其他金属基材料连接制成新型高性能层状复合材料，是一类极具工业化应用前景的新型材料。

含碳量对钢性能的影响如图 8-2-18 所示。碳钢性能可以分成三个部分：含碳量低，强度、硬度低，但塑性、韧性好；含碳量高，强度、硬度高，但塑性、韧性差；含碳量介于两者之间，性能也介于两者之间，即既有一定的强度、硬度，又有一定的塑性、韧性。因此，按照含碳量分类的低碳钢、中碳钢和高碳钢实际是按照性能分类的。

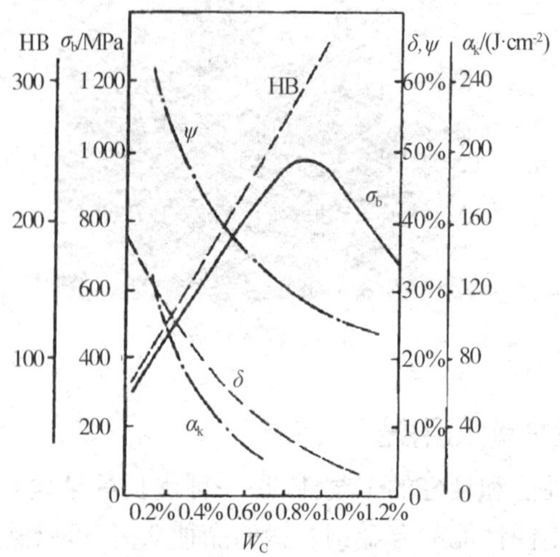

图 8-2-18　含碳量对钢性能的影响

1.低碳钢

低碳钢是指含碳量不大于 0.25%的碳钢。含碳量低，焊接性能好，冷冲压性能好，适合作为钢结构、船体钢板、压力容器、建筑用钢筋和线材、冷冲压件、汽车车身板、渗碳钢等。需要指出的是，这里的适合指的是低碳钢的基本性能，而对于具体用途，还要考虑质量、合金含量等，需要根据国家标准或行业标准选用，如船用钢板，一般按船级社规范选用，生产厂家须经过船级社认证合格。低碳钢又可称为结构钢。

2.中碳钢

中碳钢的含碳量大于 0.25%，一般不超过 0.60%。中碳钢热加工及切削性能良好，焊接性能较差。强度、硬度比低碳钢高，塑性、韧性比高碳钢好。淬火、回火后的中碳钢具有良好的综合力学性能。能够达到的最高硬度约为 HRC55（HB538），σ_b 为 600～1 100 MPa。在中等强度水平的各种用途中，中碳钢得到了最广泛的应用。中碳钢除作为建筑材料外，还大量用于制造各种机械零件，尤其受力复杂的零件，如柴油机连杆、齿轮、曲轴、活塞杆、中间轴、重要螺栓等。中碳钢也可称为结构钢。

3.高碳钢

高碳钢的含碳量大于 0.6%，一般不超过 1.35%。高碳钢含碳量高，焊接性能差，冷塑性变形能力差，切削性能一般。高碳钢在经适当热处理或冷拔硬化后，具有高的强度和硬度、高的弹性极限和疲劳极限。弹簧钢一般含碳量在 0.65%左右，高强度钢丝绳含碳量一般在 0.60%～0.80%，铁锤、撬棍等由含碳量为 0.75%的钢制造；切削工具如钻头、丝攻、铰刀等由含碳量为 0.90%～1.00%的钢制造，锉刀、钳工钢锯条一般由含碳量为 1.2%的高碳钢制作。高碳钢可用于制作的工具比较多，碳素工具钢均为优质或高级优质高碳钢。

4.钢中磷和硫对碳钢性能的影响

碳钢按质量分类，根据钢中有害杂质硫和磷的含量划分成四类（旧国标分为三类，08 国标增加了特别优质钢以适应现代炼钢技术水平，满足用户更高的需求）：

（1）普通碳素钢：钢中含硫量小于等于 0.05%，含磷量小于等于 0.045%；

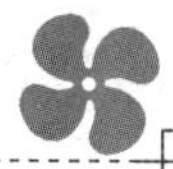

（2）优质碳素钢：钢中含硫量小于等于0.035%，含磷量小于等于0.035%；

（3）高级优质碳素钢：钢中含硫量小于等于0.020%，含磷量小于等于0.035%；

（4）特别优质碳素钢：钢中含硫量小于等于0.015%，含磷量小于等于0.025%。

磷是钢中的有害元素。磷在钢中全部溶于铁素体中，使钢的强度、硬度提高，塑性、韧性下降，特别是使钢的脆性转变温度升高，这种现象称为冷脆。磷的存在还使焊接性能变坏，因此要严格控制钢的含磷量，一般是越低越好。尤其无限航区船舶的船体用钢，一定要选用质量等级高的船体用钢，一般选用"E"级，即脆性转变温度在-40 ℃以下。2020年7月1日实施的国家标准《船用高强度止裂钢板》（GB/T 38277—2019）规定，船用高强度止裂钢板中磷的含量应小于0.020%，要求远远高于高级优质碳素钢。但磷在钢中也可改善钢的切削加工性，故易切削钢中含磷量可达0.05%~0.15%。磷有提高钢的抗大气腐蚀和提高钢强度的作用。另外，磷可以提高液态铁水的流动性，提高铸铁硬度，而缸套工作在高温环境下，不存在冷脆现象，所以缸套经常采用高磷铸铁制作。

硫是钢中的有害元素。硫不溶于铁，而是以FeS的形式存在于钢中。FeS的塑性差，因此含硫多的钢脆性大。更严重的是，在985 ℃时，FeS和Fe形成低熔点共晶体分布在奥氏体晶界上，当钢加热到约1 200 ℃进行压力加工时，晶界上的共晶体熔化，使钢材在加工过程中沿晶界开裂，这种现象称为热脆。钢中含硫量愈高，热脆性愈严重，所以国家标准对硫的含量有严格的限制。国家标准《船用高强度止裂钢板》（GB/T 38277—2019）规定，船用高强度止裂钢板中硫的含量应小于0.008%。

5.碳钢的编号和应用

钢的品种很多，为了在生产、加工处理和使用过程中不致造成混乱，国家标准按用途和质量对碳钢进行了编号。

（1）碳素结构钢

碳素结构钢用于制造各种工程构件（如桥梁、船舶、建筑构件等）和机器零件（如齿轮、柴油机连杆、曲轴等），一般为中、低碳钢。这类钢供应时，均须保证其化学成分和机械性能，并划分了质量等级。

国家标准《碳素结构钢》（GB/T 700—2006）规定，碳素结构钢的牌号是由代表钢材屈服点的字母、屈服点值、质量等级符号、脱氧方法四个部分按顺序组成的。其中质量等级共有四级，分别用A（含硫量不大于0.050%，含磷量不大于0.045%）、B（含硫量不大于0.045%，含磷量不大于0.045%）、C（含硫量不大于0.040%，含磷量不大于0.040%）、D（含硫量不大于0.035%，含磷量不大于0.035%）表示。脱氧方法分别用"沸"字汉语拼音字首"F"表示沸腾钢；用"镇"字汉语拼音字首"Z"表示镇静钢；用"特镇"两字汉语拼音字首"TZ"表示特殊镇静钢。通常钢号中"Z""TZ"符号可省略。

例如：Q235-A·F，牌号中"Q"代表钢材屈服点"屈"字汉语拼音字首，"235"表示屈服点$\sigma_s \geq 235$ MPa，"A"表示质量等级为A级，"F"表示冶炼时脱氧不完全（即沸腾钢）。Q235相当于旧国标的A3钢，使用广泛。

有一类编号看上去差不多，屈服强度高得多的钢号，如Q355ND（GB/T 1591—2018，N表示正火状态，D是质量等级）、Q390、Q420、Q460的钢号属于低合金高强度钢，磷、硫的含量低，含碳量在0.20%左右，含有1.6%左右的锰。

普通碳素结构钢的特性和用途举例如表8-2-1所示。

表 8-2-1　普通碳素结构钢的特性和用途举例

牌号	特性	用途
Q195、Q215-A	较高的伸长率和较低的强度	铆钉、地脚螺钉、护撑、烟筒等
Q235-A、Q255-A	强度较高	钢筋钢板、农业机械用型钢和各种不重要的机器零件，如连杆、拉杆、套环等。其中 Q235-A 是应用普遍的钢号，可以制造柴油机体机座以及油底壳等
Q235-B、Q255-B、Q275	质量较好	建筑、桥梁工程上对质量要求较高的焊接结构件
Q235-C、Q235-D	质量好	重要焊接结构

（2）优质碳素结构钢

优质碳素结构钢的硫、磷的含量均限制在 0.04%以下，非金属夹杂物也较少，出厂时必须同时保证其化学成分和机械性能。优质碳素结构钢的塑性和韧性都比普通碳素结构钢好。这类钢大量用于制造各种重要的机器零件，并且根据化学成分和使用性能要求，一般都需进行热处理。根据化学成分不同，优质碳素结构钢又分为普通含锰量钢（含锰量为 0.35%～0.80%）和较高含锰量钢（含锰量为 0.70%～1.2%）两类。

普通含锰量钢的牌号用两位数字表示，该数字表示钢中平均含碳量的万分数。例如，钢号为“45”的钢，读作 45 号钢，表示平均含碳量为 0.45%的优质碳素结构钢。

较高含锰量的钢号用含碳量的两位数字后面附用汉字“锰”或化学符号“Mn”表示。例如，20Mn（或 20 锰）表示平均含碳量为 0.20%，含锰量为 0.70%～1.20%的优质碳素结构钢。优质碳素结构钢中，绝大多数是镇静钢。远洋船舶船体用钢一般都是较高含锰量的钢。

优质碳素结构钢的性能特点和应用举例如表 8-2-2 所示。

表 8-2-2　优质碳素结构钢的性能特点和应用举例

钢类	性能特点	应用举例
低碳沸腾钢	冷冲压性能好	05F 用作冶炼不锈钢、耐热钢的炉料，也可以代替工业纯铁； 08F、10F 用来制作搪瓷制品、汽车外壳
低碳钢	冷变形性能好，焊接性好，塑性和韧性高	10、20 可以制造工作温度小于 450 ℃的船用钢管； 20 也可作为柴油机机体或机座的全焊结构或铸焊结构用材； 15、20、15Mn、20Mn 可制柴油机活塞销，凸轮、凸轮轴
中碳钢	综合机械性能好	45 是机械制造中用量最大的钢； 35、45、45Mn 等可以制造柴油机曲轴、连杆、活塞杆、主要螺栓，以及中间轴、推力轴、尾轴等； 中碳钢是一般机器上受力复杂、负荷较大的重要零件（主轴、齿轮等）的主要用材
高碳钢	强度和硬度高，高弹性，高屈强比和高耐磨性	制造弹簧或要求高耐磨性的零件，如轧辊/轴、偏心轴、凸轮及钢丝绳等

（3）专业用碳素结构钢（简称专业用钢）

专业用钢是为了适合某些专业的需要，对碳素结构钢（普通或优质）的成分和性能稍做改变后所派生出来的一些钢种。

①造船用钢:用于制造海船和大型内河船舶的钢。

②焊接结构用高强度淬火回火钢:为经过细化晶粒处理的镇静钢,按其最小屈服点应力划分为 420 N/mm^2,460 N/mm^2,500 N/mm^2,550 N/mm^2,620 N/mm^2 和 690 N/mm^2 6 个强度等级,而每一强度等级中又根据韧性的不同分为 A、D、E 和 F 等 4 个钢级。

③锅炉用钢(管):主要是指用来制造过热器、主蒸汽管、锅筒、炉胆和炉管等的钢材,主要有珠光体耐热钢(铬-钼钢)、奥氏体耐热钢(铬-镍钢)、优质碳素钢(20 号钢)和低合金高强度钢。如 20MnG(GB/T 221—2008),即原 20Mng,是低合金高强度锅炉用钢。

④低温压力容器用钢:是指空气瓶、锅炉汽包、石化工业的气体分离和气体贮运等设备的压力容器或其他类似设备所用钢,常用低合金高强度钢和优质结构钢,如 16MnDR(GB/T 221—2008)。

锅炉用钢和低温压力容器用钢的含碳量在 0.16%~0.26%,均必须具备良好的塑性和焊接性能,一定的高温强度和耐腐蚀性、耐氧化性以及一定的形变时效值等;为了保证锅炉用钢和压力容器用钢的质量和使用安全,必须对钢中杂质(S、P、O、N 等)的含量进行严格控制,使之在规定的范围之内,属低碳优质镇静钢。如 Q345R(GB/T 221—2008),是屈服强度不低于 345 MPa的锅炉用钢和压力容器用钢,属低碳特殊镇静钢。

⑤锚链用钢:主要是含锰的低碳钢和中碳钢。如 CM370,其抗拉强度不低于 370 MPa。

⑥轴承钢:制作滚动轴承套圈和滚动体的专业钢,因为要求耐磨,一般含碳量较高,如 GCr15。

(4)铸钢

铸钢件是由钢液浇注成的各种形状和尺寸的铸件。铸钢含碳量一般为 0.15%~0.60%。因为铸钢的结晶温度范围广,故钢液的流动性差,凝固时收缩也大,容易形成分散缩孔,偏析也较严重,铸造性能不好,需要采取较复杂的铸造工艺才能获得合格铸件。另外,由于熔化温度高,铸钢件的晶粒粗大,铸钢件均需进行热处理。

铸钢在机器制造业中,用于制造一些形状复杂的难以进行锻造或切削加工,又要求较高强度和塑性的采用铸铁难以满足性能的零件。例如,船用柴油机的气缸盖、曲轴、螺旋桨、尾轴管、锚链等。工作温度在 400 ℃以下的零件使用碳素铸钢件,工作温度在 400 ℃以上的零件使用合金钢铸件。

铸钢(碳钢)的牌号用“ZG 数字+数字”表示,关于铸钢件的最新国家标准是 GB/T 37400.6—2019。其中,“ZG”表示“铸钢”两字的汉语拼音字首;第一组数字表示铸钢的屈服极限,第二组数字表示铸钢的强度极限,单位均为 MPa。如 ZG270-500,屈服极限不低于 270 MPa,抗拉强度应不低于 500 MPa。

低合金铸钢的牌号用“ZG+低合金钢牌号”表示,其力学性能需查看国家标准。如应用广泛的 40Cr 是低合金调质钢,其铸钢牌号是 ZG40Cr。经查阅,在正火加回火状态下,ZG40Cr 的屈服极限应不低于 345 MPa,抗拉强度应不低于 630 MPa。

(5)碳素工具钢

碳素工具钢含碳量较高,一般为 0.65%~1.35%。因其在淬火和低温回火之后有很高的硬度和耐磨性,故用于制造各种量具、刃具、模具和其他工具。但由于碳素工具钢的热硬性差,一般只适用于制造手用刀具、低速小切削量的机用刀具等。

碳素工具钢分为优质碳素工具钢(含硫量小于等于 0.030%,含磷量小于等于0.035%)和高级优质碳素工具钢(含硫量小于等于 0.020%,含磷量小于等于 0.030%)两类。质量为优质碳素工具钢的牌号冠以“碳”的汉语拼音字首“T”，其后标以数字，表示钢中平均含碳量的质量分数的千倍值。例如，T8 表示平均含碳量为 0.8%的优质碳素工具钢。质量为高级优质碳素工具钢的在牌号末尾加“A”。例如，T8A 表示平均含碳量为 0.8%的高级优质碳素工具钢。

常用的碳素工具钢有 T7~T13（包括 T7A~T13A）。含碳量更高的钢因太脆，故很少应用。T7 常用于制作扁铲、大锤、手钳和螺丝刀等；T9 常用于制作冲头和凿岩工具等；T12/T13 常用于制作锉刀、刮刀和剃刀等。

（二）合金钢

合金钢是指在碳钢的基础上有目的地加入某些化学元素所形成的钢种，加入钢中的元素称为合金元素。加入合金元素的目的是获得所要求的组织结构、物理-化学和机械性能。常加入的合金元素有：锰（Mn）、硅（Si）、铬（Cr）、镍（Ni）、钼（Mo）、钨（W）、钒（V）、钛（Ti）、硼（B）、铝（Al）、铌（Nb）、锆（Zr）和稀土元素（RE）等。铁、碳和合金元素是合金钢中的基本组成元素，它们之间的相互作用不同，使钢具有不同的组织性能。合金钢拥有碳钢不具有的优良性能，如合金钢的高淬透性、耐高温性能、耐腐蚀性能等，在重要结构零件或特殊环境里得到广泛应用。

铬（Cr）、镍（Ni）、钼（Mo）、钨（W）、钒（V）、硅（Si）和锰（Mn）是在合金钢里使用最为普遍的合金元素，V、Cr、W、Mo 能够与碳作用形成稳定的碳化物，熔点和硬度都较高，使钢的强度、硬度增大，耐磨性增加，塑性和韧性有所下降。但加入少量的 Cr（不大于 3.5%）、Ni（不大于 7%）、Mn（不大于 1.5%）时，合金钢的韧性有所增加。合金钢受力构件多含有少量的 Cr、Mn 和 Ni，像耐热钢、高速钢等，为获得高温强度和硬度等性能添加较多量的强碳化物合金元素（如 W18Cr4V）。

一类合金元素加入铁中形成固溶体后，会改变铁的同素异晶转变温度，使 γ 相区扩大或缩小。利用合金元素能扩大或缩小 γ 相区的特点，可生产出奥氏体钢、铁素体钢。扩大 γ 相区的合金元素有 Mn、Ni、Co、C、N 和 Cu 等；缩小 γ 相区的元素有 Cr、V、Mo、Si、W、Ti、Al、B、Nb、Ta 和 Zr 等。例如，奥氏体不锈钢中含有较多的 Ni，铁素体不锈钢中含有较多的 Cr。

大多数合金元素（除 Mn 以外）不同程度地阻碍奥氏体晶粒长大。特别是强碳化物形成元素如 Ti、V、Nb 等作用显著，这是由于它们形成的特殊碳化物在高温下比较稳定，以弥散质点分布在奥氏体晶界上，从而起到阻止奥氏体晶粒长大的作用。合金钢热处理后具有比相同含碳量的碳钢更细小的晶粒，所以对提高合金钢的强度和韧性是非常有利的。

固溶于奥氏体中的合金元素（除 Co 以外）均不同程度地推迟奥氏体向珠光体的转变，即导致合金钢 C 曲线较碳钢右移，所以合金钢的马氏体临界冷却速度比碳钢小，即合金钢的淬透性比碳钢高，这是采用合金钢的主要原因之一。

在回火时，大多数合金元素（特别是强碳化物形成元素）对扩散过程起阻碍作用，使马氏体不易分解。因此，在相同的回火温度下，合金钢的硬度要高于相同含碳量的碳钢，即合金钢的回火稳定性高（或称回火抗力高）。在高合金钢中，如含有大量的 Mo、V 等强碳化物形成元素，在 500~600 ℃回火时就会从固溶体中析出这些元素的特殊碳化物。由于这类碳化物的硬度高、数量多、颗粒细，钢在回火后硬度有所提高，这种现象被称为二次硬化。某些含有 Mn、Cr、Ni、V 等合金元素的合金钢在高温回火时，若回火后缓慢冷却，就会出现第二类回火脆性。合金元素 Mo 和 W 加入后能不同程度地降低合金钢的第二类回火脆性，所以常要求韧性较高的高合金钢加入 Mo 和 W 元素，如热作模具钢 5CrMnMo 钢、冷作模具钢 Cr4W2MoV 钢等。

1.合金钢的分类

合金钢的种类很多,为了便于生产、选用和研究等,必须对合金钢进行分类。合金钢的分类方法较多,目前常用的分类方法有:

(1)按合金元素的含量来分

①低合金钢:钢中合金元素总量 $W_{Me}\leqslant 5\%$;

②中合金钢:钢中合金元素总量 W_{Me} 在 5%~10%;

③高合金钢:钢中合金元素总量 $W_{Me}>10\%$。

(2)按合金元素的种类来分

按合金元素的种类来分,合金钢有铬钢、锰钢、铬锰钢、铬镍钢、铬钼钢、硅锰钢、硅锰钼钒钢、铬镍钼钢、锰钒硼钢等。

(3)按主要用途来分

①结构钢:又分为建筑及工程用结构钢和机械制造用结构钢两类。建筑及工程用结构钢(简称建造用钢):主要用于制作建筑、桥梁、船舶、锅炉或其他工程上金属结构件的钢。这类钢大多为低碳钢,主要有低合金结构钢、钢筋钢等。机械制造用结构钢:主要用于制造机械设备上结构零件的钢。这类钢基本上都是优质钢或高级优质钢,包括合金调质钢、渗碳钢、易切削结构钢、弹簧钢和滚动轴承钢等。

②工具钢:用于制造各种工具用的钢,包括合金工具钢和高速工具钢。

③特殊性能钢:用特殊方法生产,具有特殊物理、化学性能或力学性能的钢,包括不锈钢、耐热钢、耐磨钢、磁钢、超高强度钢($\sigma_b\geqslant$1 400 MPa 的钢)等。

2.合金钢的编号和应用

我国合金钢编号的原则是:用钢中含碳量($W_C\times$10 000)、合金元素的种类和含量($W_{Me}\times$100)来表示。当钢中合金元素的平均含量 $W_{Me}<1.5\%$时,钢号中只标出元素符号,不标明合金元素平均含量;当 $W_{Me}\geqslant$1.5%、2.5%、3.5%……时,在该元素后面相应标出 2、3、4……

(1)合金结构钢

合金结构钢的牌号用“两位数字+元素符号+数字”表示,前两位数字表示钢中平均含碳量的质量分数的万倍值。例如,60Si2Mn 钢,表示钢中平均含碳量的质量分数为 0.6%,硅的质量分数为 2%,锰的质量分数小于1.5%(不标出)。若为高级优质钢则在牌号后面加“A”,如 40CrNiMoA 钢。

很多读者在遇到钢号,尤其是合金结构钢或合金工具钢时会感到困惑。作者建议从碳钢出发,将概念或知识点扩展到合金钢。首先作为零件或结构件的,因为受力和安全的需要,常常选用中低碳钢,所以结构钢一般都是中低碳钢。钢质量等级的选用主要取决于使用该零件的设备或场合,而结构钢的强度等级主要取决于该零件的受力情况,零件如果有特殊要求或特别使用场合则考虑专用钢,如锅炉钢。一般零件或一般场合,主要选用碳素结构钢,如 Q235、Q275 等,同一类材料里面选用使用量大的会比较经济;重要设备的受力零件或设备里的重要零件,一般选用优质结构钢,如 20 钢、45 钢等。如果是要求塑性好和焊接性能好的,强度要求不高的(强度问题还可以通过加大尺寸来解决),一般选用低碳钢,如冲压件、桥梁等钢结构件;受力零件如果是要求机械综合性能好的,一般选用中碳钢,如连杆、螺栓等;如果是要求强度、硬度高的,一般选用高碳钢里含碳量较低的,如大锤(T7)、弹簧(65 钢);如果是要求硬度高的,一般选用高碳钢里含碳量较高的,如锉刀(T12)、锯条(T12)、剃刀(T13)等。

在碳钢的基础上,合金结构钢可以看成在优质结构钢中添加一定的合金元素。同一类作用的钢主要看含碳量,而添加的合金元素和品种多,一般在这一类合金钢里性能较好,应用的场合较重要或严酷。当然这种说法是不严谨的,读者在涉及具体工程问题时,可以查阅相关专业书籍(工程师手册和热处理手册等)。如 20 钢、低碳优质结构钢,可以作船用钢管,可以作柴油机焊接机体,可以作表面耐磨心部强韧的活塞销、凸轮、齿轮等零件(这一类零件经常需要渗碳热处理,故也叫渗碳钢);20Cr 材料,适用零件应该差不多,而适用的设备和场合一般应该比 20 钢的更重要;20CrMo 材料性能显然应该更好一点,这一类材料自然叫作合金渗碳钢。又如使用最多的中碳优质结构钢 45 钢,多用来制作重要受力零件,如连杆、重要螺栓、曲轴等,由于这一类材料经常使用调质热处理充分挖掘材料能力,也称为调质钢;40Cr 材料,适用零件应该差不多,而适用的设备和场合一般应该比 45 钢的更重要;40CrNi 材料性能显然应该更好一点,这一类材料自然叫作合金调质钢。又如 65 钢,使用最多的是碳素弹簧钢,60Si2Mn 自然就叫合金弹簧钢。

同一类材料的选用需要考虑的因素有很多:如果更注重质量和性能,往往选用高等级的材料,价格自然会高一些;如果对价格敏感的,往往选用使用量大的较低等级的材料。比如军舰使用的材料往往是同一类材料里高等级的材料。实际应用中脱离价格谈性能显然不够理性。

和专业用碳素结构钢一样,合金钢也有相应的专业用钢,如锅炉和压力容器用钢 18MnMoNbER,E 表示特别优质钢,R 表示压力容器,其他标注同合金结构钢。

(2)滚动轴承钢

滚动轴承钢的牌号表示方法与合金结构钢不同,在牌号前面加“G”(“滚”字汉语拼音字首),其含碳量不标出,合金元素铬(Cr)后面的数字表示平均含铬量的质量分数的千倍值。例如,GCr15 钢中平均含铬量的质量分数为 1.5%,该钢号广泛(约占 90%)应用于传统轴承钢,含碳量在 1%左右,铬的含量不高,强度、硬度高,价格也相对不高,还可以用于模具、量具和精密偶件的制作应用广泛。

随着工业技术水平的提高和对轴承钢应用环境的扩展,如耐冲击、耐高温和耐腐蚀等要求,国家标准对轴承钢做了扩展,如 G20CrMo[《渗碳轴承钢锻件　技术条件》(GB/T 33522—2017)],含碳量在 0.20%左右,该钢号采用渗碳-淬火-低温回火热处理工艺,表面耐磨,整体耐冲击;又如 G65Cr14Mo[《高碳铬不锈轴承钢》(GB/T 3086—2019)],含碳量在 0.65%左右,含铬量在 14%左右,含铬量达到铬不锈钢水平,该钢号制成的滚动轴承显然具有良好的耐腐蚀性能,应用在高腐蚀环境下。如 G80Cr4Mo4V(高温轴承钢),含碳量在 0.80%左右,含铬量在 4%左右,含钼量在 4%左右,含钒小于等于 1.5%,应用在较高温度环境下。

(3)合金工具钢

该钢号顾名思义,主要用于制作工具,一般不直接用在机械结构上。由于工具需要高强度、高硬度,合金工具钢的含碳量高。合金工具钢的编号方法与合金结构钢相似,区别在于:若钢中含碳量 $W_C<1\%$,牌号前用一位数字表示平均含碳量质量分数的千倍值;若 $W_C \geq 1\%$,则不标出。例如,9Mn2V 钢,表示平均含碳量质量分数为 0.9%,锰的质量分数为 2%,钒的质量分数小于 1.5%(不标出),而 CrWMn 钢牌号前无数字,即表示钢中的平均含碳量 $W_C \geq 1\%$。

合金工具钢按用途可分为刃具钢、模具钢和量具钢。

①低合金刃具钢:这类钢的最高工作温度不超过 300 ℃,典型钢种 9SiCr,含有提高回火稳定性的 Si 和淬透性的 Cr,经 230～250 ℃ 回火后,硬度不低于 HRC60,使用温度可达 250～300 ℃,广泛用于制造各种低速切削刃具,如扳手、丝锥,也常作冷冲模。

②合金模具钢：用于制造冷冲压模、热锻压模、压铸模等钢种，根据使用性质不同可分为冷作模具和热作模具两大类。冷作模具用于制造各种冷冲模、冷锻模、冷挤压模和拉丝模等，工作温度一般不超过 200～300 ℃。大部分要求不高的冷作模具可用低合金刃具钢制造，如9Mn2V、9SiCr、CrWMn 等。大型冷作模具用 Cr12 型钢制造。目前应用普遍的性能较好的是 Cr12MoV 钢（属于高韧性高耐磨冷作模具钢，GB/T 34564.1—2017）。典型的 Cr12 钢，含铬量达 12%。Cr 与 C 形成的碳化物能极大地提高钢的耐磨性，Cr 还显著地提高了淬透性。

热作模具用于制造各种热锻模、热压模、热挤压模和压铸模等，工作时型腔表面温度可达 600 ℃以上。热锻模钢对韧性要求较高而对热硬性要求不太高，典型钢种有 5CrMnMo 和 5CrNiMo 等。热压模钢受的冲击载荷较小，但对热强度要求较高，常用钢种有 3Cr2W8V 等。压铸模用钢根据压入金属种类而定：压铸锌合金（熔点为 400～450 ℃）时用低合金钢 30CrMnSi、40Cr；压铸铜合金（熔点为 850～920 ℃）时用 3Cr2W8V。

③量具钢：用于制造各种测量工具，如卡尺、千分尺、螺旋测微仪、块规、塞规等。量具无专用钢种。尺寸小、形状简单、精度较低的量具，用高碳钢制造；复杂精密量具一般用低合金刃具钢制造，精度要求较高的量具用 CrMn、CrWMn、GCr15 等制造。CrWMn 的淬透性较高，淬火变形很小，主要用于制造高精度且形状复杂的量规及块规。GCr15 的耐磨性、尺寸稳定性较好，多用于制造高精度块规、螺旋塞头、千分尺。在腐蚀介质中工作的量具，可用不锈钢 9Cr18、4Cr13 等制造。

（4）高速工具钢

高速工具钢牌号表示方法与合金工具钢略有不同。其主要区别是钢中平均含碳量小于1%时也不标出数字。例如，高速工具钢 W18Cr4V 钢中碳的质量分数只有 0.7%～0.8%，但也不标出。高速工具钢俗称白钢或锋钢，也有叫风钢的。

最重要的高速工具钢有两种：一种是 W18Cr4V 钢；另一种是 W-Mo 系 W6Mo5Cr4V2 钢。两种钢的组织与性能相似，但是 W6Mo5Cr4V2 钢的耐磨性、热塑性和韧性都较好些，而 W18Cr4V 钢的热硬性高和热处理过热、脱碳倾向小。

高速工具钢适于高速切削。高速切削带来高温，特别需要刀具材料在高温下保持高硬度的能力，即热硬性（红硬性）要好。碳素工具钢和合金工具钢一般在 180～250 ℃，而高速工具钢在 600 ℃左右的工作温度下，仍能保持较高的硬度。我国钨矿储量位列世界第一，钨熔点高，高速钢中 W_C 熔点也高，所以 W18Cr4V 是我国最常用的钢种。

（5）特殊性能钢

特殊性能钢是指具有某些特殊物理、化学和力学性能的钢，如不锈钢、耐热钢和耐磨钢等。

在 GB/T 4229—1984 标准里，不锈钢 4Cr13，其中 4 表示钢中平均含碳量的质量分数为 0.4%，铬的质量分数为 13%。当 $W_C \leq 0.03\%$ 和 $W_C \leq 0.08\%$ 时，在牌号前分别冠以“00”和“0”，如 00Cr17Ni14Mo2 钢，0Cr19Ni9 等。GB/T 4229—1984 的替代标准 GB/T 20878—2007（现行标准）对不锈钢和耐热钢的命名有了较大改变，不锈钢的含碳量都以两位或三位数字直观表示，如旧牌号 0Cr18Ni12，含碳量为 0.08%，对应的新牌号是 06Cr18Ni12；旧牌号 00Cr17Ni14Mo2，含碳量为 0.030%，对应的新牌号是 022Cr17Ni14Mo2；旧牌号 1Cr23Ni18，含碳量为 0.18%，对应的新牌号是 14Cr23Ni18；旧牌号 4Cr13，含碳量为 0.36%～0.45%，对应的新牌号是 40Cr13；旧牌号 11Cr17，含碳量为 0.95%～1.20%，对应的新牌号是 108Cr17。

①不锈钢

通常将具有抵抗空气、水、酸、碱或其他介质腐蚀能力的钢称为不锈钢（GB/T 20878—

2007 关于不锈钢的定义：以不锈、耐腐蚀为主要特性，且含铬量至少为 10.5%，含碳量最大不超过 1.2%的钢）。

提高钢耐蚀性的一般途径：

A.尽量使钢在室温下呈单相组织：合金元素加入钢中后，使钢形成单相的铁素体、单相的奥氏体或单相的马氏体组织，这样可以减少构成原电池的条件，从而提高钢的耐蚀性。

B.提高电极电位：合金元素加入钢中后，常加入的合金元素有 Cr、Ni、Si 等，使钢中基本相的电极电位显著提高，从而提高化学腐蚀的能力。

C.形成钝化膜：合金元素加入钢中后，常加入的合金元素有 Cr、Si、Al 等，在钢的表面形成一层致密的、牢固的氧化膜或氧的吸附层，使钢与周围介质隔绝，提高抗腐蚀能力。

不锈钢的常用钢种按正火（900～1 100 ℃加热并在空气中冷却）后的组织不同分为：马氏体不锈钢、铁素体不锈钢、奥氏体不锈钢、沉淀硬化型不锈钢和奥氏体-铁素体（双相）型不锈等。

马氏体不锈钢多用于制造力学性能要求较高，并有一定耐蚀性要求的零件，如汽轮机叶片、喷嘴、阀门、阀座、量具、刃具等，常用的钢号有 1Cr13（现行标准是 12Cr13）、2Cr13（现行标准是 20Cr13）、3Cr13（现行标准是 30Cr13）、7Cr17（现行标准是 68Cr17）钢等。

铁素体不锈钢：这类钢含碳量低（一般 $W_C<0.12\%$），而含铬量较高（为 12%～32%），也属铬不锈钢。此类钢抗大气、硝酸及盐水溶液腐蚀能力强，并且高温抗氧化性能好，主要用于制作化工设备中的容器、管道等，典型钢种有 1Cr17（现行标准是 10Cr17）等。

奥氏体不锈钢：这类钢含铬量一般为 17%～19%、含镍量为 8%～9%，属于铬镍不锈钢。当含镍量达 8%时，整个组织基本为奥氏体。奥氏体不锈钢无磁性而且具有高韧性和塑性，但强度较低，这类钢含碳量一般在 0.12%左右，传统钢种有 1Cr18Ni9Ti 钢（已淘汰，替代钢牌号为 07Cr18Ni11Ti 或 06Cr18Ni11Ti）等，用于制作耐酸容器及设备衬里、抗磁仪表、医疗器械，具有较好的耐晶间腐蚀性。奥氏体不锈钢的金属制品耐高温，加工性能好，广泛用于工业和家具装饰行业和食品医疗行业。

铬镍不锈钢中有一种钢，业界称为 304 不锈钢，是目前不锈钢应用最为广泛的钢，具有良好的耐蚀性、耐热性，低温强度和机械特性，冲压、弯曲等热加工性好，具有良好的可焊性，无热处理硬化现象（使用温度-196～800 ℃）。304 不锈钢中最为重要的元素是 Ni、Cr，但是又不仅限于这两个元素，具体的要求由产品标准规定。行业常见的判定情况认为只要含镍量大于 8%，含铬量大于 18%，就可以认为是 304 不锈钢（我国现行标准对应的 304 不锈钢有 8 种，如 06Cr19Ni10）。其在大气中耐腐蚀，如果是工业性气氛或重污染地区环境，则需要及时清洁以避免腐蚀。304 不锈钢适用于食品的加工、储存和运输，板式换热器，波纹管，家庭用品（餐具、橱柜、室内管线、热水器、锅炉、浴缸）和汽车配件（风挡雨刷、消声器等），在医疗器具、建材、化学、食品工业、农业和船舶部件等也得到应用。304 不锈钢为国家认可的食品级不锈钢。

GB/T 20878—2007 标准增加了沉淀硬化型不锈钢和奥氏体-铁素体（双相）型不锈钢的分类。

沉淀硬化型不锈钢指的是，基体为奥氏体或马氏体组织，并能通过沉淀硬化（又称时效硬化）处理使其硬（强）化的不锈钢。如 0Cr17Ni7Al（现行标准是 07Cr17Ni7Al），这种钢经过处理，有良好的中温力学性能，耐腐蚀性能优于马氏体不锈钢，可用作弹簧等。又如 0Cr15Ni7Mo2Al（现行标准是 07Cr15Ni7Mo2Al），这种钢有很好的成型性能和良好的焊接性，可作为超高强度的材料在核工业、航空和航天工业中得到应用。

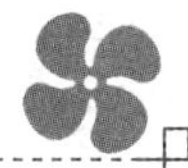

奥氏体-铁素体(双相)型不锈钢是指不锈钢中既有奥氏体又有铁素体组织结构的钢种，而且此二相组织独立存在，含量都较大。实际工程中应用的奥氏体+铁素体双相不锈钢(习惯称 α+γ 双相不锈钢或双相不锈钢)多以奥氏体为基础并含有不少于30%的铁素体。

与奥氏体不锈钢相比，双相不锈钢屈服强度高，且具有成型需要的足够的塑性、韧性。其有优异的耐应力腐蚀破裂的能力，在许多介质中应用普遍的 2205 双相不锈钢(022Cr23Ni5Mo3N)的耐蚀性，线膨胀系数低，和碳钢接近，适合与碳钢连接。与奥氏体不锈钢相比，双相不锈钢不论在动载或静载条件下都具有更高的能量吸收能力，这对结构件应付突发事故如冲撞、爆炸等优势明显，有实际应用价值。与铁素体不锈钢相比，双相不锈钢综合力学性能好，尤其是塑性、韧性，不像铁素体不锈钢那样对脆性敏感，耐局部腐蚀性能较好，冷加工工艺性能和焊接性能也远优于铁素体不锈钢。双相不锈钢以优越的力学与耐腐蚀综合性能赢得了使用者的青睐，已成为既减小重量又节省投资的优良的耐蚀工程材料。

双相不锈钢是建造化学品船最合适的材料，目前我国许多船厂有能力建造大吨位的化学品船。沪东中华造船(集团)有限公司为挪威建造的第二艘最新型 4.9 万吨双相不锈钢化学品船"宝·奥林匹斯"号于 2019 年年底交付船东。该型船由上海船舶研究设计院设计，总长 182.88 m，型宽 32.2 m，型深 19.8 m，设计吃水 11 m；有 33 个货舱，可同时载运 33 种货品，所有货舱均由双相不锈钢制造，舱容、载重量、环保性、安全性等主要指标均达到了国际先进水平。

②耐热钢

耐热钢是指在高温下具有较好的抗氧化性兼有高温强度的钢。它主要用于制造动力机械(如内燃机、汽轮机、燃气轮机)、锅炉、石油及化工设备中某些在高温下工作的零件或构件。

钢的耐热性包括高温抗氧化性和高温强度两方面的综合性能。高温抗氧化性是指钢材在高温下对氧化作用的稳定性；高温强度是指钢材在高温下对机械载荷的抗力。

按组织不同，耐热钢可分为马氏体型、奥氏体型和铁素体型等。

一类马氏体型耐热钢中含有较多的 Cr，故抗氧化性和热强性(高温强度)均好。常用的钢号有 1Cr13(12Cr13)、1Cr11MoV(14Cr11MoV)钢，多用于制造 600 ℃以下，承受较大载荷的零件，如汽轮机叶片和转子等。另一类马氏体型耐热钢中含 Cr 和 Si，如 4Cr9Si2(42Cr9Si2)、4Cr10Si2Mo(40Cr10Si2Mo)钢，它们属于中碳钢范畴，可以提高耐磨性，常用于制造内燃机气阀。

奥氏体型耐热钢一般在 600～700 ℃使用，常用的钢号有 4Cr14Ni14W2Mo(45Cr14Ni14W2Mo)钢，在高温下有较好的热强性、组织稳定性和抗氧化性，常用于制造工作温度大于等于 650 ℃的内燃机排气阀。

铁素体型耐热钢中主要含有合金元素 Cr，常用的钢号有 1Cr17(10Cr17)钢等，经退火处理后可制作在 900 ℃以下工作的耐氧化部件、散热器等。

三、铸铁的性能及其用途

铸铁是含碳量大于 2.11%，并含有较多 Si、Mn 元素，以及 P、S 等杂质元素的铁碳合金。

铸铁是一种成本低廉、用途广泛的金属材料，与钢相比，虽然力学性能较低，但是有许多钢所没有的优良性能，如良好的减振性、耐磨性、铸造性、切削加工性等，且生产工艺及设备较简单，因此在生产中得到普遍的应用，船舶中也大量使用铸铁件。

(一)铸铁的石墨化

铸铁中的碳既可以以化合态的渗碳体形式，也可以以石墨形式存在。碳在铸铁中存在的

形式、形态、大小和分布影响着铸铁的组织和性能。

铸铁中石墨的形成过程称为石墨化。游离态的石墨容易形成片状结构，这是由于石墨的晶格为简单六方晶格，且强度、塑性和韧性极低，接近零，硬度仅为 HBS3。化合态的渗碳体（Fe_3C）只是一种亚稳相，游离态的石墨（G）则是一种稳定相。

一般，铸铁件是生铁熔化以后浇注到铸型空腔里结晶和冷却时，经过石墨化后得到的。在铁碳合金的结晶过程中，因为渗碳体的含碳量（$W_C=6.69\%$）比石墨的含碳量（$W_C=100\%$）更接近于合金成分的含碳量（$W_C=2.5\%\sim4.0\%$），析出渗碳体时所需的原子扩散量较小，渗碳体晶核容易形成，所以从合金液体或奥氏体中析出的是渗碳体而不是石墨。但在扩散时间足够的条件下，或合金中含有可促进石墨形成的元素（如 Si 等），便会直接从合金液体或奥氏体析出石墨。

受各种条件和因素影响，铸铁的石墨化程度会不一样。铸铁在结晶和结晶完毕温度下降至室温的过程中，可能产生三个阶段的石墨化过程。三个阶段为：产生一次石墨 G_I 和共晶石墨 $G_{共晶}$ 的第一阶段、产生二次石墨（G_{II}）的第二阶段和产生共析石墨（$G_{共析}$）的第三阶段。

石墨化的程度不同，所得到的铸铁类型和组织也不同。如灰口铸铁的组织由石墨和基体部分组成，其基体可以是铁素体、珠光体或珠光体加铁素体（即 F、P 或 P+F），相当于钢的组织。因此，铸铁的组织可以看成钢基体上夹杂着石墨。基体是铁素体的，石墨化程度最高，与同样含碳量的灰铸铁相比，析出的石墨又多又粗大，这样的铸铁性能就会不同。

影响石墨化的主要因素是化学成分和冷却速度：铸铁中的 C 和 Si 是强烈促进石墨化的元素，C 和 Si 的含量愈高，愈易获得灰口铸铁。冷却速度大，C 原子来不及扩散使石墨化难以充分进行，易得白口组织；冷却速度小，C 原子有充分时间扩散，有利于石墨化。在铸造生产中，冷却速度的大小主要决定于浇注温度、铸件壁厚、铸型材料等。同一个铸件，其薄壁部分可能是白口组织。

（二）常用铸铁及其性能

1.灰铸铁

灰铸铁是工业生产中应用最广泛的一种铸铁材料。灰铸铁的化学成分范围一般为：$W_C=2.5\%\sim3.6\%$，$W_{Si}=1.1\%\sim2.5\%$，$W_{Mn}=0.6\%\sim1.2\%$，$W_S\leqslant0.15\%$，$W_P\leqslant0.3\%$。

灰铸铁中的 C 大部分或全部以片状石墨形式存在，片状石墨分布在基体组织上，按基体组织不同分为三类：铁素体灰铸铁；铁素体-珠光体灰铸铁；珠光体灰铸铁。

灰铸铁的性能主要决定于基体的组织和石墨的数量、形状、大小及分布状况。灰铸铁的组织相当于在钢基体上分布着片状石墨。由于石墨的强度、硬度很低，因此，灰铸铁的抗拉强度、疲劳强度都较差，塑性、韧性几乎为零。铸铁中的石墨愈多，石墨片愈粗大，分布愈不均匀，则力学性能愈低。灰铸铁的抗压强度和硬度与相同基体的钢接近，即灰铸铁抗压不抗拉。

石墨虽然降低了灰铸铁的力学性能，却使之获得了许多钢所不及的优良性能。铸铁具有良好的切削加工性，石墨对振动的传递起削弱作用，使铸铁具有良好的减振性能；铸铁对缺口不敏感，铸铁的铸造性能良好，石墨有良好的润滑性，并能储存润滑油，使铸件有很好的耐磨性。

灰铸铁具有上述的优良性能，且价格低廉，因而是一种应用广泛的材料，如承受压力和要求减振性好的机架、机座、床身和承受摩擦的导轨，以及许多对力学性能要求不高、形状复杂、要求具有良好铸造性能的零件，均可用灰铸铁铸造。

为了提高灰铸铁的力学性能，生产中常采用孕育处理，即在浇注前向铁水中加入少量孕育剂，以获得大量的人工晶核，从而得到细小均匀分布的片状石墨并细化基体组织。经孕育处理后的铸铁，称为孕育铸铁。

工业中常用的孕育剂有硅铁和硅钙合金，加入量一般为铁水量的0.4%左右，经孕育处理的铸铁，不仅强度有很大的提高，而且塑性和韧性有一定的提高。此外，孕育剂的加入，能在铸件各个部位获得均匀一致的组织，这对于力学性能要求较高、截面尺寸变化较大的铸件尤为适合。

灰铸铁的牌号用“HT”和其后的一组数字表示。其中，“HT”表示“灰铁”两字的汉语拼音字首，其后一组数字表示 ϕ30 mm 试样的最小抗拉强度值（MPa）。

常用的灰铸铁有：HT100、HT150，适合制作中小载荷的手轮、箱体、支架、带轮等；HT200、HT250，适合制作气缸体、缸套、齿轮箱、活塞、中压阀体等；孕育铸铁 HT300、HT350，适合制作大型柴油机的气缸体、缸套、缸盖、活塞环和重要机床床身、机座等。

灰铸铁与钢一样也可以进行各种热处理，通常进行的热处理只用于消除铸件应力和白口组织，稳定尺寸，提高铸件工作表面硬度和耐磨性等，如消除应力退火、白口组织，改善切削加工性的退火，表面淬火[提高某些铸件（如机床导轨、缸套）的表面硬度]。

2.球墨铸铁

由于石墨呈球状分布，球墨铸铁对基体的割裂作用和应力集中都很小，同时最大限度地提高了基体承受载荷的有效面积，故球墨铸铁的力学性能比灰铸铁要高得多。通常情况下以珠光体为基体的强度最高，而以铁素体为基体的塑性最好。珠光体球墨铸铁的抗拉强度、屈服点和疲劳强度高于45号锻钢（正火态），特别是屈强比（$\sigma_{0.2}/\sigma_b$）高于45号锻钢，硬度和耐磨性远高于高强度灰铸铁（制作曲轴时优于锻钢）。但是，珠光体球墨铸铁的伸长率低于45号钢。

此外，球墨铸铁也具有灰铸铁的一系列优点，如良好的铸造性能、减振性、减摩性、切削加工性和低的缺口敏感性等。

为了获得球墨铸铁，需对铁水进行球化处理和孕育处理，即在铁水中加入球化剂和孕育剂。通常所用的球化剂有纯镁、稀土和稀土-镁合金三种，我国目前广泛采用的球化剂是稀土-镁合金。我国广泛采用稀土-镁合金作球化剂生产的球墨铸铁的成分范围是：W_C = 3.8%~4.0%，W_{Si} = 2.05%~2.8%，W_{Mn} = 0.6%~0.8%，$W_S \leqslant 0.04\%$，$W_P \leqslant 0.1\%$，W_{Mg} = 0.03%~0.05%，$W_{Re} < 0.03\% \sim 0.05\%$。

球墨铸铁的牌号用“QT”及其后的两组数字表示。其中，“QT”表示“球铁”两字的汉语拼音字首，后面的两组数字分别表示最低抗拉强度和最低伸长率。例如，QT400-18 表示抗拉强度不低于400 MPa，伸长率不小于18%的球墨铸铁。

球墨铸铁具有许多优良的性能，广泛地应用于机械制造、交通运输、冶金、化工等工业部门，并可通过合金化和各种热处理后，用以代替铸钢和锻钢来制造一些受力复杂、性能要求高的零件，如用球墨铸铁代替45号钢和35CrMo钢制造2 000~4 000马力柴油机曲轴、凸轮轴、齿轮和连杆等。

球墨铸铁通常要进行某种热处理，其热处理方法主要有以下几种：

（1）退火。球墨铸铁的铸态组织中常会出现不同程度的珠光体和渗碳体，为了改善切削加工性能，消除铸造应力，必须进行退火。

（2）正火。正火主要是为了增加基体组织中的珠光体量，并细化组织，提高强度和耐磨性。

(3)调质处理。对于受力比较复杂、要求综合力学性能高的球墨铸铁件，如连杆、曲轴，可采用调质处理。

(4)等温淬火。等温淬火是获得高强度和超高强度球墨铸铁的重要热处理方法，等温淬火后的基体组织是下贝氏体，还有少量残余奥氏体和马氏体，这种组织具有较高的综合力学性能、很好的耐磨性。对于形状复杂的铸件，等温淬火可以有效地防止变形和开裂。

常用的球墨铸铁有：QT400-18、QT400-15、QT450-10，适合制作承受冲击、振动的零件，如拖拉机轮毂、差速器壳、齿轮箱和压缩机气缸；QT500-7，适合制作传动轴、飞轮和机油泵齿轮等；QT600-3、QT700-2 和 QT800-2，适合制作载荷大、受力复杂的零件，如汽车、拖拉机的曲轴、连杆、凸轮轴和气缸套；QT900-2，适合制作高强度齿轮、内燃机曲轴、凸轮轴等。

3.可锻铸铁

可锻铸铁是将一定化学成分的白口铸铁坯件在高温下经长时间的石墨化退火或脱碳热处理而得到的具有团絮状石墨的一种铸铁。可锻铸铁可分为：黑心可锻铸铁（铁素体可锻铸铁）、珠光体可锻铸铁、白心可锻铸铁。我国目前以生产黑心可锻铸铁为主，很少采用白心可锻铸铁。

可锻铸铁的牌号分别用 KTH（黑心可锻铸铁）、KTZ（珠光体可锻铸铁）和 KTB（白心可锻铸铁），以及后面两组数字表示，其中“KT”表示“可铁”两字的汉语拼音字首，第一组数字表示最低抗拉强度（MPa），第二组数字表示最低伸长率，如 KTH300-06、KTZ550-04。

与灰铸铁相比，可锻铸铁具有较高的强度和韧性，可用于制作承受冲击和振动的零件，如汽车、拖拉机的后轿外壳、管接头、低压阀门等。与球墨铸铁相比，可锻铸铁具有质量稳定、铁水处理简单、易于组织流水线生产等优点，尤其是薄壁件，采用球墨铸铁容易形成白口，采用可锻铸铁较为合适。但是，可锻铸铁退火时间长、生产过程较为复杂，因而生产率低、成本高，在一定程度上使其应用受到限制。

4.蠕墨铸铁和合金铸铁

(1)蠕墨铸铁

蠕墨铸铁是一种较新型的高强度铸铁材料，它的强度接近于球墨铸铁，并且具有一定的韧性、较高的耐磨性，同时又有灰铸铁的良好的铸造性能和导热性。蠕墨铸铁中的石墨具有介于片状和球状之间的中间形态，端部较钝。

蠕墨铸铁是在一定成分的铁水中加入适量的蠕化剂和孕育剂处理而成的，其方法和程序与球墨铸铁基本相同。蠕化剂目前主要是采用镁-钛合金、稀土-镁-钛合金或稀土-镁-钙合金等。

蠕墨铸铁已开始在工业中应用，主要用于生产气缸盖、气缸套、钢锭模和液压阀体等。

(2)合金铸铁

随着工业的发展，对铸铁的性能要求也愈来愈高，要求铸铁不仅具有一定的力学性能，还具有某些特殊性能，如良好的耐磨性、耐蚀性、耐热性等。为了获得上述特殊性能，常向铸铁中加入一定量的合金元素，从而形成合金铸铁。合金铸铁与在相似条件下使用的合金钢相比有熔炼简单、成本低、使用性能良好等优点，但力学性能比合金钢低，脆性较大。

①耐磨铸铁：根据其工作条件的不同，大致可分为两大类，一类是在无润滑干摩擦条件下工作的零件，如犁铧、轧辊、球磨机零件等，另一类是在润滑条件下工作的零件，如机床导轨、气缸套、活塞环等。耐磨铸铁中有耐磨灰铸铁（如 HTM Cu1CrMo）、抗磨球墨铸铁（如 QTM Mn8-

300,300 是球铁抗拉强度)、抗磨白口铸铁(如 BTM Cr15Mo)等。

在润滑条件下工作的零件应具有在软基体上分布着硬质点的组织,珠光体基体的灰铸铁基本符合上述要求,珠光体基体中的铁素体为软基体,渗碳体为硬质点。同时石墨片也起储油和润滑的作用。为了进一步提高灰铸铁的耐磨性,常加入 P,称为高磷耐磨铸铁。这是目前船舶上应用最多的一种耐磨铸铁。高磷耐磨铸铁的主要成分为:2.9%~3.2%的 C,1.4%~1.7%的 Si,0.7%~0.9%的 Mn,0.50%~0.65%的 P,不大于 2%的 S。磷能有效地提高铸铁的耐磨性,但是强度和韧性较差,故常加入合金元素进一步细化晶粒,提高韧性和耐磨性,这种铸铁称为合金高磷铸铁。通常把 Cr-Ni、Cr-Mo、Cr-Ni-Mo、Cr-Mo-Cu、Cr-Mo-Cu-Ti 以及 B、W、V、Nb 等作为合金元素。合金高磷铸铁用以制造气缸套、活塞、活塞环及凸轮轴等。然而,这些合金铸件大多脆性较大。

②耐热铸铁:船舶上蒸汽锅炉中的牵条和炉条、换热器、废气管道以及加热炉的炉底板等零件都是在高温条件下工作的零件,必须使用耐热铸铁作为材料。耐热铸铁的种类很多,如 Cr 系、Si 系、Al 系以及 Si-Al 系等,如耐热灰铸铁(如 HTRCr)、耐热球墨铸铁(如 QTRSi5)、耐热白口铸铁(如 BTRCr16)等。

③耐蚀铸铁:铸铁的耐蚀性主要是指在酸、碱条件下抗腐蚀的能力。铸铁组织中存在不同相组织,容易形成腐蚀电池。石墨电极电位最高(+0.37 V),构成阴极,使其他阳极组织不断溶解而被腐蚀。加入合金元素以后,一方面可在铸铁表面形成一层致密的保护膜,另一方面提高了铁素体的电极电位,因而提高了铸铁耐酸耐碱抗腐蚀能力。主要加入的合金元素有 Si、Cr、Al、Mo、Cu、Ni 等。目前常用的耐蚀铸铁是高硅($W_{Si}=14\%\sim18\%$)铸铁,在腐蚀条件下高硅铸铁表面会形成致密、完整且耐蚀性高的 SiO_2 保护膜,因而在含氧酸类和盐类介质中具有良好的耐蚀性。对于在碱性介质中工作的零件,可采用 $W_{Ni}=0.8\%\sim1.0\%$, $W_{Cr}=0.6\%\sim0.8\%$ 的抗碱铸铁。耐蚀铸铁主要用于化工机械,如制造容器、管道、泵、阀门等。

第三节　材料热处理

一、材料热处理概述

(一)热处理的分类和目的

热处理工艺是一种重要的金属热加工方法,不仅适用于钢和铸铁,也应用于有色金属及其合金。但是热处理同压力加工、铸造、焊接等工艺过程不同,热处理时不改变工件的形状和尺寸。热处理的目的是改善材料的性能,如强度、硬度、塑性、韧性、耐磨性、耐蚀性、切削加工性等。

在对选定材质的构件进行强度计算时,对应于外载荷和其他给定条件,可以计算出使构件足够安全的几何尺寸,如轴的直径。如果还觉得不够安全,可以放大轴的直径来保证安全。对于运动副构件,除了强度足够以外,还要求相对运动的构件表面要足够耐磨。当间隙配合零件表面磨损以后,运动副的间隙就会增大。间隙值达到一定程度的时候,运动副的配合性质就会变差乃至使零件失效,而此时运动副的强度由于设计时已经给了足够的强度储备,一般不会有太大问题。因此,增加零件的几何尺寸对防止磨损失效几乎没有帮助。统计数据显示,80%的零件失效是磨损所致,如缸套磨损达到缸径的 0.4%~0.8%,缸套就到了其磨损极限。增加零件表面的硬度是提高零件耐磨性的重要手段之一,可以通过零件合适的热处理得以实现。热处理还可以充分挖掘材料的潜能，如提高材料的强度和韧性等。

在机械制造工业中，热处理占有十分重要的地位。船舶、机车和飞机的动力机械零件90%以上需要热处理；机床中的60%～70%的零件，以及各种工模具几乎100%需进行热处理。选择零件合适的热处理工艺是强化钢材、提高产品质量和延长产品寿命的主要途径。

由于钢铁迄今还是制造机械零件的主要材料，以下主要介绍钢的热处理。钢的热处理是指将钢在固态范围内进行加热、保温和冷却，以改变钢的内部组织，从而获得所需性能的一种工艺。根据加热和冷却方式的不同，钢的热处理基本类型的大致分类如下：

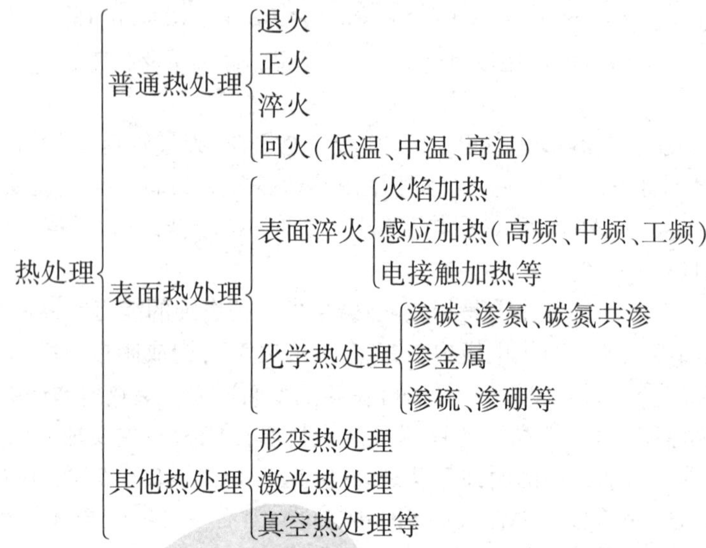

热处理的方法虽然很多，但任何一种热处理工艺都是由加热、保温和冷却三个阶段组成的，如图8-3-1所示。热处理之所以能使钢的性能发生巨大的变化，主要是因为经过不同的加热、保温、冷却过程，钢的内部组织发生了变化。热处理过程中，采用不同的加热温度和冷却速度等工艺参数，得到不同的热处理工艺，获得不同的热处理效果，达到相应的工艺目的。

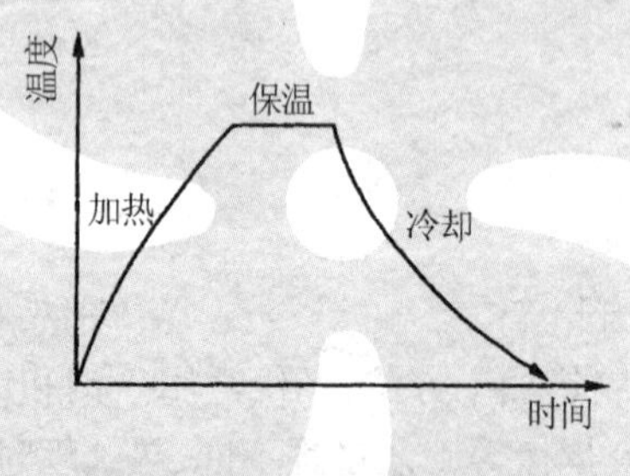

图8-3-1　热处理工艺过程

（二）典型的热处理工艺

如前所述，材料在加工成零件成品之前，都要先经过冶炼、结晶，然后经过或铸造或轧制或锻制等金属成型加工工艺成为零件毛坯，最后经过金属切削加工成为尺寸精度合格的零件（现代精密成型加工工艺可以做到少无切削，但多数零件的配合表面还需金属切削加工）。其间，我们还要对材料进行一定的热处理，获得零件中间和最终的性能，最后得到“形神兼备”（“形”是肉眼可以观察的外形和尺寸，“神”是零件的表面性能和整体性能）的零件。不夸张地说，热处理是“画龙点睛”的一笔。

铁元素和碳元素结合以后会产生固溶体的F（铁素体）和A（奥氏体），金属化合物Fe_3C

(渗碳体),机械混合物 P(珠光体)。对铁碳合金来说,奥氏体 A 是面心立方晶格,是碳在 γ-Fe 中形成的间隙固溶体,只在 727 ℃以上存在,它是一个高温相,故铁碳合金在室温下的组织中不存在奥氏体。奥氏体的机械性能表现为具有一定的强度和硬度,很好的塑性($\delta=40\%\sim50\%$),易于锻压成型;铁素体 F 为碳在 α-Fe 中形成的间隙固溶体,铁素体的晶体结构为体心立方晶格,在 727 ℃时碳溶解度为 0.021 8%。由于铁素体含碳量少,性能与纯铁很相似,塑性、韧性好($\delta=45\%\sim50\%$,$A_k=160$ J),强度和硬度低($\sigma_b\approx250$ MPa,HBS=80)。渗碳体为铁与碳按一定比例形成的稳定化合物,性能是硬而脆。珠光体是由硬的渗碳体片和软的铁素体片相间组成的混合物,故其机械性能介于渗碳体和铁素体之间,它的强度较大,$\sigma_b\leqslant750$ MPa,硬度 HBS≈180,塑性 $\delta=20\%\sim35\%$,冲击韧性 $A_k=24\sim32$ J。此外,铁碳合金还有莱氏体。钢的平衡组织-温度-成分分布情况如图 8-3-2 所示。

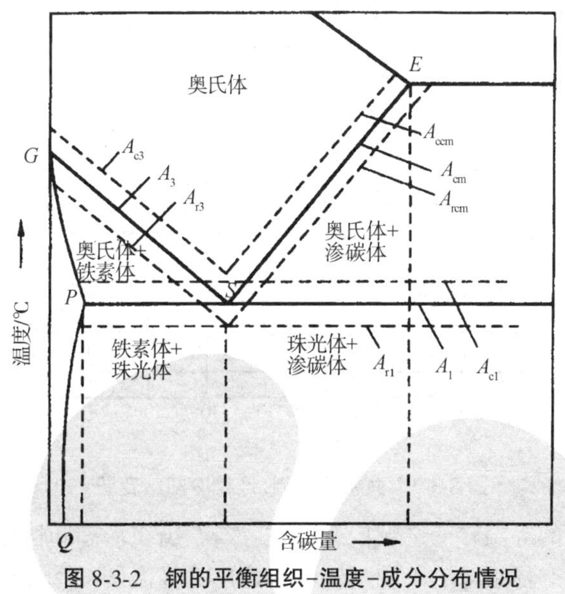

图 8-3-2 钢的平衡组织-温度-成分分布情况

1.钢的奥氏体化

钢制零件坯料内部组织大多存在晶粒粗细不均、偏析和残余内应力等缺陷,会造成零件性能差异大和质量不稳定的情况。这对重要零件来说显然是不利的,应该予以消除。消除的方法主要是加热使之奥氏体化。从图 8-3-2 中可见,不同成分的铁碳合金要得到单一的奥氏体组织的转变温度是不同的。我们希望得到具有细小组织钢的强度、硬度、塑性、韧性的奥氏体晶粒。影响奥氏体晶粒长大的因素有:加热温度和保温时间,加热温度愈高则晶粒长大愈急剧,保温时间越长则晶粒长大愈显著;加热速度,当加热温度一定时,加热速度快可以得到细小的奥氏体晶粒;钢的成分,在一定范围内,奥氏体晶粒长大倾向随含碳量的增加而增大,即钢的含碳量愈低,奥氏体晶粒愈细小。钢中的合金元素,如 Al、Ta、V、Ti、Nb 等具有强烈阻止奥氏体晶粒长大的作用,Mn、P、C、O、N 等元素则有加速奥氏体晶粒长大的作用。

由上可知,为控制奥氏体晶粒长大,可以采取向钢中加入一定量的阻止晶粒长大的合金元素以及合理选择加热温度和保温时间等措施。

2.钢在冷却时的组织转变

冷却过程是热处理的第三个环节,也是热处理的关键工序,决定着钢冷却后的组织和性能。实际生产中常用的冷却方式有两种：等温冷却和连续冷却。

等温冷却是将已奥氏体化的钢，快速地冷却到 A_1 以下某一温度，并等温停留一段时间，使奥氏体发生转变，然后冷却到室温，如等温退火、等温淬火等；连续冷却是将已奥氏体化的钢以不同的冷却速度（如炉冷、空冷、油冷、水冷等）连续冷却到室温。共析钢等温、连续冷却转变图如图 8-3-3 所示。

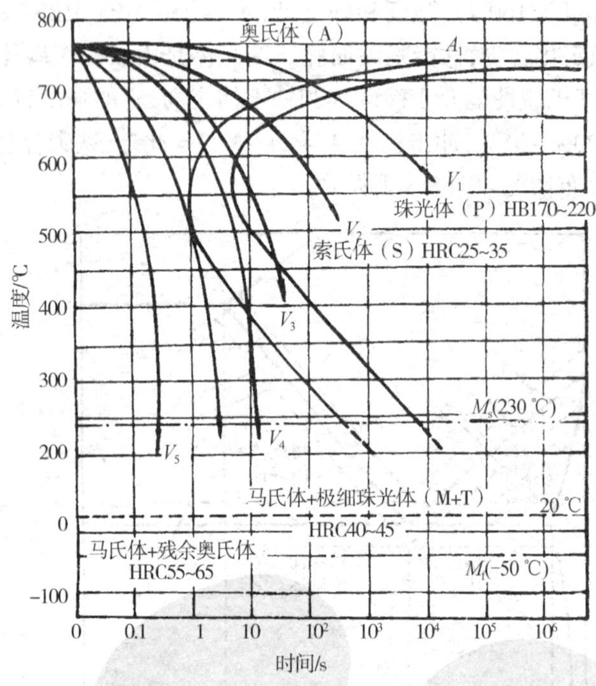

图 8-3-3　共析钢等温、连续冷却转变图

过冷奥氏体在不同的等温转变区域内，其转变产物、组织形态和性能也不相同。根据过冷奥氏体转变温度和转变产物组织的不同，转变大致分为：高温转变（珠光体型转变）、中温转变（贝氏体型转变）和低温转变（马氏体型转变）。

在 A_1~680 ℃，得到片层较粗的珠光体，称珠光体（用 P 表示）；在 680~600 ℃，得到片层较细的珠光体，称索氏体（用 S 表示）；在 600~550 ℃，得到片层极细的珠光体，称屈氏体（用 T 表示）。得到的珠光体片层愈细，强度、硬度也愈高。

在 550 ℃~M_s，过冷奥氏体将转变为贝氏体类型组织。贝氏体是含碳量过饱和的铁素体与渗碳体组成的机械混合物（用 B 表示）；在 550~350 ℃，得到密集的铁素体片间分布着断续细小的条状渗碳体，在光学显微镜下呈羽毛状形态，称上贝氏体；在 350 ℃~M_s，得到竹叶状的过饱和铁素体基体上均匀分布着极细的渗碳体颗粒，在光学显微镜下呈黑色针状，称下贝氏体。上贝氏体的强度、硬度比珠光体高，塑性较低，脆性较大，在生产中很少采用；下贝氏体具有高的强度和硬度，并具有良好的塑性和韧性，生产中常采用等温淬火法获得下贝氏体组织，以提高零件的强韧性。

在 M_s~M_f，过冷奥氏体将转变为马氏体类型组织。马氏体是碳溶于 α-Fe 中形成的过饱和固溶体（用 M 表示）。奥氏体直接转变成碳在 α-Fe 中的过饱和固溶体。马氏体转变也是一种无扩散型转变。即使连续冷却到温度 M_f，仍有少量奥氏体未转变，称残余奥氏体（A′）。为了减少残余奥氏体量，提高淬火工件的硬度和稳定精密零件（如量具、精密偶件）的尺寸，将淬

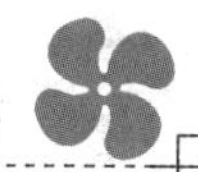

火后的工件放到室温以下(−80～−50 ℃)处理,这种处理方法称为冷处理。

马氏体的组织类型按形态不同分为高碳片状马氏体和低碳板条状马氏体。片状马氏体硬度高而脆性大,板条状马氏体具有良好的强度与较好的塑性和韧性。

在热处理生产中,钢的冷却常采用连续冷却的方法,如炉冷、空冷、油冷、水冷等。借助等温转变图得到奥氏体化的钢在不同冷速的连续冷却条件下,得到大致的转变产物,如图 8-3-3 所示。

等温转变曲线和连续冷却曲线是钢的热处理的主要理论基础。它为正确选用钢材、制定各种热处理工艺、指导冷却操作、正确理解热处理后的组织和性能以及分析热处理质量提供了理论根据。

为了达到不同的工艺目的,采用不同的热处理工艺。

3.退火和正火

退火和正火是应用很广泛的热处理工艺,在机器零件或工模具等的加工制造过程中,经常作为预先热处理工序,切削(粗)加工之前,用以消除前一工序带来的某些缺陷,并为后一工序做好组织准备。对于少数铸件、焊件及一些性能要求不高的工件,退火和正火也可以作为最终热处理。

(1)退火

退火:将钢加热到高于或低于钢的临界点,保温一定时间,随后在炉中或埋入导热性较差的介质中缓慢冷却,以获得接近平衡状态组织的一种热处理工艺。

退火的目的:降低硬度,提高塑性,以便于切削加工和冲压加工;细化晶粒,改善组织,提高机械性能;消除偏析和内应力,为成品的热处理做准备。

根据钢的成分和退火目的不同,退火工艺可分为下列几种:

①完全退火(又称重结晶退火)

将钢件加热到 A_{c3} 以上 30～50 ℃,保温一定时间后,随炉缓慢冷却或埋入石灰中冷却。在实际生产中,为提高生产率,在冷却至 600 ℃左右后可将工件出炉空冷。

完全退火的目的:细化晶粒,消除过热缺陷;降低硬度,提高塑性,便于机械加工;消除内应力。

完全退火一般用于亚共析钢的锻件、铸钢件、焊接件的预先热处理,也可以作为一些不重要工件的最终热处理。它不能用于过共析钢,因为过共析钢在加热到 A_{ccm} 以上获得了单相奥氏体后,在缓慢冷却时会析出网状渗碳体,使钢的强度和韧性降低。

②球化退火

将钢件加热到 A_{c1} 以上 20～30 ℃,保温一定时间后,缓冷至 600 ℃出炉空冷,使片状渗碳体转变为球状渗碳体的热处理方法。

球化退火的目的:消除锻、轧件的内应力;使片状(或网状)渗碳体变为球状,从而降低硬度,改善切削加工性;为以后淬火做组织准备。

球化退火主要用于共析钢和过共析钢。因为共析钢和过共析钢(如 T8、T12)经锻造、轧制、冲压加工后空冷,一般为细片状珠光体(即铁素体基体上分布着片状的渗碳体),过共析钢有时还有网状渗碳体,这种组织硬度较高,切削加工困难,淬火时易过热、变形和开裂,采用球化退火可使片状或网状渗碳体变为球状,克服上述缺陷。

③等温退火

将钢件加热到 A_{c3} 以上(对亚共析钢)或 A_{c1} 以上(对共析钢和过共析钢),保温后即较快地冷却到稍低于 A_{r1}(一般为 600～700 ℃)的温度,保温一段时间,使奥氏体完全分解成珠光体,然后取出空冷。

等温退火的目的与完全退火、球化退火的目的相同,但此法的特点是:节省钢件在炉内时间，增加了退火炉周转率，使退火时间大大缩短且得到的组织均匀。等温退火主要用于高碳钢、合金工具钢和高合金钢。

④再结晶退火（又称中间退火）

将经冷变形的低碳钢零件加热到再结晶温度以上 150～250 ℃（即 650～750 ℃），保温后缓冷至 550 ℃，再出炉空冷。

再结晶退火的目的：主要是消除冷变形（如冷轧、冷拉、冷压等）的加工硬化，以利于继续成型加工。

⑤去应力退火（又称低温退火）

将钢件加热到低于 A_{c1} 的某一温度（一般为 500～600 ℃），经保温后随炉冷却至 300 ℃以下出炉空冷。

低温退火的目的：消除铸、锻、焊、切削和冷拔加工中产生的内应力；避免工件由于内应力引起的变形、开裂，导致工件精度降低，甚至报废。

（2）正火

钢的正火：正火是将钢件加热到 A_{c3}（对于亚共析钢）或 A_{ccm}（对于过共析钢）以上 30～50 ℃，保温一定时间后从炉内取出，在空气中冷却的热处理工艺。

与退火相比，正火冷却速度快，故正火所得到的组织为细片状珠光体即索氏体，且同样的钢件正火后的强度和硬度比退火高。正火还是一种操作简单、生产周期短、成本低、生产效率较高的热处理方法。

正火的目的：细化晶粒，消除过热缺陷；对于低碳钢，正火可以提高硬度，改善切削加工性能；对于中碳钢，尤其是直径较大的碳钢工件，正火可以代替“调质”处理，作为最终热处理，从而在基本不降低工件的力学性能情况下，简化工艺，减少工件变形和开裂；对于高碳钢，正火可以消除或减少网状渗碳体，为球化退火做好组织准备。

正火只适用于碳钢及低、中合金钢，有些工件（如含碳量不大于 0.35%），可用正火代替退火。

几种退火和正火的加热温度范围及工艺曲线示意图如图 8-3-4 所示。

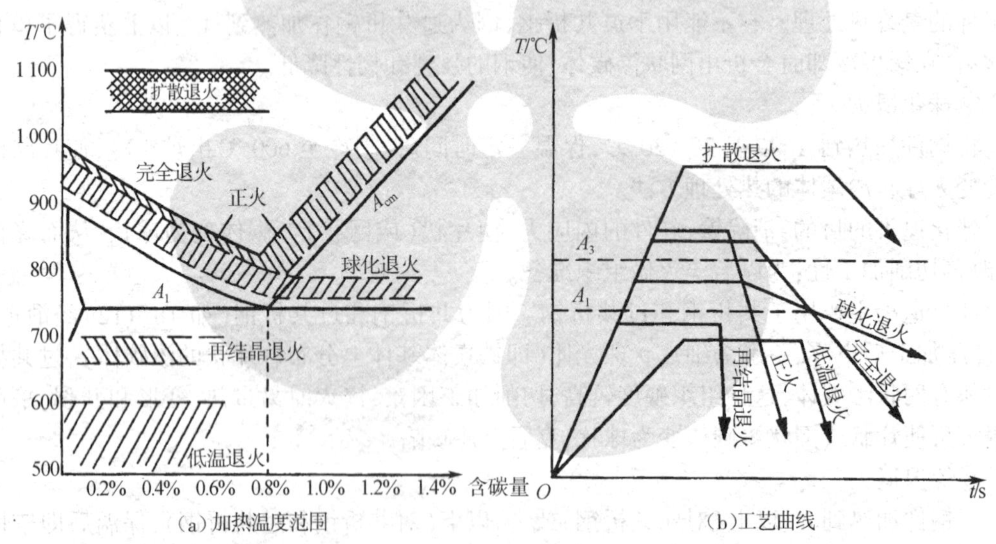

图 8-3-4　几种退火与正火的加热温度范围及工艺曲线示意图

4.淬火和回火

虽然正火与退火能消除热加工所遗留的缺陷，改善切削性能，但是所得到的强度、硬度并不高，不能满足重要工件的性能要求，为此还必须采用淬火及淬火后的回火来得到所需的性能。钢的淬火加回火常作为最终热处理。

淬火：将钢件加热到 A_{c3}（亚共析钢）或 A_{c1}（共析钢和过共析钢）以上某一温度，保温一定时间，在水、油或其他冷却介质中快速冷却，获得马氏体（或贝氏体）的一种热处理工艺。

淬火的目的：主要是获得马氏体，使钢获得高硬度，然后配以适当的回火工艺，获得零件所要求的机械性能。淬火加回火是强化钢材的重要热处理方法。

淬火的分类：

①按照淬火的奥氏体化的程度分为：完全淬火与不完全淬火；

②按照工件淬火部位分为：整体淬火与局部淬火；

③按照冷却方式分为：单液淬火、双液淬火、分级淬火、等温淬火；

④按照加热方式分为：盐浴淬火、高频淬火、火焰淬火等。

除此之外，还有许多新工艺，如亚温淬火、形变淬火、超细化淬火等。

（1）淬火工艺

①淬火加热温度与保温时间的确定

碳钢的淬火加热温度可利用 $Fe\text{-}Fe_3C$ 相图来确定，如图 8-3-5 所示。亚共析钢适宜的淬火加热温度一般为 A_{c3}+（30～50 ℃），淬火后得到均匀细小的马氏体和少量的残余奥氏体。如果加热温度过高，则奥氏体晶粒粗化，淬火后获得粗大马氏体组织，同时引起钢件较严重的变形；如果淬火温度过低，则在淬火组织中将会出现铁素体，造成钢的硬度不足，强度不高。

共析钢和过共析钢适宜的淬火加热温度一般为 A_{c1}+（30～50 ℃）。对于共析钢，淬火后得到均匀细小的马氏体和少量的残余奥氏体；而对于过共析钢，淬火后得到的是均匀细小的马氏体、粒状渗碳体和少量的残余奥氏体的混合组织。如果淬火温度过高，则将获得粗大马氏体组织，同时钢件变形也较严重，淬火后残余奥氏体量增多，降低钢的硬度和耐磨性；如果淬火温度过低，则得到非马氏体组织，钢的硬度达不到要求，达不到淬火的目的。

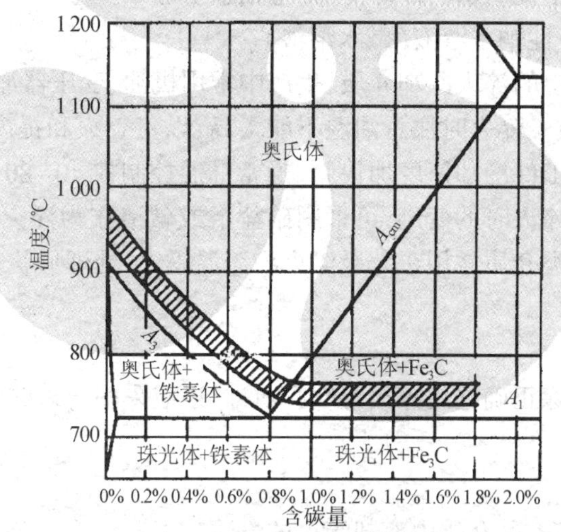

图 8-3-5　碳钢的淬火加热温度范围

对于合金钢，因为大多数合金元素（Mn、P 除外）阻碍奥氏体晶粒长大，所以淬火温度允许比碳钢稍微高一些，这样可使合金元素充分溶解和均匀化，以便取得较好的淬火效果。

保温时间的确定也是淬火工艺的一个重要参数。

保温时间的长短与加热介质、钢的成分、工件的尺寸大小与形状、装炉量以及加热方法有关。

②淬火冷却介质

淬火的关键工序是冷却。淬火时，为了保证奥氏体转变为马氏体，又不至于造成零件的变形和开裂，必须选择适当的冷却介质。选择淬火冷却介质的原则是在保证淬硬的前提下尽量选用较为缓和的冷却剂，以减少马氏体转变时的组织应力，防止变形和开裂。

理想淬火冷却介质的冷却速度曲线应如图 8-3-6 中的曲线 2 所示。但是，至今生产上还没有找到一种冷却介质符合这一理想的要求。常用的淬火冷却介质有水、盐或碱的水溶液及油等。

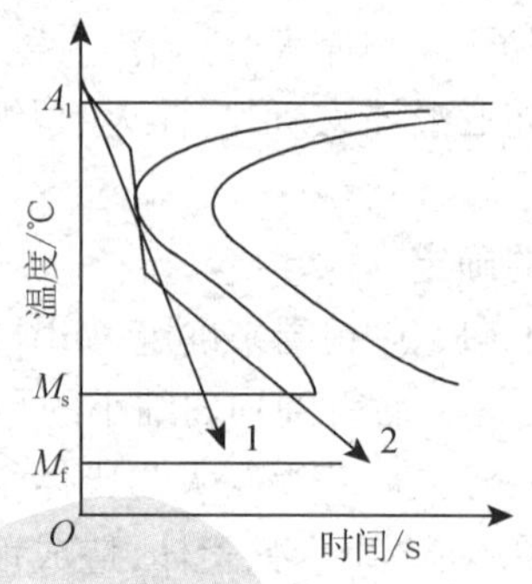

图 8-3-6 理想淬火冷却速度曲线

水：水是应用最广泛的淬火冷却介质。这是由于水价廉易得，使用安全且具有较强的冷却能力，但水的冷却特性并不理想。水在生产上主要用于形状简单、尺寸较小的碳钢零件的淬火，通常水温控制在 20~40 ℃。

盐或碱的水溶液：为了提高水的冷却能力，常在水中加入少量（5%~10%）的盐或碱，目前常用的是食盐水溶液和苛性钠水溶液（碱水溶液）。

油：油也是用得很广泛的淬火冷却介质，生产中常用机油、变压器油、柴油等。油一般只用作合金钢的淬火冷却介质。淬火时注意油温不能太高，以免着火和提高冷却能力（温度升高，油的黏度降低，从而引起工件冷却速度加快）。通常油温控制在 40~80 ℃。

另外，为了减小零件淬火时的变形，可采用硝盐浴或碱浴作为淬火冷却介质，它们的冷却能力介于水和油之间，这类介质常用于分级淬火和等温淬火，处理形状复杂、尺寸较小、变形要求严格的工件。

③淬火方法

为了保证淬火质量，除正确选用淬火冷却介质外，还应采用合理的淬火方法。常用的淬火方法有以下几种：

A.单液淬火

将钢件奥氏体化后在一种介质中冷却淬火的方法。

该法优点是：操作简单，易实现机械化和自动化，应用广泛。缺点是：水淬变形开裂倾向大；油淬由于冷却速度小，淬透的直径小，大件淬不硬。此法适用于形状简单的碳钢及合金钢

零件的淬火。

通常碳钢件用水淬,合金钢件用油淬。

B.双液淬火

将钢件奥氏体化后,先淬入一种冷却能力较强的介质中,当钢件冷至 300 ℃左右时,马上再淬入另一种冷却能力较弱的介质中冷却以进行马氏体转变的方法。例如,先水淬后油冷,先水淬后空冷等。

该法优点是:马氏体转变在冷却能力较弱的介质中进行,产生的内应力小,减小了变形和开裂的可能性;缺点是:两种冷却介质的转换时刻难以控制,转换过早不能淬硬,过晚会产生变形和开裂。

此法适用于中等尺寸但形状复杂的高碳钢零件和尺寸较大的合金钢零件。通常大截面的碳钢件采用先水淬后油淬,合金钢件则采用先油冷后空冷。

C.分级淬火

将钢件奥氏体化后,淬入温度稍高或稍低于 M_s 点的液体介质(盐浴或碱浴)中,保持适当时间,待钢件内、外层都达到介质的温度后取出空冷,以获得马氏体组织的淬火方法。

该法优点是:操作不难掌握,马氏体转变在空气中进行,能有效地减小热应力和组织应力,工件变形、开裂倾向小;缺点是:熔盐的冷却能力有限(较水小)。

此法适用于尺寸较小、形状较复杂的工件,如刀具、量具等。

D.等温淬火

将钢件奥氏体化后,淬入温度稍高于 M_s 点的熔盐中,保持足够时间,直至奥氏体完全转变为下贝氏体,然后取出空冷。

该法优点是:由于不产生马氏体转变,淬火应力和变形极小,且淬火后的钢件具有很高的硬度和很好的塑性、韧性和耐磨性;缺点是:生产周期长,生产效率低。

此法适用于形状复杂、截面较小的中高碳钢和低合金钢件,如中高速柴油机的气缸套、凸轮轴、钢锹、螺丝刀、风动工具等。

(2)钢的淬透性和淬硬性

①钢的淬透性

钢的淬透性是指钢在淬火时获得淬硬层深度的能力。淬火后钢的淬硬层越深,表明其淬透性越好。如果淬硬层深度达到心部,则表明该钢全部淬透。

通常规定:淬硬层深度是工件表面至内部半马氏体组织的距离。半马氏体组织是 50%马氏体组织+50%屈氏体(或索氏体)组织。淬硬层深度可以用金相法或硬度法加以确定。

影响钢的淬透性的因素:钢的化学成分、奥氏体化温度和保温时间、原始组织等,凡是能增加过冷奥氏体稳定性,使 C 曲线右移,从而减小临界冷却速度的因素,都能提高钢的淬透性。其中钢的化学成分对钢的淬透性影响最大。

淬透性的实用意义:淬火时淬透性高的钢材,可以选用冷却能力弱的淬火介质,减小变形和开裂倾向;对于形状复杂、要求淬硬层深的钢材,则选用淬透性高的钢材。例如,柴油机的连杆螺栓要求整个截面的性能一致,即整个截面要全部淬透,需选用淬透件高的材料;齿轮要求表面硬度和强度高而心部韧性好,故应选用淬透性低的钢材。

固溶于奥氏体中的合金元素(除 Co 以外)均不同程度地推迟奥化体向珠光体的转变,即使 C 曲线右移。合金钢的 C 曲线较碳钢的 C 曲线向右移了一些,所以合金钢的马氏体临界冷却速度比碳钢小,即合金钢的淬透性比碳钢高,这是采用合金钢的主要原因之一。

对于选用中碳钢制作较大轴径的轴类等要求整个截面淬透的零件，由于碳钢的淬透性不高，整个截面很可能淬不透。采用调质（淬火+高温回火）热处理工艺和采用正火工艺相比，两者力学性能差不多，但调质工艺较复杂、工件发生变形和开裂倾向较大，不如采用简单的正火工艺的工件质量稳定、生产效率高。

②钢的淬硬性

钢的淬硬性是指钢在正常的淬火条件下形成的马氏体组织所能达到的最高硬度。它取决于钢中含碳量，含碳量越高，钢的硬度就越高，而与合金元素关系不大。如高碳片状马氏体硬度高而脆性大，低碳板条状马氏体硬度不高，但具有良好的强度和较好的塑性、韧性。

淬硬性高的钢，淬透性不一定好，而淬硬性低的钢，淬透性可能很好。

（3）钢的回火

回火是将淬火钢件重新加热到 A_{c1} 以下某一温度，保温一定时间后，在空气中冷却的一种热处理工艺。淬火后得到的马氏体组织，一般硬而脆也不稳定，需要采用回火工艺得到工件最终组织和性能。

回火的目的：降低脆性，消除或减小内应力；获得工件所要求的机械性能；稳定组织和工件尺寸。

回火的分类及应用如下：

①低温回火（150~250 ℃）

低温回火后的组织为回火马氏体 M′。其目的是降低淬火应力，提高工件的韧性，保持淬火后的高硬度和高耐磨性。低温回火主要用于刃具、量具、模具、滚动轴承、渗碳和表面淬火零件以及柴油机精密偶件的处理。

②中温回火（350~500 ℃）

中温回火后的组织为回火屈氏体 T′。其目的是提高工件的弹性和韧性。中温回火主要用于各种弹簧和热作模具的处理。

③高温回火（500~650 ℃）

高温回火后的组织为回火索氏体 S′。其目的是获得强度、塑性和韧性都较好的综合机械性能。通常将淬火后再进行高温回火称为调质处理。高温回火广泛用于各种重要的结构零件，特别是受交变载荷作用的零件，如连杆、轴、齿轮等的处理。

④高温软化回火（640~680 ℃）

高温软化回火后的组织为回火珠光体。高温软化回火主要用于马氏体钢的软化和高碳合金钢淬火返修，以代替球化退火。

回火脆性：淬火钢在某些温度区间回火或从回火温度缓慢冷却通过该温度区间时，冲击韧性值显著下降的现象。常见的回火脆性有下列两种：

①低温回火脆性（又称第一类回火脆性或不可逆回火脆性）

在 250~400 ℃回火时出现的脆性称为低温回火脆性。几乎所有的钢都存在这类脆性。它是由于 ε-碳化物转变为渗碳体时沿马氏体晶界析出，破坏了马氏体之间的连接，降低了韧性。防止办法：不在该温度范围内回火；改用等温淬火处理；钢中加入少量硅可使脆化温度升高。

②高温回火脆性（又称第二类回火脆性或可逆回火脆性）

在 450~650 ℃回火时出现的脆性称为高温回火脆性。大多存在于含 Mn、Cr、Ni 的中碳合金调质钢中。这种脆性与加热、冷却条件有关。加热至 600 ℃以上，以缓冷通过该脆化温度区时，出现脆性；快速通过时则不出现脆性；在脆化温度区长时间保温后，即使快冷也出现脆性。

这类脆性的防止办法:尽量减少钢中杂质元素的含量;加入钼或钨元素来抑制偏聚以及回火冷却时快速通过脆化温度区。

5.钢的表面热处理和热处理新技术简介

(1)钢的表面热处理

在船舶机械和其他各类机器中,某些承受冲击载荷及摩擦条件下工作的零件(如发动机上的活塞销、曲轴、凸轮轴,传动机构中的齿轮和轴,自动焊机中的送丝轮和砂箱定位销等),要求表面具有高的强度、硬度、耐磨性和疲劳强度,而心部保持足够的塑性和韧性,常采用表面热处理。表面热处理一般分为两类:表面淬火和表面化学热处理。

①表面淬火

表面淬火是将钢件表面快速加热到相变温度以上,使之奥氏体化,不等热量传至心部,迅速冷却的热处理方法。

表面淬火的目的:提高钢件表面的硬度,保持心部良好的塑性和韧性。

表面淬火的特点:不改变表层的化学成分,只改变表层的组织。

表面淬火后的组织:表面层为马氏体组织,而心部仍为原来的组织状态。

表面淬火适用的钢种:中碳钢(如40号钢、45号钢)和中碳合金钢(如40Cr、40CrMo)等。

表面淬火按加热方式不同分为:火焰加热表面淬火、感应加热表面淬火、电接触加热表面淬火等。

②表面化学热处理

表面化学热处理是将钢件置于活性介质中,通过加热和保温,使介质中活性原子渗入零件表层,改变其化学成分和组织,提高表面性能的热处理方法。

表面化学热处理的目的:提高钢件表层的硬度、耐磨性、耐热性、耐蚀性、抗氧化性、疲劳强度等。

表面化学热处理的特点:不仅改变了钢的组织,而且改变了钢表层的化学成分。

表面化学热处理包括分解、吸收、扩散三个基本过程:活性介质在高温下通过化学反应进行分解,形成渗入元素的活性原子;活性原子被工件表面吸收;被吸收的活性原子由工件表面逐渐向内部扩散。表面化学热处理按渗入元素的不同分为渗碳、渗氮、碳氮共渗、渗金属等,下面介绍最常用的两种:

A.渗碳

渗碳:将低碳钢件(含碳量为0.10%~0.25%)置于含碳的介质中加热到A_{c3}以上,保温足够长时间,使产生的活性碳原子渗入零件表面的一种热处理工艺。

渗碳目的:使低碳钢件(含碳量为0.10%~0.25%)具有高碳钢(含碳量为0.9%~1.0%)的表面层,再经过淬火和低温回火,使零件表面获得高硬度(HRC60~65)和好的耐磨性,而心部仍保持低碳钢的塑性和韧性,同时零件具有较高的疲劳强度。渗碳层的厚度可达0.5~2.0 mm。

渗碳的方法:渗碳所用的介质称为渗碳剂。按渗碳剂不同,渗碳可分为固体渗碳、气体渗碳和液体渗碳。

渗碳的应用:适用于低碳钢(如15号钢、20号钢、25号钢)和低碳低合金钢,主要用于表面经受磨损和承受大冲击载荷的零件,如柴油机的十字头销、活塞销、凸轮及齿轮等。

B.渗氮

渗氮:在一定温度(一般在A_{c1}以下),使活性氮原子渗入工件表面层的一种热处理方法。

渗氮的目的:提高工件表面的硬度、耐磨性、疲劳强度、耐蚀性等。

渗氮方法:气体渗氮、离子渗氮、液体渗氮等。气体渗氮是目前生产中最广泛采用的方法。

与渗碳相比,渗氮的特点:渗氮化工件表面有很高的硬度(HV≥850),耐磨性好且具有很好的热硬性(即在600~650 ℃仍有较高的硬度);渗氮件变形小(因为渗氮温度低,且渗氮化一般不再进行淬火处理);渗氮零件疲劳强度高(因为渗氮层内具有较高的残余压应力,部分抵消了在疲劳载荷下产生的拉应力,延缓疲劳破坏过程);渗氮零件抗蚀性能好(因为渗氮层表面由连续分布的致密的氮化物组成);渗氮生产周期长,生产率低(为了得到0.3~0.5 mm的渗氮层需30~50 h);渗氮层薄而脆,不能承受冲击;渗氮成本高(因为需用专用的渗氮用钢)。

渗氮用钢通常是含Al、Cr、Mo等合金钢,如38CrMoAlA、35CrMo等。渗氮主要用于高速传动精密齿轮、高速机床主轴(如镗杆、磨床主轴)、交变载荷下要求疲劳强度很高的零件(如高速和大功率柴油机曲轴),以及要求变形小,具有一定耐热、耐蚀的耐磨零件(如阀门、气缸套、模具等)。

(2)热处理新技术简介

随着生产和科学技术的进步,热处理技术有很大的发展,新工艺不断涌现。下面简单介绍几种热处理新技术。

①真空热处理

真空热处理是指将工件放在低于一个大气压的环境中进行加热的热处理工艺。

真空热处理的特点是:真空热处理后,工件表面不氧化、不脱碳、表面光洁;真空热处理能使钢脱氧、脱氢且净化,显著提高耐磨性、韧性和疲劳强度;真空热处理靠热辐射加热,工件升温缓慢,截面温差小,热处理后变形小;真空热处理的作业条件好,有利于机械化和自动化;真空热处理设备复杂、庞大,投资较高。

目前,真空热处理多用于工模具、精密零件以及某些特殊金属的热处理。

②可控气氛热处理

可控气氛热处理是指将工件放在炉气成分可以控制的炉内进行的热处理。

可控气氛热处理的特点是:可减少和防止工件在加热时的氧化和脱碳,提高工件质量且可节约钢材;可以控制渗碳时渗碳层的碳浓度,且可使脱碳的工件复碳;用于热处理的可控气氛类型很多,按用途主要有吸热式气氛、放热式气氛、放热-吸热式气氛、滴注式气氛。

③形变热处理

形变热处理是一种把塑性变形和热处理有机结合起来的新工艺,同时收到形变强化与相变强化的综合效果,因而能有效提高钢的机械性能。

典型的形变热处理工艺分为两种:

A.高温形变热处理

将钢件加热到稳定的奥氏体区,保温一定时间后进行塑性变形,然后立即淬火和回火的一种热处理工艺。锻热淬火、轧热淬火均属高温形变热处理。

这种热处理能在提高钢的抗拉强度和屈服点的情况下,改善钢的塑性和韧性,降低回火脆性、缺口敏感性,大幅度提高抗脆性能力,多用于调质钢及加工量不大的锻件或轧材,如柴油机连杆、曲轴以及弹簧、叶片等的处理。

B.低温形变热处理

将钢件加热至奥氏体状态,保温一定时间,急速冷却至A_1以下M_s以上某一温度进行塑性变形,随后进行淬火和回火的一种热处理工艺。

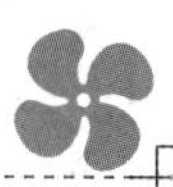

这种热处理可在保持塑性、韧性不降低的条件下，显著提高钢的抗拉强度、疲劳强度、耐磨性，主要用于要求高强度、高韧性的零件，如刃具、模具、弹簧、飞机起落架等的处理。

④激光热处理

激光热处理是利用高能量密度的激光束对工件表面照射，使其极快（百分之几秒或更快）地被加热到相变温度以上，停止扫描照射后靠零件本身的热传导来冷却，从而达到自行淬火的目的。

激光热处理的特点：加热速度快，加热区域小；不需淬火冷却介质；经激光热处理，内部组织晶粒细化，工件表面硬度、耐磨性、疲劳强度显著提高；激光热处理后工件变形小、表面光洁，可直接使用，不需要再进行表面加工。

激光热处理可用于金属表面淬火、金属表面非晶化及金属表面合金化，多用于精密零件的局部淬火，也可对微孔、沟槽、盲孔等部位进行淬火。气缸套、活塞环、曲轴可应用激光热处理进行金属表面淬火得以表面强化。

⑤超声波热处理

超声波热处理是指在工件加热或淬火时通入超声波，以改变材料的内部组织，从而改善其性能的一种热处理工艺。

超声波热处理不但对铝合金的时效硬化有加速作用，对钢及其他合金也可使析出物弥散度增加，从而提高硬度。超声波还可使淬火时的冷却能力提高，并清洁工件表面。超声波对化学热处理也有强化作用，能使渗层增厚。

⑥气相沉积技术

气相沉积技术包括化学气相沉积（CVD）和物理气相沉积（PVD）两种。

化学气相沉积：使挥发性的化合物气体发生分解或化学反应，在零件表面沉积成膜的技术。零件表面经过化学气相沉积可以得到金属镀膜、非金属镀膜和化合物镀膜等，通过化学气相沉积技术可获得 TiC、TiN、W_2C 等耐磨层，还可获得 Al、Cr、Ni 等耐蚀层，也可获得 MoS_2、WS_2等润滑膜。

化学气相沉积的方法主要有：化学喷雾沉积、反应蒸发和活化反应蒸发等。

物理气相沉积：在真空条件下，在零件表面沉积成膜的技术。它与化学气相沉积相比具有沉积温度低（常在 550 ℃以下），沉积速度快，沉积层的成分和结构可以控制，无公害等优点。其缺点为镀层结合强度比 CVD 稍低，因此质量稍差。

物理气相沉积的主要方法有三种：真空蒸镀、溅射和离子镀。

PVD 主要用于切削刀具、塑料模具和部分冷模具。

二、碳钢热处理

（一）低碳钢热处理

低碳钢含碳量低，强度、硬度低，塑性、韧性好，冷冲压、焊接性能好，一般用作桥梁、建筑构件、冲压件（如汽车面板），也常作为船体用钢。齿轮、活塞销这类受冲击、表面耐磨的重要零件，需要采用韧性好的材料，就可以选用低碳钢。但低碳钢硬度低，耐磨性能达不到要求，可以结合具体的情况和该机器性质以及零件产量等因素，采取提高其表面硬度的合适工艺来解决。

方案一，采取表面淬火的热处理工艺。该法工艺简单，效率较高，但由于低碳钢淬硬性低，对耐磨性能要求较高的零件，硬度往往达不到要求。

方案二,采取表面渗碳+淬火+低温回火的热处理工艺。该法通过表面渗碳,渗碳层的厚度可达 0.5~2.0 mm,使零件表面高碳(含碳量为 0.9%~1.0%),心部依然低碳。经过淬火,表面获得高碳片状马氏体,心部为低碳板条状马氏体;低温回火处理后,表面高碳回火马氏体(M′),获得高硬度(HRC60~65)表面,达到耐磨的目的;心部低碳回火马氏体(M′),强而韧,同时零件具有较高的疲劳强度,达到耐冲击的目的。这种方法较为成熟,适用于低碳钢(如 15 号钢,20 号钢,25 号钢)和低碳低合金钢(如 20Cr,也称为合金渗碳钢),主要用于表面经受磨损和承受大冲击载荷的零件,如柴油机的十字头销、活塞销、凸轮及齿轮等。

(二)普通碳钢适用的热处理工艺

普通碳钢根据其含碳量、设备的性质、零件的重要性和工作情况、所应用的环境等因素选用合适的热处理工艺。

一般的结构件或零件,材料检验合格的,可不必进行专门的热处理。

比较重要的结构件或零件,根据需要,一般采用退火或正火作为预备热处理,以改善组织、消除内应力和改善切削加工性,为后续加工做准备。对于较低含量的碳钢,可以用正火代替退火,以提高设备利用率和生产效率。

比较重要的结构件或零件的最终热处理,根据具体要求采取合适的热处理工艺。

受力复杂的重要零件一般选用优质中碳钢(如 45 号钢),其最终热处理一般采用调质处理,以获得良好的综合机械性能,即既有较高的强度硬度,又有一定的塑性、韧性,如连杆、曲轴和齿轮等。如果需要表面耐磨:如 45 号钢制作齿轮后,齿面属于软齿面,可对其表面淬火以增加表面硬度;又如曲轴,是柴油机里最贵重的零件,受力复杂,表面要求耐磨且要求整体具有较高的疲劳强度以避免疲劳破坏,可采取调质加表面渗氮(尤其对含 Cr、Mo 的合金调质钢)热处理工艺,用喷丸和滚压的办法也可以有效地提高曲轴的疲劳强度,喷丸用于整个表面,滚压只用于圆角。

中碳钢经常采用调质工艺,也称为调质钢(相应的 40Cr 等称为合金调质钢)。碳钢的淬透性较差,较大轴径的工件常用正火代替调质。

弹簧碳钢一般选用 65Si2Mn、60Si2Mn 等,最终热处理一般选用淬火+中温回火或等温淬火。65 号钢也称为弹簧钢(相应地 60Si2Mn 等称为合金弹簧钢)。

(三)高碳钢的回火处理过程

高碳钢属过共析钢,强度、硬度高,塑性、韧性较差,一般用来制作工具,如铁锤(T8)、锉刀(T12)和锯条(T12)等。高碳钢经轧制、锻造后空冷,所得组织是片状珠光体与网状二次渗碳体,这种组织硬而脆,不仅难以切削加工,在以后淬火过程中也容易变形和开裂。高碳钢需经球化退火预备热处理,得到的是球状珠光体组织,其中的渗碳体呈球状颗粒,弥散分布在铁素体基体上,和片状珠光体相比,不但硬度低,便于切削加工,而且在淬火加热时,奥氏体晶粒不易长大,冷却时工件变形和开裂倾向小。为了保持高硬度,高碳钢常采用淬火以后低温回火热处理工艺。T12 淬火回火后是细针状马氏体和渗碳体,硬度为 HRC60~62。

(四)工件横截面进行贯穿回火的方法

此部分内容不具体介绍。

(五)切削截面淬火和回火后的测试方法及需采取的安全预防措施

金属热处理生产过程中存在诸多不安全的因素,如高温、高电压和电磁辐射,使用的化学

药品会产生废水、废气和废渣；淬火和回火采用油淬时的淬火油槽和回火油槽，会有严重的消防隐患；各种热处理加热保温设备操作不当，存在爆炸隐患；热处理现场多梯台、井坑、槽罐等，容易造成人员磕碰；现场吊运大型加热工件，也有严重安全隐患；等等。这些对热处理设备的安全操作维护，对操作人员的劳动保护，操作人员自身的安全技能和工作责任心，“三废”处理和环境的保护等都提出很高的要求。《金属热处理生产过程安全、卫生要求》（GB 15735—2012）和其他一系列法律法规必须得到认真贯彻执行。

第四节　有色金属及其合金

一、有色金属基本知识

除黑色金属以外的其他金属统称为有色金属。有色金属及其合金的种类很多，虽然它们的产量和使用不及黑色金属多，但是它们具有许多特殊性能和优点，因而成为现代工业技术中不可缺少的材料。在有色金属里，铝及其合金和铜及其合金应用普遍。

铝元素在地壳中的含量仅次于氧和硅，居第三位，是地壳中含量最丰富的金属元素。铝在金属品种中，仅次于钢铁，为第二大类金属。

纯铝呈银白色，具有面心立方晶格，无同素异晶转变。纯铝的熔点为 660 ℃，密度为 2.7 g/cm^3，是一种轻金属材料。纯铝的导电性和导热性高，仅次于银和铜。

纯铝的强度、硬度很低（$\sigma_b = 80 \sim 100$ MPa，HBS20），但是塑性很高（$\delta = 50\%$，$\psi = 80\%$）。纯铝可分为高纯铝和工业纯铝两大类，前者供科研及特殊需求用，纯度为 99.930%～99.999%，牌号有 L01、L02、L03、L04，编号愈大，纯性愈高。根据杂质的含量，工业纯铝有 L1、L2、L3、L4、L4-1、L5、L5-1、L6，其中“L”为“铝”的拼音字首，序号愈大，纯度愈低。工业纯铝主要用于电线、电缆、器皿及配制合金等。

纯铝强度很低，不能用作结构材料，但可制成各种铝合金，如硬铝、超硬铝、防锈铝、铸铝等。这些铝合金广泛应用于飞机、汽车、火车、船舶等制造工业。此外，宇宙火箭、航天飞机、人造卫星也使用大量的铝及铝合金。例如，一架超声速飞机约由 70%的铝及铝合金构成。船舶建造中也大量使用铝，一艘大型客船的用铝量常达几千吨。

和铝迟至 19 世纪才提炼出较纯的铝锭并开始得到应用的情况不同，铜是人类应用最早的金属。铜及其合金早在人类史前时代，就开始被有意识地使用。铜的使用对早期人类文明进步的影响深远。

纯铜是一种玫瑰红色的金属，表面形成氧化铜膜后，外观呈紫色，故常称为紫铜。它是通过电解方法制取的，故也称为电解铜。纯铜的熔点为 1 083 ℃，密度为 8.9 g/cm^3，具有面心立方晶格，无同素异晶转变。工业中使用的纯铜 $W_{Cu} = 99.5\% \sim 99.95\%$。

纯铜具有高的导电性和导热性，良好的塑性和耐蚀性，但强度较低（$\sigma_b = 200 \sim 250$ MPa），不能通过热处理强化，只能通过冷加工变形强化。

工业纯铜的代号用 T（“铜”的汉语拼音字首）加顺序号表示，如 T1、T2、T3 等，顺序号愈大，纯度愈低。工业纯铜主要用于制造电线、电缆、电刷等电工器材，热交换器、铜管等导热器材，以及作为配制铜合金的原料。除工业纯铜外，还有一类无氧铜，其含氧量极低，不大于 0.003%。其牌号有 TU1、TU2，主要用于制作电真空器件及高导电性导线等。

纯铜由于强度低，不适于制作结构材料，但铜合金在社会各领域有着广泛的应用。

二、铝合金及其应用

铝中加入合金元素后，可获得较高的强度，并保持良好的加工性能。许多铝合金不仅可以通过冷变形来提高强度，而且可以用热处理来改善性能。因此，铝合金可用来制造承受较大载荷的机器零件和构件。根据要求的不同，可以加入铝中的合金元素有 Si、Mg、Cu、Mn 等。

有些铝合金加热时能形成单相固溶体组织，塑性较好，适合变形加工，称为形变铝合金。形变铝合金中，有些不能进行热处理强化，称为不可热处理强化的铝合金；有些可以进行固溶-时效强化处理，称为可热处理强化的铝合金。有些铝合金由于冷却时有共晶反应发生，流动性较好，适于铸造生产，称为铸造铝合金。

(一)形变铝合金

1.不可热处理强化的铝合金

这类合金主要指 Al-Mn 系、Al-Mg 系合金，其特点是具有很高的抗蚀性，故常称为防锈铝合金。这类合金还具有良好的塑性和焊接性能，但强度较低，只有通过冷加工变形才能使其强化。

防锈铝合金牌号用“LF”（“铝”“防”二字的汉语拼音字首）加顺序号表示，如 LF5、LF21 等。

LF5、LF11 属于 Al-Mg 系合金，具有较高的耐蚀性，退火状态下塑性好，焊接性良好，但切削加工性差，主要用作管道、容器、铆钉及承受中等载荷的零件与制品。

LF21 为 Al-Mn 系合金，具有高的耐蚀性，良好的塑性和焊接性，但切削加工性不良，常用作需要弯曲或冷拉伸的零件，如容器、铆钉等。

2.可热处理强化的铝合金

这类合金一般含有两种以上的合金元素，最常用的有 Al-Cu-Mg 系，Al-Cu-Mg-Zn 系和 Al-Cu-Mg-Si 系。它们主要通过时效强化来提高力学性能，根据其性能特点与用途分为以下几种：

(1)硬铝合金：我国生产的硬铝合金牌号很多，但以成分来看，均属于 Al-Cu-Mg 系合金，加入 Cu 和 Mg 的目的是使之形成强化相，这类铝合金因能通过淬火时效处理而获得相当高的强度，故称为硬铝，它在淬火时效状态下有较好的切削加工性，但耐蚀性较差。

硬铝的牌号用“LY”（“铝”“硬”二字的汉语拼音字首）加顺序号表示，如 LY11。

硬铝的应用很广，可轧成板材、管材和型材以制造各种铆接与焊接零件。LY1 和 LY10 具有较好的塑性，但强度较低，主要作铆钉用，故有“铆钉硬铝”之称。

LY11 是最早使用的一种硬铝，它的强度、塑性、耐蚀性在硬铝中属中等，用途较广泛，主要用来制造各种半成品，如轧材、锻材、冲压材等，也可制作螺旋桨叶片、飞机蒙皮梁及高载荷铆钉等重要零件。

(2)超硬铝合金：超硬铝合金属于 Al-Cu-Mg-Zn 系合金，还常加入少量的 Cr、Mn，它的强度在铝合金中最高，故称为超硬铝。由于它含有 Cu、Mg、Zn 等元素，这些元素与 Al 可形成多种复杂的固溶体与复杂的第二相，在时效过程中产生强烈的强化作用，使其强度超过硬铝。

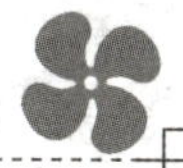

超硬铝的牌号用“LC”(“铝”“超”二字的汉语拼音字首)加顺序号表示,如 LC4。超硬铝主要用作要求重量小而受力较大的结构件,如飞机大梁、起落架、桁架等。

(3)锻铝合金:锻铝合金属于 Al-Cu-Mg-Si 系合金和 Al-Cu-Mg-Ni-Fe 系合金,具有良好的锻造工艺性,因而得此名。这类合金通过淬火时效可获得与硬铝相当的力学性能。

锻铝合金牌号用“LD”(“铝”“锻”二字的汉语拼音字首)加顺序号表示,如 LD6。

锻铝合金主要用来制造各种锻件和模锻件,如航空发动机活塞、直升机桨叶等。其中 LD6 是最常用的锻铝合金,它的强度与 LY11 相当,热塑性很好,在航空工业中广泛用于制造形状复杂的锻件零件,如离心式压缩机叶轮,导风轮,飞机操纵系统中的摇臂、支架及其他复杂锻件。

(二)铸造铝合金

用来制造铸件的铝合金称为铸造铝合金(简称铸铝),铸造铝合金中常有较多的共晶组织,熔点较低,故流动性好,可以浇注各种形状复杂的铸件。

根据主要合金元素的不同,铸造铝合金可分为四类:Al-Si 系、Al-Cu 系、Al-Mg 系和 Al-Zn 系。铸造铝合金的代号用“ZL”加三位数字表示,“ZL”是“铸”“铝”二字的汉语拼音字首;第一位数字表示主要合金类别,如“1”表示 Al-Si 系,“2”表示 Al-Cu 系,“3” 表示 Al-Mg 系,“4”表示 Al-Zn 系;第二、三位数字表示合金的顺序号。

1.铝硅合金

这类合金具有良好的铸造性能,如流动性好、收缩及热裂倾向小、密度小、有足够的强度、耐蚀性好,加入 Cu、Mg、Mn 等元素能形成复杂的强化相。

$W_{Si}=10\%\sim13\%$是一种最典型的 Al-Si 合金,属于共晶成分,通常称为硅铝明。为了提高它的力学性能常采用变质处理,即在浇注前向 820~850 ℃的合金液中加入重量为铝液 1%~3%的变质剂(通常采用 2/3NaF 和 1/3NaCl 的混合盐),停留十多分钟后浇入铸型。由于变质剂的作用,原来共晶成分的合金变成亚共晶合金,同时变质剂使共晶体中的硅细化,从而获得塑性好的 α 初晶和细小的共晶组织。经变质处理后,ZL102 合金($W_{Si}=10\%\sim13\%$)的抗拉强度 $\sigma_b=180$ MPa、伸长率 $\delta=8\%$,显著地改善了力学性能。

为了进一步提高硅铝合金的强度,可在亚共晶($W_{Si}=4\%\sim10\%$)合金中加入一些能形成强化相的合金元素(如 Cu、Mg、Mn),而制成 ZL101、ZL104、ZL105 等复杂合金。

铝硅合金广泛用于制造中小型内燃机的活塞、气缸体、气缸套、风扇叶片、电机、仪表外壳及形状复杂的薄壁零件。

2.铝铜合金

这类合金具有较高的耐热强度,可作高温(300 ℃以下)条件工作的零件。但由于组织中共晶体少,铸造性能差,抗蚀性也不好,目前大部分被其他合金所代用。其主要代号有 ZL201、ZL202、ZL203 等。

3.铝镁合金

这类合金的特点是密度小(小于 2.55 g/cm³)、耐蚀性好、强度高,但铸造性能差、易产生热裂和缩松,多应用于在冲击、振动载荷和腐蚀条件下工作的零件,如海船配件、泵用零件等。其典型代号有 ZL301、ZL302 等。

4.铝锌合金

这类合金强度较高,但耐蚀性差,若加入适量的 Mn、Mg,可适当提高耐蚀性。另外,铝锌合金的工艺性很好，可用于在铸态下直接使用的零件，如汽车、飞机、仪表、医疗器械等零件。其代号有 ZL401、ZL402 等。

三、铜合金及其应用

铜中加入合金元素后，可获得较高强度和其他性能。一般铜合金分黄铜、青铜和白铜。

（一）黄铜

黄铜是以 Zn 为主要合金元素的铜合金，按其化学成分可分为普通黄铜和特殊黄铜两大类；按生产方式可分为压力加工黄铜和铸造黄铜两大类。

1.普通黄铜

普通黄铜是铜和锌组成的二元合金，锌加入铜中提高了合金的强度、硬度和塑性，并且改善了铸造性能。黄铜的组织、力学性能与含锌量的关系如图 8-4-1 所示。

由图看出，在平衡状态下，W_{Zn} 在 30%时，黄铜塑性最好，而 W_{Zn} 在 42%左右时，黄铜抗拉强度最高，但塑性已经变差，工业黄铜中含锌量一般不超过 47%。$W_{Zn}<39\%$，黄铜经退火后，其合金组织为单相 α，相应称为单相黄铜；$W_{Zn}\geqslant 39\%$，其合金组织为双相（α+β′），相应称为双相黄铜。

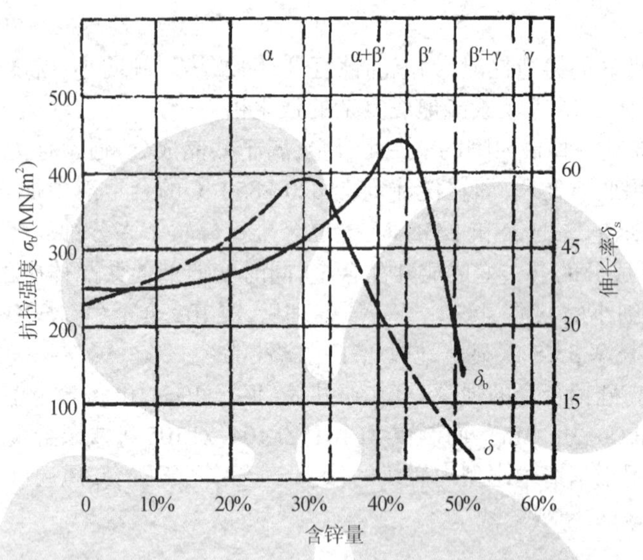

图 8-4-1　黄铜的组织、力学性能与含锌量的关系

黄铜的抗蚀性较好，与纯铜相近。单相黄铜又比双相黄铜好，经冷加工的黄铜制品，因有残余应力，在潮湿的大气或海水中，特别在氨的介质中易发生自动开裂（即季裂）现象。季裂是应力和腐蚀介质共同作用产生的应力腐蚀现象。黄铜的季裂随含锌量的增加而加剧，一般可用低温退火（250~350 ℃保温 1~3 h）来消除应力防止季裂，或者可以加入适量的 Sn、Si、Al、Mn、Ni 等元素来显著降低对应力腐蚀开裂的敏感性。

压力加工普通黄铜的代号，用“黄”字的汉语拼音字首“H”加数字表示，数字表示铜的含量（$W_{Cu}\times 100$），如 H68 表示 $W_{Cu}=68\%$、$W_{Zn}=32\%$的普通黄铜。

普通黄铜中，最常用的代号有 H68、H62。其中，H68 为单相黄铜，具有较高的强度和优良

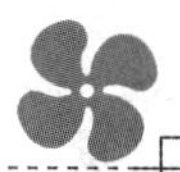

的冷变形性能,适用于常温下用冲压和深冲法制造形状复杂的工件,多用于国防工业上制造弹壳、冷凝管等。H62 为双相黄铜,适宜热压力加工,具有较高的强度和耐蚀性,广泛用于制造散热器、油管、螺钉、弹簧及各种金属网等。

2.特殊黄铜

为了改善黄铜的力学性能、耐蚀性或某些工艺性能(如切削加工性、铸造性等),在铜锌合金中加入其他合金元素(如 Pb、Sn、Al、Mn、Si 等)即可形成特殊黄铜,如铅黄铜、锡黄铜、铝黄铜等。例如,加 Pb 可改善黄铜的切削加工性和提高耐磨性;加 Sn 主要是为了提高耐蚀性;加 Al、Ni、Mn、Si 等元素均能提高合金的强度和硬度,还能改善合金的耐蚀性。

特殊黄铜可分为压力加工用和铸造用两种。前者加入的合金元素较少,使之能溶入固溶体中,以保证能有足够的变形能力,如表 8-4-1 所示。后者因不要求有很高的塑性,为了提高强度和铸造性能,可加入较多量的合金元素,如表 8-4-2 所示。

表 8-4-1　压力加工用特殊黄铜的代号、成分、力学性能及用途

类别	代号	主要成分($W\times100$)			制品种类或铸造方法	力学性能			用途举例
		Cu	其他	Zn		σ_b/MPa	$\delta\times100$	硬度	
铅黄铜	HPb63-3	62~65	Pb 2.4~3.0	余量	板,带,棒,线	670	4	HBS88	钟表零件、汽车、拖拉机及一般零件
铅黄铜	HPb61-1	59~61	Pb 0.6~1.0	余量	板,带,棒,线	670	4	HRB8	一般机械结构零件
锡黄铜	HSn90-1	88~91	Sn 0.25~0.75	余量	板,带	520	5	HBS82	汽车、拖拉机弹性套管,船舶零件
锡黄铜	HSn62-1	61~63	Sn 0.7~1.1	余量	板,带,棒,线	700	4	HRB95	汽车、拖拉机弹性套管,船舶零件
铝黄铜	HAl60-1-1	58~61	Al 0.7~1.5 Mn 0.1~0.6 Fe 0.7~1.5	余量	板,棒	750	8	HBS180	齿轮、涡轮、轴及耐蚀零件
铝黄铜	HAl59-3-2	57~60	Al 2.5~3.5 Ni 2.0~3.0	余量	板,管,棒	650	15	HBS155	强度要求高的耐蚀零件
硅黄铜	HSi80-3	79~81	Si 2.5~4.0	余量	棒	600	4	HBS110	船舶及化工机械零件,可作耐磨青铜的代用材料
锰黄铜	HMn58-2	57~60	Mn 1.0~2.0	余量	板,带,棒,线	700	10	HBS175	船舶零件及轴承等耐磨零件

表 8-4-2 部分铸造用特殊黄铜的代号、成分、力学性能及用途

类别	代号	主要成分($W\times100$) Cu	其他	Zn	制品种类或铸造方法	力学性能(不小于) σ_b/MPa	$\delta\times100$	HBS	用途举例
硅黄铜	ZCuZn16Si4	79~81	Si 2.5~4.5	余量	砂型	345	15	88.5	接触海水工作的配件以及水泵,叶轮,在空气、淡水、油、燃料以及工作压力在 4.5 MPa 和 250 ℃以下蒸汽中工作的零件
					金属型	390	20	98.0	
铅黄铜	ZCuZn40Pb2	58~63	Pb 0.5~2.5 Al 0.2~0.8	余量	砂型	220	15	78.5	一般用途的耐磨、耐蚀零件,如轴套、齿轮等
					金属型	280	20	88.5	
铝黄铜	ZCuZn25Al6Fe3Mn3	60~65	Al 4.5~7.0 Fe 2.0~4.0 Mn 1.5~4.0	余量	砂型	>725	10	157.0	适用于高强度、耐磨零件,如桥梁支承板、螺母、螺杆、耐磨板、滑块和涡轮等
					金属型	>740	7	166.5	
	ZCuZn31Al2	66~68	Al 2.0~3.0	余量	砂型	295	12	78.5	适用于压力铸造,如电机、仪表等压铸件以及造船和机械制造中的耐蚀零件
					金属型	390	15	88.5	
锰黄铜	ZCuZn40Mn3Fe1	53~58	Mn 3.0~4.0 Fe 0.5~1.5	余量	砂型	440	18	98.0	耐海水腐蚀的零件,以及 300 ℃以下工作的管配件,制造船舶螺旋桨等大型铸件
					金属型	490	51	108.0	
	ZCuZn40Mn2	57~60	Mn 1.0~2.0	余量	砂型	345	20	78.5	在空气、淡水、海水、蒸汽(小于 300 ℃),以及各种液体、燃料中工作的零件和阀体、阀杆、泵、管接头,需要浇注巴氏合金和镀锡零件等
					金属型	390	25	88.5	

特殊黄铜的代号依次由“H”(“黄”字汉语拼音字首)、主加元素符号、铜的含量($W_{Cu}\times100$)、合金元素的含量($W_{Me}\times100$)组成。例如,HSn62-1 表示 $W_{Sn}=1\%$、$W_{Cu}=62\%$,其余为 Zn 含量($W_{Zn}\times100$)的锡黄铜。若为铸造黄铜,则在代号前冠以“Z”(“铸”字拼音字首),其后加上基体金属铜和合金元素符号以及合金元素的含量($W_{Me}\times100$)。例如,ZCuZn31Al2 表示,$W_{Zn}=31\%$,$W_{Al}=2\%$,$W_{Cu}=67\%$。

(二)青铜

青铜原指铜锡合金,但工业上习惯通称以铝、硅、铅、铍、锰等为主要合金元素的铜基合金为青铜。所以,青铜实际上包括有锡青铜、铝青铜、铍青铜等。

青铜一般都具有高的耐蚀性、较高的导电性和导热性以及良好的切削加工性。

青铜也分为压力加工用和铸造用两大类,青铜的代号依次由“Q”(“青”的汉语拼音字首)、主加元素符号、主加元素的含量($W\times100$)、其他元素的含量($W\times100$)组成。例如,代号 QSn4-3 表示 $W_{Sn}=4\%$,其他元素 $W_{Zn}=3\%$,其余为铜的锡青铜。如果是铸造用青铜,代号之前加“Z”字。例如,代号 ZQSn10-1 表示 $W_{Sn}=10\%$,其他元素 $W_P=1\%$,其余为铜的铸造用锡青铜。

1.锡青铜

以锡为主要添加元素的铜基合金称为锡青铜。锡青铜具有较高的强度、塑性和良好的耐蚀性能。

锡在铜中形成固溶体,也可形成金属化合物。因此,根据含锡量的不同,锡青铜的组织和性能也不相同。$W_{Sn}<7\%$时,锡溶于铜中形成 α 固溶体,且有良好的塑性,并随着含锡量的增加,强度、塑性均增加;当 $W_{Sn}>7\%$以后,由于组织中出现硬而脆的 δ 相(以化合物 Cu31Sn8 为基的固溶体),塑性急剧下降;当含锡量继续增加到 20%时,由于过多的 δ 相存在,合金变脆,强度也降低。因此,一般冷、热加工用的锡青铜含锡量均小于 7%,$W_{Sn}>7\%$的只适用于铸造。

锡青铜铸造时,因结晶间隔较大,流动性差,易形成分散缩孔,铸造致密度不高。但铸件收缩率小,金属利用率高,故锡青铜适用于铸造形状复杂、壁厚变化较大且致密度要求不高的零件。

锡青铜在盐酸、硫酸和氨水中的抗蚀性能较差,但在大气、海水和无机盐溶液中有极好的抗蚀性。

为了提高锡青铜的铸造性能、力学性能、耐磨性和切削加工性,常加入 P、Pb、Zn、Ni 等合金元素,形成多元锡青铜。

2.铝青铜

以铝为主要添加元素的铜合金称为铝青铜,铝青铜属于无锡青铜,一般 $W_{Al}=5\%\sim10\%$。它的特点是具有高的强度、耐蚀性和抗磨能力,并能进行热处理强化。铸造用铝青铜还具有结晶温度范围小、流动性好、形成晶内偏析和分散缩孔的倾向小等优点。因此,铝青铜是一种用途很广的铸造用和压力加工用材料,适于制作机械、化工、造船及汽车工业中的齿轮、涡轮、轴套、阀门等零件。

3.铍青铜

以铍为主要添加元素的铜合金称为铍青铜,一般 $W_{Be}=1.6\%\sim2.5\%$。铍青铜不仅具有高的强度和硬度,而且具有高的弹性极限、疲劳极限,良好的耐蚀性、导电性和导热性,以及抗磁、受冲击不产生火花等优点。在工艺性方面,它承受冷、热压力加工的能力很强,铸造性能也好,主要用于制造各种精密仪器、仪表的重要弹性元件,耐蚀、耐磨零件,如钟表齿轮、航海罗盘、航海仪器中的零件,防爆工具以及电焊机电极等。但铍青铜价格高昂、工艺复杂,故应用受到限制。一般铍青铜是在压力加工后的淬火状态供应,工厂用它制成零件后,可不再进行淬火而只进行时效处理。

4.铅青铜

铅青铜多用作耐磨材料,在高压(25~30 MPa)及高速(8~10 m/s)工作条件下,有高的疲劳强度。与其他耐磨合金相比,铅青铜在冲击载荷的作用下开裂倾向小,并且有较高的导热性。铅青铜被广泛地应用于制造轴瓦,是一种重要的轴承合金。

除上述几种常用的青铜外,青铜尚有硅青铜、锰青铜、钛青铜等。常用青铜的代号(牌号)、化学成分、力学性能及用途如表 8-4-3 所示。

表 8-4-3　常用青铜的代号、化学成分、力学性能及用途

类别	代号	主要成分(W×100)			制品种类或铸造方法	力学性能		用途举例
		Sn/Al/Be/Pb	Cu	其他		σ_b/MPa	δ×100	
压力加工用锡青铜	QSn4-3	Sn 3.5~4.5	余量	Zn 2.7~3.3	板,带,棒,线	350	40	弹簧、管配件和化工机械中的耐磨及抗磁零件
	QSn6.5-0.4	Sn 6.0~7.0	余量	P 0.26~0.40	板,带,棒,线	750	9	耐磨及弹性零件
	QSn4.4-2.5	Sn 3.0~5.0	余量	Zn 3.0~5.0 Pb 1.5~3.5	板,带	650	3	轴承和轴套的衬垫等
铸造用锡青铜	ZCuSn10Zn2	Sn 9.0~11.0	余量	Zn 1.0~3.0	砂型	240	12	在中等及较高载荷下工作的重要管配件,阀、泵体、齿轮等
					金属型	245	6	
	ZCuSn10P1	Sn 9.0~11.5	余量	P 0.5~1.0	砂型	220	3	重要的轴瓦、齿轮、连杆和轴套等
					金属型	310	2	
特殊青铜(无锡青铜)	ZCuAl10Fe3	Al 8.5~11.0	余量	Fe 2.0~4.0	砂型	490	13	重要用途的耐磨、耐蚀的重型铸件,如轴套、螺母、涡轮
					金属型	540	15	
	QBe2	Be 1.8~2.1	余量	Ni 0.2~0.5	板,带,棒,线	500	3	重要仪表的弹簧、齿轮等
	ZCuPb30	Pb 27.0~33.0	余量		金属型			高速双金属轴瓦、减摩零件等

(三)白铜

以镍为主要合金元素的铜合金称为白铜。普通白铜仅含 Cu 和 Ni,其编号为“B”加 Ni 的平均含量,“B”为“白”的汉语拼音字首。例如,B19 表示含镍量为 19%的普通白铜。普通白铜中加入 Zn、Mn、Fe 等元素后分别称为锌白铜、锰白铜、铁白铜,编号方法:“B”+其他元素符号+Ni 的平均含量+其他元素的平均含量。例如,BZn15-20 表示含镍量为 15%、含锌量为 20%的锌白铜。

在固态下,Cu 与 Ni 无限固溶,因此工业白铜的组织为单相 α 固溶体,它有较好的强度和优良的塑性,能进行冷、热变形,冷变形后能提高强度和硬度,它的抗蚀性很好,电阻率较高,主要用于制造船舶仪器零件、化工机械零件及医疗器械等。含锰量高的锰白铜可制作热电偶丝。

第五节　船用材料的选用

船舶机械设备、零部件的安全、可靠对船舶的正常营运至关重要。下面着重介绍重要船用机械的主要零件、螺旋桨等的工作条件,常见损伤形式,常用材料和热处理工艺以及其他强化手段等内容,为轮机工作人员进行船机维修、监修和监造等工作提供材料学方面的重要知识。

一、影响轮机工程材料选择的因素

轮机工程材料选择的基本原则是在首先保证材料满足零件的使用性能的前提下，兼顾材料的工艺性能和经济性。

(一)满足零件的使用性能

使用性能是指材料能保证零件正常工作必须具备的性能。它包括力学性能、物理性能和化学性能。零件的使用性能主要是指材料的力学性能，一般选材时，首要任务是正确地分析零件的工作条件和主要的失效形式，以准确地判断零件要求的主要力学性能指标。轮机工程零件由于经常在高温或低温、腐蚀的环境下工作，材料的耐高温或低温性能、耐腐蚀性能也需要做重点考虑。

1.分析零件的工作条件

在分析零件工作条件的基础上，提出对所用材料的性能要求。工作条件是指受力形式(拉伸、压缩、弯曲、扭转或弯扭复合等)，载荷性质(静载、动载、冲击、载荷分布等)，受摩擦磨损情况，工作环境条件(如环境介质、工作温度等)，以及导电、导热等特殊要求。如曲轴受弯扭复合的动载荷，其主轴颈表面需要耐磨、耐腐蚀，以选用调质钢为主；主机缸套主要受压，需要耐磨，以选用铸铁为主；船舶螺旋桨既要求具有高的强度、塑性和冲击韧性，又需要具有良好的抗穴蚀和抗电化学腐蚀的能力，常选择锰铁黄铜；对导电、导热要求高的零件，常选用铜或铜合金等。

2.判断主要失效形式

零件的失效形式与其特定的工作条件是分不开的。要深入现场，收集整理有关资料，进行相关的试验分析，判断失效的主要形式及原因，找出原设计的缺陷，提出改进措施，确定所选材料应满足的主要力学性能指标，为正确选材提供具有实用意义的信息，确保零件的使用效能和提高零件抵抗失效的能力。如曲轴断裂部位经常显示扭转和弯曲复合疲劳断裂的特征；缸套经常显示黏着磨损或磨粒磨损的磨损失效特征。

3.合理选用材料的力学性能指标

一般情况下，材料的强度越高，其塑性、韧性越低。片面地追求高强度以提高零件的承载能力不一定就是安全的，如果材料塑性降低过多，遇有短时过载等因素，应力集中的敏感性增强，有可能造成零件的脆性断裂。因此，在提高屈服强度的同时，还应考虑材料的塑性指标。塑性和韧性指标一般不直接用于设计计算，而较高的 δ 和 ψ 值能削减零件应力集中处(如台阶、键槽、螺纹、油孔、内部夹杂等处)的应力峰值，提高零件的承载能力和抗脆断能力。

以低应力脆断为主要失效形式的零件，如在低温下工作的船体钢板和油船管道等，要高度重视保持足够的低温韧性，同时应运用断裂力学方法进行定量设计计算，以保证零件的使用寿命。

巧用硬度与强度等力学指标间的关系。由于硬度的测定方法简单，又不损坏零件，且材料硬度与强度以及强度与其他力学性能之间存在着一定关系，大多数零件在图纸上只标出所要求的硬度值来综合体现零件所要求的全部力学性能。

一般硬度值确定的规律为：对承载均匀，截面无突变，工作时不发生应力集中的零件，可选较高的硬度值；反之，对有应力集中的零件，则需要有较高的塑性，硬度值应该适当降低；对高精度零件，为提高耐磨性，保持高精度，硬度值要大些；对相互摩擦的一对零件，要注意两者的硬度值应有一定的差别，两者当中的易磨损件或重要件应有较高的硬度值。例如，轴颈与滑动轴承的配合，轴颈应比滑动轴承硬度高；一对啮合传动齿轮，一般小齿轮齿面硬度应比大齿轮高，因为传动时小齿轮每个齿的摩擦次数比大齿轮多；螺母硬度应比螺栓低些。多数热作模具和某些冷作模具，切削刀具等，选材时还应该考虑其较高热硬性要求。

4.综合考虑多种因素

若零件在特殊的条件下工作，选材的主要依据也应视具体条件而定。例如：像储存酸碱的容器和管路等，应以耐蚀性为依据，考虑选用不锈钢、耐蚀 MC 尼龙等；柴油机连杆不能产生过量的弹性变形，则材料的刚度为关键性能指标；零件要求弹性、密封、减振防振等，可考虑选择能在-50~150 ℃处于高弹性，同时拥有优良伸缩性的橡胶材料。重要的螺栓的主要失效形式为过量的塑性变形和断裂，则关键性能指标为屈服强度和疲劳强度。在 600~700 ℃工作的内燃机排气阀可选用耐热钢等。选用高分子材料（如用尼龙绳作吊具等）时，还要考虑在使用时温度、光、水、氧、油等周围环境对其性能的影响，所以防老化必须作为其重要的选材依据。

5.合理利用材料的淬透性

淬透性对钢的力学性能有很大的影响，未淬透钢的心部的冲击韧度、屈强比和疲劳强度较低。对于截面尺寸较大的零件，在动载荷下工作的重要零件，以及承受拉压应力而要求截面力学性能一致的零件（如缸盖螺栓、贯穿螺栓等），应选用能全部淬透的钢（如合金调质钢）。对某些承受弯曲和扭转等复合应力作用的轴类零件，由于截面上的应力分布是不均匀的，最大应力发生在轴的表面，而心部受力较小，可用淬透性较低的钢，但要保证淬硬层深度。焊接件等不可选用淬透性高的钢，避免造成焊接变形和开裂。因此，选材及热处理时，不能盲目追求材料淬透性和淬硬性的提高。

6.根据使用性能选材时应注意的问题

应特别注意性能数据的可靠性和使用范围。一般来说，手册中提供的数据多为通过小尺寸试样测得的，而实际零件的尺寸往往较大且分散性强，性能随材料尺寸的增大而降低。另外，手册上提供的性能数据一般是用表面无裂纹的光滑试样或特定缺口试样测得的，其承受载荷的大小和频率都是人为设计的，而实际零件在加工和使用过程中可能产生各种裂纹及缺口，服役时承受的载荷在理论上是特定的，但实际工作中往往会随机变化。因此，在查取性能数据时应充分考虑各种因素，进行必要的修正。

充分考虑材料的尺寸效应。随着截面尺寸的增大，金属材料的力学性能下降的现象，称为尺寸效应。例如，灰铸铁 HT300 铸件壁厚为 10~20 mm 时，其最低抗拉强度为 290 MPa，而当其壁厚达 30~50 mm 时，最低抗拉强度降到 230 MPa。

零件的力学性能指标受预期寿命的影响。一般预期寿命越长，要求的指标就越高，零件的生产和使用成本也会越高，所以要辩证处理制造成本与寿命的关系。例如，对滑动轴承而言，由于轴承的结构较简单，加工容易，更换方便，曲轴轴颈的强度和表面硬度指标应比轴瓦高，轴瓦采用巴氏合金等有色金属材料，使轴瓦寿命短于轴，维修时只更换轴瓦，以降低维护费用。

工作环境对不同材料的组织和性能有影响，如工程塑料、橡胶等，不仅其力学性能受环境条件的影响很大，而且其物理、化学性能会随环境条件的变化而变化。因此，在选材时，应充分了解工作环境的特殊性及适用范围。

（二）兼顾材料的工艺性能

任何一个零件都要经过若干加工工序制作而成。加工的难易程度必然要影响到生产率和

加工成本以及产品质量。材料的工艺性能是指材料适应某种加工的难易程度。材料工艺性的好坏对零件的加工生产有直接的影响。良好的工艺性,不仅可保证零件的制造质量,而且有利于提高生产率和降低成本,所以工艺性也是选材必须考虑的问题。金属材料的工艺性能包括铸造性、压力加工性能、焊接性、切削加工性、热处理工艺性等。零件的形状、尺寸精度和性能要求不同,采用的成型方法也不同。

零件性能要求不高,一般采用铸铁、碳钢等制造,其工艺性能都较好。

性能要求较高的零件,一般采用以下的工艺路线制造:毛坯→预先热处理(正火、退火)→粗加工→最终热处理(淬火、回火、固溶时或表面处理)→精加工→零件。预先热处理是为了改善切削加工性,并为最终热处理做好组织准备。大部分性能要求较高的零件,如各种合金钢、高强度铝合金制造的轴类、齿轮等,均采用这种工艺路线,它们的工艺性能都要仔细分析。

性能要求高的精密零件,一般采用以下的工艺路线制造:毛坯→预先热处理(正火、退火)→粗车→调质→精车→去应力退火→粗磨→最终热处理(渗氮等)→精磨→稳定化处理(时效等)→零件。比如柴油机缸套和活塞环,耐磨性要好,又是受压为主,因此主要选用铸铁,采取铸造工艺制作,施以表面淬火等合适的热处理工艺;又如曲轴、连杆和贯穿螺栓等重要受力零件,选用调质钢,整体采用锻造热加工和调质热处理工艺制作,表面有耐磨要求的施以合适的热处理工艺;再如柴油机精密偶件,属于性能要求高的精密零件,常用的材料有滚动轴承钢 GCr15、低合金工具钢 CrWMn、氮化钢 38CrMoAlA 等。精密偶件在淬火后应立即进行深冷(-70 ℃的冷处理)以减少钢中的残余奥氏体组织,使偶件组织稳定。

(三)选材的经济性

零件选用的材料必须保证它的生产和使用的总成本最低。据有关资料统计,在一般的工业部门中,材料价格要占产品价格的30%~70%。在能满足使用要求的前提下,应尽可能采用廉价的材料,把产品的总成本降至最低,以便取得最大的经济效益,使产品在市场上具有较强的竞争力。比如柴油机曲轴、连杆可以采用较为价廉的球墨铸铁制作。又如缸套,选用铸铁一方面是因为其具有很好的耐磨性、减振性、铸造性和切削性;另一方面价廉也是其被选用的重要原因。少数对可靠性要求高而对价格不敏感的柴油机(如军舰用),需对气缸套材料进行渗氮处理,所以采用渗氮钢 38CrMoAlA。

在满足零件对使用性能与工艺性能要求的前提下,能用铸铁不用钢,能用非合金钢不用合金钢,能用硅锰钢不用铬镍钢,能用型材不用锻件、加工件,且尽量用加工性能好的材料。能正火使用的零件就不必调质处理。需要进行技术协作时,要选择加工技术好、加工费用低的工厂。材料来源要广,尽量采用符合我国资源情况的材料。这是一般原则,但实际情况还要复杂很多,如加工费用低的工厂的加工质量、交货时间是否能得到保证等是不可忽视的问题。

总的来说,我们要从零件的总成本角度和机械全寿命周期来考虑。

零件的总成本包括原材料价格、零件的加工制造费用、管理费用、试验研究费和维修费等。在金属材料中,碳钢和铸铁(尤其是球墨铸铁)的价格比较低廉,并有较好的工艺性,所以在满足使用性能的条件下应优先选用。低合金钢的强度比碳钢高,总的经济效益也比较显著,有扩大使用的趋势。如船体用钢,一般都有较高含锰量,具有较高的强度级别,同样的船舶,较采用普通碳钢材料的轻很多,相应地可以提高载货量,提高整体经济性。因此,材料也并非越便宜越好。

二、柴油机主要零件材料

（一）曲轴

曲轴是柴油机中最重要的部件之一。它的作用是将各缸的功率汇集起来以回转运动形式输送出去。

曲轴由主轴颈、曲柄臂、曲柄销和输出法兰等部分组成。小型曲轴常做成整体式。过去，由于锻造能力的限制，大中型曲轴多制成半组合式和全组合式。半组合式曲轴的曲柄臂和主轴颈之间是用红套或者液压套的方式配合的。全组合式曲轴的曲柄臂和主轴颈以及曲柄销之间都是用红套或液压套配合的。目前，随着压力加工技术的发展以及大型锻压设备的出现，大中型曲轴也趋向于整体式，因而具有更好的强度和刚度，工作更加安全可靠。

曲轴承受：气体爆发压力和活塞连杆机构的惯性力所产生的冲击性的弯矩和扭矩；由于扭转振动而承受附加的扭矩；由于安装不正而产生附加的弯矩；由于柴油机咬缸、飞车，螺旋桨触礁、被渔网或缆绳绞绊等事故而承受意外的弯矩和扭矩；轴颈受到摩擦和变质滑油的腐蚀。

曲轴常见的损伤：

（1）轴颈由于磨损，轴径变小，并产生圆度和圆柱度误差。轴颈上出现划痕、擦伤和腐蚀斑点。

（2）应力集中部位可能出现疲劳裂纹，甚至断裂。

（3）组合式曲轴在红套或液压套合处产生滑移。

曲轴不断地承受着冲击性变化的负荷，又经常产生疲劳裂纹，因此曲轴需要具有良好的综合机械性能，尤其是足够的疲劳强度。轴颈经常受到磨损，要有较高的硬度和耐磨性。

小型整体式曲轴的材料常用40、45、40Cr、45Cr等中碳钢和低合金钢，也可以选用QT600-3和QT700-2等球墨铸铁；大中型组合式曲轴的轴颈常用35和40等中碳钢，曲柄常用ZG270-500、ZG25MnV等铸钢。目前，整体式的大型曲轴多采用优质的低合金结构钢，含碳量约为0.45%，含锰量约为1.5%，因而具有足够的强度和硬度。

合金钢和部分碳钢曲轴的最终热处理通常是调质处理，以回火索氏体组织投入使用。部分碳钢曲轴的最终热处理采用正火，得到珠光体加铁素体组织，性能虽然略低于调质处理，但是比较经济。球墨铸铁的曲轴常采用正火和调质处理的热处理工艺，球墨铸铁的曲轴还可以采用等温淬火的工艺，得到下贝氏体的基体组织。

为了提高曲轴的耐磨性和疲劳强度，不论是碳钢、合金钢还是球墨铸铁的曲轴都应该采取强化措施。对于轴颈表面，可以用渗氮处理的办法使其硬化，硬度达HRC50以上，但是圆角处切不可硬化，以免因应力集中而产生裂纹。常用的渗氮方法有气体渗氮、气体软氮化、离子碳氮和离子碳氮钛共渗等。其中，气体软氮化可以使合金钢曲轴的弯曲疲劳强度提高20%～30%，球墨铸铁和碳钢曲轴则可分别提高50%～70%和60%～80%，效果非常显著。

用喷丸和滚压的办法也可以有效地提高曲轴的疲劳强度，喷丸用于整个表面，滚压则只用于圆角。它们都能在表面上形成残余压应力，以抵消受力时所产生的一部分拉应力，使疲劳强度提高。喷丸可以使各种曲轴的弯曲疲劳强度提高15%～25%，滚压可以使钢制曲轴的弯曲疲劳强度提高20%～70%，可以使球墨铸铁曲轴的弯曲疲劳强度提高50%～90%，效果也是十分明显的。如果渗氮处理和喷丸、滚压等机械强化处理兼用之，则效果更佳。

（二）气缸套

气缸套是组成燃烧室的部件之一，内壁与燃气直接接触，外壁有缸套冷却水进行冷却，因

此承受着很大的热负荷、机械负荷和严重的腐蚀。同时，气缸还在润滑条件很差的情况下与活塞组件进行着剧烈的摩擦。

气缸套常见的损伤形式有：

(1)内圆表面由于剧烈的摩擦而产生过度磨损，并产生圆度和圆柱度误差，严重时甚至出现擦伤和拉缸的现象。

(2)由于交变的热应力和机械应力的作用而产生疲劳裂纹，甚至裂穿。

(3)冷却水表面受到穴蚀和腐蚀。

气缸套的主要损伤形式是磨损，所以首先要求它具有足够的强度、硬度和耐磨性。它又是组成燃烧室的部件，所以要有很好的耐热性、导热性和耐蚀性。

铸铁具有很好的耐磨性、减振性、铸造性和切削性，所以绝大部分柴油机采用铸铁作为气缸套材料。少数柴油机需对气缸套材料进行渗氮处理，所以采用渗氮钢 38CrMoAlA。

最常用的铸铁材料为合金铸铁，如高磷铸铁、磷铬铸铁、钒钛铸铁和硼铸铁等。高磷铸铁含磷量为 0.4%~0.6%，磷和铁很容易化合为 Fe_3P，并进一步形成共晶体(Fe_3P+F)和($Fe_3P+F+Fe_3C$)，这些共晶体硬而脆，因而大大提高了气缸套的耐磨性。磷还可以提高流动性，改善铸铁铸造性能。

部分柴油机的气缸套则采用球墨铸铁和普通灰口铸铁，其耐磨性、耐热性和耐蚀性均低于合金铸铁，但是可以通过一些强化手段来提高。

气缸套最常用的强化手段有：内圆表面，高频淬火、电接触表面淬火、激光淬火、松孔镀铬等；内、外圆表面，离子渗氮处理。这些强化手段可提高气缸套的硬度和耐磨性、疲劳强度。渗氮处理还可以提高气缸套外圆表面抗穴蚀的能力。

气缸套内圆表面的强化方法一定要和活塞环外圆表面的强化相匹配，形成一个合理的摩擦副，才能达到减少摩擦和降低磨耗的目的。如果匹配不好，反而会使磨损率加大，甚至发生剧烈的磨粒磨损。例如，镀铬的气缸套和镀铬的活塞环相配时，就会使摩擦系数加大，甚至发生拉缸。

(三)气缸盖

气缸盖是组成燃烧室的部件之一，触火面与高温燃气直接接触，内部有冷却水腔通行冷却水进行冷却，因此它承受着很大的热负荷、机械负荷并受到腐蚀作用。此外，温差引起的附加应力也可能造成气缸盖损伤。从结构上看，气缸盖结构复杂，壁厚不均现象严重，以中小型高速柴油机采用的整体式气缸盖为甚。

在气体力的作用下，气缸盖下表面(触火面)受压应力，但上表面(水冷面)受拉应力；在柴油机工作时，气缸盖下表面温度较高，而上表面温度较低，温差引起的热应力使气缸盖下表面受压应力，上表面受拉应力。上表面的气体力导致的拉应力和热应力导致的拉应力叠加，容易产生裂纹；下表面(触火面)中部温度较边缘高，膨胀受限受压应力，压应力过大会导致残余拉应力产生。因此，气缸盖上表面和下表面都可能产生裂纹，这些裂纹是机械应力和热应力共同或单独作用所致的，可能是高温疲劳或热疲劳或机械疲劳。另外，气缸盖气阀座面和导套会产生磨损。

制作气缸盖的材料有灰铸铁、球墨铸铁(如 QT400-15)、铸钢(如 ZG35CrMo)和锻钢(如 35CrMo、40Cr，一般用于增压度较高的大型二冲程柴油机)。大型柴油机气缸盖由于生产数量不多，常采用砂型铸造工艺。这类气缸盖形状复杂，壁厚不均，易产生铸造裂纹；厚实部位容易产生热节，形成缩孔或缩松；另外，排气不顺畅易产生气孔。因此，这类气缸盖制造难度大，废

品率较高。制作时需精心设置浇注系统，合理安排冒口和冷铁，妥善设计排气系统，保证铁水能快速、平稳地充满型腔并保证排气顺畅。尤其采用铸钢材料的，铸钢收缩大，特别容易产生缩孔或缩松和产生较大的内应力。由于这种铸造方法属于顺序凝固，铸造应力会比较大，铸件需退火加时效热处理消除铸造内应力，同时改善铸态组织。铸件机加工后还需进行磁粉探伤，0.7 MPa 水压试验，保压一定时间应无渗漏现象。

现代大型低速高增压柴油机普遍采用单体式气缸盖，由于缸径较大，势必造成作用在上表面（水冷面）的拉应力也较大，采用铸铁材料制作容易产生裂纹，现在这类柴油机气缸盖常采用锻钢，按照“薄壁强背”原则制造。采用锻钢锻制的气缸盖，由于锻造可以使材料组织致密，锻钢（调质钢或合金调质钢）本身又是综合机械性能良好的材料，其力学性能显著高于铸件气缸盖。同时，这类气缸盖按照“强背”原则进一步保证气缸盖的强度，按照“薄壁”原则在贴近冷却部位合理分布钻孔，达到很好的冷却效果。

气缸盖气阀座面和导套与排气阀工作时的相对运动会产生磨损，尤其排气阀不断开合撞击阀座，容易损伤阀座，为此，阀座和导套都是红套或镶套在缸盖上，阀座采用粉末合金（硬质合金），较好地保证了使用期限且方便检修。

（四）活塞

活塞是柴油机的主要运动部件之一，也是组成燃烧室的部件，它将气体压力经连杆传给曲轴，实现热能向机械能的转变。

活塞常见的损伤形式有：在变化的热应力和交变的机械应力作用下产生的疲劳裂纹；活塞外圆过度磨损并产生圆度和圆柱度误差；活塞环槽严重磨损；活塞顶烧损或产生龟裂。

由于活塞与高温、高压、强腐蚀性的燃气相接触，它需要具有足够的强度和硬度，很好的耐热性和导热性，较高的疲劳强度和耐蚀性。对于高速柴油机，还要求活塞重量尽量小，以减少往复惯性力。

船用大型低速柴油机活塞头的材料常用 ZG230－450、ZG270－500 等铸钢和 ZG25Mo、ZG35CrMo 等合金铸钢，其热处理工艺常采用正火加退火，得到珠光体加铁素体组织，具有一定的耐热性。中高速柴油机的活塞头则常用 38CrMoAlA 渗氮钢和 35Mo、40CrSi 等合金调质钢，具有更好的耐热性和耐蚀性。裙部常用灰口铸铁 HT250 和球墨铸铁 QT500－7，经退火处理，具有很好的耐磨性。

中低速柴油机的整体式活塞常用合金铸铁，含有 Cr、Mo、Cu、Ni 等合金元素，也可以采用普通灰口铸铁和球墨铸铁。高速柴油机的整体式活塞常用铸造铝硅合金 ZL108、ZL109、ZL110 等，也可以用锻铝 LD8、LD10、LD11 等，也采用淬火加时效处理。铝活塞很轻，可以大大减少其往复惯性力。

（五）气阀

气阀是柴油机配气机构的主要零件，其作用是对柴油机进行正确的配气，以保证柴油机工作过程的连续进行。四冲程柴油机的气缸盖上设有进、排气阀，二冲程直流扫气式柴油机的气缸盖上只设有排气阀。一般进气阀的工作温度为 400～500 ℃，排气阀的工作温度为 650～800 ℃。气阀的阀杆和套管之间不断摩擦，润滑条件很差，阀面和阀座之间不断摩擦和撞击，排气阀还不断受到高温燃气的冲刷和腐蚀，所以它是柴油机中工作条件最恶劣的零件之一。

气阀常见的损伤形式有：阀面磨损和烧蚀，丧失气密性；阀杆外圆和端面磨损；阀杆由于冲击疲劳而断裂；气阀产生热变形。

由于气阀的工作温度很高，首先它需要具有很好的耐热性、导热性、组织稳定性和较小的热膨胀系数，同时它需要在高温下保持足够的强度、硬度、耐磨性和耐蚀性。

进气阀的材料常用合金调质钢，如40Cr、40CrNi、35CrMo、38Cr等，也采用气阀钢4Cr9Si2。排气阀常用4Cr9Si2、4Cr10Si2Mo、4Cr14Ni14W2Mo等气阀钢。进、排气阀的最终热处理一般都是调质处理。

常用镀铬、离子碳氮共渗等方法来强化阀杆，阀杆的端部可以堆焊硬质合金，或者加装一个硬质合金的阀帽。在阀面上可以堆焊或喷焊钴基或铬基耐热合金，使气阀的工作寿命显著延长。

目前大型柴油机的排气阀多采用镍基耐热合金，其中某牌号的化学成分是：$W_C \leqslant 0.08\%$，$W_{Fe}=5.0\%\sim9.0\%$，$W_{Cr}=14.0\%\sim16.0\%$，$W_{Nb+Ta}=2.75\%\sim3.25\%$，$W_{Mo}=2.75\%\sim3.25\%$，$W_W=2.75\%\sim3.25\%$，$W_{Al}=0.30\%\sim0.60\%$，$W_{Ti}=0.40\%\sim0.70\%$，$W_{Zr}=0.01\%\sim0.05\%$，$W_B=0.003\%\sim0.005\%$，$W_{Mg}=0.01\%\sim0.05\%$，$W_{Mn}\leqslant0.75\%$，$W_P\leqslant0.01\%$，$W_S\leqslant0.01\%$，$W_{Si}\leqslant0.04\%$，其余为Ni。其密度为8.57 g/cm^3，熔化温度为1 320~1 380 ℃。为了得到最好的综合性能，其热处理工艺应为加热到980~1 040 ℃，保温1 h，空冷、退火。它具有良好的高温强度、塑性、耐蚀性和组织稳定性，可以在700 ℃左右长期使用。

在气阀钢上堆焊耐热合金虽然可以延长气阀的工作寿命，但是两种金属的热膨胀系数不一样，会引起气阀变形，影响气密性，而且有脱落的危险。采用整体式的镍基耐热合金气阀就完全解决了这个问题，尽管它的价格很高，但是从总体上看经济效益是很好的。此外，镍基耐热合金的加工性能很好，冷、热加工和焊接都很方便，容易制造。

(六)轴承

船机设备中的轴承大多采用滑动轴承，因为它的结构简单，容易管理，维修方便。

滑动轴承的结构有两半式和整体衬套式两种形式，如船用柴油机的主轴承、曲柄销轴承和十字头轴承等多为两半式轴承，活塞销轴承和摇臂轴承多为整体衬套式轴承。两半式滑动轴承由轴承座，轴承盖和上、下轴瓦组成，上、下轴瓦又分为厚壁式和薄壁式两种。

两半式轴瓦又由瓦壳和紧贴轴颈的瓦衬两部分组成。厚壁瓦的瓦壳材料多为铸钢，也有采用黄铜和青铜的。厚壁瓦的瓦衬材料通常都是巴氏合金。厚壁瓦允许拂刮，在上、下瓦的结合面上又有垫片，可以用来调整轴承间隙。薄壁瓦的瓦壳材料多采用低碳钢，也有用青铜的。薄壁瓦的瓦衬材料则可能是巴氏合金、铜铅合金和高锡铝基合金等。薄壁瓦加工精细，互换性好，装配前不需拂刮，拆装与更换方便。目前，船用大型低速柴油机已经较多使用含锡量高达30%~40%的高锡铝基轴承合金薄壁瓦。

在各种船机设备的滑动轴承中，以船用柴油机轴承的负荷为最重，它们受到气体爆炸压力和活塞连杆机构惯性力的交变与冲击负荷。目前，由于增压度的不断提高，柴油机工作过程的不断强化，气体爆炸压力已达到16 MPa，轴瓦的最大负荷超过了50 MPa，轴瓦与轴颈的相对运动速度超过了10 m/s。在这样的强载和高速作用下，轴承很容易发热和磨损。尤其是十字头轴承，它与十字头不进行连续的圆周运动，所以不利于连续润滑油膜的建立。在启动和停车时，轴颈和轴瓦也往往处于半干摩擦的状态，容易发生咬合。滑油老化变质以后形成的有机酸会对轴瓦产生腐蚀。滑油在油道中流动时的压力波动又会对轴瓦产生穴蚀。柴油机轴承润滑系统有时会有内部和外部硬质颗粒侵入，造成磨粒磨损。柴油机运动部件校中的偏差也会使轴瓦产生严重的附加负荷。

三、轴系

(一)螺旋桨轴

与螺旋桨连接的轴称为螺旋桨轴。当螺旋桨轴较短并安装于船体尾部的尾轴管中时,又称尾轴,如单轴系船舶的螺旋桨轴就是尾轴。当螺旋桨轴伸出船体外部较长时,为便于制造和安装,把螺旋桨轴置于船体外部,尾轴装于尾轴管中,如双轴系船舶的尾轴和螺旋桨轴。

船舶主推进动力装置(如柴油机)的动力经推力轴、中间轴、尾轴和螺旋桨轴传递转矩给螺旋桨。螺旋桨轴内部产生扭矩,并在螺旋桨正车时承受压力,反车时承受拉力,呈复合受力状态。

当发生螺旋桨缠绕上渔网等情况时,螺旋桨上负荷大大增加,柴油机转速下降,但螺旋桨轴的扭矩不但不下降,还会增加,这就增加了螺旋桨轴负荷;在遇到紧急情况,柴油机全速倒车时,螺旋桨轴传递的转矩会远超额定转矩,不但扭矩大大增加,而且受拉应力,这对螺旋桨轴更为不利。此外,轴系安装不良、恶劣海况、船体变形和船体振动等情况,都会给螺旋桨轴带来附加应力,加大负担。这些情况都要求螺旋桨轴材料必须具有良好的综合力学性能和较好的防腐蚀能力。

民用船舶螺旋桨轴一般采用30、35、45调质钢材料锻制。为降低成本,轴径小于200 mm的螺旋桨轴可用热轧圆钢代替。军用舰船螺旋桨轴常采用合金调质钢制作,合金调质钢价格较高,机加工要求也高。一些裸露在水中的螺旋桨轴可采用不锈钢制作,国际上常选用316不锈钢(美国AISI标准,相当于我国国标的022Cr17Ni12Mo2),该钢号系奥氏体不锈钢,有很好的耐腐蚀性。螺旋桨轴锻件均应进行热处理以消除内应力,获得细晶粒组织。

有色金属制作的螺旋桨轴在海水环境中构成宏观腐蚀电池,会使阳极的螺旋桨轴发生强烈的电化学腐蚀。水润滑的螺旋桨轴轴干部分裸露在海水中,也极易腐蚀。螺旋桨轴防腐蚀措施常采用阴极保护法和覆盖保护法。

1.阴极保护法

固定在船体尾部的锌块通过导线和固定在螺旋桨轴的碳刷连接,形成防蚀回路。锌块为阳极,不断被腐蚀;螺旋桨轴为阴极,得到保护。此法又称为牺牲阳极法。

2.覆盖保护法

在螺旋桨轴裸露部位包覆玻璃钢(玻璃纤维)保护层。固化后的玻璃钢具有良好的机械、绝缘和抗蚀性能,在海水环境中不易损坏,此法较为完善,效果很好,得到了广泛应用。在轴干和轴铜套连接处的保护层要特别注意衔接质量。

(二)尾轴管轴承

尾轴管轴承的工作条件要比中间轴承恶劣得多,管理人员平时也很难进行检查和维护,因此对其可靠性和寿命的要求比较高。尾轴管轴承按润滑形式可分为水润滑轴承和油润滑轴承两种。

1.水润滑轴承

对于水润滑尾轴,为了防止尾轴被腐蚀破坏,在尾轴工作轴颈部分包以铜套,即轴套(或称衬套)。大型海船一般采用锡青铜ZQSn10-2作为尾轴轴套的材料,内河小船尾轴轴套一般采用锰黄铜ZHMn58-2制造。

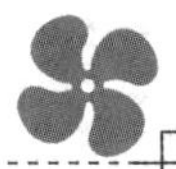

水润滑轴承常采用铁梨木尾轴承、橡胶尾轴承、桦木层压板尾轴承和赛龙轴承等。

(1)铁梨木尾轴承

铁梨木木质坚硬,有韧性且耐海水腐蚀,与铜套的摩擦系数很小,几乎不会损伤铜套,是大型海船比较理想的尾轴承材料。但铁梨木是天然材料,生长缓慢,资源有限,价格较高,在我国是二级保护植物。近海船舶由于航行区域往往多含泥沙,会加快材料的磨损,一般不采用铁梨木。

铁梨木在加工、安装和修理时应处于湿润状态,以防止干裂扭曲。

(2)橡胶尾轴承

橡胶尾轴承具有一定的弹性,负荷分布比较均匀合理,能吸收振动,安装和校正容易。橡胶具有较好的嵌藏性,很大程度上避免了泥沙一类的颗粒和轴套之间的直接摩擦,所以适合内河和近海船舶。橡胶尾轴承成型时采用硫化工艺,制造比较困难,在较高温度时容易老化。橡胶尾轴承由于含硫,轴与之接触部位要用不锈钢或其他防腐材料包覆。

(3)桦木层压板尾轴承

桦木层压板是作为铁梨木的替代材料,但它也有自身的特点。桦木层压板具有耐磨、耐腐蚀等性能,在海水环境与青铜可以配成良好的摩擦副。

(4)赛龙轴承

赛龙是较新型的轴承材料,在世界造船和修船行业中,已广泛地作为尾轴承、舵轴承及甲板机械轴承材料。赛龙材料是均质聚合物,具有稳定的化学特性,不易老化,抗磨性能较好,容易加工,嵌藏性好,已得到中国船级社和其他各大船级社认可。

2.油润滑轴承

油润滑轴承主要采用白合金(巴氏合金)和青铜。白合金有锡基和铅基两种,锡基轴承合金性能较好,但价格较高。白合金轴承材料耐磨性较好、嵌藏性好、抗压强度高、散热好,但价格较高、制造和修理复杂。

四、轴承的特点及材料选用

顾名思义,轴承用以支承轴类零件,是各类机械最重要的基础零部件。按运动形式,轴承可以分为滚动轴承和滑动轴承两大类。

(一)滑动轴承的特点与润滑方式

滑动轴承和轴是间隙配合,即孔径大于轴径,靠其间的润滑油隔开运动副表面,这需要润滑油具有一定的压力。滑动轴承经常应用在高速、高精度、重载和结构上要求剖分结构等场合。大型电机、汽轮机、内燃机、离心式压缩机、破碎机等机械常采用滑动轴承。

滑动轴承的润滑方式可以分为流体静压润滑与流体动压润滑。流体静压润滑利用外部压力将具有一定压力的润滑剂不断地打入摩擦表面间而形成油膜,如十字头轴承润滑。流体动压润滑利用摩擦表面的相对运动,使润滑剂流体产生楔形油膜或挤压油膜来承载并隔开摩擦表面。

按结构,滑动轴承可以分为向心滑动轴承和推力滑动轴承。向心滑动轴承又可以分为整体式向心滑动轴承和剖分式滑动轴承。连杆小端是整体式,而连杆大端是剖分式,柴油机主轴承也是剖分式。连杆大端和柴油机主轴承采取剖分式是由其结构特点决定的。

柴油机主轴承采用流体动压润滑。实现流体动压润滑的条件有:

(1)摩擦表面应具有较高的加工精度和表面粗糙度等级；

(2)摩擦表面间具有一定的合适配合间隙；

(3)保证连续而又充分地供给一定温度下黏度合适的润滑油；

(4)相对运动的零件必须具有足够高的相对滑动速度；

(5)外负荷必须小于楔形油膜所能承受的负荷极限值。

轴瓦的非承载区(如主轴承上瓦)内表面开有进油口和油槽,以利于润滑油均匀分布在整个轴径表面上。薄壁瓦不允许拂刮,因为在瓦面上往往镀上了一层很薄的软金属层,如果把软金属层刮去,轴瓦就失去了它应有的性能。薄壁瓦在上、下瓦的结合面上没有垫片,只能用调换轴瓦的方式来调整轴承间隙。整体式衬套的材料常采用青铜,有时在衬套的内圆表面上再浇一层巴氏合金。

1.对滑动轴承合金材料性能的要求

(1)承载能力:在一定的工作温度下,承受最大压力的能力。它取决于合金材料的基体组织的结构和机械性能。

(2)耐疲劳性:在一定的交变负荷作用下,抵抗疲劳破坏的能力。它取决于合金材料的机械性能,强韧的材料耐疲劳性好。

(3)耐磨性:在一定的交变负荷作用下,不易磨损的性能。它不但与轴瓦材料的组织结构和机械性能有关,而且与轴颈材料、润滑条件和工作温度等各种因素有关。

(4)减摩性:与轴颈维持较低的摩擦系数,减少功率损耗的性能。减摩性越好的合金材料一般也很容易和轴颈跑合,其跑合性也越好。

(5)抗咬合性:轴瓦与轴颈难以发生热咬合的性能。一般来说,合金材料的亲油性越好,越容易形成润滑油膜,则抗咬合性越好。

(6)嵌藏性:润滑油中若有硬质颗粒,轴瓦表面产生微量塑性变形将其嵌入而不致划伤轴颈表面的性能。一般来说,合金材料越软,则嵌藏性越好。

(7)顺应性:合金材料对轴颈安装不正或者由于形状变化而产生附加负荷的适应能力。软金属的顺应性比较好。

(8)耐腐蚀性:合金材料抵抗各种介质腐蚀和穴蚀的能力。一般来说,含铅、镉、锌的合金系耐腐蚀性比较差,含锡、铝、银的合金系耐腐蚀性比较好。

(9)耐热性:合金材料具有在较高的工作温度下保持上述性能的能力。合金材料的耐热性越好,越能适应高速强载柴油机的工作需要。

(10)导热性:合金材料的导热系数越高,越有利于消散摩擦所产生的热量,降低轴承的工作温度。

(11)热膨胀性:合金材料的热膨胀系数越小,轴颈在冷态启动时的位置与工作位置的偏差越小,所产生的附加负荷越小,产生偏磨损和咬轴的倾向也越小。

(12)工艺性:合金材料的加工工艺性能要好,便于制造。目前常用的轴瓦制造方法有浇铸、烧结和轧制三种,具体取决于合金材料的加工性能。

我们可以把承载能力、耐疲劳性和耐磨性归纳为轴承合金材料的机械性能,把减摩性、抗咬合性、嵌藏性和顺应性归纳为轴承合金材料的表面性能。机械性能和表面性能的要求往往是互相矛盾的,用一种合金材料往往难以兼顾各方面的要求。因此,人们采用了各种多层轴瓦,保证轴瓦具有良好的综合性能。

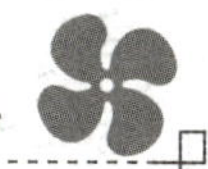

2.轴承合金材料的组织结构

轴承合金材料的组织结构往往是在软的基体上均匀分布着硬的质点,或者是在硬的基体上均匀分布着软的质点。经验证明,这样的合金组织很容易和轴颈跑合,并且软的基体或质点被磨去以后会形成凹坑,凹坑里可以储存润滑油,有利于润滑油膜的形成,使摩擦系数降低。当有硬质颗粒侵入轴承时,很容易被嵌入凹坑,避免或减轻了硬质颗粒对轴颈的刮伤。软的基体或质点还可以吸收振动的能量,发挥着很好的减振作用。硬的基体或质点则起着支承轴颈的作用,并保证轴承合金具有足够的耐磨性。

3.常用轴承材料

(1)巴氏合金

巴氏合金即巴比特合金,又称为白合金,出现于1839年,是历史最长的轴承合金。它有很多优良的特性,至今仍然是应用广泛的轴承合金。巴氏合金分为锡基和铅基两大类。

巴氏合金的牌号是这样表示的:ZCh+基本元素符号+主加元素符号+主加元素含量+辅加元素含量。其中"Z"表示"铸造","Ch"表示"轴承合金",元素符号用国际标准的化学元素符号表示,含量用质量百分数表示。如ZChSnSb11-6表示铸造的锡基巴氏合金,主加元素Sb含量为11%,辅加元素Cu的含量为6%,其余为锡。

①锡基巴氏合金

锡基巴氏合金是锡、锑和铜组成的三元合金。ZChSnSb11-6是最常用的锡基巴氏合金,其显微组织是典型的在软基体上均匀分布着硬质点的结构。

锡基巴氏合金的摩擦系数小,容易跑合;亲油性好,不容易发生咬合;顺应性和嵌藏性等表面性能也很好。由于其再结晶温度低于常温,上述优良性能自然得以长期保持下去。它的导热性、耐腐蚀性和铸造工艺性也很好。其缺点是耐热性和耐疲劳性较差。由于锡的熔点比较低,工作温度升高时,锡基巴氏合金的强度和硬度都会显著降低,承载能力下降,它的工作温度不能超过150 ℃。

目前,船用大型低速柴油机的主轴承和曲柄销轴承很多采用厚壁的锡基巴氏合金轴瓦,当机座发生变形时,可以通过刮瓦来保持曲轴臂距差符合规范的要求。它也常用作中间轴承和闭式润滑的尾轴承。

②铅基巴氏合金

铅基巴氏合金是在铅锑合金的基础上加上锡和铜而形成的轴承合金,其代号的含义与锡基相同,如ZChPbSb16-16-2表示铸造铅基轴承合金,Sb含量为16%,Sn含量为16%,Cu含量为2%,其余为Pb。

铅基巴氏合金的跑合性、抗咬合性、嵌藏性和顺应性等表面性能都比较好,但是承载能力、耐疲劳性、耐热性和铸造工艺性不如锡基巴氏合金,其工作温度只能低于120 ℃。它的价格低,所以在船用离心泵、起货机、锚机以及中间轴承和尾轴承上广泛应用。

(2)铜基轴承合金

铜基轴承合金包括铅青铜、锡青铜、铝青铜、铍青铜、硅黄铜、铝黄铜和锰黄铜等合金材料,而最常用的是铅青铜和锡青铜。

①铅青铜

铅青铜是铅和铜组成的二元合金。最常用的牌号是ZQPb30,即Pb含量为30%,Cu含量为70%。在常温下铜和铅是互不相溶的,因此其组织是两者的机械混合物,即在硬的铜基体上嵌藏着软的铅质点。

铅青铜的主要优点是承载能力强、疲劳强度高、耐磨性好、摩擦系数小、导热性好、使用温度高达 280 ℃，因此能够满足高速强载柴油机的工作要求。铅青铜的缺点是耐腐蚀性、顺应性、嵌藏性和抗咬合性比较差，还不如巴氏合金，所以对轴颈的相对磨损比较大。另外，它的制造工艺性也比较差，铸造时很容易产生比重偏析。因为铜的熔点高达 1 083 ℃，而铅的熔点只有 327 ℃，铅的比重高达 11.34，而铜的比重只有 8.93，两者在常温下又互不相溶，所以偏析的倾向很大，给铸造工艺带来很大困难。

目前，人们往往采用粉末冶金的方法，把铜、铅粉末烧结并黏合在钢带上，制成双金属薄壁轴瓦，可以完全避免比重偏析，并得到致密的合金组织。为了改善铅青铜的表面性能，可以在轴瓦表面镀上一层 0.02~0.04 mm 厚的软金属，如铅、铟或巴氏合金，可以使轴承获得很好的综合性能。

②锡青铜

常用的铸造锡青铜牌号有：ZQSn10-1，ZQSn6-6-3，ZQSn5-5-5。

ZQSn10-1 中 Sn 含量为 10%，P 含量为 1%，Cu 含量为 89%。其显微组织也是在软的基体上均匀分布着硬质点。ZQSn10-1 的耐磨性很好，承载能力和疲劳强度也比较高，在大气和淡水中具有很好的耐蚀性，在海水中的耐蚀性也比较好，工作温度可达 280 ℃，常用作高速、重载、高温和冲击载荷下工作的轴承，如柴油机、汽轮机、电机、离心机和压缩机等机器的轴承，并且常制成整体衬套式轴承。

ZQSn6-6-3 中 Sn 含量为 6%，Pb 含量为 6%，Zn 含量为 3%，Cu 含量为 85%。

ZQSn5-5-5 中 Sn、Pb、Zn 的含量都是 5%，Cu 含量为 85%。它们的特点是具有中等的承载能力，耐磨性、耐蚀性和疲劳强度都比较好，工作温度也可达 280 ℃。其缺点是抗咬合性和磨合性等表面性能较差。ZQSn5-5-5 常用作低速、中载条件下工作的轴承，如减速器、起重机、电机、离心机和压缩机等机器上的轴承，在柴油机中常用作活塞销轴承和摇臂轴承。

(3)铝基合金

铝基合金是 20 世纪 60 年代发展起来的一种新颖的合金材料。它的比重小、导热性好、疲劳强度高、耐磨性好，而且原料丰富、价格低廉，有着广阔的发展前景。

①低锡铝基合金

低锡铝基合金的含锡量小于 10%，并含有铜、镁、镍等合金元素。它的承载能力强，耐疲劳、耐磨损、耐腐蚀性都好，但表面性能欠佳，因此往往在轴承表面镀一层软金属，以改善其综合性能，常用于高、中速和重载轴承。

②铝锑镁合金

铝锑镁合金中 Sb 含量为 3.5%~5.5%，Mg 含量为 0.3%~0.7%，其余为 Al。它的组织是在较软的铝基体上均匀分布着 AlSb 硬质点。镁的作用是提高合金的强度。

生产上常将铝锑镁合金与 08 钢带轧制成双金属轴瓦，可以显著提高其承载能力。这种轴瓦具有较高的疲劳强度和耐磨性，常用于中等载荷的汽车和拖拉机的柴油机轴承。

③高锡铝基合金

高锡铝基合金的 Sn 含量大于 10%。铝和锡在常温下几乎互不相溶，所以其组织结构是在较硬的铝基体上均匀分布着软的锡质点，其中的合金元素铜可以强化铝的基体。含锡量大于 12%的铝锡合金与钢直接轧制是比较困难的，因为锡与钢的黏结强度很低，所以生产上先将高锡铝基合金与纯铝轧制成双金属板，再将双金属板的纯铝面与钢板一起轧制成轴瓦，然后

在 350 ℃下退火 3 h,使锡球化,便可获得在较硬的铝基体上弥散分布着较软的球状锡粒的显微组织。

常用的 20 高锡铝合金中 Sn 含量为 17.5%~22.5%,Cu 含量为 0.8%~1.2%,其余为 Al。它具有高的承载能力和疲劳强度,耐磨性、耐热性和耐蚀性都很好。由于含锡量高,它的表面性能也是不错的。再加上切削性能好、生产工艺简单、成本低、寿命长等优点,它有取代巴氏合金、铜基合金和铝锑镁合金之势,广泛用于汽车、拖拉机和船用柴油机的轴承。

目前船用大型低速柴油机已经较多使用含锡量高达 30%~40%的高锡铝基合金,含锡量越高,轴承的表面性能越好,但是承载能力和疲劳强度略有下降。由于铝材价格低廉,高锡铝基合金较巴氏合金价格低,制成薄壁轴瓦有价格和维护优势。

④铝石墨合金

铝石墨合金是一种新型的轴承合金,能在干摩擦和较高的温度下保持良好的耐磨性,常作为柴油机等机械的滑动轴承材料。

除了上面介绍的几种轴承合金以外,还有航空发动机常用的银基轴承合金,机床、压力机、起重机和轧机等常用的锌基轴承合金,以及一般轻载低速的车床、刨床和铣床等设备上常用的铁基轴承合金。

(二)滚动轴承的特点与润滑方式

滚动轴承摩擦阻力小,摩擦系数 f 在 0.002~0.008,启动灵活,效率高(99%),成本低,润滑方便且易于更换,但承受冲击载荷的能力较差。滚动轴承在机械设备中得到广泛应用,一般都是标准件,用户可根据国家标准选用,如图 8-5-1、图 8-5-2 所示。

图 8-5-1　滚动轴承

图 8-5-2　海洋钻井平台使用的滚动轴承

按承受载荷方向的不同,滚动轴承可以分为向心轴承、推力轴承和向心推力轴承三大类。

(1)向心轴承:主要承受径向载荷,能够承受较小的轴向载荷;

(2)推力轴承:主要承受轴向载荷;

(3)向心推力轴承:不仅能承受径向载荷,还可以承受较大的轴向载荷。

滚动轴承由外圈、内圈、滚动体和保持架组成(其结构如图 8-5-3 所示)。外圈、内圈、滚动体采用滚动轴承钢制作,保持架一般由低碳钢、铜合金或工程塑料等材质制作。对于同一内径的轴承,为了适应不同承载能力、转速等的需要,有不同外径和宽度(推力轴承对应的是高度)供选用。

滚动轴承是标准件,外圈采用基轴制配合,内圈采用基孔制配合。拆装滚动轴承的时候不能用榔头直接敲击外圈或内圈:一般直径在 100 mm 以内的,使用安装工具(如拉马、套管)冷装；直径大于 100 mm 的，采用加热法或注油法(圆锥孔轴承)拆装。

冷装时，如外圈配合处较紧，内圈与轴为较松配合，可将轴承先压入轴承座孔内，这时装配套管(软金属如紫铜等制作)的外径应略小于座孔的直径，即压力作用在外圈上；如外圈配合处较松，内圈与轴为较紧配合，可将轴承先压装在轴上，装配套管的内径应比轴颈直径略大，即压力作用在内圈上。

滚动体的形状有两类：球和滚子，具体有球(滚珠)、圆柱滚子、圆锥滚子、鼓形滚子和滚针(如图 8-5-4 所示)。球轴承有深沟球轴承、角接触球轴承、调心球轴承和止推球轴承，一般用于轻载、高速和旋转精度高的场合；滚子轴承一般用于重载、低速和有冲击的场合。

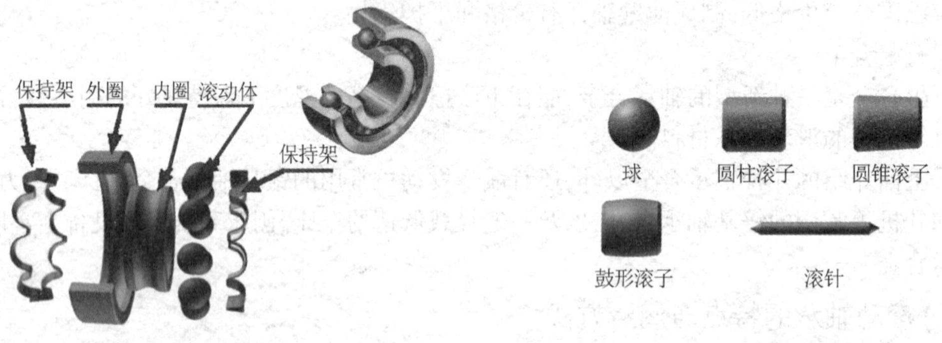

图 8-5-3　滚动轴承结构　　　图 8-5-4　滚动体形状

角接触球轴承和圆锥滚子轴承可承受径向和轴向载荷的联合作用，注意应成对使用，反向安装，以平衡轴向力。

润滑是保证滚动轴承正常运转的必要条件。润滑对滚动轴承的疲劳寿命、振动、摩擦、磨损都有重要影响。据统计，40%的滚动轴承损坏与润滑有关。

滚动轴承润滑几乎都为脂润滑和油润滑，约 80%采用脂润滑。脂润滑密封容易，维护保养方便，润滑脂有密封作用，一定程度上防止外部灰尘、水分和其他杂质侵入轴承。但脂润滑缺点是摩擦大、散热不好，当温度很高时，油脂很容易老化，油脂寿命迅速下降导致失效。轴承温度在 80 ℃以上时，每升高 10~15 ℃，润滑脂寿命降为原来的 1/2。除特殊的高温油脂外，一般不在高温环境使用润滑脂。油润滑的优点是适合高速旋转场合，高温稳定性好、散热好，高温环境的轴承一般都使用油润滑方式，这也就不难理解增压器轴承(采用滚动或滑动都有)采用油润滑的原因了。

第六节　非金属材料

一、玻璃纤维、云母等材料在聚合物中的使用

目前船舶上广泛使用着塑料、橡胶、黏结剂、硅酸盐材料及复合材料等各种非金属材料，这些材料的来源广泛，自然资源丰富，成型工艺简单，又具有某些特殊性能，所以在船用材料中具有重要的地位。

(一)高分子材料

高分子材料是以高分子化合物为主要组分的材料。高分子化合物是指分子量很大的化合

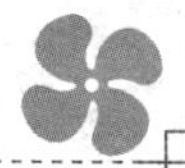

物(分子量大于 5 000),分子量小于 1 000 的化合物称为低分子化合物。高分子化合物都是由一种或几种低分子化合物重复连接而成的。低分子化合物聚合起来形成高分子化合物的过程称为聚合反应。因此,高分子化合物亦称高聚物。

高分子化合物包括有机和无机两大类。绝大多数高分子化合物是有机的,无机的高分子化合物有硅酸盐玻璃、陶瓷、云母、石墨、石棉和无机耐火橡胶等。高分子化合物又分为天然的和合成的两大类。天然的高分子化合物有蚕丝、羊毛、纤维素、橡胶,以及生物组织中的脂肪、淀粉和蛋白质等,人工合成的高分子材料有合成树脂、合成橡胶、合成纤维等。

(二)玻璃纤维

玻璃纤维是一种性能优异的无机非金属材料,种类繁多,优点是绝缘性好、耐热性强、抗腐蚀性好、电绝缘性好和抗拉强度高等,缺点是性脆,耐磨性较差。其主要成分为二氧化硅、氧化铝、氧化钙、氧化硼、氧化镁、氧化钠等。

玻璃纤维是由原料经高温熔制、拉丝、络纱、织布等工艺制造而成的,其单丝的直径为几微米到二十几微米,每束纤维原丝由数百根甚至上千根单丝组成。玻璃纤维通常用作复合材料中的增强材料、电绝缘材料和绝热保温材料、电路基板等,应用广泛。

(三)云母

云母是云母族矿物的统称,是钾、铝、镁、铁、锂等金属的铝硅酸盐,都是层状结构,层状解理非常完全,有玻璃光泽,薄片具有弹性。云母矿主要有黑云母(如图 8-6-1 所示)、金云母、白云母、锂云母、绢云母、绿云母、铁锂云母等。工业上应用最多的是白云母和金云母,锂云母是提炼锂的重要矿物原料。砂金石是云母和石英的混合矿物。

云母具有非常高的绝缘、绝热性能,化学稳定性好,具有抗强酸、强碱和抗压能力,所以是制造电气设备的重要原材料。云母同时具有双折射能力,所以也是制造偏振光片的光学仪器材料。云母还广泛应用于建材行业、消防行业,是灭火剂、电焊条、塑料、电绝缘、造纸、沥青纸、橡胶、珠光颜料等产品的原料或功能性填料。工业上利用黑云母的绝缘性和耐热性,以及抗酸、抗碱、抗压和剥分性,主要用作电气设备和电工器材的绝缘材料;还可用于制造锅炉、冶炼炉的炉窗和机械上的零件。云母碎粒和云母粉可以加工成云母纸,也可以代替云母片制造各种成本低廉、厚度均匀的绝缘材料。天然云母片是厚片云母经过剥分、定厚、切制、钻制或冲制而成的,具有一定厚度、一定形状的云母零件,产品适用于电视机、电力电容器、热继电器、监视显示器、航天、航空、通信、雷达等。图 8-6-2 是耐高温云母管。

图 8-6-1　黑云母

图 8-6-2　耐高温云母管

(四)复合材料

金属、高聚物和陶瓷在性能上各有优点和缺点,各有合适的应用范围。科学技术的发展,

不断对材料的性能提出越来越高的要求，使传统的单一材料难以满足强度、韧性、重量和稳定性等多方面的要求，因而发展了新型的复合材料：由两种或更多种物理和化学本质不同的物质人工制成的一种多相固体材料。

复合材料的最大优越性是它的性能比其组成材料好得多。第一，它可以改善或克服组成材料的缺点，充分发挥它们的优点。例如，玻璃和树脂的韧性和强度都不高，它们组成的复合材料玻璃钢却有很高的强度和韧性，而且重量很小。第二，它可按照构件的结构和受力要求，给出预定的、分布合理的配套性能，进行材料的最佳设计。例如，用缠绕法制造容器或火箭发动机壳体，使玻璃纤维的方向与主应力方向一致时，可将这个方向上的强度提高到树脂强度的20倍以上，最大限度地发挥了材料的潜力，并减小了构件的重量。第三，它可创造单一材料不易具备的性能和功能，或在同一时间内发挥不同功能的作用。

玻璃纤维复合材料：用玻璃纤维增强工程塑料的复合材料称为玻璃钢。玻璃钢分为热塑性和热固性两种。

1.热塑性玻璃钢

热塑性玻璃钢是以玻璃纤维为增强剂和以热塑性树脂为黏结剂制成的复合材料。

制作玻璃纤维的玻璃主要是二氧化硅和其他氧化物的熔体。应用较多的热塑性树脂是尼龙、聚烯烃类、聚苯乙烯类、热塑性聚酯和聚碳酸酯五种，尤其是前三种。

同热塑性塑料相比，在基体材料相同时，热塑性玻璃钢的强度和疲劳性能可高出2~3倍以上，冲击韧性可高出2~4倍，蠕变抗力可高出2~5倍，达到或超过了某些金属的强度，可以用来取代铝合金和镁合金等金属材料。

玻璃纤维增强尼龙可以制造轴承、轴承架、齿轮等精密机械零件，还可以制造电工部件和汽车上的仪表盘、前后灯等。玻璃纤维增强聚苯乙烯类树脂广泛用于汽车内装制品、收音机壳体、录音机底盘和空调器叶片等。

2.热固性玻璃钢

热固性玻璃钢是以玻璃纤维为增强剂和以热固性树脂为黏结剂制成的复合材料。常用的热固性树脂有酚醛树脂、环氧树脂、不饱和聚酯树脂和有机硅树脂等四种。酚醛树脂出现最早，环氧树脂性能较好，应用比较普遍。

热固性玻璃钢集中了其组成材料的优点：质量小、比强度高、耐腐蚀性好、介电性能优越、成型性能良好。热固性玻璃钢的比强度比铜合金和铝合金高，甚至比合金钢还高，但刚度较差，只为钢的1/10~1/5，耐热性不高，容易老化和蠕变。

热固性玻璃钢的性能主要决定于基体树脂的类型。常用热固性玻璃钢的性能特点如表8-6-1所示。

从各种机器的护罩到形状复杂的构件，从各种车辆的车身到不同用途的配件，从电机电器上绝缘抗磁仪表、器件到石油化工中的耐蚀耐压容器、管道，从船上的风斗、凉棚、救生艇到尾轴的防腐保护层等，玻璃钢的应用越来越广，并且节约了大量金属材料，大大提高了材料性能。

表 8-6-1　常用热固性玻璃钢的性能特点

热固性玻璃钢的类型	性能特点
酚醛树脂玻璃钢	耐热性较好，在 150~200 ℃温度下可长期工作，耐瞬时超高温；价格低廉，工艺性较差，需要在高温、高压下成型；收缩率大；吸水性大；固化后较脆
环氧树脂玻璃钢	机械强度高，收缩率小（<2%），尺寸稳定性和耐久性好，可在常温（或加温）、常压（或加压）下固化，成本高，某些固化剂毒性大
不饱和聚酯树脂玻璃钢	工艺性好，可在室温下固化，常压下成型，对于各种成型方法具有较广的适应性，能制造大型异形构件，可机械化连续生产；但耐热性较差（<90 ℃），机械强度不如环氧树脂玻璃钢，固化时体积收缩较大，成型时气味和毒性较大
有机硅树脂玻璃钢	耐热性较好，长期使用温度可达 200~250 ℃；具有优异的憎水性（不被水润湿，吸水性极低）；耐电弧性能好；防潮，绝缘；与玻璃纤维的黏结力差，固化后机械强度不太高

二、聚合体的特性

（一）高分子材料的分类

1.按性能和用途分类

（1）塑料：在常温下有一定形状，强度较高，受力后能发生一定变形的聚合物，按塑料热性能又分为热塑性和热固性塑料。

（2）橡胶：在常温下具有很高弹性，受到很小载荷即可发生很大变形甚至达原长的十余倍，而去除外力后又可恢复原状的聚合物。

（3）纤维：在室温下材料的轴向强度很大，受力后变形很小，且在一定温度范围内力学性能变化不大的聚合物。

塑料、橡胶和纤维这三大合成材料之间其实也没有严格的界限，也很难严格区分，有时同一种高分子化合物可用不同的方法加工成不同种类的产品。如典型的聚氯乙烯塑料也可抽丝成为纤维（氯纶）。我们还常常将聚合后未加工成型的聚合物称为树脂，以区分加工后的塑料或纤维制品，如电木未固化前称为酚醛树脂，涤纶纤维未抽丝前称为涤纶树脂。

除上述三类外，胶黏剂、涂料等都是以树脂形式不加工而直接使用的高分子化合物。

2.按聚合反应的类型分类

加聚物：单体经加聚合成的高聚物，链节结构的化学式与单体分子式相同，如前述的聚乙烯、聚氯乙烯等。

缩聚物：单体经缩聚合成的高聚物。缩聚反应与加聚反应不同，聚合过程有小分子副产物析出，链节的化学结构和单体的化学结构不完全相同，如酚醛树脂是由苯酚和甲醛聚合缩去水分子形成的聚合物。

3.按聚合物的热行为分类

热塑性聚合物：加热后软化，冷却后又硬化成型，这一过程随温度变化可以反复进行。聚乙烯、聚氯乙烯等烯类聚合物都属于此类。

热固性聚合物：这类聚合物的原料经混合并受光热或在其他外界环境因素的作用下发生化学变化而固化成型，但成型后再受热也不会软化变形。酚醛树脂、环氧树脂等均属这类

材料。

(二)聚合体的特性

1.塑料

绝大多数塑料是以各种树脂为基础,再加入一些用来改善其使用性能和工艺性能的添加剂(如填料、增塑剂等)制成的。但有些塑料就是树脂本身,如聚乙烯、聚苯乙烯和尼龙等。

树脂是塑料的基料,树脂的种类、性能,以及在塑料中所占的比例,决定了塑料的基本性能。因此,绝大多数塑料是以树脂的名称来命名的。例如,聚氯乙烯塑料的树脂就是聚氯乙烯。

工业中用的树脂主要是合成树脂,如酚醛树脂、聚乙烯等,很少用松香和沥青等天然树脂。在塑料中加入填料,可使塑料具有所要求的性能,且能降低塑料成本。填料的品种很多,性能各异。塑料中还会添加固化剂、增塑剂、稳定剂(防老剂)、着色剂、润滑剂、发泡剂、抗静电剂、稀释剂和阻燃剂等。并非每一种塑料都要加入全部添加剂,而是根据塑料品种和使用要求加入所需的某些添加剂。

塑料的特性如下:

(1)质轻。其质量只有钢铁的1/8~1/4,铝的1/2左右。这对于要求尽量减轻自重的车辆、船舶、飞机、火箭、宇宙飞船等有重要的意义。

(2)比强度高。塑料的强度虽不如金属高,但由于密度小,其比强度相当高。它还可以用各种高强度的纤维、薄板或粉末进行增强,制成具有较高比强度的复合材料。例如,用玻璃纤维增强的塑料(通常称为玻璃钢),比强度比一般钢材还高。

(3)化学稳定性好。一般塑料对酸、碱、有机溶剂等均有良好的耐蚀性,尤其是聚四氟乙烯连王水也不能腐蚀它。因此,塑料广泛应用于制造在腐蚀条件下工作的零件和化工设备。

(4)优异的电绝缘性。各种塑料的电绝缘性都很好,可与陶瓷、橡胶以及其他绝缘材料相媲美。它是电机、电器和电子工业中不可缺少的绝缘材料,常用来制作开关、插头、接线板、配电盘和电视机外壳等。

(5)减摩、耐磨性好。塑料的硬度比金属低,但减摩、耐磨性远远优于金属。多数塑料的摩擦系数比较小,像聚四氟乙烯和尼龙等塑料本身就具有自润滑性。因此,塑料可制作轴承、凸轮、齿轮、活塞环和密封圈等。

(6)优良的消声吸振性。用塑料制作传动摩擦零件,可以减少噪声,降低振动,提高运转速度。

(7)易成型加工。所有塑料的成型加工工艺都比较简单,生产率高。

(8)蠕变量大。金属材料在较高温度下才有蠕变现象。塑料在室温下受载荷后就会出现蠕变,载荷大时甚至发生蠕变断裂,这种现象通常称为冷流。

(9)热性能低。塑料的耐热性能不高,大多数塑料只能在100 ℃左右使用,仅有少数品种可以在200 ℃以上长期使用;导热性差,约为金属的1/500;热膨胀系数很大,为金属的3~10倍;易燃烧,易老化。

塑料的成型方法是:在合成树脂制取后,再加入各种添加剂,制成粉末状、颗粒状或液态的半成品,即塑料原料,然后进行成型加工。常见的成型加工方法有:压塑成型(包括模压法和层压法)、注塑成型、挤塑成型、吹塑成型和浇塑成型等。

除上述成型方法以外,还可以用喷涂、浸渍、粘贴等工艺覆盖于其他材料表面。

2.橡胶

橡胶是以生胶为基础加入适量的配合剂组成的高分子材料。

生胶是指未加配合剂的天然橡胶或人工合成橡胶。生胶是橡胶制品的主要原料,也是把各种配合剂和骨架材料黏成一体的黏结剂。橡胶制品的性能主要决定于生胶的性能。生胶的性能不够好,为改善和提高橡胶制品的各种性能而加入的物质称为配合剂。配合剂的种类很多,主要有硫化促进剂、活性剂、软化剂、填充剂、防老剂、着色剂等。硫化剂经硫化处理后,提高了橡胶制品的弹性、强度、耐磨性、耐蚀性和抗老化能力。此外,还有骨架材料,用以提高橡胶制品的承载能力,减少变形。

橡胶的特性如下:

(1)高弹性。橡胶在较小的外力作用下,能产生很大的弹性变形,其最高伸长率可达800%~1 000%,比其他高聚物大得多。去掉外力后能在非常短的时间内恢复到近似原来的状态。

(2)吸振能力强。橡胶可吸收一部分机械能,并将其转变为热能。

(3)有一定的耐蚀性,如有耐油、耐酸、耐碱橡胶。

此外,橡胶还具有良好的耐磨性、隔声性、绝缘性、积储能量的能力以及足够的强度。

根据原料来源不同,橡胶可分为天然橡胶和合成橡胶;根据应用范围,橡胶可分为通用橡胶和特种橡胶。

天然橡胶有较好的耐碱性能,但不耐浓强酸,在非极性溶剂中膨胀,故不耐油。耐臭氧老化性较差,不耐高温,使用温度在-70~110 ℃。

以石油、天然气、煤和农副产品为原料,通过有机合成方法制成单体,聚合(加聚或缩聚)制得类似天然橡胶的高分子材料称为合成橡胶。

三、聚合体和其他非金属材料在船上的应用

(一)塑料

除了上述塑料的应用外,塑料在船上的应用主要如下:

1.作为赛龙轴承材料

赛龙是由国外引进的一种工程塑料,主要用于船舶的开式尾轴承、舵轴承和水泵轴承等。它的摩擦系数小,耐磨性好,工作寿命相当于传统的铁梨木尾轴承的2~3倍,在开式尾轴承的船舶上值得推广。

2.制作船舶构件

玻璃钢可用来制造快艇、工作艇、救生艇的艇体,上层建筑、驾驶室、棚顶、门壁、风斗、导流罩、导流帽、螺旋桨等。

尼龙可制作导流帽、舷窗;泡沫塑料可作舱室隔热材料、救生浮具等;用自干性浇铸型聚氨酯弹性塑料和以聚氯乙烯为主要成分的油地毡可作舱室地板;以聚氨酯弹性塑料与核桃壳、沥青、废橡胶等配合使用可代替木制甲板;用聚氯乙烯塑料制作扶手;等等。

用于船舶与海洋工程的舾装,以降低成本,缩短建造周期。例如,用作绝缘、浮力材料的泡沫塑料,用于甲板覆盖的塑料地板及各种敷层,用于装饰舱室的塑料贴面板以及尼龙方窗、舷窗、导流罩、系缆索、扶手等塑料舾装件。

3.制作船机零件

尼龙可以制造尾轴承、舵轴承、阀盘、齿轮、滑块、滑轮、手柄等;ABS 塑料管、硬质聚氯乙烯塑料管可作为船舶常温低压管路。此外,常温工作条件下的活塞环,主、辅机中的离合器片和刹车片,主、辅机中的密封垫片等均可用塑料或以塑料为基础制成。用塑料制作船机零件可节约铜、铝、铅等贵重材料。

塑料可用于制造管系、海水泵、淡水泵以及其他部件,发挥其重量小、耐腐蚀、成本低的优点。此外,塑料的焊接或黏结工艺简单,易于安装,可大大减少工作量。

4.用于防腐

(1)螺旋桨上涂塑料防止桨叶的穴蚀和电化学腐蚀,目前已取得一定的成果,但还存在一定的不足,如耐穴蚀差、附着力不强等。

(2)尾轴包覆玻璃钢:对尾轴非摩擦表面采用包覆环氧玻璃钢防腐,既有良好的防腐性能,又适用于各种介质,且工艺简单,局部损坏易于修补。

(3)柴油机缸套冷却水侧涂塑料涂层防腐,对防止穴蚀和电化学腐蚀有一定的作用。

(4)舵叶防腐:舵叶上涂塑料涂层可提高舵叶抗蚀能力。

(5)水舱防腐:船舶水舱壁面采用塑料涂层防腐较原来涂薄层水泥效果好,不影响水质且可局部修理。

(6)与海水接触的机件内壁,如管子内壁、主机循环泵内壁、冷凝器及海水制淡水器内壁等极易腐蚀,采用内壁面涂塑料层可以防腐,延长机件使用寿命。

表 8-6-2 和表 8-6-3 分别是常用热塑性和热固性塑料的名称、性能和用途。

表 8-6-2 常用热塑性塑料的名称、性能和用途

名称(代号)	化学组成	主要性能特点	用途举例
聚氯乙烯(PVC)	由单体氯乙烯聚合而成,有软、硬两种	硬质聚氯乙烯强度较高,电绝缘性优良,对酸、碱的抵抗力强,化学稳定性好,可在-15~60 ℃使用,有良好的热成型性能,密度小	化工耐蚀的结构材料,如输油管、容器、离心泵、阀门管件,用途很广
		软质聚氯乙烯强度不如硬质,但伸长率较大,有良好的电绝缘性,可在-15~60 ℃使用	电线、电缆的绝缘包皮,农用薄膜,工业包装。但因有毒,不适于包装食品
聚乙烯(PE)	由单体乙烯聚合而成,按制造方法分为低压、中压、高压三种	低压聚乙烯质地坚硬,有良好的耐磨性、耐蚀性、电绝缘性,高压聚乙烯化学稳定性好,有良好的高频绝缘性、柔软性、耐冲击性和透明性	低压聚乙烯用于制造塑料管、塑料板、塑料绳,还可制造承受小载荷的齿轮、轴承等,高压聚乙烯最适宜吹塑成薄膜、软管、塑料瓶等用于食品和药品包装的制品,还可制作电线及电缆包皮等

续表

名称(代号)	化学组成	主要性能特点	用途举例
聚丙烯(PP)	由丙烯单体聚合而成	密度小,是常用塑料中最轻的一种。强度、硬度、刚度和耐热性均优于低压聚乙烯,可在 100~120 ℃长期使用,几乎不吸水,并有较好的化学稳定性,优良的高频绝缘性,且不受湿度影响。但低温脆性大,不耐磨,易老化	制作一般机械零件,如齿轮、接头等;耐蚀件,如泵叶轮、化工管道、容器、绝缘件;制作电视机、收音机、电扇、马达罩等
聚酰胺(通称尼龙)(PA)	由二元酸和二元胺缩聚而成	无臭、无味、无毒,有较高强度和良好韧性,有一定耐热性,可在 100 ℃下使用。有优良的耐磨性和自润滑性,摩擦系数小,有良好的消声性和耐油性,能耐水、油、一般溶剂,耐蚀性较好,成型性好。但蠕变值较大,热导性较差(约为金属的 1/100),吸水性高,成型收缩率较大	常用的有尼龙 6、尼龙 66、尼龙 610、尼龙 1010 等。用于制造要求耐磨、耐蚀的某些承载和传动零件,如轴承、齿轮、螺钉、螺母及一些小型零件,还可作高压耐油密封圈,喷涂金属表面作防腐耐磨涂层
聚甲基丙烯酸甲酯[俗称有机玻璃(PMMA)]	由单体甲基丙烯酸甲酯聚合而成	透光性好,可透过 99%以上阳光,着色性好,有一定强度,耐紫外线及大气老化,耐腐蚀,优良的电绝缘性,可在-60~100 ℃使用。但质较脆,易溶于有机溶剂中,表面硬度不高,易擦伤	制作航空、仪器、仪表、汽车和无线电工业中的透明件与装饰件,如飞机座窗、灯罩、电视、雷达的屏幕、油标、油杯、设备标牌、仪表零件等
丙烯腈-丁二烯-苯乙烯共聚体(ABS)	由单体苯乙烯、丁二烯和丙烯腈共聚而成	有高的冲击韧性和较高的强度,优良的耐油、耐水性和化学稳定性,好的电绝缘性和耐寒性,高的尺寸稳定性和一定的耐磨性。但长期使用易起层	制作电话机、扩音机、电视机、电机、仪表壳体、齿干、泵叶轮、轴承、把手、管道、贮槽内衬、仪表盘、轿车车身、汽车挡泥板、扶手等
聚甲醛(POM)	由单体甲醛或三聚甲醛聚合而成	优良的综合力学性能,耐磨性好,吸水性小,尺寸稳定性高,着色性好,良好的减摩性和抗老化性,优良的电绝缘性和化学稳定性,可在-40~100 ℃长期使用。但加热易分解,成型收缩率大	制作减摩、耐磨及传动件,如轴承、滚轮、齿轮、电气绝缘件、耐蚀件及化工容器等

续表

名称(代号)	化学组成	主要性能特点	用途举例
聚四氟乙烯（也称塑料王）(F-4)	先用氟化氢和氯仿制成氟利昂-22高温裂解得到四氟乙烯，然后进行聚合反应而得	优良的耐蚀性，几乎能耐所有化学药品的腐蚀，包括王水，良好的耐老化性及电绝缘性，不吸水，优异的耐高、低温性，在-195~250 ℃可长期使用，摩擦系数很小，有自润滑性，但其在高温下不流动，不能用热塑性塑料成型的一般方法成型，只能用类似粉末冶金的冷压、烧结成型工艺，高温时会分解出对人体有害的气体，价格较高	制作耐蚀件，减摩、耐磨件，密封件，绝缘件，如高频电缆、电容线圈架，以及化工用的反应器、管道等
聚砜(PSF)	双酚A型聚砜：由二酚基丙烷和4,4—二氯二苯基砜缩聚而成	优良的耐热、耐寒、抗蠕变性，尺寸稳定性、强度高，优良的电绝缘性，化学稳定性高，可在-100~150 ℃长期使用。但耐紫外线较差，成型温度高	制作高强度耐热件、绝缘件，减摩、耐磨件，传动件，如精密齿轮、凸轮、真空泵叶片、仪表壳体和罩，耐热或绝缘的仪表零件，汽车护板、仪表盘、衬垫和垫圈等
	聚芳砜（非双酚A型聚砜）：由双芳环磺酰氯与苯环在特种催化剂下，经缩聚而成	耐热、耐寒，在-240~260 ℃长期工作，硬度高，能自熄，耐老化，耐辐射，力学性能及电绝缘性好，化学稳定性高。但不耐极性溶剂	
氯化聚醚（或称聚氯醚）	由单体3,3双（氯甲基）丁氧环在催化剂作用下，开环聚合而成	极高的耐化学腐蚀性，易于加工，可在120 ℃下长期使用，良好的力学性能和电绝缘性，吸水性很低，尺寸稳定性好。但耐低温性较差	制作在腐蚀介质中的减摩、耐磨及传动件，精密机械零件，化工设备的衬里和涂层等

表 8-6-3　常用热固性塑料的名称、性能和用途

名称(代号)	化学组成	主要性能特点	用途举例
酚醛塑料（俗称电木）(PF)	以酚醛树脂为基础，加入各种填料、润滑剂、增塑剂等压制或浇铸而得酚醛塑料	高的强度、硬度及耐热性，工作温度一般在100 ℃以上，在水润滑条件下具有极小的摩擦系数，优异的电绝缘性，耐蚀性好（除强碱外），尺寸稳定性好，但质较脆，耐光性差，色泽深暗，加工性差，只能模压或浇铸	制作一般机械零件，水润滑轴承，电绝缘件，耐化学腐蚀的结构材料和衬里材料等，如仪表壳体、电器绝缘板、绝缘齿轮、整流罩、耐酸泵、刹车片等
环氧塑料(EP)	由环氧树脂和固化剂，加或不加填料或加其他添加剂，在室温或加热条件下，进行浇铸或模压后，固化成型而得	强度较高，韧性较好，电绝缘优良，防水、防潮、防霉、耐热、耐寒，可在-80~155 ℃长期使用，化学稳定性较好，固化成型后收缩率小，对许多材料的黏结力强，成型工艺简便，成本较低	塑料模具、精密量具，机械仪表和电气结构零件，电气、电子元件及线圈的灌注、涂覆和包封，以及修复机件等

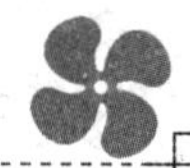

续表

名称(代号)	化学组成	主要性能特点	用途举例
有机硅塑料	由有机硅树脂与石棉、云母或玻璃纤维等配制而成	耐热性高,可在 180~200 ℃下长期使用,电绝缘性优良,耐高压电弧,高频绝缘性好,防潮性好,有一定的耐化学腐蚀性,耐辐射,耐火焰,耐臭氧,也耐低温。但价格较高	高频绝缘件,湿热带地区电机、电器绝缘件,电气、电子元件及线圈的灌注与固定,耐热件等
聚对羟基苯甲酸酯塑料	由对羟基苯甲酸酯在催化剂和氮气作用下经高温缩聚而成	一种新型的耐热性热固性工程塑料,具有突出的耐热性,可在 315 ℃下长期使用,短期使用温度范围为 317~427 ℃,导热系数极高,是一般塑料的 4~6 倍,很好的耐磨性和自润滑性,优良的电绝缘性、耐溶剂性和自熄性	耐磨、耐蚀及尺寸稳定的自润滑轴承,高压密封圈,汽车发动机零件,电子和电气元件,以及特殊用途的纤维和薄膜等

(二)橡胶

天然橡胶广泛应用于制造轮胎、胶带、胶管等。合成橡胶在船舶的甲板上和露天的场合均采用氯丁橡胶,在机舱里常温下工作的场合均采用丁腈橡胶,在高温下工作的则采用氟橡胶或硅橡胶。

第七节　船舶重要部件和设备建造

一、螺旋桨制作材料

船用螺旋桨的主要材料有锰黄铜、铝青铜、铸钢和铸铁等,近年来又开发出塑料(如尼龙)、复合材料(如玻璃钢)等。

1.锰黄铜

锰黄铜主要材料有锰铁黄铜 ZHMn55-3-1、铝锰铁黄铜 ZHAl67-5-2-2。

在黄铜中加入 Mn 可提高黄铜的机械性能、工艺性能和对海水的耐蚀性;加入 Fe 可以细化晶粒,使黄铜的强度提高、韧性和塑性适当。所以这类材料强度高,韧性和塑性好,耐海水、淡水腐蚀,有良好的铸造性和机械加工性。锰黄铜适于制造大型海船和军舰的螺旋桨,但因其耐穴蚀性能差和价格高,不适合用于制作高速船的螺旋桨。

2.铝青铜

铝青铜螺旋桨材料主要有 ZQAl12-8-3-2 和 ZQAl14-8-3-2。

在铝青铜中加入 Fe、Mn、Ni 等,可提高强度和工艺性能,抑制大型铸件的缓冷脆性(缓冷时产生粗大共析体使脆性增大)。高锰铝青铜强度高,工艺性能好,耐海水、淡水的腐蚀,抗穴蚀性好,疲劳强度高,广泛用于大型高速海船和舰船螺旋桨。

3.铸铁

铸铁螺旋桨常用 HT200、HT250,具有铸造性好、价格低廉的优点,缺点是强度低、脆性大、耐腐蚀性差、寿命短。螺旋桨尺寸较大,因铸铁强度低,要比相同直径的铜质螺旋桨叶厚

30%~35%,所以铸铁螺旋桨笨重、效率低。铸铁一般用于主机功率小、航速低的内河小船上。

球墨铸铁亦是制作螺旋桨的材料。球墨铸铁的性能优于普通灰口铸铁,但耐腐蚀性也差,可制作内河船舶螺旋桨。

4.铸钢

铸钢的性能优于铸铁,但铸造性差、耐蚀性低。铸钢螺旋桨较铸铁螺旋桨应用广泛,常用于冰区和内河航行的船舶。

常用铸钢有 ZG230-450、ZG200-400。某些特殊用途船,如快艇用铸造不锈钢 1Cr18Ni9 螺旋桨,因为其强度高、抗穴蚀性和抗腐蚀性好。

5.非金属材料

用塑料和复合材料制造螺旋桨具有质轻(只有相同直径铜桨重量的 1/5~1/3),振动小,噪音小,冲击韧性高,抗穴蚀和抗海、淡水腐蚀性好,制造工艺简单,价格低等优点,但强度和刚度较低,易老化,在浅水道航行时易磨损。

目前塑料螺旋桨主要采用尼龙 6、尼龙 610、尼龙 1010 等。复合材料螺旋桨采用玻璃钢,主要用于小船上。

二、螺旋桨制作过程

大型船用螺旋桨重量可达几百吨,价值几十万甚至上百万美元,一般采用砂型铸造工艺制作。桨叶设计要兼顾速度和效率。现在尤为重视螺旋桨效率。

将螺旋桨尺寸、叶形等设计参数输入数控机床后,可以先在整块聚苯乙烯(保丽龙)上铣出正模,效率远远高于人工制模。在此基础上制作铸型空腔(负模)。

制作大型螺旋桨铸型的型砂最为关键,一般要选用优质硅砂,水玻璃作为黏结剂。砂型制作完毕以后,采用截面样板和纵向样板等检测工具,对叶形、尺寸进行复查,确保模和型的尺寸严格控制在公差范围内。浇注时,铜液质量达 100 多吨,所以铜液的浮力很大,需要严格设计好把箱工装(保持铸型上、下箱在浇注时不脱开、不错位的工艺装备)。

浇注工序需要严格控制浇注参数和合金成分,如合金熔炼温度、出炉温度、出炉时间和浇注速度等。现在国际上大型螺旋桨常采用的镍铝青铜的合金成分含量及性能如表 8-7-1 所示。

表 8-7-1　镍铝青铜的合金成分含量及性能

Cu	Al	Ni	Mn	Fe	其他	σ_b/MPa
≥78%	8.5%~11.0%	3.0%~6.0%	≤3.5%	3.0%~6.0%	≤0.5%	≥590

大型螺旋桨结晶要花 3~5 天时间,工件浇注以后保温 15 天左右,保证液体结晶完毕后有足够时间定型和释放铸件应力(铸造应力和焊接应力都是工件在相应工艺操作期间容易导致工件缺陷的重要原因)。清砂完毕的毛坯要在大型数控铣床上铣削叶面,铣削掉加工余量,并保证桨叶有很高的几何形状精度和表面质量,以减小桨叶和水流之间的摩擦力。中国镇江中船瓦锡兰螺旋桨有限公司研发出的七轴五联动机床,可以轻松加工最大直径 12.5 m,重量高达 160 t 的螺旋桨。铣削叶面以后,叶面还是会有一些微小起伏,为了进一步提高桨叶表面的光滑程度,需仔细对之进行研磨和抛光。研磨和抛光有时费时长达 30 天。最后在表面涂刷防腐涂料。在螺旋桨制作中间和最后需要进行检验,检验合格方可进行下道工序或验收入库。

变距桨桨叶可以转动调整螺距,和桨毂不是整体的。变距桨桨叶需要单独铸出和加工。